ATLAS *der* **GLOBALISIERUNG**

Welt in Bewegung

Herausgegeben von Stefan Mahlke
Karten und Grafiken von Adolf Buitenhuis

LE MONDE *diplomatique*

• Ihre persönliche PIN-Nummer zum Download finden Sie auf der hinteren Umschlagseite

Bestelladresse: tazshop, shop@taz.de, T (030) 25902-138
Das eBook (als ePUB oder PDF) können Sie bestellen auf monde-diplomatique.de

ISBN (Print) 978-3-937683-74-4; (E-Book) 978-3-937683-75-1

Printed in Germany

Inhaltsverzeichnis

I. Klimakrise und Welternährung

II. Die demografische Herausforderung

III. Der real existierende Kapitalismus

IV. Ungelöste Konflikte

V. Flucht und Migration

VI. Die Zukunft der Zivilgesellschaft

Vorwort

Es bleibt kompliziert

Den wohl spektakulärsten Auftritt auf der Weltbühne der vergangenen Jahrzehnte hat China hingelegt. Mit enormen Wachstumsschüben ist das Land zur größten Wirtschaftsnation neben den USA aufgestiegen. Diese Entwicklung mag sich einreihen in die große Verschiebung der kapitalistischen Wirtschaftsdynamik von Europa und Amerika nach Asien – die Wucht bleibt dennoch atemberaubend. Binnen zehn Jahren ist China zum führenden Handelspartner von über 100 Ländern der Welt geworden, einschließlich der USA und Australiens. Ob damit ein pazifisches Zeitalter oder gar ein chinesisches Jahrhundert eingeläutet wurde, ist ungewiss.

Unter Xi Jinping, seit 2012 Generalsekretär der Kommunistischen Partei und seit 2013 Staatspräsident, erfindet sich die chinesische Diktatur neu. Leise Hoffnungen, mit der kapitalistischen Öffnung werde auch eine Liberalisierung einhergehen, werden brutal erstickt. Die Partei strebt nach totaler Kontrolle. Absoluter Machtwille und neueste Technologie kommen zusammen, die Überwachung der eigenen Bürgerinnen und Bürger setzt auf Big Data und künstliche Intelligenz.

Allein schon deshalb hält sich die globale Ausstrahlungskraft des chinesischen Modells in Grenzen. Eine Vision, ähnlich dem Versprechen individueller Freiheit, wie es die Bill of Rights der US-Verfassung artikulieren, hat die Kommunistische Partei nicht zu bieten. Da helfen auch hunderte Konfuzius-Institute in aller Welt nicht. Zwar wird auf mittlere Sicht die »Große Gemeinschaft« (Datong) angestrebt, aber Chinas Kommunisten scheinen den eigenen Parolen nicht zu trauen, wenn sie die heimische Bevölkerung mittels einer »Great Firewall« gegen die »schädlichen westlichen Ideen« abschotten.

Auch Google, Facebook und Co. träumen von der totalen Kontrolle. Um unser künftiges (Kauf-)Verhalten berechnen oder gar manipulieren zu können, dringen die Agenten des Überwachungskapitalismus, wie ihn seine Kritiker*innen nennen, immer tiefer in unser Leben ein. Möglich gemacht hat das eine Erfindung des 21. Jahrhunderts – das Smartphone. Kein Wunder, dass Google sein Betriebssystem Android allen Smartphone-Produzenten gratis anbietet: Die kleinen Wunderwerke der Technik sind allgegenwärtige mobile Versorgungsapparate, die es dem Unternehmen erlauben, immer neue Daten zu gewinnen. Mehr als 2,5 Milliarden Menschen weltweit nutzen heute ein internetfähiges Mobiltelefon.

Smartphones sind globale Produkte, entwickelt in den USA und in Südkorea und inzwischen auch in China. Die Rohstoffe werden meist in Entwicklungsländern gewonnen. Kobalt zum Beispiel, ein unersetzliches Metall in den Lithium-Ionen-Akkus aller Mobilgeräte, stammt aus Minen in der Demokratischen Republik Kongo, wo Arbeiter für einen Dollar pro Tag schuften. Zusammengebaut werden die Geräte von Auftragsherstellern, die Fabriken vor allem in China unterhalten. In Zhengzhou in Zentralchina betreibt der taiwanesische Elektronikkonzern Foxconn eine riesige Fabrik, in der bis zu 350 000 Menschen iPhones zusammenschrauben. Verschickt in alle Welt werden die smarten Telefone dann per Container – die globale Frachtschifffahrt emittiert übrigens mittlerweile mehr Treibhausgase als die Bundesrepublik Deutschland. Wenn die Smartphones nach durchschnittlich weniger als fünf Jahren ausrangiert werden, landen viele von ihnen über illegale Exporte in Agbogbloshie: Die riesige Deponie für Elektroschrott in Ghanas Hauptstadt Accra ist laut der Umweltorganisation Blacksmith Institute einer der zehn giftigsten Orte der Welt.

Während sich Technik, Wissenschaft und und Massenkultur nach globalen Standards über den Erdball verbreiten, bleibt die politische Welt weiterhin in Nationalstaaten organisiert. Politische Institutionen, die globale Prozesse wirksam steuern, gibt es nicht. Die bestehenden internationalen Organisationen existieren nur mit der Erlaubnis der einzelnen Staaten, die sich vorbehalten, nach eigenem Ermessen Steuern zu erheben, soziale Standards festzulegen oder Einwanderung zu kontrollieren.

Für manche Staaten ist es ein lukratives Geschäftsmodell, Steueroase zu sein. Als in den 2010er Jahren durch Enthüllungen wie LuxLeaks oder die Panama Papers ans Licht kam, mit welchen Tricks Großkonzerne, Spitzenpolitiker, Stars aus Sport und Showbusiness in großem Maßstab »Steuervermeidung« betreiben, fütterte das die Wut der gewöhnlichen Steuerzahler auf die Eliten und ihre Handlanger. Da mutet es wie ein Witz der Geschichte an, dass viele, die sich als Verlierer der Globalisierung empfinden, ausgerechnet den Milliardär Donald Trump zum Präsidenten des mächtigsten Landes der Erde gewählt haben. Der hat inzwischen mithilfe der neuen sozialen Medien und Fake News die Vereinigten Staaten derart polarisiert, dass sie kaum wiederzuerkennen sind.

Dramatische Entwicklungen, wohin man schaut: US-Banken wie JPMorgan machen Gewinne, als hätte es die Finanzkrise von 2008 nicht gegeben, die USA zetteln einen Handelskrieg gegen China an, Venezuela leidet unter einer Hyperinflation, die Türkei wird anderen Staaten des Nahen Ostens immer ähnlicher, und die Sahelzone erlebt eine Spirale der Gewalt.

Die Welt ist in Bewegung – und es bleibt kompliziert. Die größte, wahrhaft globale Herausforderung haben die Staaten der Erde mit dem Pariser Klimaabkommen angenommen, zumindest auf dem Papier. Trotzdem geht die Erderwärmung nicht nur weiter, sie beschleunigt sich sogar. Die ins Meer stürzenden Eisberge liefern die Bilder dazu. Die schwedische Schülerin und Klimaaktivistin Greta Thunberg und die Bewegung »Fridays for Future« fordern die Politik auf, endlich zu handeln, radikal. Der Protest der Schülerinnen und Schüler zwingt uns dazu, die Welt mit den Augen unserer Kinder und Enkelkinder zu betrachten – damit unser Planet auch in 80 Jahren noch bewohnbar ist.

Stefan Mahlke

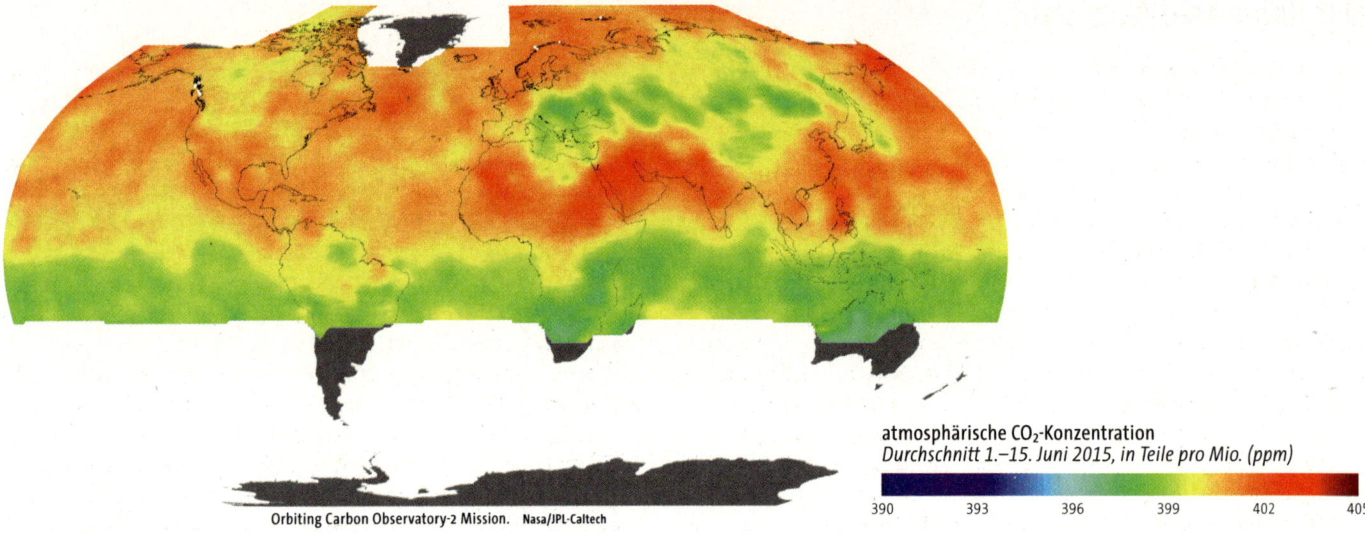

Orbiting Carbon Observatory-2 Mission. Nasa/JPL-Caltech

Die Keeling-Kurve

In den 1950er Jahren wusste die Wissenschaft wenig über das Treibhausgas Kohlendioxid. Der US-amerikanische Chemiker Charles Keeling war der Überzeugung, dass der CO_2-Gehalt der Atmosphäre weit weniger variabel sei, als viele Experten vermuteten. Für seine Messungen wählte er den Vulkan Mauna Loa auf Hawaii – weit entfernt von Industrieanlagen und mit 3400 Metern hoch genug, um von inversiven Wetterlagen nicht beeinträchtigt zu werden. Dort ließ er von 1958 an kontinuierlich den CO_2-Gehalt der Atmosphäre messen. Die Daten zeigten bald, dass der Kohlendioxidgehalt in der Luft von Jahr zu Jahr ansteigt. Periodische Schwankungen innerhalb eines Jahres konnten auf das jahreszeitlich bedingte Wachstum der Vegetation auf der Nordhalbkugel zurückgeführt werden.

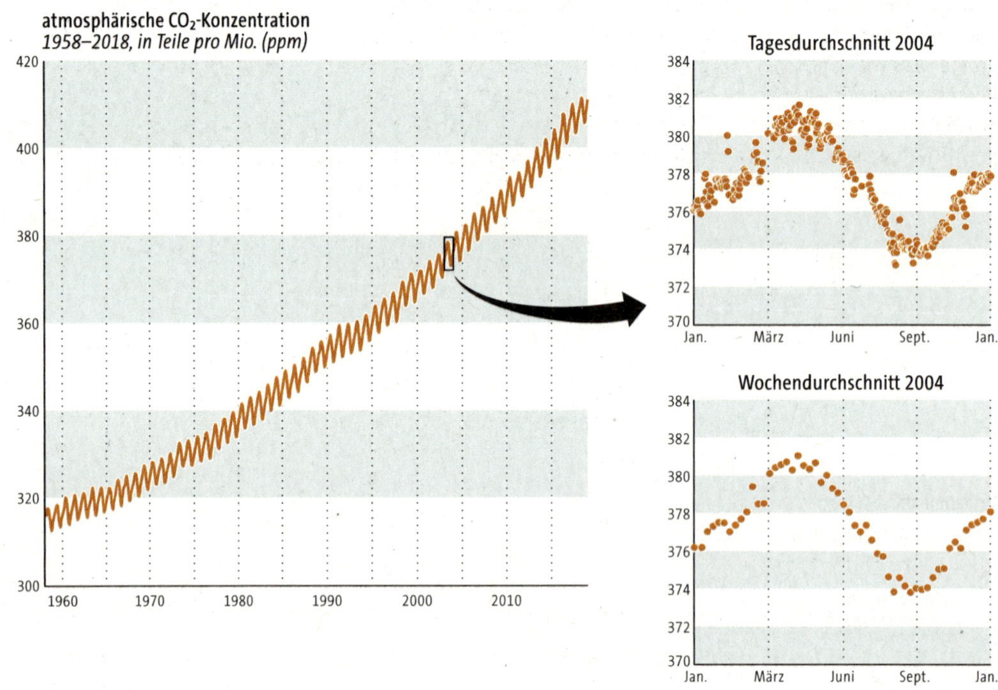

Anthropogene Kohlenstoffemissionen

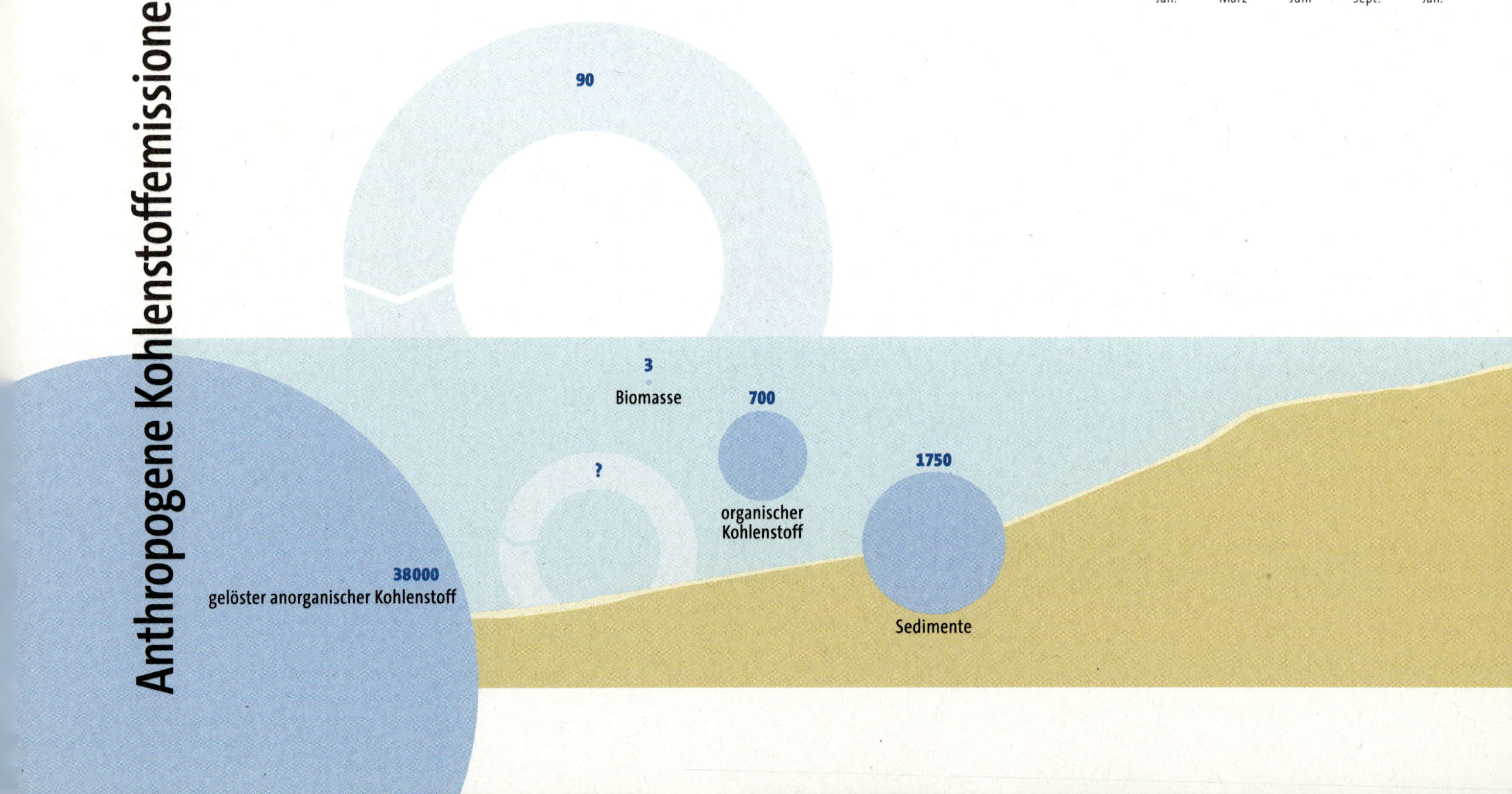

Der Kohlenstoffkreislauf

Kohlenstoff ist im Universum das am vierthäufigsten vorkommende Element. Es weist unter allen chemischen Elementen die größte Vielfalt an chemischen Verbindungen auf – und ist Grundlage des Lebens. Der größte Teil des Kohlenstoffs der Erde – etwa 65 500 Milliarden Tonnen – wird in Gesteinen gespeichert, der Rest im Ozean, in der Atmosphäre, in Pflanzen und im Boden. Zwischen diesen Reservoirs findet ein Austausch statt. Gibt ein Reservoir Kohlenstoff ab, führt das zu mehr Kohlenstoff in anderen Reservoirs. Dieser Kohlenstoffkreislauf ist ein hochkomplexes System, das sich nicht linear verhält. Mehr Kohlenstoff in der Atmosphäre wärmt den Planeten und lässt mehr Pflanzen an Land wachsen, die der Atmosphäre wieder Kohlendioxid entziehen. Wird mehr Kohlendioxid vom Meer gebunden, bremst das zwar die Erderwärmung, macht aber die Ozeane saurer, was Korallen und andere Meeresbewohner schädigt.

Der Kreislauf unterteilt sich noch mal in einen langsamen und einen schnellen Zyklus. Im langsamen Kohlenstoffkreislauf benötigt Kohlenstoff zwischen 100 Millionen und 200 Millionen Jahre, um sich zwischen Gestein, Boden, Ozean und Atmosphäre zu bewegen. Pro Jahr werden durchschnittlich 10 Millionen bis 100 Millionen Tonnen Kohlenstoff ausgetauscht.

Der schnelle Kohlenstoffzyklus dagegen bewegt bis zu 100 Milliarden Tonnen Kohlenstoff pro Jahr, vor allem Pflanzen und Phytoplankton sind beteiligt. Der größte Fluss von Kohlenstoff von einem Reservoir zum anderen findet durch die Photosynthese der Landvegetation statt. Jedes Jahr werden dadurch circa 120 Milliarden Tonnen Kohlenstoff aufgenommen und in Zuckermolekülen gespeichert, etwa halb so viel Kohlenstoff geben die Pflanzen über die Atmung wieder ab. Der Mensch bringt durch Verbrennung fossiler Rohstoffe, Zementproduktion und Entwaldung jährlich etwa 10 Milliarden Tonnen in die Atmosphäre und lässt so den Kohlendioxidgehalt steigen.

Kohlendioxid gehört wie Wasserdampf und Methan zu den Treibhausgasen, die Energie absorbieren und zum Teil wieder abgeben. Der natürliche Treibhauseffekt hat die Temperatur auf der Erde auf einen Wert steigen lassen, der Leben überhaupt erst möglich macht. Ohne Treibhausgase wäre die Erde bei minus 18 Grad Celsius gefroren; bestünde die Atmosphäre fast ausschließlich aus Treibhausgasen, wäre es auf der Erde so warm wie auf der Venus, wo Temperaturen von über 400 Grad Celsius herrschen.

Über die Hälfte der anthropogenen Emissionen wird von Landökosystemen und Ozeanen aufgenommen; diese Aufnahme wird auch Kohlenstoffsenke genannt. Die Meere absorbieren Kohlenstoff, indem an der Wasseroberfläche Kohlendioxidgas mit Wassermolekülen reagiert. Dabei wird Wasserstoff freigesetzt, wodurch die Versauerung der Ozeane zunimmt. Vor dem Industriezeitalter gab das Meer etwa so viel Kohlendioxid in die Atmosphäre ab, wie es Kohlenstoff durch Gesteinsverwitterung erhielt. Da jedoch in den letzten dreihundert Jahren die Kohlenstoffkonzentrationen in der Atmosphäre gestiegen sind, nimmt der Ozean jetzt mehr Kohlenstoff aus der Atmosphäre auf, als er freisetzt. Der Prozess ist langsam, da er an die Bewegung des Wassers von der Meeresoberfläche bis in die Tiefe gebunden ist. Wind, Strömung und Temperatur steuern die Geschwindigkeit, mit der die Meere Kohlendioxid aus der Atmosphäre entnehmen.

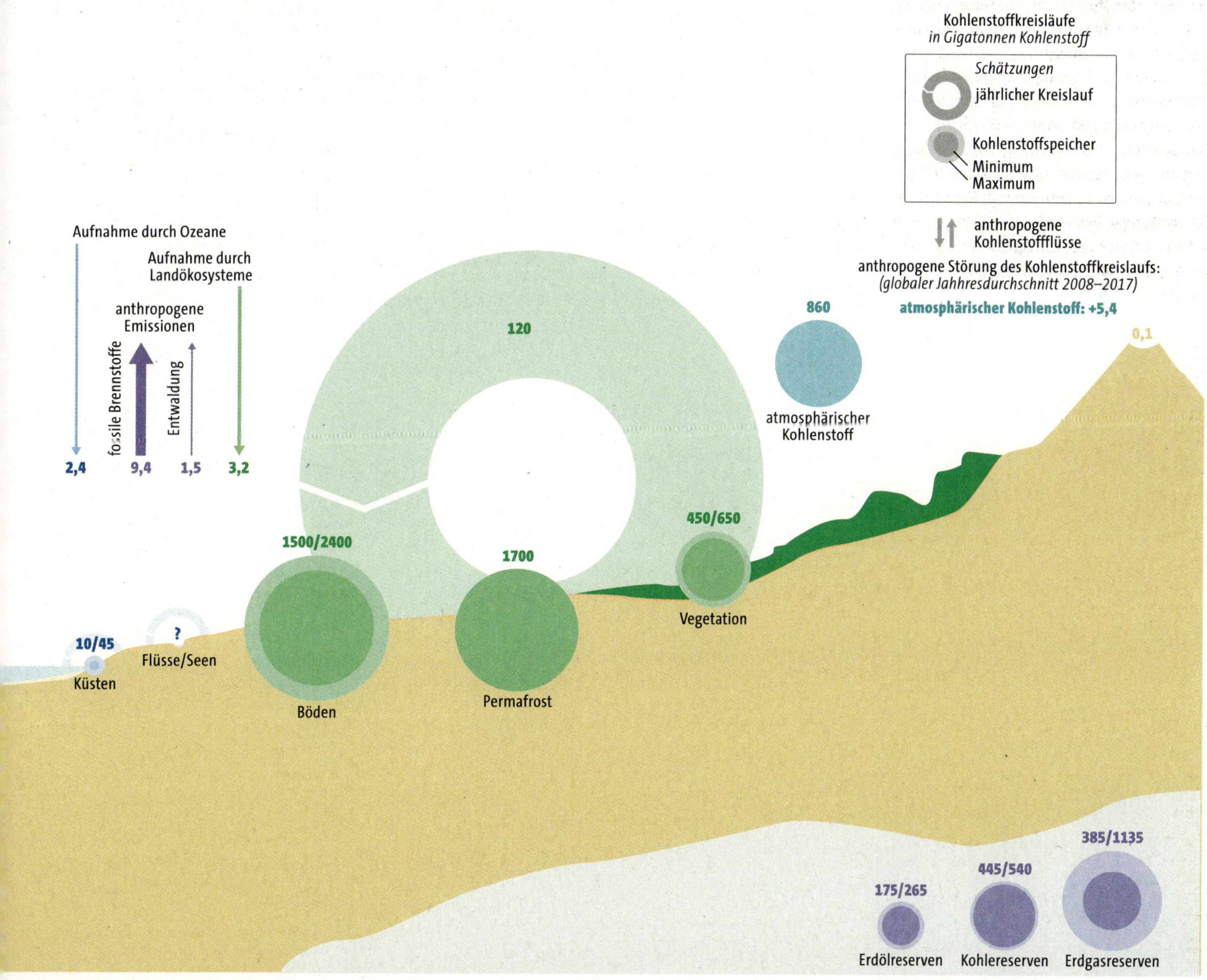

Die Klimafrage

Das Pariser Abkommen war ein Meilenstein, aber die Energiewende lässt auf sich warten

von Bernhard Pötter

Der Kompromiss zum deutschen Kohleausstieg sei ein »historischer Kraftakt«, sagte am 26. Januar 2019 der Vorsitzende der »Kohlekommission« Ronald Pofalla. Das Gremium mit Vertretern aus Industrie, Gewerkschaften, Bundesländern, Wissenschaft und Umweltverbänden hatte sich geeinigt, bis 2038 die Kohleverbrennung in Deutschland zu beenden. Dafür erhalten die betroffenen Regionen 40 Milliarden Euro Strukturhilfen und Unternehmen und Beschäftigte einen Ausgleich für ihre Verluste.

Deutschland, lange einer der Vorreiter in der internationalen Klimapolitik, findet damit wieder Anschluss an die Staaten, die es mit dem Klimaschutz ernst meinen. Insgesamt 30 Staaten und 22 Provinzen und Städte weltweit haben in der »Powering Past Coal Alliance« verkündet, aus dem dreckigen Brennstoff auszusteigen. Darunter sind Länder wie Tuvalu und Liechtenstein, die ohnehin kaum Kohlestrom beziehen, aber auch andere wie Großbritannien oder Kanada, für die Kohle in der Vergangenheit eine wichtige Energiequelle war. »Ein schneller Übergang weg von der Kohle ist nötig, um die Klimaziele zu erreichen«, heißt es in der Erklärung der Anti-Kohle-Koalition.

Primärenergieverbrauch
1965–2017, in Mrd. Tonnen Öleinheit[1]

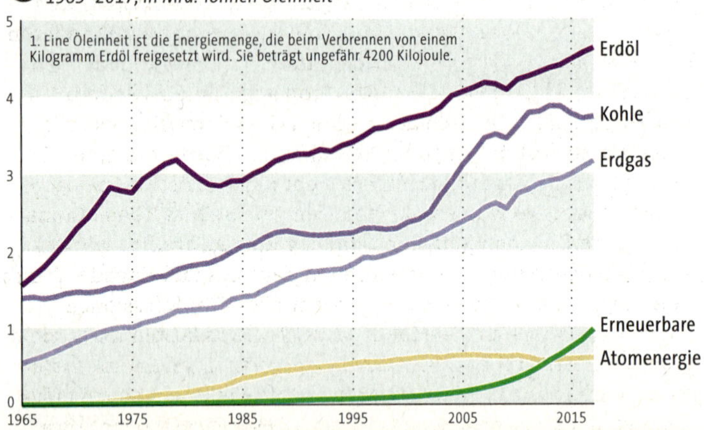

Ungebrochener Hunger nach Energie

Doch die Kohle ist zäh: Weltweit ist der dreckige Brennstoff längst noch nicht abgeschrieben. Nach Zahlen des Mercator Instituts für Gemeingüter und Klimawandel (MCC) sind allein in China und Indien noch etwa 150 neue Kraftwerke im Bau, noch einmal so viele sind geplant. Und Länder wie Indonesien, Vietnam, die Türkei oder Bangladesch und Ägypten setzen verstärkt auf die Kohle.

Die Beispiele zeigen: Die großen Erfolge der weltweiten Klimapolitik stehen bislang vor allem auf dem Papier. Während sich die Weltgemeinschaft im Pariser Abkommen von 2015 zum Handeln verpflichtet hat, ist von einer schnellen weltweiten Energiewende wenig zu sehen. In der realen Welt nehmen Extremwetter wie Hitzewellen, Dürren oder Starkregen zu, und die globalen Kohlendioxidemissionen sind zuletzt wieder gestiegen. Obgleich die Warnungen vor den rasch schmelzenden Polargebieten und Gletschern immer lauter werden und die Wissenschaft in immer kürzeren Zyklen die Probleme immer treffender beschreibt, hat die weltweite Klimapolitik, abgesehen von einigen ermutigenden Fortschritten, an Schwung verloren.

Seit dem Pariser Abkommen sind die Vorgaben klar und die Aufgaben verteilt. Die Ziele des Abkommens sind völkerrechtlich verbindlich, seit der Vertrag noch 2016 im Rekordtempo ratifiziert wurde. Aber niemand außer ihrer eigenen Bevölkerung kann die Staaten zwingen, sie umzusetzen. Einerseits gibt es nun die nötigen Regeln, die erforderlichen technologischen Durchbrüche und die Märkte für grüne Technologien. Andererseits zeigt ein ernüchternder Blick auf die Realität, dass die weltweiten CO_2-Emissionen bisher fast noch nie gesunken sind. Und dass deshalb die Zeit sehr knapp wird, um die Klimaziele noch zu erreichen.

Das Pariser Abkommen ist der Meilenstein in der Klimapolitik. Mit ihm verpflichten sich 196 Staaten dazu, den Klimawandel bis 2100 so stark zu begrenzen, dass (hoffentlich) große Katastrophen ausbleiben. Dafür soll der Anstieg der globalen Mitteltemperatur gegenüber der vorindustriellen Zeit »deutlich unter 2 Grad Celsius« gehalten werden, 1,5 Grad werden angepeilt. Um das zu erreichen, soll die Weltwirtschaft zur Mitte des Jahrhunderts praktisch vollständig auf die Verbrennung von fossilen Energieträgern wie Öl, Kohle und Gas verzichten. Für die Industrienationen heißt das, die »Dekarbonisierung« muss schneller voranschreiten, um den Schwellenländern für den Übergang zur CO_2-freien Wirtschaft noch ein paar Jahrzehnte mehr Zeit zu geben. Den armen Ländern sollen ab 2020 jährlich mindestens 100 Milliarden US-Dollar für Klimaschutz, Anpassung an den Klimawandel und grüne Technologien zur Verfügung stehen. Außerdem verpflichten sich die Staaten, über Schadenersatz für Klimafolgen wie Stürme, Dürren oder Überschwemmungen zu verhandeln und eine weltweite nachhaltige Entwicklung voranzutreiben.

Vor allem aber beendet »Paris« offiziell die Zweiteilung der Welt beim Klimaschutz. 1997 hatten die Staaten im Kioto-Protokoll noch festgelegt, dass nur die Industrieländer ihren CO_2-Ausstoß um 5,2 Prozent reduzieren sollten. Das gelang, nutzte der Atmosphäre aber wenig. Aufstrebende Volkswirtschaften wie China, Indien oder Brasilien übernahmen die Rolle der Verschmutzer – und begründeten das lange mit der Notwendigkeit, der Armut zu entwachsen. In Paris nun verpflichteten sich offiziell alle Länder zum Klimaschutz, wenn auch nach eigenen Vorgaben und abgestuftem Zeitplan.

Wie schwierig es ist, nur die Temperaturziele zu erreichen, hat 2018 ein Sonderbericht des UN-Klimarats IPCC gezeigt. 91 Autorinnen und Autoren antworten hier auf die Frage, was getan werden muss, um den Anstieg der Temperatur bei 1,5 Grad zu halten. Ihre Schlussfolgerungen: Zwischen 2010 und 2030 müssten die weltweiten CO_2-Emissionen um 45 Prozent reduziert werden. In jedem weiteren Jahrzehnt sollten sie halbiert werden, um bis 2050 praktisch auf null zu sinken. Ökoenergien müssten mindestens 70 Prozent des Stroms liefern. Die Effizienz der Energienutzung müsste sich dramatisch verbessern, und auch ungeliebte Techniken wie CCS (Abscheidung und unterirdische Speicherung von CO_2) müssten erforscht werden. Das 1,5-Grad-Ziel zu erreichen, sei nicht unmöglich, sagte IPCC-Chef Hoesung Lee bei der Vorstellung des Berichts: »Aber da wir bereits die Konsequenzen von einem Grad Erwärmung sehen, braucht es dafür schnelle und weitreichende Veränderungen in der Gesellschaft.«

Der Bericht warnt aber auch: Zwischen 1,5 und 2 Grad gebe es große Unterschiede. 1,5 Grad bedeute 10 Zentimeter weniger Anstieg des Meeresspiegels, 10 Millionen Menschen weniger, die deshalb ihre Heimat verlieren. Die Arktis werde bis 2100 im Sommer nur einmal ihr Eis verlieren, sonst einmal alle zehn Jahre. Bei einem Anstieg von 1,5 Grad würden im warmen und saurer werdenden Ozean »nur« 70 bis 90 Prozent der Korallen sterben, verglichen mit praktisch allen bei 2 Grad. Die Weltwirtschaft erreicht bei 1,5 Grad ein höheres Wachstum, und »einige hundert Millionen Menschen« weniger werden von Armut bedroht, weil ihnen die Verwüstung ihres Besitzes durch Stürme und Fluten erspart bleibt.

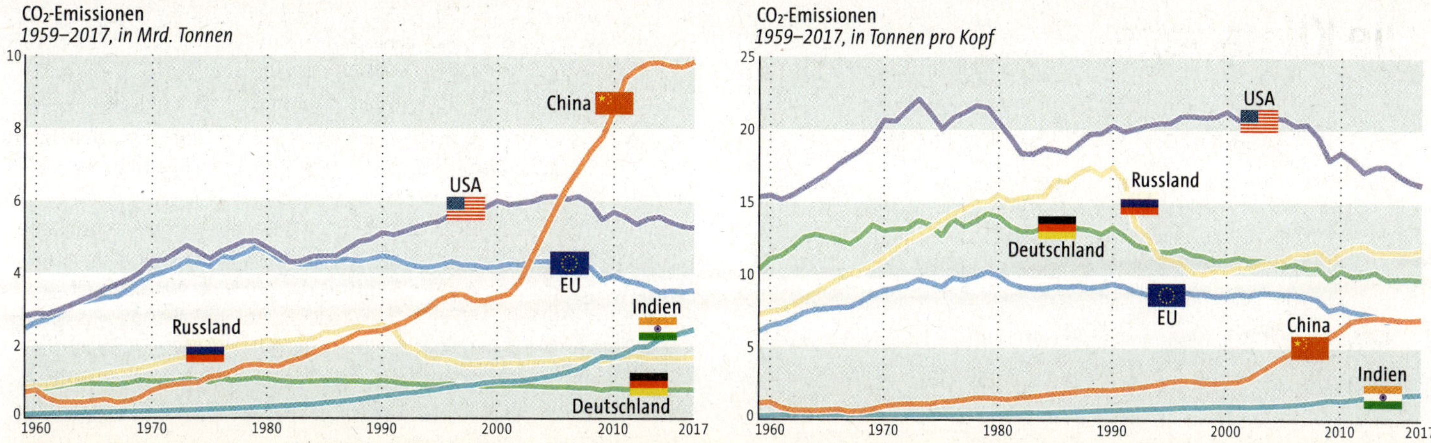

Meilenweit entfernt von null Emissionen

Es wäre schon ein großer Erfolg, wäre die Welt auf einem Kurs zu 2 Grad plus in 2100. Denn nach den bisherigen Trends und Szenarien steuern wir auf eine Erwärmung von 3 bis 4 Grad zu – mit potenziell katastrophalen Folgen, die sich noch kein IPCC-Bericht in aller Deutlichkeit ausgemalt hat. Den vollmundigen Versprechen auf den Klimakonferenzen stehen bislang kaum Fortschritte bei der Eindämmung der Emissionen gegenüber.

Der internationale Schwung im Klimawandel hat bereits ein Jahr nach der Champagnerlaune von Paris einen großen Dämpfer erhalten: In den USA wurde Donald Trump zum Präsidenten gewählt. Er ruinierte die Umweltbehörde EPA, strich Klimagesetze der Vorgängerregierung und kündigte an, sein Land werde das Abkommen von Paris verlassen. Der formelle Austritt wird nach UN-Regeln am 4. November 2020 gültig – am Tag nach den nächsten US-Präsidentschaftswahlen. Ein neugewählter Regierungschef könnte also in letzter Minute erklären, die USA noch im Abkommen halten zu wollen.

Bei den Klimakonferenzen hat das Ausscheiden der USA bislang keinen großen Schaden angerichtet. Anders als befürchtet sind dem Klimaausstieg der USA bislang keine weiteren Länder gefolgt. Im Gegenteil: Das Pariser Abkommen wurde 2016 so schnell ratifiziert und in Kraft gesetzt wie noch kein internationaler Vertrag zuvor. Auch wenn der brasilianische Präsident Jair Bolsonaro vor seiner Wahl angekündigt hatte, das Abkommen zu verlassen, ruderte er später zurück – auch unter dem Druck europäischer Investoren. Andere Wackelkandidaten wie Australien oder Saudi-Arabien haben es bislang vorgezogen, an den Tischen der UN-Klimakonferenzen sitzen zu bleiben und den Prozess bei Gelegenheit von innen zu bremsen.

Der Schwung von Paris ist verflogen, aber die Hoffnung ist geblieben. Für viele Diplomaten und Klimaschützer gibt es durchaus Lichtblicke beim nationalen und globalen Klimaschutz. Während das Kioto-Protokoll nach dem Ausstieg der USA im Jahr 2000 praktisch erledigt war, lebt das Pariser Abkommen weiter. 2020 müssen die Staaten neue und verbesserte Klimapläne vorlegen. Dann wird es auch juristisch ernst. Die EU etwa hat ihren Emissionshandel mit CO_2-Zertifikaten bereits verschärft. Es werden höhere Preise für die Verschmutzer gefordert und Energiesparen wird belohnt. EU-Staaten, die ihre Klimaziele beim Verkehr oder in der Gebäudetechnik nicht erreichen, müssen in den kommenden Jahren für viel Geld CO_2-Zertifikate von anderen EU-Ländern kaufen. Allein für Deutschland rechnen Gutachten bis 2030 mit kumulierten Kosten von 30 bis 60 Milliarden Euro – ein guter Anreiz für den Finanzminister, auf mehr Klimaschutz zu drängen.

Auch anderswo werden die Finanzen wichtig fürs Klima. China hat wie die EU einen Emissionshandel gestartet, ähnlich wie einzelne Bundesstaaten und Provinzen in den USA und Kanada. Damit unterliegen inzwischen etwa 15 Prozent aller CO_2-Emissionen einem Handelssystem. Die Idee, dass CO_2 etwas kosten muss, zieht immer weitere Kreise. OECD-Generalsekretär Ángel Gurría fordert einen »dicken fetten Preis« für Kohlenstoff. Viele Schwellenländer könnten mit einer Abgabe auf CO_2 ihre Gesundheits- oder Sozialprogramme finanzieren, raten Experten.

Optimistisch stimmen die Experten auch die Preise für erneuerbare Energien und Stromspeicher in Batterien. Sie sind in den letzten Jahren dramatisch gefallen, teilweise um 30 bis 40 Prozent pro Jahr. Sonnenstrom lässt sich an sonnenreichen Orten wie Arizona oder am Persischen Golf derzeit für weniger als 3 Cent pro Kilowattstunde erzeugen, billiger als Elektrizität aus Gas und Kohle. Noch immer sind die zusätzlichen Kosten von Erneuerbaren ein Wettbewerbsnachteil (Kredite sind teurer, weil Banken das Risiko scheuen; es braucht mehr Planung, Kapazitäten und

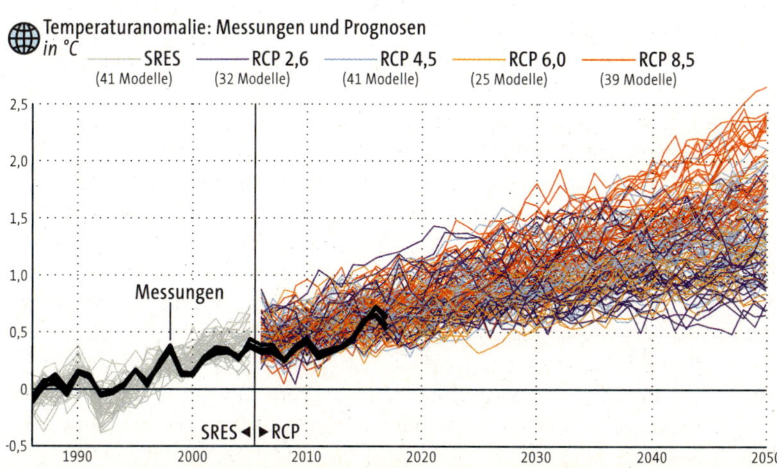

Treibhausgase und Strahlungsantrieb

Representative Concentration Pathways (RCPs) sind Szenarien, die der Weltklimarat (IPCC) in seinem fünften Sachstandsbericht 2014 verabschiedet hat. Die Repräsentativen Konzentrationspfade zeigen Strahlungsantriebe und Treibhausgaskonzentrationen im Jahr 2100 gegenüber den vorindustriellen Werten von 1850, je nachdem wie viele Treibhausgase in den kommenden Jahren ausgestoßen werden. Die vier RCPs – RCP 2,6, RCP 4,5, RCP 6,0 und RCP 8,5 – sind nach möglichen Strahlungsantriebswerten im Jahr 2100 benannt. Der Strahlungsantrieb bezeichnet die Strahlungsenergie, die pro Sekunde und pro Quadratmeter durch die Tropopause (Grenzschicht zwischen Troposphäre und Stratosphäre) hindurchkommt – und die Erde aufheizt. RCP 6,0 etwa steht für einen von anthropogenen Treibhausgasen verursachten Strahlungsantrieb von 6,0 Watt/m² im Jahr 2100.

Die kommende Heißzeit

• Die Abweichung wird zum Trend

Abgaben für CO_2-Emissionen bei der Energieproduktion[1,2]
2018, Schätzung, in €/Tonne CO_2

1. OECD- und G-20-Länder (80 Prozent der globalen Emissionen).
2. Kohlenstoffsteuern, Emissionshandel und nicht emissionsgebundene Abgaben.

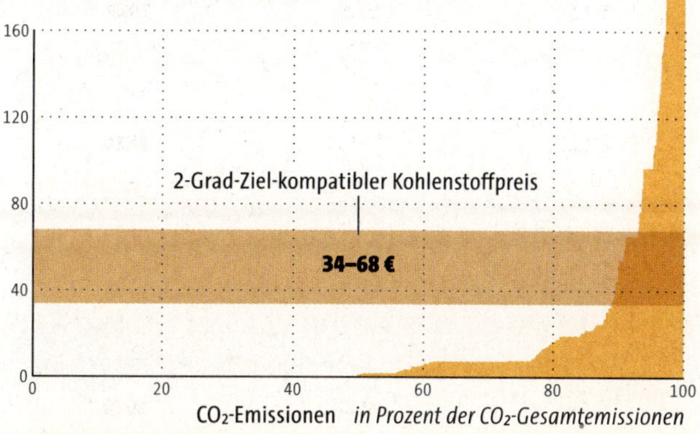

CO_2 braucht einen Preis

Im Pariser Klimaabkommen verpflichten sich die Länder, CO_2-Emissionen spürbar zu reduzieren. Ein mögliches Instrument ist die Kohlenstoffsteuer. Sie funktioniert nach dem Verursacherprinzip: Wer Klimagase ausstößt, muss zahlen. Anders als der Zertifikatehandel in der Europäischen Union – der nur knapp die Hälfte der Emissionen in den beteiligten Ländern abdeckt – wäre sie einfach zu verwalten und würde für alle gelten. Besteuert werden fossile Brennstoffe – entsprechend ihrem Kohlenstoffgehalt. Die Steuerlast würde von Produzent zu Produzent, also von den Öl-, Gas- und Kohleförderfirmen bis zu den Endverbrauchern, weitergereicht werden. So entstünde ein Anreiz, auf klimafreundlichere Produkte umzusteigen. Als Kompensation sind Steuerentlastungen an anderer Stelle oder Pro-Kopf-Zurückzahlungen im Gespräch. Um das 2-Grad-Ziel des Pariser Klimaabkommens zu erreichen, wäre ein Preis zwischen 34 und 68 Euro pro Tonne CO_2 nötig. Bisher wird nur etwa ein Zehntel der Emissionen mit einem solchen Preis belegt, fast 50 Prozent der Emissionen sind abgabenfrei.

Speicher, um die Schwankungen von Sonnen- oder Windstrom im Netz auszugleichen) – aber den Ökoenergien gehört die Zukunft, sagt selbst Shell-Vorstandschef Ben van Beurden: »Die Energiewende wird zum Mainstream für die Allgemeinheit, unsere Aktienbesitzer und innerhalb unserer Firma.«

Ohnehin drängen viele Unternehmen inzwischen auf ernsthaften Klimaschutz. Regelmäßig identifiziert das Weltwirtschaftsforum in Davos die Bedrohung durch die Erderwärmung als eine der größten Unsicherheiten: Globale Unternehmen sind bei Rahmenbedingungen für ihre Vorprodukte, Lieferketten und Arbeitskräfte weitaus verwundbarer als bei Energiepreisen. So machen regelmäßig große Unternehmen und Investoren Druck für ernsthaften Klimaschutz. Das Divestment, das Umschichten von Kapitalanlagen aus Firmen, die auf fossile Energieträger setzen, hin zu nachhaltigen Anlagen, greift um sich. Und mehr als 500 große Firmen machen sich inzwischen unter Führung des Finanzstabilitätsrats der G-20-Staaten darüber Gedanken, wie sehr ihre Investitionen durch den Klimawandel gefährdet sind. Einer der Leiter des Gremiums, der New Yorker Millionär Michael Bloomberg, sagt: »Je mehr die Unternehmen über die Risiken wissen, desto schneller können sie reagieren. Und je mehr sie darüber informieren, desto besser können Investoren kluge Entscheidungen treffen.«

Fortschritte macht der Klimaschutz auch vor Gericht. Immer mehr Einzelpersonen und Umweltgruppen nutzen die nationalen Klimagesetze oder die völkerrechtlichen Verpflichtungen, die ihre Länder mit dem Pariser Abkommen eingegangen sind, um gegen ihre Regierungen zu klagen. So schaffte es die niederländische Gruppe urgenda mehrfach, ihre Regierung vor Gericht dazu zu verpflichten, ihre Klimaziele zu erweitern. Auch einzelne Unternehmen wie RWE müssen sich vor Gericht dafür verantworten, dass ihre CO_2-Emissionen in anderen Teilen der Welt Schäden anrichten können. Laut UN-Umweltprogramm Unep waren 2017 weltweit 884 Prozesse in 24 Ländern anhängig, bei denen es ums Klima geht. »Vor Gericht zu gehen ist heute wohl wichtiger als je zuvor«, heißt es im Unep-Bericht »Klimawandel vor Gericht«.

Nicht zuletzt bewegt die Klimapolitik die Menschen. Hitzesommer wie 2018 in Mitteleuropa oder verheerende Waldbrände und Überflutungen in anderen Teilen der Welt lassen viele Menschen erkennen, dass der Klimawandel kein fernes Zukunftsszenario ist, sondern dass sie mittendrin leben. Das führt zu Reaktionen, von denen keiner weiß, wie langfristig sie sind: Viele Menschen wählen grüne Parteien, unterstützen in Meinungsumfragen drastische Maßnahmen wie höhere CO_2-Preise, kompensieren ihre persönliche CO_2-»Schuld« aus Flügen und Autofahrten oder verzichten aus Umweltgründen auf Fleisch.

Die Erderwärmung steht auch auf Platz eins der globalen Sorgen, die der US-Thinktank Pew Research Center regelmäßig in repräsentativen Umfragen ermittelt. Im Frühjahr 2018 war der Klimawandel für 67 Prozent der Menschen in 26 Ländern die größte Gefahr, deutlich vor dem islamistischem Terror oder einem Atomkrieg. Allerdings zeigen ältere Umfragen auch, dass diese Befürchtung gerade in den Ländern am geringsten ist, die wie die USA den höchsten Pro-Kopf-Ausstoß von CO_2 haben. Zumindest zeitweise wird auch in diesen Regionen jungen Menschen klar, dass es um ihre Zukunft geht: Nach dem Vorbild der junge Schwedin Greta Thunberg nahmen 2018/19 weltweit tausende Schülerinnen und Schüler am »Schulstreik fürs Klima« teil.

Doch auch die Gegenbewegung ist sichtbar: Sobald Klimaschutz zu höheren Preisen etwa bei Benzin oder Fleisch führt oder die persönliche Freiheit einschränkt, wird Protest laut. In Deutschland zum Beispiel sorgt regelmäßig das Reizthema »Tempolimit auf Autobahnen« für eine wütende Reaktion von Bürgerinnen und Bürgern, angestachelt von Politik und Presse.

Nicht zuletzt die Angst vor einer Protestwelle in den deutschen Braunkohlerevieren, vor allem der Lausitz, trieb die »Kohlekommission« des Bunds 2018/19 zu weitreichenden Zugeständnissen bei den Strukturhilfen und Investitionen. Weder Politiker noch Umweltschützer wollten für den dringend notwendigen Klimaschutz den Zorn ganzer Regionen auf sich ziehen. »Wir lassen niemanden zurück« lautete das Motto der SPD-Umweltministerin Svenja Schulze. International war schon auf der Klimakonferenz in Katowice 2018 über einen »gerechten Übergang« für die Kohleregionen diskutiert worden. Dahinter verbirgt sich im globalen Maßstab die nächste brisante Frage der »Klimagerechtigkeit«: Sollen Regionen und Länder, die durch ihre Bodenschätze Kohle und Öl maßgeblich am Klimawandel verdient haben, in Zukunft dafür bezahlt werden, diese Ressourcen im Boden zu lassen?

Für alle Beteiligten gilt der Ausspruch von Barack Obama: »Wir sind die erste Generation, die die Auswirkungen des Klimawandels spürt, und die letzte, die etwas dagegen tun kann.« Das Problem einer Überhitzung der Erde ist spätestens seit 1988 bekannt. In der Dekade 2010 bis 2020 wurden die nötigen Verträge und Abkommen geschlossen. Das Jahrzehnt bis 2030 wird darüber entscheiden, ob der Klimawandel für die Menschen einigermaßen beherrschbar bleibt – und ob seine Bekämpfung mit den Nachhaltigen Entwicklungszielen (Sustainable Development Goals, SDG) der Vereinten Nationen verknüpft werden kann: Ende der Armut, Bildung für alle, Zugang zu Gesundheitsvorsorge, Rettung der natürlichen Lebensgrundlagen, des Ackerbodens, der Luft, des Trinkwassers, der Meere. Von den 17 SDGs ist die Beherrschung des Klimawandels »nur« Nummer 13 – aber ohne eine Lösung dafür sind die anderen 16 Ziele nicht zu erreichen.

Bernhard Pötter ist *taz*-Redakteur für Wirtschaft und Umwelt mit dem Schwerpunkt Klima, Energie und Umweltpolitik.

Einstürzende Eisberge

Weitgehend ungerührt sieht die Menschheit den Polkappen beim Abschmelzen zu

von Manfred Kriener

Es ist ein historischer Wendepunkt. Der Antarktisexperte und Potsdamer Klimawissenschaftler Anders Levermann spricht von einer neuen Ära für den Planeten, in der der Klimawandel irreversible Folgen zeige. Gleich ein halbes Dutzend Forschungsberichte bestätigen es: Die Eismassen des westantarktischen Eisschilds sind instabil geworden und haben einen sogenannten Kipppunkt überschritten. Damit ist ihr Abschmelzen zu einem Selbstläufer geworden – und vermutlich für die nächsten Jahrhunderte unumkehrbar. Wer die Bedeutung dieses Ereignisses erfassen will, muss sich die gigantischen Ausmaße der kontinentalen Eispanzer vergegenwärtigen.

Auf der Erde gibt es neben dem Meereis, das in der Arktis schwimmt, drei riesige Eisschilde an Land: den grönländischen, den west- und den ostantarktischen Eisschild. Diese kontinentalen Eisschilde bilden das Reservoir für 99 Prozent unseres Süßwassers. Allein die beiden antarktischen Eisschilde enthalten 30 Millionen Kubikkilometer Eis und erstrecken sich über 14 Millionen Quadratkilometer, das entspricht der Fläche der USA und Mexikos zusammen. Ihr komplettes Abschmelzen würde den Meeresspiegel um 58 Meter steigen lassen. Damit stellen die antarktischen Eismassen alle anderen Eisvorkommen auf unserem Planeten weit in den Schatten. 4 Kilometer hoch türmt sich das Eis an der dicksten Stelle in der Ostantarktis, im Mittel sind es 2 Kilometer. Seine Stabilität und Widerstandsfähigkeit ist für das Überleben der Küstenregionen auf der Erde entscheidend. Die jetzt abschmelzenden Gletscher in der westantarktischen Amundsenbucht, die sich, wie verschiedene Forschergruppen gezeigt haben, auf einem nicht mehr aufzuhaltenden Rückzug befinden, werden den Meeresspiegel um etwa 3 Meter erhöhen.

Für die Eisverluste in der Antarktis sind nicht die steigenden Lufttemperaturen verantwortlich, die auf die Oberfläche des Eises einwirken. Denn am kältesten Kontinent erreichen die Temperaturen trotz der Erderwärmung zu keiner Jahreszeit den Taupunkt. Sie können bis auf 60 bis 70 Grad minus absinken. Die bisher niedrigste Temperatur lag bei fast 100 Grad minus. Nur an den Rändern der Antarktis können in seltenen Fällen Plusgrade erreicht werden.

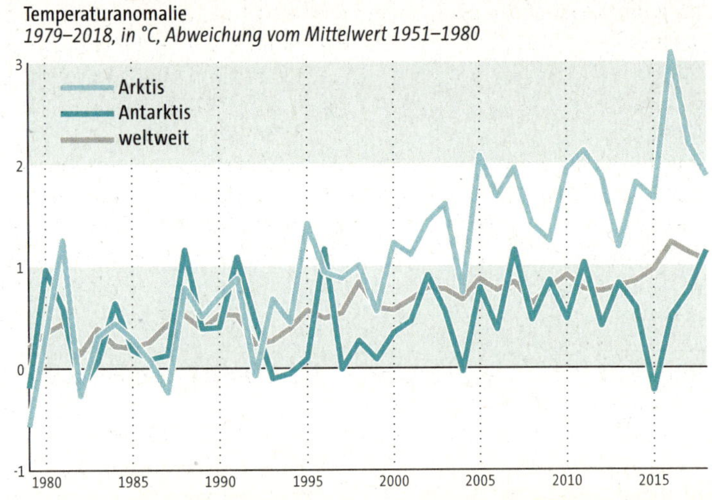

Das Eis am Nordpol taut gefährlich schnell

Anders als etwa in Grönland wird das Eis am Südpol ausschließlich von unten durch relativ warme Meeresströmungen attackiert. An der sogenannten Aufsetzlinie, wo das Eis keine Landmasse mehr unter den Füßen hat, sondern im Meerwasser schwimmt, wird es angeknabbert und immer weiter zurückgedrängt. Dieser Prozess wirkt bei einer talwärts abfallenden Topografie der Landmassen selbstverstärkend, wie die Forscher betonen. Sie erklären es so: Wenn der Untergrund, auf dem das Eis aufliegt, sich unterhalb der Wasserlinie befindet, und ins Landesinnere hinein abfällt, verliert das Eis gewissermaßen den Boden unter den Füßen. Die Angriffsfläche, auf der die Eismassen Kontakt mit dem »warmen« Meerwasser haben, wird immer größer. Je dicker das Eis an der Aufsetzlinie ist, desto mehr kann ausfließen.

Aber kaum jemand regt sich auf. Selbst die Umweltverbände scheint diese Katastrophe wenig zu interessieren. Weil sich die Eisverluste und der damit verbundene Anstieg des Meeresspiegels als schleichender Prozess über Jahrhunderte hinziehen und weil sie im Detail schwer zu erklären und zu verstehen sind, fielen die öffentlichen Reaktionen zum kollabierenden Eisschild eher zurückhaltend aus; sie waren außerhalb der Umwelt- und Klimaszene kaum wahrnehmbar.

Umso alarmierter sind einige Wissenschaftler. Auf der Suche nach einem Ausweg zur Stabilisierung des Meeresspiegelanstiegs wagen sie sich jenseits von Denkverboten auch an irrwitzig erscheinende Rettungsprojekte heran. So sorgte die Idee eines

Nordpolarmeer bald eisfrei

Megaprojekts des Geoengineerings zuletzt für Aufregung. Um den Anstieg des Meeresspiegels zu stoppen, hatte eine Arbeitsgruppe am Potsdam-Institut für Klimafolgenforschung untersucht, ob es möglich wäre, in der Antarktis im großen Stil Meerwasser auf den Eisschild zurückzupumpen. Das abgeschmolzene Wasser könnte auf diese Weise »eingefroren« werden. Zehntausende vor Ort installierte Windräder müssten die Energie liefern, um die gewaltigen Wassermassen mindestens 700 Kilometer weit ins Innere der antarktischen Eiswüste zu transportieren. 90 riesige Pumpen – die größten, die weltweit in Betrieb sind – müssten das Wasser zuerst mehrere Kilometer hoch und dann weit ins Zentrum des eisigen Kontinents befördern. Dort, auf den kältesten Landmassen der Erde, würde das Wasser schnell vereisen und wäre für tausend Jahre sicher konserviert.

Für die Potsdamer Klimaforscher Levermann, Katja Frieler und weitere MitautorInnen der Studie ist diese Idee vor allem ein Ausdruck großer Sorge. Dem Physikprofessor Levermann, ein Kritiker des Geoengineerings, ist angesichts des monströs anmutenden Technologieabenteuers ziemlich unwohl zumute: Wasser auf die Antarktis zu pumpen, das komme einem erst einmal sehr verrückt vor, sagt er. Wenn man länger darüber nachdenke, erscheine es einem nicht mehr so verrückt. Und wenn man noch länger nachdenke, wieder ein bisschen verrückter.

Ein wenig erinnert die Idee an die wilden Fantasien des vergangenen Jahrhunderts, die Sahara zu begrünen oder Teile des Mittelmeers trockenzulegen. Levermann weiß, dass die Realisierung eines solchen Projekts ein großer, ja kolossaler Eingriff in das antarktische Ökosystem wäre. Doch der Anstieg des Meeresspiegels, so argumentiert er, würde vermutlich sehr viel größere Zerstörungen in den stark bevölkerten Küstenregionen rund um den Globus anrichten. Deshalb erscheint es ihm legitim, über eine solch globale Schutzmaßnahme nachzudenken. Sie wäre nicht mehr und nicht weniger als der Einstieg in das Management des Meeresspiegels durch den Menschen.

In der Studie wird in groben Abschätzungen die Machbarkeit eines solchen Rettungsplans untersucht. Die Antwort: Ja, aber! Es wäre möglich, Wasser ins Herz der Antarktis zu pumpen – allerdings wäre dies nur eine Verzögerung und keine Lösung für den globalen Meeresspiegelanstieg. Zudem wäre ein kaum realisierbarer technischer, energetischer und finanzieller Aufwand erforderlich. Allein die dafür nötige Energiemenge beliefe sich auf rund 10 Prozent des derzeitigen weltweiten Verbrauchs. Bei klirrendem Frost wären Mensch und Material extremen Belastungen ausgesetzt. Normale Windräder, wie sie bei uns gebaut werden, könnten am Südpol kaum installiert werden.

Der spektakuläre Rettungsplan hat immerhin dafür gesorgt, das schmelzende Polareis wieder stärker ins Bewusstsein zu rücken.

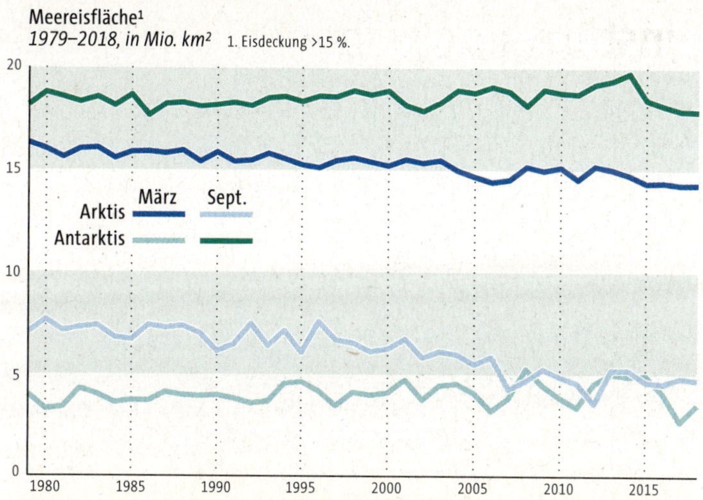

Gestörte Eisbildung in der Arktis

Und er zeigt zugleich die Größe der Aufgabe, die mit den Klimaveränderungen auf die Weltgemeinschaft zukommt. Um eine horrende Erderwärmung um 3 oder 4 Grad zu verhindern, muss der CO_2-Ausstoß in den nächsten Jahren nicht nur kräftig zurückgeschraubt werden. Er muss ganz weg, also auf null reduziert werden und dies auch noch in möglichst hohem Tempo. Die fossilen Energieträger Kohle, Öl und Gas müssen dann komplett aus der Energieerzeugung verschwinden und dürfen nicht mehr verbrannt werden. Nur so kann das Abschmelzen der Eismassen – irgendwann in einigen hundert oder tausend Jahren – gestoppt werden.

Heute lassen sich das Ausmaß der Eisverluste an den Polen und das Tempo der Schmelzprozesse trotz einiger Unsicherheiten relativ gut messen. Wie ein im Juni 2018 im Wissenschaftsmagazin *Nature* veröffentlichter Forschungsbericht zeigt, verlor die Antarktis im Zeitraum zwischen 2012 und 2017 jedes Jahr 219 Milliarden Tonnen Eis. Das ist fast dreimal so viel wie im Zeitraum von 1992 bis 2011, als jährlich nur 76 Milliarden Tonnen abschmolzen. Allein in der Westantarktis erhöhten sich die abschmelzenden Massen von 53 Milliarden auf 159 Milliarden Tonnen jährlich.

Schon in den 1970er Jahren war der Wackelkandidat Westantarktis ein Thema der Klimawissenschaft. US-Forscher John Mercer schrieb 1978 in *Nature* in weiser Voraussicht, der Verlust des westantarktischen Eisschilds wäre wahrscheinlich die erste desaströse Folge der weiteren Nutzung fossiler Brennstoffe. Mercer erinnerte in seinem Beitrag an historische Warmzeiten, denen der Eisschild vor etwa 120 000 Jahren schon einmal zum

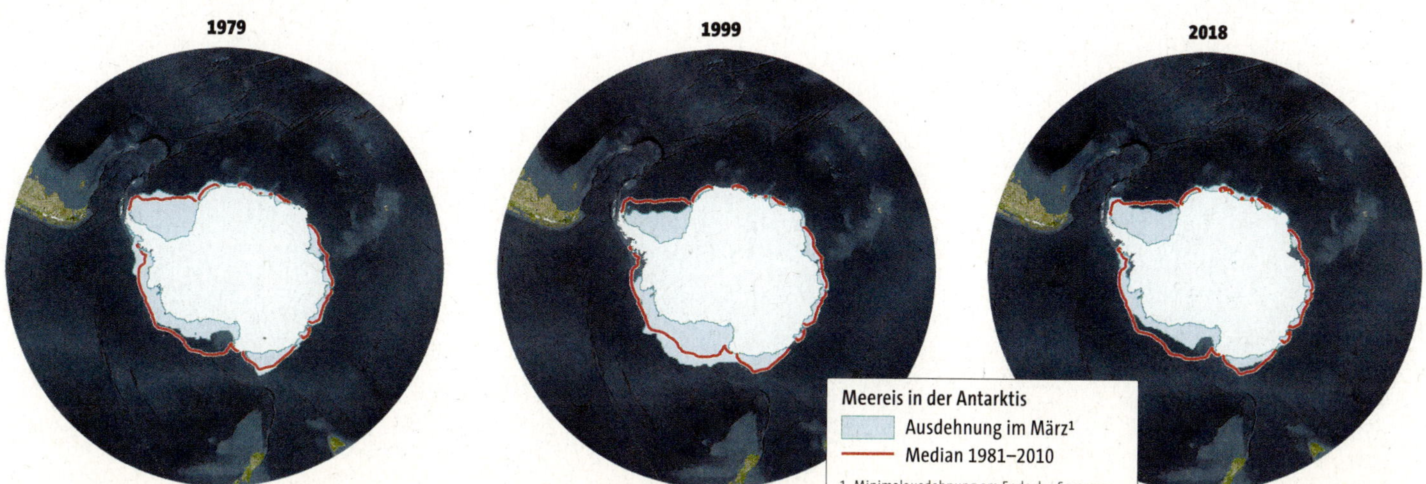

Zu warmes Wasser im Südpolarmeer

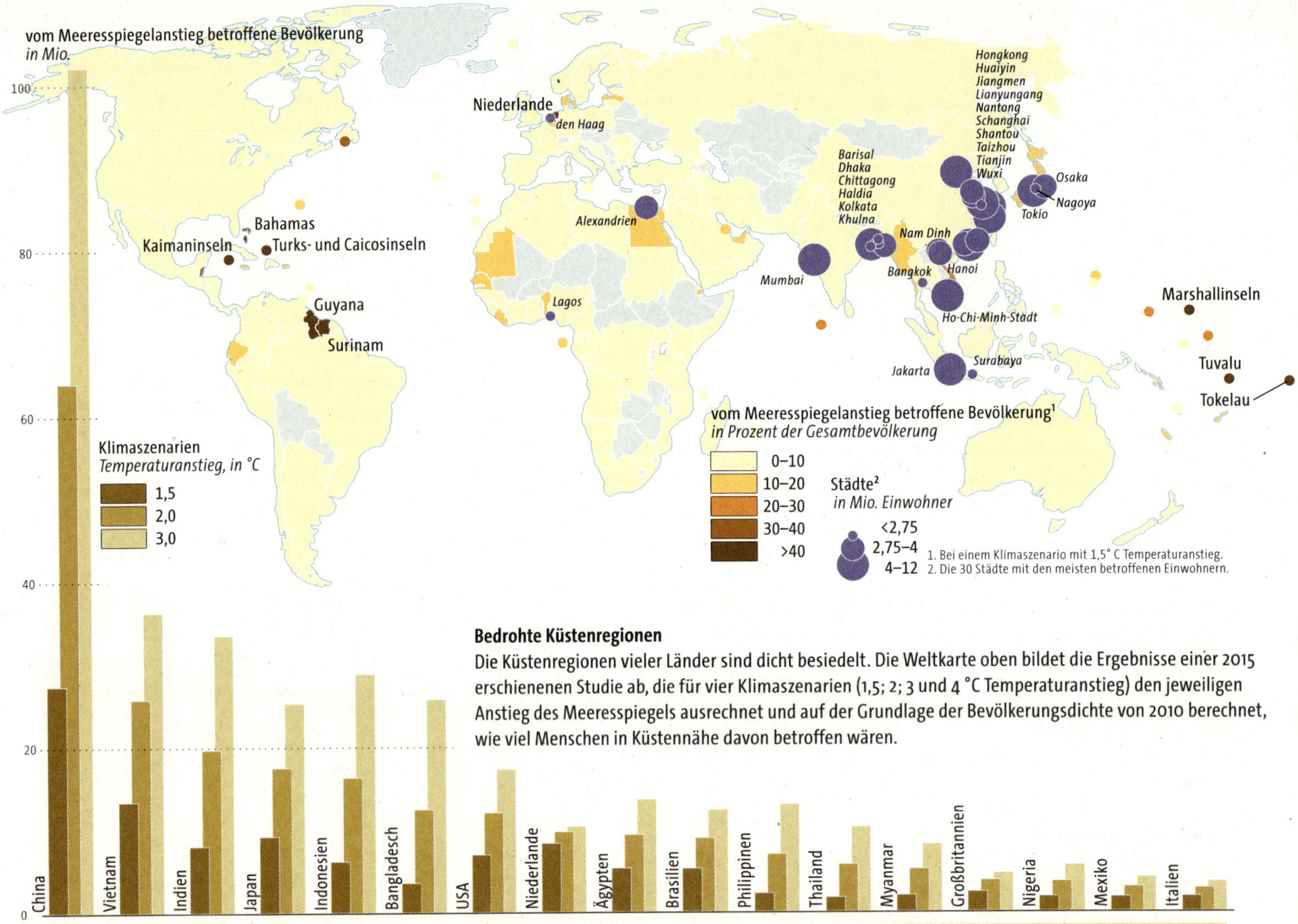

Bedrohte Küstenregionen
Die Küstenregionen vieler Länder sind dicht besiedelt. Die Weltkarte oben bildet die Ergebnisse einer 2015 erschienenen Studie ab, die für vier Klimaszenarien (1,5; 2; 3 und 4 °C Temperaturanstieg) den jeweiligen Anstieg des Meeresspiegels ausrechnet und auf der Grundlage der Bevölkerungsdichte von 2010 berechnet, wie viel Menschen in Küstennähe davon betroffen wären.

● Ganze Städte drohen zu versinken

Opfer gefallen war. Damals soll der Meeresspiegel deshalb 5 bis 10 Meter höher gewesen sein.

Zum Glück zeigt sich der östliche Teil des Südpols insgesamt deutlich stabiler. Bis 2011 hatten die Eismassen in der Ostantarktis noch leicht zugelegt. Dann kam es zu einer Trendwende. In den vergangenen fünf Jahren wurden von den Forschern erstmals Verluste von durchschnittlich 28 Milliarden Tonnen Eis ermittelt. Je stärker sich die Welt aufheize, desto größer sei unweigerlich die Gefahr, dass auch andere Teile der Antarktis einen ähnlichen Kipppunkt erreichen, sagt Antarktisexperte Levermann. Konkret nennt er das Wilkesbecken in der Ostantarktis oder das Aurorabecken, die ähnlich anfällig sein könnten für einen unaufhaltsamen Eisverlust wie die jetzt abschmelzenden Gebiete der Westantarktis.

Der Meeresspiegelanstieg durch das geschmolzene Antarktiseis fällt mit 7,6 Millimeter für die 25 Jahre von 1992 bis 2017 auf den ersten Blick noch moderat aus. Doch mit der Beschleunigung der Eisverluste wird auch der Meeresspiegel künftig schneller steigen als bisher. Die Folgen reichen weit in die Zukunft. So entscheiden die heutigen Generationen, wie die Küstenlinien in 2000 oder 3000 Jahren verlaufen werden. Denn der noch immer nicht nachhaltig abgebremste Ausstoß des globalen Kohlendioxids nimmt die Erde künftig noch stärker in den Schwitzkasten. Klimawissenschaftler Levermann wagt einen Vergleich mit der Antike: So wie wir uns heute nach zweitausend Jahren an deren Kulturleistungen erinnern, so würden kommende Generationen an uns denken – als diejenigen, die den Anstieg der Weltmeere ausgelöst haben.

Nicht nur die Antarktis, auch die Arktis sorgte in den vergangenen Jahrzehnten immer wieder für Alarmmeldungen und erstaunliche Negativrekorde. Damit haben sich die beiden Pole zu Seismografen und einem Frühwarnsystem für die Klimaveränderung entwickelt. Nirgendwo sonst ist die Erdüberhitzung deutlicher zu spüren als an den beiden Polen. Während die Antarktis der wichtigste Treiber für den Meeresspiegelanstieg ist, hat das schmelzende Meereis in der Arktis keinen Einfluss auf die Meereshöhe. Denn das im Wasser schwimmende Eis verdrängt ein Volumen von gleicher Größe.

In der Arktis stieg die Temperatur in den letzten Jahrzehnten doppelt bis dreimal so schnell wie auf der übrigen Erdkugel. Und das Verschwinden des Eises vollzieht sich am Nordpol noch spektakulärer als am Südpol. Denn die Eismassen ziehen sich im Sommer jedes Jahr gut sichtbar immer weiter zurück und bringen immer größere Flächen dunklen Meerwassers zum Vorschein. So kann die Vergänglichkeit des vermeintlich ewigen Eises aus der Vogelperspektive genau beobachtet und gemessen werden. Auch am Nordpol ist ein sich selbst verstärkender Prozess in Gang gekommen. Denn der Schwund des Meereises beschleunigt zugleich die Erwärmung, die wiederum auf die Arktis zurückwirkt und mehr Eis abschmelzen lässt. Die Eismassen sind ein riesiger Reflektor, sie werfen einen großen Teil der Sonneneinstrahlung zurück ins All. Wenn im Sommer immer größere Eisflächen abschmelzen, dann fehlt dieser Spiegel. Der unter dem Eis liegende Ozean kann die Wärme der Sonne dagegen perfekt aufnehmen und speichern.

Wissenschaftler können sowohl das einfallende als auch das reflektierte Sonnenlicht präzise messen. Dividiert man Reflexion durch Lichteinfall, erhält man als physikalische Größe die

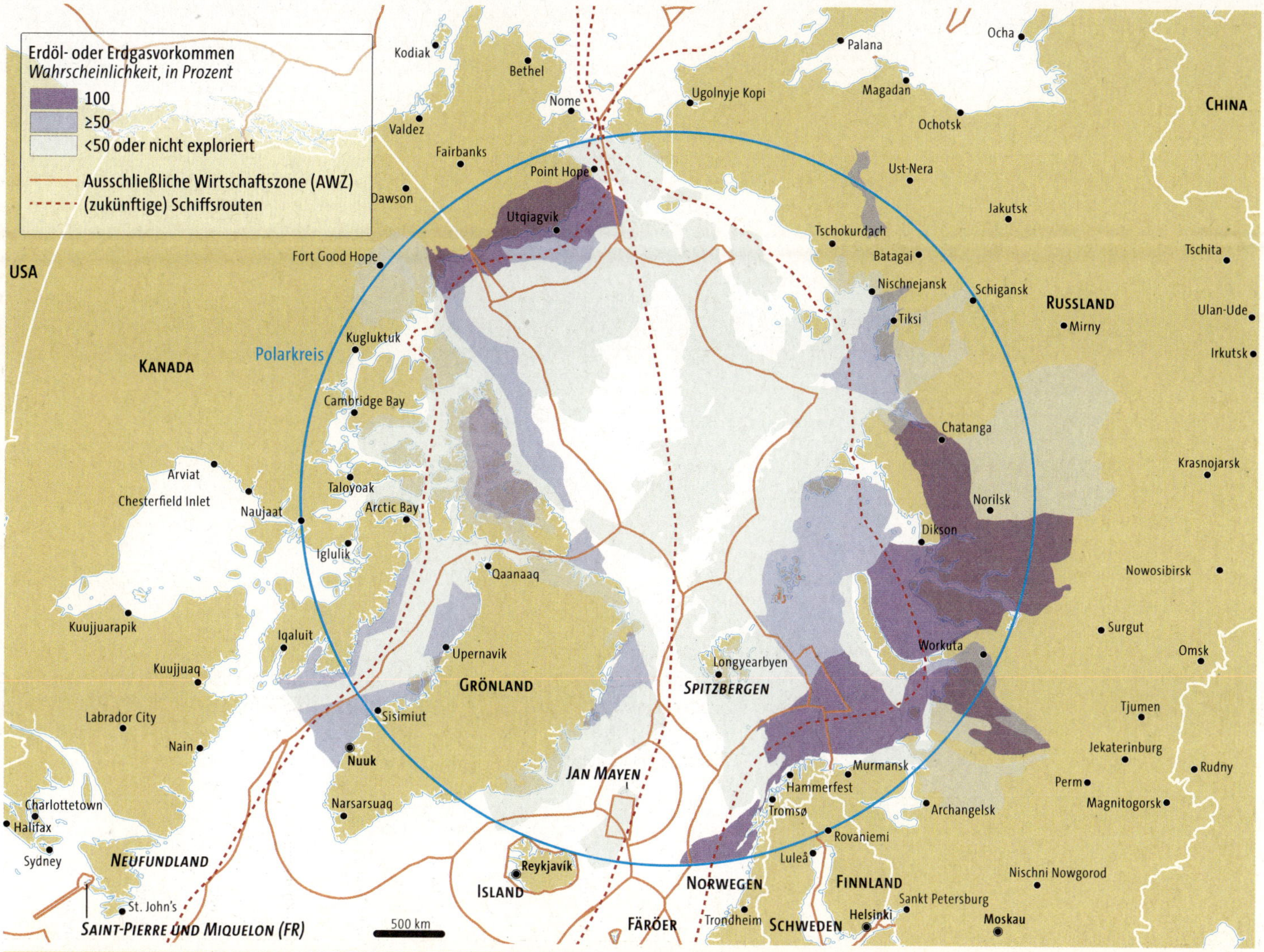

»Albedo« genannte Reflexionskraft. Die Erde hat eine durchschnittliche Albedo von 0,3. Schneebedeckte Eisflächen erzielen einen Spitzenwert von bis zu 0,9. Die Albedo von Meerwasser beträgt dagegen mickrige 0,07, das ist die niedrigste Albedo aller Stoffe. Durch die Schmelzprozesse in der Arktis wird also der beste aller Reflektoren durch den schlechtesten ersetzt. Die Folge: Je mehr Eisflächen verschwinden, desto schneller erwärmt sich die Arktis.

Immerhin ist die Buchführung dieses Eisinfarkts beinahe mustergültig. Mehrmals im Jahr liefern Forschergruppen Satellitenbilder und Messdaten zum Rückzug der arktischen Eismassen. Seit 1979, dem Beginn der Satellitenüberwachung, zeigt die Kurve mit fast naturgesetzlicher Konstanz nach unten. Nach einer Bestandsaufnahme durch US-Experten des National Snow and Ice Data Center bedeckte das arktische Meereis im September 2018, also am Ende des arktischen Sommers, eine Fläche von 4,71 Millionen Quadratkilometern. Ab Oktober nimmt die Eisfläche wieder zu. Die Wende Ende September ist deshalb ein idealer Messzeitpunkt, weil die Eisfläche dann ihr Minimum erreicht hat und damit den Wert, der als Dauereisfläche des jeweiligen Jahres gilt. 1979, vor vierzig Jahren, war sie noch 6,9 Millionen Quadratkilometer groß. In den Jahren von 1970 bis 2018 ging die Eisfläche nach Angaben des NSIDC im Schnitt um jährlich 12,8 Prozent zurück. Hält der Trend an, könnte das Meereis, so die Prognose des Weltklimaberichts, schon in 22 Jahren im Sommer komplett geschmolzen und die Arktis damit eisfrei sein.

Das Messergebnis vom September 2018 belegt in der Negativtabelle zwar nur den sechsten Platz seit 1979. Doch der Wert liegt immer noch mittendrin im abwärts gerichteten Trendkanal. Zudem hatte das Meereis im Januar und Februar 2018 die für diese beiden Monate niedrigste Ausdehnung seit Beginn der Satellitenmessungen erreicht.

Ein besonders aufregendes Jahr für die Polarforscher war 2016. Der am Nordpol seit Jahrtausenden bestehende Rhythmus zwischen schmelzenden und sich neu bildenden Eismassen wurde jäh unterbrochen. Die Temperatur lag in diesem Jahr im Mittel um 3,5 Grad höher als im Jahr 1900 und um 2 Grad über dem Mittelwert der Jahre 1981 bis 2010. Die böse Überraschung, die viele Experten fassungslos machte, kam im November. Nach dem Ende des arktischen Sommers ist dies der zweite Monat, in dem die Eisdecke kräftig zulegt. Doch 2016 blieb diese Vergrößerung im November nicht nur aus, die Eisfläche taute sogar und ging bei Temperaturen, die um bis zu 20 Grad über dem langjährigen Durchschnitt lagen, über mehrere Tage leicht zurück. Das hatte es noch nie gegeben, seit die Wissenschaftler ihre Daten sammeln.

Trotz dieser dramatischen Entwicklungen hat auch die Arktis eine eher bescheidene Medienpräsenz. Im täglichen Nachrichtengewitter von neuen sozialen und alten Medien erzielen die regelmäßigen Messdaten vom schmelzenden Eis zunehmend weniger Aufmerksamkeit. Die Öffentlichkeit sieht den Polkappen weitgehend ungerührt beim Abschmelzen zu, auch wenn die ins Meer stürzenden Eisberge weiterhin das ständig wiederkehrende Sinnbild des Klimawandels sind.

Manfred Kriener ist Umweltjournalist in Berlin.

Das große Tauen

Wenn die Gletscher in Tibet weiter schrumpfen, drohen stromabwärts Dürren und Ernteausfälle

von Christoph von Eichhorn

Der Regenwald gilt als die Lunge des Planeten, das Plateau von Tibet könnte man sein Wasserwerk nennen. In den Bergen der tibetischen Hochebene entspringen nicht nur die sechs wichtigsten Flüsse Asiens. Die rund 40 000 Gletscher machen die Region für Klimaforscher auch zum »dritten Pol der Erde«.

Doch ewig ist das Eis hier nicht mehr. Ähnlich wie in der Antarktis und Arktis verändert sich das Klima auf dem tibetischen Plateau gerade rasant. Um 18 Prozent sind die Gletscher Chinas in den vergangenen 50 Jahren geschrumpft, ergab eine umfang-

Gletscher: kumulative Massenbilanz
1960–2003, in Meter Wasserwert

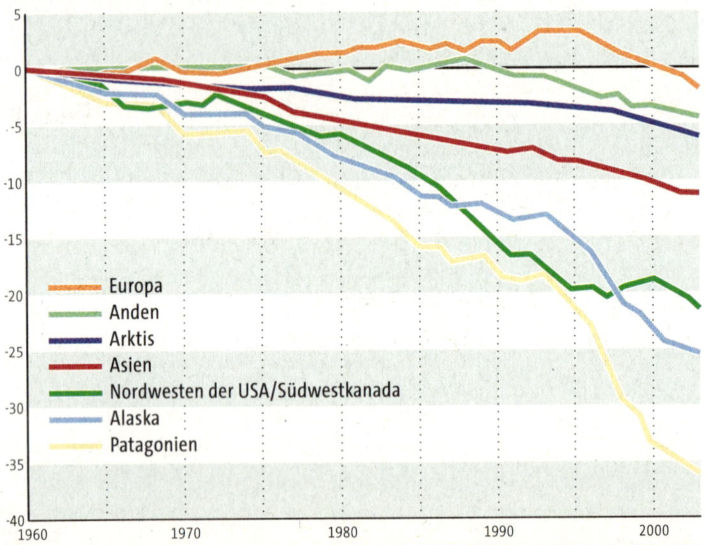

Das Eis geht zurück

reiche Vermessung des chinesischen Labors für Kryosphärenforschung. Die Befunde werden von zahlreichen weiteren Studien gestützt. In Teilen der Region beträgt der Verlust der letzten Jahrzehnte sogar bis zu 40 Prozent, und jedes Jahr gehen in Westchina weitere 200 Quadratkilometer Eis verloren. Klimaforscher haben errechnet, dass die Temperaturen auf dem Dach der Welt besonders schnell steigen, was die Gletscher unter Druck setzt. Die chinesische Akademie der Wissenschaften warnt, beim derzeitigen Tempo werde ein weiteres Drittel des Eises bis 2050 verschwinden. Bis Ende des Jahrhunderts könnten zwei Drittel weg sein.

Im Himalaja sind Glaziologen überdies dem Phänomen des »schwarzen Schnees« auf der Spur. Große Flächen Eis und Schneedecke haben sich mittlerweile schwarz verfärbt. Der Gletscherforscher Shishang Kang hat ermittelt, dass Feinstaub für die Verfärbung verantwortlich ist; die Rußpartikel stammen hauptsächlich aus Metropolen Indiens und Chinas und setzen sich im Hochgebirge ab. Das Fatale ist, dass dunkles Eis mehr Sonnenlicht absorbiert und sich dadurch schneller aufheizt. Die Luftverschmutzung beschleunigt also noch die Gletscherschmelze.

Das große Tauen hat Auswirkungen weit über Chinas Grenzen hinaus. Die Flüsse, die im Hochland von Tibet ihren Anfang nehmen, sind die Lebensadern von etwa 1,3 Milliarden Menschen. Der Indus fließt weiter nach Pakistan, Ganges und Brahmaputra strömen nach Indien und Bangladesch, der Irrawaddy und der Saluen ergießen sich nach Myanmar, der Mekong mäandert nach Thailand, Laos, Vietnam, Kambodscha. Auch durch China selbst fließen einige der mächtigen Ströme weiter, wie der Gelbe Fluss oder der Yangtse. Das Wohl der Anrainer, sind sie auch tausende Kilometer entfernt, ist unweigerlich mit dem der Gletscher verknüpft, denn diese sorgen für einen gleichmäßigen Strom der Flüsse. Verzögert sich etwa der Monsunregen im Frühjahr, so kann die Gletscherschmelze zur selben Zeit den Mangel an Niederschlag ausgleichen. Doch wenn die Gletscher insgesamt mehr Wasser verlieren, als sie neu bilden, geht diese Pufferfunktion langfristig verloren – und stromabwärts drohen Dürren und Ernteausfälle.

Erst allmählich begreift man die gravierenden Umweltveränderungen, die sich auf dem tibetischen Hochplateau abspielen. Und nicht nur der globale Klimawandel greift in den Wasserhaushalt der Region ein, sondern zunehmend auch der Mensch vor Ort. Nahezu an allen großen Flüssen werden gerade neue Staudämme geplant oder bereits gebaut. Die einst wilden Flüsse werden gezähmt, ihre rohe Gewalt wird in Elektrizität verwandelt. Das könnte die Verteilung des Wassers langfristig verändern. Hydrologen befürchten, vereinfacht gesagt, dass die Dämme die saisonalen Extreme verstärken: In der Trockenzeit könnte an den Unterläufen weniger Wasser ankommen, weil die Stauseen es zurückhalten. In der Regenzeit könnte hingegen zu viel Wasser fließen, mit schweren Überschwemmungen als Ergebnis. Außerdem halten die Bauwerke fruchtbare Sedimente zurück, für die Landwirtschaft eine lebenswichtige Ressource.

Erderwärmung und Ausbau der Wasserkraft addieren sich zu gewaltigen geopolitischen Spannungen, in deren Zentrum China steht. Praktisch alle wichtigen Flüsse der Region entspringen auf chinesischem Staatsgebiet, und vor allem in Tibet wird derzeit ein Staudamm nach dem anderen hochgezogen. Über 330 Gigawatt Wasserkraft verfügt China heute bereits, das ist etwa so viel, wie 300 Atomreaktoren liefern. Kein Land setzt derart stark auf Staudämme. Und die Menge soll nach dem derzeitigen Fünfjahresplan noch kräftig wachsen, um die Ziele für erneuerbare Energie zu erreichen und die Abhängigkeit von der Kohle zu brechen.

Rund 12 Gigawatt kommen daher jedes Jahr in der Volksrepublik hinzu, so viel wie nirgends sonst auf der Welt. Bis 2050 sollen es gar 500 Gigawatt aus Wasserkraft sein. Die neuen Staudämme sollen Strom liefern für Chinas wachsende Mittelschicht in den Metropolen an der Küste, zunehmend aber auch für den Aufschwung in Chinas entlegenem Westen selbst. Dort entstehen gerade neue Autobahnen und Hochgeschwindigkeitszugverbindungen bis nach Tibet, Bauern und Nomaden geben ihr traditionelles Leben auf und ziehen in die Städte – die Urbanisierung lässt den Energiebedarf wachsen.

Allein am Oberlauf des Brahmaputra plant Peking derzeit zwei neue große Staudämme, zwei weitere werden schon gebaut, sehr zum Unmut der Nachbarländer. Im Jahr 2000 brach ein Damm am Yarlung Zangbo, wie der Fluss in China genannt wird, die Flutwelle tötete 30 Menschen im indischen Bundesstaat Arunachal Pradesh. Das Territorium ist zwischen Indien und China umstritten, Peking erhebt Ansprüche auf Teile davon. Neu-Delhi befürchtet, dass sich derartige Unfälle wiederholen – oder dass China die Kontrolle über das Wasser bei einer Eskalation des Konflikts sogar als Waffe gebrauchen könnte. Als chinesische Ingenieure für die Bauarbeiten an einem Staudamm einen Zufluss des Brahmaputra kurzfristig abriegelten, reagierten indische Medien wutentbrannt.

Es sei verständlich, dass Indien gegenüber der Wassernutzung am Brahmaputra sensibel reagiere, versuchte das chinesische Staatsmedium *Global Times* zu beschwichtigen. Dennoch gebe es keinen Grund, auf solche Projekte überzureagieren. Das Reservoir des Staudamms sei im Vergleich zu den Wassermassen des Brah-

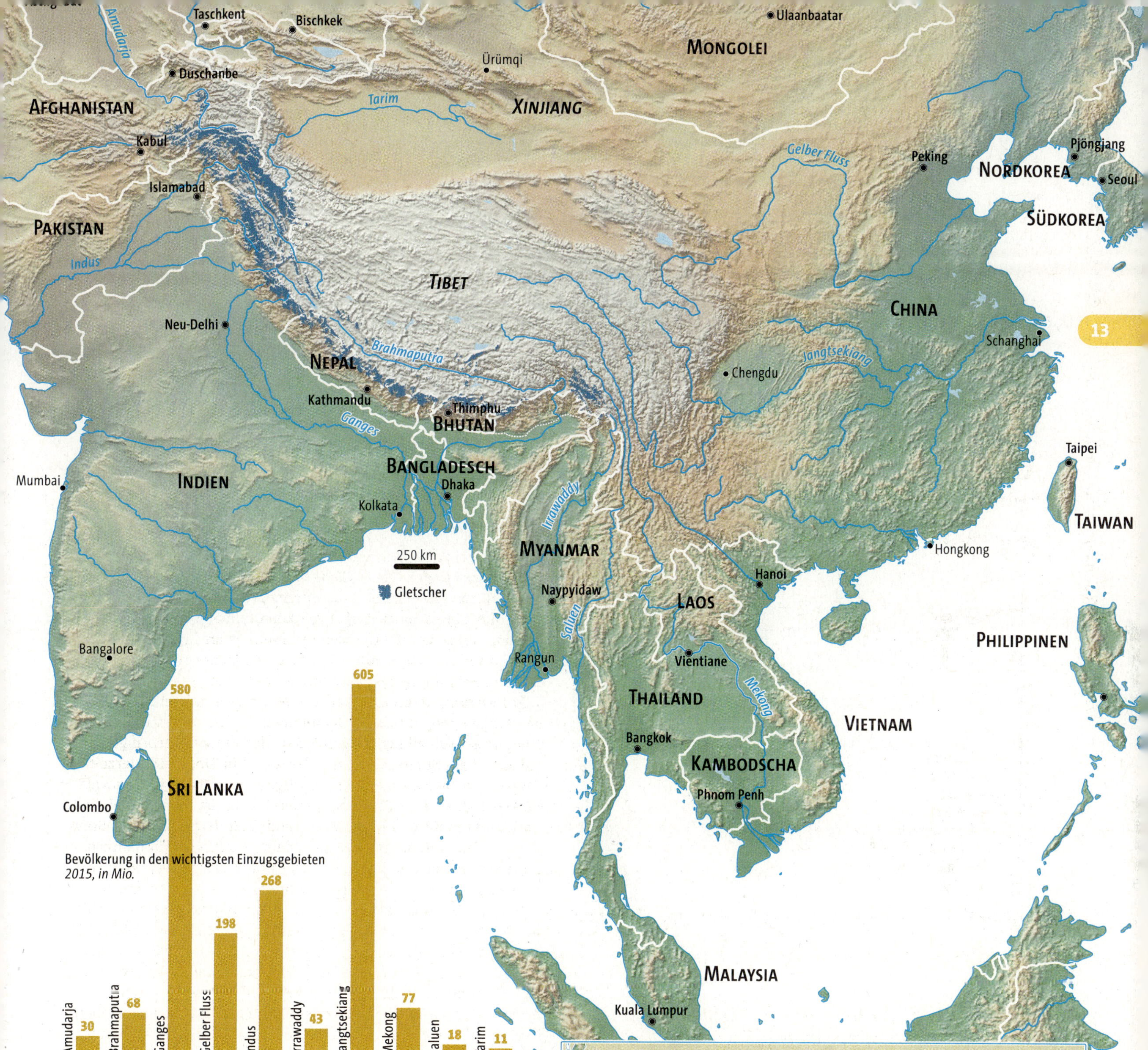
Taschkent
Bischkek
Ulaanbaatar
Amudarja
Duschanbe
Ürümqi
Mongolei
Afghanistan
Tarim
Xinjiang
Kabul
Gelber Fluss
Peking
Pjöngjang
Nordkorea
Seoul
Islamabad
Südkorea
Pakistan
Indus
Tibet
China
Neu-Delhi
Schanghai
Brahmaputra
Jangtsekiang
Nepal
Chengdu
Kathmandu
Thimphu
Ganges
Bhutan
Taipei
Bangladesch
Mumbai
Indien
Dhaka
Irrawaddy
Kolkata
Taiwan
Myanmar
Hongkong
250 km
Hanoi
Gletscher
Naypyidaw
Laos
Saluen
Philippinen
Bangalore
Rangun
Vientiane
Mekong
Thailand
Vietnam
Bangkok
Kambodscha
Sri Lanka
Colombo
Phnom Penh
Malaysia
Kuala Lumpur
Bevölkerung in den wichtigsten Einzugsgebieten
2015, in Mio.
Amudarja 30
Brahmaputra 68
Ganges 580
Gelber Fluss 198
Indus 268
Irrawaddy 43
Jangtsekiang 605
Mekong 77
Saluen 18
Tarim 11

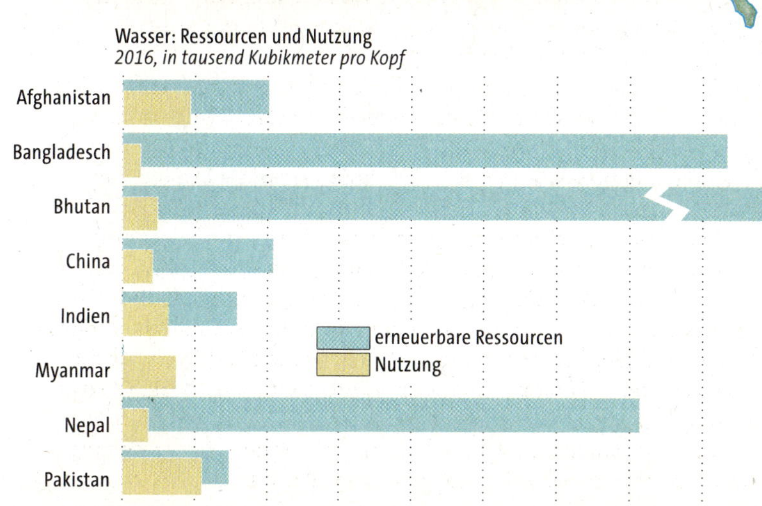
Wasser: Ressourcen und Nutzung
2016, in tausend Kubikmeter pro Kopf
Afghanistan
Bangladesch
Bhutan
108
China
Indien
Myanmar
Nepal
Pakistan
erneuerbare Ressourcen
Nutzung
0
2
4
6
8

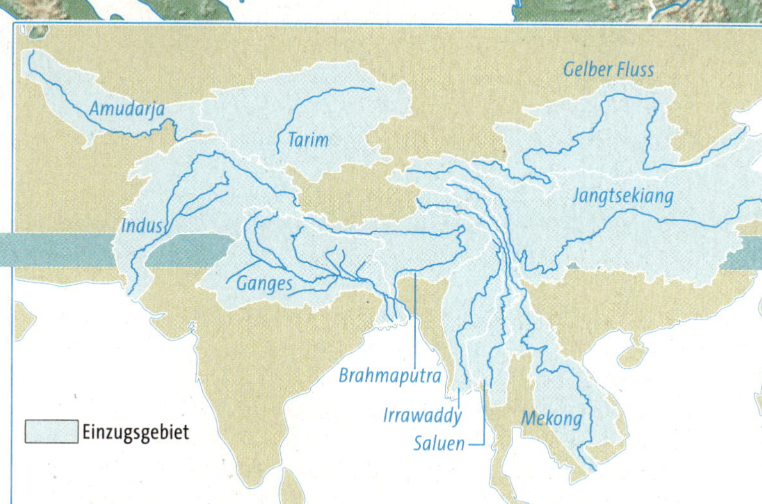
Gelber Fluss
Amudarja
Tarim
Jangtsekiang
Indus
Ganges
Brahmaputra
Irrawaddy
Saluen
Mekong
Einzugsgebiet

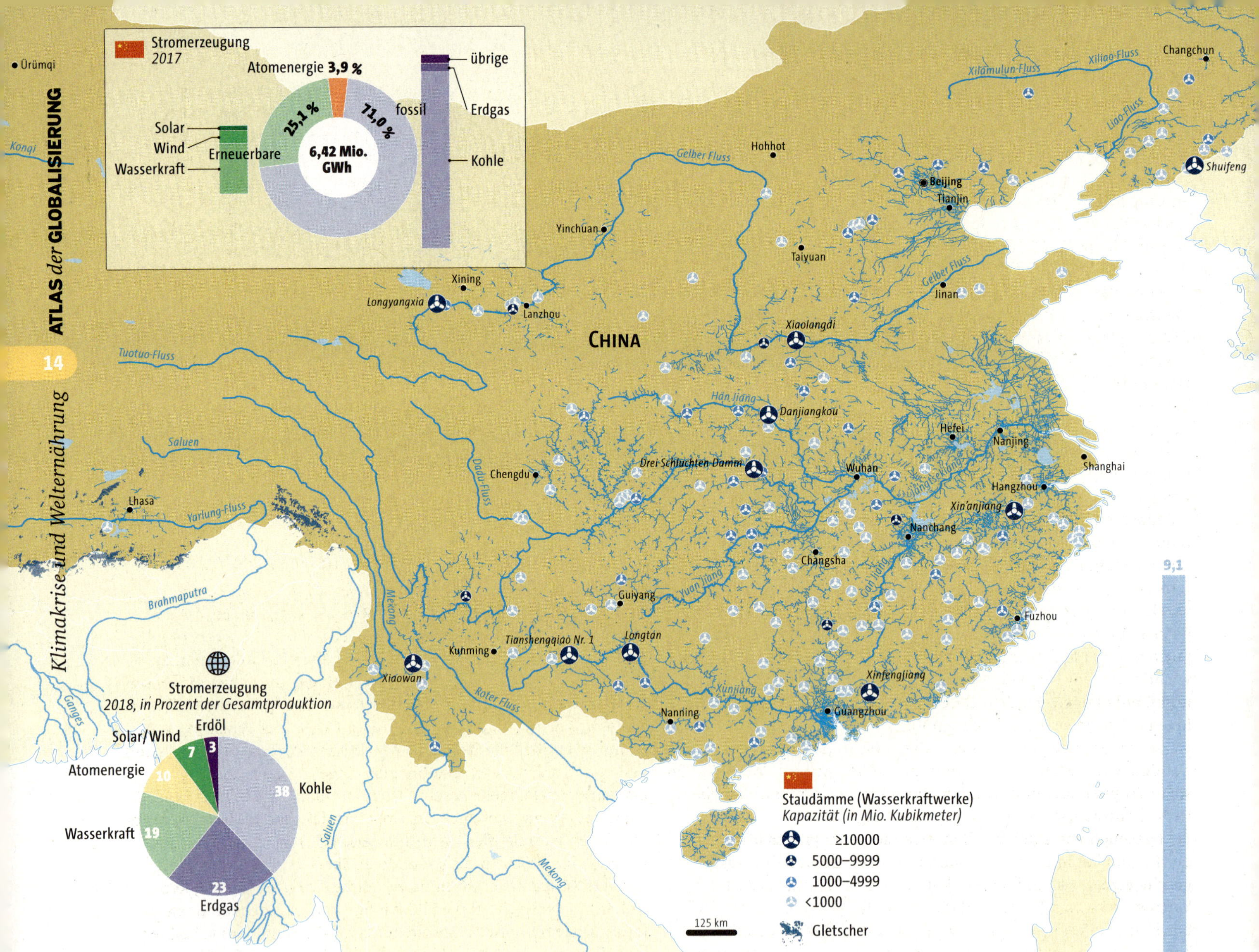

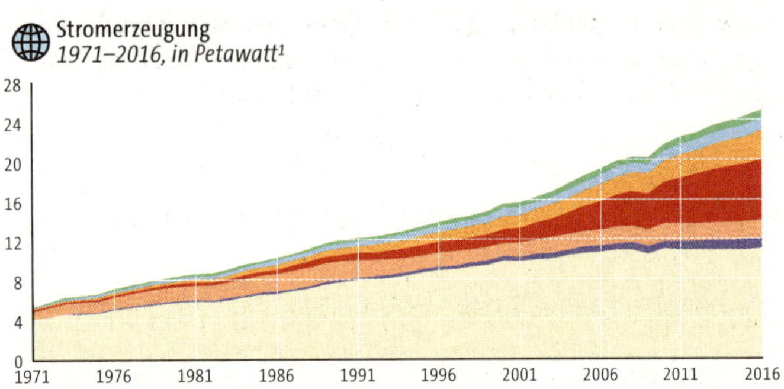

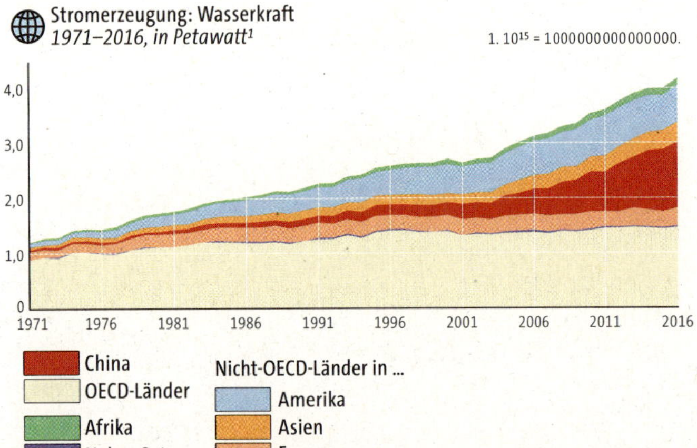

Stromerzeugung durch Wasserkraft: die wichtigsten Länder
2016, installierte Leistung, in Gigawatt

	Gigawatt
China	344
USA	103
Brasilien	97
Kanada	80
Russland	51
Japan	50
Indien	45
Norwegen	32
Türkei	27
Frankreich	26
übrige Welt	302

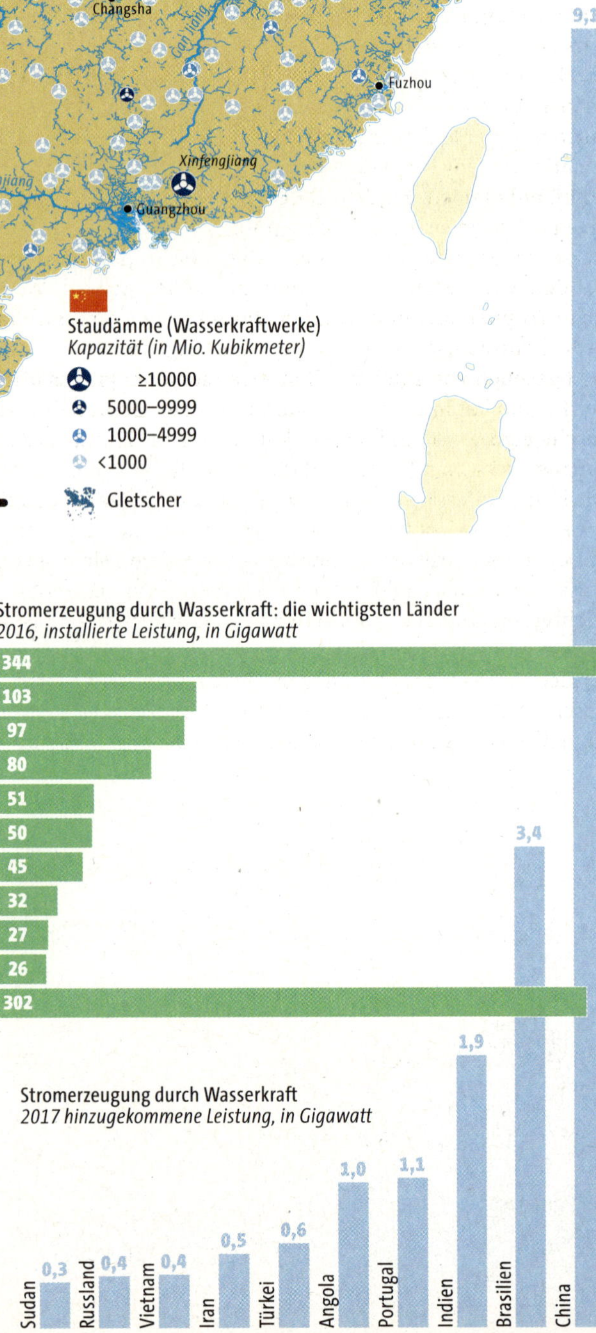

maputra sehr gering. Außerdem sei es unwahrscheinlich, dass China das Wasser des Flusses als potenzielle Waffe nutze. Eine solche Politik würde schließlich auch Panik unter den Staaten Südostasiens auslösen, so die *Global Times*.

Fest steht: China hat allein durch seine geografische Lage enorme Macht über das Wasser. Tibets strategische Lage und sein reicher Wasservorrat werden sogar als ein Hauptgrund gesehen, warum Chinas Revolutionsführer Mao Tse-tung nach der Gründung der Volksrepublik seine Truppen dort 1950 einmarschieren ließ und das vormals unabhängige Tibet annektierte. Für die Volksrepublik ist Wasser von großer geostrategischer Bedeutung. Insbesondere der Norden Chinas bekommt wenig Regen ab, Peking gilt mittlerweile sogar als trockenste Hauptstadt der Welt. Um die Wasserknappheit zu bekämpfen, hat China seit Anfang des Jahrtausends ein tausende Kilometer langes Kanalsystem angelegt, um Wasser aus dem Süden in den Norden umzuleiten. Auch eine Abzweigung des Brahmaputra in die trockenen nördlichen Regionen wird im Staatsapparat diskutiert, ist allerdings von einer Realisierung weit entfernt.

Jedoch scheint die Staatsführung durchaus bereit, Wasser als politisches Druckmittel zu nutzen: Auf dem entlegenen Doklam-Plateau standen sich 2017 indische und chinesische Grenztruppen feindselig gegenüber, beide Seiten warfen sich Grenzverletzungen vor. In der Folge berichtete die indische Regierung, die Chinesen hätten aufgehört, hydrologische Daten vom Oberlauf des Brahmaputra mitzuteilen. Diese Daten sind vor allem in der Monsunzeit wichtig, um die genauen Wassermengen zu kennen, die weiter unten ankommen. Zu dem Datenaustausch an nur wenigen Tagen im Jahr hatten sich die Mächte mühsam durchringen müssen. Von chinesischer Seite war zu hören, dass der Stopp der Kooperation mit dem Grenzkonflikt in Verbindung stehen könnte. Wenn Indien seine Truppen nicht aus Doklam zurückziehe, könne China eben keine hydrologischen Daten mehr herausgeben.

Abgesehen von solch fragilen Arrangements gibt es bislang in der Region kaum internationale Zusammenarbeit beim Wasser, geschweige denn bindende Abkommen. Eine Ausnahme ist das Vertragswerk zum Mekong, die Mekong River Commission, auf das sich Thailand, Laos, Kambodscha und Vietnam geeinigt haben. Chinas Unterschrift allerdings fehlt und damit der Staat mit dem wohl größten Einfluss auf den Strom. Mehr internationale Vereinbarungen wären nach Ansicht vieler Beobachter wichtig, um künftige Konflikte zu entschärfen. Denn fast überall an den großen Flüssen wird gerade geklotzt.

Auch Indien werkelt an neuen Staudämmen auf seinem Abschnitt des Brahmaputra, was wiederum Bangladesch verärgert, wo der Fluss ins Meer mündet. Pakistan möchte fünf Dämme am Indus bauen, und an den mittleren und unteren Läufen des Mekong sind laut einer Studie im Fachmagazin *Science* elf neue Riesenstaudämme in Planung. In dem Bericht rufen die Wissenschaftler eindringlich dazu auf, viele der Projekte sorgfältiger zu prüfen – andernfalls drohe ein unumkehrbarer Verlust an Fischgründen, Artenreichtum und Lebensräumen. Große Staudämme erschwerten es Fischarten, die Flüsse auf der Suche nach Nahrung zu durchwandern. Viele Fische nehmen Wege von hunderten Kilometern auf sich, um zu laichen oder auf regionale Überflutungen zu reagieren. Mit den Dämmen als Barriere sinke die Produktivität der Ökosysteme zwangsläufig. Auch der Transport von Nährstoffen über die Sedimente werde blockiert. Die Forscher äußerten sich skeptisch, ob der Nutzen von Energieerzeugung und neuen Arbeitsplätzen die Kosten des Verlusts von Fischerei, Landwirtschaft und Besitz übersteige.

Die Staaten befinden sich in einem Dilemma: Einerseits gelten Staudämme als vergleichsweise saubere Energiequelle, für China sind sie wohl unabdingbar, will das Land seine Klimaziele auch nur annähernd erreichen. Andererseits gefährdet die Technik etliche Ökosysteme – und könnte neue politische Spannungen erzeugen.

Die Zeit drängt, denn langfristig müssen sich alle Anrainer auf eine veränderte Umwelt einstellen. Die Erderwärmung bewirkt neben dem Schmelzen der Gletscher vermutlich auch mehr Niederschläge auf dem tibetischen Plateau. Was zunächst positiv klingt, könnte mehr Extremwetter bedeuten: zu viel Wasser und damit einhergehende Überschwemmungen in der Regenzeit, zu wenig Wasser in der Trockenzeit und weniger Gletscher, die diesen Verlust ausgleichen. Ähnliche Prozesse werden auch im nördlicher gelegenen zentralasiatischen Tianshan-Gebirge beobachtet. Dort zumindest haben die Behörden der Provinz Xinjiang reagiert – und den boomenden Gletschertourismus eingeschränkt, der den Eispanzern noch mehr zusetzt. Doch ist diese Sensibilität noch nicht überall angekommen. In Tibet hat sich eine Mineralwasserindustrie entwickelt, die Wasser teilweise direkt von den Gletscherzungen abzapft, mehr als 5000 Meter über dem Meeresspiegel, und das Wasser teuer in China vermarktet. Die von Peking kontrollierte Lokalregierung will die junge Wasserflaschenindustrie fördern, die als äußerst energiehungrig gilt: Etwa ein Viertelliter Öl und drei Liter Wasser sind nötig, um eine 1-Liter-Flasche Mineralwasser zu produzieren. Die in Tibet abgezapfte Wassermenge soll bis 2025 auf 10 Milliarden Liter pro Jahr steigen – das wäre das 60-Fache dessen, was 2017 abgefüllt wurde.

Christoph von Eichhorn ist Wissenschaftsjournalist. Seit 2017 leitet er das Onlineteam des Wissensressorts der *Süddeutschen Zeitung*.

Die Klimamacher kommen

Im Kampf gegen die Erderwärmung werden auch großräumige technische Eingriffe diskutiert

von Udo E. Simonis

Von Peter Sloterdijk stammt der Satz: »Die Menschen sind Zukunftsatheisten, sie glauben nicht an das, was sie wissen, selbst wenn man ihnen stringent beweist, was kommen muss.« Wenn man diese These auf die Klimapolitiker bezieht, könnte der Philosoph recht haben. Trotz allen Wissens über die Ursachen und Folgen des Klimawandels ist es bisher nicht gelungen, wirkungsvoll gegenzusteuern.

Im Klimaabkommen von Paris 2015 wurde zwar ausdrücklich das 2-Grad-Ziel für die internationale Klimapolitik festgelegt und sogar eine Erwärmung von lediglich 1,5 Grad gegenüber dem Niveau vor Beginn der Industrialisierung angestrebt. Doch die verpflichtende Reduzierung der nationalen Treibhausgasemissionen, wie sie noch im Kioto-Protokoll von 1997 vorgesehen war, wurde in freiwillige nationale Beiträge zum Klimaschutz abgewandelt. Und Beschlüsse darüber, mit welchen konkreten Maßnahmen und welchen Institutionen man das Ziel erreichen will, wurden auf künftige Verhandlungsrunden vertagt.

Über die CO_2-Bepreisung zum Beispiel ist zwar eifrig diskutiert worden, doch ihre praktische Umsetzung in Form einer Steuer oder eines Mindestpreises für CO_2-Zertifikate beim Emissionshandel kam nicht in Gang. Wenn über die Ziele einer aktiven, internationalen Klimapolitik Einigkeit besteht, es aber an der praktischen Umsetzung hapert, dann rücken problembehaftete Ersatzhandlungen in den Fokus. Beispielsweise die, dass Politiker das Heft des Handelns an Ingenieure übergeben.

So hat denn der Diskurs über »Climate Geoengineering« erheblichen Auftrieb erhalten. In den USA ist es seit Längerem ein großes Thema, in Großbritannien hat eine Royal Commission einen umfangreichen Bericht vorgelegt, Länder wie China, Indien oder Bangladesch haben Workshops zu Environmental Governance durchgeführt, deutsche Forschungsinstitute wie das Alfred-Wegener-Institut waren an Versuchen der Ozeandüngung beteiligt, und die Deutsche Forschungsgemeinschaft (DFG) hat ein Schwerpunktprogramm zu Geoengineering aufgelegt.

Dabei ist Klimamanipulation nicht etwas gänzlich Neues. Bereits 1860 wurden Versuche zur Stimulierung des Regens durch kontrollierte Waldbrände unternommen. In jüngerer Zeit wurde versucht, sowohl die Bahn als auch die Intensität von Hurrikanen durch Injektionen von Silberjodid zu verändern, in zahlreichen Ländern wurden Wolken geimpft, um sie abregnen zu lassen. Erste konkrete Vorschläge zu einem umfassenden »Geoengineering des Klimas« gehen auf das Jahr 1965 (Bericht an den Präsidenten der USA) zurück, erste Studien dazu wurden in den 1970er Jahren erstellt. Der Begriff Geoengineering selbst wurde erstmals 1976 von dem italienischen Physiker Cesare Marchetti verwendet.

Der Fokus der Klimaforschung und der Klimapolitik lag während der 1980er und 1990er Jahre jedoch eindeutig auf der Vermeidung beziehungsweise Verringerung von Treibhausgasemissionen (mitigation). Die Anpassung an den Klimawandel (adaptation) galt eher als potenziell gefährliche Ablenkung, und für noch gefährlicher hielt man das Geoengineering. Diese Einstellung hat sich seither geändert. Der Weltklimarat (IPCC) sah mitigation und adaptation von Anfang an als sich ergänzende Konzepte. Nach einem alarmierenden Artikel des Chemienobelpreisträgers Paul J. Crutzen von 2006 wuchs unter Wissenschaftlerinnen und Wissenschaftlern die Sorge über das Versagen der internationalen Klimapolitik. Dadurch entfaltete sich die Idee zu einem »Plan B«: Climate Geoengineering.

Die Ausgangslage lässt sich wie folgt zusammenfassen: Die Welt steuert auf ein weit höheres Emissionsniveau zu als projiziert; fossile Brennstoffe werden weiterhin und zunehmend verfeuert, teils sogar mit staatlicher Subventionierung; die notwendige Reduzierung der globalen Treibhausgasemissionen wird unterschätzt; sollten die CO_2-Emissionen jedoch tatsächlich sinken, wird der damit verbundene reduzierte Ausstoß von Schwefelpartikeln (Aerosole) den Erwärmungseffekt des CO_2 verstärken; hinzu kommen die unumkehrbaren und möglicherweise katastrophalen Risiken, die in verschiedenen Kippelementen im globalen Klimasystem (tipping points) verborgen sind. Angesichts dieser Sachlage und deren Interpretation wurde Geoengineering bei vielen Klimawissenschaftlern hoffähig – als notwendige und sinnvolle Ergänzung zur bisherigen Klimapolitik.

Was aber ist Geoengineering eigentlich? Die Royal Commission hat es 2009 als vorsätzliche, großräumige Eingriffe mit technischen Mitteln in verschiedene geochemische und biogeochemische Kreisläufe der Erde definiert. Das britische Unterhaus hat die Frage der Forschungsfinanzierung und die Entwicklung von notwendigen Regulierungsprinzipien untersuchen lassen. Da jedoch die Techniken des Geoengineering noch längst nicht voll beschrieben und entwickelt sind, lassen sich dessen Vor- und Nachteile nicht klar benennen. Bislang wurden nur einzelne Komponenten erprobt – mit teilweise enttäuschenden Ergebnissen für die beteiligten Klimaingenieure.

Weil Geoengineering potenziell aber eine große Bandbreite von Techniken umfasst, musste eine Taxonomie entwickelt werden, um sowohl den Diskussions- und Forschungsbedarf als auch die Regulierungs- und Kontrollerfordernisse besser einschätzen zu können. Man unterscheidet inzwischen zwei Mechanismen des Climate Geoengineering: erstens die Beeinflussung der Sonneneinstrahlung (Solar Radiation Management, SRM) und zweitens die Reduzierung der CO_2-Konzentration in der Atmosphäre

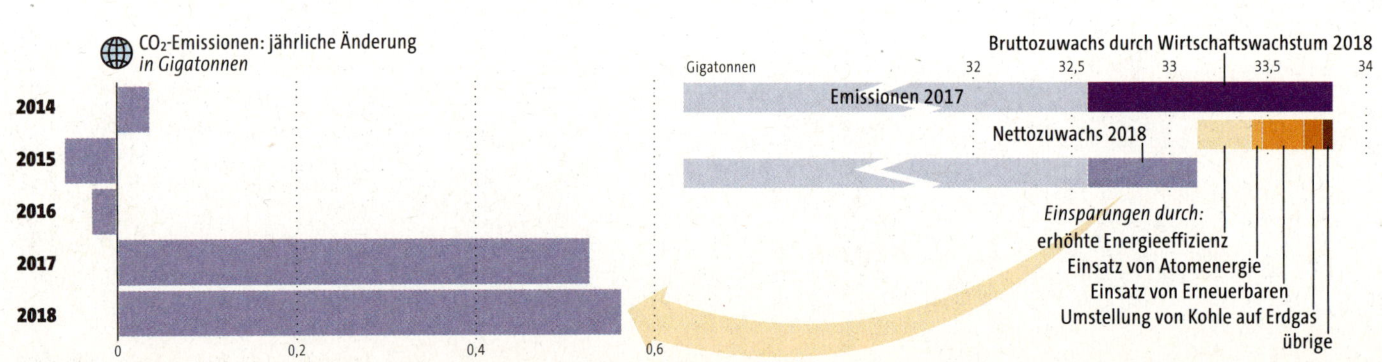

Der Ausstoß von Kohlendioxid nimmt weiter zu

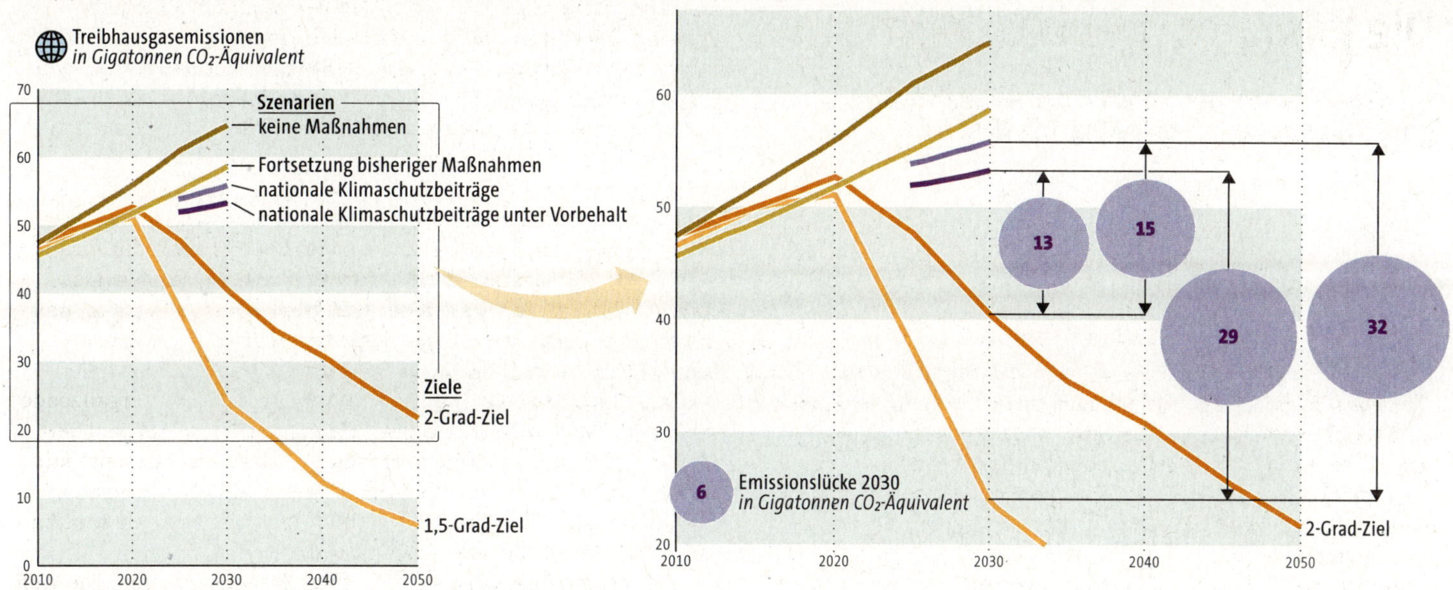

Rechnen für 1,5 Grad

Auf dem Klimagipfel in Paris 2015 haben 195 Staaten vereinbart, die Erderwärmung im globalen Mittel auf deutlich unter 2 Grad (möglichst 1,5 Grad) im Vergleich zum vorindustriellen Niveau zu begrenzen. Um dieses Ziel zu erreichen, muss die Emission von Kohlendioxid weltweit verringert werden. Das sogenannte Kohlenstoffbudget gibt die Menge an CO_2 aus anthropogenen Quellen an, die seit vorindustrieller Zeit schon an die Atmosphäre abgegeben wurde beziehungsweise die noch noch abgegeben werden darf, um das 1,5-Grad-Ziel nicht zu verfehlen.

Um 1,5 Grad Erderwärmung mit einer 66-prozentigen Wahrscheinlichkeit nicht zu überschreiten, dürfen laut dem Sonderbericht des Weltklimarats (IPCC) vom Oktober 2018 noch knapp 420 Gigatonnen (Gt) CO_2 in die Atmosphäre abgegeben werden. Wenn die Welt weiterhin so viel emittiert wie 2018, wäre dieses Budget spätestens 2029 aufgebraucht. Bei einer 50:50-Wette dürften noch 580 Gt ausgestoßen werden. Hielten wir uns an dieses Szenario, würden wir in etwa 30 Jahren eine Nettoemission von null erreichen; beim 420-Gt-Szenario wären es 20 Jahre.

Die Idee des CO_2-Budgets basiert darauf, dass die kumulativen Emissionen und der Anstieg der oberflächennahen Lufttemperatur mehr oder weniger linear zusammenhängen. Das bedeutet allerdings nicht, dass, wenn das verfügbare Budget aufgebraucht ist, die Erde 1,5 Grad wärmer wäre – das Klima reagiert auf äußere Faktoren mit einigen Jahrzehnten Verzögerung.

Jedes Jahr erstellt das Umweltprogramm der Vereinten Nationen den »Emissions Gap Report«. Der Bericht gibt an, wie hoch die globalen Treibhausgasemissionen sein sollten, wenn wir die schlimmsten Klimafolgen vermeiden wollen, und wie hoch sie wirklich sind. Die Differenz ist unsere »Emissionslücke«. Nach dem Bericht von 2018 ist die Lücke im Vergleich zu früheren Schätzungen signifikant größer geworden, da neue Studien mehr Varianten untersucht haben und die Möglichkeiten, der Atmosphäre CO_2 zu entziehen, vorsichtiger beurteilt werden. Nachdem die globalen Emissionen drei Jahre lang stabil waren, sind sie 2017 wieder gestiegen. Um das 1,5-Grad-Ziel zu erreichen, müssen die Staaten ihre Anstrengungen über ihren festgelegten nationalen Beitrag hinaus erheblich verstärken.

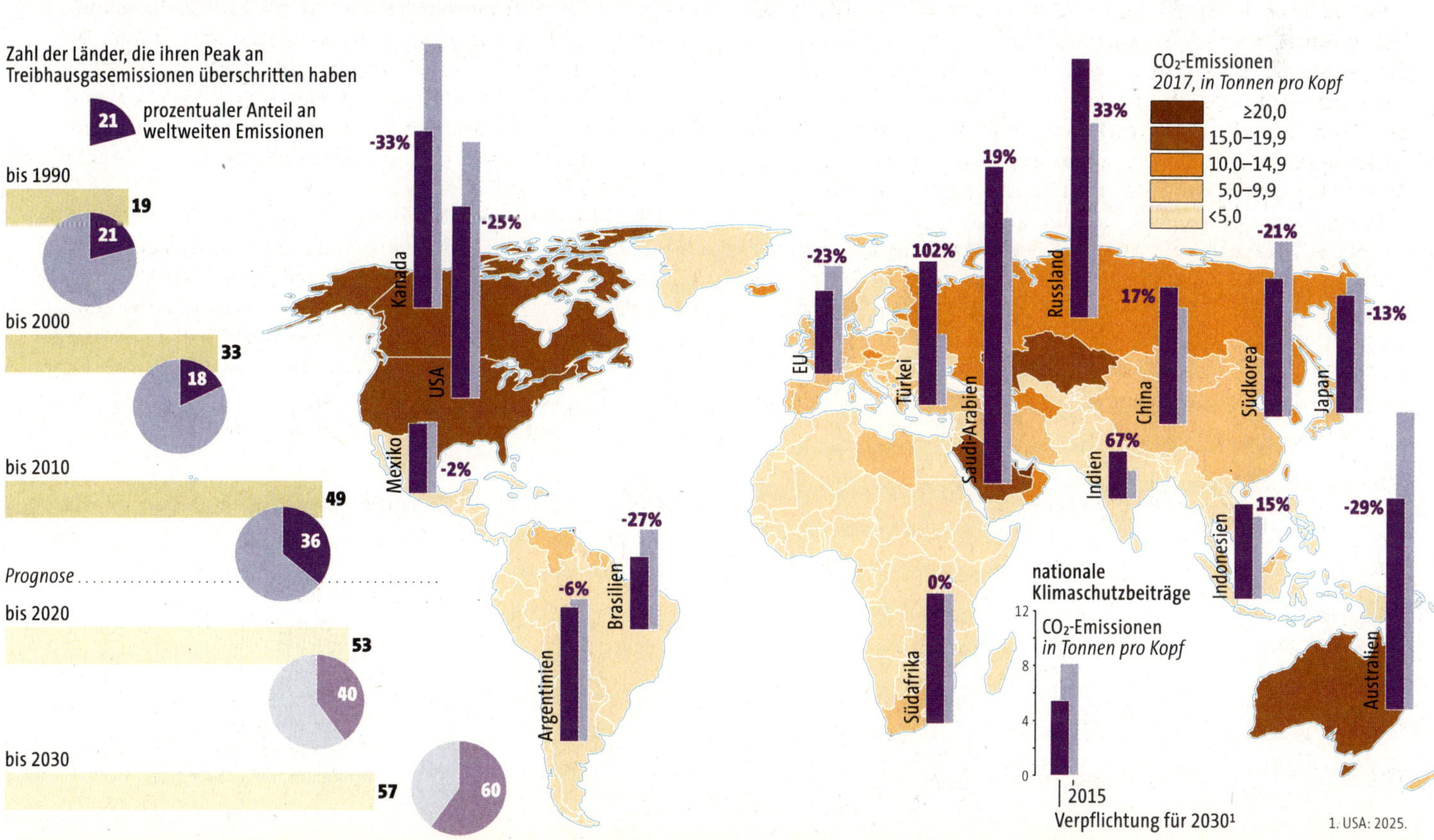

Wolken impfen und Ozeane düngen

Geoengineering, also großräumige technische Eingriffe in das Klimasystem der Erde, werden weltweit diskutiert. Auch vernünftige Klimawissenschaftler nehmen die Möglichkeiten technischer Klimamanipulationen durchaus ernst.

Einer der am häufigsten diskutierten Ansätze ist das Anpflanzen von Biomasse auf riesigen Flächen, um Kohlendioxid in den Pflanzen zu speichern. Nach der Ernte sollen die Pflanzenmassen verbrannt und die CO_2-Emissionen aufgefangen und unterirdisch deponiert werden. Der nächste Aufwuchs würde dann erneut große Mengen Kohlendioxid einfangen und so weiter. Auch der Weltklimarat (IPCC) hat diese Möglichkeit immer wieder erörtert.

Die großflächige Aufforstung der Wälder wäre eine andere Option. Doch selbst sie ist umstritten: Die Erde würde mit zusätzlichen Wäldern dunkler und würde mehr Wärme aufnehmen, wenn helle Flächen bewaldet werden.

Während der Präsidentschaft Obamas rückte 2009 eine Initiative des damaligen US-Energieministers Steven Chu in den Fokus. Er wollte durch weiße Autos, weiße Dächer, hellere Straßen eine farblich veränderte Welt erschaffen, die mehr Sonnenlicht zurückwirft. Das klingt noch relativ harmlos.

Gravierender sind die Gedankenspiele rund um die riesigen Grönlandgletscher, deren Abschmelzen den Meeresspiegel um mehrere Meter steigen ließe. Glaziologen des chinesischen Geoengineering-Programms wollen auf dem Meeresboden vor Grönland bis zu 100 Meter hohe Mauern bauen, um das warme Wasser am Boden des Meeres abzuhalten. Die warmen Meeresströme greifen die Gletscher von unten an und bringen sie so zum Schmelzen. Doch manche Gletscher sind 100 Kilometer breit, das benötigte Baumaterial würde alles in den Schatten stellen, was auf der Erde jemals erbaut wurde.

Das Ausbringen winziger reflektierender Sandkörner über den Eismassen oder das Einpacken der Gletscher in schützende Folien sind Vorschläge, die im Vergleich dazu fast schon niedlich anmuten. Kleine Pilotversuche dazu haben schon begonnen oder stehen unmittelbar bevor: Am North-Meadow-See in Alaska will ein Forscherteam um die Polareis-Aktivistin Leslie Field die Sandkörnchen verstreuen.

Zu den bekanntesten Vorschlägen gehören immer noch das Düngen der Ozeane, um die Algenblüte zu forcieren, oder das Ausbringen von Schwefelpartikeln in der Atmosphäre, um Sonnenlicht fernzuhalten. Wegen der befürchteten Schäden an der Ozonschicht durch den Schwefel gelten inzwischen Kalksteinpartikel als bessere Alternative. Auch das Aufhellen von Wolken ist eine Option. Spezialschiffe sollen Aerosole über dem Ozean aufwirbeln und die Wolken damit impfen und weißer werden lassen.

Eine ganz andere »Reparaturidee« ist das Pumpen riesiger Wassermassen auf die Antarktis. Das Pumpwasser würde dort gefrieren. Damit das Wasser ein Jahrtausend lang auf der Antarktis gespeichert werden kann, müsste es aber, so Berechnungen von Potsdamer Klimaforschern, 700 Kilometer ins Landesinnere gepumpt werden. Die dazu notwendige Energie entspräche rund einem Zehntel des aktuellen Weltverbrauchs.

Manfred Kriener

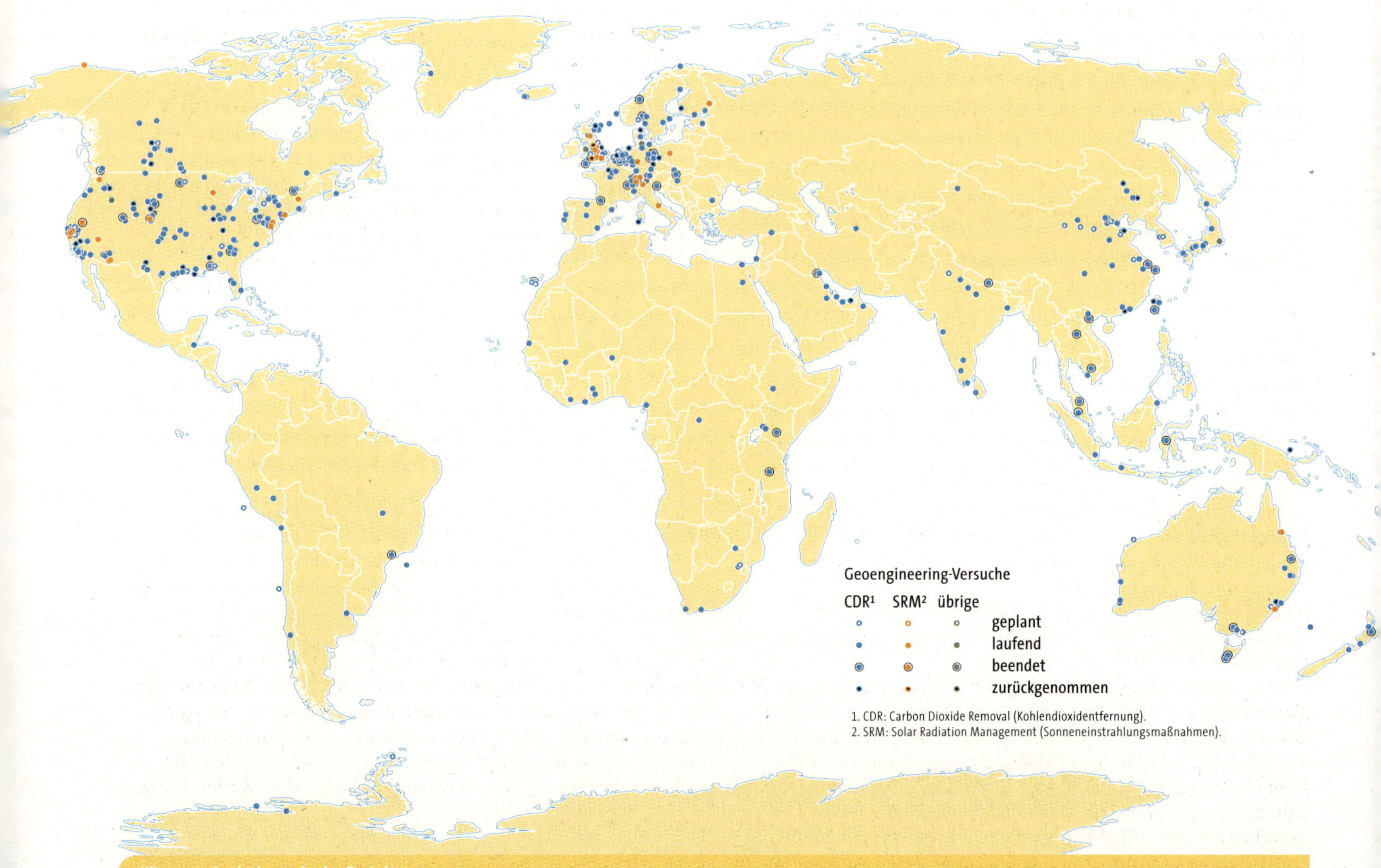

• Klimamanipulationen in der Testphase

(Carbon Dioxide Removal, CDR). Während SRM primär darauf abzielt, einen Teil der Sonneneinstrahlung auf die Erde in den Weltraum abzulenken, geht es bei CDR darum, der Atmosphäre Kohlenstoff wieder zu entziehen und ihn an Land oder im Meer zu speichern.

SRM wie CDR greifen auf zwei Maßnahmenbündel zurück. Das erste besteht in der Stärkung der Ökosysteme (ecosystems enhancement), das heißt der Stimulierung natürlicher Prozesse in Luft, Wasser und Böden. Ein Beispiel ist die stratosphärische Schwefelinjektion. Sie soll die Tätigkeit von Vulkanen imitieren, deren Ascheauswurf die Sonneneinstrahlung auf die Erde schon mehrfach schnell und massiv reduziert hat, und gilt als die wesentliche SRM-Methode. Hingegen kann die Eisendüngung der Ozeane das Wachstum von Planktonalgen begünstigen und damit die CO_2-Bindung in den Meeren steigern – die Ozeandüngung gilt somit als die wesentliche CDR-Methode.

Das zweite Maßnahmenbündel des Climate Geoengineering besteht in technischen Eingriffen in die globalen ökologischen Abläufe (black-box engineering). So könnten im Weltraum installierte Spiegel (space reflectors)– entweder riesengroße oder extrem viele – die Reflexion des Sonnenlichts erhöhen und so einem globalen Temperaturanstieg entgegenwirken (SRM-Technik). Eine potenziell bedeutsame CDR-Technik könnte im Bau von Anlagen bestehen, mit denen CO_2 aus der Luft eingefangen (air capture oder artificial trees) und in ehemaligen Öl- und Gasfeldern (oder in Salzstöcken) gespeichert wird.

Die Kombination der beiden genannten Maßnahmenbündel (ecosystems enhancement und black-box engineering) mit den beiden prinzipiellen Mechanismen SRM und CDR führte zu einer Typologie des Climate Geoengineering mit einer Vielzahl technischer Optionen.

Abgesehen von den komplizierten technischen Problemen spielen in der wissenschaftlichen Literatur und den öffentlichen Diskursen zum Climate Geoengineering verschiedene Pro- und Contra-Argumente eine wesentliche Rolle. Für die Befürworter des Geoengineering stehen die folgenden (in den gebräuchlichen englischen Begriffen aufgeführten) Argumente im Vordergrund (wobei sich die konkreten Beispiele hier nur auf die stratosphärische Schwefelinjektion beziehen). Die Pro-Argumente:

- »Arming the Future«: Um die Welt für die Zukunft zu wappnen, sollten wir sämtliche Optionen der Klimapolitik erforschen. Schließlich können Notsituationen eintreten, auf die man vorbereitet sein sollte und in denen auch unangenehme Ultima-Ratio-Optionen verfügbar sein müssten.
- »Lesser Evil«: Der Einsatz der Schwefelinjektion und anderer Techniken sei im Vergleich zu einem durch Emissionsreduzierung allein nicht vermiedenen Klimawandel das kleinere Übel.
- »Efficiency«: Die Kosten des Geoengineering seien geringer als die Kosten von Emissionsvermeidung und Anpassung.
- »Easiness«: Es sei politisch und kulturell einfacher, Schwefelinjektionen durchzuführen, als Millionen Menschen und viele Industrien zu einer gewaltigen Reduzierung ihrer Emissionen zu zwingen. Man würde so tiefgreifende und schmerzliche Eingriffe in individuelle Lebensstile, soziale Gewohnheiten und ökonomische Besitzstände vermeiden.
- »Innovation«: Geoengineering fördere den technischen Fortschritt, was zu neuen Geschäftsfeldern und zusätzlichen Jobs führen werde.
- »Do It Alone«: Eine globale Emissionsreduzierung verlange die dauerhafte, aber leider unwahrscheinliche Kooperation aller Staaten. Dagegen könne die Schwefelinjektion (oder andere Geoengineering-Techniken) von einem einzigen Staat oder einer kleinen Gruppe von Staaten zum Vorteil der gesamten Menschheit durchgeführt werden. (Da der Einsatz von SRM bisher völkerrechtlich nicht reguliert ist, wäre er womöglich sogar legal.)

All diese Argumente für die großräumige technische Beeinflussung des Klimawandels spielen in der internationalen Diskussion und damit auch für die Gestaltung der künftigen Weltklimapolitik eine wichtige Rolle.

Die Gegner des Climate Geoengineering haben indes gravierende Einwände gegen dieses Konzept, wie vor allem:

- »Risk-Transfer«: Die Risiken des heutigen, von hohen Treibhausgasemissionen geprägten Wirtschaftsmodells würden auf die künftigen Generationen abgewälzt.
- »Informed Consent«: Derart weitreichende Eingriffe mit globalen und langfristigen Wirkungen seien nur legitim, wenn eine breite und wohlinformierte Zustimmung der Weltgemeinschaft vorliege.
- »Moral-Hazard«: Schon die Aussicht auf SRM werde Industrie, Politik und Gesellschaft dazu bringen, weiterhin viel (zu viel) CO_2 auszustoßen – ein Freifahrtschein für Klimasünder.
- »Undermining Better Options«: Die Techniken des Geoengineering würden die realen Chancen der Emissionsvermeidung und der Anpassung an den Klimawandel verbauen, vor allem natürliche Klimalösungen, wie die »Waldoption«, die großflächige Wiederaufforstung und die nachhaltige Waldwirtschaft.
- »Political Economy«: Geoengineering stärke die klimapolitisch reaktionärsten Gruppen und Industrien, weshalb diese auch Anhänger des Geoengineering sind.
- »Loss of Intangibles«: Die Einbringung von Schwefelpartikeln in die Stratosphäre werde, so wird vermutet, die Farben des Himmels wesentlich verändern, so dass das Himmelblau verloren gehen könnte.
- »Hybris«, auch »Playing God« genannt: Geoengineering stehe in der Tradition großtechnischer Eingriffe in die Natur, in denen Maßlosigkeit und Vermessenheit zum Ausdruck kommen. Der Mensch würde als »Weltingenieur« in globale Naturprozesse eingreifen, was sich in Zukunft auf vielfältige Weise rächen könnte.

Es ist damit zu rechnen, dass Befürworter und Gegner in Zukunft weitere Argumente vorbringen und diese auch spezifisch gewichten werden. Die Entscheidung, ob wir Geoengineering tatsächlich einsetzen oder lieber darauf verzichten sollten, mag zurzeit noch nicht akut sein, weil weder SRM noch CDR ausreichend erforscht und getestet sind. Doch das könnte sich schnell ändern, vor allem wenn sich die hochgesteckten Erwartungen an das Pariser Klimaabkommen als trügerisch erweisen, wenn der Klimawandel schneller voranschreitet als projiziert und wenn die Klimafolgen dramatischer ausfallen als bisher erwartet. Aber auch dann, wenn der Weltklimarat seine bislang eher reservierte Haltung zu dieser Frage ändern sollte. Bei einer weiter steigenden CO_2-Konzentration in der Atmosphäre wird der Druck jedenfalls wachsen, Geoengineering als Option ernst zu nehmen.

Jüngste Computersimulationen zeigen, dass das 2-Grad-Ziel nur zu erreichen sein wird, wenn die globalen CO_2-Emissionen von derzeit 35 Milliarden Tonnen pro Jahr schon im nächsten Jahrzehnt halbiert und bis zur Jahrhundertmitte auf null (Emissionsneutralität) gebracht werden – um danach zu negativen Emissionen zu gelangen.

Wenn für das nachträgliche Herausholen von CO_2 aus der Atmosphäre in der zweiten Jahrhunderthälfte aber weniger als 5 Milliarden Tonnen pro Jahr angepeilt werden (wie verschiedene Simulationen annehmen), dann müssten die Emissionen nach 2030 noch stärker reduziert werden. Dann stünden aber auch kurzfristigere Einstiegspunkte zur Entscheidung an – wie vor allem die rasche Beendigung der Kohleverstromung und die alsbaldige Einführung von Mindestpreisen für CO_2-Emissionen. Zu den beiden etablierten Komponenten der internationalen Klimapolitik – Emissionsvermeidung und Anpassung an den Klimawandel – könnte mit dem Geoengineering also eine dritte hinzukommen. Darüber nicht nachzudenken, wäre unvernünftig, wenn nicht gar fahrlässig.

Udo E. Simonis ist Professor emeritus für Umweltpolitik am Wissenschaftszentrum Berlin (WZB) und Redakteur des *Jahrbuchs Ökologie*.

Bedrohte Vielfalt

Der größte Feind von Pflanzen und Tieren ist der Mensch. Er beschleunigt das Artensterben dramatisch

von Manfred Niekisch

Der Begriff Biodiversität hat seit seinem Aufkommen vor rund drei Jahrzehnten nicht nur in der Fachwelt, sondern auch in Presse und Öffentlichkeit schnell Verbreitung gefunden. Auch als »biologische Vielfalt« bezeichnet, beschreibt er die Mannigfaltigkeit des Lebens auf der Erde. Dies umfasst weit mehr als die Vielfalt der Arten. Es geht um die genetische Unterschiedlichkeit der Individuen innerhalb einer Art, die Verschiedenheit der Arten untereinander und – in der dritten Ebene – um die Lebensgemeinschaften mit ihren Interaktionen, Prozessen und Stoffkreisläufen. Der Hauptgrund dafür, dass sich der Begriff schnell durchgesetzt hat, war wohl die Erkenntnis, dass Biodiversität die Lebensgrundlage des Menschen darstellt und dass sie weltweit zunehmend bedroht ist.

Als Messgröße für Biodiversität dient häufig die Anzahl der Arten von Fauna und Flora pro Flächeneinheit. Die Diversität der Arten untereinander, also die reine Artenzahl, drückt aber nicht die gesamte Diversität aus, da diese sich auch unterhalb des Artniveaus in vielen Rassen und Unterarten manifestiert und sich oberhalb davon in den komplexen Beziehungen der Lebewesen zueinander und zu ihrer Umwelt zeigt.

Die biologische Vielfalt ist nicht gleichmäßig über die Erde verteilt. In den Tropen kommen absolut und relativ sehr viel mehr Arten vor als in den gemäßigten Breiten. Das hat verschiedene Gründe. Zum einen wurde die Evolution innerhalb der Wendekreise nicht von Eiszeiten unterbrochen, das Leben hatte also im Laufe der Erdgeschichte vergleichsweise viel Zeit, um verschiedene Formen hervorzubringen. Ein weiterer wichtiger Grund ist, dass die Böden in den Tropen nährstoffarm sind. Durch die anhaltend hohen Temperaturen bei viel Regen sind die Nährstoffe mit der Zeit weitgehend verbraucht oder wurden in Tiefen weggewaschen, in denen sie für die Pflanzen mit ihren Wurzeln nicht mehr erreichbar sind. Die Böden sind tiefgründig verwittert. Humusbildung findet in den Tropen typischerweise nicht oder kaum statt, weil dazu die Ruhephasen im Winter fehlen und sich die Nährstoffe schnell zersetzen beziehungsweise von den Pflanzen direkt wieder aufgenommen werden.

Wo aber wenig Nährstoffe im Boden sind, müssen Lebewesen mit ganz unterschiedlichen Strategien versuchen, diese für sich zu erschließen. Das heißt, sie mussten sich im Laufe ihrer Entwicklungsgeschichte spezialisieren, also von anderen Arten abgrenzen. So entstanden und entstehen neue Arten. Wo dagegen die Böden nährstoffreich sind, können wenige Arten alle anderen überwuchern. Das sieht man auch auf den gut gedüngten (oder überdüngten) Viehweiden zum Beispiel in Niedersachsen, auf denen lediglich einige wenige Grasarten wachsen. An nährstoffarmen Standorten wie Bahndämmen, Schotterhalden, Mooren oder Trockenrasen finden sich dagegen viele verschiedene Pflanzenarten. Solche Anzeiger für nährstoffarme Böden sind zum Beispiel Orchideen und Silberdisteln.

Der pflanzliche Artenreichtum wiederum bedingt eine große Zahl verschiedener Wildbienen und Schmetterlingsarten und so weiter. Gleichzeitig bedeutet dies aber, dass die Individuenzahl für solche Spezialisten beschränkt ist, während auf nährstoffreichen Flächen wenige Arten in sehr vielen Exemplaren vorkommen. Auch wenn es auf den ersten Blick paradox zu sein scheint: Auf nährstoffreichen Böden leben relativ wenige Arten in hoher Individuenzahl, während Nährstoffarmut viele Arten mit jeweils wenigen Individuen bedingt.

In den Tropen haben viele Arten gerade wegen ihrer hohen Spezialisierung ein sehr kleines Verbreitungsgebiet. Manche Käfer-, Frosch- und Kakteenarten sind auf wenige Hektar oder sogar nur einige Quadratmeter beschränkt. Arten mit kleinem Verbreitungsgebiet und geringer Individuenzahl sind aber logischerweise grundsätzlich viel stärker vom Aussterben bedroht als häufige oder weit verbreitete Arten.

Der Artenreichtum der Tropen lässt sich an vielen Beispielen und Zahlen zeigen. So gibt es in Deutschland nur 77 Baumarten, das sind rund 0,1 Prozent aller Baumarten der Erde. In Brasilien dagegen sind es 8700 und global 60 065 Arten. Von den weltweit rund 11 000 Vogelarten brüten in Europa gerade einmal 500. Selbst wenn man die Flächenverhältnisse berücksichtigt, bleibt die Artenzahl in den Tropen absolut und relativ weit höher als in allen anderen Regionen der Erde. Man geht davon aus, dass in den Tropenwäldern mehr als drei Viertel aller Tier- und Pflanzenarten zu Hause sind. Die Bedeutung der Ozeane, insbesondere der Tiefsee, für den Artenreichtum der Erde kann man bisher allenfalls erahnen, da wir über sie noch weniger wissen als über die terrestrischen Systeme.

Regionen mit geringer Biodiversität sind aber nicht weniger wertvoll als artenreiche, und schon gar nicht würde eine künstliche Erhöhung der Artenzahl (etwa durch Einführung exotischer Arten) den ökologischen Wert steigern. Entscheidend ist jeweils, dass an den Standorten ein möglichst vollständiges Spektrum der Arten erhalten bleibt, die areal- und standortgerecht sind, die also zum natürlichen Arteninventar gehören.

Wissenschaftlich beschrieben – und damit als »bekannt« zu bezeichnen – sind derzeit rund 2 Millionen Arten. Neusten Schät-

Der menschliche Faktor

Innerhalb einer relativ kurzen Zeitspanne der Menschheitsgeschichte haben Innovationen wie Viehzucht, Landwirtschaft und die industrielle Revolution die Bevölkerung stark wachsen lassen – mit dramatischen ökologischen Auswirkungen. Ein Vergleich der aktuellen globalen Biomasse mit geschätzten vormenschlichen Werten zeigt den Einfluss des Menschen auf die Biosphäre. So haben menschliche Aktivitäten mit zum Aussterben der Megafauna beigetragen, dem zwischen 50 000 und 3000 Jahren v. d. Z. etwa die Hälfte der großen Landsäugetierarten (über 40 kg) zum Opfer fielen. Heute übertrifft die ständig wachsende Biomasse der Menschen und Nutztiere die Biomasse der wild lebenden Säugetiere um ein Vielfaches; gleichwohl macht sie nur einen kleinen Teil der gesamten tierischen Biomasse aus, die von Gliederfüßern und Fischen dominiert wird.

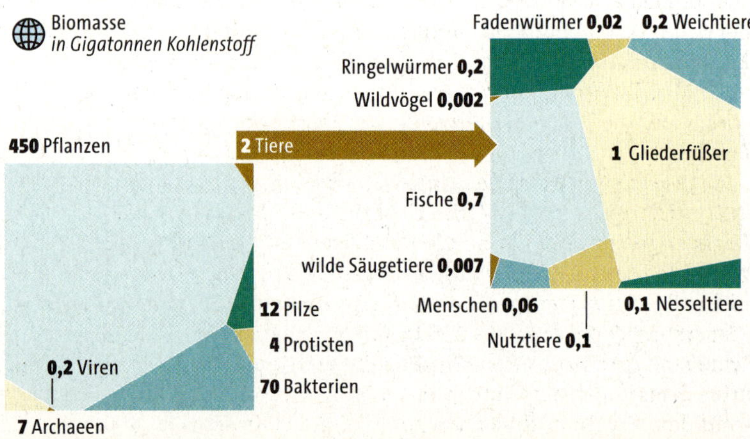

Von Archaeen bis Wildvögel: die globale Biomasse

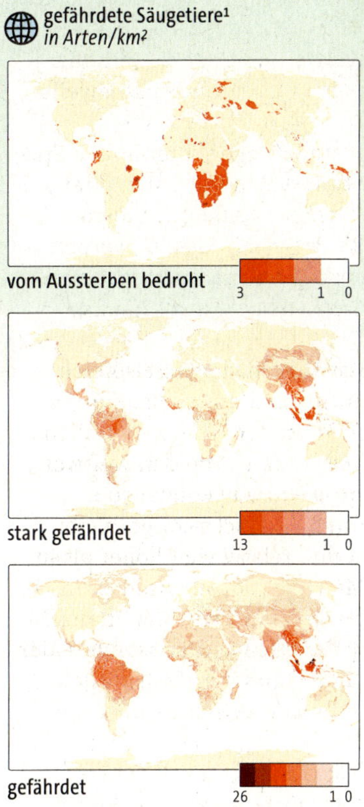

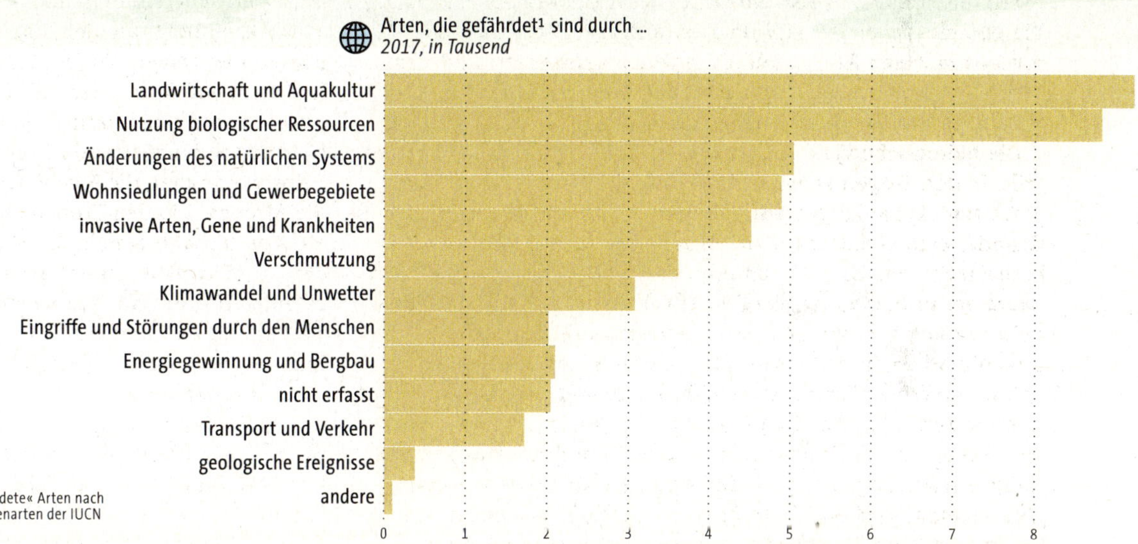

1. »Vom Aussterben bedrohte«, »stark gefährdete« und »gefährdete« Arten nach der Einstufung in der Roten Liste gefährdeter Tier- und Pflanzenarten der IUCN (Weltnaturschutzunion).

zungen zufolge sind allerdings 86 Prozent aller an Land und 91 Prozent aller in den Ozeanen lebenden Arten noch unentdeckt. Wir kennen also nur einen sehr kleinen Teil des Arteninventars der Erde. Dabei bedeutet »kennen« nur, dass sie hinsichtlich ihrer Existenz erfasst sind. Über ihre Rolle in den Ökosystemen und auch über ihre potenzielle Verwendbarkeit für den Menschen wissen wir nur bei den allerwenigsten »bekannten« Arten Bescheid.

Angesichts dieser großen Unsicherheiten lässt sich unmöglich quantifizieren, wie viele Arten bedroht sind. Das weltweite - Register gefährdeter Arten, die Rote Liste der Weltnaturschutzorganisation IUCN, wird ständig fortgeschrieben. Noch sind längst nicht alle Gruppen von Tieren und Pflanzen vollständig erfasst. Fest steht jedoch, dass die Gefährdungskategorien auf viele verschiedene Arten zutreffen. So sind alle existierenden Säugetierarten erfasst und hinsichtlich ihres Gefährdungsstatus untersucht – mit dem Ergebnis, dass etwa 20 Prozent gefährdet sind. Wesentlich schlechter steht es um die Amphibien, von denen fast 30 Prozent gefährdet sind. Bei den Blütenpflanzen sind es sogar über 50 Prozent der untersuchten Arten, die aber nur 10 Prozent der bekannten Arten ausmachen. Von den schätzungsweise 1 000 000 Insektenarten sind gerade einmal 7639 evaluiert.

Außerdem werden täglich neue Arten entdeckt. Dies gilt insbesondere für die kaum erfassten und schwer zu untersuchenden Gruppen. So sind in den letzten Jahren zahlreiche neue Reptilien- und Amphibienarten entdeckt worden. Eine Forschergruppe des Senckenberg-Instituts in Frankfurt am Main fand beispielsweise bei einer Exkursion im Hochland von Panama innerhalb von 24 Stunden gleich vier neue Eidechsenarten, und eine Forschergruppe des Museums Koenig in Bonn identifizierte bei einem einzigen Projekt auf Madagaskar über 130 neue Froscharten. Von dort waren bis dahin lediglich 244 Froscharten bekannt. Neue Arten werden jedoch nicht nur bei Exkursionen entdeckt, sondern auch durch die Auswertung von teils seit Jahrzehnten in Naturkundemuseen befindlichen Sammlungen und besonders durch neue gentechnische Methoden. Sie machen Unterscheidungen möglich, die frühere Wissenschaftler nicht treffen konnten.

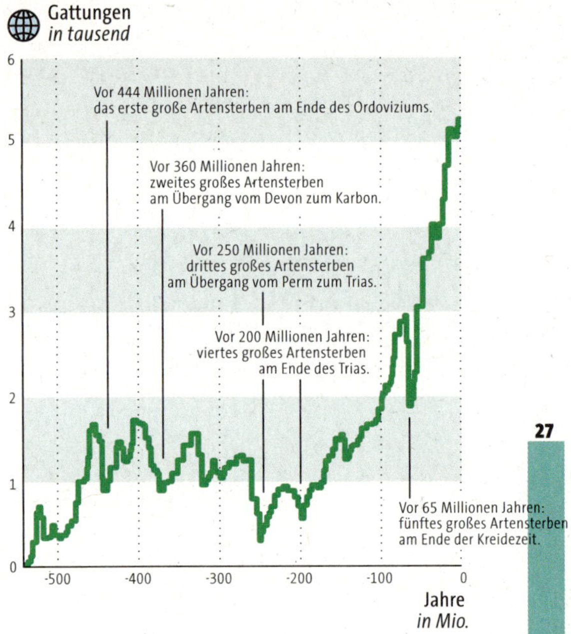

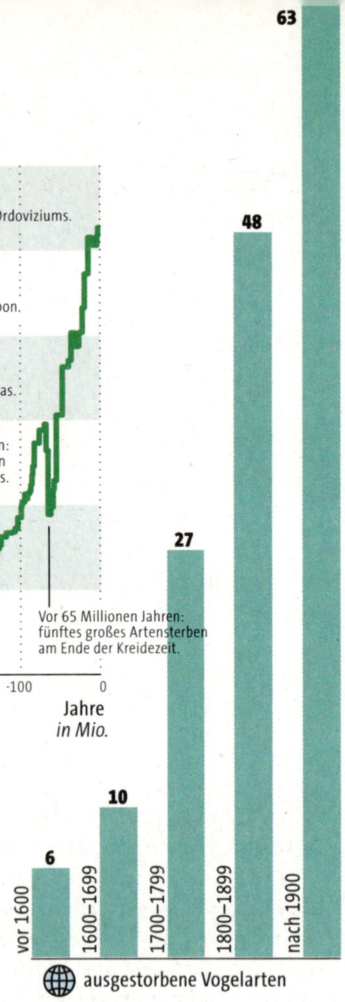

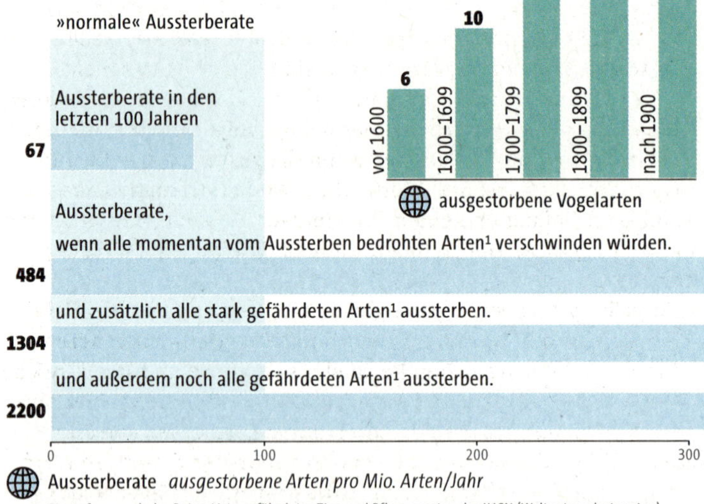

1. Einstufung nach der Roten Liste gefährdeter Tier- und Pflanzenarten der IUCN (Weltnaturschutzunion).

Ist das schon das sechste große Sterben?

In den vergangenen 550 Millionen Jahren gab es fünf große Massenaussterben. Paläontologen sprechen von Massenaussterben, wenn mehr als 75 Prozent aller vorhandenen Arten verlorengehen. Ob wir derzeit das sechste große Sterben erleben, ist umstritten – je nachdem, wie die Datenlage eingeschätzt wird und wie kritisch die möglichen Hochrechnungsmethoden gesehen werden.

Die US-amerikanische Wissenschaftsjournalistin Elizabeth Kolbert geht in ihrem 2015 mit dem Pulitzerpreis ausgezeichneten Buch »Das sechste Sterben« davon aus, dass wir uns bereits mitten im sechsten großen Artensterben befinden – ohne allerdings die Datenlage genauer zu diskutieren.

Vorsichtiger argumentieren Anthony Barnosky und seine Kolleg*innen von der University of California in Berkeley. In einem Beitrag für die Fachzeitschrift *Nature* bestätigen sie zwar, dass gegenwärtig ein beträchtlicher Artenverlust zu verzeichnen ist. Von einem Massenaussterben im Sinne der Big Five könne man aber noch nicht sprechen. Sollten allerdings in ein paar hundert Jahren die laut der Roten Liste »vom Aussterben bedrohten« Arten sowie die »stark gefährdeten« und die »gefährdeten« Arten ausgestorben sein, stünde der Erde tatsächlich das sechste Sterben bevor.

Noch zurückhaltender ist der britische Paläontologe Norman MacLeod. In seinem Buch »Arten sterben« diskutiert er ausführlich, wie problematisch es ist, aktuelle Aussterbefälle hochzurechnen und mit Daten aus fossilen Funden zu vergleichen. Zwar seien wir Menschen mittlerweile als Umweltfaktor so bedeutsam wie ein großer Vulkanausbruch oder der Einschlag eines Asteroiden – Stichwort Anthropozän –, aber angesichts der vorhandenen Daten lasse sich nicht plausibel von einem modernen Massenaussterben sprechen.

Beim aktuellen Wissensstand sind quantitative Aussagen zur Existenz und Gefährdung von Fauna und Flora also mit erheblichen Unsicherheiten behaftet – auch weil zahlreiche Arten bereits ausgestorben sind oder verschwinden, bevor sie überhaupt entdeckt wurden. So schwanken Hochrechnungen über die Anzahl der Arten, die pro Tag aussterben, zwischen 3 und 130 Arten. Fest steht, dass die statistisch errechneten Aussterberaten bei den verschiedenen Organismengruppen erheblich höher sind, als dies unter natürlichen Umständen der Fall wäre – und zwar teilweise 1000-mal so hoch.

Es ist also durchaus gerechtfertigt, von einer »extinction crisis« sprechen, denn es handelt sich nicht um natürliche Aussterberaten und -geschwindigkeiten, sondern um die vom Menschen verursachte Ausrottung von Arten. Sie läuft sehr viel schneller ab, als neue Arten entstehen können.

Welche Faktoren dafür verantwortlich sind, lässt sich in der Regel nur durch die Analyse der konkreten lokalen Situation herausfinden – eine unabdingbare Voraussetzung, um Gegenmaßnahmen ergreifen, Ursachen abstellen und Schutzmaßnahmen einleiten zu können. Meist stellen sich die Kausalitäten und Zusammenhänge jedoch als sehr komplex heraus. In Deutschland bedroht in erster Linie die Landwirtschaft viele Arten, weil sie große Mengen Dünger, Unkrautvernichter und Schädlingsbekämpfungsmittel einsetzt und eine intensive Flächennutzung betreibt. Fatale Auswirkungen hat der Eintrag von Stickstoffverbindungen in die Gewässer und Böden auch aus der Luft. Er führt zur Überdüngung der Böden und Gewässer und trägt damit ebenfalls zum Artenschwund bei. Verantwortlich hierfür ist neben der Landwirtschaft eine kohlebasierte Energie- und Wirtschaftspolitik, die daran festhält, für die Strom- und Wärmegewinnung sowie für den Straßenverkehr fossile Brennstoffe zu verfeuern.

An einem Trockenhang bei Regensburg ist im Vergleich zur Situation vor 150 Jahren ein Drittel der Schmetterlingsarten verschwunden, zwischen 1990 und 2018 ist in deutschen Naturschutzgebieten die Biomasse der Fluginsekten um 75 Prozent zurückgegangen, im Raum Frankfurt ist in den vergangenen 200 Jahren ein Viertel aller Pflanzenarten ausgestorben. Veränderungen des Klimas und der Strukturen in den Biotopen allein können solche Verluste oft nicht hinreichend erklären. Der mit der Verstädterung einhergehende Lebensraumverlust mag insgesamt eine Rolle spielen, aber auf die untersuchten Naturschutzgebiete oder den Trockenhang bei Regensburg hatte er keinen Einfluss. Um zu ermessen, wie sich die Pestizide und der Stickstoffeintrag aus der Luft im Einzelnen auswirken, fehlt meist ausreichendes Datenmaterial. Aber daran, dass all diese Faktoren (in je unterschiedlichem Ausmaß) den Artenschwund beschleunigen beziehungsweise direkt verursachen, kann kein Zweifel bestehen.

Global gesehen ergibt sich erst recht ein komplexes Bedrohungs- und Vernichtungsszenario, bei dem viele Probleme zusammenkommen: die Klimaerwärmung, die Abholzung der Tropenwälder, der großflächige Anbau von Mais als Energiepflanze sowie von Ölpalmen und Soja, die Anlage von Shrimp-Farmen in Mangrovengebieten, die Ausdehnung der Städte, die Zersiedelung der Landschaft, der Einsatz von Umweltgiften, die Verbrennung fossiler Energieträger, die Überfischung der Meere, der Staudammbau und die Flussregulierungen, das Sterben der Korallenriffe, der Abbau von Mineralien und (Edel-)Metallen, die Wilderei und der illegale Tier- und Pflanzenhandel, die Massentierhaltung und die nicht nachhaltige Landwirtschaft sowie das Vordringen invasiver Arten. Weitere im politischen und sozialen Bereich liegende Gründe sind ungerechte Landverteilung und Korruption. Auch sie tragen zur Gefährdung der Artenvielfalt bei, weil vor allem die Landbevölkerung dann keine Perspektiven hat und in die Stadt flüchtet.

In der völkerrechtlich bindenden Konvention über biologische Vielfalt von 1992 ist als Ziel festgehalten, die gegenwärtige Nutzung der Ressourcen dürfe Nutzungsoptionen künftiger Generationen nicht beeinträchtigen. Das klingt vernünftig, ist aber ein

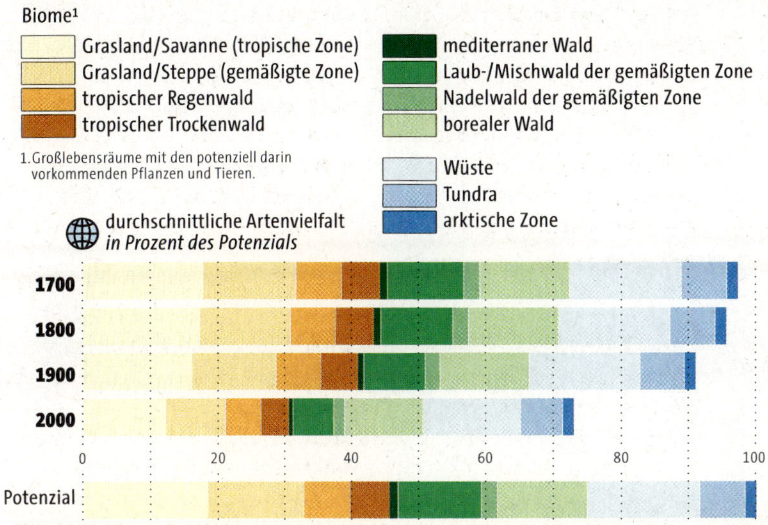

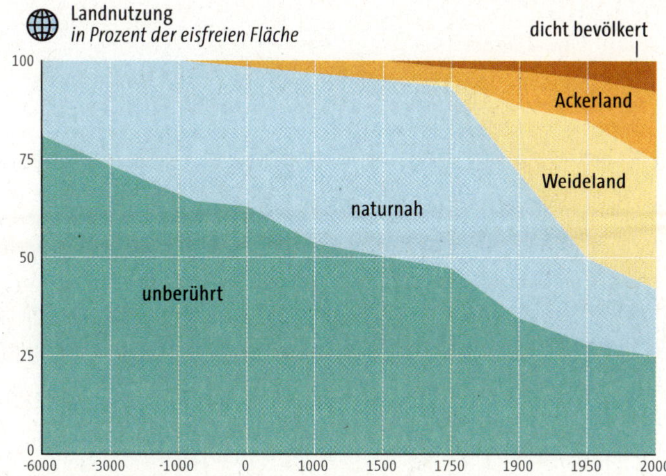

fast unerfüllbarer Anspruch, denn es kann heute überhaupt nicht antizipiert werden, welche Optionen in der Zukunft bestehen.

Man denke nur daran, dass fast alle medizinischen Wirkstoffe beziehungsweise Medikamente zunächst aus Pflanzen gewonnen und dann gegebenenfalls industriell synthetisiert wurden. Das Spektrum reicht vom Hustensaft bis zur Antibabypille. Welches Potenzial hier noch schlummert, lässt sich nicht einmal erahnen. Nur ein Beispiel: Eine australische Froschart brütet ihre Jungen im Magen aus; die Frösche verschlucken ihre Eier und die Quappen bleiben so lange im Magen, bis sie die Metamorphose beendet haben. Das Erstaunliche daran ist, dass Eier und Larven nicht verdaut werden, während der Frosch seine tierische Beute ansonsten ohne Weiteres verdaut. Es muss also einen Inhibitor geben, der verhindert, dass das Tier seine Nachkommen wie Nahrung verdaut. Die weitere Erforschung dieser Zusammenhänge sollte neue Erkenntnisse über die Behandlung von Magenerkrankungen erbringen. Doch die Forschung kam nicht weit, denn die Froschart verschwand aufgrund negativer Umweltveränderungen sehr schnell und für immer.

Im weiten Feld der Bionik, also der Übertragung von »Erfindungen« der Natur in die Technik, finden sich zahllose Beispiele dafür, wie die Menschen sich die Natur durch Nachbau zunutze gemacht haben: Sie haben die Strukturen der Haut von Haien übertragen, um die Reibung an der Außenseite von Flug- und Wasserfahrzeugen zu reduzieren; sie haben sich von der Lotusblume mit ihren stets sauberen Blättern den sogenannten Lotuseffekt abgeschaut und Oberflächen entwickelt, bei denen abperlendes Wasser anhaftenden Schmutz mitnimmt; sie haben hocheffiziente Tragestrukturen konstruiert, die Vogelknochen nachempfunden sind – die Liste ließe sich beliebig fortführen. Noch sehr viel länger ist die Liste der direkt genutzten und nutzbaren Materialien der Natur, etwa als Baumaterial, Nahrungsmittel, Kosmetik oder Schmuck.

Mehr und mehr rücken jedoch auch die sogenannten Ökosystemdienstleistungen in den Blick, also die »Nutzenstiftungen« oder »Vorteile« (benefits), die Menschen aus den Ökosystemen beziehen – und zwar fast immer kostenlos. Die bodenlebende Fauna und Flora erhält die Bodenfruchtbarkeit aufrecht, Insekten bestäuben die Blüten der Nutzpflanzen, Fische vermehren sich und dienen als Nahrung, Niederschlag wird gefiltert und so zu nutzbarem Wasser, Wälder halten Regenwasser zurück und vermeiden Hochwasserspitzen, Mangrovenwälder schützen die Küsten, Bäume sorgen für saubere Atemluft.

Manche dieser Leistungen lassen sich finanziell konkret bewerten, etwa die wirtschaftliche Bedeutung von Nationalparks für eine Region oder die Einnahmen durch den Betrieb des Panamakanals, der nur funktioniert, weil aus einem großen Waldgebiet kontinuierlich Wasser in seine oberste Schleusenstufe fließt. Die meisten Ökosystemdienstleistungen sind aber monetär nicht quantifizierbar, da sie nicht marktfähig sind. Besonders schwierig, wenn nicht gar unmöglich ist dies bei Nutzenstiftungen, die rein immaterieller Natur sind: etwa wenn die Natur zur Quelle der Inspiration für Kunst und Kultur wird, wenn naturnahe Landschaften Erholung und einen »Freizeitwert« bieten oder wenn wir uns an Blumenwiesen, Schmetterlingen und Vogelgezwitscher erfreuen.

Ein Ökosystem erbringt oft gleichzeitig ganz unterschiedliche Dienstleistungen, die zum Teil auch miteinander konkurrieren können. Soll der Wald zum Beispiel als Lebensraum für zahlreiche Arten erhalten bleiben und zugleich als Naherholungsgebiet für gestresste Städter sowie der Holzproduktion dienen, entstehen Zielkonflikte, die sich nicht technokratisch lösen lassen, sondern politische und gesellschaftliche Abwägungen und Entscheidungen erfordern. Dies sollte weitestgehend unter Beachtung der Ziele des Biodiversitätsschutzes geschehen, um weitere Rückgänge zu vermeiden. Ist eine Art erst einmal ausgestorben, ist sie unwiederbringlich verloren.

Biodiversität und Klima stellen die Umwelt bereit, die den Menschen das (Über-)Leben erst möglich macht. Auch ist eine breite genetische Basis die Grundlage für die weitere Evolution des Lebens auf der Erde. Dies wird gerade vor dem Hintergrund des Klimawandels immer wichtiger, denn wenn sich Arten an neue Verhältnisse anpassen sollen, braucht die Evolution eine möglichst große Auswahl an genetischem Material, auf das sie zurückgreifen kann.

Schon eine rein utilitaristische Betrachtung führt vor Augen, dass die Biodiversität als Lebensgrundlage unverzichtbar für die Menschen ist. Hinzu kommen kulturelle und ethische Gründe, die uns an die immateriellen und intrinsischen Werte der biologischen Vielfalt erinnern. Die Menschen dürfen Biodiversität folglich nicht nur nutzen, sondern müssen dies tun, sollten sich aber auch klarmachen, dass sie von ihr abhängig sind. Daraus ergibt sich zwangsläufig, dass sie diese Vielfalt schon in ihrem ureigensten Interesse vor Übernutzung und Rückgang schützen müssen. So gesehen ist es kein Wunder, dass mit dem Begriff der Biodiversität auch die »nachhaltige Nutzung« aufkam.

Manfred Niekisch ist Ökologe, seit 1983 praktisch und wissenschaftlich im internationalen Naturschutz tätig und Mitglied des Sachverständigenrats für Umweltfragen (SRU) der Bundesregierung. Von 2008 bis 2017 war er Direktor des Frankfurter Zoos.

Krieg den Tüten

Als erste indische Metropole versucht Mumbai die Flut an Plastikmüll in den Griff zu bekommen

von Natalie Mayroth

Seit dem 23. Juni 2018 ist im indischen Bundesstaat Maharashtra der Verkauf und Gebrauch von Plastiktüten verboten. Die neue Vorschrift betrifft dünne Tüten, aber auch, Mini-Getränkeflaschen, Einweggeschirr und Deko-Styropor. Erlaubt sind nur noch Plastiktüten, die dicker als 0,05 Millimeter sind. Zudem müssen sie aus mindestens 20 Prozent recyceltem Material bestehen und mit einem entsprechenden Stempel zertifiziert sein.

Das Verbot zeigt Wirkung. Selbst die Gläubigen tragen mittlerweile ihre Opfergaben in einer Schale, die sie beim Verlassen des Mumbaier Elefantengott-Tempels wieder abgeben. Alles, was dort nicht zu Ehren der Götter verweilt, kommt am Ende in eine Tüte, die aus Zeitungspapier gefaltet und an den Seiten getackert ist. Jeden Monat besuchen mehr als 1 Million Menschen die Gebetsstätte in Mumbai, Indiens größter Stadt mit über 20 Millionen Einwohnern. Auch auf den Straßen, entlang der Bahngleise, in den Gebüschen und am Strand wird der Kunststoffmüll langsam weniger. Die Küstenstadt ist darum bemüht, die Tütenflut in Schach zu halten, die in der Regenzeit die Abflussrinnen verstopft.

Das hatte früher oft verheerende Auswirkungen: Am 26. Juli 2005 stand Mumbai unter Wasser. Der Monsunregen war so heftig, dass er die Stadt lähmte. Innerhalb von 24 Stunden fielen 994 Millimeter Niederschlag. Doch wegen verstopfter Abflüsse, so sagen Umweltschützer und Stadtplaner, konnten die Wassermassen nicht richtig abfließen. Viele Menschen verloren an diesem Tag ihre Häuser. Über 500 ertranken bei den Überschwemmungen. Nach der Katastrophe beschloss der Staat Maharashtra, den Verkauf und die Verwendung dünner Plastiktüten einzuschränken. Das im darauffolgenden Jahr beschlossene Gesetz war aber kaum wirksam. Der Staat verbot diese Tüten zwar, doch das Verbot wurde nie konsequent durchgesetzt.

Kunststoffverarbeitung
1950–2015, Schätzung, in Mio. Tonnen

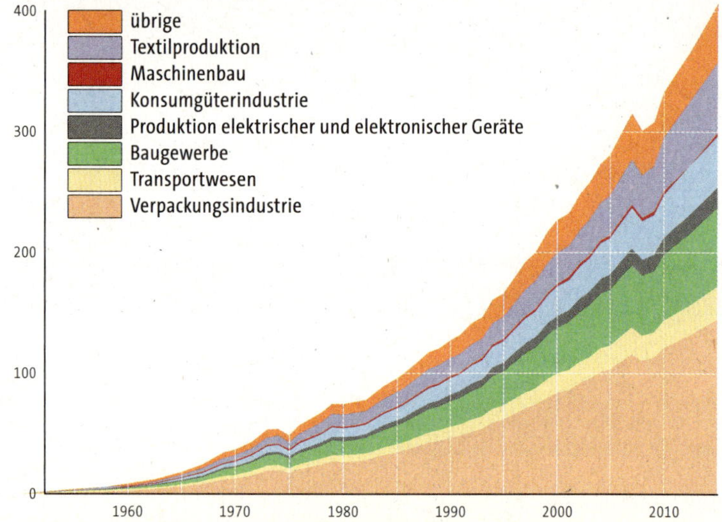

Verpackungswahn

Abhilfe schaffen soll das neue Verbot von Einwegplastik. Wer ertappt wird, muss umgerechnet 62 Euro bezahlen, viel Geld für die allermeisten Inder. Wiederholungstätern droht sogar bis zu drei Monaten Haft. Von Ende Juni 2018 bis Ende März 2019 haben die Behörden von Mumbai über 52 Tonnen Plastik konfisziert und Strafen in Höhe von 360 000 Euro verhängt. Obwohl zum Beispiel Fischverkäufer ihre Ware weiterhin in Plastiktüten abgeben, wenn die Kunden das wünschen, findet das Verbot Anklang: Das Postamt nimmt keine Plastikpäckchen mehr an, in den Supermärkten gibt es nur noch Papier- oder Stofftaschen, und die Lieferservice-Unternehmen verpacken ihre Waren in braune Papiertüten. Um die Verwendung von billigen und leicht erhältlichen Plastiktüten zu verhindern, hat die Regierung eine 0,05 Millimeter starke Plastiktüte eingeführt. Sie kostet im Durchschnitt 20 Prozent mehr. Die Behörden hoffen, dass die dann seltener kostenlos ausgegeben wird.

Auch die großen Fastfoodketten haben nach ersten Bußgeldzahlungen nachgezogen und sind inzwischen auf Papiertüten und kompostierbare Strohhalme umgestiegen. Im Gegensatz zu den Straßenhändlern oder Kioskbesitzern, für die das Bußgeld schon

Plastikmüll
1950–2015, Schätzung, in Mio. Tonnen

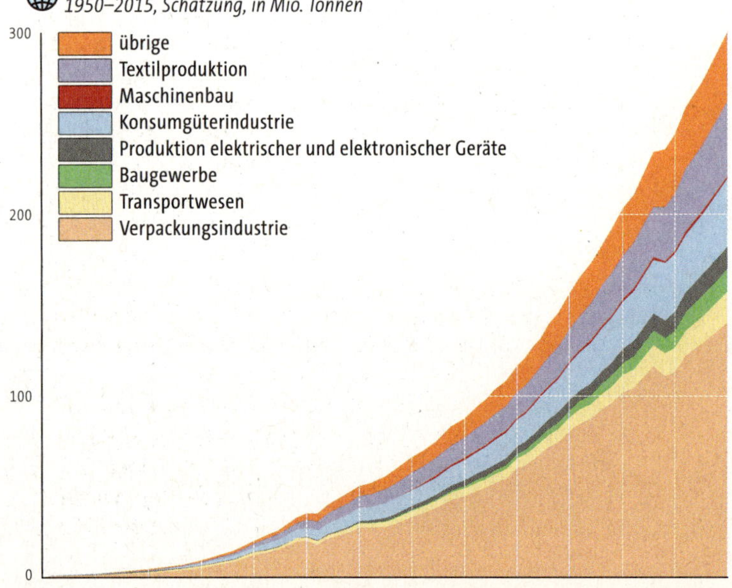

Gesamtmenge an Plastik
1950–2015, Schätzung, in Mrd. Tonnen

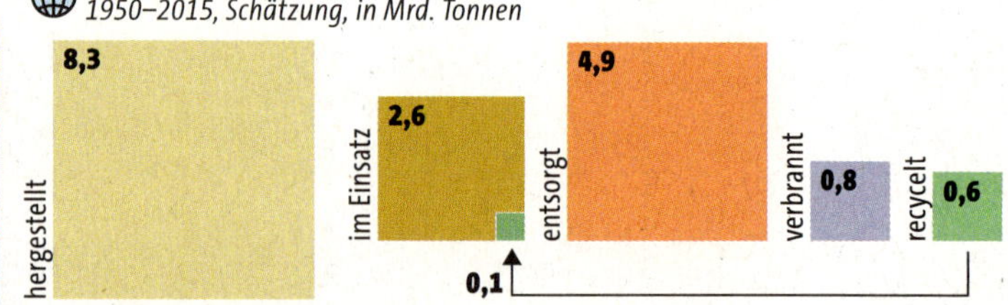

Der Weg des Plastikmülls
1950–2015, Schätzung, in Prozent der Gesamtmenge

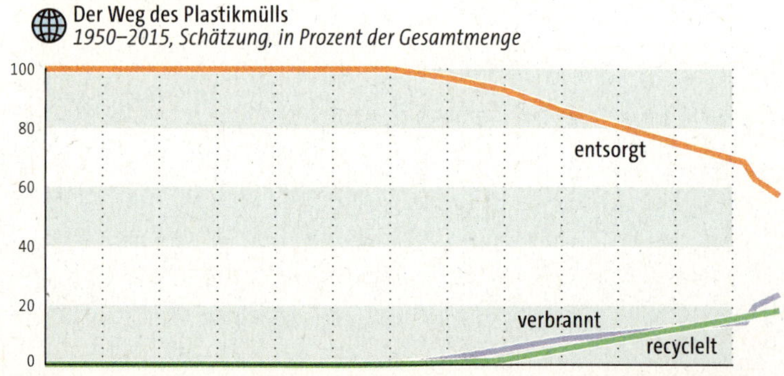

Nur ein Bruchteil wird recycelt

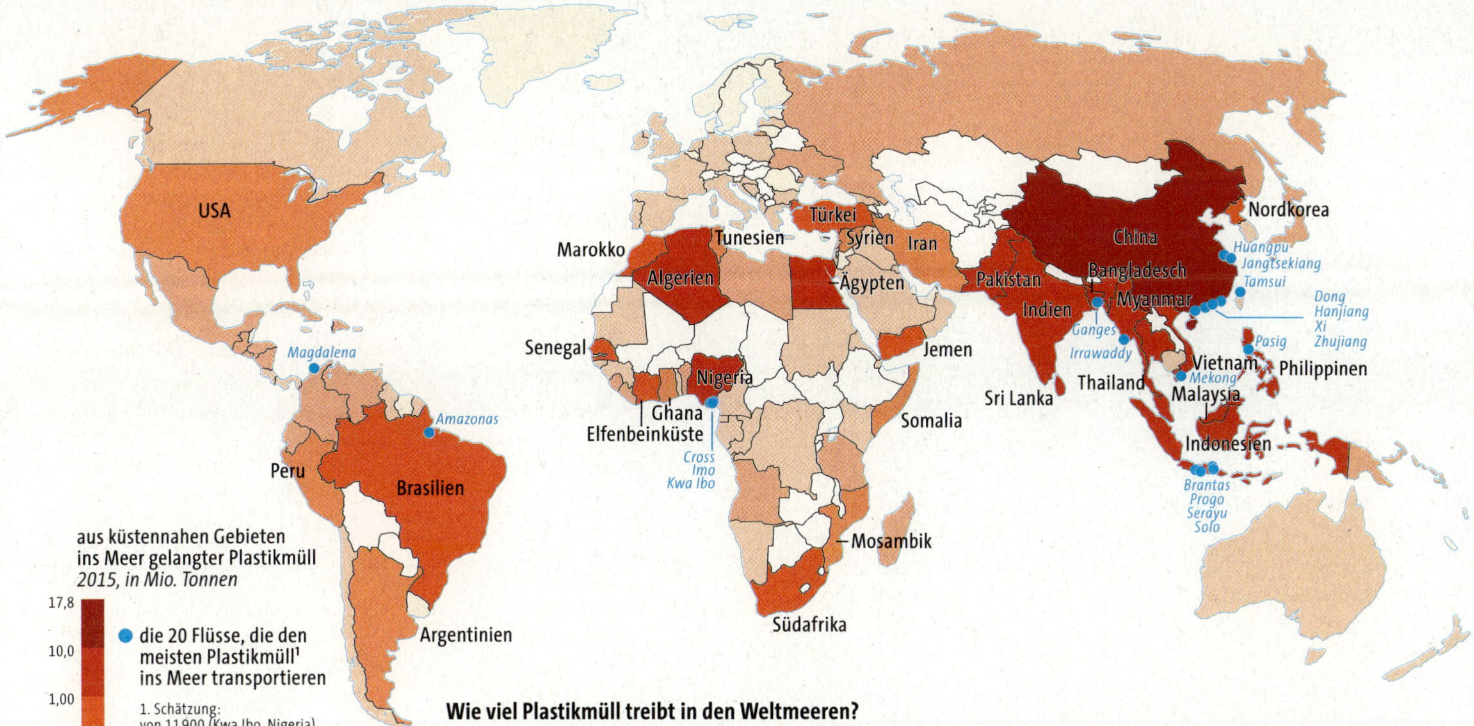

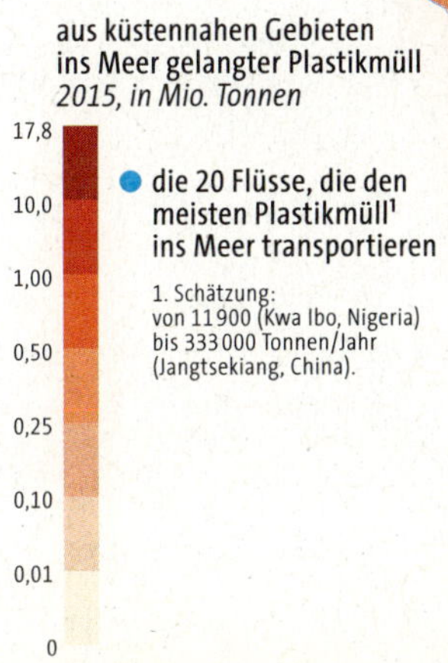

Wie viel Plastikmüll treibt in den Weltmeeren?
Die ersten Berichte über die Verschmutzung der Ozeane mit Plastikmüll erschienen in den 1970er Jahren. Über 40 Jahre später ist immer noch nicht bekannt, wie viel Plastik im Meer herumtreibt: Alle Mengenangaben basieren auf Hochrechnungen.

Der Weltkarte oben liegt eine 2015 in *Science* erschienene Studie zugrunde. Sie schätzt die Menge der Plastikabfälle, die die Bevölkerung in Küstennähe weltweit wegwirft und die potenziell in den Weltmeeren landet.

Eine weitere Studie (*Nature Communications*, 2016) kommt auf Basis einer Modellrechnung zu der Schlussfolgerung, dass 20 Flüsse, die meisten davon in Asien, zwei Drittel der Gesamtmenge an Plastikabfällen ins Meer transportieren.

mal einen halben Monatslohn ausmachen kann, haben die Strafen für McDonald's oder Starbucks zwar eher eine symbolische Bedeutung, doch die Signalwirkung ist da: Die Regelung betrifft alle.

Noch ist der Preis von PET-Plastik für Flaschensammler hoch genug, dass sie die zahlreichen Wasser- wie Softdrinkverpackungen von der Straße auflesen. Doch es gibt Pläne, auch hier die Regelungen weiter zu verschärfen. Jeden Tag fallen in Mumbai immer noch 500 Kubikmeter Plastikmüll an, auch wenn die Stadtverwaltung den täglichen Abfall von 2015 bis 2018 von 9500 auf 7200 Tonnen reduzieren konnte.

Vieles von dem, was von den unzähligen Kiosken in kleinen und kleinsten Päckchen für Salz, Gewürze bis zu Chips verkauft wird, graben Strandschützer wieder aus. Auch sie haben dem Plastik den Kampf angesagt. Teams aus Freiwilligen und spontanen Helfer*innen sammeln an den zahlreichen Stränden Mumbais in Dadar, Juhu oder Cuffe Parade angespülte Plastikteile. Die Säuberung des Versova-Strands etwa dauerte drei Jahre; laut den Vereinten Nationen gilt sie als »größte Strandaufräumaktion, die jemals stattgefunden« hat.

Nach Schätzungen ist seit der Einführung des Plastikverbots der Müll zwar um 5 bis 10 Prozent zurückgegangen, doch das reicht nicht. Der Kunststoff verstopft nicht nur Abwasserrohre, sondern löst sich in den Böden und im Wasser in winzige Partikel auf – und gelangt so in den biologischen Kreislauf. Da hilft es auch nicht viel, dass in Indien im globalen Vergleich relativ wenig Kunststoff verbraucht wird: durchschnittlich 11 Kilogramm pro Kopf und Jahr. In den USA sind es dagegen 109 und in Deutschland 144 Kilogramm. Hinzu kommt, dass Industrienationen ihre Kunststoffabfälle in Indien entsorgen. 2018 kamen 70 000 Tonnen allein aus Deutschland.

Während die Behörden in den Großstädten des Bundesstaats Maharashtra die Ausgabe von Plastiktragetaschen ahnden, werden die Händler fern der Metropolen kaum kontrolliert. In die kleine Küstenstadt Murud, 160 Kilometer von Mumbai entfernt, kommen indische Touristen zum Beispiel gern zum Baden, denn dort ist es sauberer als in der Landeshauptstadt. Von der Regierung genehmigte Tüten und Strohhalme kann man dort jedoch nicht kaufen, die gibt es nur in Mumbai, sechs Autostunden entfernt. In Mumbai selbst sind 250 Kontrolleure unterwegs, viel zu wenig für eine Megacity. Auch in Neu-Delhi gab es in der Vergangenheit mehrmals den Versuch, Kunststoff etwa durch ein Verbot von dünnen Plastiktüten einzuschränken, doch es wurde kaum umgesetzt. Plastiktüten gehören hier immer noch zum Alltagsbild.

Derweil wachsen die Müllberge. Überall im Land, nicht nur in Mumbai oder Delhi, türmen sich an den Rändern der Siedlungsgebiete riesige Deponien – auf denen Menschen leben und arbeiten. Manch eine Halde sieht schon aus wie ein Dorf. Heute sind in ganz Indien mehr als 10 000 Hektar Stadtgebiet von Deponien belegt. Delhis Müllberge in Ghazipur (69 Meter hoch), Okhla (55 Meter) und Bhalswa (56 Meter) liegen alle weit über der zulässigen Höchstgrenze von bis zu 20 Metern. Offiziell dienen sie der Energieerzeugung, doch inoffiziell wird viel Abfall verbrannt – auch weil der Müll, so wie er zusammengesetzt ist, keinen allzu hohen Energiewert hat. In Delhi fallen täglich über 10 000 Tonnen Müll an, davon allein 700 bis 800 Tonnen Plastik.

Laut einer Studie von 2015 weist Indien weltweit die größte Misswirtschaft mit Plastikmüll auf. Zwar gibt es in 17 indischen Bundesstaaten auf dem Papier bereits Plastikverbote, doch das Ziel der Regierung, Einwegplastik bis 2022 zu verbieten, wurde auf 2025 verschoben. Nach Meinung von Aktivisten ist die Politik viel zu zögerlich.

Natalie Mayroth ist Journalistin und Fotografin.

Die Genlobby entdeckt Afrika

Monokulturen drohen Bauern zu Landarbeitern zu machen

von Rémi Carayol

In Burkina Faso gibt es keine gentechnisch veränderte Bt-Baumwolle mehr. Mitte 2016, sieben Jahre nachdem sie die Bt-Baumwolle von Monsanto ins Sortiment genommen hatten, strichen die marktbeherrschenden Unternehmen Sofitex, Socoma und Faso Coton das Produkt wegen schwacher Erträge und mäßiger Qualität aus dem Programm. Damit sank der Anteil von Bt-Baumwolle von 70 Prozent auf null.

Die Bauern in dem westafrikanischen Land sahen die Bt-Baumwolle[1] äußerst kritisch: zu teuer, zu geringe Erträge, gesundheitsschädlich für die Pflückerinnen und das Vieh, das die Blätter frisst. Seit dem – vorläufigen – Ende von Bt-Baumwolle fielen ihre Ernten besser aus und ihr Vieh wurde gesund.

In der Saison 2016/17 pflückten die burkinischen Produzenten 683 000 Tonnen Baumwolle – 16 Prozent mehr als im Jahr davor, als die Hälfte des Saatguts aus den Labors von Monsanto und des burkinischen Instituts für Umwelt und Agrarforschung (Inera) kam. Gleichzeitig stieg der Ertrag um 4 Prozent auf 922 Kilogramm pro Hektar. Außerdem verbesserte sich die Qualität der Fasern – sie wurden wieder länger.

In Burkina Faso leben 20 Prozent der Bevölkerung direkt vom Baumwollanbau, der gut 4 Prozent des BIPs ausmacht. Bis Anfang der 2000er Jahre war Baumwolle das wichtigste Exportgut des Landes. Produziert wurde sie in 250 000 Agrarbetrieben, zumeist Klein- und Familienunternehmen. Der Baumwollanbau helfe die Armut zu bekämpfen und die Lebensbedingungen der Landbevölkerung zu verbessern, hieß es in einem Bericht des Umweltministeriums von 2011.

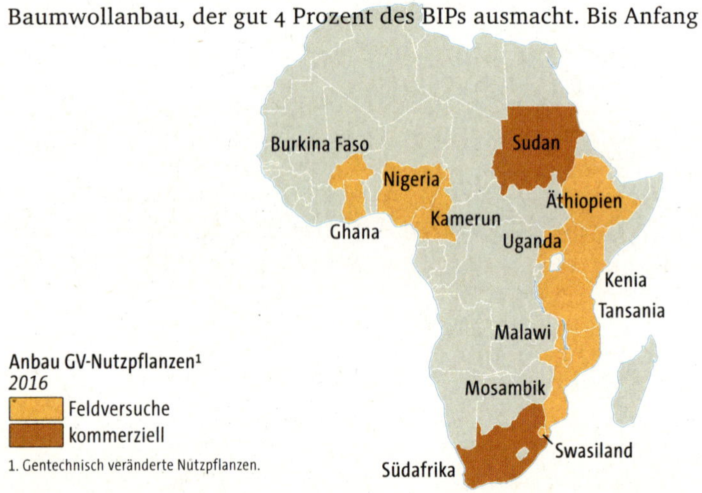

• Gentechnisch veränderte Pflanzen (GVO) in Afrika

Offiziell hatte man der transgenen Baumwolle ein gutes Zeugnis ausgestellt: vorzügliche Erträge und kerngesunde Bauern. 2010, nicht mal ein Jahr nach der ersten Bt-Baumwoll-Ernte, hatten von Monsanto finanzierte Forscher festgestellt: »Burkina Faso ist ein hervorragendes Beispiel für Prozesse und Verfahren, die für eine gelungene Markteinführung von Biotechprodukten erforderlich sind.« Dabei gab es schon früh Hinweise auf Probleme. Doch Monsanto wiegelte ab.

Vor Einführung der transgenen Sorte machte langfaserige Baumwolle 93 Prozent der burkinischen Produktion aus, die kurzfaserige nur 0,44 Prozent. 2015 waren nur noch 21 Prozent der Ernte langfaserig, 56 Prozent dagegen kurzfaserig. Die burkinische Baumwolle verlor an Ansehen und Wert.

Der Grund für das Scheitern ist eindeutig: Monsanto und das Agrarforschungsinstitut Inera haben bei der Genmanipulation gepfuscht, statt der üblichen sechs bis sieben Rückkreuzungen nur zwei durchgeführt. Doch Anfang der 1990er Jahre war die Zeit knapp, als wegen Raupenbefalls die Produktion stark zurückging und die verschuldeten Bauern auf Gentechbaumwolle setzten. Da sah der US-Konzern Monsanto die Chance, über das kleine Burkina Faso am Rand der Sahelzone den afrikanischen Markt aufzurollen.

Lange Zeit war Südafrika, das 1997 in die Gentechnik eingestiegen war, das einzige afrikanische Land, in dem transgene Nutzpflanzen angebaut wurden. Heute sind dort 80 Prozent der Mais-, 85 Prozent der Soja- und fast 100 Prozent der Baumwollproduktion genetisch verändert. 2008 kündigte auch Ägypten den Einstieg in die Bt-Mais-Produktion an. Im selben Jahr führte Burkina Faso die Bt-Baumwolle ein, 2012 folgte der Sudan mit Bt-Baumwolle »made in China«. Das Ergebnis war in keinem der Länder überzeugend.

Der International Service for the Acquisition of Agri-Biotech Applications (ISAAA), der eigens zur Förderung von gentechnisch veränderten Pflanzen (GVO) in Afrika gegründet wurde, sah jüngst »eine neue Welle der Akzeptanz«. Mehrere Länder haben Gesetze über die biologische Sicherheit eingeführt; viele erlauben bereits Tests auf ihrem Gebiet. Burkina Faso etwa gestattet – trotz der schlechten Erfahrungen mit der Bt-Baumwolle – den Testanbau von Genmais und transgenen Augenbohnen, Ägypten von Genmais und Kamerun von Bt-Baumwolle. Auch Ghana, Kenia, Malawi, Mosambik, Nigeria, Uganda und Tansania machen mit.

Großes Interesse hat die Genlobby an Kenia und vor allem an Nigeria, dem bevölkerungsreichsten und wirtschaftlich zweitstärksten Staat des Kontinents. 2015 genehmigte die nigerianische Nationalversammlung die ersten Experimente mit GVO. Im Herbst 2016 stufte die Nigerian Academy of Science GVO als gesundheitlich unbedenklich ein. Im März 2016 protestierten rund 100 Organisationen, darunter Bauerngewerkschaften und Studentengruppen, gegen die Monsanto-Projekte. Eine von hunderten westafrikanischen Gruppen organisierte Karawane zog von Burkina Faso über Mali bis nach Senegal, um für die Gefahren zu sensibilisieren, die von GVO für die Landwirtschaft und die Biodiversität ausgehen.

Neben dem US-Konzern Monsanto, der das Marktpotenzial Afrikas schon vor 20 Jahren erkannt hat, sind in Afrika mittlerweile auch andere Unternehmen im Rennen. Dazu gehören der Pharma- und Chemiekonzern Bayer, der inzwischen Monsanto übernommen hat, das US-Unternehmen DuPont Pioneer und die von ChemChina aufgekaufte Schweizer Syngenta. In Afrika liegen immerhin 60 Prozent der weltweit noch ungenutzten Agrargebiete – und transgene Pflanzen wachsen erst auf 3 Prozent der Anbaufläche.

Monsanto hat neben seiner Zentrale in Nairobi (Kenia) Filialen in Malawi, Nigeria, Südafrika, Tansania und Sambia. Regionaldirektor Gyanendra Shukla stammt aus Indien, wo GVO den Baumwollmarkt längst erobert haben. Nach seiner Ankunft in Nairobi im Januar 2015 sprach er vom »großen Potenzial« Afrikas, dessen Bevölkerung bis 2100 von 1,1 Milliarden auf 4 Milliarden anwachsen werde. Da derzeit noch 95 Prozent der Böden in Subsahara-Afrika nicht für die kommerzielle Landwirtschaft genutzt würden, wolle er wie in Indien mit den Kleinbauern zusammenarbeiten.

Bayer ist auf dem afrikanischen Kontinent zwar erst seit kurzem aktiv, doch bereits sehr gut vernetzt. Der Leverkusener Chemie-

1. Das Kürzel Bt in **Bt-Baumwolle** steht für *Bacillus thuringiensis*. Diese allgemein im Boden anzutreffende Bakterie produziert von Natur aus für Insekten giftige Proteine, die Bt-Toxine. Schädlingsbekämpfungsmittel auf Basis von Bt-Toxinen sind schon seit Mitte des vorigen Jahrhunderts auf dem Markt. Heute werden sie vor allem im ökologischen Landbau eingesetzt. Pflanzen, in deren Erbgut das Bt-Gen eingeschleust wurde, produzieren selbst Bt-Toxine, die Fraßfeinde abwehren.

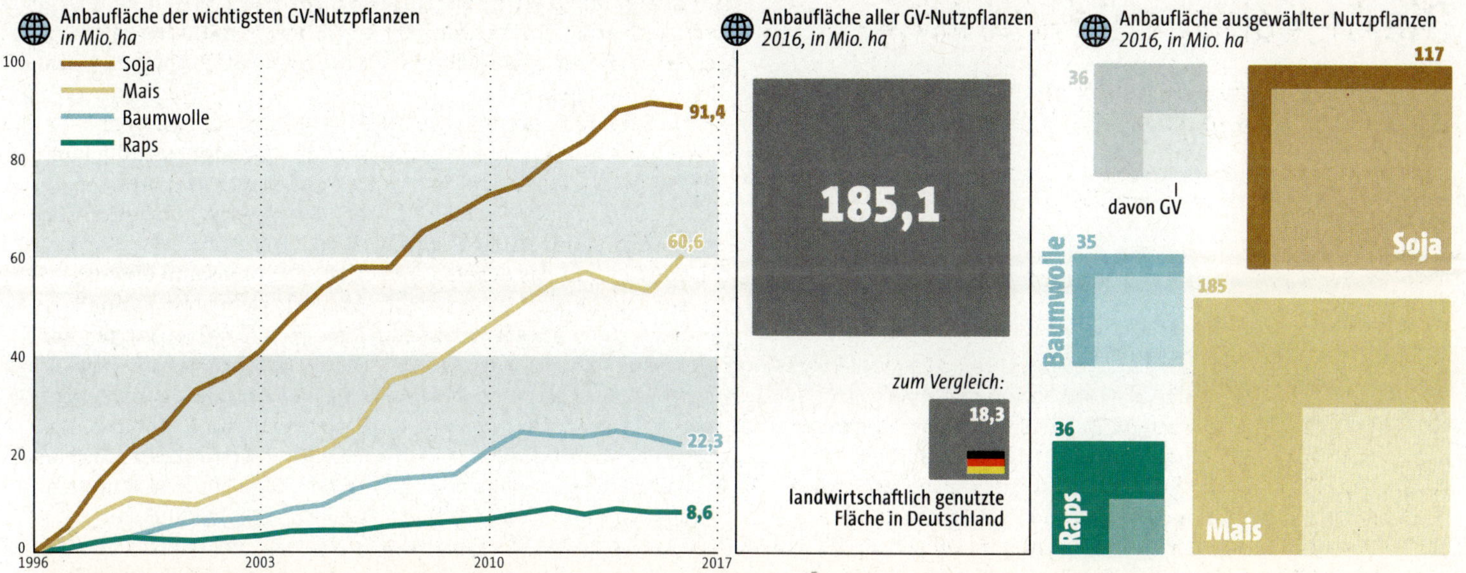

Immer mehr Äcker für Gensoja

gigant hat Büros in Kenia und Südafrika. Seine neue Regionalgesellschaft Bayer West and Central Africa (BWCA) mit Sitz in der Elfenbeinküste und Filialen in Ghana, Nigeria, Kamerun, Senegal und Mali erobert nun auch West- und Zentralafrika.

Anfangs setzten die Saatgutkonzerne auf die »starken« Regierungen Afrikas, die den Druck ihrer Bürger wegstecken: auf die Regime in Ägypten, im Sudan, in Uganda oder Burkina Faso. Außerdem nutzten sie die unsichere Lage Südafrikas kurz nach dem Ende der Apartheid, um auch hier einzusteigen. Dabei profitierten sie davon, dass die Bauern kein Mitspracherecht bei der Entscheidung über ein bestimmtes Saatgut haben.

Die Saatgutindustrie behauptet beharrlich, GVO-Pflanzen könnten helfen, angesichts des Bevölkerungswachstums den Hunger zu besiegen und den Einsatz von Pestiziden und Insektiziden zu reduzieren. Die meisten in Afrika angebauten GVO (wie Baumwolle und Soja) sind aber gar keine Nahrungspflanzen. Und natürlich lässt sich der Einsatz chemischer Pflanzenschutzmittel auch anders verringern als durch GVO.

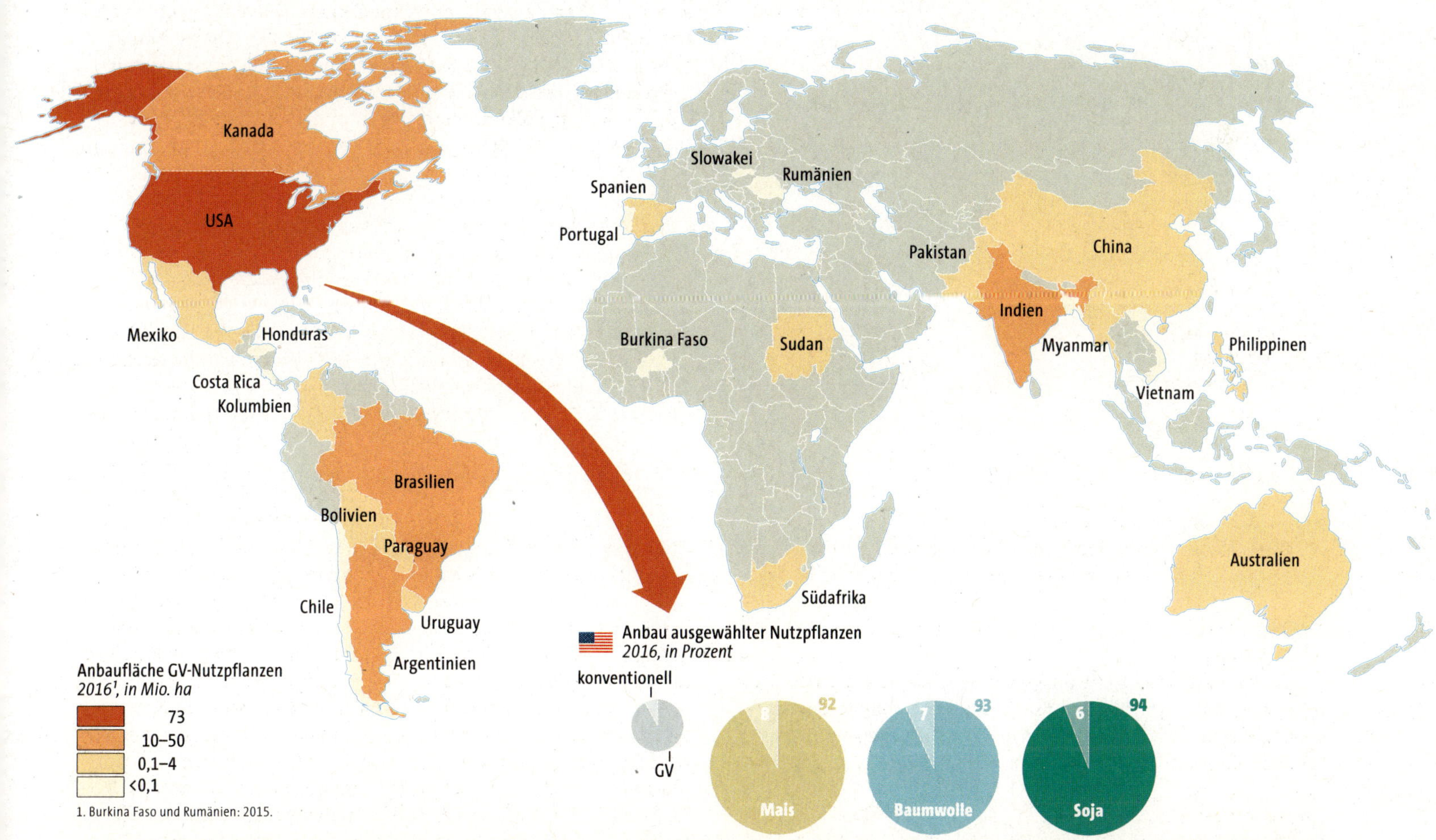

USA, Nummer eins bei Gentechpflanzen

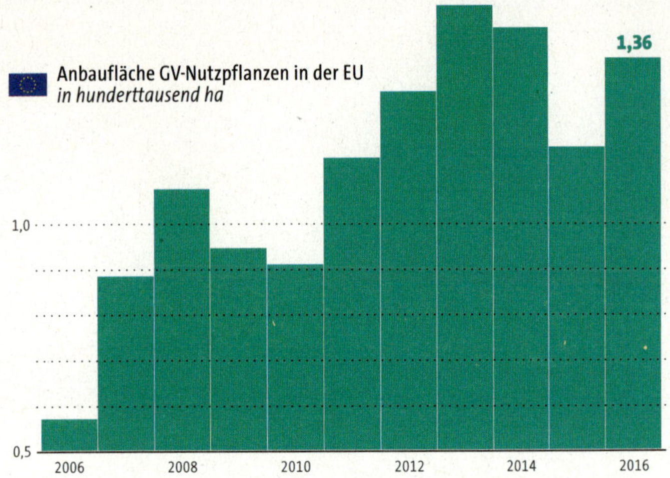

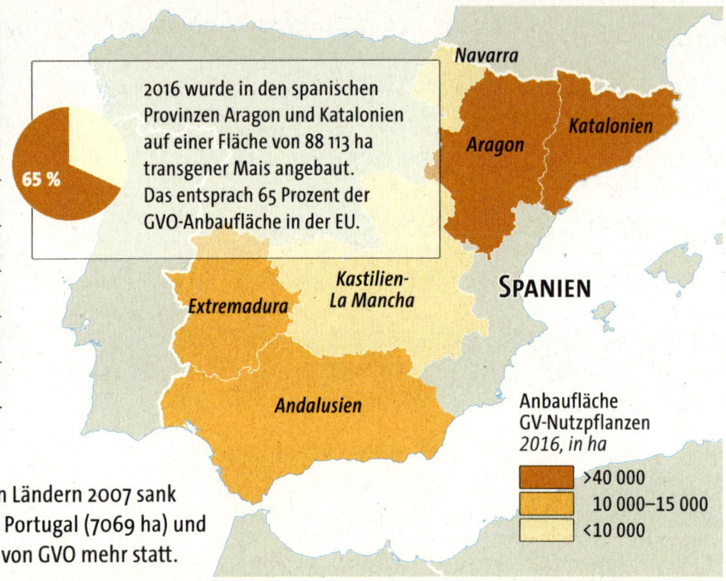

GV-Nutzpflanzen werden in immer weniger Ländern der EU angebaut. Von sieben Ländern 2007 sank die Zahl auf vier im Jahr 2016: Tschechien (75 ha Anbaufläche), Slowakei (138 ha), Portugal (7069 ha) und Spanien (129 081 ha). In Deutschland findet seit 2009 kein kommerzieller Anbau von GVO mehr statt.

Spanien, Nummer eins in Europa

Um die Herzen und Köpfe für Biotech zu gewinnen, haben die Saatguthersteller zahlreiche Verbände, Stiftungen und NGOs gegründet. Sie heißen Africa Harvest, African Biosafety Network of Expertise (ABNE), AfricaBio, African Agricultural Technological Foundation (AATF) oder eben ISAAA. Finanziert werden sie von den Saatgutherstellern, allen voran Monsanto, oder von großen Stiftungen und der US-Entwicklungshilfeorganisation USAID.

Die AATF versucht afrikanische Behörden dazu zu bringen, die für die Entwicklung der GVO erforderlichen Gesetze zur biologischen Sicherheit zu verabschieden. Auch knüpft sie Verbindungen zwischen den Konzernen und »humanitären« Programmen wie »Niébé Bt« (Vermarktung von GVO-Saatgut der Augenbohne) oder »Water Efficient – Maize for Africa« (Entwicklung dürreresistenter Maissorten). Mit der Bekämpfung von Hunger und Armut haben solche »humanitären« Initiativen kaum noch etwas zu tun. In einem seltenen Anfall von Solidarität hat Monsanto 2016 der AATF und testfreundlichen Staaten einige gentechnische Instrumente lizenzfrei überlassen. Damit zieht sich der Konzern wohlwollende Experten heran, die irgendwann in den Kommissionen für biologische Sicherheit sitzen.

Trotz aller Bedenken will jetzt auch Burkina Fasos Nachbarland Elfenbeinküste die Bt-Baumwolle einführen. Im Juli 2016 verab-

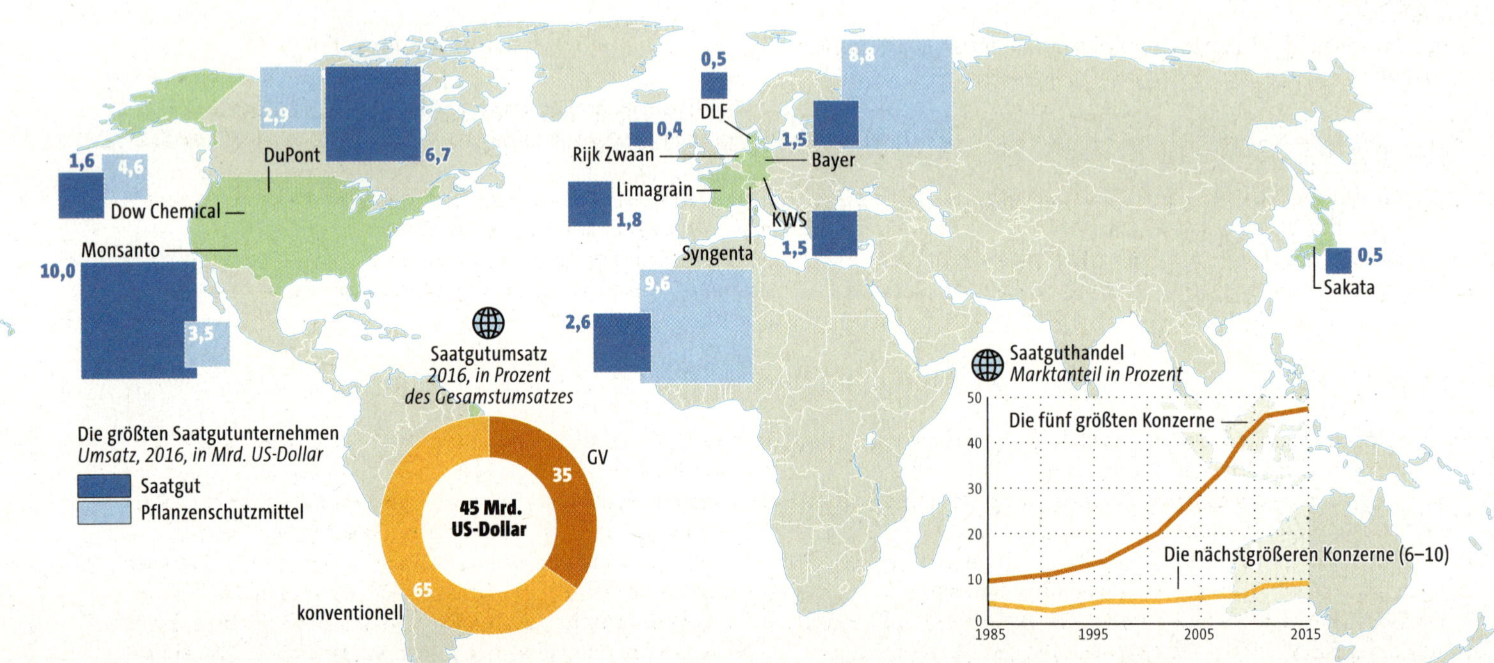

Konsolidierung des Agrochemiesektors 2017 und 2018

- Im Juni 2017 übernahm die chinesische ChemChina den Schweizer Herbizid- und Saatguthersteller Syngenta für 43 Milliarden Dollar. 2015 noch hatte Syngenta einen Übernahmeversuch durch den US-Konzern Monsanto abwehren können.
- Im September 2017 fusionierten mit Dow Chemical und Dupont die beiden größten US-amerikanischen Chemieunternehmen zu DowDuPont – um sich bis Fühjahr 2019 in drei spezialisierte Gesellschaften (in den Sparten Agrarchemikalien, Kunststoffe und Spezialchemikalien) aufzuspalten.
- Im Juni 2018, nach zwei Jahren harter Verhandlungen, durfte Bayer unter strengen Auflagen den Saatgut- und Herbizidproduzenten Monsanto für 66 Milliarden Dollar übernehmen. Es war die bis dahin größte Übernahme eines deutschen Unternehmens.
- Im Sommer 2018 beginnen in China die beiden Staatskonzerne ChemChina und Sinochem auf Druck der Regierung zu fusionieren.
- Ende 2018 kaufte die deutsche BASF für 5,9 Milliarden Euro große Teile der Saatgut- und Herbizidgeschäfte von Bayer.

Die Herrscher des Saatguts

Crispr/Cas9 und andere Genscheren

Moderne Gentechnik arbeitet mit Genscheren. Die Genschere Crispr/Cas ist eine Art Immunsystem, mit dem Bakterien Angriffe von Viren erkennen und abwehren können. 2012 entwickelten Emmanuelle Charpentier und Jennifer Doudna daraus ein molekularbiologisches Werkzeug. Es funktioniert nicht nur bei Bakterien, sondern auch bei Pflanzen, Tieren und Menschen.

Während Gentechnisch Veränderte Organismen (GVO) wie die Bt-Baumwolle auf Transgenese beruhen, bei der man etwa mit einer Genkanone im Schrotschussverfahren auf das Pflanzengewebe schießt – in der Hoffnung, dass das fremde Genkonstrukt in die DNA der Pflanzenzelle eingebaut wird und diese dadurch neue Eigenschaften erwirbt –, wird beim Genome Editing nur die

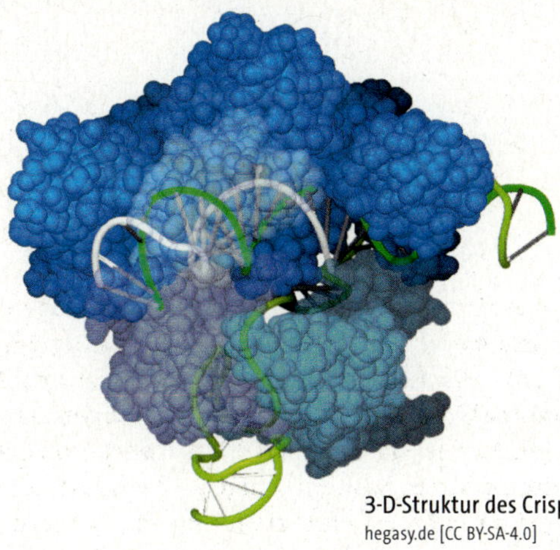

3-D-Struktur des Crispr-Cas9-Komplexes
hegasy.de [CC BY-SA-4.0]

gewünschte Position auf dem Gen verändert. Dazu werden Designer-Nukleasen eingesetzt. Diese Enzyme schneiden doppelsträngige DNA an einer bestimmten Stelle, die entstehenden Doppelstrangbrüche aktivieren dann zelleigene Reparaturprozesse.

Crispr/Cas9 schien schnell zum Standardinstrument in molekularbiologischen Laboren zu werden. Studien aus den letzten Jahre legen aber nahe, dass die angeblich so präzise Genschere nicht nur an gewünschten Stellen schneidet, sondern eine Vielzahl von ungeplanten Mutationen auslösen kann. Deshalb wird weltweit daran gearbeitet, einzelne Bestandteile von Crispr/Cas9 zu verbessern. Zu den vielversprechenden Weiterentwicklungen zählt Crispr/Cpf1.

Marktfähige Crisp-Pflanzen gibt es noch nicht, der Agrarkonzern Dupont Pioneer (USA), weltgrößter Entwickler und Anbieter von Anbaupflanzen und Saatgut, arbeitet in einem Freisetzungsversuch an einem neuen Wachsmais.

Das Crispr/Cas9-Verfahren setzt auf ein Abwehrmechanismus mancher Bakterien auf. Wenn Viren-DNA in die Bakterienzelle eindringt, speichert die Bakterie eine kurze Sequenz der fremden DNA im eigenen Erbgut. Aus mehreren Sequenzen entsteht so ein Archiv, in dem die Eintragungen durch kurze Abschnitte bakterieneigener DNA markiert werden.

Bei erneutem Befall mit der Viren-DNA wird die gespeicherte Sequenz als RNA-Strang repliziert, der wiederum von einem Cas9-Molekül – einem bakterieneigenen Enzym, das DNA aufspaltet – gebunden wird.

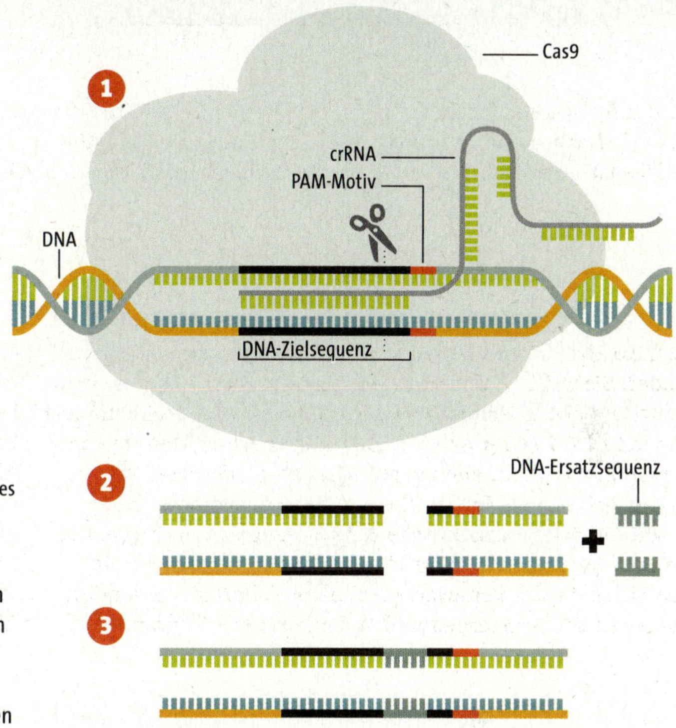

Mit der gebundenen RNA als Schlüssel sucht das Cas9-Molekül nach der korrespondierenden Stelle in der Viren-DNA, bindet sich dort und zerschneidet den DNA-Doppelstrang.

Die Crispr/Cas9-Methode nutzt diesen Mechanismus, indem sie mit einer maßgeschneiderten RNA-Sequenz die Möglichkeit bietet, zielgenau an einer Stelle im anvisierten Genom anzudocken. An der Schnittstelle kann dann eine DNA-Sequenz entfernt oder durch eine neue ersetzt werden.

• Schneiden, um zu reparieren

schiedete das ivorische Parlament einstimmig ein Gesetz über die biologische Sicherheit. Man hofft die Baumwollpflanzen künftig nur zwei- statt sechs- oder siebenmal im Jahr mit Pflanzenschutzmitteln behandeln zu müssen.

Selbst Burkina Faso hat das Kapitel GVO nicht abgeschlossen. Mit Bayer gab es bereits erste Gespräche über Biotechprojekte. Für die GVO-Lobby ist das Scheitern der Bt-Baumwolle in Burkina Faso nur ein kleiner Unfall, verursacht durch das übereilte Agieren von Monsanto. Doch als das gentechkritische Netzwerk Copagen 203 Produzenten untersuchte, wurde das ganze Ausmaß der entstandenen Schäden aufgedeckt: Der Einsatz von Bt-Saatgut erhöhte die Produktionskosten der Bauern um 7 Prozent und verminderte zugleich die Erträge um 7 Prozent.

Von den vielen Versprechen hat die Monsanto-Baumwolle nur eines gehalten: Die Zahl der erforderlichen Insektizidbehandlungen ließ sich deutlich verringern. Die Copagen-Studie zeigt überdies, dass fast 40 Prozent der Produzenten Bt-Baumwolle und konventionelle Baumwolle beim Kauf oder nach der Ernte vermischen – und dass acht Jahre nach der Einführung der GVO die meisten Produzenten gar nicht wissen, was ein GVO ist, und Bt-Baumwolle schlicht für eine verbesserte Saatgutsorte halten.

Die Bauern kommen in der afrikaweit geführten Debatte praktisch nicht zu Wort. Die Entscheidungen in der ersten GVO-Genehmigungsphase werden – geschützt vor neugierigen Blicken – im kleinen Kreis zwischen privaten und öffentlichen Geldgebern, Aufsichtsbehörden und Wissenschaftlern ausgehandelt. Die große Gefahr der GVO liegt darin, dass sie die afrikanische Landwirtschaft verändern. In Afrika bewirtschaften die Bauern in der Regel kleine Parzellen, auf denen sie verschiedene Produkte anbauen. Sie verbinden Ackerbau und Viehzucht, was der Umwelt, der Biodiversität und den Böden zugutekommt. Der Anbau von GVO ist das genaue Gegenteil: Er läuft auf Monokulturen hinaus, die aus den heutigen Bauern womöglich einfache Landarbeiter machen.

Rémi Carayol ist Journalist.

Täglich Tomate

Tomatenmark ist heute das am weitesten verbreitete Industrieprodukt

von Jean-Baptiste Malet

Die Morning Star Company wurde 1970 in der kalifornischen Kleinstadt Williams im Herzen des Sacramento Valley gegründet. Heute stellt das Unternehmen in drei gigantischen Fabriken 12 Prozent des weltweit konsumierten Tomatenmarks her. Allein in Williams werden stündlich 1350 Tonnen frische Tomaten zu Konzentrat verarbeitet. Das Waschen, Zerkleinern und Eindampfen ist komplett automatisiert. Ständig rollen Sattelschlepper mit je zwei Tomatencontainern auf das Firmengelände. Gearbeitet wird in drei 8-Stunden-Schichten mit jeweils nur 70 Leuten. Die meisten Arbeitskräfte und auch viele leitende Angestellte wurden durch Maschinen und Computer ersetzt. Die Verarbeitung des Rohstoffs Tomate bringt verschiedene Qualitäten von Tomatenmark hervor, das in Containerschiffen nach Europa gelangt.

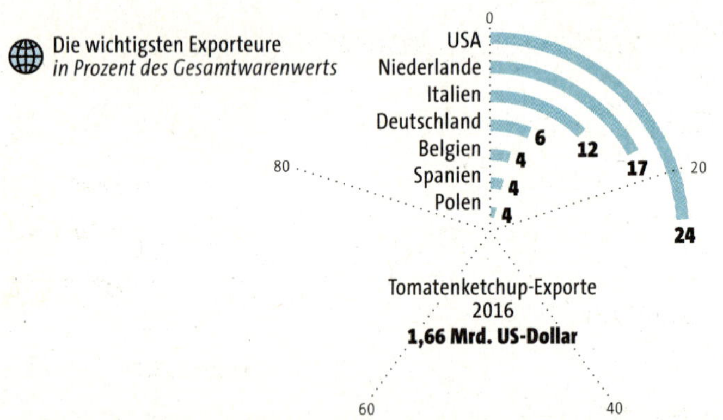

USA, Ketchup-Land

In den riesigen Konservenfabriken von Neapel, die den europäischen Großhandel fast exklusiv mit der Dosenware beliefern, lagert fässerweise Tomatenmark aus Kalifornien, aber auch aus China. Ob in Skandinavien, Osteuropa, auf den Britischen Inseln oder in der französischen Provence, überall wird das Konzentrat in Fertiggerichten wie Ratatouille, Tiefkühlpizza oder Lasagne verarbeitet. Mit Grieß oder Reis vermischt, wird die dunkelrote Paste inzwischen auch in vielen traditionellen Gerichten verwendet, etwa im klassischen westafrikanischen Eintopfgericht Mafé oder in der maghrebinischen Chorba oder der spanischen Paella.

Tomatenmark ist heute das am weitesten verbreitete Industrieprodukt. Man findet es auf den Tischen der schicken Restaurants von San Francisco wie auf den Marktständen in den ärmsten Dörfern Afrikas, wo es zuweilen, wie etwa im Norden Ghanas, löffelweise für ein paar Eurocent verkauft wird. Alle Welt verzehrt Industrietomaten. 2016 wurden 38 Milliarden Kilogramm des roten Fruchtgemüses verarbeitet oder in Konservendosen abgefüllt. Das entspricht rund einem Viertel der Gesamtproduktion. 2016 hat jeder Bewohner der Erde im Durchschnitt 5,2 Kilo verarbeitete Tomaten konsumiert.

Ob Junkfood oder Mittelmeerküche, Tomaten sind immer dabei. Das Nachtschattengewächs kennt keine kulturellen oder ernährungsphysiologischen Grenzen. Es ist überall willkommen. Die einst von Fernand Braudel in seiner Sozialgeschichte des 15. bis 18. Jahrhunderts beschriebenen Weizen-, Reis- und Maiskulturen wurden im ausgehenden 20. Jahrhundert von einer einzigen abgelöst – der Tomatenkultur.

Ein Produkt dieser Kultur ist der Tomatenketchup, der zwar rot ist, aber nicht wirklich nach Tomate schmeckt. Der Grund: Ketchup enthält je nach Rezept nur zwischen 6 Prozent und 30 Prozent Tomatenmark – bei einem durchschnittlichen Zuckeranteil von 25 Prozent. In den USA wird der Zuckersirup vor allem aus Genmais gewonnen, der billiger ist als Rohr- oder Rübenzucker. Der Glukose-Fruktose-Sirup, der in vielen industriell hergestellten Nahrungsmitteln verarbeitet wird, gilt inzwischen als ein Hauptverursacher der epidemischen Fettleibigkeit. In den schlechtesten Ketchups stecken große Mengen genmanipulierter Stärke, aber auch Verdickungs- und Geliermittel wie Xanthangummi (E 415) oder Guargummi (E 412).

Die Technologie zur Herstellung von Tomatenmark, die heute noch in aller Welt nahezu unverändert zum Einsatz kommt, wurde einst in der Emilia-Romagna erfunden. Als Ende des 19. Jahrhunderts Millionen Italiener emigrierten, hatten sie auch die italienische Küche mit ihren vielen Tomatenrezepten im Gepäck. Die Auswanderungswelle kurbelte den Export italienischer Tomaten nach Argentinien, Brasilien und in die USA an.

Im italienischen Faschismus (1922 bis 1943) wurde die Konservendose dann zum Symbol einer vom Futurismus inspirierten Kulturrevolution, die das urbane Leben, die Maschinisierung des Alltags und den Krieg verherrlichte. Das Tomatenmark aus der Dose als Nahrungsmittel des »neuen Menschen« schlug für die Faschisten eine Brücke zwischen Ingenieurwissenschaft, Industrieproduktion und Patriotismus, weil in ihm konserviert wurde, was die Böden Italiens hervorgebracht hatten.

1940 fand in Parma die erste »Autarke Ausstellung von Konservendosen und -verpackungen« statt. Auf dem Deckblatt des Ausstellungskatalogs prangte eine Konservendose, auf der das Wort »Autarchia« eingeprägt war. Autarkie in der Landwirtschaft – das war das Ziel, und so setzte das Regime vor allem auf die Weiterentwicklung und Rationalisierung der Tomatenindustrie.

Zu Symbolen des Konsumkapitalismus – ähnlich wie die 1916 gestaltete Coca-Cola-Flasche – wurden zwei US-amerikanische Behältnisse von Tomatenprodukten: die Suppendose von Campbell, die Andy Warhol in seinem berühmten Pop-Art-Siebdruck Anfang der 1960er Jahre zur Ikone verewigt hat, und die achteckige Ketchup-Flasche von Heinz. Beide wurden schon im 19. Jahrhundert entworfen. Von der Heinz-Flasche werden inzwischen jährlich weltweit 650 Millionen Stück verkauft.

Noch bevor Henry Ford 1913 sein erstes Automodell (Tin Lizzie) am Fließband herstellen ließ, produzierten die Heinz-Fabriken in Pittsburgh (Pennsylvania) schon automatisch gefertigte Dosen mit weißen Bohnen in Tomatensauce. Auf Fotografien aus dem Jahr 1904 sieht man Arbeiterinnen in Heinz-Uniformen am Fließband

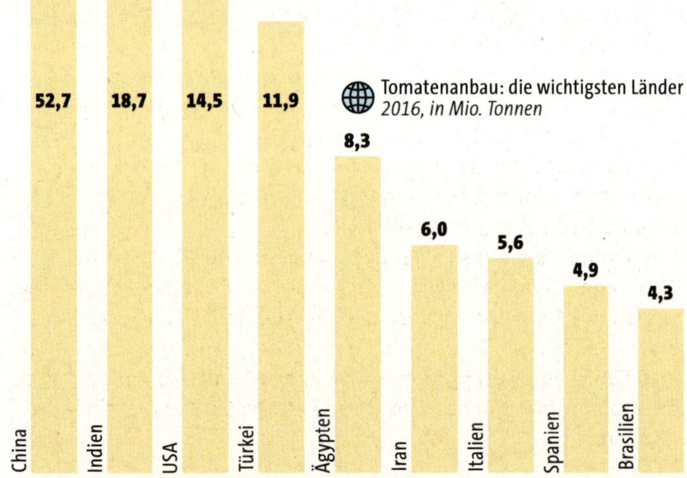

Jede dritte Tomate wächst in China

stehen. Ein Jahr später verkaufte das Unternehmen bereits 1 Million Flaschen Ketchup. 1910 produzierte es 40 Millionen Konservendosen und 20 Millionen Glasflaschen. Damals war Heinz der größte multinationale Konzern der USA.

In den 1980er Jahren begann für die Tomatenverarbeitung eine neue Phase. Die Erfindung aseptischer Verpackungen, deren spezielle Behandlung die Entwicklung von Mikroorganismen verhindert, machte nun den interkontinentalen Handel mit Lebensmitteln möglich. Die großen Nahrungsmittelkonzerne wie Heinz oder Unilever gingen zunehmend dazu über, die Tomatenverarbeitung an Subunternehmer auszulagern.

Seitdem decken sich die Ketchup-, Suppen- und Pizzamultis direkt bei Lieferanten ein, die riesige Mengen von industriellem Tomatenmark zu Billigpreisen anbieten. In Kalifornien, China und Italien verarbeitet eine Handvoll Megakonzerne die Hälfte aller weltweit produzierten Industrietomaten. Die Niederlande sind heute dank der gigantischen Heinz-Fabrik in Elst der größte Ketchup- und Saucenexporteur Europas, obwohl im Lande selbst keine Industrietomaten mehr produziert werden.

So stammt das Tomatenmark in Saucen, die aus den Niederlanden oder Deutschland kommen, aus verschiedenen Regionen der Welt, etwa aus Kalifornien, Europa oder China. Das ändert sich je nach Jahreszeit, Wechselkurs, Lagerbeständen und Ernteerträgen. Obwohl Kalifornien weltweit das meiste Tomatenmark produziert, sind in dem US-Bundesstaat nur zwölf Verarbeitungsbetriebe ansässig, die aber allesamt riesig sind. Sie beliefern praktisch den gesamten nordamerikanischen Markt, exportieren aber auch nach Europa, wo ihre Produkte mitunter billiger sind als italienisches oder spanisches Tomatenmark.

Anders als die für den Frischmarkt bestimmten Tomaten müssen die als »Industrietomaten« bezeichneten Buschtomatensorten nicht abgestützt und festgebunden werden. Sie werden ausschließlich auf dem freien Feld angebaut, wo sie unter dem reichlich vorhandenen und kostenlosen Sonnenlicht reifen (was sie von den ganzjährig reifenden Gewächshaustomaten unterscheidet). In Kalifornien beginnt die Ernte teilweise schon im Frühling und endet wie in der Provence im Herbst.

Seit den 1960er Jahren werden Industrietomaten genetisch »verbessert«, um ihre Weiterverarbeitung zu erleichtern. Zum Beispiel ist es durch Einschleusung eines Gens gelungen, die manuelle Ernte zu beschleunigen und maschinelle Erntemethoden zu ermöglichen. Die hybriden Industrietomaten lassen sich wesentlich leichter vom Stiel lösen als Speisetomaten. Tomatenmark ist überhaupt das erste genetisch veränderte Nahrungsmittel, das in Europa auf den Markt gebracht wurde. Es war die britische Supermarktkette Sainsbury's, die zwischen 1996 und 1999 billiges Tomatenmark aus genmanipulierten Früchten verkaufte.

Dank ihrer dicken Haut kann die Industrietomate die Erschütterungen des Lkw-Transports und auch das Rütteln der Förderanlagen überstehen. Selbst die Tomaten am Boden eines Förderkorbs, auf denen das Gewicht anderer Tomaten lastet, zerplatzen in der Regel nicht.

Die großen Saatguthersteller haben alles darangesetzt, den Wassergehalt der Industrietomate möglichst niedrig zu halten. Damit unterscheidet sie sich von den Tomaten im Supermarkt, die sich wegen ihrer wässrigen Beschaffenheit nicht für die Produktion von Tomatenmark eignen.

Ein ökologischer Haken bei der Tomatenproduktion ist ihr absurd langer Wasserkreislauf: In trockenen Regionen wie Kalifornien, wo der Gouverneur 2014 den Dürrenotstand ausrufen musste, werden die Tomatenfelder massiv bewässert. Aber kaum in den Fabriken angekommen, wird der hohe Wassergehalt mittels Eindampfen drastisch reduziert, um eine kompakte Paste zu gewinnen.

Jean-Baptiste Malet ist Journalist und Autor von *Das Tomatenimperium. Ein Lieblingsprodukt erklärt den globalen Kapitalismus,* Köln (Eichborn) 2018.

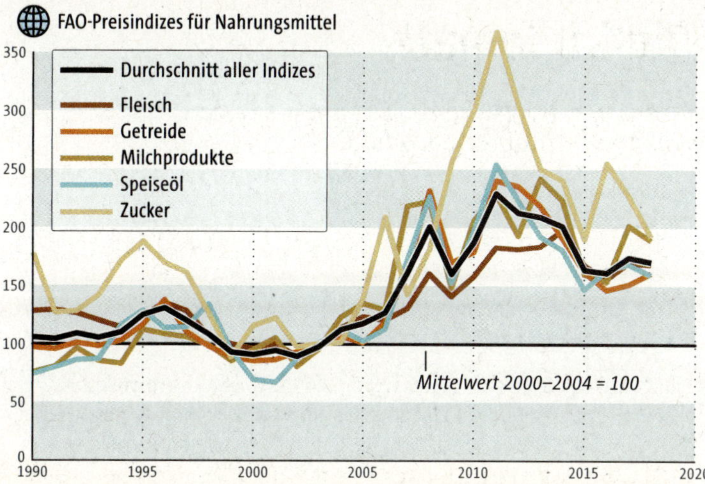

Das Auf und Ab der Nahrungsmittelpreise

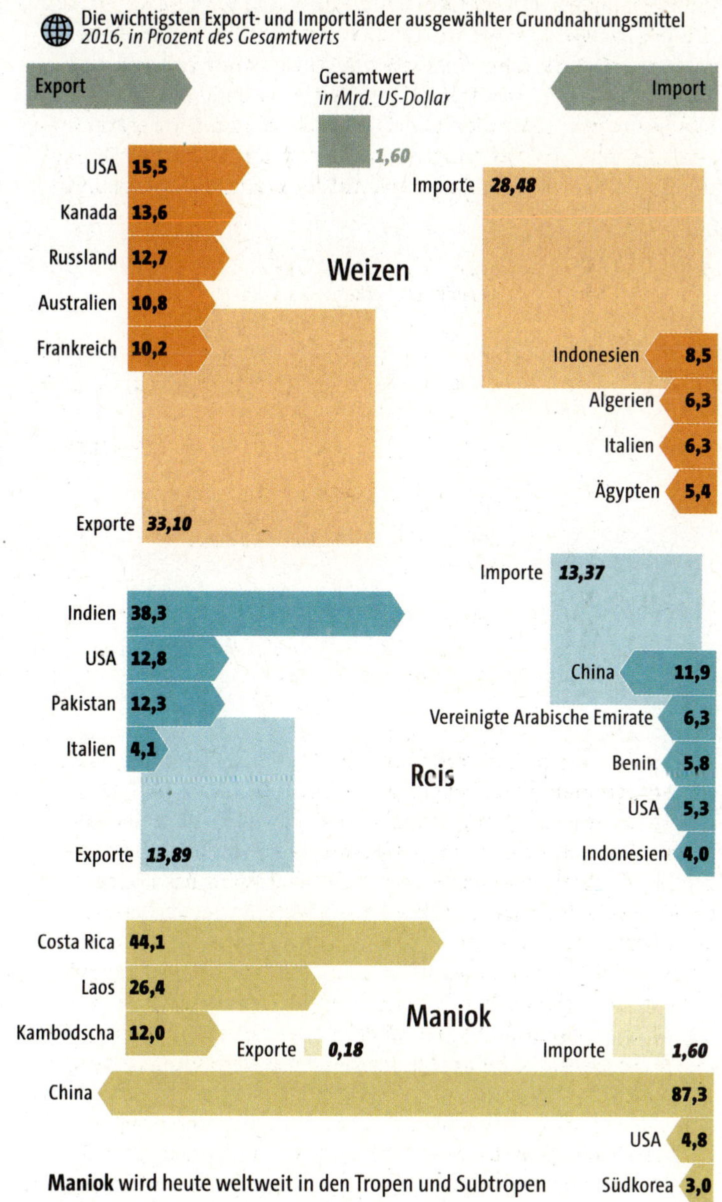

Maniok wird heute weltweit in den Tropen und Subtropen angebaut. Der mit Abstand größte Produzent ist Nigeria, es folgen Thailand, Brasilien und Indonesien. Das Wolfsmilchgewächs verträgt Hitze und Trockenheit gut. Selbst karge Böden ermöglichen relativ hohe Erträge. Maniok wird weltweit weniger gehandelt als etwa Weizen und Reis. Vor allem in Afrika wird er von Kleinbauern zur Eigenversorgung angebaut und deshalb kaum exportiert.

Zum Beispiel Weizen, Reis und Maniok

Lachse züchten

Der Vorzeigefisch der Aquakultur hat Läuse und muss Soja fressen

von Manfred Kriener

Turbulente Zeiten für den Lieblingsfisch der Deutschen. Der Zuchtlachs aus der Aquakultur erlebte in den vergangenen Jahren eine der schwersten Krisen. Norwegen, weltweit die Nummer eins in der Lachsproduktion, kämpfte gegen einen massiven Befall von Seeläusen, und Chile, der zweitgrößte Lachslieferant, wurde von einer Algenpest überrascht. In Norwegen sollen nach Angaben des staatlichen Veterinäramts allein im Jahr 2016 mehr als 50 Millionen Lachse verendet sein. Für Chile meldete die Welternährungsorganisation FAO im gleichen Jahr 27 Millionen tote Fische, das entsprach 20 Prozent der Bestände. Die Exporte der beiden Länder gingen deutlich zurück, der Preis stieg in schmerzhafte Regionen.

Die Meldungen rückten einen Industriezweig in den Mittelpunkt, der zuletzt mit Wachstumsraten von mehr als 6 Prozent aufgefallen war. Die Aquakultur ist einer der am schnellsten wachsenden Zweige der Lebensmittelproduktion, und der Lachs ist einer ihrer Vorzeigefische. Allein Norwegen hat 2016 1,2 Millionen Tonnen Lachs geliefert.

Die rasante Ausbreitung der Netzkäfige hat den einstigen Luxusfisch »demokratisiert« und zur Massenware gemacht. In den Netzgehegen, die zwischen 25 und 50 Meter tief sind und 30 bis 50 Meter Durchmesser haben, wachsen die Lachse in mehr als zwei Jahren zur Schlachtreife heran.

Die Produktion schien, zumindest in Europa, in ruhigen Bahnen zu verlaufen. Gern verwiesen norwegische Lachsfarmer auf den Rückgang des Antibiotikaverbrauchs. 1987 hatte der Einsatz der antibakteriellen Arzneien in Norwegen mit der unglaublichen Menge von 50 Tonnen seinen Höhepunkt erreicht. Dann kam die Wende. In den 1990er Jahren ging der Verbrauch trotz massiv wachsender Lachsbestände stark zurück und fiel bald auf weniger als eine Tonne. Ursache sind die Impfungen der fingergroßen Jungfische gegen Infektionskrankheiten. In rasender Geschwindigkeit wird ein Fischlein nach dem anderen maschinell per Spritze geimpft.

Die beachtlichen Erfolge bei den Antibiotika verdecken jedoch andere Probleme der industriellen Lachszucht, vor allem den immer schwieriger werdenden Kampf gegen Lachsläuse. Die Parasiten sind gegen die eingesetzten Insektizide teilweise resistent geworden.

Eine weitere Kalamität sind die häufigen Fluchten von hunderttausenden, in Extremfällen sogar von Millionen Lachsen, die vor allem bei Stürmen aus den Netzgehegen entweichen und sich unter die Wildpopulation der Lachse mischen, wobei sie deren Genpool mit ihrem degenerierten Erbgut gefährden.

Auch das Futter der Lachse ist nach wie vor ein Kritikpunkt. Um Lachse zu mästen, wird noch immer zu viel Fisch verfüttert – schließlich sind sie Raubfische. Seit einigen Jahren wird nun verstärkt versucht, den Lachs zum Veganer zu erziehen. Sein Futter enthält heute neben Fischmehl und Fischöl große Mengen an Pflanzenöl, Soja, Getreide und Hülsenfrüchten.

Die größte Herausforderung aber ist und bleibt die Fischlaus. Die zwischen 8 und 12 Millimeter großen Parasiten heften sich an die Haut der Lachse und fressen schlimmstenfalls regelrechte Löcher in den Fischkörper. Durch die hohe Fischdichte in den Netzgehegen können sich die Läuse bestens vermehren. Zur Bekämpfung kommen mehrere Methoden infrage. Die sanfteste ist der Einsatz kleiner Putzerfische, die die Läuse abfressen. Dies scheint bei massivem Befall aber nicht auszureichen. Zudem waren Putzerfische zuletzt knapp, wie die Branche beklagt. Sie sollen künftig in größerer Menge produziert werden.

Der Einsatz von Insektiziden war damit in vielen Fischfarmen unvermeidlich. Als Fisch-Entlausungsmittel dienen unter anderem die aus dem Obstbau bekannte Chemikalie Emamectinbenzoat oder das in der Forstwirtschaft gegen Raupen und Stechmücken eingesetzte Diflubenzuron. Bei der Anwendung wird meist eine große Plane rund um die Netzgehege gezogen, um das Insektizid in das abgeschirmte »Bassin« zu schütten. Ein solches Chemikalienbad muss bei manchen Farmen mehrmals im Jahr wiederholt werden. Auch das Bleich- und Desinfektionsmittel Wasserstoffperoxid soll die Läuse abtöten. Der Verbrauch von Wasserstoffperoxid hat sich in schottischen Lachsfarmen zwischen 2011 und 2015 verfünfzehnfacht, berichtet ein BBC-Report. Auf jede Tonne Lachs kämen inzwischen 42 Liter des Bleichmittels.

Schottland hat in Europa den stärksten Läusebefall, hier ist jede zweite Farm betroffen. Mit den höheren Wassertemperaturen

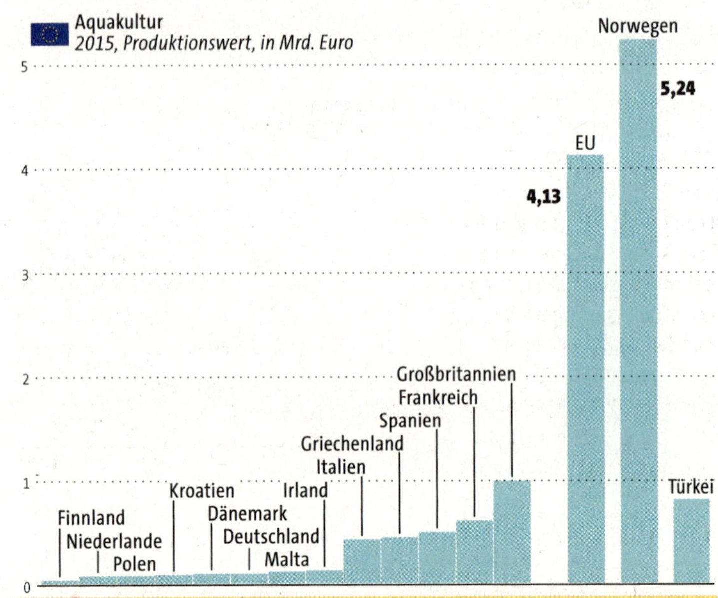

Norwegen, Nummer eins in Europa

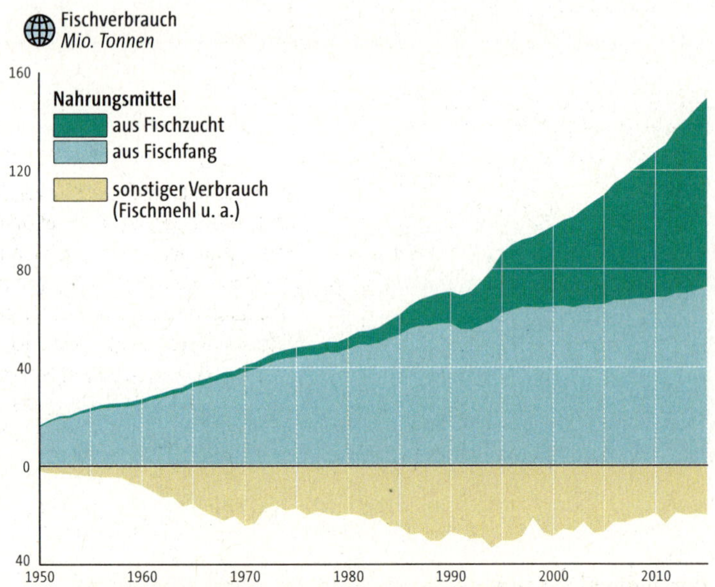

Der Fischverbrauch steigt, vor allem dank Aquakultur

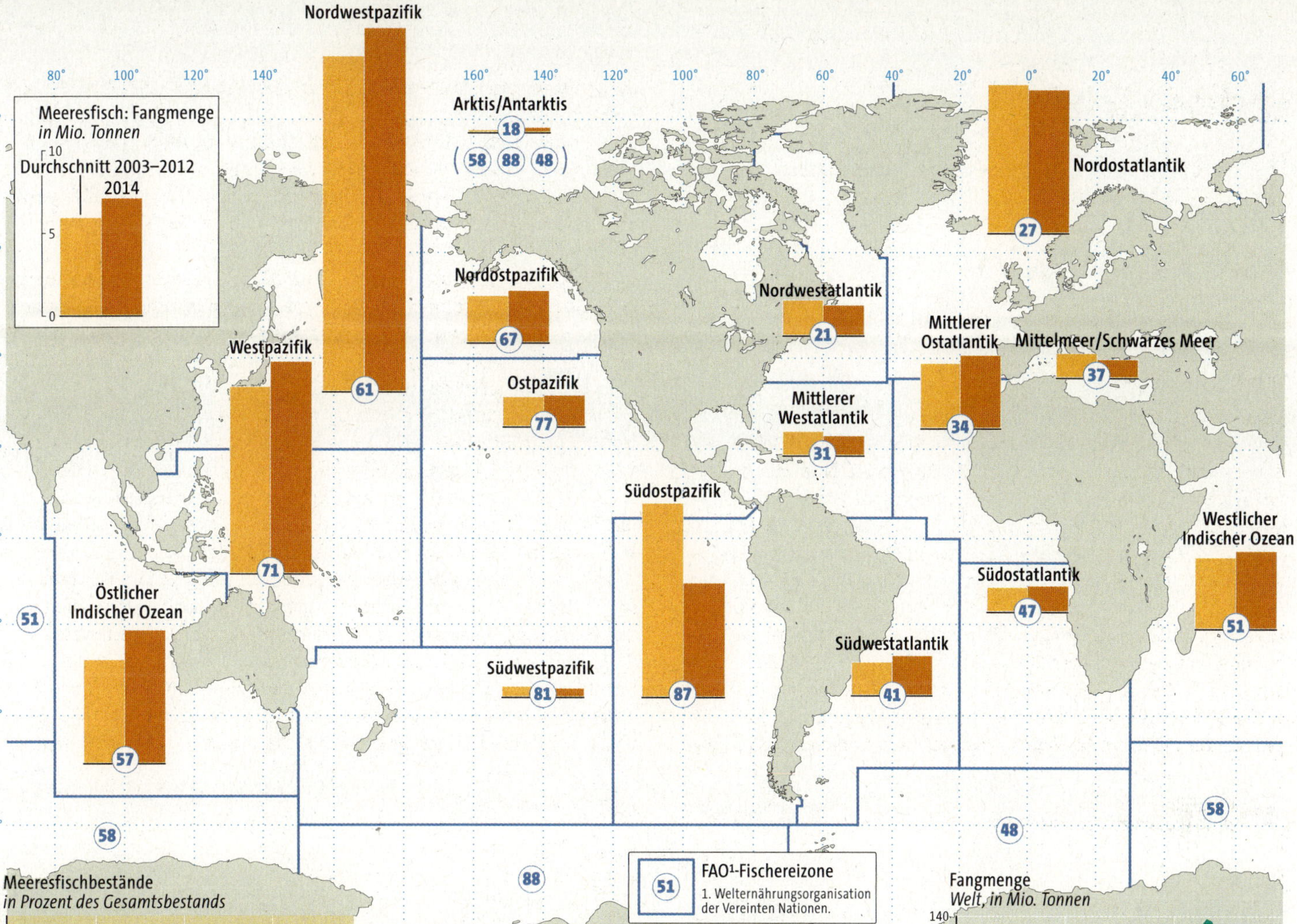

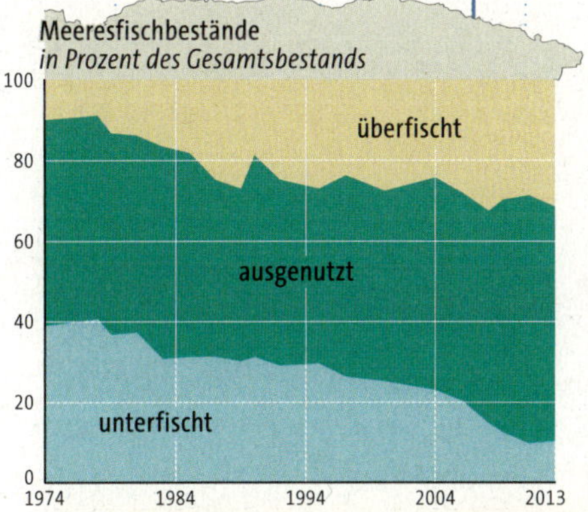

Die Fischfangzahlen der FAO beruhen auf Fangmengen, die die Mitgliedsländer melden. Laut Daniel Pauly und Dirk Zeller von der internationalen Forschungsinitiative Sea Around Us unterschätzen die gemeldeten Zahlen aber den traditionellen und den Subsistenzfischfang wie die Freizeitfischerei und den weggeworfenen Beifang. Auch der illegale Fischfang findet in den Zahlen der FAO keine Berücksichtigung. Der nichtgemeldete Fang kann bis zu 50 Prozent des gemeldeten Fangs ausmachen, sodass die tatsächliche weltweite Fangmenge die von der FAO angegebene bei weitem übersteigt.

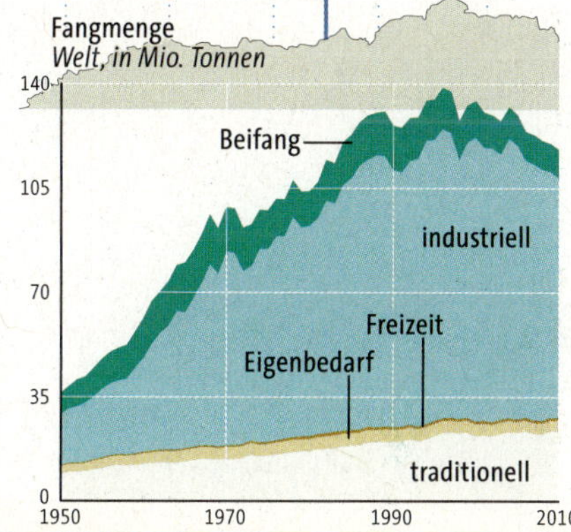

Fangmengen nach Fischereizonen

durch die Klimaveränderung hat sich das Problem verschärft. Stärker erhitztes Wasser ist allerdings tödlich für die Läuse, weshalb den Lachsen in manchen Farmen gezielte Warmbäder verabreicht werden.

2016 kam es in Loch Greshornish vor der schottischen Insel Skye zu einem Unfall, bei dem fast 100 000 Lachse regelrecht gekocht wurden, wie es in den Unfallberichten hieß. Bei der automatisch gesteuerten Läusebekämpfung im sogenannten Thermolicer werden die Lachse angesaugt und durch Rohre in ein Warmwasserbad gepumpt. 25 bis 30 Sekunden lang sollen sie in dem auf bis zu 34 Grad erhitzten Wasser bleiben und so von den Läusen befreit werden. Ist die Temperatur zu hoch oder die Verweildauer zu lang, ist das Bad allerdings auch für die Lachse tödlich.

Für Fischfarmen sind die Läuse aus mehreren Gründen ein Problem: Die Bekämpfung ist aufwendig und teuer, die Lachse wachsen langsamer, die Fischkörper verlieren ihre Makellosigkeit, und der Läusebefall sorgt für schlechte Publicity, zumal Chemikalienreste im Fischfleisch zurückbleiben können.

Die Läuseepidemie gefährdet aber auch die Wildlachse, die nur selten von den Parasiten befallen werden. Doch mit der wachsenden Zahl an Aquakulturanlagen hat sich das geändert. Für die Ausbreitung der Läuse und anderer Krankheiten sorgen auch die vielen hunderttausend Zuchtlachse, die jedes Jahr aus den Netzkäfigen entweichen. Am 21. April 2007 kam es zum vorerst größten Ausbruch in der Geschichte der Aquakultur. An dem Tag registrierten Seismografen ein Erdbeben der Stärke 6,2 vor der Küste Chiles. Auf den Aysén-Fjord im Süden des Landes, einem Zentrum der Lachsindustrie, rollte eine 14 Meter hohe Flutwelle zu. Zehn Menschen, die in der Bucht auf Booten unterwegs waren, starben. Und aus den zerstörten Netzkäfigen entkamen 5 Millionen Fische.

Auch ohne Erdbeben und Flutwellen entkommen Jahr für Jahr hunderttausende Fische. Mal beschädigt ein unglücklich manövrierendes Schiff die Netzkäfige; mal reißt ein großer Raubfisch oder eine Robbe ein Loch hinein; mal zerrt die raue See eine Anlage aus der Verankerung. Die Verluste sind durch eine Reihe von Forschungsberichten gut belegt.

Allein der Marktführer Norwegen meldete während eines 14-jährigen Beobachtungszeitraums durchschnittlich 450 000 entkommene Fische pro Jahr. Das zumindest sind die offiziellen Zahlen. Norwegische Wissenschaftler schätzen, dass maximal ein Drittel der entkommenen Lachse den Aufsichtsbehörden gemeldet werden. Vertuschte Ausbrüche kommen gelegentlich ans Licht, wenn in Wildfängen plötzlich lauter Zuchtfische zappeln. Die Identifizierung ist relativ einfach. Die massiger wirkenden, größe-

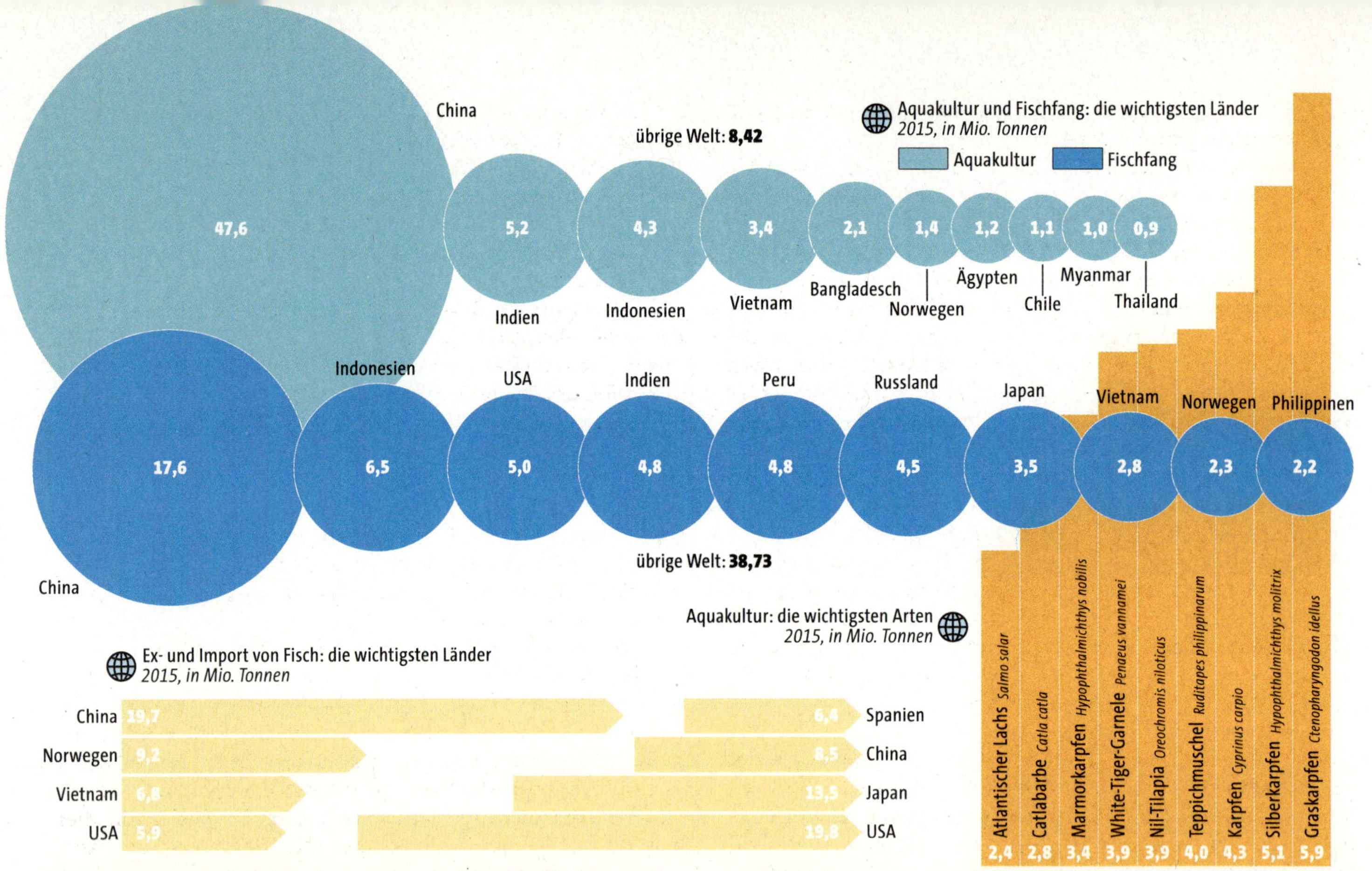

China züchtet und fängt mehr Fisch als die restliche Welt

ren Zuchtfische unterscheiden sich in ihrem Aussehen von den wilden Lachsen, sie besitzen bestimmte genetische Marker, und auch die Impfung hinterlässt Spuren, die sie als Käfiginsassen ausweisen.

Betroffen sind auch Angler: Immer öfter hängen Zuchtlachse am Haken, wenn die Tiere in der Laichsaison die Flüsse hinaufziehen und die Hobbyfischer ihre Köder auswerfen. Norwegische Wissenschaftler haben 20 Flüsse entlang ihrer Küste systematisch nach entwichenen Farmlachsen untersucht. Fast alle Gewässer wiesen einen erheblichen Bestand auf. In den Flüssen Loneelva, Vosso und Opo war jeder dritte gefangene Fisch ein Flüchtling aus der Aquakultur.

Das Einsickern entwichener Zuchtlachse verändert den Genpool der Wildlachse, der sich über Jahrhunderte an die lokalen Ökosysteme angepasst hat. Farmlachse sind ganz auf Wachstum getrimmt, sie sind aggressiver und größer, weniger fit, sie haben eine geringere Fruchtbarkeit und – Lachse können bis zu zehn Jahre alt werden – eine kürzere Lebenserwartung. Die Vermischung mit der vitaleren Wildpopulation wird durchweg negativ beurteilt. Da die Bestände der Wildlachse ohnehin zurückgehen,

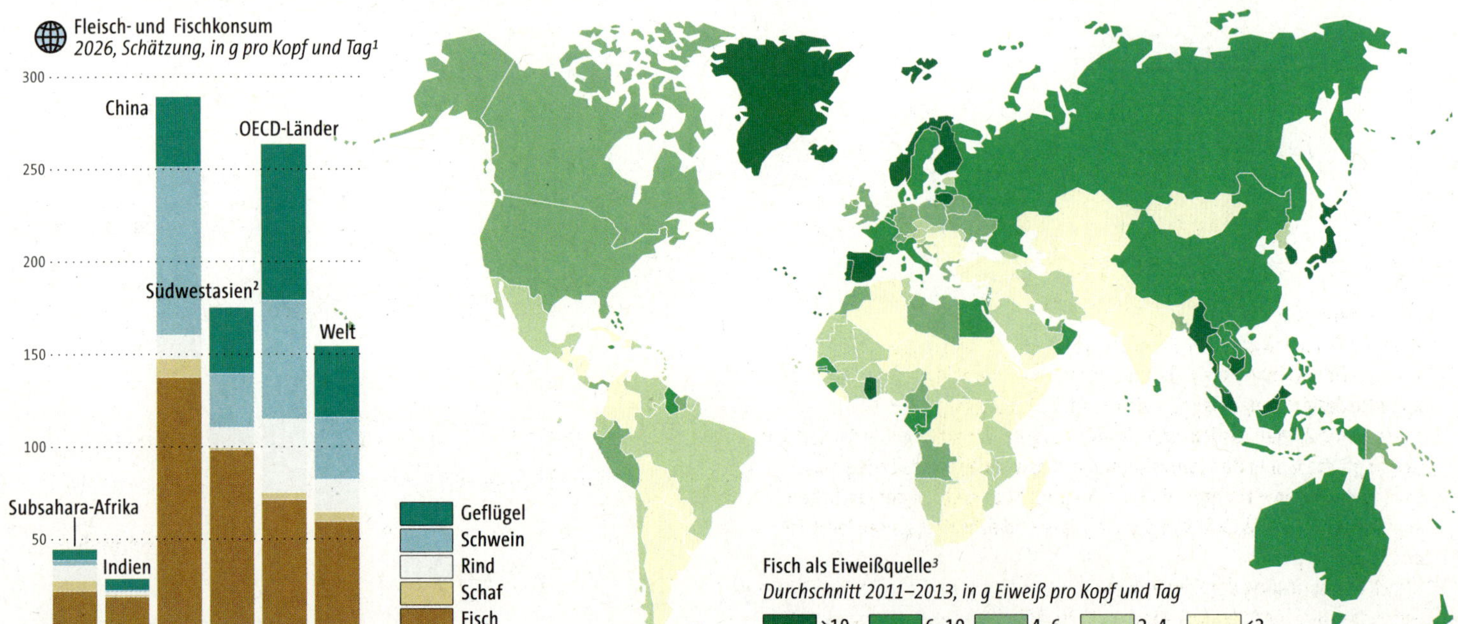

1. Fleisch: Verkaufsgewicht; Fisch: Fanggewicht.
2. Indonesien, Kambodscha, Laos, Malaysia, Myanmar, Philippinen, Thailand und Vietnam.
3. Empfohlene Tagesmenge für eine erwachsene Frau (57 kg): 38 g; für einen erwachsenen Mann (70 kg): 47 g.

Die Welt braucht Fisch

ist die Unterwanderung durch die weniger überlebenstüchtigen Zuchtlachse ein gravierendes Problem.

Die aus Kreuzungen zwischen Farm- und Wildlachs entstehenden Fische haben ebenfalls eine reduzierte Lebenserwartung, sie sind schlechter an die Ökosysteme angepasst und unterscheiden sich in Form, Größe und Verhalten, in Stresstoleranz und Widerstandskraft von echten Wildlachsen. Überlebensrate und Fortpflanzungserfolg entwichener Zuchtlachse sind deutlich reduziert.

Ihr Futter bekommen Zuchtlachse in Form von Pellets, die Gase enthalten und deshalb besonders leicht sind, damit sie im Wasser langsamer absinken. So haben die Fische Zeit zum Fressen, die Futterverluste halten sich in Grenzen, ebenso die Futterreste, die sich mit den Fäkalien am Meeresboden sammeln. Noch Anfang der 1990er Jahre bestand das Lachsfutter überwiegend aus Fischmehl und Fischöl. Vor allem die großen Anchovisschwärme vor der Küste Perus lieferten den Futtermittelfirmen riesige Mengen proteinreiches Fischmehl. In den letzten zehn Jahren schwankte die Fischmehlproduktion zwischen 4,7 und 5,9 Millionen Tonnen. Eine Steigerung ist angesichts überfischter Weltmeere kaum möglich. Aus einem Kilogramm gefangenem Futterfisch holt die Industrie 225 Gramm Fischmehl und, je nach Fettgehalt der Fische, 50 bis 100 Gramm Fischöl heraus.

Um den Verbrauch von Wildfischen für die schnell wachsende Aquakultur zu reduzieren, wird inzwischen fast ein Drittel des verfütterten Fischmehls aus Fischabfällen gewonnen. Sie fallen bei der Fischverarbeitung an, wenn Filets geschnitten werden. Innereien, Köpfe und Schwänze werden dann zu Fischmehl verarbeitet. Weil die Innereien auch die Entgiftungsorgane enthalten, ist aus Abfällen gewonnenes Fischmehl stärker mit Schadstoffen belastet.

Um den Fischverbrauch der Aquakultur zu reduzieren, bekommen die Zuchtlachse zunehmend pflanzliche Rohstoffe zu fressen. So wird der Raubfisch zum Veganer. Das sogenannte Fi-Fo-Verhältnis (»Fish in – Fish out«-Ratio) gibt an, wie viel Input an verfüttertem Wildfisch nötig ist, um ein Kilo Zuchtfisch zu erzeugen. Beim norwegischen Zuchtlachs ist dieses Verhältnis von 7,2 im Jahr 1990 auf 1,7 im Jahr 2013 gesunken, wie eine 2015 erschienene Studie von Trine Ytrestøyl vorrechnet. 2013 waren also 1,7 Kilogramm zu Fischmehl verarbeiteter Wildfang nötig, um ein Kilogramm Lachs zu produzieren. Beim Fischöl sank die Fi-Fo-Marke im selben Zeitraum von 4,4 auf 1,0. Damit wird in der Summe von Fischöl und Fischmehl trotz aller Anstrengungen immer noch mehr Fisch verbraucht als erzeugt.

Die Umerziehung zum Veganer geht allerdings weiter, zumal der Fischmehlpreis sich gegenüber den 1990er Jahren verdoppelt und verdreifacht hat. Damals schwankte er zwischen 350 und 750 Dollar pro Tonne. Zwischen 2010 und 2014 erreichte er mehrmals die 2000-Dollar-Marke, um zuletzt wieder auf rund 1200 Dollar zu fallen.

Wichtigster Bestandteil des Lachsfutters ist heute Soja. Die oben zitierte Studie von Ytrestøyl beziffert den Sojaanteil am Lachsfutter auf 21,3 Prozent. Rapsöl kommt auf 18,3 Prozent, dazu kleinere Anteile Weizen, Sonnenblumen, Bohnen und Erbsen. Der Fischmehlanteil ist auf 19,5 Prozent gesunken, Fischöl auf 11,2 Prozent des Lachsfutters.

Raubfische wie der Lachs vertragen das Pflanzenfutter allerdings denkbar schlecht, sie reagieren mit Durchfällen. Deshalb müssen die pflanzlichen Rohstoffe von Fasern und Kohlehydraten befreit werden. Dazu werden die Proteine isoliert und mit Aminosäuren angereichert. Die Low-Carb-Diät ist aufwendig und teuer. Und selbst nach der fischgerechten Aufarbeitung werden die pflanzlichen Futterpellets ungern gefressen. Ein Zusatz von Miesmuscheln als Geschmacksträger muss die Pflanzenkost aromatisieren, dann fressen die Fische ohne zu mucken.

Ein unerwünschter Nebeneffekt der neuen Ernährung betrifft die besonders gesunden Omega-3-Fettsäuren. Ernährungsberater rühmen fette Fische wie den Lachs gerade wegen seiner speziellen Fettsäuren. Doch je vegetarischer der sich ernährt, desto weniger Omega-3-Fettsäuren setzt er an. Statt eines Lachsfilets könnte man also auch eine Gemüsepfanne servieren.

Manfred Kriener ist Umweltjournalist in Berlin.

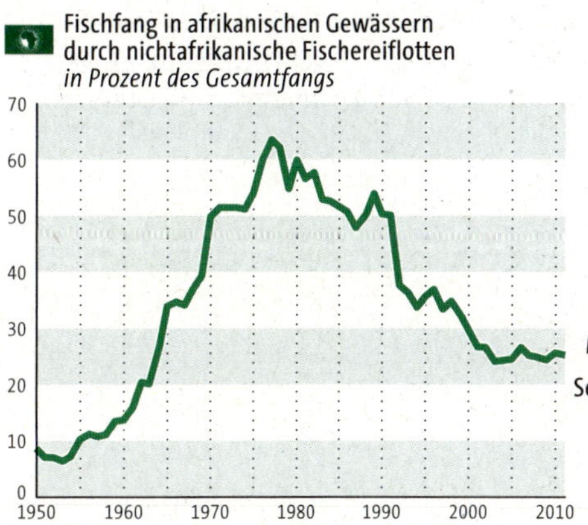

Fischen in fremden Gewässern

Fänge von Fischereiflotten entfernter Länder (sogenannte Distant Water Fishing Nations – DWFN) machten in den 20 Jahren zwischen 1971 und 1991 mehr als die Hälfte des gesamten Fangs rund um Afrika aus. Nicht zuletzt sowjetische Schiffe waren an der Ausbeutung dieser Fischgründe beteiligt. Die sowjetische Fischfangflotte war in den Jahrzehnten nach dem Zweiten Weltkrieg massiv ausgebaut worden – zur größten Fischfangflotte der Welt. In der jährlichen Fangmenge wurde die UdSSR in den siebziger und achtziger Jahren lediglich von Japan übertroffen.

Nach der Auflösung der Sowjetunion begann die sowjetische Fischereiflotte zu schrumpfen und ihr Anteil am Fang rund um Afrika schnell zu sinken. Seit 2001 hat sich der Anteil des DWFN auf etwa 25 Prozent des Gesamtfangs stabilisiert.

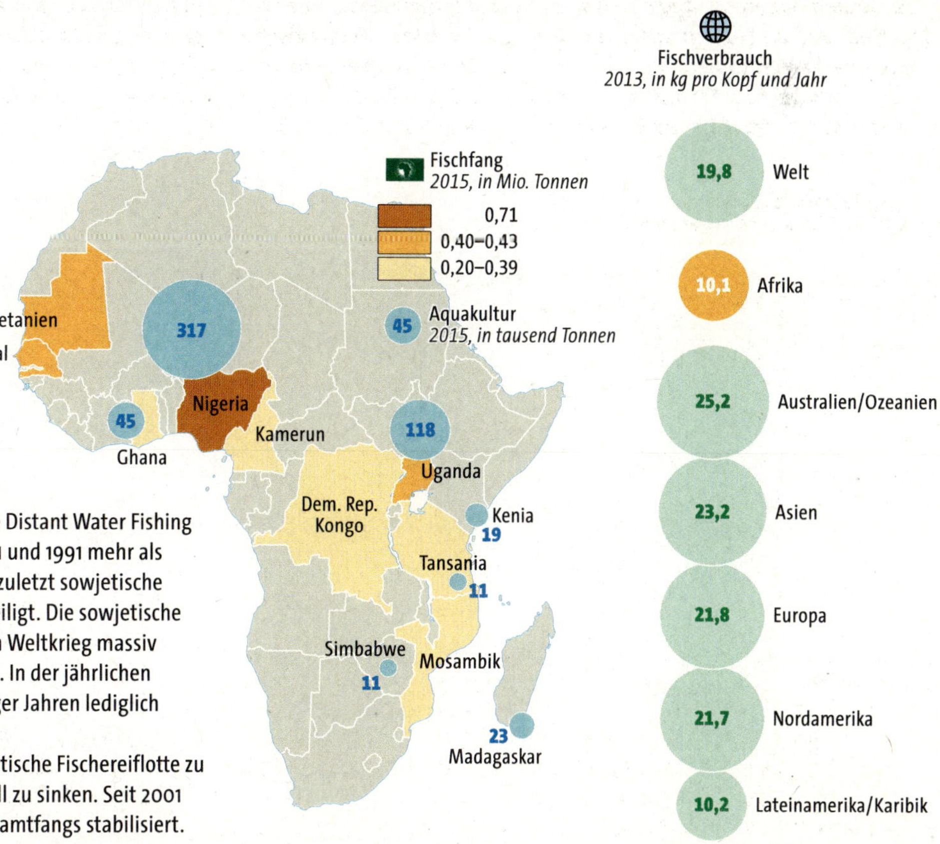

Kalte Luft

Eine kurze Geschichte der Klimaanlage

von Benoît Bréville

Wenn in Arizona, Nevada oder Texas die große Hitze kommt, erreichen die Temperaturen Werte bis zu 48 Grad Celsius. Selbst nachts kühlt es dann kaum ab – da ist ohne Klimaanlage die Gesundheit in Gefahr: Von Schlafstörungen und chronischen Kopfschmerzen über Bluthochdruck und Atembeschwerden bis hin zu Lungeninsuffizienz und Schlimmerem reichen die Beschwerden. Kein Wunder, dass im Süden der USA 97 Prozent der Haushalte klimatisiert sind. In einigen Bundesstaaten wie Arizona gehören Klimaanlagen sogar zur gesetzlich vorgeschriebenen Grundausstattung von Mietwohnungen.

Auf die künstlich erzeugte Kühle schwört man aber nicht nur in den trockenen und subtropischen Regionen, selbst in Vermont und Montana, wo man eher gegen zu viel Schnee als Hitze kämpft, sind überall Klimaanlagen eingebaut. In Wohnhäusern, Autos, Restaurants, Geschäften, Ämtern, öffentlichen Verkehrsmitteln, Stadien, Fahrstühlen, Schulen, Sporthallen und sogar Kirchen sorgen sie in jedem Winkel der Vereinigten Staaten das ganze Jahr über für eine konstante Temperatur von etwas mehr als 20 Grad. Selbst die US-Soldaten in Afghanistan haben ein klimatisiertes Zelt dabei.

Der ökologische Preis allerdings ist hoch. Die Treibhausgasemissionen, Kühlmittelzusätze und der Energieaufwand belasten die Umwelt. In den USA fließen jährlich 6 Prozent des produzierten Stroms – vor allem aus Kohlekraftwerken – in den Betrieb von Klimaanlagen. 2015 war der Stromverbrauch für die Gebäudekühlung in den Vereinigten Staaten so hoch wie der Gesamtverbrauch des afrikanischen Kontinents. Hinzu kommt der Benzinverbrauch für die Klimaanlagen in Autos, der jährlich bei 26 bis 38 Milliarden Liter liegt.

Die Klimatisierung hat die Vereinigten Staaten nachhaltig verändert und beeinflusst, vom Städtebau über Freizeit und Konsum bis hin zu den sexuellen Gewohnheiten. Vor der Klimatisierung ging im April und Mai, also neun Monate nach dem Hochsommer, die Geburtenrate stets deutlich zurück. Seit sich die Innenraumtemperatur regulieren lässt, sind diese saisonalen Schwankungen komplett verschwunden.

Dabei ging es anfangs gar nicht um den individuellen Komfort, sondern erst mal nur um den Schutz von Waren, genauer gesagt um das Papier der New Yorker Druckerei Sackett-Wilhelms Lithographing & Printing Company. In der feuchtwarmen Luft der Brooklyner Fabriketage konnte man kein Papier lagern; schon nach kurzer Zeit ließ es sich nicht mehr bedrucken. Die Firma beauftragte den jungen Ingenieur und Erfinder Willis Carrier (1876–1950), ein Gerät zu entwickeln, das die Feuchtigkeit und Umgebungstemperatur steuern sollte.

Carrier konstruierte eine Maschine, in der die angesaugte Luft durch ein Kältemittel abgekühlt wurde. 1902 kam der Apparat auf den Markt und war sofort ein Verkaufsschlager. Die Hersteller von Textilien, Tabak, Teigwaren, Kaugummi, Mehl und Schokolade stürzten sich geradezu auf Carriers genialen Airconditioner. In weniger als zehn Jahren führten alle Branchen, in denen die Produktionsprozesse von Temperaturschwankungen beeinträchtigt wurden, klimatisierte Fabrikhallen ein.

Bis dahin hatte auch die Produktivität der Belegschaft, so die einschlägige Erfahrung der Vorarbeiter, während der Hitzeperioden regelmäßig stark nachgelassen; im Sommer verlangsamte sich nicht nur das Arbeitstempo, manchmal blieben die Arbeiter einfach gleich zu Hause. Manche Unternehmen führten zusätzliche Pausen oder einen früheren Arbeitsbeginn ein. Doch es kam auch vor, dass die Fließbänder abgestellt werden mussten.

Die Zeichen der Zeit standen auf Taylorismus und Rationalisierung. Die Arbeitgeber ließen untersuchen, bei welcher Temperatur in der Fabrikhalle oder im Büro die größte Effizienz zu erwarten war. Und die US-Regierung stellte bei ähnlichen Tests fest, dass die Produktivität in ihren Schreibbüros ohne Klimatisierung im Sommer um 24 Prozent abnahm.

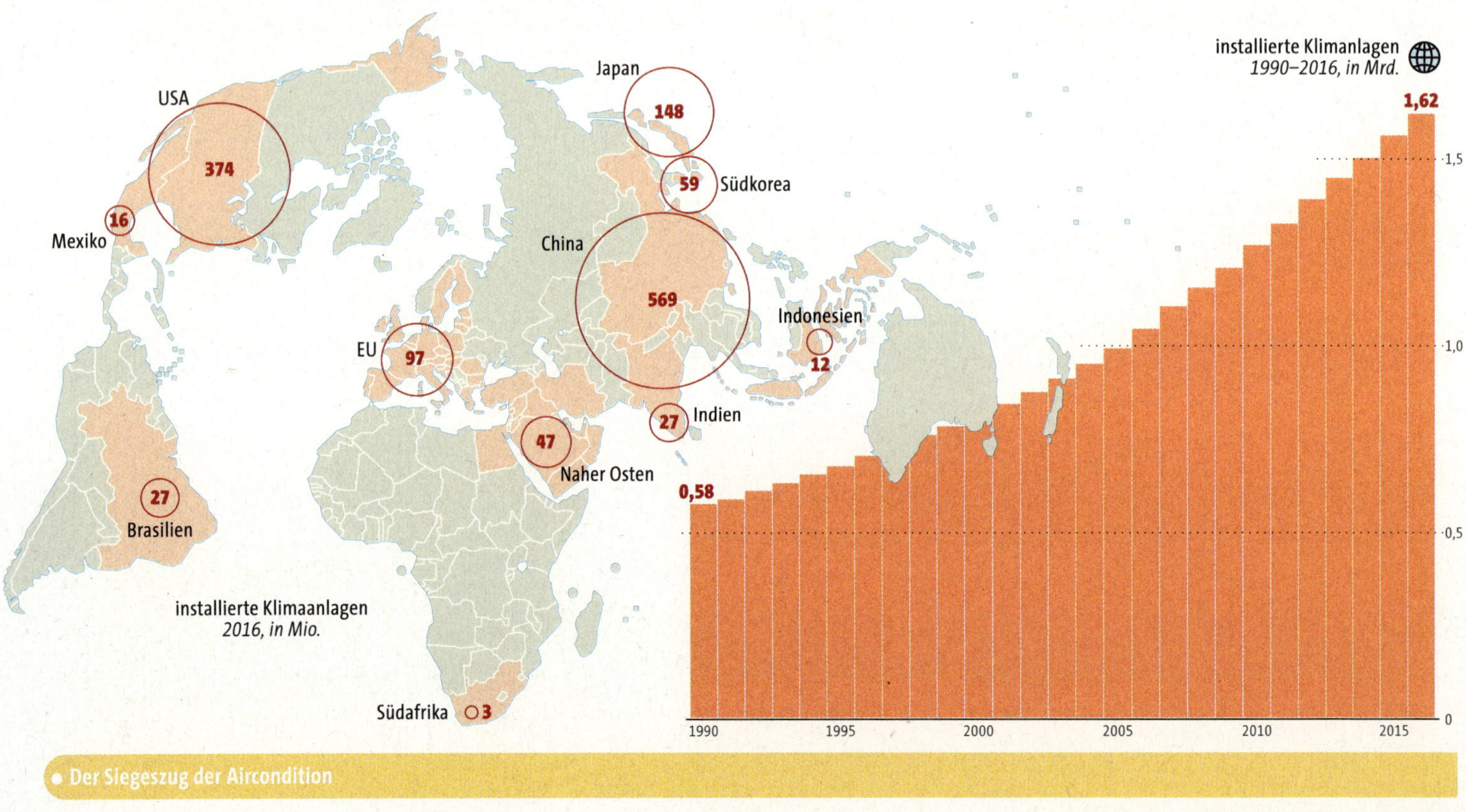

Der Siegeszug der Aircondition

Nach den Fabrikhallen kamen die Lichtspielhäuser. Im Sommer waren die Kinosäle entweder gähnend leer oder wurden gleich dichtgemacht. Doch kaum hatte die Kinokette Balaban & Katz 1917 in ihren Sälen in Chicago Klimaanlagen einbauen lassen, strömten so viele Zuschauer in die Vorführungen, dass sich die Investitionskosten innerhalb eines Sommers amortisiert hatten. Die Konkurrenz zog alsbald nach. 20 Jahre später waren drei Viertel der 256 Kinosäle in Chicago klimatisiert. Auch vor den Kinos in New York, Houston und Los Angeles standen bald bunte Allwetterschilder mit Eisbären, Eiswürfeln oder Schneeflocken und Slogans wie »Drinnen ist es kühl« oder »Konstant 20 Grad«. Die Sommerflaute war passé, der Sommer-Blockbuster konnte kommen.

Und die Klimaanlage setzte ihren Siegeszug fort. Auf die Kinos folgten Züge, Restaurants, Geschäfte, Hotels. Die großen Ketten gingen stets voran, dann folgten die kleineren, und am Ende hatte selbst der Tante-Emma-Laden um die Ecke eine Klimaanlage, um mit der Konkurrenz Schritt halten zu können.

Außerdem galten Klimaanlagen als gesundheitsfördernd. »Rein« und »gesund« sei die klimatisierte Luft, hieß es unisono in den Werbebotschaften und amtlichen Verlautbarungen. In den Zügen verschwinde der Zigarettenrauch »wie von Zauberhand«. Auch schwangere Frauen profitierten davon, versicherte zumindest der Chicagoer Gesundheitsdienst und riet werdenden Müttern im Sommer 1921, die Kinosäle von Balaban & Katz aufzusuchen. Dort erwarte sie »reinere Luft als auf dem Pikes Peak« in den Rocky Mountains.

Nach dem Zweiten Weltkrieg erfolgte dann auch der Durchbruch in den US-amerikanischen Privathaushalten. In den Zwischenkriegsjahren hatten mehrere Unternehmen noch vergeblich versucht, den Verkauf von Klimageräten an Privatkunden anzukurbeln. Zu laut, zu groß und vor allem zu teuer waren die Anlagen, die nicht mehr als eine Handvoll wohlhabender Käufer fanden. Der Wendepunkt kam 1951, als Carrier ein kleineres Klimagerät zu einem erschwinglichen Preis auf den Markt brachte, das sich leicht am Fenster installieren ließ. Die Verkaufskurve schnellte nach oben: 1960 waren bereits 12 Prozent der Privathaushalte klimatisiert, 20 Jahre später 55 und 2005 über 80 Prozent. Heute sind fast 90 Prozent der Privathaushalte in den USA mit einer Klimaanlage ausgestattet.

Global gekühlt, global erwärmt

Die Zeiten, als die USA der Hauptabsatzmarkt für innovative Klimatechnik waren, sind vorbei. Während insgesamt der Stromverbrauch für die Klimatisierung durch die Erderwärmung und den Hochhausboom steigt, stagniert in den USA die Nachfrage nach neuen Modellen. Hier repariert man lieber sein altes Gerät. Dafür rückt nun die aufstrebende Mittelschicht in den Schwellenländern nach. In China wurden zwischen 2010 und 2016 mehr als 200 Millionen Klimaanlagen verkauft.

In Indien sind Klimaanlagen zwar bislang relativ wenig verbreitet (2 bis 3 Prozent der Haushalte besitzen eine), weil aber die Metropolen so stark wachsen und in großen Teilen des Landes ein feucht-heißes Klima herrscht, gibt es ein enormes Potenzial. Im Mai 2016 kletterte das Thermometer im westindischen Phalodi auf 51 Grad – ein neuer nationaler Hitzerekord. Seit etwa zehn Jahren steigt der Verkauf von Klimaanlagen in Indien jährlich um 15 bis 20 Prozent. Allein 2013/2014 wurden nach einem Bericht der US-Energiebehörde 3,3 Millionen Klimaanlagen auf dem Subkontinent verkauft. Das Produkt ist inzwischen so begehrt, dass in mancher Autowerbung nicht mehr die PS-Angabe, sondern die Kapazität der Klimaanlage im Zentrum steht. Sommer für Sommer stellt der steigende Stromverbrauch Indiens Infrastruktur auf eine harte Probe. Häufig gibt es Stromausfälle, die sich mitunter zu gigantischen Pannen auswachsen – wie im Juli 2012, als 600 Millionen Menschen zwei Tage lang keinen Strom hatten.

In Südkorea, dem heutigen Weltmarktführer, in Japan und in den Golfstaaten sind Klimaanlagen längst selbstverständlich. In manchen Einkaufszentren am Persischen Golf kann man sogar Ski fahren, während es draußen über 40 Grad heiß ist. In Brasilien, Indonesien, Nigeria, Mexiko und auf den Philippinen steigt der Absatz ebenfalls rasant. Nach Hochrechnungen des Lawrence Berkeley Laboratory könnten bis 2030 etwa 700 Millionen und bis 2050 sogar 1,6 Milliarden Klimaanlagen verkauft werden. Dann wäre der Rest der Welt mit Klimaanlagen so ausgestattet wie die USA.

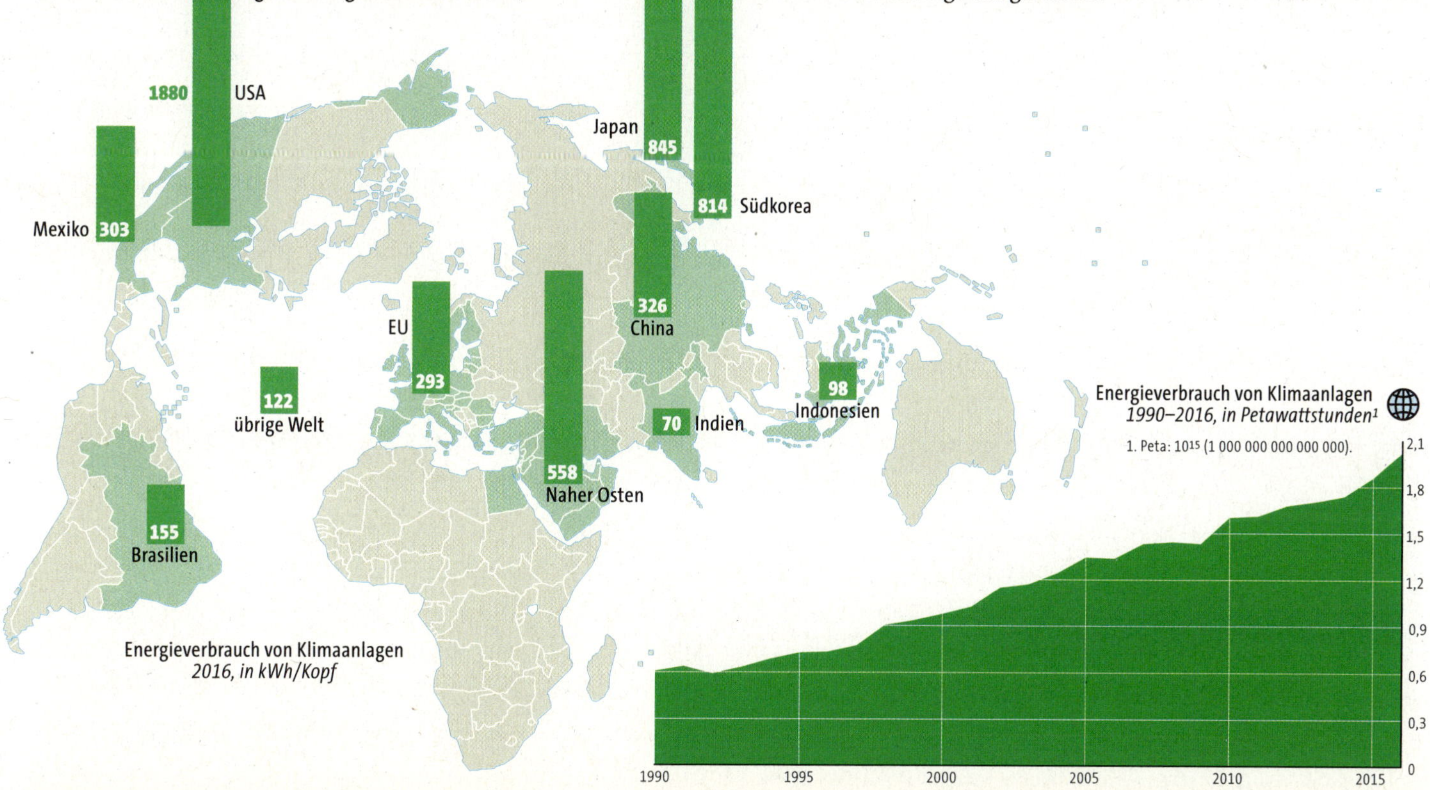

Indem die Klimatechnik sich landesweit und schichtenübergreifend verbreitete, stieg auch die Nachfrage. Das war besonders im Süden der USA zu spüren, der lange nicht so stark urbanisiert war wie der Norden und zwischen 1910 und 1950 10 Millionen Einwohner verloren hatte – vor allem schwarze Arbeiter, die wegen der Rassengesetze und des Arbeitsplatzmangels in der rationalisierten Landwirtschaft in den Mittleren Westen zogen.

Nach der offiziellen Abschaffung der Rassentrennung kehrte sich die Situation in den 1960er Jahren um. Der bis dahin als unerträglich stickig empfundene Süden war auf einmal wieder attraktiv. Man konnte die Sonne genießen, ohne ihr schutzlos ausgeliefert zu sein, und die Firmen freuten sich über das gewerkschaftsfreie und arbeitgeberfreundliche Umfeld.

Zwischen 1950 und 2000 stieg der Bevölkerungsanteil der Sun-Belt-Staaten im Verhältnis zur US-Gesamtbevölkerung von 28 auf 40 Prozent. Ohne Klimatisierung wäre das Wachstum der Bevölkerung Floridas auf über 20 Millionen Einwohner undenkbar gewesen, und ohne Klimatisierung würde es heute weder einen Freizeitpark Disney World in Orlando geben noch die Kasinos von Las Vegas in der Wüste Nevadas. In Phoenix, Arizona, lebten 1930 etwa 50 000 Menschen. Heute hat die Stadt, in deren Randbezirken der unwirtlichen Umgebung täglich mehr Bauland abgetrotzt wird, 1,6 Millionen Einwohner. Die tagsüber von Beton und Asphalt absorbierte Hitze wird nachts abgestrahlt. So kühlt es kaum ab. An rund 30 Tagen im Jahr steigt die Temperatur auf weit über 40 Grad Celsius; in den 1950er Jahren war das nur an sieben Tagen der Fall.

Sicher lässt es sich auch ohne Klimaanlage im Süden der USA leben, und noch vor hundert Jahren hat sich diese Frage gar nicht gestellt. Die Geschäfte waren wie heute noch im Süden Europas während der Mittagszeit geschlossen, die Kinder bekamen hitzefrei, und nach dem Mittagessen freute man sich auf die Siesta. Man stellte die Füße in eine Wanne kalten Wassers oder legte sich ein feuchtes Tuch in den Nacken. Auch die Architektur richtete sich nach der Hitze. Große Türen und Fenster sorgten für Luftzirkulation. Die Decken waren hoch, die Zwischenwände dünn, und ein breiter Dachfirst schützte vor der Sonne. Höher gelegte Holzdielen und schattige Veranden sorgten zusätzlich für Kühlung. Der Deckenventilator verbrauchte nur einen Bruchteil der Energie, den heute eine Klimaanlage verschlingt.

Seit den 1960er Jahren wird im Sun Belt fast genauso stromlinienförmig gebaut wie in Pennsylvania oder Indiana: direkt auf den Boden installierte Fertighäuschen mit schmalen Fenstern, moderne Glaskästen mit zentraler Klimaanlage und Wolkenkratzer, deren Fenster sich nicht öffnen lassen. Wegen der günstigen Grundstückspreise sind die Städte extrem in die Breite gewachsen, weshalb man im Süden noch mehr auf das Auto angewiesen ist als im Norden. Die »Amerikanisierung des Südens« nennt der Historiker Raymond Arseneault diese Nivellierung der regionalen Unterschiede durch die Klimatisierung des Alltags.

Aus Sicht der meisten Amerikaner gehören Klimaanlagen einfach immer und überall dazu. Selbst in Alaska sind fast ein Viertel der Hotels klimatisiert. Die Hitzetoleranz ist so stark gesunken, dass sich viele Amerikaner mittlerweile bei Innentemperaturen wohlfühlen, die die meisten Touristen als zu niedrig empfinden.

Die Klimatisierung stößt damals wie heute jedoch nicht nur auf Begeisterung. In den ersten Jahren bekamen Kino- und Ladenbesitzer bitterböse Beschwerdebriefe wegen der Kälte. Und manche Südstaatler verschmähten die Technologie als Import aus dem Norden, wo die Leute zu verweichlicht seien und deshalb keine Hitze aushielten. Selbst Präsident Roosevelt (1882–1945) hasste das von seinem Vorgänger installierte Klimagerät.

Heute beklagen Umweltschützer die ökologischen Schäden der Klimatisierung, und Wissenschaftler machen sie für die Fettleibigkeit verantwortlich. Ihr Argument: Die Menschen essen bei niedrigen Temperaturen mehr, bleiben eher zu Hause, wo sie vor allem sitzende Tätigkeiten verrichten, und der Körper muss keine Kalorien verbrennen, um sich aufzuheizen oder abzukühlen. Und Feministinnen verweisen auf den Gendergap: Die Temperaturen in den Büros richteten sich nur nach Männern im Anzug, während Frauen in Sommerkleidern und Sandalen fröstelten.

Die Klimatechnik hatte von Anfang an sehr einflussreiche Unterstützer: die US-Regierung, die ab den 1960er Jahren Privathaushalte mit einer Prämie bei der Anschaffung einer Klimaanlage unterstützte; Kreditanstalten, die von Gewerbetreibenden höhere Zinsen für Kredite verlangten, wenn deren Geschäfte nicht klimatisiert waren; Bauträger, die in ihren Plänen den Einbau von Klimageräten automatisch integrierten; und last but not least Energiegiganten wie General Electric.

Die Klimatisierung sorgte aber nicht nur für mehr Produktivität, Komfort und Umweltprobleme. Sie trug auch zur Entseuchung der Südstaaten bei, in denen damals noch tropische Krankheiten wie Gelbfieber oder Malaria grassierten. Und die sommerliche Sterberate ging tatsächlich zurück: Zwischen 1979 und 1992, als viele arme Amerikaner noch keine Klimaanlage hatten, kamen bei Hitzewellen mehr als 5000 Menschen ums Leben. Im Sommer 1995 gab es allein in Chicago 500 Todesopfer. Mittlerweile sind die Todeszahlen bei extremer Hitze glücklicherweise nicht mehr so hoch. Klimaanlagen sind in Krankenhäusern und Operationssälen genauso unverzichtbar wie für die Herstellung von Medikamenten, die eine kontrollierte Umgebungstemperatur brauchen. Und auch das Internet würde ohne die Kühlanlagen für Rechenzentren nicht funktionieren.

Als nach dem Reaktorunfall in Fukushima die Japaner ihren Stromverbrauch und damit auch die Klimatisierung drastisch reduzieren mussten, rief das auch gleich wieder die Tayloristen auf den Plan: Ein Professor der Tokioter Waseda-Universität ließ messen, wie stark die Produktivität von Büroangestellten bei höherer Raumtemperatur sank. Er kam zu dem Ergebnis, dass der Verlust 30 Minuten Arbeitszeit pro Tag entsprach.

Benoît Bréville ist Historiker und Journalist.

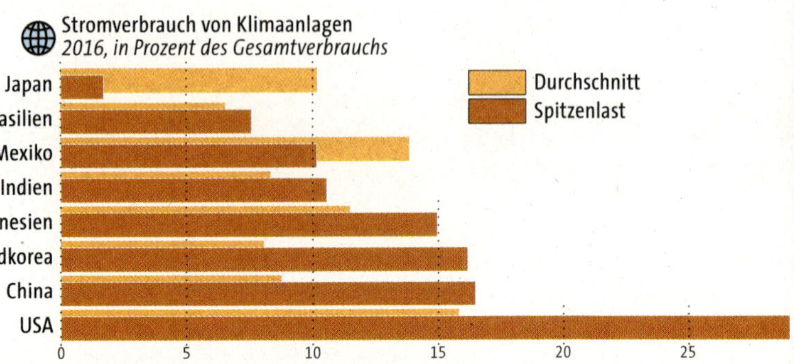

Wenn es heiß wird: Spitzen des Strombedarfs

Nach einer Schätzung der Internationalen Energieagentur von 2016 machte die Raumkühlung weltweit durchschnittlich rund 10 Prozent des gesamten Stromverbrauchs aus. Die höchsten Werte erreichten die USA mit 16 Prozent, der Nahe Osten (15 Prozent), Mexiko (14 Prozent) und Japan (10 Prozent). In den meisten Ländern mit erheblichem saisonalen Kühlbedarf ist der Anteil der Klimaanlagen am Spitzenlaststromverbrauch während des gesamten Jahres deutlich höher als am Gesamtverbrauch. So entfiel im Juni 2008 in Madrid ein Drittel des gesamten Spitzenverbrauchs auf Klimaanlagen.

In Ländern, wo das ganze Jahr über gekühlt werden muss, wie in Singapur oder vielen Ländern des Nahen Ostens, kann der Anteil der Klimaanlagen am Spitzenlastverbrauch bis zu 50 Prozent oder mehr betragen. In Saudi-Arabien macht die Klimatisierung 51 Prozent des gesamten Strombedarfs aus. Im Sommer ist die Nachfrage doppelt so hoch wie in den »Wintermonaten«. Einen großen Einfluss auf den Strombedarf hat die Effizienz der Klimaanlagen: Es wird geschätzt, dass eine Verbesserung um 30 Prozent bis 2030 den Höchstlastverbrauch um die Leistung von mehr als 700 mittelgroßen Kohlekraftwerken reduzieren würde.

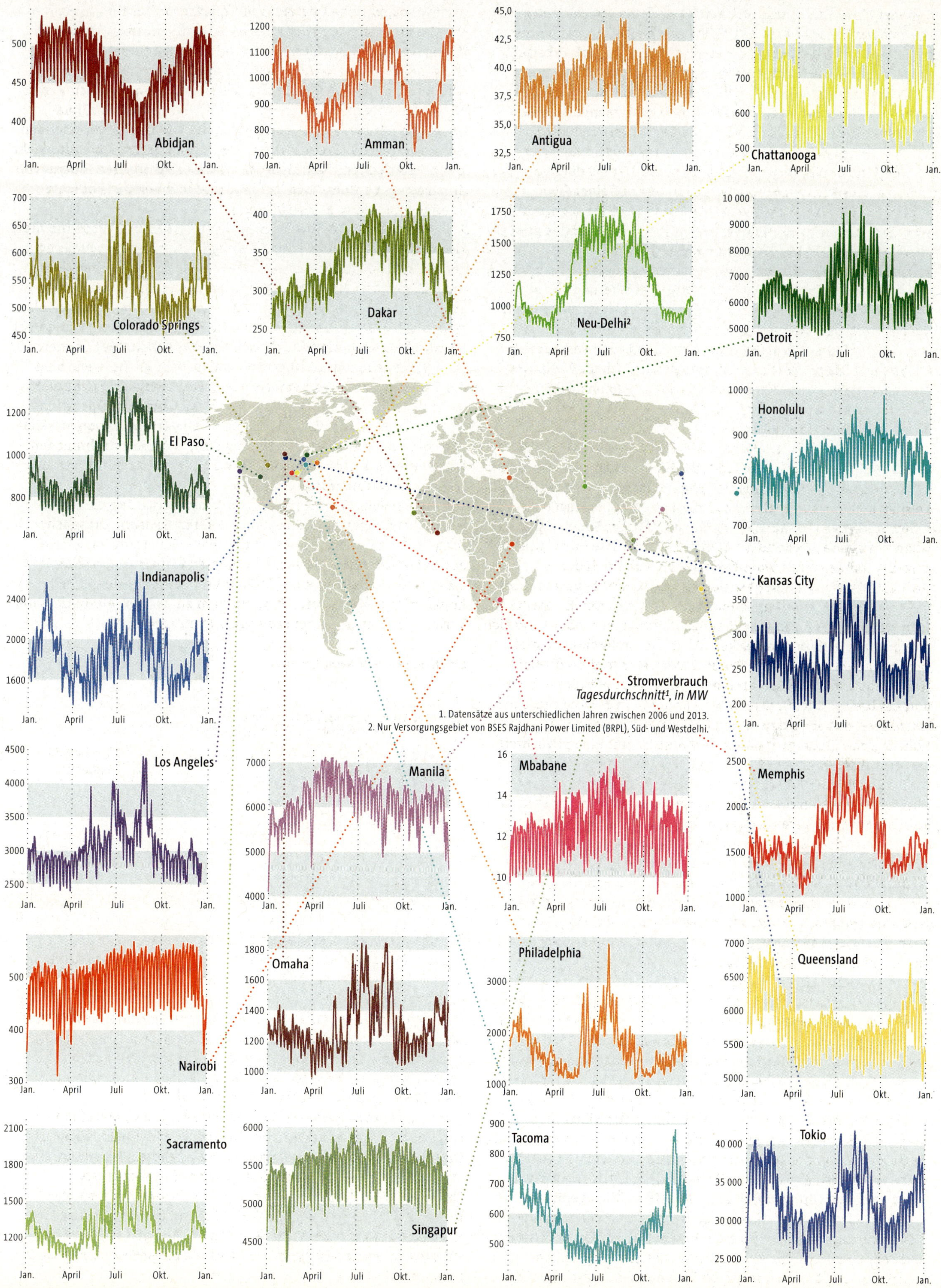

Stromverbrauch
Tagesdurchschnitt¹, in MW

1. Datensätze aus unterschiedlichen Jahren zwischen 2006 und 2013.
2. Nur Versorgungsgebiet von BSES Rajdhani Power Limited (BRPL), Süd- und Westdelhi.

Klimakiller Internet

Das Netz wächst zu einem der größten Energiefresser heran

von Niklas Maak

Das Internet stinkt. Es riecht nach einer Substanz, die für all das steht, was das digitale, elektronische Zeitalter eigentlich abschaffen wollte: nach Diesel. Mit nichts hätte man in einer Serverfarm, einem der großen Rechenzentren vor der Stadt, weniger gerechnet als mit Verbrennungsmotoren – was auch daran liegt, dass man sich das Internet als etwas eher Immaterielles und daher auch nicht Umweltschädliches vorstellt, wo Bilder und Daten aus einer luftigen »Cloud« auf die User herabregnen.

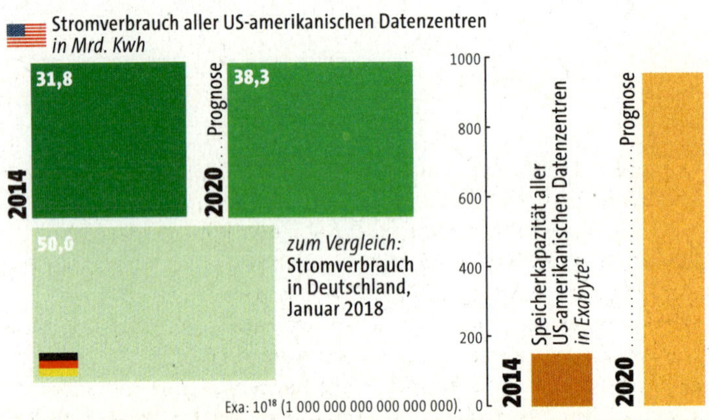

Hungrige Serverfarmen

Doch diese Cloud hat einen ziemlich großen Auspuff, denn all die Onlineüberweisungen, Instagram-Fotos, Facebook-Einträge und Google-Suchen brauchen enorme Mengen Speicherplatz, und Datenspeicher brauchen viel Energie. Der Bedarf nach Orten, an denen die Datenmengen gespeichert und verarbeitet werden können, wächst dramatisch und lässt vor der Stadt die größten Bauten der Gegenwart entstehen: festungsartige Data Center. Damit die Daten im Fall eines Stromausfalls immer noch abrufbar sind, brauchen sie Notstromaggregate – meistens Dieselmotoren von der Größe einer Dampflokomotive. Weil die in regelmäßigen Abständen zu Probeläufen gestartet werden müssen, riecht es im Herzen der Internetkultur wie auf einem nächtlichen Autobahnparkplatz, wo die Trucks mit laufenden Motoren parken. Allein das Rechenzentrum von E-Shelter in Frankfurt hat einen Tank für hunderttausende Liter Diesel.

Die Serverfarm ist der Ort, an dem das Internet zu einer physikalischen Realität und die Cloud zur Abgaswolke wird. Mehr als eine Milliarde Menschen googeln jeden Tag etwas, laden etwas auf Facebook hoch und hinterlassen, wie der Internetkonzern kürzlich mitteilte, 5,8 Milliarden Like-Rückmeldungen. Wie viel Energie jede von ihnen verbraucht, wurde vorsichtshalber nicht erwähnt; man will den Usern kein schlechtes Gewissen machen. Doch das Internet wächst zu einem der größten Energiefresser der Welt heran.

Eine einzige Überweisung der virtuellen Kryptowährung Bitcoin verbrauchte so viel Strom wie ein US-Amerikaner in einer Woche, weil aus Sicherheitsgründen jede dieser Überweisungen über tausende von Computern gleichzeitig mit Verschlüsselungsalgorithmen abgesichert wird; der jährliche Stromkonsum von Bitcoin konnte zwischenzeitlich nur noch in zweistelligen Terawattstunden berechnet werden. Bitcoin benötigte in einem Jahr mehr Energie als ganz Dänemark.

Bitcoin ist jedoch nicht der einzige Energiefresser: je größer die Datenmengen, die für Big Data, Cloud-Computing und künstliche Intelligenz benötigt werden, desto gigantischer der Energiebedarf. Immer mehr kleine und mittlere Unternehmen lagern ihre Daten aus. Nach Analysen der Credit Suisse wird der Markt für Cloud-Computing 2020 über 200 Milliarden Dollar umfassen; bei Amazon trägt das Cloud-Geschäft maßgeblich zum Betriebsgewinn bei. Dazu kommen Milliarden von privaten Internetnutzern, deren Aktivitäten ebenfalls gigantische Energiemengen fressen. Dass es an Problembewusstsein für Online-Umweltverschmutzung fehlt, ist nur psychologisch zu erklären – niemand, der jemandem via WhatsApp ein Foto schickt, denkt daran, dass diese Aktion weltweit Rechner anspringen und Kraftwerke rußen lässt.

Im Netz kursieren schon die schrillsten Endzeitvisionen: Werden sich die Milliarden von Facebook-Usern buchstäblich in den Erstickungstod liken, sind die Zigmillionen Bilder von Salaten und Katzen und Sonnenuntergängen auf Instagram in ihren ökologischen Folgen für die Umwelt schlimmer als saurer Regen – und die sozialen Medien für die Internet-Age-Zivilisation am Ende das, was die Moai-Köpfe für die Bewohner der Osterinseln waren, nämlich ihr sicheres Ende? Schon jetzt weiß niemand, wo sauberer Strom für die Millionen Elektroautos herkommen soll, die bald die in Ungnade gefallenen Verbrenner ersetzen sollen.

Wie bei allen ökologischen Herausforderungen, mit denen sich der Mensch im Zeitalter des Klimawandels herumschlägt, gibt es zwei konkurrierende Lösungsansätze: Verzicht oder Technologie, Permakultur oder Technofuturismus. Wenn man aber den Leuten ihre Handys nicht wegnehmen will und wenn man keine Umwelt-

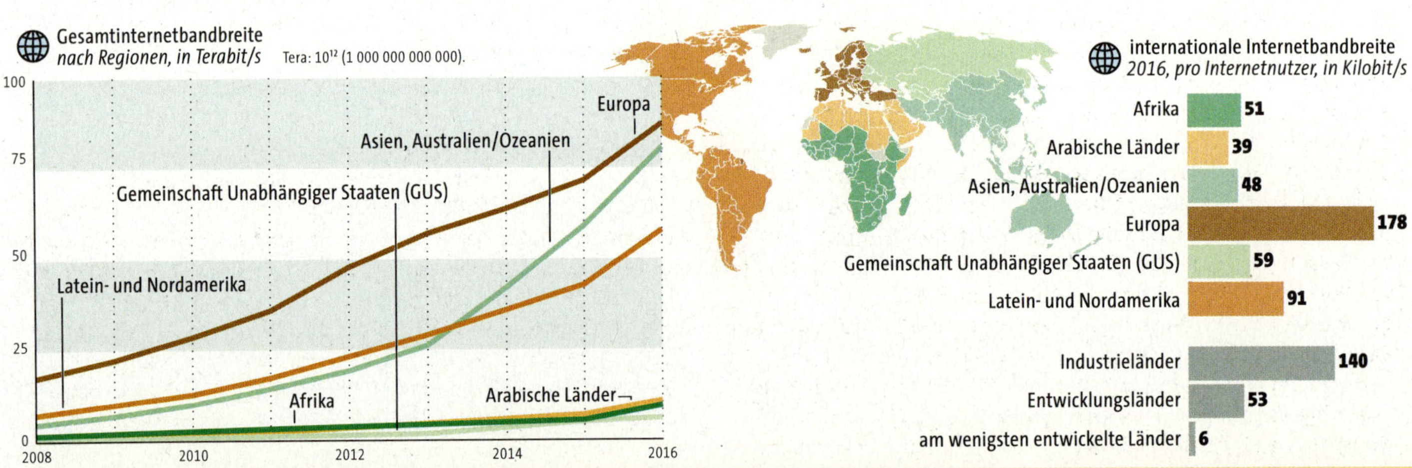

Der digitale Graben

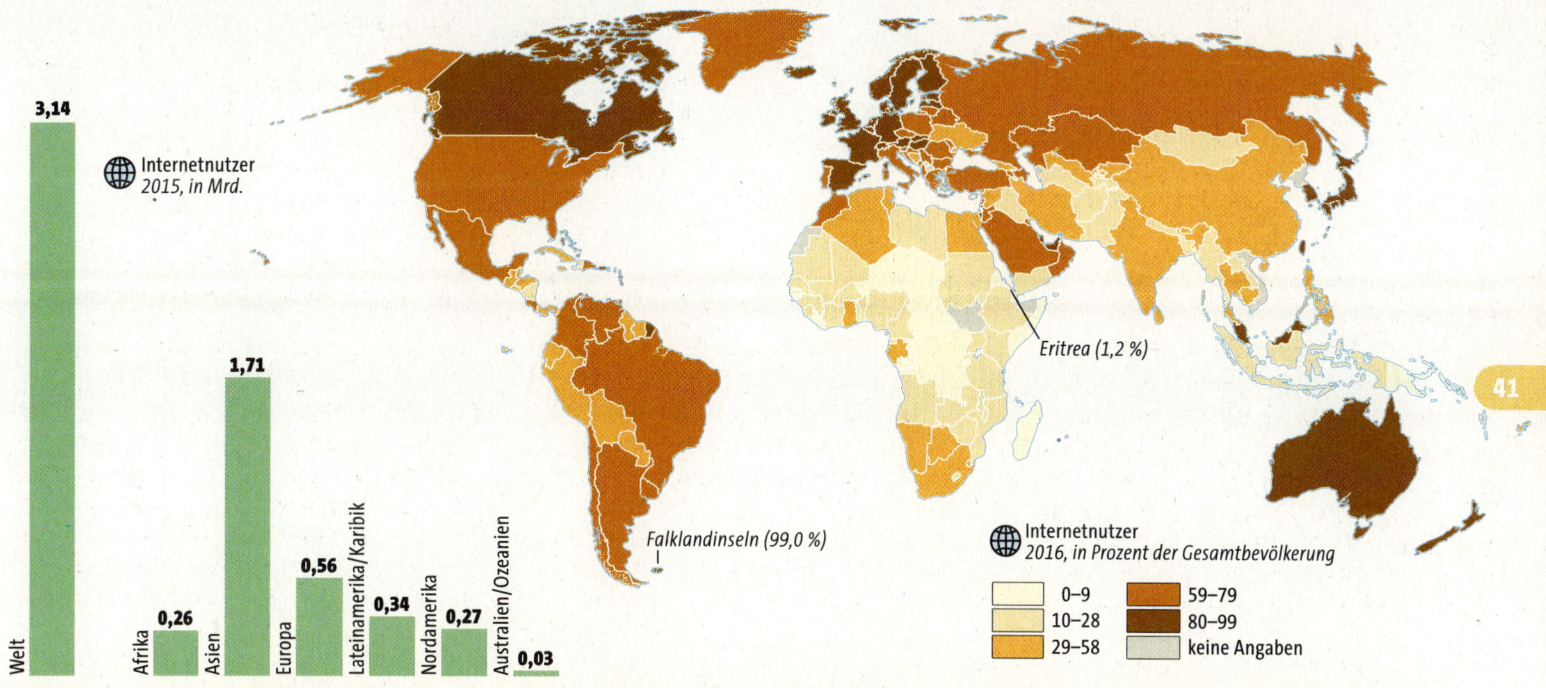

Nicht einmal jeder zweite Mensch ist online

zonen einrichten kann, aus denen nicht nur Dieselautos, sondern auch Googler und Facebookinisten ausgesperrt werden, dann gibt es nur eine Lösung: Die Rechenzentren müssen effizienter und ökologischer werden.

Doch bisher tauchen sie im öffentlichen Bewusstsein selten auf, obwohl sie allein von der Baumasse jedes spektakuläre Hochhaus übertreffen. Das »Bumblehive«, umsummter Bienenstock, genannte Rechenzentrum der NSA in Utah ist hunderttausend Quadratmeter groß; das zurzeit größte Rechenzentrum der Welt, betrieben von China Telecom, breitet sich auf 100 Hektar nahe der Hauptstadt der Inneren Mongolei aus – eine milliardenteure Anlage mit hunderttausend Racks und Platz für bis zu 1,2 Millionen Server.

Würde man die liegenden, bis zu einem Kilometer langen Megabauten senkrecht hinstellen, sähen auch die neuesten Hochhäuser winzig aus. Aber anders als diese stehen sie nicht in den Städten, und während das Hochhausdesign um immer spektakulärere Effekte bemüht ist, ging es beim Design von Serverfarmen schon aus Sicherheitsgründen lange vor allem darum, unsichtbar zu werden – deshalb die generische Schachtelarchitektur. Datenschützer sehen darin auch eine Strategie, das Internet und die Orte unsichtbar zu machen, an denen nicht nur Daten gespeichert, sondern von denen aus auch Handeln vorausberechnet und manipuliert wird: Das Gehirn der Stadt, die Steuerzentrale des kollektiven Bewusstseins, versteckt sich im Niemandsland in unsichtbaren Kisten.

Doch in letzter Zeit ändert sich das. Aus den unsichtbaren Riesenschuppen werden selbstbewusst auftretende Festungsarchitekturen mit Versatzstücken aus dem mittelalterlichen Burgenbau. Schon ihre Namen sind vielsagend: Das in Nevada gelegene, mit einer Fläche von 670 000 Quadratmetern größte Rechenzentrum der USA heißt »The Citadel«. In Biere bei Magdeburg ist das Telekom-Data-Center nur durch eine Art Brücke zu betreten, vor Portugals größter Serverfarm verläuft der Zufahrtsweg geschlängelt, um Angriffe mit Lastwagen zu erschweren, und das Rechenzentrum ist durch eine Art Burggraben geschützt.

Verteidigt werden die Daten in diesen Forts nicht nur gegen physische Attacken und Hacker, sondern auch gegen die Neugierde anderer Staaten. Microsoft etwa parkt Daten der Nutzer seiner Cloud-Dienste Azure, Office 365 und Skype for Business in zwei Rechenzentren bei Magdeburg und Frankfurt, weil die Datenschutzregelungen in Deutschland ungleich strenger sind als in den USA.

An der ökologischen Verträglichkeit der Megabauten wird bereits gearbeitet: »The Citadel« wird ausschließlich mit erneuerbaren Energien versorgt, Amazon will in North Carolina einen Windenergiepark errichten, der jährlich rund 670 000 Megawattstunden Strom liefern soll, und auch Apple baut inzwischen eigene Solarparks und betreibt seine Rechenzentren mit Ökostrom. In Stockholm speist die Firma Interxion die Abwärme seiner Server schon jetzt ins Fernwärmenetz ein, und die Wärmepumpen unter den Serverräumen können theoretisch bis zu zehntausend Apartments heizen. Könnte die Welt der Datenparks auch einen neuen extraurbanen Städtebau befeuern? Könnte die enorme Hitze, die durch die Kühlung entsteht, nicht auch für Gewächshäuser, Schwimmbäder und zur Heizung tropischer, immergrüner Siedlungen unter großen Glaskuppeln verwendet werden, wie sie Buckminster Fuller erträumte?

Aber sind die von Großkonzernen betriebenen Megabauten überhaupt die Zukunft der Datenversorgung? Die Netzwerkentwickler von Cisco prognostizieren, dass nach der Cloud der »Fog« kommen könnte, eine dezentralere Lagerung der Daten in der Nähe des Endkunden. Und falls Politik und Industrie die flächendeckende Einführung weitgehend autonomer Autos erzwingen sollten, werden diese gigantische Datenmengen produzieren, die erst recht lokal verteilt und nicht in Datenzentren auf der grünen Wiese gespeichert werden müssen.

Bisher reizte die Architekten die Bauaufgabe Serverfarm wenig, und wenn große Rechenzentren einmal in die Hände von Baukünstlern gerieten, wurden sie ästhetisch vergeheimnist, wie in Portugal, wo Carrilho da Graça das Data Center der Portugal Telecom in Covilhã als schimmernden schwarzen Kubus wie eine mystische Kaaba der Vernetzungsreligion inszenierte. Vielleicht wäre es aber nötig, gerade an den Hochschulen die Aufmerksamkeit von Ingenieuren und Architekten auf die Riesenkisten mit ihren gelegentlich losbrummenden Dieselaggregaten zu lenken und ihr Design nicht auf künstlerische Ummantelungen zu beschränken, wenn man nicht will, dass einem die sogenannte Cloud irgendwann als unschöne Rußwolke entgegenkommt.

Niklas Maak leitet das Kunst- und Architekturressort der *Frankfurter Allgemeinen Zeitung* und unterrichtet Architekturtheorie in Harvard.

Länger leben

Lebenserwartung

1950–1955

Männer

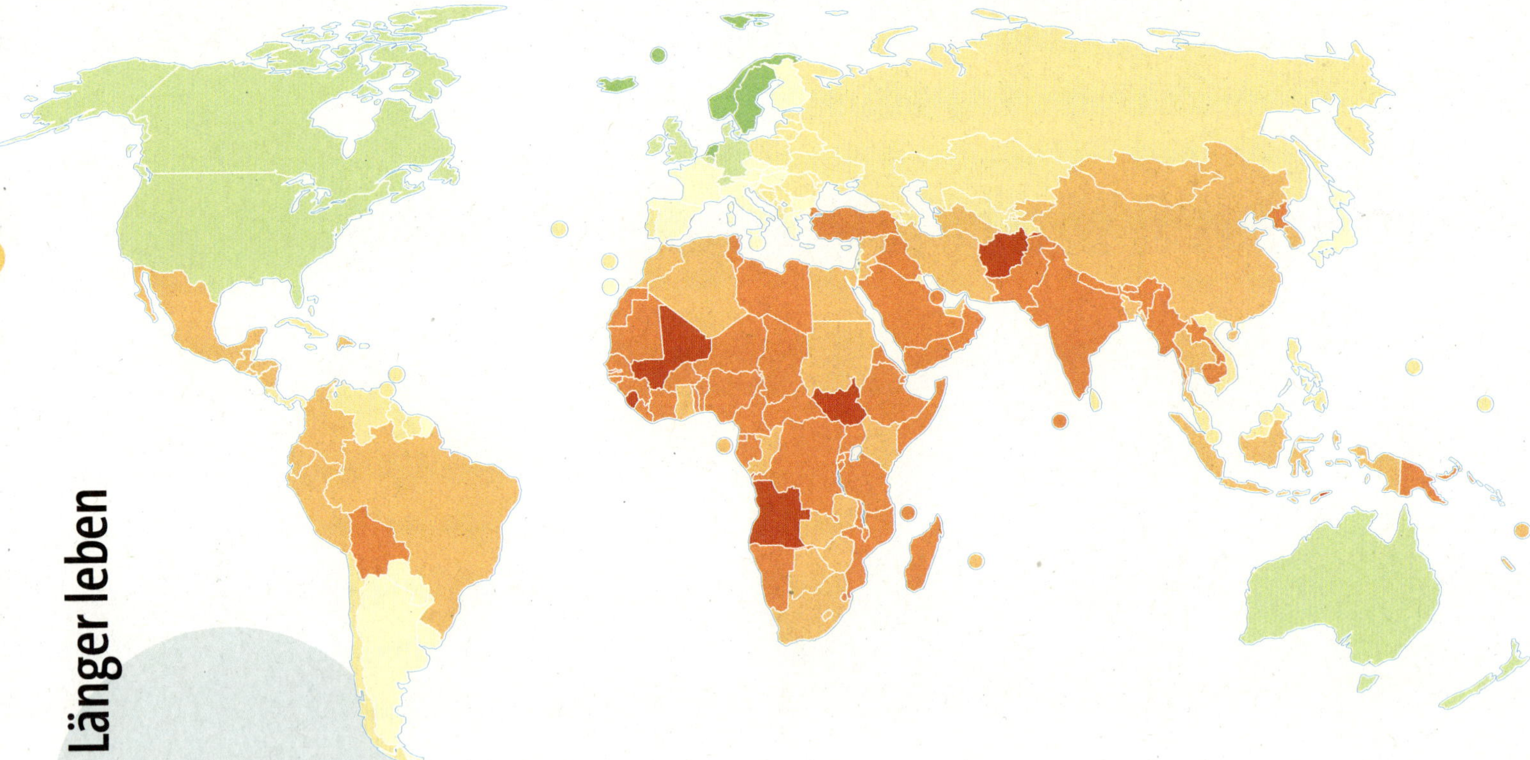

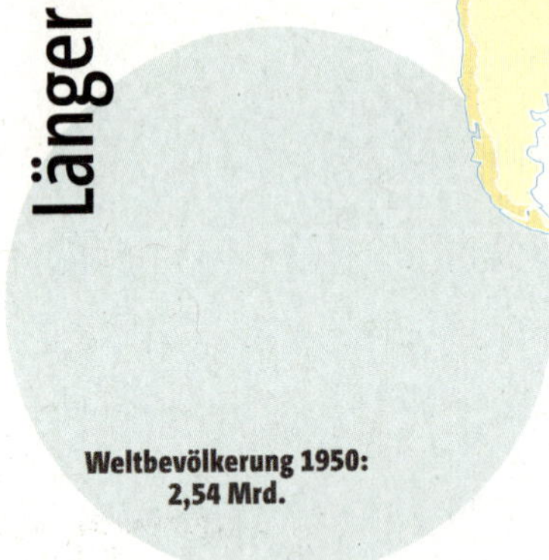

Frauen

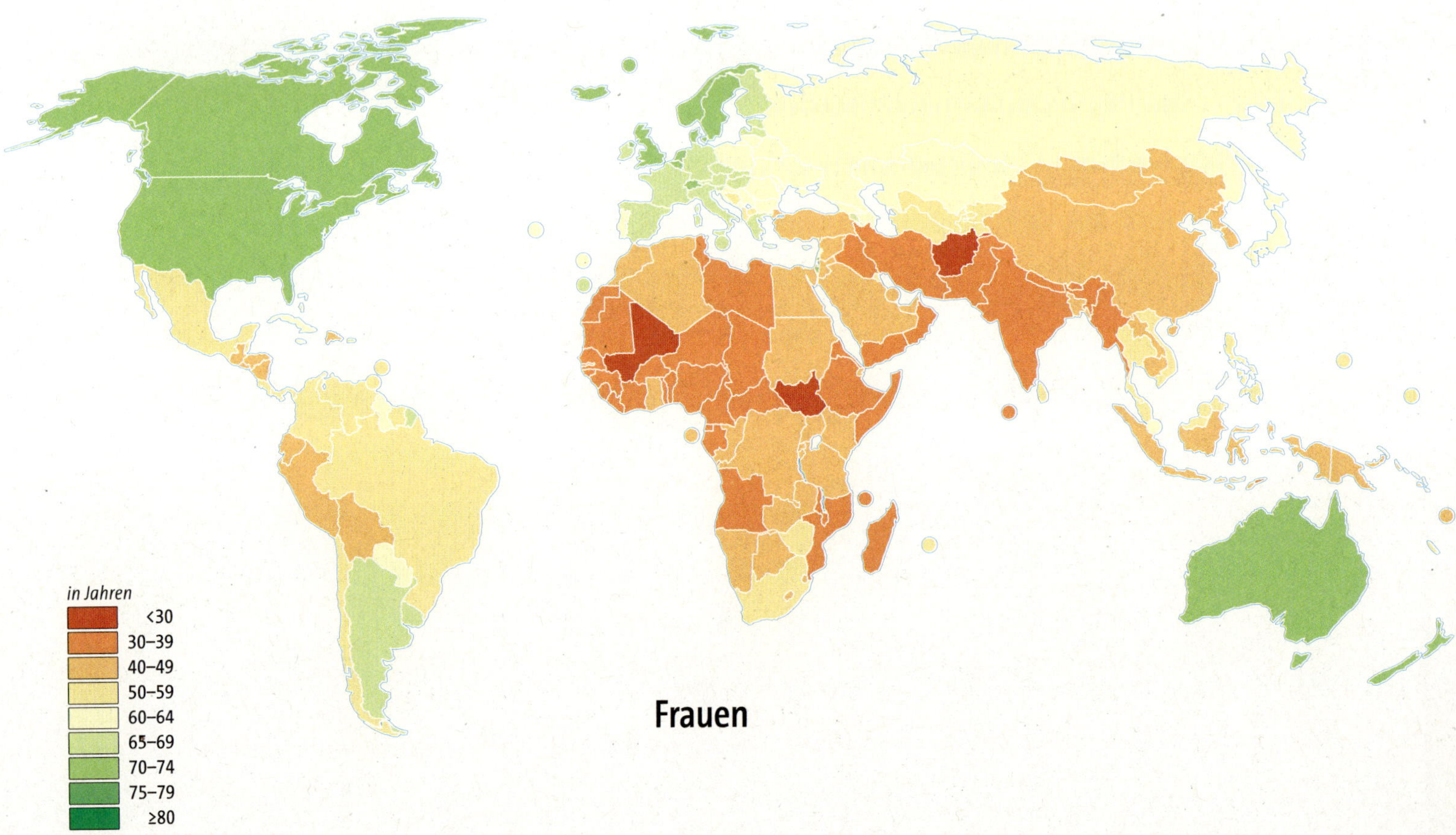

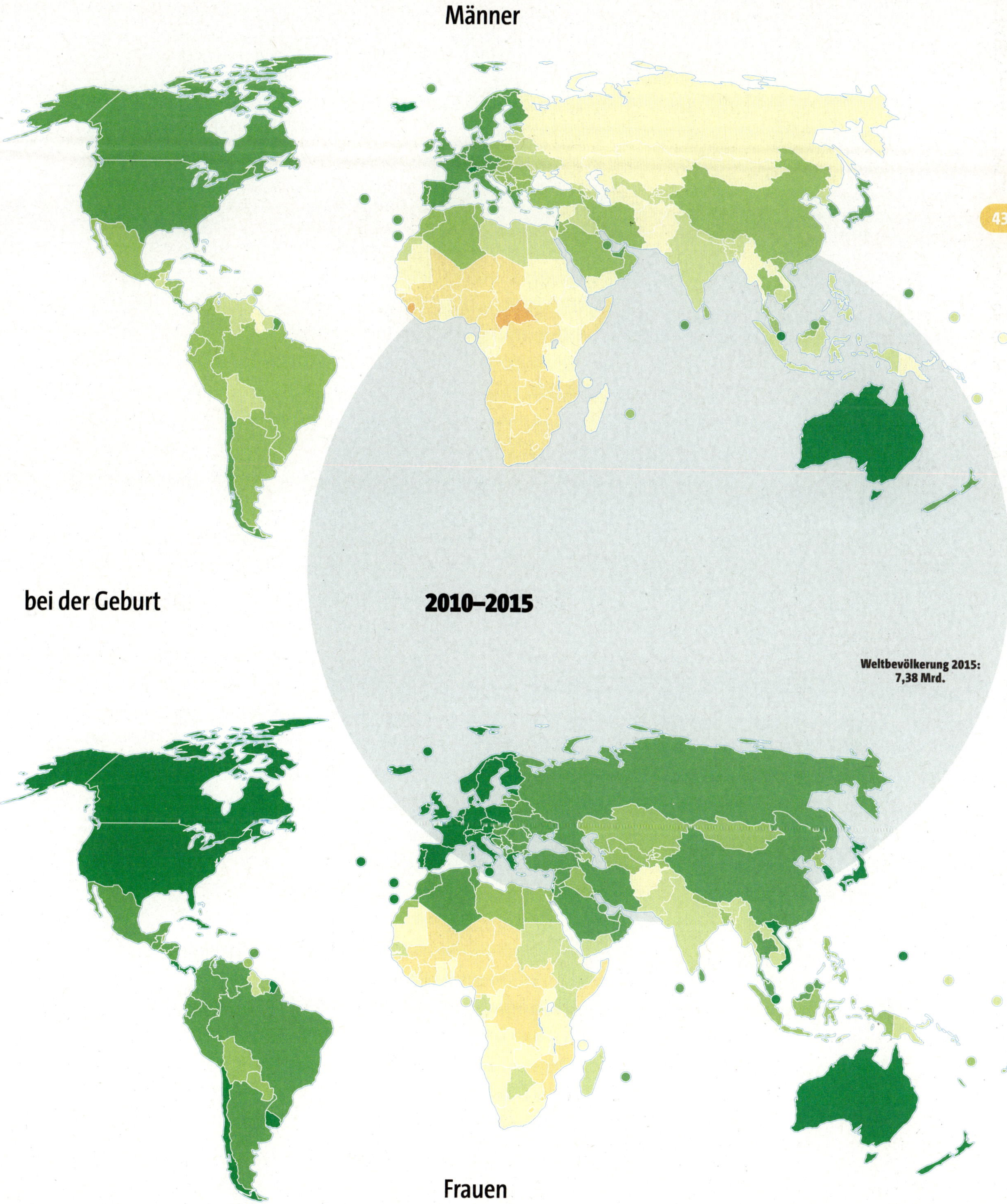
Männer
bei der Geburt
2010–2015
Weltbevölkerung 2015:
7,38 Mrd.
Frauen

Szenarien des Bevölkerungswachstums

Die Prognosen reichen von 7 bis 13 Milliarden

von Reiner Klingholz

Vor gut 40 Jahren grassierte die Furcht vor einer globalen »Bevölkerungsexplosion«. Damals lebten 4,2 Milliarden Menschen auf der Erde. Mittlerweile hat sich zwar die durchschnittliche Zahl der Kinder je Frau halbiert, doch das jährliche Plus lag 2017 immer noch bei 83 Millionen und die Weltbevölkerung hat sich auf 7,6 Milliarden fast verdoppelt. Ginge es in diesem Tempo weiter, würden wir noch vor dem Jahr 2050 die 10-Milliarden-Schwelle erreichen. Das ist allerdings nicht zu erwarten – wenn man die meistzitierte mittlere Variante der aktuellen UN-Projektion zur Entwicklung der Weltbevölkerung zugrunde legt: Sie sieht ein etwas schwächeres Wachstum voraus.

Um die Bevölkerungszahlen von morgen einigermaßen valide zu bestimmen, treffen die Statistiker Annahmen zur künftigen Sterblichkeit, zur Geburtenhäufigkeit und zu den Wanderungen. Auf Basis dieser Daten lässt sich dann mit einer gewissen Wahrscheinlichkeit vorhersagen, wie viele Menschen welchen Alters und welchen Geschlechts in welchem Land in Zukunft leben werden. Diese Länderdaten werden schließlich zu regionalen und globalen Vorausberechnungen aggregiert.

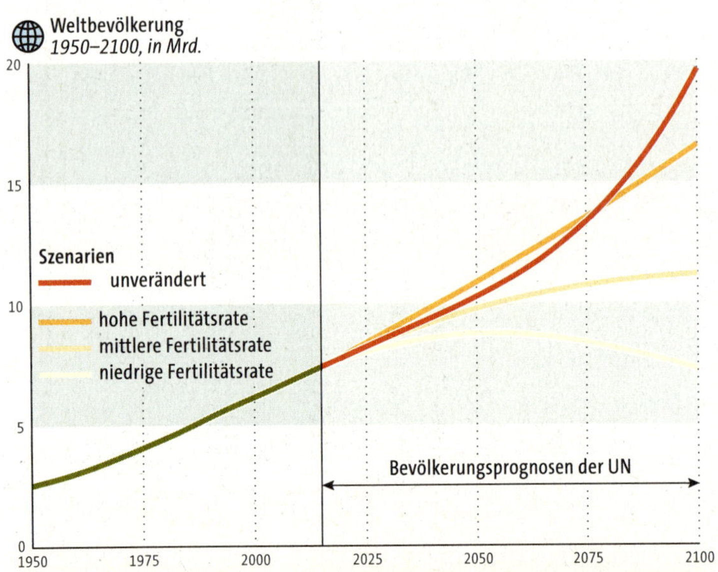

• Schrumpft die Bevölkerung ab 2050?

Solche Modelle sind für einen Zeithorizont von 10 bis 20 Jahren relativ zuverlässig, weil es sich im Wesentlichen um buchhalterische Fortschreibungen handelt: Der überwiegende Teil der dann lebenden Menschen ist heute schon geboren und lediglich entsprechend gealtert. Mit zunehmendem zeitlichen Abstand schleichen sich in die Vorausberechnungen aber größere Unsicherheiten ein. Erhebliche regionale Fehler entstehen durch unvorhersehbare Ereignisse wie Kriege und Seuchen oder durch politische Umbrüche wie den Fall des Eisernen Vorhangs.

Der Wert der Vorausschätzungen steht und fällt also mit den Annahmen. Für diese greifen die Wissenschaftler auf Erfahrungen aus der Vergangenheit zurück. So gehen sie davon aus, dass die Kinderzahlen je Frau auch in jenen Ländern sinken werden, wo heute noch große Familien die Regel sind – vor allem in Afrika südlich der Sahara –, dass sie aber dort leicht steigen, wo sie heute bereits unter dem bestandserhaltenden Niveau von 2,1 Kindern je Frau liegen, was in praktisch allen entwickelten Staaten der Fall ist. Nach der mittleren Projektion der UN soll die Kinderzahl je Frau demnach im globalen Mittel von heute 2,5 bis Mitte des Jahrhunderts auf 2,4 und bis 2100 auf 2,0 sinken – realistisch sind diese Werte laut UN allerdings nur, wenn in den ärmsten Ländern der Welt massiv in Familienplanung investiert wird.

Bei der durchschnittlichen Lebenserwartung gehen die Statistiker davon aus, dass sie in beinahe allen Ländern der Welt weiter steigt – von heute 71 Jahren auf 77 Jahre im Jahr 2050 und noch höher danach. Der dritte demografische Parameter, die Migration, ist am schwersten abzuschätzen. Niemand weiß, wie viele Menschen künftig zwischen Ländern, Regionen und Kontinenten hin und her wandern. Es gilt aber als sicher, dass sie sich auch in Zukunft überwiegend von ärmeren in reichere Länder bewegen werden.

Weil die Realität nicht zwingend den getroffenen Annahmen entspricht, sind diese Projektionen »inhärent unsicher«, wie es im UN-Jargon heißt. Auch nur geringfügige Unterschiede in den Annahmen ergeben für Weltbevölkerung des Jahres 2100 Prognosen, die um mehrere Milliarden differieren.

Zu anderen Ergebnissen kommen Vorausschätzungen, die als zusätzlichen Parameter für die Bevölkerungsentwicklung den künftigen Bildungsstand mit aufnehmen. Denn dieser hat gerade in armen Ländern einen erheblichen Einfluss auf die Kinderzahlen. Dort haben Frauen, die nie eine Schule besucht haben, etwa zwei- bis dreimal so viele Kinder wie Frauen mit Sekundarschulbildung.

Da für alle Länder der Welt die Kinderzahlen pro Frau je nach Bildungsstand bekannt sind, lässt sich modellhaft berechnen, wie sich deren Bevölkerungen in Abhängigkeit künftiger Bildungsanstrengungen entwickeln werden. Drei verschiedene Szenarien liefern dabei eine höchst unterschiedliche Entwicklung der Weltbevölkerung: Im Global Enrollment Rate Scenario würden anteilmäßig so viele Kinder zur Schule gehen wie 2010, dem Startpunkt der Berechnungen. Unter diesen Bedingungen würde die Weltbevölkerung bis 2100 einen Wert von fast 13 Milliarden erreichen und auch danach noch weiterwachsen.

Das Global Trend Scenario setzt kontinuierliche Fortschritte im Bildungssektor voraus, ähnlich wie sie die Welt in der jüngeren Vergangenheit erlebt hat. Diese Verbesserungen würden die Weltbevölkerung bis etwa 2070 auf lediglich 9,4 Milliarden anwachsen lassen, danach begänne sie leicht zu schrumpfen.

Die dritte und günstigste Aussicht wäre das Resultat massiver Bildungsanstrengungen nach dem Vorbild der asiatischen Tigerstaaten Südkorea oder Singapur, die einst ähnlich schlechte Startbedingungen hatten wie heute Afrika. In diesem Fast Track Scenario würden die Geburtenziffern in Afrika ähnlich rasch sinken wie zuvor in Asien, die Weltbevölkerung wüchse bis Mitte des Jahrhunderts auf lediglich 8,5 Milliarden an und hätte bis 2100 das heutige Niveau von etwa 7,5 Milliarden wieder unterschritten.

Reiner Klingholz ist geschäftsführender Direktor des Berlin-Instituts für Bevölkerung und Entwicklung.

• Explosionsartiger Anstieg seit der industriellen Revolution

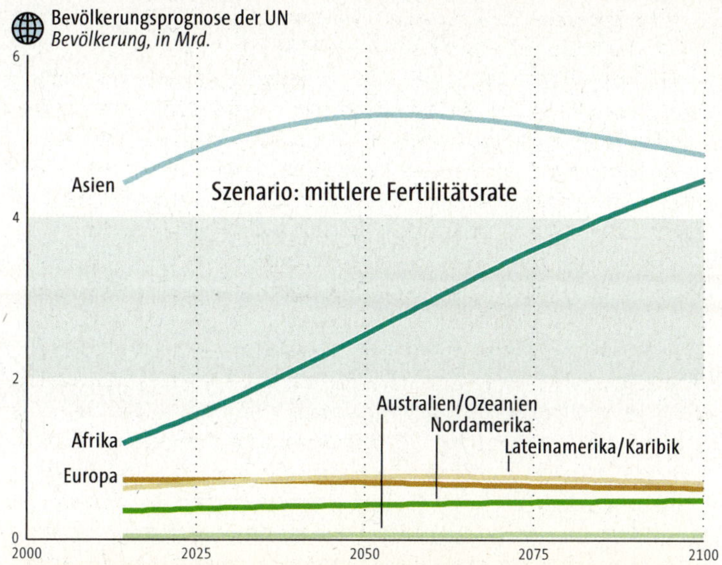

Holt Afrika Asien ein?

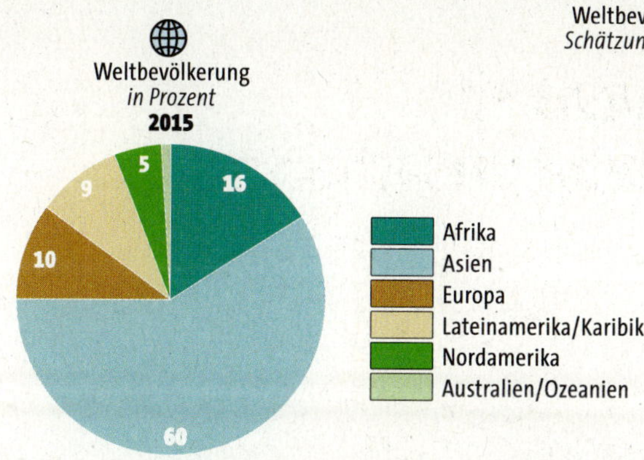

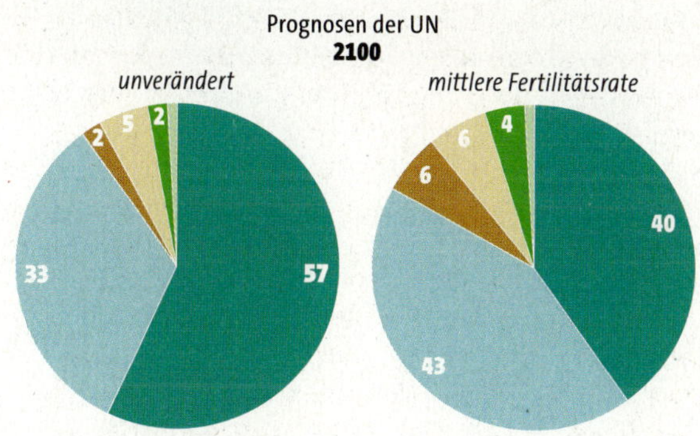

Die vier Prognosen der UN

Drei der vier aktuellen Bevölkerungsprognosen der UN *(siehe Grafik auf der linken Seite)* unterscheiden sich lediglich in der Fertilitätsrate (hohe, mittlere, niedrige), die Sterblichkeitsrate entwickelt sich so wie bisher, die Nettozuwanderung bleibt bis 2050 konstant und sinkt bis 2100 auf die Hälfte. Flüchtlinge gehen in der Regel nicht in die Schätzung ein, da sie meist innerhalb von fünf bis zehn Jahren in ihre Herkunftsländer zurückkehren. Beim Szenarium »unverändert« (rot) bleibt die Fertilitäts- wie auch die Sterberate auf dem Niveau von 2010–2015, die Nettozuwanderung entwickelt sich wie bei den anderen Szenarien.

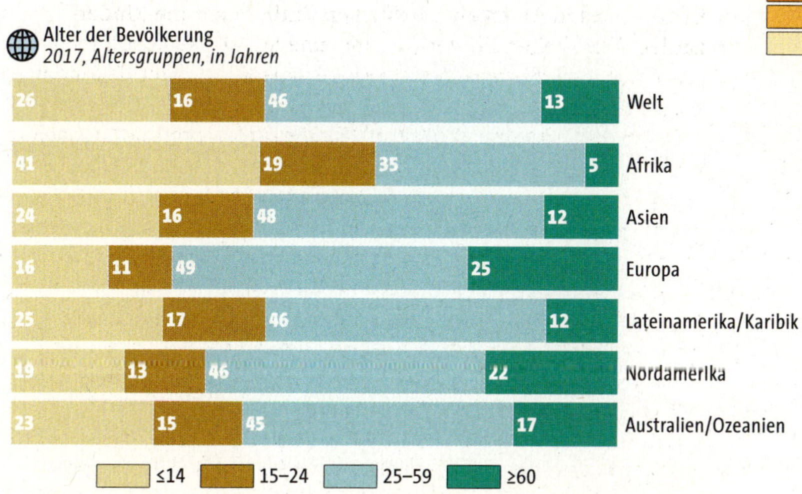

Afrika, der junge Kontinent

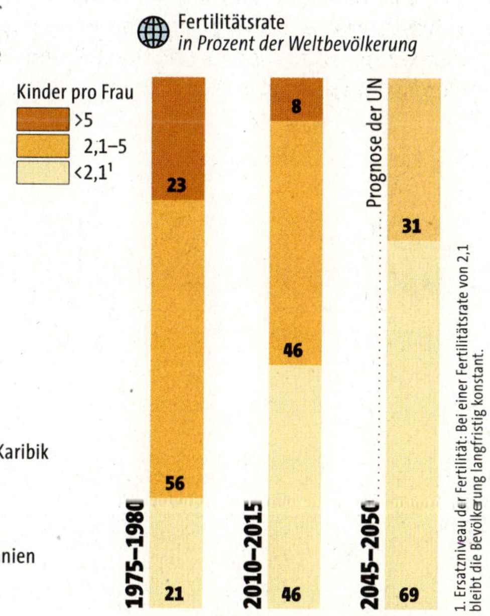

Frauen bekommen immer weniger Kinder

Sehr langsames Wachstum bis 1800

Zur Entwicklung der Weltbevölkerung in den letzten 10 000 Jahren hat die internationale Forschung Daten erstellt, die trotz zum Teil unsicherer Quellenlage und fehlerbehafteter älterer Bevölkerungsstatistiken als fachlich gut gesichert gelten. Wenn man die verschiedenen Schätzungen aggregiert, ist die Zahl der auf der Erde lebenden Menschen bis zu Beginn des 19. Jahrhunderts sehr langsam gestiegen: niedrig geschätzt von 170 Millionen Menschen im Jahr 0 auf gut 800 Millionen um 1800.

Vom frühen Tod zum langen Leben

Die vier Phasen des demografischen Übergangs

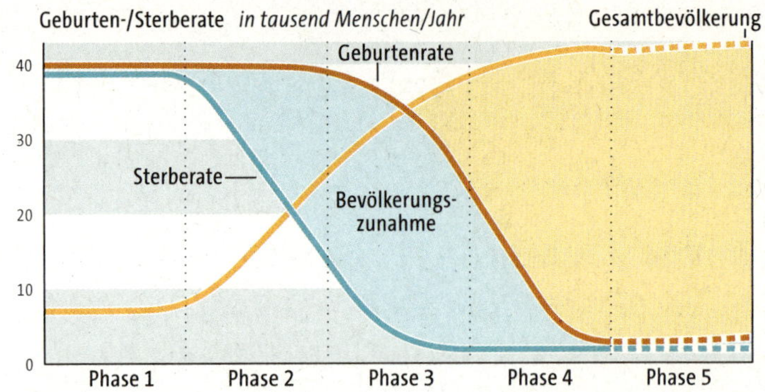

Alle Länder durchlaufen im Zuge ihrer sozioökonomischen Entwicklung den demografischen Übergang. In Phase 1 liegen sowohl Sterbe- als auch Geburtenrate auf hohem Niveau, die Bevölkerung wächst kaum. In Phase 2 sinkt durch verbesserte Lebensbedingungen die Sterberate, insbesondere von Kindern – die Bevölkerung wächst stark. In der Folge sinkt in Phase 3 die Geburtenrate. In Phase 4 pendeln sich Geburten- und Sterberate auf einem niedrigeren Niveau ein, das Bevölkerungswachstum kommt zum Erliegen. Wenn die Bevölkerung schrumpft, wie etwa in Japan, setzen manche Demografen eine 5. Phase an.

Das demografische Phasenmodell

von Tanja Kiziak

Früher hatten die Menschen überall auf der Welt viele Kinder. Da die Lebensbedingungen schwierig waren, starben auch viele Menschen, vor allem in jungen Jahren. Die Bevölkerung wuchs kaum oder gar nicht. Dies war die Phase 1 des sogenannten demografischen Übergangs. Erst als sich ab etwa 1750 die Lebensumstände verbesserten, durch Fortschritte in der Landwirtschaft und bei der medizinischen Versorgung, sanken in Phase 2 zunächst die Sterberaten. Dadurch kam es zu einem starken Wachstum der Bevölkerung. Zeitversetzt sanken – bedingt durch bessere Bildung, wirtschaftliche Entwicklung und neue Perspektiven für eine individuellere Lebensplanung – in Phase 3 die Geburtenraten. Das Bevölkerungswachstum verlangsamte sich und schlug in Phase 4 in einzelnen Ländern bereits in ein Schrumpfen um.

Je nach Rahmenbedingungen dauern die einzelnen Phasen des demografischen Übergangs unterschiedlich lange. Die Industrienationen durchliefen die Phasen 1 bis 3 in den letzten 200 bis 300 Jahren. In »Tigerstaaten« wie in Südkorea, Singapur, Taiwan, aber auch in China hat der demografische Übergang später begonnen, dafür aber nur einige Jahrzehnte benötigt. Andere Länder, insbesondere in der Region Subsahara-Afrika, befinden sich erst in Phase 2 – hier sind die Geburtenraten bisher kaum gesunken. Wie schnell sich der demografische Übergang in einem Land oder einer Region vollzieht, hängt nicht zuletzt von (entwicklungs-)politischen Maßnahmen ab.

In Phase 2 des demografischen Übergangs sinken die Sterberaten, nicht weil die Menschen Lebensjahre im höheren Alter hinzugewinnen, sondern weil die Säuglings- und Kindersterblichkeit zurückgeht. Erste Erfolge lassen sich hier durch eine bessere Wasserversorgung, Ernährungssicherheit, Impfkampagnen und eine rudimentäre medizinische Betreuung vergleichsweise leicht erzielen. Diese Entwicklungs-»Hilfe« lässt die Lebenserwartung deutlich steigen und ist die Basis für ein starkes Bevölkerungswachstum mit vielen Kindern und Jugendlichen, die von den Erwachsenen versorgt werden müssen. Empirisch gesehen bedingen sich hohes Bevölkerungswachstum und niedriger Entwicklungsstand gegenseitig: Bisher hat sich kein Land sozioökonomisch entwickelt, ohne dass parallel dazu die Geburtenrate zurückgegangen ist. Daher muss der »Hilfe« möglichst schnell eine selbsttragende »Entwicklung« folgen, die die nächste Phase des demografischen Übergangs einläutet.

Mit dem Sinken der Geburtenziffern in Phase 3 wandert der hohe Anteil an jungen Menschen allmählich in die nächste Altersgruppe, die der jungen Erwerbsfähigen. Dies eröffnet die Aussicht auf einen Entwicklungsschub, eine sogenannte demografische Dividende: Finden diese Menschen eine Beschäftigung, können sie für vier bis fünf Jahrzehnte die Wirtschaft voranbringen[1]

Kindersterblichkeit und Fertilität hängen zusammen und beeinflussen sich gegenseitig: In Regionen mit hoher Kindersterblichkeit liegen die Kinderzahlen je Frau generell sehr hoch. Eltern, die im Alter auf ihre Kinder angewiesen sind, versuchen so das Risiko der hohen Verluste zu verringern. Sinkt die Kindersterblichkeit, sinkt mit zeitlichem Abstand auch die Fertilitätsrate. Umgekehrt verbessert sich bei weniger Geburten die Gesundheit von Mutter und Kind. So geht durch sinkende Fertilität auch die Kindersterblichkeit weiter zurück.

Teilweise werden Mortalität und Fertilität unmittelbar von denselben Faktoren beeinflusst. Sind zum Beispiel Verhütungsmittel verfügbar, reduziert das die Säuglingssterblichkeit, weil Frauen so die Abstände zwischen Geburten zuverlässig planen können. Wenn zwischen Schwangerschaften mindestens zwei Jahre liegen, verdoppelt sich die Überlebenschance des zweiten Kindes. Auch beim Fertilitätsrückgang spielen Verhütungsmittel eine wesentliche Rolle: 2017 hatten in den Entwicklungsländern 214 Millionen Frauen, die eine Schwangerschaft vermeiden wollten, keinen Zugang zu modernen Mitteln der Familienplanung.

Ein weiterer Faktor mit doppelter Wirkung ist Bildung. Wer lesen und schreiben kann, weiß in der Regel besser über Krankheitsprävention und Hygiene Bescheid. Laut Weltbildungsbericht 2011 würden in Subsahara-Afrika jedes Jahr 1,8 Millionen Kinder weniger sterben, wenn die Kindersterblichkeit auf einen Wert sinken würde, wie er bei Kindern, deren Mütter eine

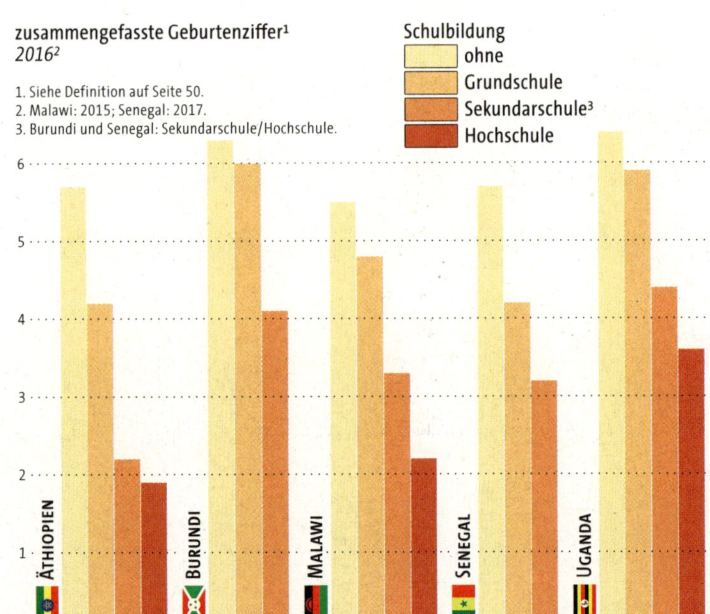

Je mehr Bildung, umso weniger Kinder

1. Siehe auch »Demografische Dividende, aber ohne Garantie« auf Seite 64.

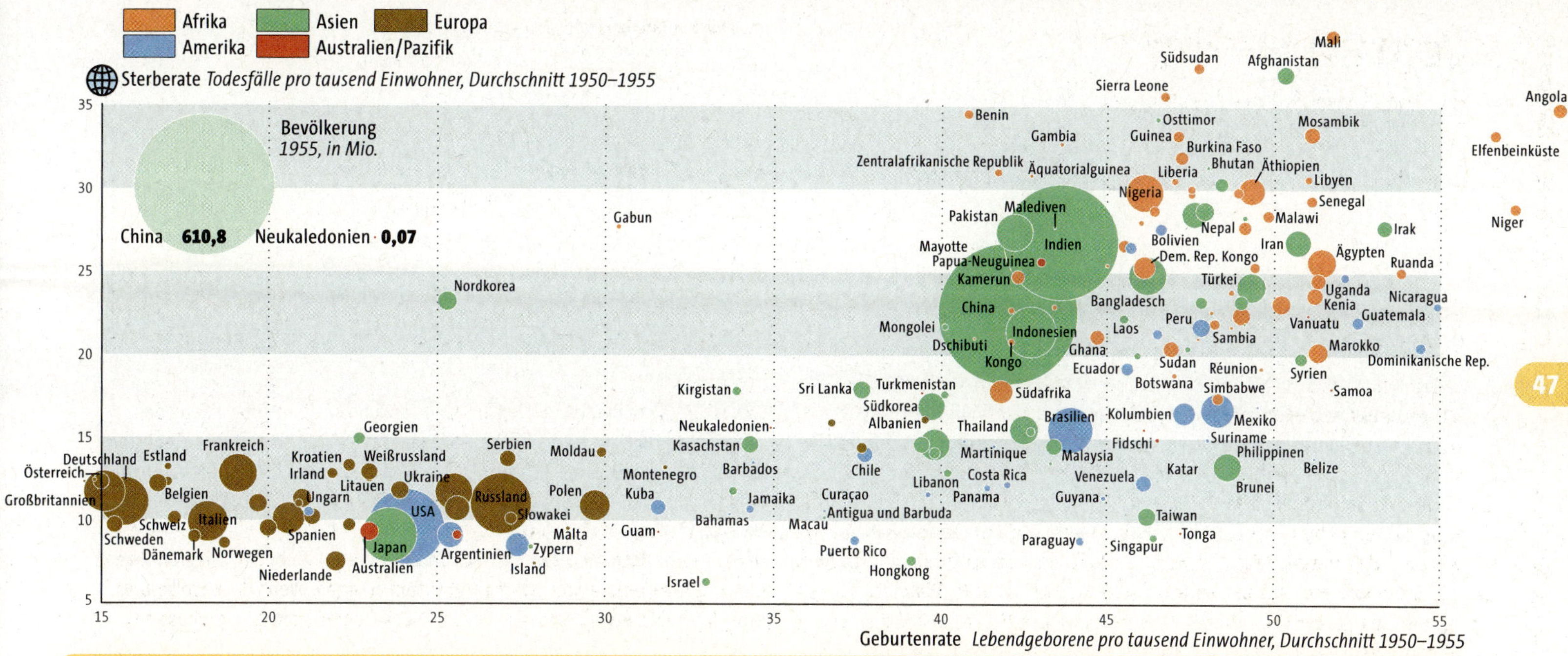

● In den 50er Jahren noch getrennte Welten

weiterführende Schule besucht haben, üblich ist. Bildung wirkt sich auch auf das Reproduktionsverhalten aus: Frauen, die über die Grundschule hinaus eine weiterführende Schule besucht haben, bekommen später, in größeren Abständen und deutlich weniger Kinder. Darüber hinaus gibt es Maßnahmen, die in erster Linie die Fertilität beeinflussen, etwa gezielte Kampagnen für kleine Familien oder die Verbesserung der sozialen Absicherung, denn wer besser abgesichert ist, braucht weniger Kinder für die Altersversorgung.

Wenn die Geburtenziffer im Laufe des demografischen Übergangs auf das bestandserhaltende Niveau von 2,1 Kindern pro Frau gesunken ist, endet mittelfristig das natürliche Bevölkerungswachstum, also das Wachstum ohne Zuwanderung von außen. Phase 4 des demografischen Übergangs ist erreicht. Sinkt die Geburtenrate unter die Sterberate, schrumpft die Einwohnerschaft, sofern der Verlust an einheimischer Bevölkerung nicht durch Zuzug von außen ausgeglichen wird. Dies ist bereits in weiten Teilen Europas und in Japan der Fall und geht einher mit einer Alterung der Gesellschaft. Die kinderreichen Jahrgänge der Vergangenheit werden zu altenreichen Jahrgängen der Gegenwart und Zukunft, denen wegen der gesunkenen Fertilität relativ wenige junge Menschen gegenüberstehen. Dabei steigt der Anteil älterer Menschen umso sprunghafter an, je schneller zuvor die Fertilitätsraten gesunken sind. In Schwellen- und Entwicklungsländern altern die Gesellschaften zwar später, dafür aber deutlich schneller als in Europa. So hat es in Frankreich 115 Jahre gedauert, bis sich der Anteil der über 60-Jährigen von 7 auf 14 Prozent verdoppelt hat – Thailand benötigte für die gleiche Entwicklung nur 20 Jahre. Da die Alterung eine unausweichliche Folge des demografischen Übergangs ist, sind Länder gut beraten, schon frühzeitig Systeme aufzubauen, die die Altersversorgung der letzten geburtenstarken Jahrgänge absichern.

Tanja Kiziak ist stellvertretende Geschäftsführerin des Berlin-Instituts für Bevölkerung und Entwicklung.

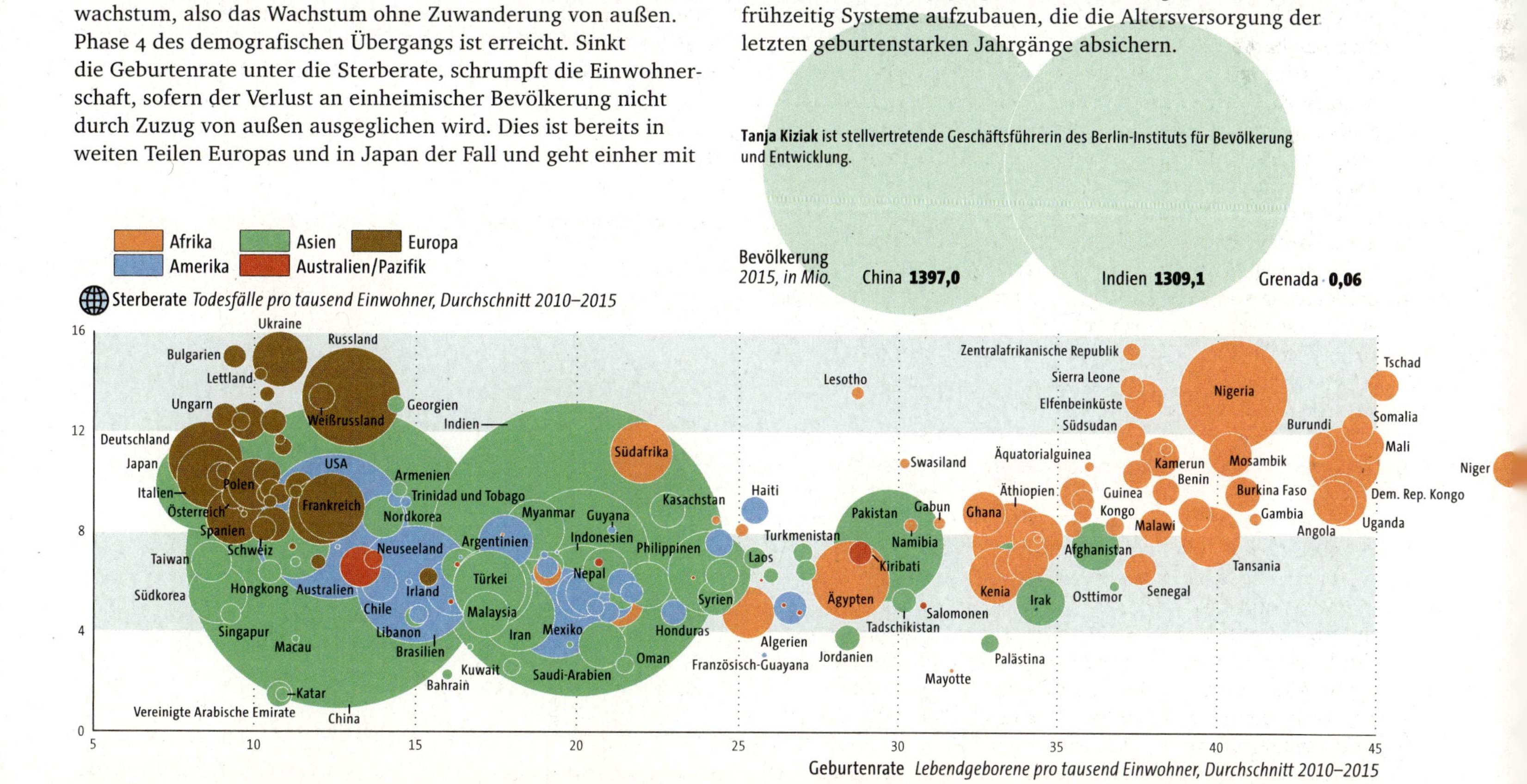

● Inzwischen nähert sich Asien

Die Nachwuchsfrage

Sind die Geburtenziffern erst einmal gesunken, endet auch das natürliche Bevölkerungswachstum

von Reiner Klingholz

Etwa seit der Jahrtausendwende lebt die Hälfte der Menschheit in Ländern, in denen die Geburtenziffer unter den Wert von 2,1 Kindern je Frau gesunken ist. Bei diesem Wert hält sich eine Bevölkerung längerfristig ohne Zuwanderung stabil. Rund 80 Länder haben diese Ziffer mittlerweile unterschritten. In Europa kommt kein Land auf »bestandserhaltende« Nachwuchszahlen. Am niedrigsten liegen sie im ehemals kommunistischen Osteuropa und in Südeuropa. In Ostasien befinden sich große Länder wie Japan, Südkorea, Taiwan und China auf Schrumpfkurs beziehungsweise erleben bereits einen Bevölkerungsrückgang. Auch die ersten Schwellenländer folgen diesem Trend. So stehen Brasilien, Chile, Sri Lanka und Thailand vor dem baldigen Ende des natürlichen Bevölkerungswachstums. Die Türkei, Tunesien oder Vietnam dürften folgen. Einen regelrechten Geburtenabsturz hat die Islamische Republik Iran erlebt, wo die Geburtenziffer binnen einer Generation von fast 7 auf 1,8 gesunken ist. Dort hat sich längst, unter der Kruste eines totalitären Regimes, eine moderne Gesellschaft mit hohem Bildungsstand, mit einer vergleichsweise guten Gleichstellung von Frauen und einer starken Urbanisierung entwickelt, in der niedrige Kinderzahlen typisch sind. Unter den Industrienationen verzeichnet allein Israel höhere als bestandserhaltende Kinderzahlen.

Bedeutet diese Entwicklung für die entsprechenden Länder ein dauerhaftes Schrumpfen der einheimischen Bevölkerung – bis hin zum langfristigen Aussterben – oder können die Kinderzahlen auch wieder steigen?

Nach allem, was die Forschung bisher weiß, ist der Rückgang der Kinderzahlen unter das sogenannte Reproduktionsniveau zumindest mittelfristig irreversibel. Bis dato gibt es keine Anzeichen für eine Trendwende, geschweige denn dafür, dass die Fertilitätsraten wieder deutlich über den Wert von 2,1 steigen. Ein einmal eingeleiteter Einwohnerschwund ist somit nur über Zuwanderung und/oder über eine stark steigende Lebenserwartung wettzumachen. Länder wie Frankreich oder Schweden haben es zwar geschafft, durch gute Betreuungsmöglichkeiten und finanzielle Unterstützung der Familien die Geburtenziffern wieder leicht steigen zu lassen, aber nicht über 2,1. Auch unter den besten existierenden familienpolitischen Rahmenbedingungen scheint dies nicht möglich zu sein.

Dass es Raum für familienpolitische Maßnahmen gibt, zeigt die Tatsache, dass in praktisch allen entwickelten Ländern die Wunschkinderzahlen höher liegen als die tatsächlichen. Aber es gibt eine Reihe von Gründen, warum der Wunsch oft nicht Wirklichkeit wird: Junge Menschen haben heute zahllose Möglichkeiten, ihr Leben zu gestalten, und die Familiengründung ist nur eine davon. Diese Möglichkeiten wachsen mit steigendem Bildungsstand – und sie führen dazu, dass Frauen in immer späteren Jahren Nachwuchs bekommen, was die Zahl der Kinder natürlicherweise begrenzt. Ein weiterer limitierender Faktor, vor allem in aufsteigenden Schwellenländern wie China, sind die

zusammengefasste Geburtenziffer[1]
Durchschnitt 2010–2015

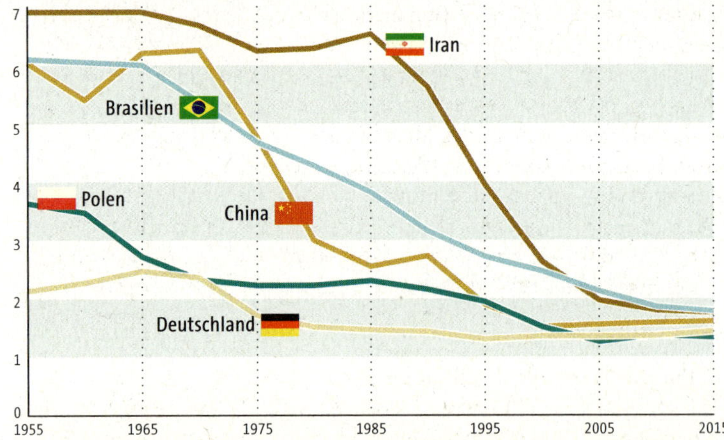

1. Siehe Definition auf Seite 50.

Trend zur Kleinfamilie

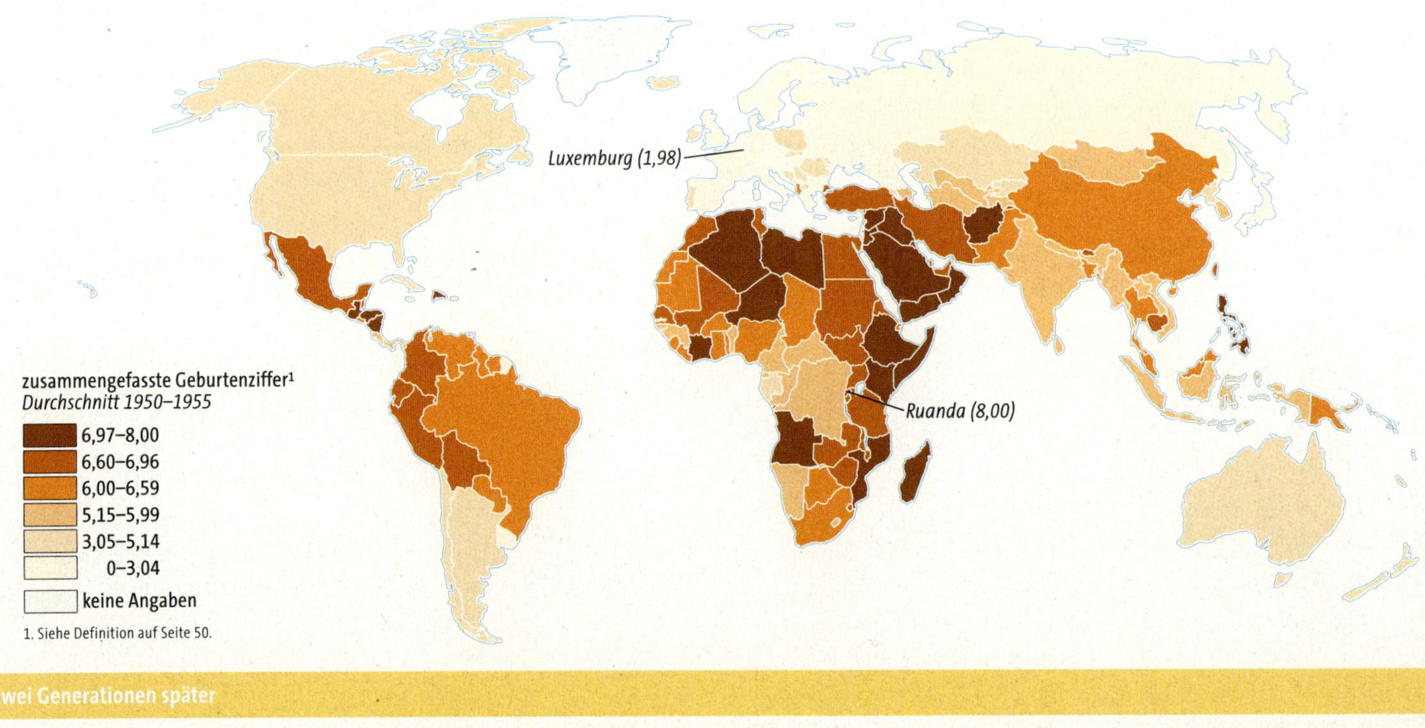

1. Siehe Definition auf Seite 50.

Zwei Generationen später

hohen Kosten für die Ausbildung der Kinder und Jugendlichen und für das Leben in Städten. Hinzu kommt, dass niedrige Kinderzahlen nach einer Generation zu einer Art sozialen Norm werden, weil den heranwachsenden Generationen die Erfahrung mit großen Familien und vielen Geschwistern verloren geht. Forscher sprechen in diesem Zusammenhang von einer sogenannten Niedrigfertilitätsfalle, in der Länder wie Deutschland und Österreich, Südkorea oder Japan seit Jahrzehnten stecken.

Systemanalytische Studien gehen davon aus, dass sich die Geburtenziffern in entwickelten Ländern und jenen, die auf dem Weg dorthin sind, langfristig zwischen Werten von 1,5 und 2,0 einpendeln werden. Ein weiteres Absinken der Kinderzahlen gilt als unwahrscheinlich, weil Menschen als biologische Wesen eine natürliche Neigung haben, Nachwuchs großzuziehen.

Für die These, dass sich unter dem Einfluss von Wirtschaftskrisen und wachsender Arbeitslosigkeit die Lebensbedingungen so verschlechtern, dass Kinder, wie zu früheren Zeiten, wieder eine größere Bedeutung bekommen, gibt es bisher keine Belege. Im Gegenteil: So sind die Kinderzahlen in den Staaten des ehemaligen Ostblocks nach der Wende, als viele Menschen ihre Beschäftigung verloren, sich neuen Anforderungen stellen mussten und alte Gewissheiten schwanden, dramatisch eingebrochen, im Osten Deutschlands über ein Jahrzehnt lang um rund die Hälfte. In den südeuropäischen Ländern hatte die zurückliegende Finanz- und Eurokrise ähnliche, wenngleich nicht so massive Auswirkungen. Die Menschen in den entwickelten Ländern reagieren damit durchweg rational: Nachwuchs bedeutet zusätzliche Belastungen, weshalb sie in schwierigen Zeiten die Familiengründung erst einmal vertagen, um sie gegebenenfalls später nachzuholen. Anders ist die Reaktion in den ganz armen Ländern. In Somalia während des Bürgerkriegs zum Beispiel stiegen die Geburtenziffern, weil die Menschen wenige Perspektiven jenseits einer großen Familie hatten und hofften, damit wenigstens etwas mehr an Sicherheit zu gewinnen.

Unterm Strich sind gesunkene Kinderzahlen ein Zeichen des Erfolgs der menschlichen Spezies: Weil es immer mehr Menschen immer besser geht und viele ihr Leben individuell planen können, sind sie mit kleineren Familien voll und ganz zufrieden. Für den Fall, dass sich die Kinderzahlen je Frau im globalen Schnitt bei 1,85 einpendeln würden, haben die Vereinten Nationen einmal eine Langfristprognose über die Zukunft der Weltbevölkerung erstellt. 1,85 entspräche in etwa dem Wert der skandinavischen Länder, wo die Lebensbedingungen weltweit zu den besten zählen, Familien gut versorgt sind, die soziale Gerechtigkeit auf hohem Niveau liegt und sich die Menschen überaus glücklich fühlen. In diesem Fall würde die Weltbevölkerung bis zum Jahr 2300 auf unter 2,5 Milliarden schrumpfen, auf rund ein Drittel des heutigen Werts. Diese Menschheit wäre im Schnitt älter als heute, schon aus diesem Grund deutlich friedlicher, sie wäre besser gebildet, würde weniger Schaden an der Umwelt anrichten und könnte besser mit den Umweltveränderungen umgehen, die heutige Generationen verursachen.

Die Vorstellung, all dies könnte geschehen, weil sich das Wohlergehen der Menschen weltweit verbessert, ist sicher angenehmer als jene, das Wachstum könnte auf katastrophale Weise begrenzt werden, nämlich indem die vielen Menschen irgendwann nicht mehr ausreichend versorgt und ernährt werden können, die Verteilungskonflikte zunehmen und deshalb die Sterblichkeit wieder steigt.

Reiner Klingholz ist geschäftsführender Direktor des Berlin-Instituts für Bevölkerung und Entwicklung.

Zahl der Länder, in denen die Geburtenziffer unter dem Reproduktionsniveau liegt[1]

1. Bei einer Geburtenziffer von 2,1 bleibt die Bevölkerung langfristig konstant.

Jahr	Länder
1955	5
1960	2
1965	5
1970	8
1975	20
1980	27
1985	40
1990	40
1995	54
2000	64
2005	76
2010	76
2015	84

Unter Reproduktionsniveau

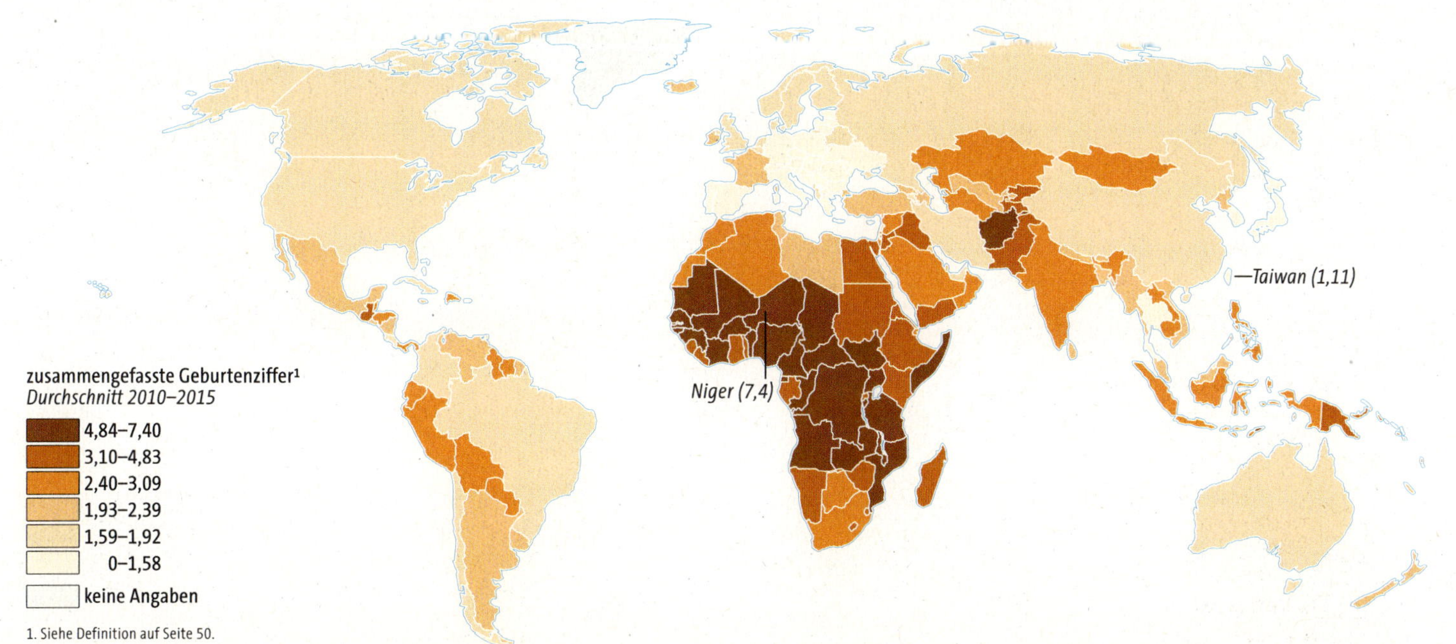

1. Siehe Definition auf Seite 50.

Der Faktor Kind

In vielen Ländern südlich der Sahara bedeutet Nachwuchs immer noch soziale Absicherung

von Alisa Kaps

Mit rund 1,3 Milliarden Einwohnern leben auf dem gesamten afrikanischen Kontinent heute fast so viele Menschen wie in China, dem bevölkerungsreichsten Land der Welt. Angesichts seiner enormen Fläche ist Afrika im Vergleich zu Asien dünn besiedelt. Das wird sich ändern, denn die afrikanische Bevölkerung wächst – und zwar rasant. Bis zur Mitte des Jahrhunderts dürfte die Hälfte des weltweiten Bevölkerungszuwachses auf Afrika entfallen – der größte Teil davon in den Ländern südlich der Sahara.

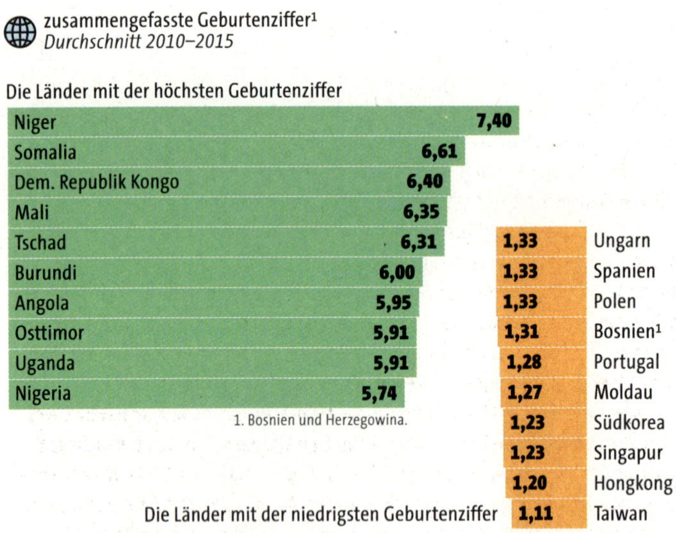

1. Die **altersspezifische Geburtenziffer** stellt das Verhältnis zwischen der Zahl der von Müttern eines bestimmten Alters geborenen Kinder und der Zahl aller Frauen dieses Alters in einem Kalenderjahr dar. Die **zusammengefasste Geburtenziffer** ergibt sich durch die Addition der altersspezifischen Geburtenziffern. Sie bildet die imaginäre Kinderzahl einer Frau ab, wenn die ermittelten altersspezifischen Fruchtbarkeitsziffern für den gesamten Zeitraum ihrer fruchtbaren Lebensphase gelten würden.

• Von Niger bis Taiwan

Auch im Jahr 2050 wird die Mehrheit aller Menschen in Asien leben, doch im Vergleich zur heutigen Bevölkerung wird der dortige Zuwachs verhältnismäßig gering ausfallen. Auf dem afrikanischen Kontinent wird sich dagegen in etwa der Hälfte der 54 Staaten die Einwohnerzahl bis zur Mitte des Jahrhunderts verdoppeln, in einigen ist sogar mit einem Anstieg um den Faktor 2,5 und mehr zu rechnen. Bis 2050 werden mit Nigeria, der Demokratischen Republik Kongo und Äthiopien wohl drei afrikanische Länder in die Top Ten der bevölkerungsreichsten Länder der Welt aufgestiegen sein.

Der Hauptgrund für das rasante Bevölkerungswachstum in Afrika sind die anhaltend hohen Kinderzahlen. Während Frauen in Ländern wie China und Indien heute im Schnitt nur noch 1,6 respektive 2,3 Kinder zur Welt bringen, liegt die durchschnittliche Nachwuchszahl in den afrikanischen Ländern mit 4,4 Kindern pro Frau etwa doppelt so hoch. Gleichzeitig überleben Kinder immer häufiger, da sich die Gesundheitsversorgung auf dem afrikanischen Kontinent in den letzten Jahrzehnten deutlich verbessert hat. In Niger, einem der ärmsten und am wenigsten entwickelten Länder weltweit, ist die Wahrscheinlichkeit, dass ein Kind seinen fünften Geburtstag erlebt, heute mehr als doppelt so hoch wie noch 1960. Mit einer durchschnittlichen Kinderzahl von 7,2 bringen nigrische Frauen heute allerdings noch etwa genauso viele Kinder zur Welt wie vor 60 Jahren.

Dank der verbesserten gesundheitlichen Versorgung überleben nicht nur Kinder häufiger ihre ersten Lebensjahre, sondern die Menschen werden auch insgesamt älter. Im Schnitt werden die Afrikaner heute 62 Jahre alt. Das sind rund 20 Jahre mehr als noch in den 1960ern. Die höhere Lebenserwartung trägt ebenfalls dazu bei, dass die Zahl der Menschen auf dem Kontinent wächst.

Der dritte Faktor für das starke Wachstum ist die Altersstruktur der afrikanischen Bevölkerung: Mehr als die Hälfte der Menschen in Afrika ist unter 20 Jahre alt. Sie stehen entsprechend noch vor oder erst am Anfang ihrer Familiengründungsphase. Heute leben rund 300 Millionen Frauen im sogenannten gebärfähigen Alter zwischen 15 und 49 Jahren in Afrika – viereinhalbmal so viele wie noch 1960. Bis 2050 dürfte ihre Zahl auf über 640 Millionen anwachsen und sich damit noch einmal mehr als verdoppeln. Die afrikanische Bevölkerung wird in den nächsten Jahrzehnten also weiter deutlich wachsen – selbst wenn die Kinderzahl pro Frau sinkt.

Ein hohes Bevölkerungswachstum macht es vor allem den Staaten südlich der Sahara immer schwerer, die Menschen mit den notwendigen Schulen, Gesundheitseinrichtungen und Arbeitsplätzen zu versorgen. Im Schnitt wurde dort 2015 etwa ein Fünftel der Kinder im Grundschulalter nicht eingeschult, in Südsudan – dem Land mit der niedrigsten Einschulungsrate weltweit – waren es sogar zwei Drittel. Jährlich wachsen zwischen 10 und 12 Millionen Afrikaner ins Erwerbsalter hinein, während auf dem gesamten Kontinent pro Jahr nur rund 3 Millionen neue Arbeitsplätze geschaffen werden.

Solange die Zahl der Erwerbsfähigen schneller wächst als die Anzahl der regulären Beschäftigungsverhältnisse, bleibt den Menschen kaum eine Perspektive auf ein auskömmliches Leben. Anstatt vom Lohn aus einem formellen Job leben zu können, wird die Mehrheit auch künftig darauf angewiesen sein, als Kleinbauern oder Tagelöhner ihren Lebensunterhalt zu bestreiten. Unter diesen Bedingungen verharren erfahrungsgemäß auch die Geburtenziffern auf hohem Niveau. Denn wo immer es Menschen an wirtschaftlichen Entfaltungsmöglichkeiten mangelt, sind Kinder wichtige Arbeitskräfte und Stützen für ihre Eltern. Viel Nachwuchs ist hier gleichbedeutend mit sozialer Absicherung.[2]

Die ärmsten Länder Afrikas sind in einem Kreislauf gefangen aus hohem Bevölkerungswachstum, schlechten Bildungs- und Gesundheitswerten, mangelnden Perspektiven und anhaltend hohen Geburtenziffern. Das hemmt nicht nur ihre Entwicklungschancen, sondern gefährdet auch die politische Stabilität der afrikanischen Staaten. Denn in Ländern mit hohem Bevölkerungswachstum konkurrieren notgedrungen auch immer mehr Menschen um begrenzte Ressourcen wie etwa Nahrungsmittel oder Wasser. Das Risiko von Verteilungskonflikten nimmt dadurch zu.

Für die Entwicklung und die Stabilität der afrikanischen Länder wird es deshalb entscheidend sein, ob die Zahl der Kinder künftig sinkt. Dazu muss sich vor allem die Basisversorgung der Menschen weiter verbessern. Denn erst wenn sich durch einen besseren Zugang zu Gesundheit, Bildung und vor allem Arbeitsplätzen die Lebensperspektiven verbessern, entscheiden sich die Menschen häufiger für kleinere Familien. Um diesen Wunsch umsetzen zu können, muss Familienplanung möglich sein. Hier aber hinkt Afrika allen anderen Weltregionen hinterher: 2017 konnte fast die Hälfte des Bedarfs an modernen Verhütungsmitteln nicht gedeckt werden.

2. Siehe auch »Vom frühen Tod zum langen Leben« auf Seite 46.

Alisa Kaps ist wissenschaftliche Mitarbeiterin am Berlin-Institut für Bevölkerung und Entwicklung.

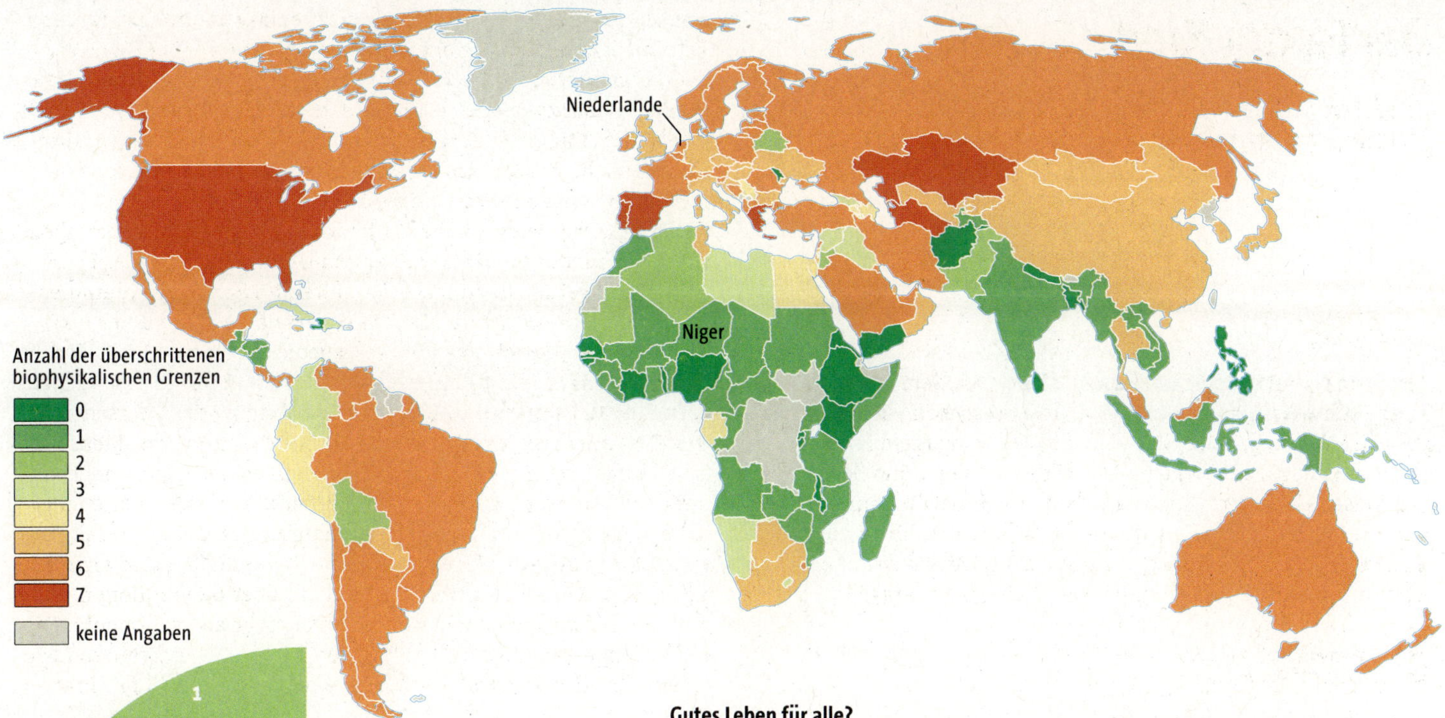

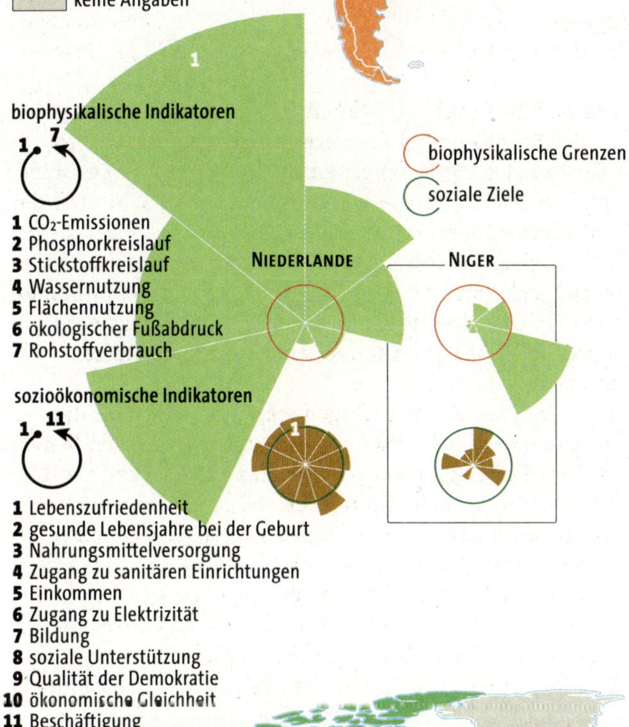

Gutes Leben für alle?

Die Menschheit steht vor der Herausforderung, für über 7 Milliarden Menschen eine hohe Lebensqualität zu erreichen, ohne die ökologischen Grenzen der Erde zu überschreiten. Werden diese planetary boundaries überschritten, gefährdet das die Stabilität des Ökosystems und die Lebensgrundlagen der Menschheit.

Forscher aus Leeds und Berlin haben einen »sicheren und gerechten« Entwicklungsraum vermessen. Dazu quantifizieren sie den zur Erfüllung der menschlichen Grundbedürfnisse nötigen Ressourcenverbrauch und vergleichen ihn mit den planetaren Grenzen. Ein Ergebnis ihrer Studie, die sie 2018 im Fachmagazin *Nature Sustainability* veröffentlicht haben: Keines der mehr als 150 untersuchten Länder erfüllt die Grundbedürfnisse seiner Bürger auf einem global nachhaltigen Niveau des Ressourcenverbrauchs. Die Niederlande zum Beispiel erreichen alle sozialen Ziele, überschreiten aber sechs der sieben biophysikalischen Grenzen zum Teil beträchtlich.

Nahrungssicherheit sowie Zugang zu sanitären Einrichtungen und Elektrizität können wir wahrscheinlich weltweit erreichen, ohne die planetaren Grenzen zu überschreiten. Um jedoch mehr qualitative Ziele zu erreichen, zum Beispiel eine hohe Lebenszufriedenheit, wäre ein Ressourcenverbrauch erforderlich, der zwei- bis sechsmal so hoch ist wie ein nach aktuellem Stand nachhaltiger Wert.

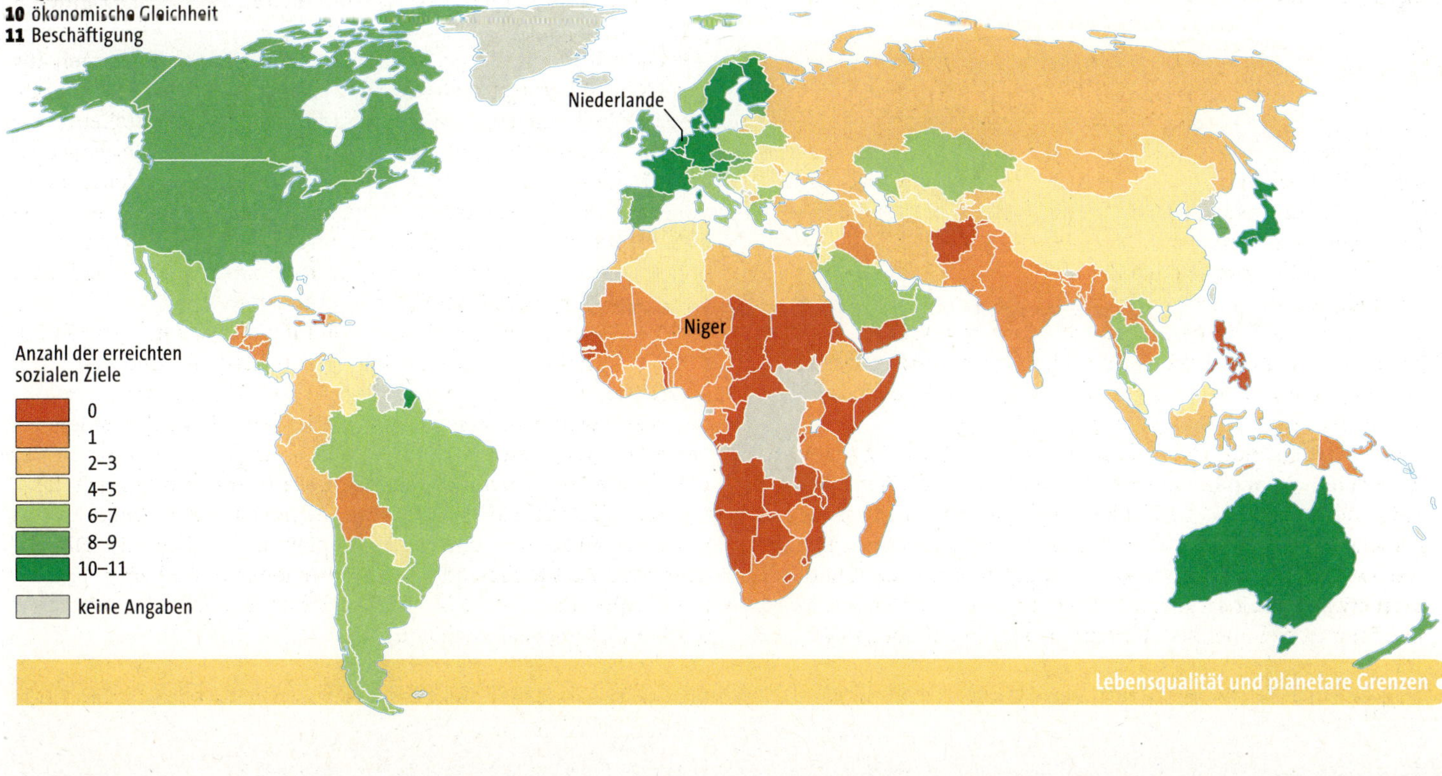

Alternde Gesellschaften

Wie Japan und Deutschland auf den demografischen Wandel reagieren

von Reiner Klingholz

Das erste Land der Welt, in dem die Geburtenziffer deutlich unter jenen Wert gesunken ist, bei dem eine Bevölkerung ohne Zuwanderung und bei gleichbleibender Lebenserwartung auf längere Sicht stabil bleibt, war Deutschland. Seit Anfang der 1970er Jahre ist das so. Und weil die Jahrgänge der Babyboomer davor deutlich stärker besetzt waren als alle späteren, war abzusehen, dass die Gesellschaft altert. 1990 lag das Medianalter, das eine Bevölkerung in eine ältere und eine jüngere Hälfte teilt, bei 37,6 Jahren, 2015 bereits bei 45,9 Jahren. 2050 dürfte es bei über 50 Jahren liegen. Noch älter waren 2015 nur die JapanerInnen mit einem Medianalter von 46,3 Jahren, das bis 2050 wohl auf über 53 Jahre steigen wird.

Japan war das erste Land, in dem der Anteil der Bevölkerung im klassischen Rentenalter von über 64 Jahren auf mehr als 20 Prozent stieg. 2016 waren es bereits 27 Prozent. Hier folgt Italien mit 23 Prozent weltweit auf Platz 2. Deutschland teilt sich mit einem Anteil dieser Altersgruppe von 21 Prozent Platz 3 mit Portugal und Finnland.

Rückläufige Kinderzahlen und eine steigende Lebenserwartung sind Folgen eines gesellschaftlichen Wandels, der unter anderem davon gekennzeichnet ist, dass es den Menschen materiell und gesundheitlich immer besser geht. Insofern ist die Alterung ein gutes Zeichen. Sie stellt die Länder aber auch vor neue Herausforderungen. Altersbedingte Krankheiten wie Diabetes oder Demenz nehmen zu, und ein immer längerer Ruhestand bedeutet eine Belastung für die Renten- und Pflegesysteme. Um die Alterung zu finanzieren und wirtschaftlich abzufedern, werden gewöhnlich vier Stellschrauben genannt: ein höheres Renteneintrittsalter, mehr Frauen im Arbeitsmarkt, mehr und bessere Bildung sowie Zuwanderung, um einen Mangel an Fachkräften auszugleichen.

Vor allem bei der Zuwanderung unterscheiden sich Deutschland und Japan, die beiden Pioniere des demografischen Wandels, fundamental. In Deutschland haben 23 Prozent der Menschen einen Migrationshintergrund, stammen also entweder selbst aus einem anderen Land oder haben mindestens einen Elternteil, für den das zutrifft. Rund die Hälfte dieser Personen ist eingebürgert, verfügt also über die deutsche Staatsbürgerschaft, die andere Hälfte sind Ausländer. Japan hingegen lehnt Zuwanderung als Instrument der Arbeitsmarkt- und Demografiepolitik weitgehend ab: Nicht einmal 2 Prozent der Einwohner sind Ausländer, und es ist nahezu unmöglich, eingebürgert zu werden.

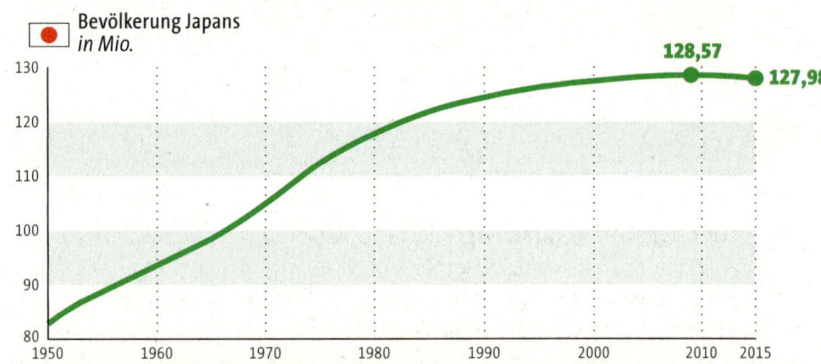

Der Schwund hat begonnen

Menschen aus anderen Ländern wandern meist im jungen Erwerbsalter ein. Weil es in Japan aber so gut wie keine Einwanderung gibt, fehlt es an ausländischem Nachwuchs, der die Alterung verlangsamen könnte. Obendrein liegen die Geburtenziffern ähnlich niedrig wie in Deutschland, sodass seit 2006 in Japan mehr Menschen sterben als geboren werden. Seitdem ist die Bevölkerung bereits um 2 Millionen auf 126 Millionen geschrumpft, wobei sich der Rückgang enorm beschleunigen dürfte: Bis 2060 erwartet die nationale Statistikbehörde in ihrer mittleren Prognose eine Einwohnerzahl von 93 Millionen – das wäre ein historisch einmaliger Schwund.

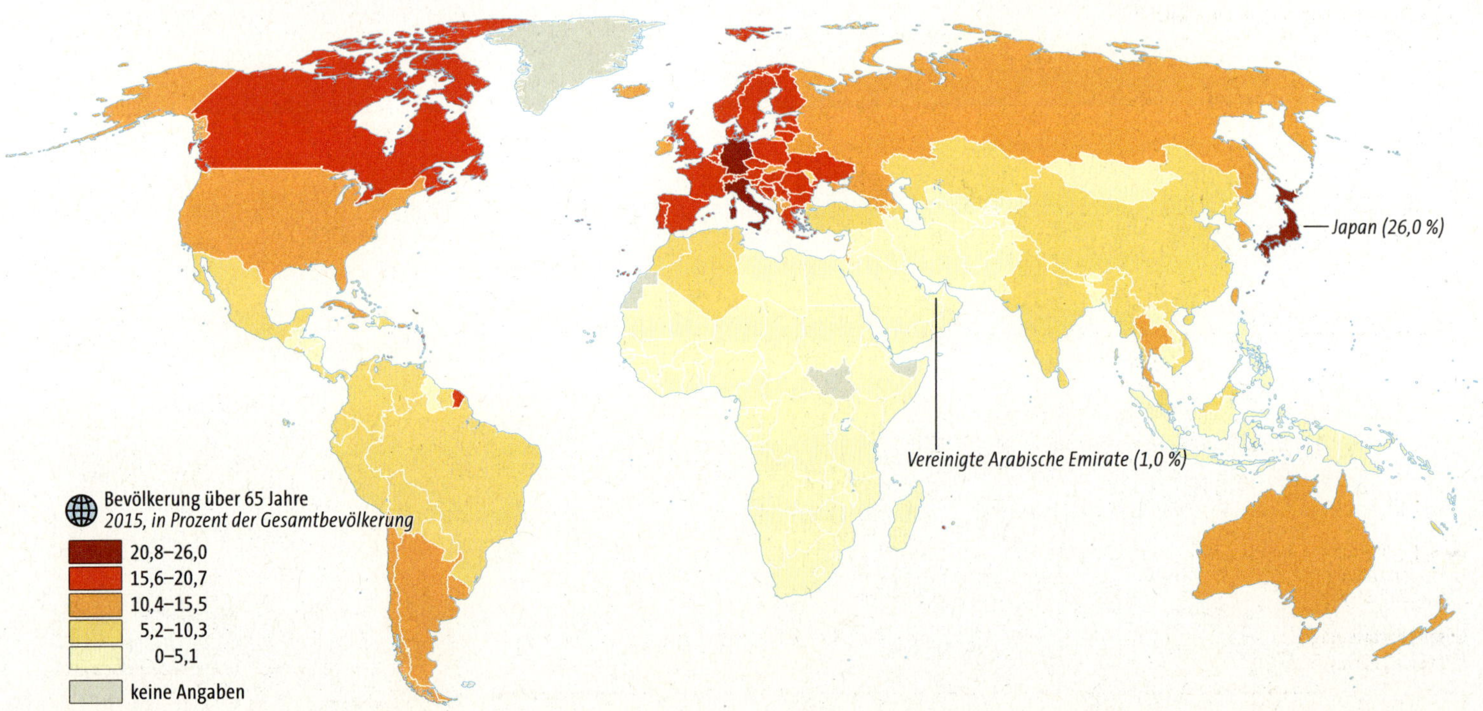

Der Norden altert zuerst

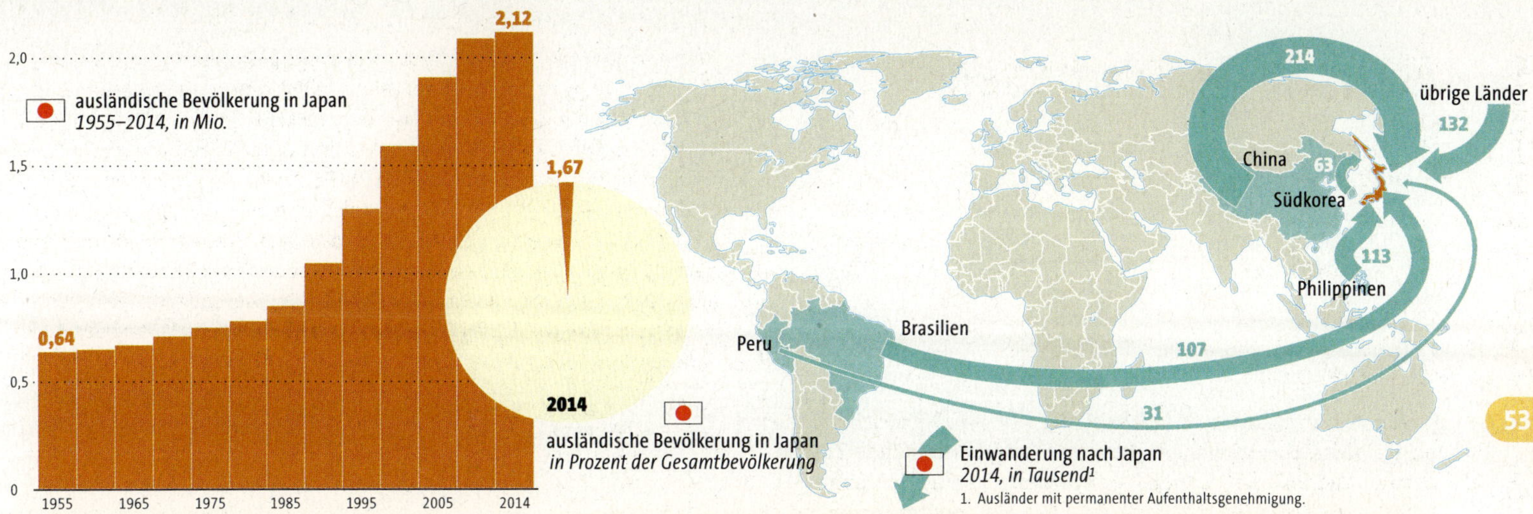

● Ein Land fast ohne Einwanderung

2060 werden wahrscheinlich 38 Prozent aller in Japan lebenden Menschen 65 Jahre und älter sein. Die Bevölkerung im klassischen Ausbildungs- und Erwerbsalter zwischen 15 und 64 Jahren würde noch gut die Hälfte aller Bewohner ausmachen. Diese wirtschaftlich aktivste Gruppe wäre dann von ihrem Maximalwert von 87 Millionen im Jahr 1995 auf nur noch 48 Millionen geschrumpft.

Die wirtschaftliche Absicherung der Senioren ist eine Aufgabe alternder Nationen, die Unterstützung der Pflegebedürftigen eine andere. Während viele Länder dabei auf Zuwanderung setzen, hat sich Japan für einen anderen Weg entschieden. Schon in den 1960er Jahren, als die japanische Wirtschaft ihren größten Aufschwung erlebte, entschloss sich die Regierung, die Lücken im Arbeitsmarkt nicht durch Zuwanderung zu füllen, sondern die Automatisierung der Arbeitsprozesse zu fördern. So kommt es, dass Japan seine globale Führungsposition im Roboterbau zu einem Gutteil der Ablehnung von Ausländern verdankt. Auch in der Alten- und Krankenpflege kommen mittlerweile verstärkt Roboter zum Einsatz, während die Anwerbung von Pflegekräften aus dem Ausland weiterhin strengen Regeln unterworfen bleibt.

Andere Länder können von den Erfahrungen Deutschlands und Japans lernen. Schon 2050 dürften Spanien, Italien, Portugal und Griechenland zu den ältesten Ländern der EU gehören. Dort werden den Projektionen zufolge mehr als 60 Menschen im Alter von 65 und darüber auf 100 Menschen zwischen 20 und 64 Jahren kommen. Die Alterung ist unter anderem eine Folge der Wirtschaftskrise in Südeuropa seit 2008, die zu einem starken Geburtenrückgang und zur Abwanderung vor allem junger Menschen geführt hat.

Die älteste Region der Europäischen Union ist Ligurien, zu dem auch die Hafenstadt Genua gehört. Dieses Küstengebiet haben mit dem Niedergang der Schwerindustrie schon in den 1980er Jahren viele junge Menschen verlassen; zugleich ist die Lebenserwartung in Italien eine der höchsten in Europa. Vergleichsweise jung sind die Gesellschaften Osteuropas. Das liegt zum einen an einer geringen Lebenserwartung und zum anderen daran, dass die Kinderzahlen bis zum Fall des Eisernen Vorhangs noch relativ hoch lagen. Aufgrund des wendebedingten Einbruchs der Geburtenzahlen in den 1990er Jahren dürften die osteuropäischen Länder aber künftig eine rasante Alterung erleben.

Reiner Klingholz ist geschäftsführender Direktor des Berlin-Instituts für Bevölkerung und Entwicklung.

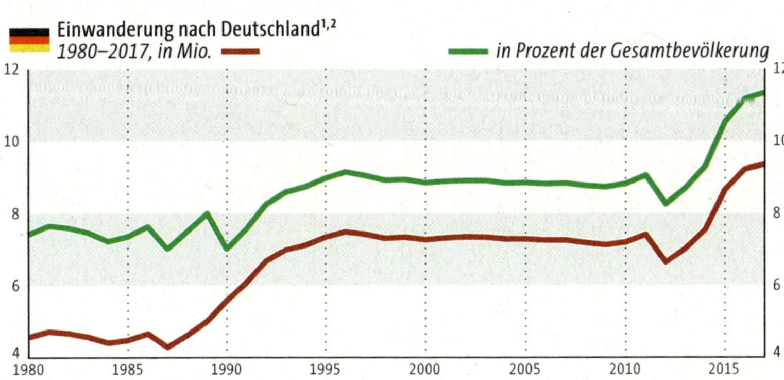

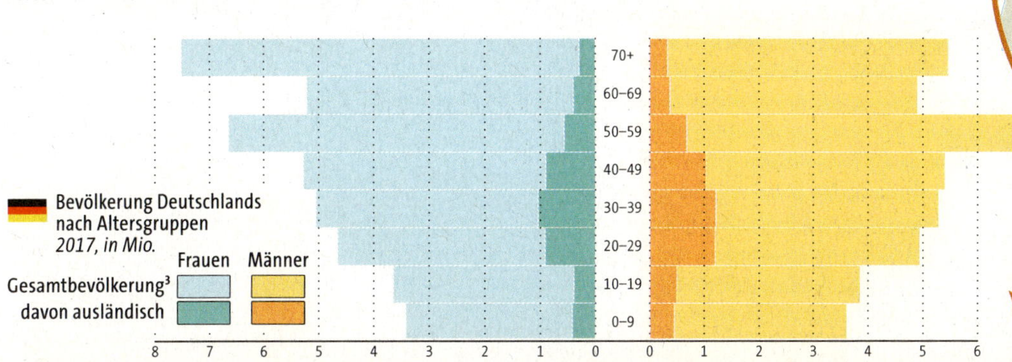

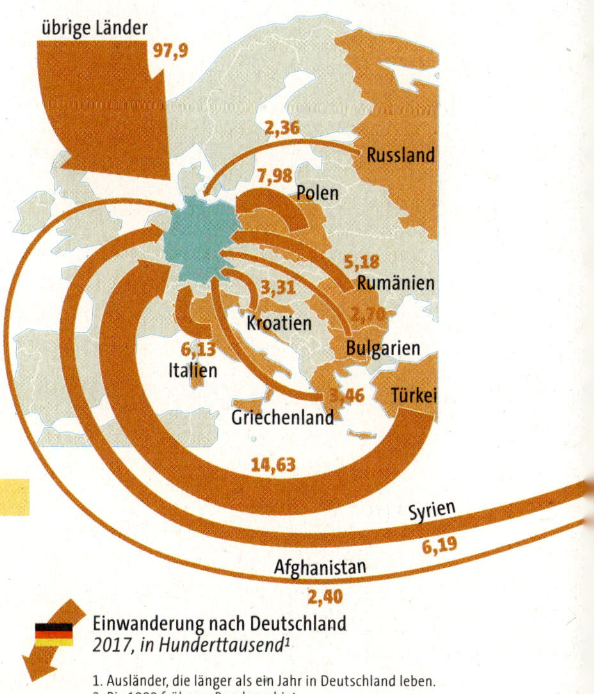

1. Ausländer, die länger als ein Jahr in Deutschland leben.
2. Bis 1989 früheres Bundesgebiet.
3. Schätzung.

Deutschland, ein Einwanderungsland ●

Nicht alle werden alt

Wo Ungleichheit zunimmt, ist der Anstieg der Lebenserwartung bedroht

von Sabine Sütterlin

Seit gut einem Jahrhundert steigt die Lebenserwartung global stetig, steil und scheinbar unaufhaltsam, nachdem sie zuvor stets niedrig geblieben und heftigen Einbrüchen durch Hungersnöte und Seuchen, Kriege und Katastrophen unterworfen war. Von geschätzt rund 30 Jahren um 1900 ist die Menschheit 2015 bei einem Durchschnitt von 71,4 Jahren angelangt – ein Zugewinn an Lebenszeit von etwa dreieinhalb Jahren pro Jahrzehnt. Frauen in Japan, die weltweiten Spitzenreiterinnen, kommen heute im Mittel auf fast 87 Jahre. Die hier und im Folgenden genannten Zahlen beziehen sich auf die mittlere Lebenserwartung bei Geburt.[1]

In den früh industrialisierten Ländern setzte der Anstieg zuerst ein. Dank besserer Ernährung und Hygiene, Zugang zu sauberem Trinkwasser, Impfungen und Antibiotika gingen die Infektionskrankheiten zurück, die früher vor allem Kinder massenhaft dahingerafft hatten. Mit zunehmendem Wohlstand rückten Herz-Kreislauf-Erkrankungen wie Arteriosklerose, Herzinfarkte und Schlaganfälle auf Platz eins der Erkrankungs- und Todesursachen. Von den 1960er Jahren an konnten neue Medikamente und Therapien, aber auch vermehrte Aufklärung über die Risiken von falscher Ernährung, Bewegungsmangel und Rauchen diese »Zivilisationskrankheiten« zurückdrängen. Zudem wurde es dank moderner Medizin möglich, mit diesen Erkrankungen länger zu überleben. So verschiebt sich der Rückgang der Sterblichkeit in den meisten Industrieländern in immer höhere Altersgruppen.

In den weniger entwickelten Teilen der Welt setzte der Anstieg der Lebenserwartung später ein. Zwischenzeitlich stagnierte oder fiel sie sogar, vor allem durch die HIV/Aids-Epidemie, die von den 1990er Jahren an besonders in Afrika und Asien zahlreiche Todesopfer forderte. Heute klafft zwischen den mehrheitlich reichen Weltregionen und Afrika zwar immer noch eine Lücke bei der Lebenserwartung von 17 Jahren, aber die Tendenz zeigt auch in den Schwellen- und Entwicklungsländern nach oben.

Setzt sich dieser Trend immer weiter fort? Langlebigkeitsoptimisten sind davon überzeugt, dass schon heute Menschen leben, die im Prinzip 150 Jahre alt werden können. Sie weisen darauf hin, dass die Lebenserwartung in der Vergangenheit jede zuvor vermutete Obergrenze noch stets durchbrochen hat. Und sie geben sich zuversichtlich, dass die biomedizinische Forschung künftig das Altern aufhalten und den Tod hinausschieben könne.

Allerdings sind zurzeit Entwicklungen zu beobachten, die den Anstieg der Lebenserwartung eher bremsen – zumindest regional beziehungsweise in bestimmten Schichten der Gesellschaft. Die Gesundheit und damit die Lebenserwartung werden wesentlich von zwei Faktoren bestimmt: dem Sozialstatus und dem Bildungsgrad. In vielen Industrieländern ist die Gesellschaft gespalten in Gruppen, die ein sehr hohes Alter erreichen und dabei lange fit und gesund bleiben, und weniger Privilegierte, die tendenziell eher risikoreiche Lebensweisen pflegen, denen Stress zusetzt, die häufiger erkranken und früher sterben. Besonders deutlich zeigt sich das in den USA, wo die Differenz zwischen dem County (Bezirk) mit der höchsten und jenem mit der niedrigsten Lebenserwartung 20 Jahre beträgt. Große regionale und soziale Unterschiede gibt es auch in Deutschland. Im wohlsituierten bayerischen Landkreis Starnberg können neugeborene Jungen im Mittel ein Alter von 81,5 Jahren erreichen, während sie in der ehemaligen Schuhmachermetropole Pirmasens in Rheinland-Pfalz nur auf 73,4 Jahre kommen – ein Unterschied von gut acht Jahren.

Auch in den Teilen der Welt, die in Entwicklung begriffen sind, ist der weitere Zuwachs an Lebenszeit teilweise gefährdet. Immer noch sterben viel zu viele Menschen und vor allem Kinder unter fünf Jahren an Infektionskrankheiten. Prävention wäre relativ einfach. So helfen Moskitonetze gegen die Malariamücke, Kondome gegen Ansteckung mit HIV/Aids, und sauberes Trinkwasser schützt vor Cholera. Aber es fehlt oft an Geld, an Zugang zu diesen Mitteln – oder an Wissen, wie Risiken zu vermeiden sind. Trotz vieler Fortschritte ist auch Unterernährung nach wie vor

1. Die **Lebenserwartung bei der Geburt** gibt das Alter an, das die Neugeborenen eines bestimmten Jahrgangs durchschnittlich erreichen würden, wenn die zu dem Zeitpunkt geltenden Sterblichkeitsverhältnisse konstant blieben.

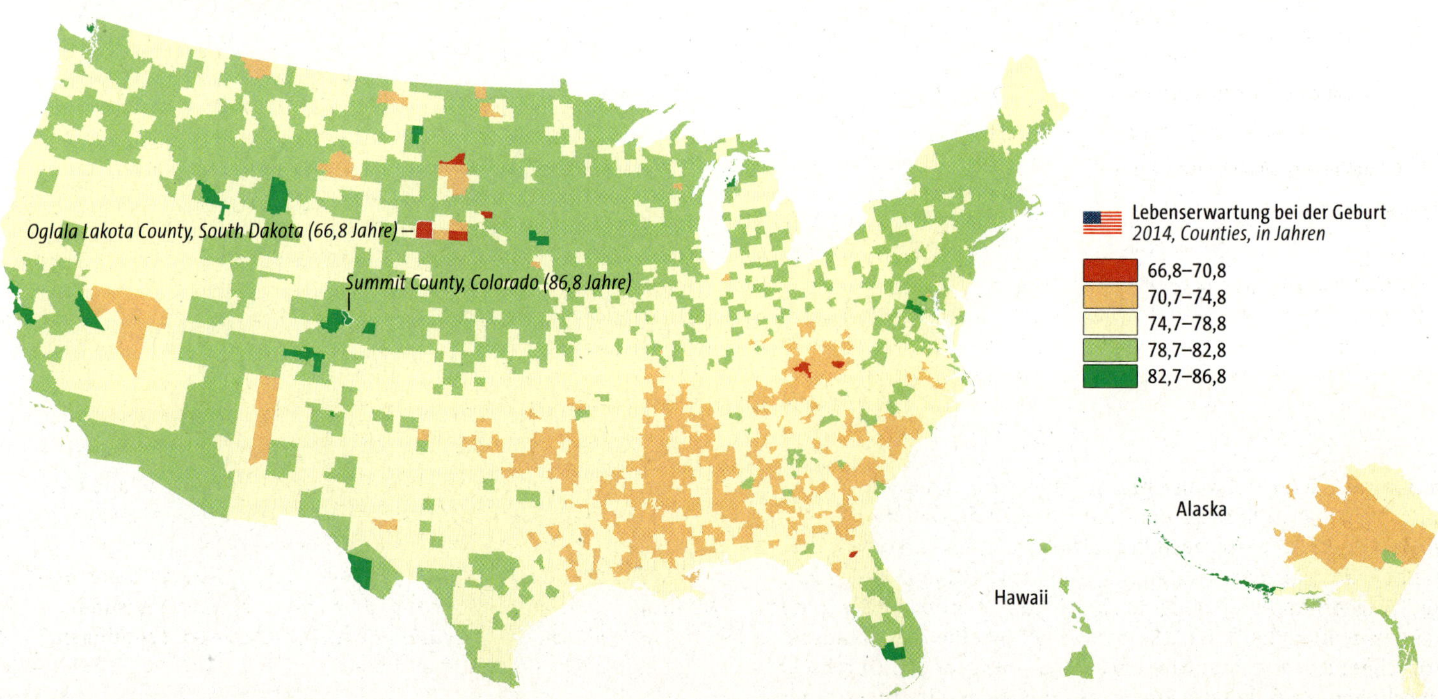

● 20 Jahre Unterschied

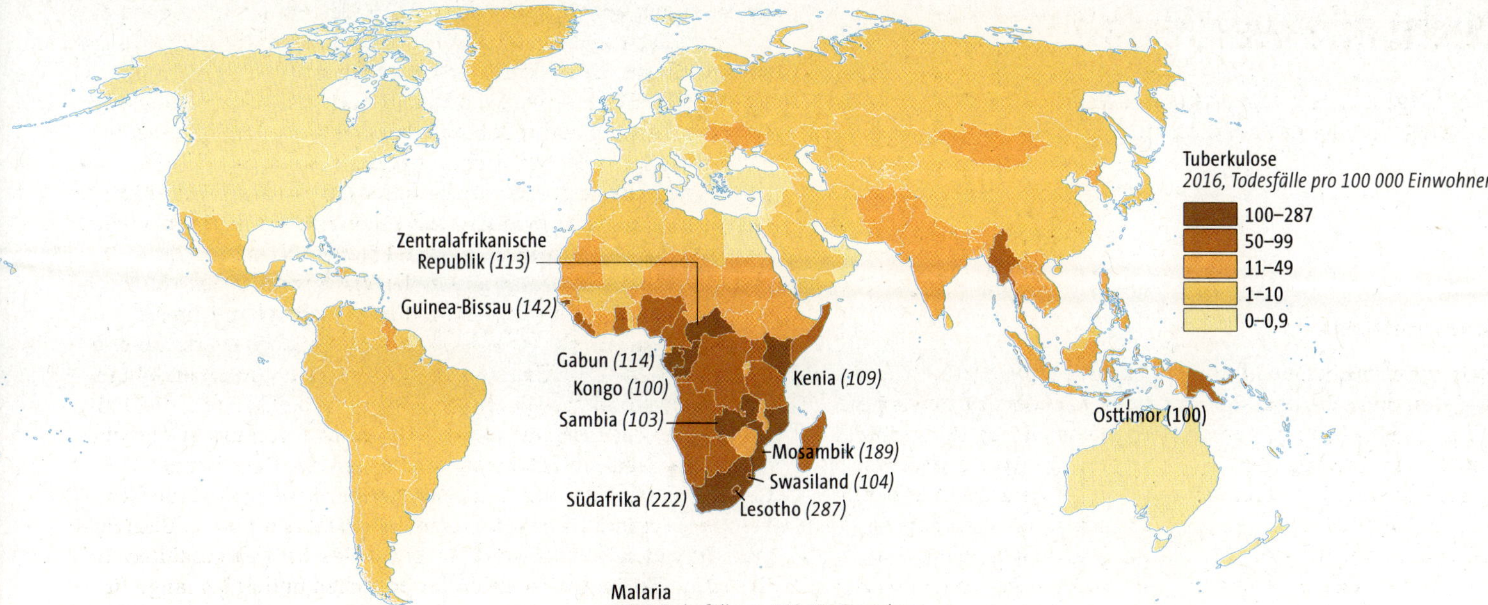

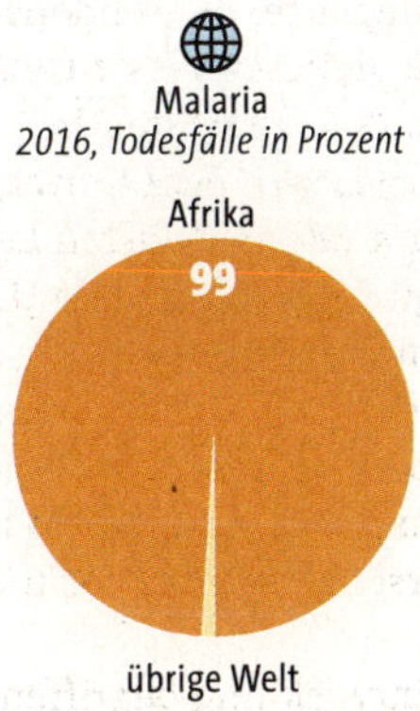

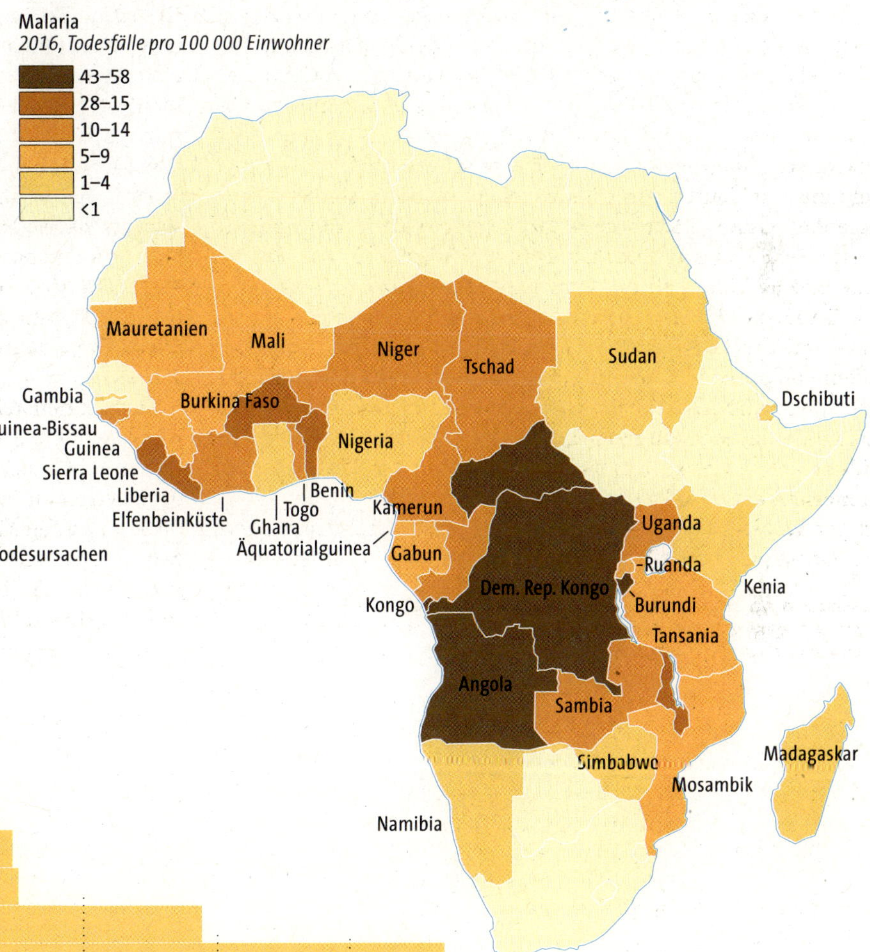

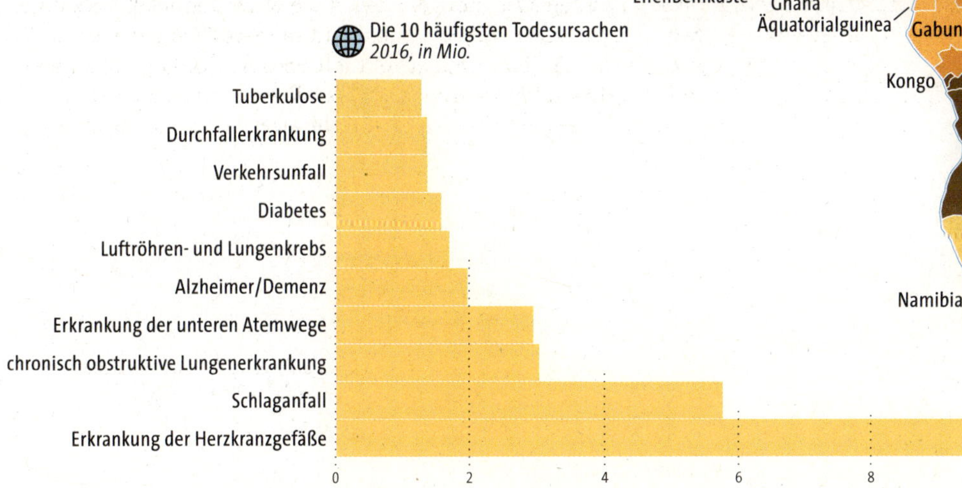

An Malaria sterben Menschen fast nur in Afrika

verbreitet. Sie macht Menschen anfälliger für Infektionen und hindert sie daran, ihre Potenziale zu entfalten. Gleichzeitig nimmt überall dort, wo bessergestellte Mittelschichten entstehen, die Zahl der Menschen rasant zu, die an krankhaftem Übergewicht und Folgeerkrankungen wie Diabetes oder Bluthochdruck leiden.

Alles in allem heißt das: Selbst wenn Einzelne Altersrekorde erreichen, dürfte es künftig schwieriger werden, den Durchschnitt zu erhöhen. So fallen die Zuwächse an Lebenszeit seit 1950 immer geringer aus – und zwar wider Erwarten am ausgeprägtesten in den Ländern mit niedriger mittlerer Lebenserwartung, die eigentlich das höchste Zugewinnpotenzial hätten. Im Industrieland USA verzeichnete die Statistik für 2016 sogar einen leichten Rückgang gegenüber dem Vorjahr, zum zweiten Mal in Folge.

Die zentrale Frage ist also nicht, ob sich der Anstieg immer weiter fortsetzt. Sie lautet vielmehr: Wie lässt sich mehr – gesundheitliche – Gleichheit herstellen, damit die heute Benachteiligten in puncto Lebenserwartung aufholen?

Sabine Sütterlin ist Diplom-Biochemikerin, Wissenschaftsjournalistin und freie Mitarbeiterin des Berlin-Instituts für Bevölkerung und Entwicklung.

Wird Adipositas zur globalen Epidemie?

Fast jeder dritte Mensch auf der Erde ist zu dick

von Heike Haarhoff

Adipositas hat epidemische Ausmaße erreicht: Weltweit sind nach Angaben des Institute for Health Metrics and Evaluation aus Seattle (IHME) 2,2 Milliarden Menschen entweder übergewichtig oder sogar fettleibig. Das Forschungsergebnis, das 2017 im Fachblatt *New England Journal of Medicine* veröffentlicht wurde, bedeutet, dass inzwischen fast jeder dritte Mensch auf der Erde zu dick ist.

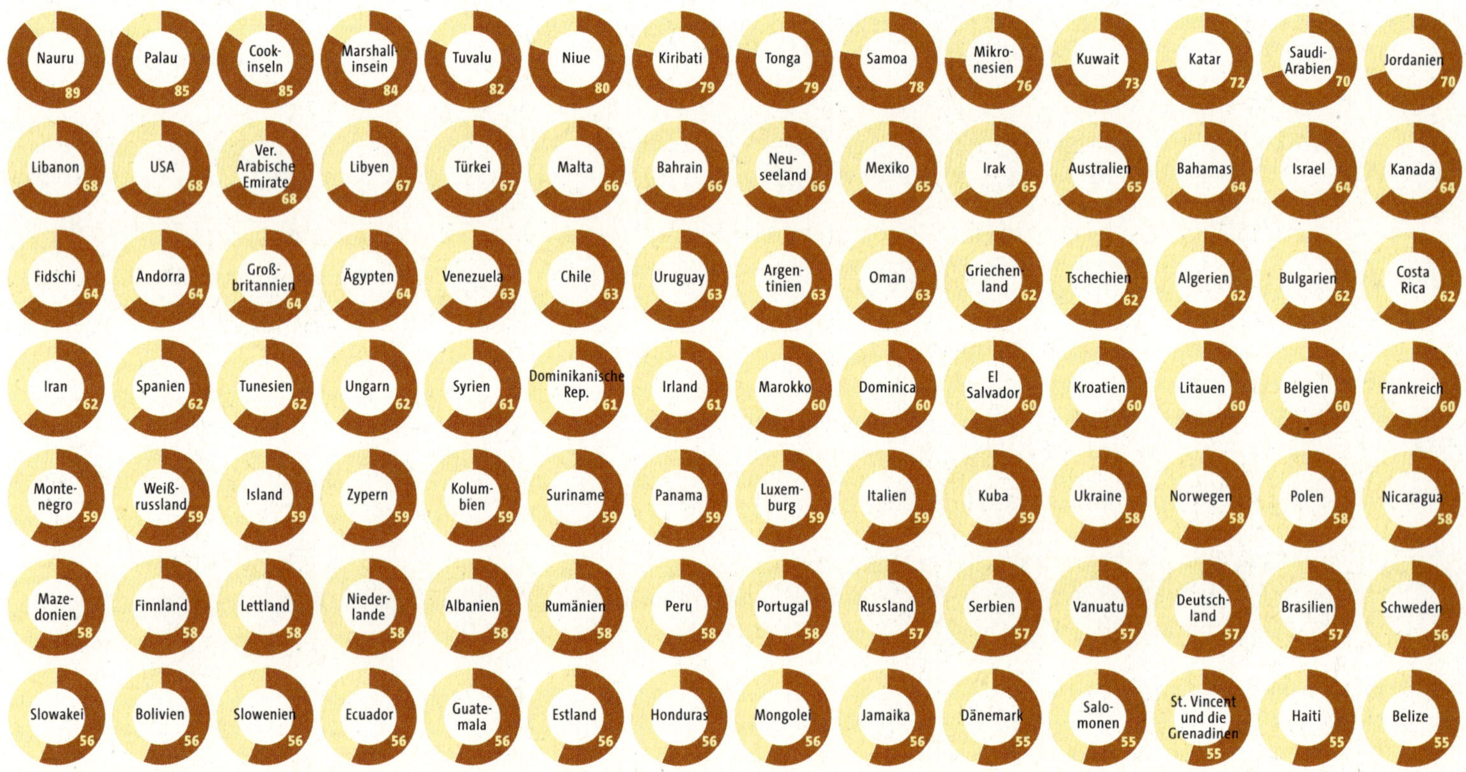

● Zu viel Zucker, zu viel Fett, zu wenig Bewegung

Diese Entwicklung ist keine schleichende, sondern eine rasante und globale: Allein zwischen 1980 und 2015 – für diesen Zeitraum hat eine international zusammengesetzte Wissenschaftlergruppe aus Seattle die Daten des Körpergewichts der Bewohner von 195 Ländern der Erde ausgewertet – hat sich der Prozentsatz fettleibiger Menschen in mehr als 70 Ländern verdoppelt. In den meisten anderen Staaten ging er im selben Zeitraum zumindest stetig nach oben, mit weitreichenden Folgen für die Gesundheit: Laut Weltgesundheitsorganisation (WHO) sterben jedes Jahr mindestens 2,8 Millionen Menschen an den Folgen von Übergewicht und Fettsucht. Aus gutem Grund hat die WHO Adipositas bereits 1997 als globale Epidemie eingestuft – und Fettleibigkeit damit zu einer Seuche erklärt, die es zu bekämpfen gilt.

Starkes Übergewicht ist nicht nur ein Risikofaktor für chronische Krankheiten wie Diabetes, Herz-Kreislauf-Erkrankungen, Arthrose oder Krebs, es verursacht auch immense Kosten. Für die Behandlung adipositasassoziierter Krankheiten können schnell mehr als 100 000 Dollar pro Person anfallen. Selbst für die reichsten Länder der Welt könnten sich, so die Warnung von Gesundheitsexperten und Politikern, solche Ausgaben angesichts steigender Patientenzahlen auf mittlere Sicht als unfinanzierbar erweisen.

In Mexiko zum Beispiel leiden laut der Organisation für wirtschaftliche Zusammenarbeit und Entwicklung (OECD) inzwischen knapp 16 Prozent aller Erwachsenen (und damit mehr als doppelt so viele wie im OECD-Durchschnitt) unter Diabetes. Allein für die Behandlung der Diabetes und kostspielige Komplikationen müssen dort jährlich rund 4,8 Milliarden US-Dollar (bei einem Gesundheitsetat von etwa 76,5 Milliarden US-Dollar) bereitgehalten werden.

Hinzu kommt: Die Vorurteile gegenüber Übergewichtigen, und dies gilt vor allem für Kinder, führen zu Stigmatisierung – und damit nicht nur zu einer gesundheitlichen, sondern auch zu einer gesellschaftlichen Benachteiligung besonders schutzbedürftiger Menschen. Allein für Europa liegen Studien vor, wonach adipöse Kinder deutlich öfter gehänselt werden als ihre nichtadipösen Altersgenossen. Die WHO warnt in diesem Zusammenhang vor Depressionen, Schamgefühlen, gestörtem Selbstbewusstsein und sogar Suizid als Folge von starkem Übergewicht.

Übergewicht wird üblicherweise über den sogenannten Body Mass Index, kurz BMI, ermittelt. Dabei wird das Gewicht einer Person (in Kilogramm) durch das Quadrat ihrer Körpergröße (in Metern) dividiert. Ab einem BMI von 25 sprechen Mediziner von Übergewicht; übersteigt der BMI die 30, werden die Betroffenen als fettleibig, also adipös, eingestuft.

Legt man diese international gängige Berechnung zugrunde, dann sind von den insgesamt 2,2 Milliarden Menschen, die weltweit zu dick sind, 712 Millionen Menschen fettleibig; darunter 108 Millionen Kinder und 604 Millionen Erwachsene. Unter den 20 einwohnerstärksten Ländern der Welt weist Ägypten die höchste Rate fettleibiger Erwachsener auf: 35 Prozent der Frauen und Männer in dem nordafrikanischen Land sind adipös. Das hat im Wesentlichen zwei Ursachen: Zum einen sind Kalorienbomben wie Frittiertes und Fast Food am Nil oftmals billiger als gesündere Nahrung wie Obst, Joghurt oder Gemüse. Insofern ist in Ägypten, wo bald ein Viertel der Bevölkerung unter der Armutsgrenze lebt, ausgerechnet Leibesfülle ein Indikator für Mangel und Entbehrung. Doch auch wohlhabende Ägypter sind oft zu dick: Viele von ihnen bewegen sich kaum noch; die Lieferindustrie erfreut sich größter Beliebtheit, wohingegen der Besuch von Fitnessstudios oder Sportvereinen vielen nicht als trendy gilt.

Bei der Rate fettleibiger Kinder und junger Erwachsener halten unter den 20 bevölkerungsreichsten Ländern die USA den Rekord – mit einem Anteil von 13 Prozent. Stark zuckerhaltige Softdrinks zum Frühstück, Mittag- und Abendessen, Fehlernährung und Bewegungsmangel sind die Hauptfeinde US-amerikanischer Kids. Besonders selten ist extremes Übergewicht dagegen in Bangladesch, wo lediglich 1,2 Prozent der unter 20-Jährigen fettleibig sind, und in Vietnam, wo 1,6 Prozent der Erwachsenen adipös sind.

Für Deutschland erhob zuletzt das Robert-Koch-Institut zwischen 2008 und 2011 repräsentative Daten. Danach haben in Deutschland zwei Drittel der Männer und die Hälfte der Frauen Übergewicht. Ein Viertel der Erwachsenen ist adipös, Tendenz steigend. Bei den Kindern und Jugendlichen waren rund 16 Prozent übergewichtig und 6,3 Prozent adipös, das sind 50 Prozent mehr als in den 1980er und 1990er Jahren.

Lange Zeit galten die Folgen starken Übergewichts, darunter nichtübertragbare chronische Krankheiten wie Diabetes, Krebs oder Herzinfarkt und Schlaganfall, als typische Begleiterscheinungen der Wohlstandsgesellschaft – und somit, Stichwort ungesunder Lebensstil, in erster Linie als massives Gesundheitsproblem der westlichen Industrienationen. Doch diese Vorstellung ist überholt. Laut WHO betreffen nichtübertragbare Krankheiten inzwischen überwiegend arme Nationen; fast 80 Prozent entfallen auf die sogenannten Entwicklungsländer. Weltweit gibt es schon seit Jahren mehr übergewichtige als untergewichtige Menschen.

Insbesondere die moderne Lebensweise – gepaart mit wenig körperlicher Bewegung sowie dem damit einhergehenden, geringen Energieverbrauch einerseits und einer ausgesprochen ungesunden Ernährung mit kalorienreichen, industriell verarbeiteten, stark fett- und zuckerhaltigen Lebensmitteln andererseits – begünstigt Übergewicht. Da ausgerechnet die ungesündesten Lebensmittel mit hohen Anteilen an Zucker, Fetten, Stärke sowie künstlichen Farb- und Geschmacksstoffen zugleich oft die billigsten beziehungsweise die leicht konsumierbaren sind, sind sie für viele Menschen mit niedrigem Einkommen die naheliegende Wahl. Da diese Produkte außerdem – inzwischen auch in ärmeren Ländern – immer leichter verfügbar sind und überall mit hohem Werbeaufwand und irreführenden Qualitätsversprechen angepriesen werden, nehmen auch die chronischen Krankheiten weltweit zu.

Es ist ein Teufelskreis. Als Faustformel gilt nach Angaben der Deutschen Gesellschaft für Ernährung: Wer mit 40 Jahren adipös ist, hat eine um 5 bis 8 Jahre reduzierte Lebenserwartung. Und: Von einmal angelegtem Übergewicht dauerhaft wieder wegzukommen, gilt als extrem schwierig, weil der menschliche Körper – evolutionsbedingt – immer wieder sein früheres Höchstgewicht ansteuert.

WHO, Verbraucherschützer, Ernährungswissenschaftler, Gesundheitsökonomen und Ärzte appellieren seit Jahren an Staat und Gesellschaft, gegenzusteuern. Sie fordern unter anderem die Besteuerung zucker- und kalorienreicher Getränke und Lebensmittel, höhere Gesundheitsstandards für Schulkantinen, eine genauere Kennzeichnung von Lebensmittelinhalten und Nährstoffen sowie ein Ende des aggressiven Marketings für ungesunde Lebensmittel.

In Mexiko, Ungarn und mehreren US-Bundesstaaten gibt es seit einigen Jahren Abgaben auf zuckerhaltige Softdrinks. In Chile gilt seit 2016 das weltweit strengste Lebensmittelkennzeichnungsgesetz: Produkte mit zu viel Zucker, gesättigten Fetten, Kalorien oder Salz müssen auf der Vorderseite deutlich gekennzeichnet sein. Zuletzt führte Großbritannien im April 2018 eine Steuer für Getränke ein, die mehr als 5 Gramm Zucker pro 100 Milliliter enthalten; Fruchtsäfte und Milchgetränke wurden von der Regelung allerdings ausgenommen. Langfristige Erfolge dieser Maßnahmen sind bisher noch nicht nachweisbar. Die WHO jedenfalls beklagt regelmäßig, dass es noch keinem Land der Welt gelungen sei, den Trend zu Übergewicht und Adipositas umzukehren.

Übergewicht[1]
2016, in Prozent der erwachsenen Bevölkerung

1. Body-Mass-Index (BMI) ≥25.

Heike Haarhoff ist Gesundheitsredakteurin der *taz*.

Schwester Roboter

In Japan steigt die Zahl der Pflegebedürftigen, die Politik setzt auf maschinelle Helfer

von Arthur Fouchère

Auf der künstlichen Insel Odaiba in der Bucht von Tokio steht ein riesiger Roboter – die Nachbildung einer Figur aus dem Science-Fiction-Universum Gundam – und blickt aus 18 Meter Höhe auf die japanische Hauptstadt. So stellen sich die Westler Japan gern vor: als Land der Roboter.

Japan interessierte sich schon früh für Robotik, setzte aber zunächst vor allem auf die Nutzung in den Bereichen Rüstung, Logistik oder Landwirtschaft. Soziale Roboter, die pflegen, am Empfang sitzen oder assistieren, kamen nebenbei auch auf den Markt; manche erhielten sogar, zur Steigerung ihrer Geschicklichkeit oder um den Kontakt mit ihnen angenehmer zu machen, ein menschliches Aussehen.

Asimo, den ersten Prototyp eines humanoiden Roboters, stellte Honda im Jahr 2000 vor. Er ist inzwischen der weltweit erfolgreichste zweibeinige Roboter. Doch trotz dieser Meisterleistung und der Weiterentwicklung zahlreicher Modelle steckt der japanische Markt für Dienstleistungsroboter noch in den Kinderschuhen. Zwar setzen sich einfache Haushaltsroboter – Staubsauger, Rasenmäher – langsam durch, aber in diesem Sektor hat die US-Firma iRobot immer noch die Nase vorn.

Bevölkerung Japans nach Altersgruppen
in Mio.

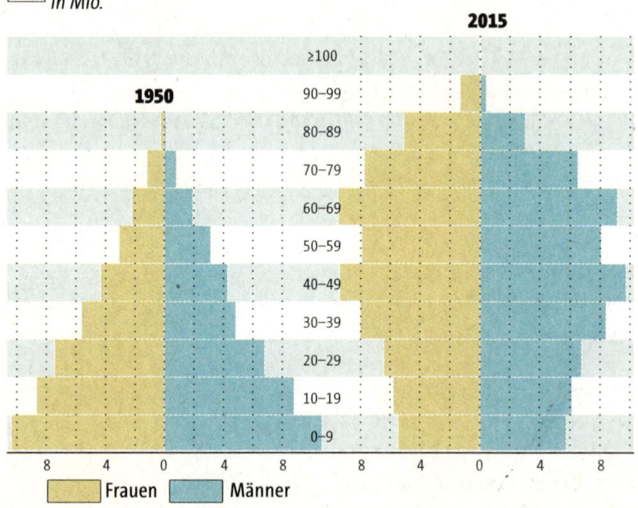

Von der Pyramide zur Urne

Nachdem Japan sich bei der digitalen Revolution (Flachbildschirme, Smartphones und so weiter) von der Konkurrenz aus den USA und Südkorea hat abhängen lassen, ist es nun fest entschlossen, sich die Chancen der Dienstleistungsrobotik nicht entgehen zu lassen. Denn in diesem Markt steckt ein gewaltiges Wachstumspotenzial: Die Zahl der weltweit verkauften Dienstleistungsroboter stieg allein 2016 um 24 Prozent und lag bei 6,7 Millionen Exemplaren.

Für ihre »Roboterrevolution« hat die drittgrößte Volkswirtschaft der Welt einen Fünfjahresplan aufgestellt. Japan will mit der Robotik auf den Bevölkerungsrückgang reagieren, der das Land belastet. Nach wie vor sperrt sich die Regierung gegen eine aktive Einwanderungspolitik; stattdessen will sie dem Arbeitskräftemangel mit Robotern begegnen.

Vor allem in der Pflege werden Roboter dringend gebraucht. Fast 27 Prozent der japanischen Bevölkerung waren 2016 älter als 65 Jahre. Der Anteil könnte bis 2060 auf 40 Prozent steigen. Während die Zahl pflegebedürftiger Menschen stetig zunimmt, mangelt es an Pflegekräften, 2025 dürften 380 000 fehlen. Diese Lücke könnten Roboter schließen, indem sie beschwerliche Tätigkeiten übernehmen und dabei helfen, dass alte Menschen im Alltag möglichst autonom bleiben. Der Plan von Premierminister Shinzo Abe sieht vor, dass eine spezielle Versicherung die Kosten für die Roboternutzung durch alte Menschen übernimmt.

Zurzeit sind die Roboter aber noch zu teuer und schwerfällig, um sie in großem Maßstab einzusetzen. Der Roboterbär Riba zum Beispiel, der im Forschungsinstitut Riken entwickelt wurde und in den westlichen Medien für viel Aufmerksamkeit sorgte, kam nie auf den Markt. Er war zu schwer und ungeschickt, um Patienten sicher tragen zu können. Einige Prototypen haben den Dienst im wirklichen Leben allerdings bereits angetreten.

2013 brachte Toyota nach zehn Jahren Entwicklungsarbeit mehrere Modelle der Serie »Partner Robots« auf den Markt, darunter den HSR (Human Support Robot), einen sprechenden Roboter mit beweglichem Arm, der über ein Tablet gesteuert wird und in der Lage ist, bettlägrigen Patienten Gegenstände zu bringen, die Tür zu öffnen oder Vorhänge auf- und zuzuziehen.

2015 wurden durch den Verkauf von Pflegerobotern 166 Millionen Dollar erwirtschaftet. Nach dem Fünfjahresplan von Premier Abe soll dieser Umsatz bis 2020 auf 500 Millionen Dollar steigen, Experten sprechen von 4 Milliarden Dollar bis 2060. Viele Forschungsprojekte konzentrieren sich auf externe anatomische Stützroboter, die bei gelähmten Gliedmaßen, eingeschränkter Beweglichkeit oder im Rahmen einer Reha die Motorik der Patienten unterstützen. Weltweit sind 2017 mehr als 8000 dieser Exoskelette verkauft worden, die Branche rechnet mit jährlichen Absatzsteigerungen von 25 Prozent.

Auch Toyota, Panasonic, Honda und der Gigant der industriellen Robotik, Yaskawa, haben damit begonnen, Dienstleistungsroboter herzustellen und ein Leasingsystem für medizinische Einrichtungen aufzubauen. Doch als Erstes hat das kleine Unternehmen Cyberdyne (entstanden an der Universität Tsukuba) mit seinem Roboteranzug HAL (Hybrid Assistive Limb: hybride unterstützende Gliedmaße) den Weltmarkt erobert. Das Gerät empfängt Signale vom Gehirn und erkennt, welche Bewegungen der Träger ausführen will. HAL hilft nicht nur alten oder behinderten Menschen, sondern kann auch bei Arbeitsabläufen assistieren. So wurde er am Flughafen von Haneda versuchsweise eingesetzt, um das Verladen schwerer Fracht zu erleichtern.

Das Fujita Health University Hospital, eines der führenden Krankenhäuser in Japan, nutzt in großem Umfang Exoskelette, die Patienten beim Gehen helfen, allerdings noch unter Aufsicht von menschlichem Personal. Inzwischen sind sogar »emotionale Roboter« zur Behandlung von Kognitions- und Verhaltensstörungen auf dem Markt. Sie entwickeln eine Beziehung zum Patienten und sollen etwa bei Alzheimerkranken zur Linderung von Demenz, Angst und Isolation eingesetzt werden. Dahinter stecken Konzepte der Tiertherapie – ohne die mit lebenden Tieren verbundenen Risiken. Der Roboter Paro beispielsweise, der einem Robbenbaby nachempfunden ist, wurde mit Sensoren und einem künstlichen Fell ausgestattet und reagiert, wenn er vom Patienten gestreichelt wird: Er quiekt, schließt die Augen, bewegt die Flossen. Tausende Exemplare wurden bereits verkauft, auch nach Europa und in die USA.

Der nächste Entwicklungsschritt sind kleinere, preisgünstige und mit anderen Geräten kompatible Roboter. Nao, ein Humanoid von Softbank, und Sato von NTT zum Beispiel können den Nutzer daran erinnern, den Blutdruck zu messen oder seine Medikamente einzunehmen. Aber es wird wohl noch dauern, bis sie in Privathaushalten zum Einsatz kommen. Die Hindernisse sind

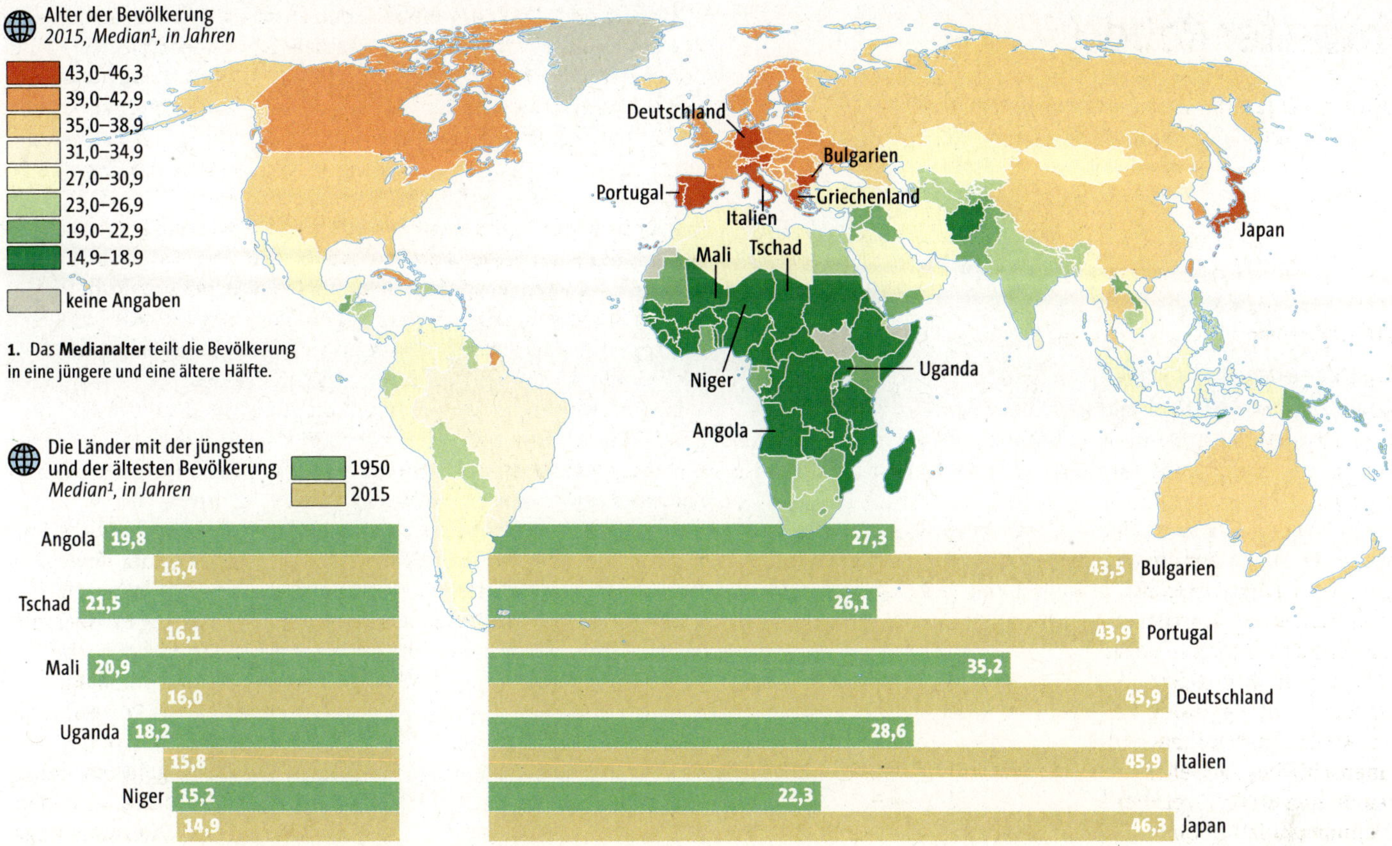

1. Das **Medianalter** teilt die Bevölkerung in eine jüngere und eine ältere Hälfte.

Junges Afrika, altes Europa

technischer und finanzieller, nicht jedoch psychologischer Art. Laut einer Studie der Regierung stehen in Japan knapp zwei Drittel der Patienten Robotern positiv gegenüber und betrachten sie als Lebensbegleiter.

Roboter sind in der japanischen Kultur fest verankert. Das zeigen schon die Mangas. Die berühmte Anime-Serie über den Androiden Astro Boy entstand bereits in den 1960er Jahren. Und schon in der Edo-Zeit (1603–1868) gab es kleine, federbetriebene Puppen, die Tee servierten. Hinzu kommt, dass in der Vorstellungswelt des Schintoismus bestimmte Tiere oder Objekte und Orte in der Natur eine Seele besitzen. Sie werden *kami* genannt. Der Berg Fuji gehört dazu, die Hirsche im Park der Stadt Nara gehören dazu – und möglicherweise ja auch Roboter.

Japan will den wirtschaftlichen Kampf um die Dienstleistungsroboter gewinnen. Bei den Olympischen Spielen 2020 in Tokio sollen die Humanoiden zeigen, was sie können – bei einer Olympiade für Roboter. Um der dramatischen Überalterung der Gesellschaft etwas entgegenzusetzen, wird jedoch noch einiges mehr nötig sein – angefangen mit einer offeneren Einwanderungspolitik und der Beschäftigung von Frauen.

Arthur Fouchère ist Journalist.

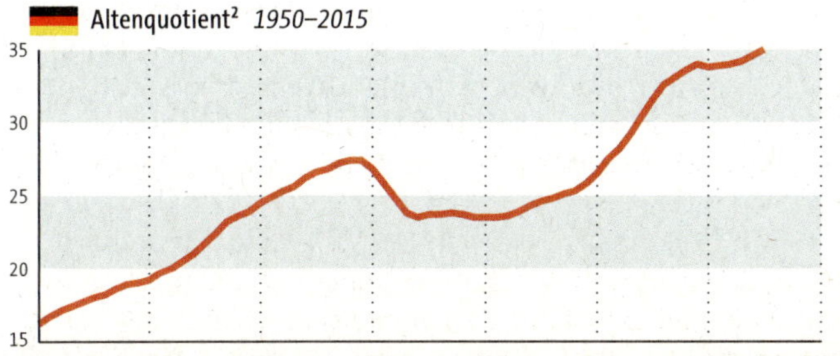

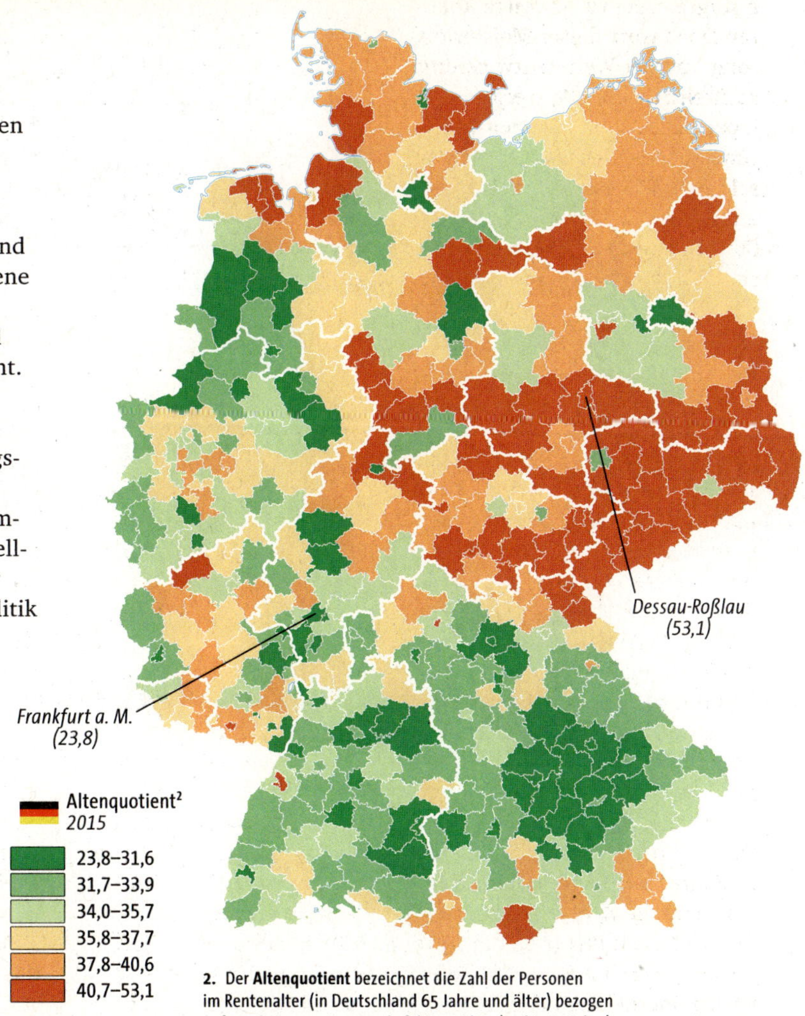

2. Der **Altenquotient** bezeichnet die Zahl der Personen im Rentenalter (in Deutschland 65 Jahre und älter) bezogen auf 100 Personen im erwerbsfähigen Alter (20 bis 64 Jahre).

Weil die Jungen abwandern, altert der Osten schneller

Warenhandel weltweit

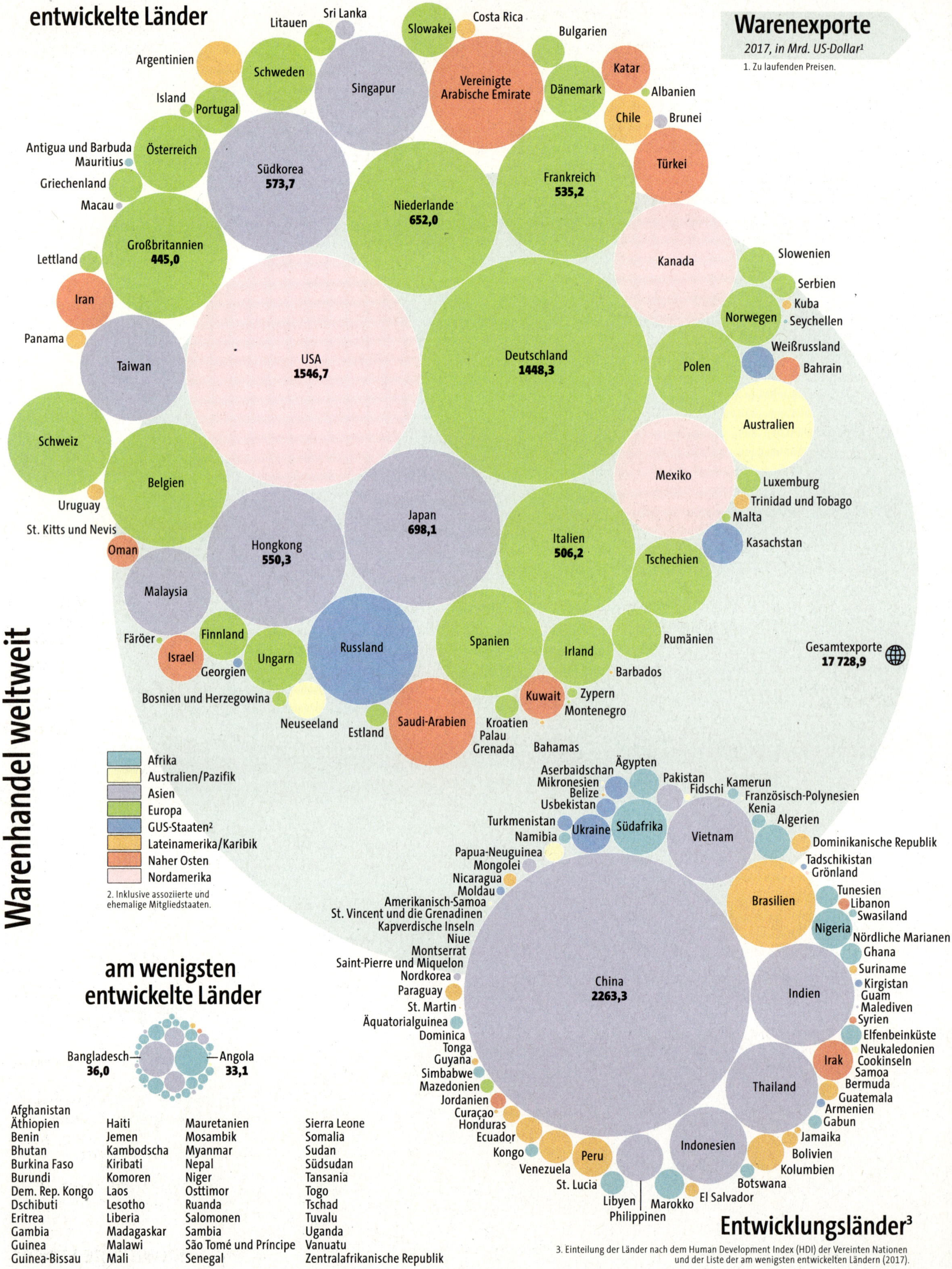

Warenimporte

2017, in Mrd. US-Dollar[1]

1. Zu laufenden Preisen.

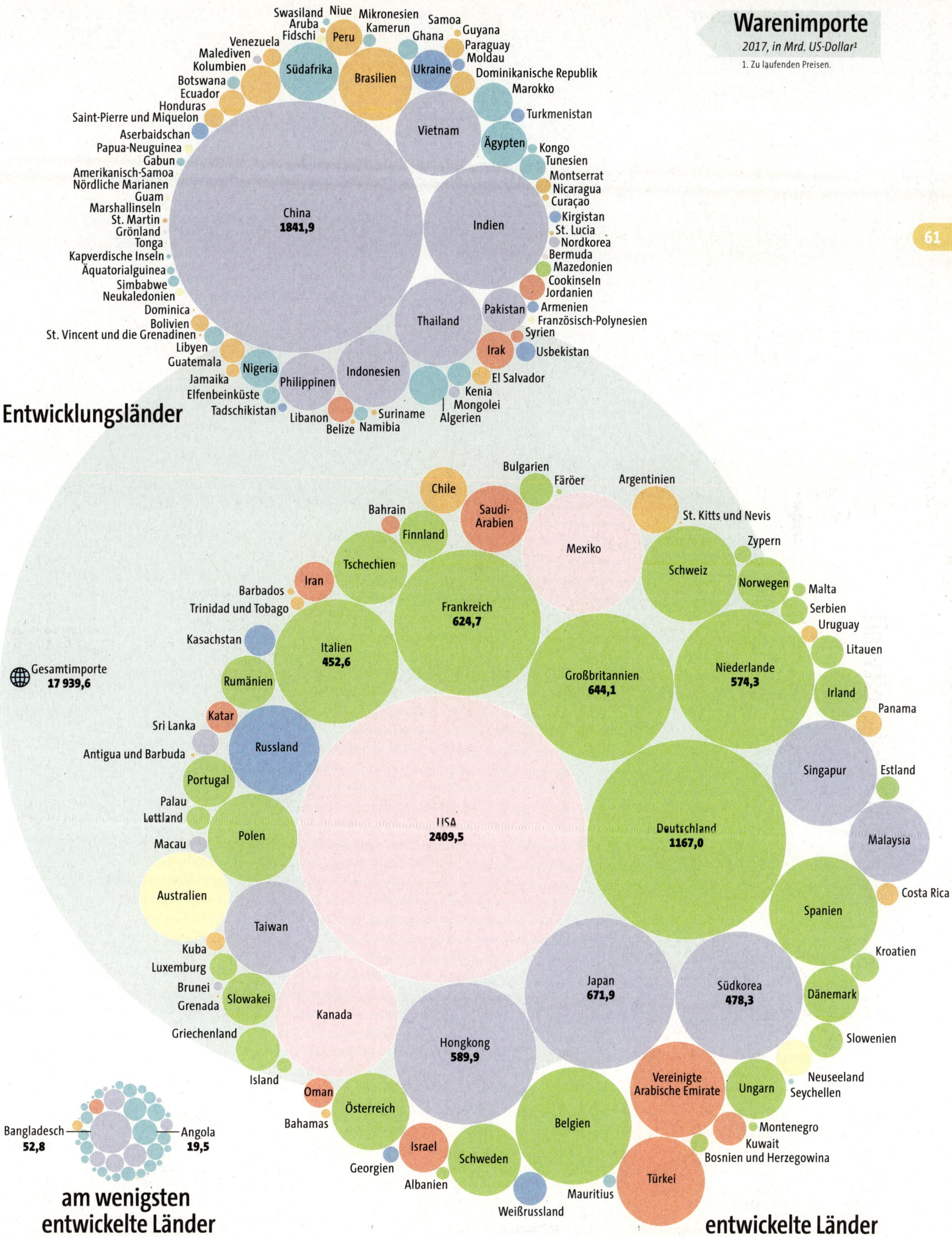

Zum Freihandel gezwungen

Entwicklungsländer müssten junge Branchen gegen die Konkurrenz der Industrieländer schützen können

von Ulrike Herrmann

Weltweit werden Freihandelsabkommen forciert. Auch die EU ist bestrebt, mit Ländern auf allen Kontinenten Verträge abzuschließen. Um Zölle geht es dabei kaum noch, denn sie sind schon niedrig. Die EU beispielsweise erhebt im Durchschnitt nur noch einen Zoll von 3 Prozent auf die Waren, die aus dem Ausland importiert werden. In den USA liegt der durchschnittliche Zollsatz sogar noch niedriger – bei etwa 2,4 Prozent. Geschützt sind fast nur noch Agrarprodukte, weil die Landwirtschaft auf beiden Seiten des Atlantiks mit Milliardensummen subventioniert wird.

Nicht die Zölle sind das Problem, sondern die sogenannten nichttarifären Handelshemmnisse, also Produktvorschriften, die den Güteraustausch behindern. Die Automobilindustrie ist ein gern zitiertes Beispiel: Seitenspiegel in Deutschland müssen einklappbar sein – das gilt in vielen anderen Ländern nicht. Diese nichttarifären Handelshemmnisse sollen nun durch eine neue Welle von Freihandelsabkommen beseitigt werden. Die Industrieländer handeln im Eigeninteresse, wenn sie darauf verzichten, sich voneinander abzuschotten. Denn Zölle und nichttarifäre Handelshemmnisse verzerren den Wettbewerb und sind teuer für die Konsumenten. Protektionismus nutzt nur den heimischen Unternehmen, die überhöhte Monopolpreise verlangen können, wenn die Konkurrenz aus dem Ausland draußen bleibt.

Doch jede Regel kennt auch ihre Ausnahme. Wie die Geschichte zeigt, kann es sehr sinnvoll sein, gezielt auf Protektionismus zu setzen. Dies gilt vor allem für Entwicklungsländer, die den technologischen Abstand zu den Marktführern aufholen wollen. Deutschland, Frankreich und die USA sind dafür beste Beispiele. Auch sie waren einmal Entwicklungsländer – im 19. Jahrhundert. Damals war Großbritannien das führende Industrieland, während die anderen Europäer und die USA diesen Vorsprung aufholen wollten. Der Trick war überall der gleiche: Die rückständigen Staaten setzten auf das »Prinzip Plagiat«. Es wurde systematisch Industriespionage betrieben, indem britische Techniker abgeworben und englische Maschinen heimlich importiert und kopiert wurden.

Gleichzeitig sorgten hohe Zollschranken dafür, dass die eigenen Industriebetriebe gegen die überlegene britische Konkurrenz geschützt waren. Besonders hoch waren die Zölle in den USA, die im Durchschnitt zwischen 35 und 50 Prozent lagen – und zwar von 1820 bis zum Zweiten Weltkrieg. Erst ab 1950 sanken die US-amerikanischen Zölle kontinuierlich. Dieses Muster lässt sich stets beobachten: Die Zölle werden erst abgeschafft, wenn die eigene Industrie zu den Weltmarktführern gehört und die Konkurrenz nicht mehr fürchten muss.

Die heutigen Entwicklungsländer haben es allerdings ungleich schwerer, die technologische Kluft zu überwinden. Sie sind mit einem Problem konfrontiert, das die Deutschen oder Franzosen vor 150 Jahren noch nicht hatten, als sie sich industrialisierten: Durch den technologischen Fortschritt steigt die Mindestgröße, die eine Fabrik haben muss, stetig. Selbst große Länder wie Argentinien sind längst zu klein, um eine eigene Autofabrik aufzumachen. Die Pkw-Produktion ist so teuer, dass sie sich nur lohnt, wenn ein riesiger interner Markt vorhanden ist. Die Chinesen sind also klar im Vorteil, weil sie über eine Bevölkerung von knapp 1,4 Milliarden Menschen verfügen. Da ist es noch möglich, Importe zu beschränken, Devisen zu bewirtschaften und hinter hohen Zollschranken eine eigene Industrie hochzuziehen.

Kleinere Entwicklungsländer können diesen Weg nicht mehr gehen – und befinden sich in einer Falle. Sie sind auf den weltweiten Freihandel angewiesen, damit sie für ihre Produkte einen hinreichend großen Markt finden. Gleichzeitig begünstigt aber genau dieser Freihandel vor allem die etablierten Industrieländer, die technologisch überlegen sind und daher Konkurrenz nicht fürchten müssen.

Zudem haben die Entwicklungsländer damit zu kämpfen, dass ihnen der technologische Fortschritt gnadenlos davonrast. Im 19. Jahrhundert betrug das Produktivitätsgefälle zwischen den reichsten und den ärmsten Ländern höchstens 4 zu 1, wie der südkoreanische Ökonom Chang Ha Joon errechnet hat. Inzwischen hat sich die Kluft zwischen reichen Staaten wie den USA und den ärmsten Ländern wie Äthiopien oder Tansania auf etwa 60 zu 1 ausgeweitet. Selbst Schwellenländer wie Brasilien hinken bei der Produktivität ihrer Wirtschaft 5 zu 1 hinterher. Dies bedeutet: Wenn sich heute ein Land wie Brasilien gegen die Übermacht der Industrieländer wehren will, dann reichen Zölle von 40 Prozent nicht, wie sie die USA im 19. Jahrhundert erhoben haben – sondern es müssten Zölle von weit über 100 Prozent sein. Doch stattdessen werden die Entwicklungs- und Schwellenländer gezwungen, Freihandelsabkommen und WTO-Verträge abzuschließen, die sinkende Zölle vorsehen.

Es ist also höchst unfair, wenn die heutigen Freihandelsabkommen stets davon ausgehen, dass eine Symmetrie bei den Vereinbarungen herrschen müsse – und alle Länder ihre Zölle möglichst reduzieren sollen. Faire internationale Abkommen müssten die unterschiedlichen Entwicklungsstufen berücksichtigen. Für die Industrieländer ist es richtig, keine Zölle mehr zu erheben, denn

bilaterale Handels- und Investitionsabkommen
1960–2015, kumulativ, in tausend

1. Verträge mit Handels- und Investionsregelungen (»Trade and Investment Partnerships«: TIPs) sind unter Handelsabkommen aufgeführt.

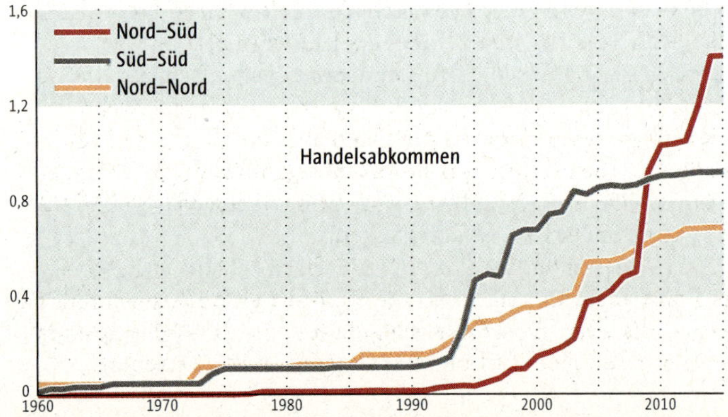

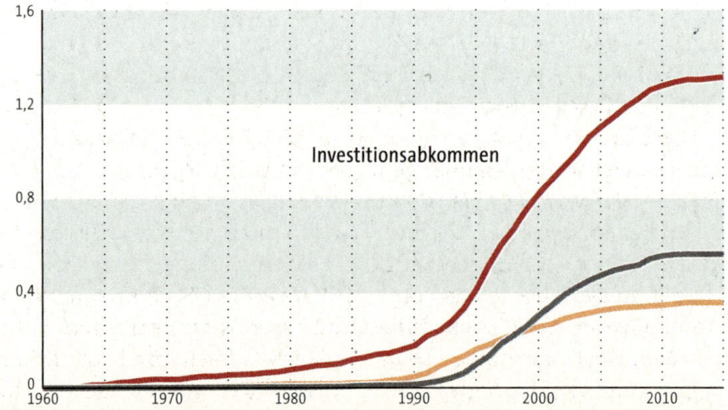

Vertraglich abgesicherter Vorsprung

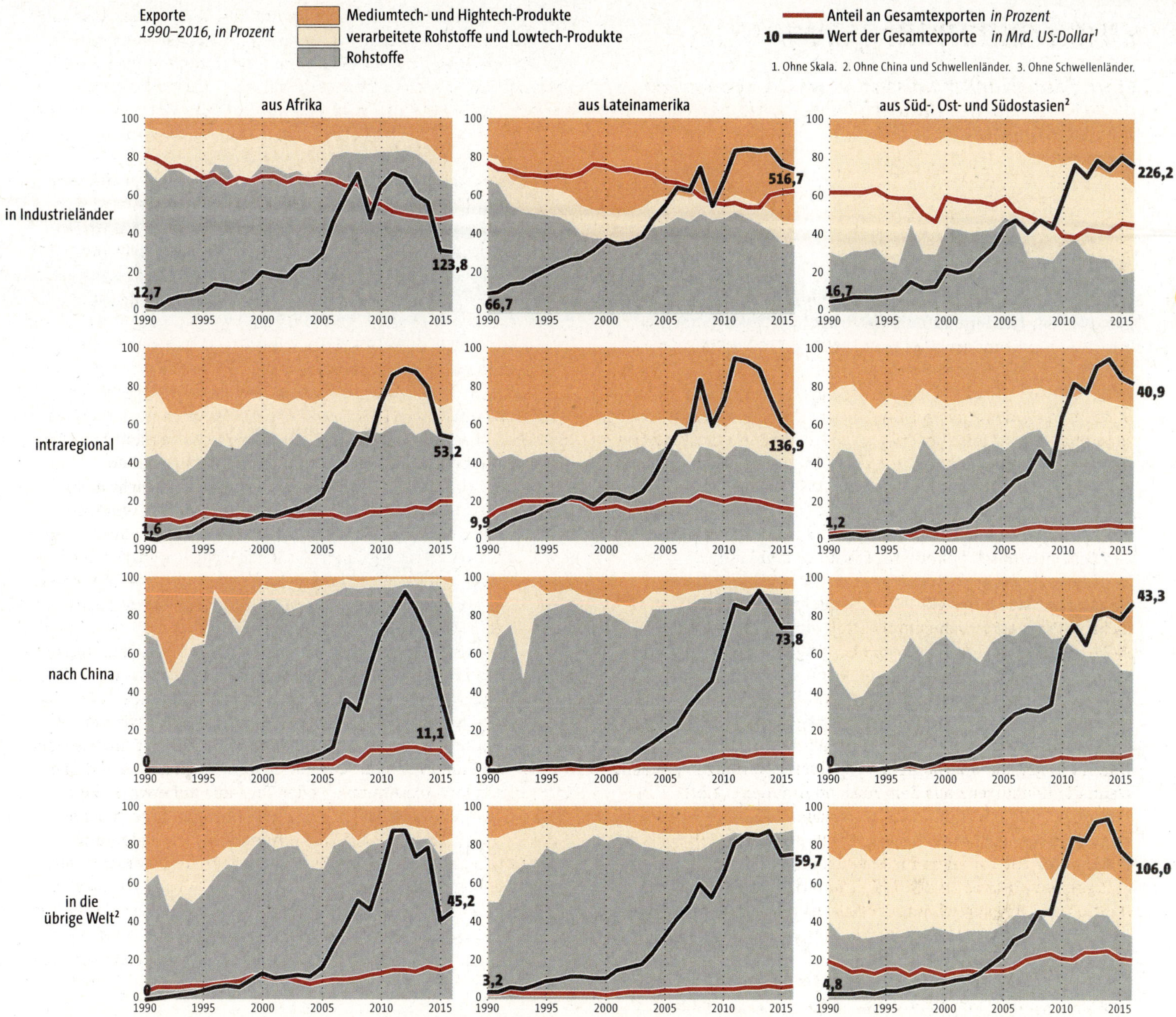

Selbst Lateinamerika exportiert nach China fast nur noch Rohstoffe

diese künstliche Barriere würde nur dazu führen, dass sich Unternehmer dem Wettbewerb entziehen und Monopolgewinne kassieren, die die Konsumenten bezahlen müssen. Doch Entwicklungsländer müssen die Chance haben, ihre jungen Branchen gegen die übermächtige Konkurrenz der Industrieländer zu schützen. Das Gegenteil aber ist der Fall: Ausgerechnet das reichste Land der Welt, die USA, kehrt einseitig zum Protektionismus zurück. US-Präsident Donald Trump droht mit immer neuen Zöllen und propagiert »America first«.

Diese Idee ist nicht ganz neu. Trump hat ein Vorbild, wenn es um den weltweiten Handel geht: seinen Amtsvorgänger Ronald Reagan, der von 1981 bis 1989 regierte. Reagan ging damals vor allem gegen Japan vor, das unter anderem zu der »freiwilligen« Vereinbarung gezwungen wurde, 8 Prozent weniger Autos zu liefern. Reagan hatte sich vorgestellt, dass die US-amerikanischen Autokonzerne diese Lücke füllen und mehr Autos herstellen würden. Doch stattdessen senkten die US-Firmen ihre Produktion sogar – und erhöhten gleichzeitig ihre Preise. Um 1000 Dollar wurden US-Pkws im Durchschnitt teurer. Diese überhöhten Preise setzten die US-Konzerne durch, indem sie das Angebot verknappten. Wie die Denkfabrik Brookings Institution damals ermittelte, nahm die Autoproduktion in den USA um 300 000 Stück ab – sodass 32 000 Jobs verloren gingen.

Auch das Cato Institute kam damals zu dem Ergebnis, dass der Protektionismus den USA schadet. Nur ein Beispiel aus einer langen Liste: 1987 setzte Reagan einen Zoll von 100 Prozent auf alle japanischen Elektroteile durch. Das Ergebnis war unerfreulich. Die US-Computerfirmen waren weltweit nicht mehr konkurrenzfähig, weil sie auf die japanischen Computerchips angewiesen waren – deren Preis sich aber durch den Zoll verdoppelt hatte. Die Erfahrungen aus der Reagan-Ära dürften sich jetzt wiederholen: Trumps Zölle werden keine neuen Jobs in den USA schaffen, sondern Stellen vernichten.

Bei der gesamten Diskussion um Freihandel und Protektionismus fällt allerdings auf, dass das eigentliche Handelshemmnis gar nicht vorkommt: die Devisenspekulation, die die Währungskurse extrem schwanken lässt und Exportgüter ad hoc verteuert.

Ulrike Herrmann ist Wirtschaftskorrespondentin der *taz.*

Den demografischen Bonus nutzen

Selbst Schwellenländer drohen alt zu werden, bevor sie Wohlstand für viele erwirtschaftet haben

von Tanja Kiziak

In den 1960er Jahren befanden sich die meisten Entwicklungsländer in einer ähnlichen Lage: hohe Geburtenziffern, eine starke Abhängigkeit von der Landwirtschaft und extrem niedrige Pro-Kopf-Einkommen. In den folgenden Jahrzehnten haben die verschiedenen Weltregionen jedoch sehr unterschiedliche Wege beschritten. So stehen die Länder südlich der Sahara, die seit den 1960er Jahren nach und nach die Unabhängigkeit erkämpft haben und voller Hoffnung in die Zukunft gestartet waren, heute zum Teil vor noch massiveren Problemen als damals. Bei den heutigen asiatischen »Tigerstaaten« dagegen sahen Experten ursprünglich die geringsten Chancen auf eine schnelle Verbesserung der Lebensbedingungen. Doch diese Länder durchliefen im Rekordtempo eine soziale und wirtschaftliche Entwicklung, für die europäische Länder mehrere Jahrhunderte benötigt hatten.

Diese massive Umwälzung gelang nicht zuletzt dadurch, dass die Tigerstaaten es schafften, ihre Fertilitätsraten in kürzester Zeit zu senken und damit einen sogenannten demografischen Bonus zu erreichen. Der ergibt sich, wenn weniger Kinder zu Welt kommen und sich der Schwerpunkt der Bevölkerung in Richtung Erwerbsalter verschiebt. Den Erwerbsfähigen stehen dann verhältnismäßig wenige Kinder und Jugendliche und auch vergleichsweise wenige ältere Menschen gegenüber, die versorgt werden müssen. Die Vereinten Nationen sprechen von einem demografischen Bonus, wenn der Anteil der Kinder und Jugendlichen an der Gesamtbevölkerung unter 30 Prozent fällt und gleichzeitig die Älteren noch keine 15 Prozent ausmachen.

Damit sich der demografische Bonus in einen volkswirtschaftlichen Gewinn, in eine sogenannte demografische Dividende verwandelt, müssen die vielen jungen Erwerbsfähigen produktiv werden. Entscheidend für einen wirtschaftlichen Aufstieg ist also nicht allein die Bevölkerungszusammensetzung, sondern die Frage, wie gesund, friedfertig, gebildet und innovativ die Menschen sind und wie viele von ihnen der Arbeitsmarkt aufnehmen kann.

Das hohe Wirtschaftswachstum von Ländern in Ost- und Südostasien in der zweiten Hälfte des 20. Jahrhunderts ist zu rund einem Drittel auf die optimale Nutzung des demografischen Bonus zurückzuführen. Diese Staaten nutzten die Spareffekte, die sich aus rückläufigen Kinderzahlen ergeben, für wirtschaftliche Investitionen, wobei die Arbeitsplätze zunächst in der industriellen Massenfertigung entstanden. So konnten sie die zahlenmäßig große Erwerbsbevölkerung in den Arbeitsmarkt integrieren. Diese ersten Schritte in Richtung Industrialisierung haben die Fertilität weiter sinken lassen. Mit steigendem Wohlstand investierten Eltern und Staat wiederum mehr in die Bildung der kleiner werdenden Nachwuchsjahrgänge. Diese konnten dann Schritt für Schritt in produktivere Industriebereiche mit höherer Wertschöpfung aufsteigen, was den Wohlstand weiter wachsen ließ.

Eine solche Entwicklung ist jedoch kein Selbstläufer. Dies zeigen viele Länder im Nahen Osten und Nordafrika, wo zwar seit Jahren die Geburtenziffern sinken und die formalen Bildungswerte steigen – der demografische Bonus aber keine Dividende schafft. Dort ist es bislang nicht gelungen, die große Zahl an jungen und tendenziell besser gebildeten Menschen in Arbeit zu bringen.

Der Arabische Frühling hat gezeigt, dass eine an sich günstige Altersstruktur ohne den entsprechenden Arbeitsmarkt zu einer demografischen Last werden kann, denn im ungünstigen Fall führt die Unzufriedenheit junger Menschen, die gebildet sind, aber keine Arbeit finden, zu sozialen Unruhen.

In vielen Entwicklungs- und Schwellenländern sind die Kinderzahlen in den letzten Jahren deutlich gesunken. Sie haben damit eine günstige Altersstruktur erreicht oder werden diese in naher Zukunft erreichen. Für sie geht es darum, den demografischen Bonus möglichst gut zu nutzen.

Andere Länder sind von einer vorteilhaften Altersstruktur noch weit entfernt. Insbesondere in Subsahara-Afrika verharren die Geburtenziffern noch auf hohem Niveau. Hier bedarf es massiver

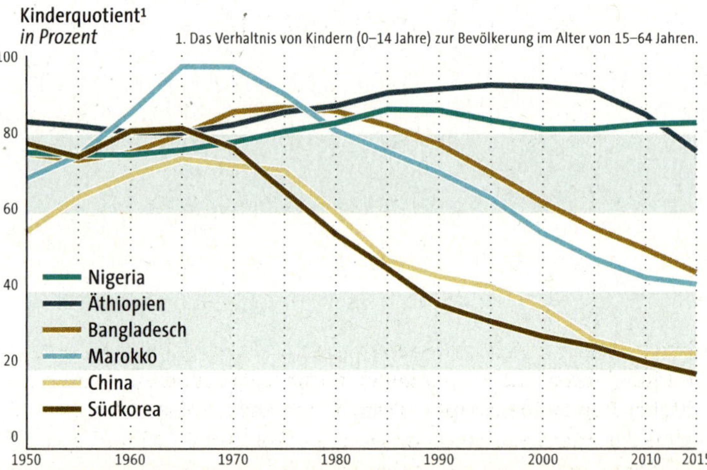

Wenn Kinder nicht mehr der Absicherung dienen

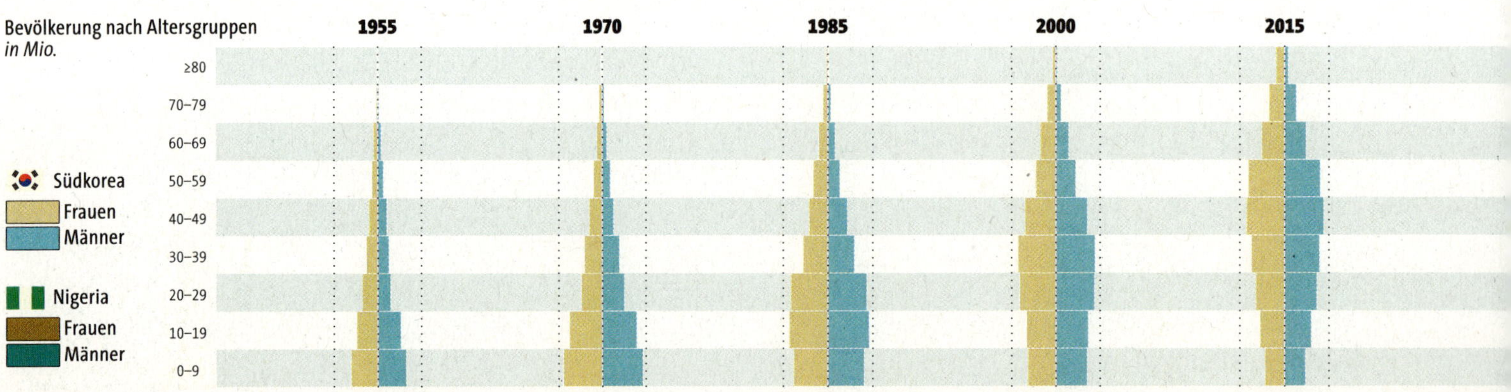

Zwei Pfade der Bevölkerungsentwicklung

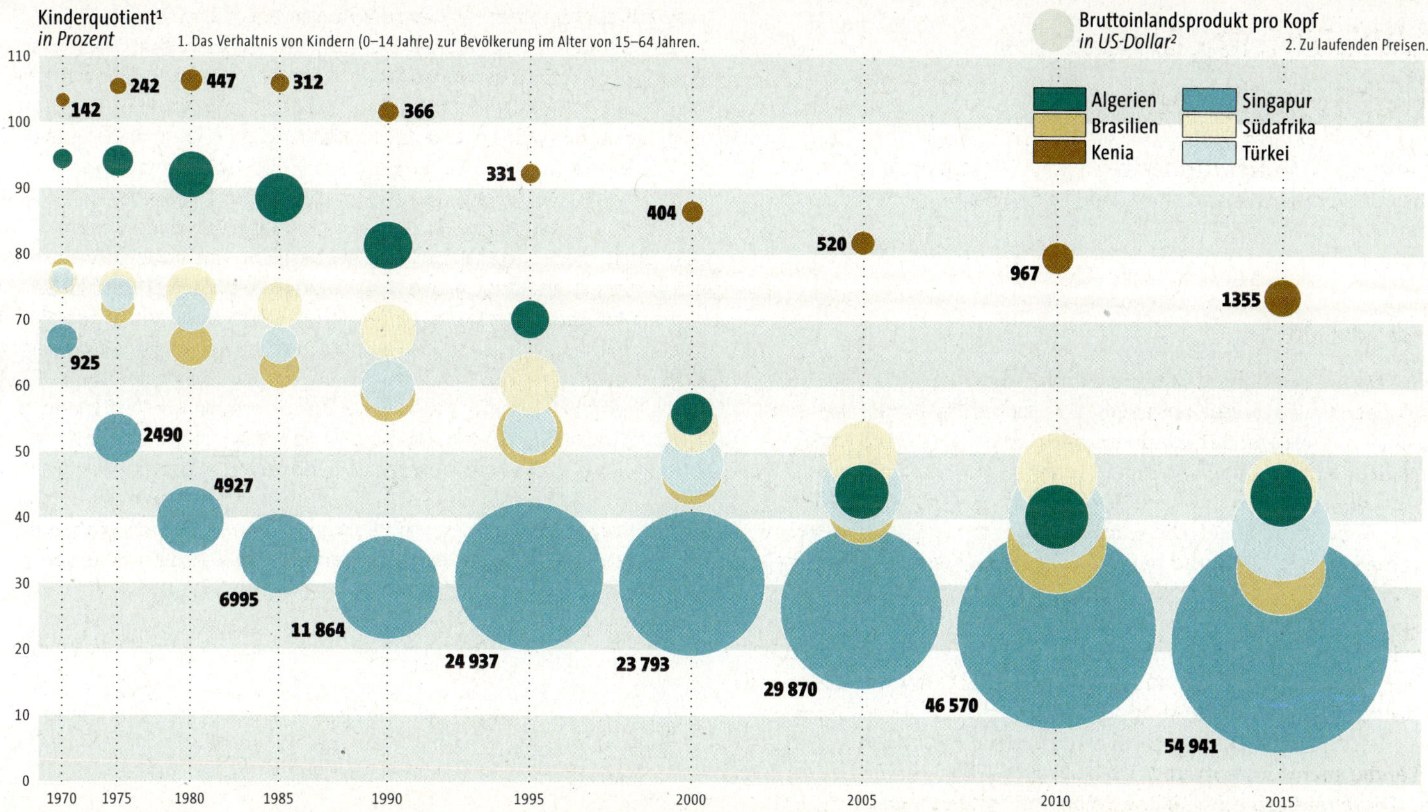

Singapur kassiert die Dividende

Investitionen in Gesundheitsversorgung, Familienplanung und Bildung, damit die Kinderzahlen zurückgehen und ein demografischer Bonus überhaupt erst entstehen kann. Dieser Weg ist ohne Alternative, denn kein Land der Welt mit anhaltend hohen Kinderzahlen hat sich je sozioökonomisch entwickelt.[1]

Das Fenster des demografischen Bonus öffnet sich für die einzelnen Länder allerdings nur für vier bis fünf Jahrzehnte. So lange dauert es, bis die letzten geburtenstarken Jahrgänge das Alter erreicht haben, in dem sie den Arbeitsmarkt wieder verlassen. Danach beginnt die Alterung der Gesellschaft, die zwangsläufig auf ein schnelles Sinken der Geburtenraten folgt. Dabei gilt: Je größer und zügiger zunächst der Fertilitätsrückgang, desto größer ist auch die Chance auf eine demografische Dividende – desto ausgeprägter fällt aber auch die anschließende Alterung aus. Nur Staaten, die ihren Bonus optimal ausnutzen und in dem zur Verfügung stehenden Zeitfenster einen möglichst großen Wohlstand erwirtschaften, sind in der Lage, wirksame soziale Sicherungssysteme aufzubauen und danach einen wachsenden Anteil von Ruheständlern angemessen zu finanzieren.

Gelingt das nicht, drohen diese Länder alt zu werden, bevor sie reich geworden sind. In Schwellenländern wie der Türkei, Brasilien oder Südafrika könnte das passieren. Dort sind die Kinderzahlen schon vor geraumer Zeit gesunken, der demografische Bonus ist bereits etwa zur Hälfte aufgebraucht, aber das Wirtschaftswachstum bleibt weit hinter dem Niveau zurück, das nötig wäre, um sich auf die Alterung der Gesellschaften vorzubereiten. Selbst in China, dem ökonomischen Musterland unter den aufholenden Staaten, dürfte, wenn die massive Alterung einsetzt, das durchschnittliches Pro-Kopf-Einkommen deutlich niedriger ausfallen als das Pro-Kopf-Einkommen, das heute in den früh industrialisierten Staaten erwirtschaftet wird. Bei allen Problemen, die auch dort durch den demografischen Wandel zu erwarten sind: Diese Länder sind reich geworden, bevor sie alt wurden.

Tanja Kiziak ist stellvertretende Geschäftsführerin des Berlin-Instituts für Bevölkerung und Entwicklung.

1. Siehe auch »Vom frühen Tod zum langen Leben« auf Seite 46.

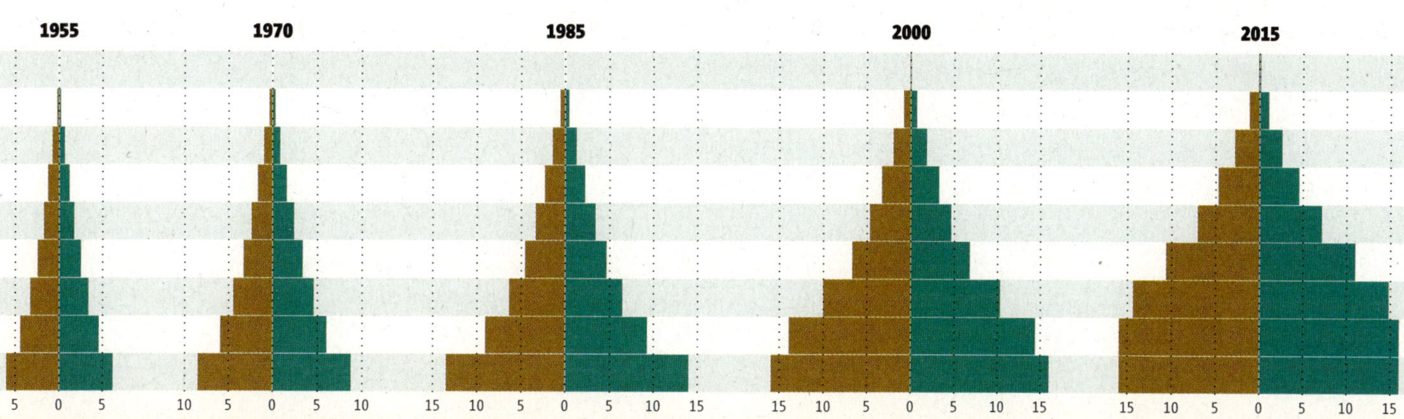

Dreieck der Globalisierung

Vom gemeinsamen Wirtschaftsraum mit Malaysia und Indonesien profitiert vor allem Singapur

von Philippe Revelli

Am 17. Dezember 1994 gründeten Singapur, Malaysia und Indonesien das Indonesia-Malaysia-Singapore Growth Triangle (IMS-GT). Die Eckpunkte dieses »Wachstumsdreiecks« sind Singapur, die malaysische Hafenstadt Johor Bahru und die indonesischen Riau-Inseln. Das Gründungsdokument war weder ein Abkommen mit präzisen Vertragsklauseln noch ein Entwicklungsprogramm mit festem Zeitplan. Es beschränkte sich darauf, die

● Strahlende Global City?

ohnehin laufenden Entwicklungen zu unterstützen. Die Initiative wurde als Beispiel für die regionale Entwicklung in einer globalisierten Welt präsentiert, in der Staatsgrenzen ihre Bedeutung verlieren. In diesem Sinne wollen die Partner darauf hinarbeiten, ihre jeweiligen Stärken – an Kapital, an Boden und an Arbeitskräften – durch Kooperation besser zur Geltung zu bringen.

Entstanden ist das Projekt in den Büros des Singapore Economic Development Board. Auf dem winzigen Territorium des Stadtstaats Singapur, der von 1987 bis 1994 ständig zweistellige Wachstumsraten erzielt hatte, fehlte es den Unternehmen an Raum; zugleich trieb die starke Nachfrage nach Arbeitskräften die Löhne in die Höhe. Insofern schien es vernünftig, ein Projekt »komplementärer Entwicklung« anzugehen, um den dringenden Bedarf an Raum, Arbeitskräften und Rohstoffen abzufangen.

Die Mitte des Dreiecks bildet Singapur, das über Kapital, qualifizierte Arbeitskräfte, beste technologische und kommerzielle Infrastrukturen sowie über den Zugang zum Weltmarkt verfügt. An der Nordspitze des Dreiecks liegt der Süden Malaysias, das halbqualifizierte Arbeitskräfte, »angepasste Technologien« und grundlegende Infrastrukturen sowie Rohstoffe und Land zu bieten hat. Die Basis des Dreiecks schließlich bilden die indonesischen Riau-Inseln, die über unqualifizierte Arbeitskräfte und lediglich einfache Technologien verfügen, aber auch über große Rohstoffvorkommen und Riesenflächen ungenutzten Landes.

Malaysia sah in dem Projekt die Chance, den Ballungsraum um Johor Bahru zu einer großen Industriezone zu entwickeln. Obwohl es nach wie vor Spannungen zwischen beiden Ländern gibt, die vor allem auf die Umstände des Ausschlusses von Singapur aus der Malaysischen Konföderation (1965) zurückgehen, hat Kuala Lumpur gegen den Kapitalzufluss aus Singapur nichts einzuwenden.

Indonesien stand 1994 noch unter der Herrschaft von General Mohammed Suharto. Damals musste das Land, auch weil die Erdöleinnahmen sanken, ein vom Internationalen Währungsfonds (IWF) und der Weltbank verordnetes »Strukturanpassungsprogramm« durchziehen. Der Dreiecksplan bot dem Inselstaat die Chance, die geografisch günstige Lage des Riau-Archipels zu nutzen. Die Inselgruppe liegt am Kreuzungspunkt der maritimen Handelsrouten zwischen Asien, Australien, Europa und dem Nahen Osten, verfügt aber auch über ein Reservoir billiger Arbeitskräfte.

25 Jahre danach hat Singapur den zweitgrößten Containerhafen der Welt (nach Schanghai) und ist viertgrößter Finanzplatz (nach London, New York und Hongkong). Ohne die regionale Perspektive wäre es für Singapur wohl schwieriger, wenn nicht unmöglich gewesen, sich als Weltstadt zu behaupten.

Während 150 000 Malaysier tagtäglich zum Arbeiten über die Grenze gehen, florieren auf malaysischer Seite Handel und Immobiliengeschäfte dank der Kundschaft aus Singapur, die hier viel billiger einkaufen kann und auch billigeren Wohnraum findet. Zu dem Geld, das über die Grenze strömt, gehören die 3,4 Milliarden Dollar, die Singapur in das Projekt Iskandar Malaysia investiert. Die Riesenanlage mit Industrie- und Hafenzonen, Wohnanlagen und Einkaufszentren ist seit 2006 im Bau. Bis 2025 soll sie sich auf eine Fläche erstrecken, die dreimal so groß ist wie Singapur, und Investitionen von 100 Milliarden Dollar absorbiert haben, die 800 000 Arbeitsplätze schaffen sollen.

Indonesien verzeichnet die meisten Projekte und Investitionen auf den beiden Riau-Inseln Bintan und Batam. Bintan hat sich, da nur eine Fährstunde von Singapur entfernt, auf Tourismus spezialisiert. Im Norden der Insel sind Feriendörfer und Luxushotels auf einer Fläche von 23 000 Hektar entstanden. Der internationale Flughafen rechnet mit stetig steigenden Passagierzahlen. Batam hingegen ist zum Industriezentrum geworden. Zahlreiche Unternehmen mit Sitz in Singapur haben ihre Aktivitäten 20 Kilometer weiter auf die Insel verlegt, wo die Gesetze lockerer und die Löhne niedriger sind – während sie weiterhin von den Freihandelsabkommen profitieren, die Singapur nicht zuletzt mit den USA geschlossen hat.

Seit 2007 haben die Riau-Inseln den Status einer Freihandelszone. In den 13 Industrieparks, die das Amt für Industrielle Entwicklung von Batam verwaltet, sind fast 600 ausländische Unternehmen angesiedelt, vor allem Montagebetriebe großer IT-Konzerne (Sanyo, Panasonic, Siemens, Sony, Toshiba, Epson) und Zulieferfirmen für Werften. Insgesamt sind hier rund 300 000 Arbeitskräfte beschäftigt, zwei Drittel davon Frauen.

Dieser Boom hat eine starke Zuwanderung von anderen Inseln des indonesischen Archipels ausgelöst. Deshalb ist die Bevölkerung von Batam binnen 30 Jahren von einigen zehntausend auf 2 Millionen Menschen angewachsen. Und während die meisten früher Fischer waren, ist die Bevölkerung heute rein städtisch geworden. Da die Immobilienpreise ständig steigen, ist für viele eine Wohnung unerschwinglich. Zehntausende Familien hausen in Slums. Das Versprechen auf ein besseres Leben zieht tagtäglich neue Zuwanderer an – viele von ihnen landen allerdings im informellen Sektor, inklusive der Prostitution.

Auch wenn im Dreieck hohe Wachstumsraten von über 5 Prozent zu verzeichnen sind, wird sich an der ökonomischen Hierarchie innerhalb des Dreiecks kaum etwas ändern. Singapur liegt mit seinem Bruttoinlandsprodukt pro Kopf von 94105 Dollar (kaufkraftbereinigt) weltweit an dritter Stelle (hinter Katar und Luxemburg), Indonesien hingegen mit 12404 Dollar auf Platz 97. In Malaysia beträgt das Durchschnittseinkommen 850 Dollar pro Monat, in Indonesien nur 130 Dollar.

Für Experten sind diese Unterschiede nicht etwa die Folge von Funktionsstörungen, die es innerhalb des Wachstumsdreiecks zu korrigieren gilt, sondern im Gegenteil die Basis, auf der das ganze Modell beruht – einem dreifachen Gefälle zwischen den Anrainerstaaten der Meerenge: einem ökonomischen (Arbeitskosten, Industrialisierungsniveau und Anteil des Dienstleistungssektors), einem demografischen (Verfügbarkeit von Arbeitskräften) und einem politischen (Protektionismus oder Freihandel).

Die Hoffnung auf einen fairen Anteil am Wachstum für alle drei Partner ist ebenso illusorisch wie das Zukunftsversprechen eines Territoriums ohne Grenzen in einer strahlenden Global City. Zu den nationalen Grenzen sind längst neue, interne Demarkationslinien hinzugekommen: So können Waren, die auf den Riau-Inseln produziert werden, nicht mehr unbeschränkt ins übrige Indonesien gelangen, weil Jakarta den Verkauf aus zollfreien Zonen eingeschränkt hat, um lokale Produzenten zu schützen. Und zwischen den drei Eckpunkten des Dreiecks können zwar Waren und Kapital nahezu ungehindert zirkulieren, nicht aber die Menschen.

Während die Bewohner der Riau-Inseln bis Anfang der 1980er Jahre oft nach Singapur fuhren, um einzukaufen oder Verwandte zu besuchen, können sie solche Reisen heute kaum noch unternehmen, weil die Kluft zwischen ihrem Lebensstandard und dem des Stadtstaats immer tiefer geworden ist. Nach der Krise von 1997/98 hat Singapur die Grenzkontrollen verstärkt, um die illegale Einwanderung tausender Arbeitsloser zu stoppen. Nach 9/11 wurden die Kontrollen erneut verschärft. Doch zum Haupthindernis für den Grenzverkehr ist seitdem das wirtschaftliche Gefälle geworden. Die entfesselte Entwicklung im Wachstumsdreieck hat den meisten Menschen letzten Endes mehr Beschränkungen gebracht statt der versprochenen Mobilität.

Philippe Revelli ist Journalist und Fotograf.

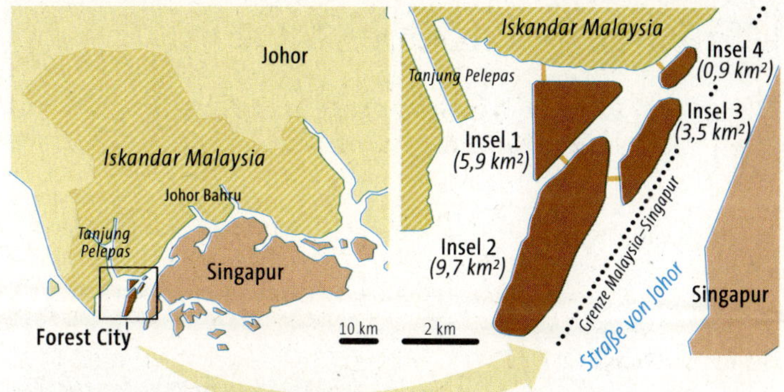

Eine private Stadt nur für Chinesen

Eines der ambitioniertesten Projekte im Masterplan der Freihandelszone Iskandar Malaysia ist Forest City. Auf vier künstlichen Inseln zwischen Malaysia und Singapur soll eine Metropole für rund 700000 Menschen entstehen. Entworfen wurde die Stadt von dem chinesischen Immobilienentwickler Country Garden. Das größte chinesische Stadtentwicklungsprojekt außerhalb Chinas wird geschätzt 100 Milliarden Dollar kosten – eine vergleichbare Dimension erreicht derzeit nur King Abdullah Economic City in Saudi-Arabien.

Mit 20 Quadratkilometern ist Forest City etwa viermal so groß wie der New Yorker Central Park. Eine massive Betondecke soll die vier aufgeschütteten Inseln schneller als üblich für die Bautätigkeiten vorbereiten. Oberirdisch ist Forest City reserviert für Gärten, Fußgänger, Radwege und Erholungs- und Gewerbeflächen; Parkplätze und Straßen werden unterirdisch verlaufen.

Die strategische Lage von Forest City ist das wichtigste Argument beim Verkauf der Immobilien an die zahlungskräftige chinesische Kundschaft. Die Stadt gehört zur Belt-and-Road-Initiative (der »Neuen Seidenstraße«), die China mit Zentralasien, Europa, Südostasien und Afrika verbinden soll. Geplant ist eine Schnellzugstrecke von Singapur nach Kuala Lumpur und weiter bis nach China.

Forest City wird eine private Stadt nur für Chinesen sein: Bildung, Gesundheitswesen, Sicherheit, Versorgung und Verwaltung werden komplett privatisiert. Besonders umstritten ist, dass die Wohnungen nicht zur Miete – in Singapur und Malaysia sind Mietverträge über 99 Jahre insbesondere für ausländische Kunden Standard –, sondern zum Kauf angeboten werden. Auch wird befürchtet, der Zuzug chinesischer Bürger könnte die Souveränität Malaysias untergraben.

Forest City wird eine Sonderwirtschaftszone innerhalb einer Sonderwirtschaftszone sein – mit noch günstigeren Steuersätzen, Steuervergünstigungen und anderen Anreizen als der Rest von Iskandar Malaysia. Die Autonomie dieser chinesisch kontrollierten Enklave ist beispiellos: Die malaysische Polizei darf in Forest City nicht aktiv werden, polizeiliche Aufgaben werden von privaten Sicherheitsdiensten übernommen. Unklar ist noch, welches Rechtssystem gelten wird.

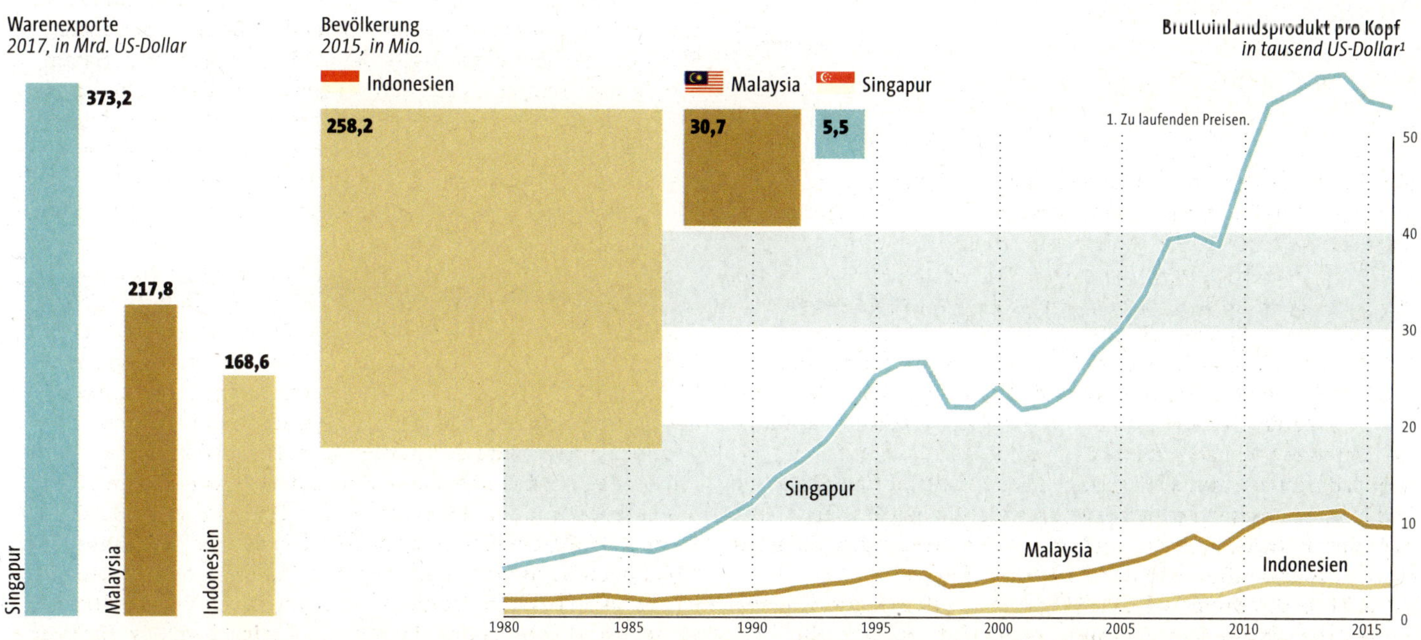

Ein Euro, drei Krisen

Wenn Deutschland seine gewaltigen Exportüberschüsse nicht abbaut, wird der Euro scheitern

von Ulrike Herrmann

Die Europäer erleben Weltgeschichte. Wie immer die Eurokrise endet – ob die Währungsunion auseinanderbricht oder überlebt –, das Ergebnis wird die Zukunft prägen. Allerdings führt der Begriff »Eurokrise« in die Irre, solange er im Singular benutzt wird. Europa hat nämlich nicht mit nur einer Eurokrise zu kämpfen, sondern mit drei Verwerfungen gleichzeitig.

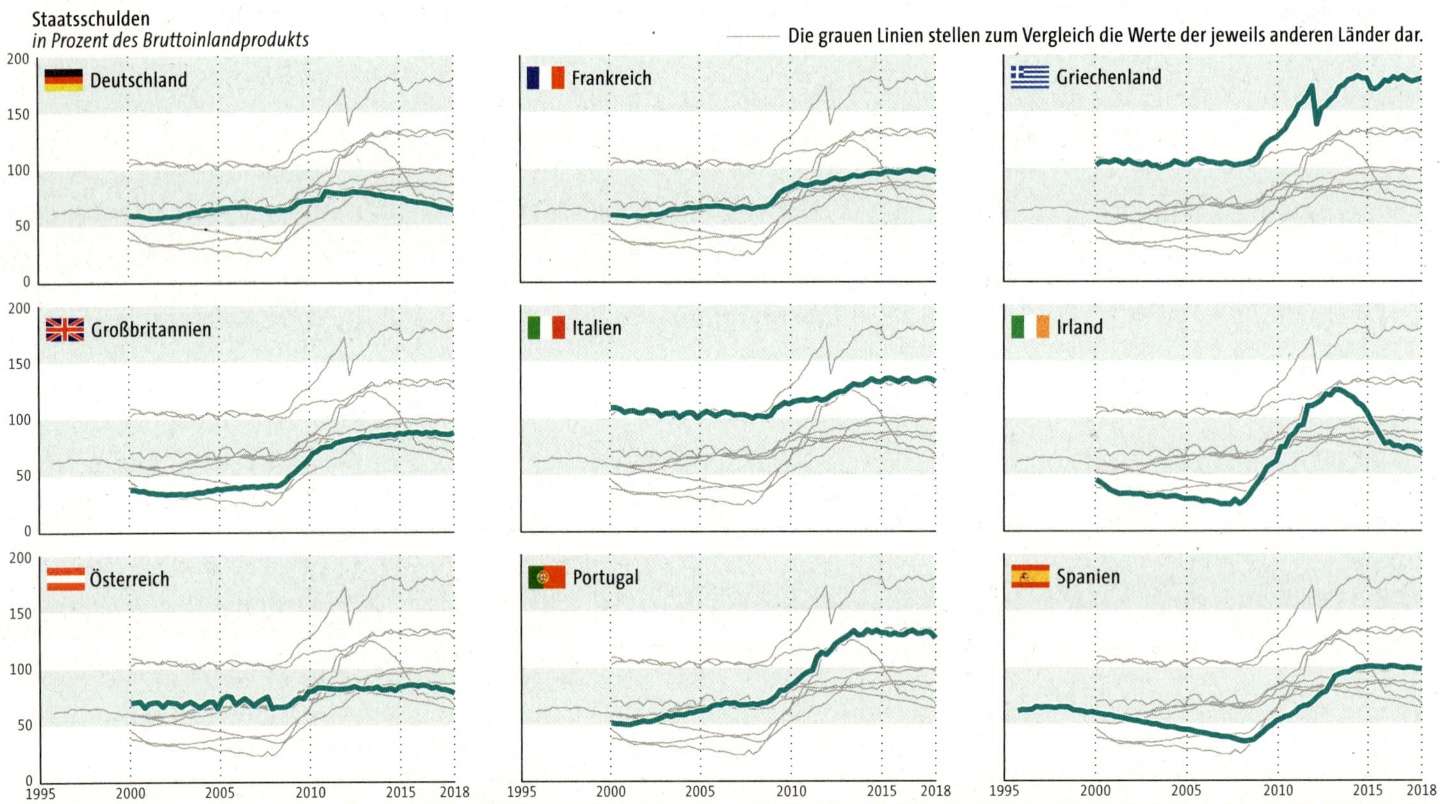

• Wirtschaftskraft und Schulden

Eurokrise I ist offensichtlich: In Griechenland, Portugal, Irland und Spanien hatten sich hohe Schuldenberge aufgetürmt, die mit ausländischem Geld finanziert wurden. Diese Eurokrise hat mit der US-Finanzkrise ab 2007 nicht unmittelbar zu tun, folgt aber dem gleichen Muster: Es handelt sich um Kreditblasen, die durch eine neue »Story« möglich wurden. Diesmal war es die Einführung der europäischen Gemeinschaftswährung.

Als es noch die griechische Drachme oder das Irische Pfund gab, mussten die Randstaaten der EU für jedes Darlehen hohe Risikozinsen zahlen. Diese Kreditkosten sanken rapide, als der Euro gegründet wurde. Die Investoren glaubten, dass die gleiche Währung bedeuten würde, dass nun auch alle Kredite gleich sicher wären. Plötzlich konnten sich die europäischen Randstaaten billig Geld leihen, und diese Kredite waren für die Griechen und Iren sogar noch günstiger als für die Deutschen. Denn während das Zinsniveau europaweit ähnlich niedrig lag, war die Inflation in den Randstaaten deutlich höher als etwa in der Bundesrepublik, was die Realzinsen an der Peripherie nach unten drückte. Da es die Kredite fast umsonst gab, griffen Spanier, Portugiesen, Griechen und Iren freudig zu.

Die Kreditblase wurde lange nicht erkannt, weil sie für Wachstum sorgte. Die Bauindustrie boomte, die Arbeitslosigkeit ging zurück, und die Löhne stiegen, was wiederum den Konsum ankurbelte. Über Nacht schien sich in den armen Randstaaten ein Wirtschaftswunder zu ereignen, und sie stiegen zu europaweiten Vorbildern auf. So wurde Irland gern als »keltischer Tiger« bezeichnet, und über Spanien schrieb die Deutsche Bank, dass es bis zum Jahr 2020 Deutschland überholen und eine höhere Wirtschaftsleistung pro Kopf aufweisen würde. Ein peinliches Fehlurteil, wie man im Rückblick weiß. Auch die Aufsicht versagte: Es störte weder die EZB noch die Bundesbank, dass die Immobilienkredite in Spanien oder Irland jährlich um mehr als 20 Prozent expandierten.

Die Überschuldung fiel auch deswegen nicht auf, weil sie in jedem Land ein wenig anders aussah. In Griechenland verschuldete sich vor allem der Staat, während es in Spanien und in Irland zunächst die privaten Haushalte und Banken waren. Dort kam der Staat erst in Bedrängnis, als die Institute ihre faulen Kredite auf öffentliche Bad Banks abwälzten.

So unschön Kreditblasen sind: Es war trotzdem seltsam, dass aus einer eher lokalen Krise am Rande Europas ein Finanzbeben werden konnte, das die gesamte Eurozone erschüttert. Griechenland ist ökonomisch so bedeutsam wie Hessen – und es würde doch niemand erwarten, dass die Eurozone an Hessen scheitern könnte. Die Eurozone wirkt wie eine Schulklasse, in der ein Grippevirus von einem Kind zum nächsten springt. Aber wie ist diese »Ansteckungsgefahr« zu erklären?

Die Antwort liefert Krise II: Die Eurozone ist falsch konstruiert. Es funktioniert einfach nicht, eine gemeinsame Währung zu haben, aber 19 verschiedene Staatsanleihen.

Die verheerende Wirkungskette lässt sich gut am Beispiel Italiens studieren, das von panischen Investoren in Richtung Pleite getrieben wurde, obwohl es damals noch ein wirtschaftlich gesundes Land war. Diese Beschreibung mag manchen Deutschen wundern, der weder die Mafia noch den einstigen Regierungschef Silvio Berlusconi goutiert. Doch Fakt ist: Italiens Banken waren stabil und hatten – anders als die deutschen Institute – vor 2007 auch keine Subprime-Schrottpapiere aus den USA aufgekauft. Zudem sind Italiens Staatsschulden zwar hoch, aber nicht neu – und sie werden seit mehr als 20 Jahren mitgeschleppt und verlässlich bedient.

Aber diese objektiven Daten interessierten die Investoren nicht mehr. Als für Griechenland ein Schuldenschnitt diskutiert wurde, fürchteten sie, dass auch andere Euroländer konkursreif seien. Also verkauften sie hektisch ihre italienischen Staatsanleihen und erwarben dafür deutsche Papiere, die ihnen sicherer erschienen. Das Gesetz von Angebot und Nachfrage begann zu wirken: Die Zinsen für italienische Staatsanleihen stiegen auf über 7 Prozent, weil kaum noch jemand die italienischen Papiere erwerben wollte, während umgekehrt die deutsche Regierung mit Geld überschwemmt wurde und für einen zehnjährigen Kredit nur noch 1,4 Prozent bieten musste.

Die hohen Zinsen waren für Italien jedoch tödlich, weil der Staatshaushalt gekürzt werden musste, was dann die Wirtschaft um 4,5 Prozent schrumpfen ließ. Dies brachte wiederum einige Banken in Bedrängnis, weil viele Firmen ihre Kredite nicht mehr bedienen konnten. Gleichzeitig stieg die Staatsverschuldung, die doch eigentlich gesenkt werden sollte. Italien geriet in einen Teufelskreis, der die Panik der Investoren erst recht schürte.

Zur Krise in Italien konnte es nur kommen, weil die Anleger zwischen 19 Staatsanleihen wählen können, die alle auf Euro lauten. Die Investoren können sich von ihren italienischen Papieren trennen und dafür deutsche Anleihen kaufen, ohne einen Währungsverlust zu erleiden. Sie behalten immer Euro.

Noch schlimmer: Die Europäische Zentralbank (EZB) hat sich lange gesträubt, Staatsanleihen zu erwerben, weil vor allem die Deutschen fürchteten, dass es eine Inflation auslösen könnte, wenn die Notenbank Geld »druckt«. Diese Angst ist abwegig. Denn das Geld wird vor allem von den Privatbanken geschöpft, wenn sie Kredite vergeben. Doch seit Beginn der Eurokrise nimmt die Geldmenge in der Eurozone kaum noch zu, weil fast keine Darlehen nachgefragt werden. Europa leidet nicht an einer Inflation – sondern an einer tendenziellen Deflation. Erst im Juli 2012 griff die Zentralbank schließlich ein. EZB-Chef Mario Draghi kündigte an, dass man »alles« tun würde, um den Euro zu retten. Die Investoren wussten sofort, was mit diesem kurzen Satz gemeint war: Ab jetzt würde die Notenbank unbegrenzt Staatsanleihen aufkaufen, um die Zinsen für Italien und Spanien zu drücken. Die Panik verebbte sofort, sodass die EZB keine einzige Staatsanleihe erwerben musste. Reine Psychologie hatte ausgereicht, um die Anleger zu beruhigen.

Neben diesen akuten Turbulenzen gibt es noch eine dritte Krise, die man als »Wettbewerbskrise« bezeichnen könnte und die von Deutschland ausgeht: Die meisten Euroländer können nicht mehr mit der Bundesrepublik konkurrieren. Während Deutschland Exportüberschüsse anhäuft, fahren fast alle anderen Staaten Defizite ein. Anders als viele Deutsche denken, hat es nicht allein mit der Qualität der deutschen Produkte zu tun, dass sie so wettbewerbsstark sind. Deutschland betreibt Lohndumping und hat die Arbeitskosten gezielt gesenkt.

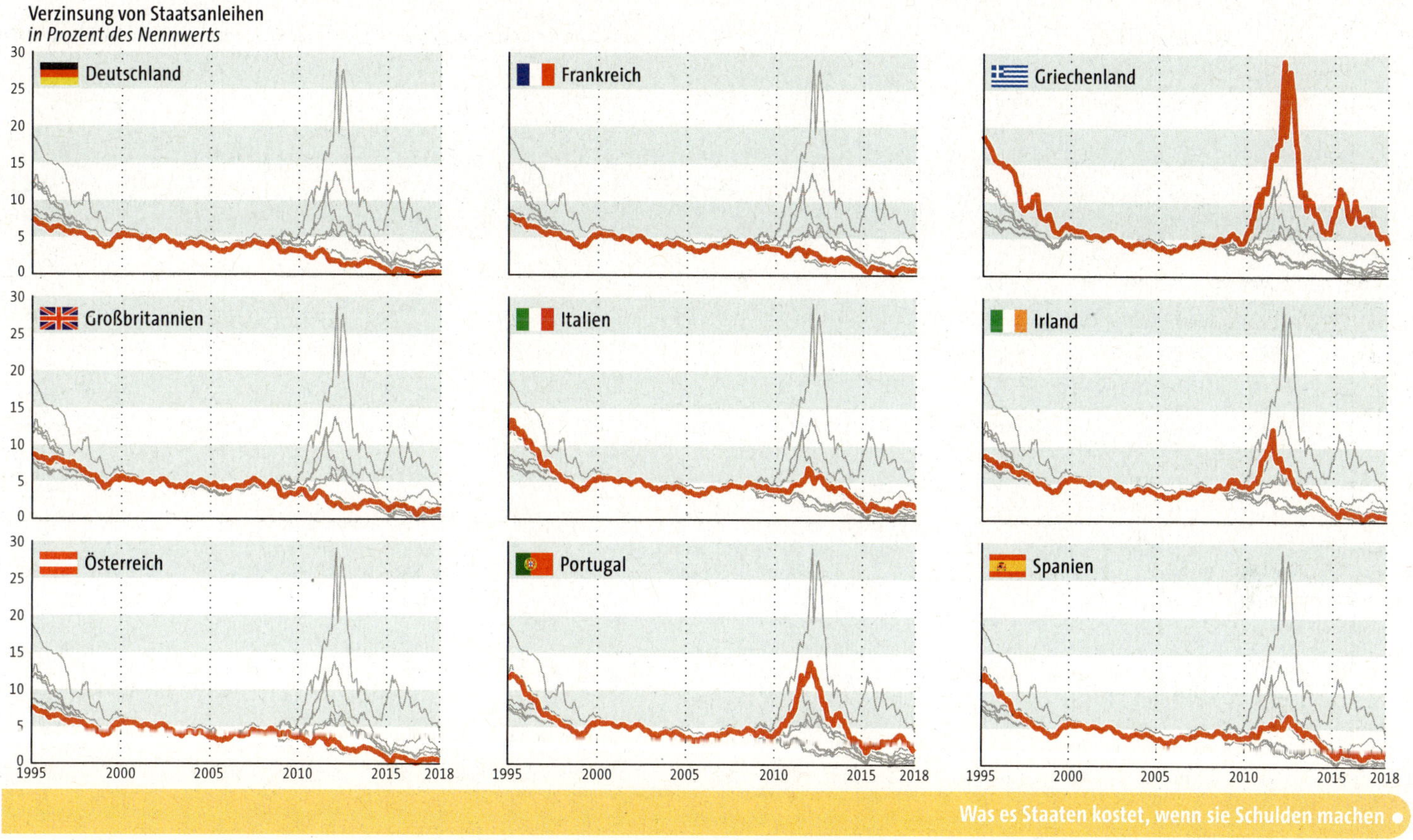

Ein paar Beispiele: Die Hartz-Gesetze haben die meisten Beschränkungen bei der Leiharbeit aufgehoben und zwingen Arbeitslose, fast jede Stelle anzunehmen. Gleichzeitig fehlte lange ein gesetzlicher Mindestlohn, sodass ein riesiger Niedriglohnsektor entstanden ist, der auch auf die normalen Gehälter drückt. Zudem wurden die Arbeitgeber bei den Sozialleistungen entlastet.

Von 2000 bis 2014 sind die mittleren Reallöhne gar nicht gestiegen, und seither nehmen sie zwar ein bisschen zu, aber viel zu langsam, um die Wettbewerbslücke wieder zu schließen. Übrigens ist es kein Zufall, dass Deutschland mit dem Lohndumping erst begonnen hat, nachdem der Euro eingeführt wurde. Vorher hätte es nämlich nicht funktioniert. Die D-Mark wäre einfach im Kurs gestiegen, wenn Deutschland exorbitante Exportüberschüsse aufgehäuft hätte, sodass die Kostenvorteile bei den Löhnen wieder verschwunden wären. Doch im Euro ist Deutschland geschützt und kann ungestört eine Lohnpolitik betreiben, die seinen Nachbarn schadet. Um es technisch auszudrücken: Die Deutschen haben im Euro abgewertet.

Das deutsche Lohndumping drängt selbst gesunde Staaten aus dem Euro – vorneweg Frankreich. Dabei hat sich das Land mustergültig verhalten: Die französischen Reallöhne stiegen seit 1999 um etwa 20 Prozent – und entsprachen damit genau dem Zugewinn an Produktivität. Frankreich hat sich also an die Spielregeln gehalten, die alle Eurostaaten befolgen müssten, wenn es nicht zu Wettbewerbsverzerrungen zwischen den einzelnen Mitgliedsländern kommen soll. Doch nun müssen die Franzosen erleben, dass sie gegen die Deutschen nicht mehr wettbewerbsfähig sind, die ihre Löhne systematisch nach unten drücken. Daher versucht nun auch Frankreich unter dem neuen Präsidenten Emmanuel Macron, seine Arbeitskosten zu senken.

Auf den ersten Blick erscheint diese Idee naheliegend: Wer nicht konkurrieren kann, muss Kosten und Preise reduzieren. So macht es schließlich jedes Unternehmen. Nur leider wird dabei übersehen, dass ein Staat keine Firma ist. Volkswirtschaft wird mit Betriebswirtschaft verwechselt. Europa wird ärmer, nicht reicher, wenn alle Länder ihre Löhne drücken. Die Firmen bleiben auf ihren Produkten sitzen, Investitionen lohnen sich nicht, also wächst die Wirtschaft höchstens schwach. Die Krisenstaaten der Eurozone befinden sich bereits in dieser Falle. Wenn jetzt auch noch das eigentlich gesunde Frankreich anfängt, zu sparen und seine Löhne zu drücken, dann treibt die gesamte Eurozone in eine Depression.

Die Lösung wäre einfach: Die Deutschen müssten ihre Gehälter kräftig erhöhen. Ein erster Schritt wäre ein gesetzlicher Mindestlohn, der 12 Euro beträgt. Darüber hinaus müssten die normalen Gehälter jährlich um 5 Prozent steigen, bis Deutschland die Wettbewerbslücke wieder schließt, die es durch sein Lohndumping aufgerissen hat.

Was theoretisch einfach klingt, ist praktisch jedoch schwierig: Viele Deutsche wollen keine höheren Löhne. Selbst Gewerkschafter haben Angst, dass Arbeitsplätze in der Exportindustrie verloren gingen. Diese Sorge ist nicht völlig unbegründet. Tatsächlich könnten die Ausfuhren etwas sinken. Aber stattdessen würde die Binnennachfrage anziehen, wenn die Löhne steigen. Auf dem heimischen Markt würden neue Jobs entstehen.

Übrigens wäre es kein Verlustgeschäft, die Exportüberschüsse wieder abzubauen – weil diese Überschüsse sowieso weitgehend fiktiv sind. Auf dem Papier sieht es zwar großartig aus, dass Deutschlands Nettovermögen im Ausland von 7 Milliarden Euro im Jahr 1999 auf sagenhafte 1709 Milliarden Euro im Jahr 2016 gestiegen ist.

Aber diese enorme Summe erzählt nur einen Teil der Wahrheit, denn gleichzeitig kam es bereits zu sehr hohen Verlusten. Zwischen 2000 und 2016 habe deutsche Investoren etwa 700 Milliarden Euro im Ausland eingebüßt, wie die amtlichen Statistiken ausweisen.

Es lohnt sich einfach nicht, Exportüberschüsse anzuhäufen, denn die ökonomische Logik ist stärker: Wenn Deutschland darauf beharrt, stets mehr zu exportieren, als es importiert, dann können die anderen Länder die deutschen Waren nur kaufen, indem sie Kredite aufnehmen – bei Deutschland. Es ist eine reine Frage der Zeit, bis einige Importländer überschuldet sind und sich das deutsche Auslandsvermögen in nichts auflöst. Faktisch verschenken die Deutsche also ihre Waren ins Ausland, denn sie erhalten dafür wertlose Schuldtitel. Es wäre für alle besser, die Löhne in Deutschland anzuheben und selbst zu konsumieren – statt den Konsum der anderen zu finanzieren.

Viele Deutsche glauben noch immer, sie hätten die Wahl, wie Deutschland mit seinen Exportüberschüssen umgeht und ob es seine Löhne erhöht. Dies ist ein Irrtum. Wenn die Deutschen ihren Nachbarn nicht entgegenkommen, wird die Anpassung erzwungen – indem der Euro auseinanderbricht. Die neue D-Mark oder der neue »Nord-Euro« würde so stark aufwerten, dass das gesamte Lohndumping der letzten 15 Jahre über Nacht aufgezehrt wäre. Diesen Schock würde die deutsche Exportindustrie garantiert nicht verkraften. Daher wäre es viel geschickter, die Gehälter schrittweise zu erhöhen und die Unternehmen daran zu gewöhnen, dass das Lohndumping ein Ende hat. Es wäre eine Gewinn für alle – für die deutschen Arbeitnehmer genauso wie für ganz Europa.

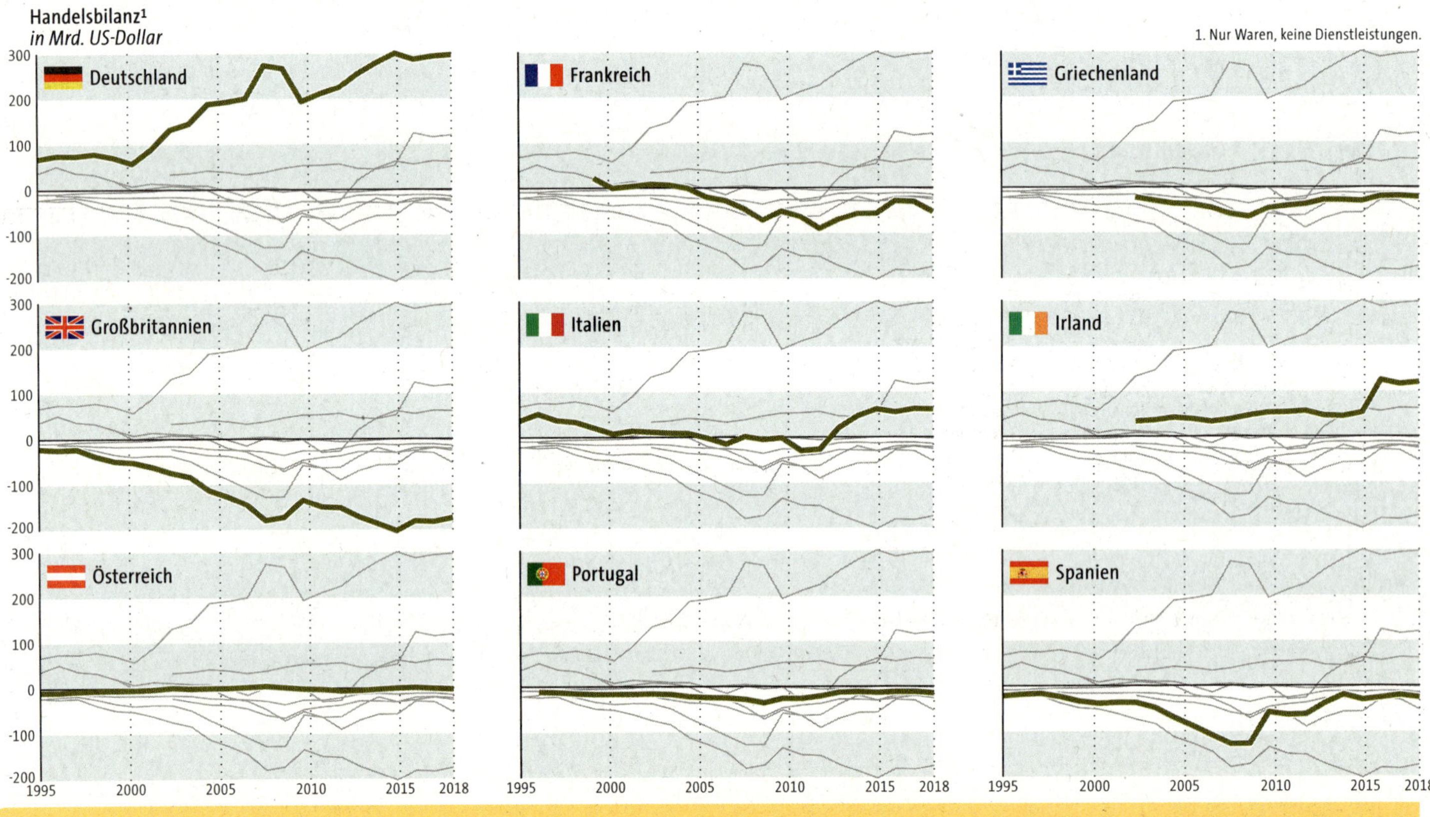

● Deutschland hat die mit Abstand größten Exportüberschüsse

Ulrike Herrmann ist Wirtschaftskorrespondentin der *taz*. 2015 erschien von ihr »Der Sieg des Kapitals. Wie der Reichtum in die Welt kam: Die Geschichte von Wachstum, Geld und Krisen« (Piper).

Lohnstückkosten
nominal, Index: 2010 = 100

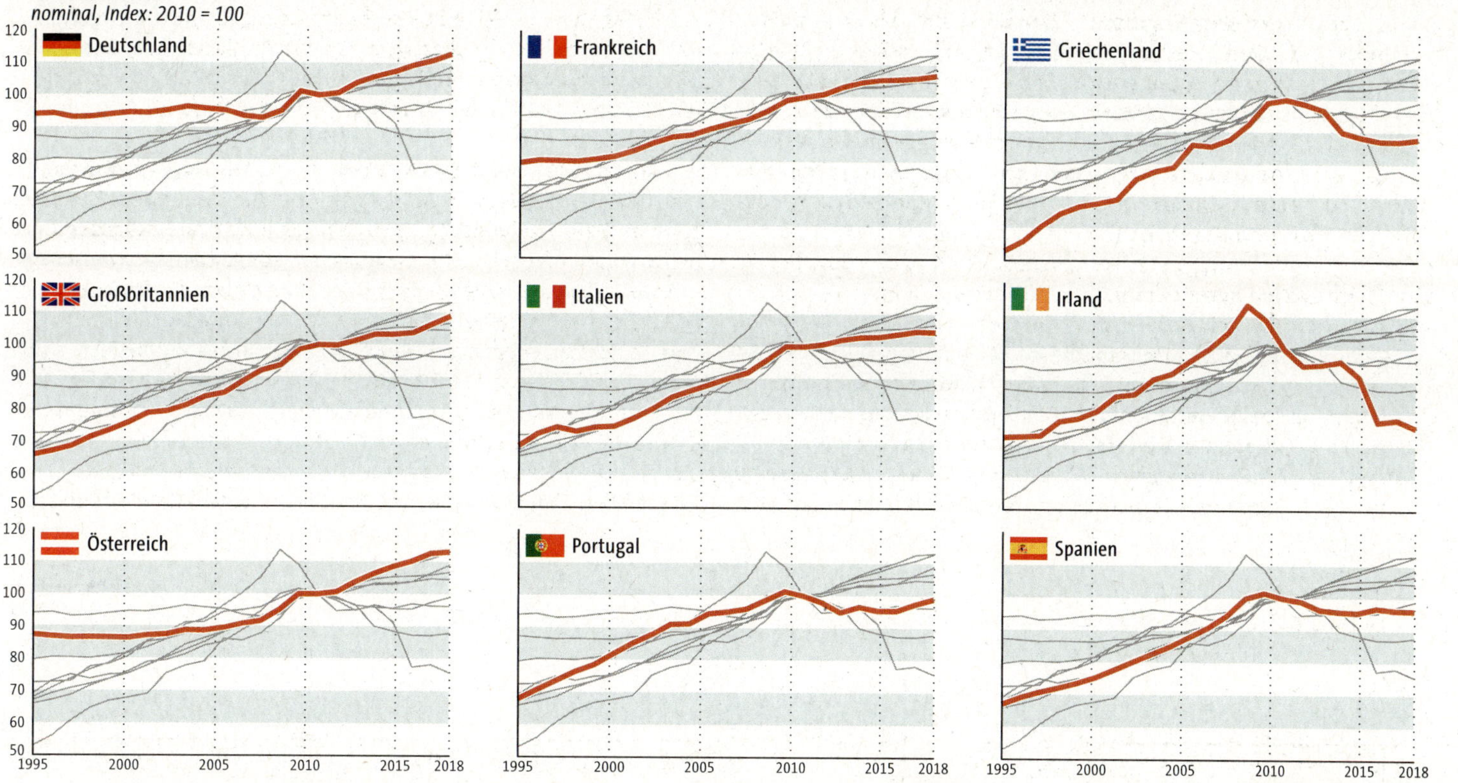

EU

Eurozone		
Belgien	Luxemburg	Bulgarien
Deutschland	Malta	Dänemark
Estland	Niederlande	Großbritannien[1]
Finnland	Österreich	Kroatien
Frankreich	Portugal	Polen
Griechenland	Slowakei	Rumänien
Irland	Slowenien	Schweden
Italien	Spanien	Tschechien
Lettland	Zypern	Ungarn
Litauen		

1. Austritt voraussichtlich bis Oktober 2019.

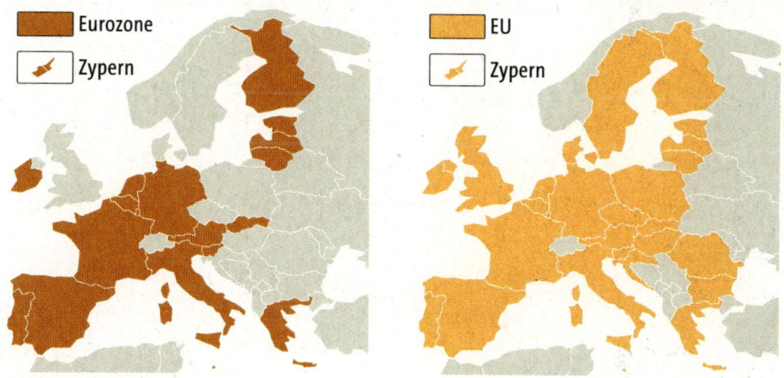

Arbeitslosigkeit
in Prozent der Erwerbsbevölkerung — Gesamtarbeitslosigkeit — Jugendarbeitslosigkeit

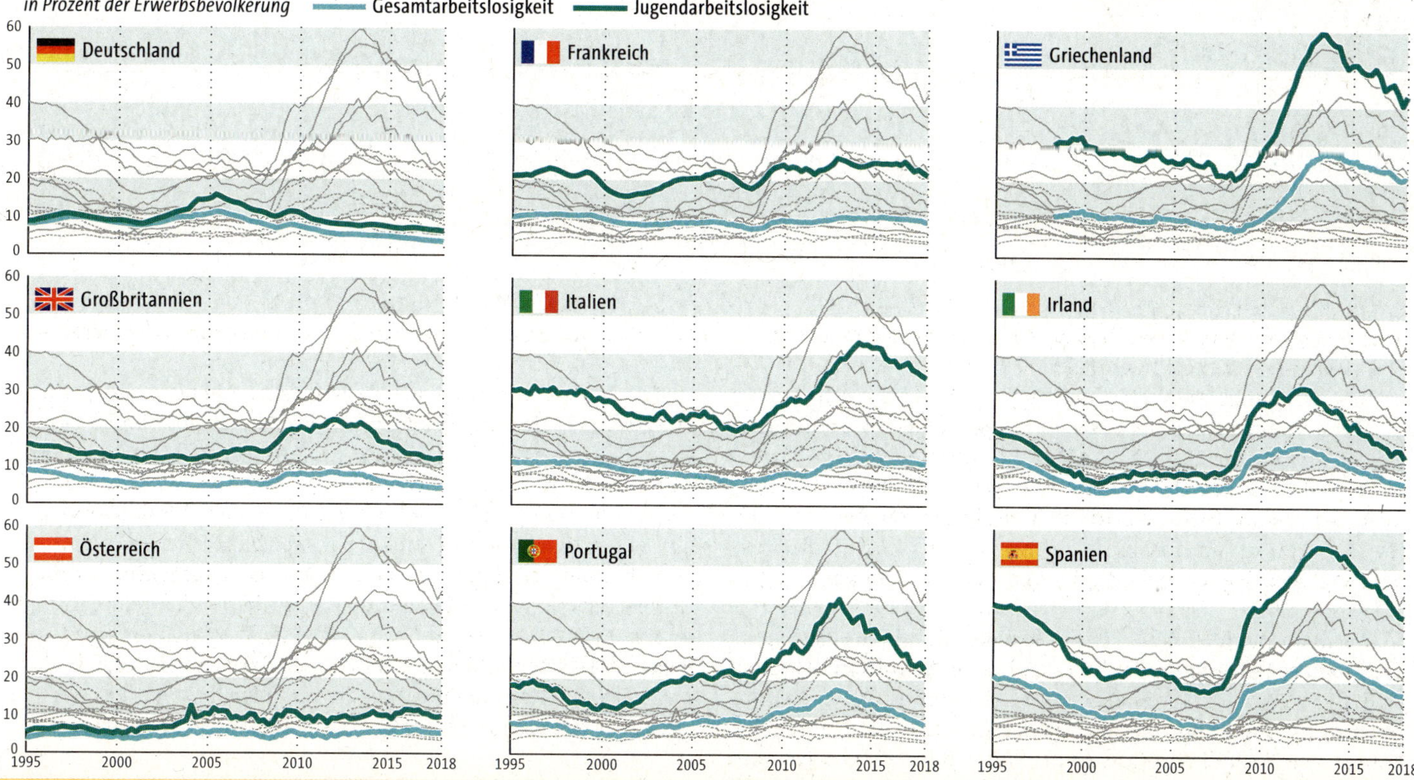

Geld auf Knopfdruck

Das Bankenprivileg, Geld aus dem Nichts zu schöpfen, beschleunigt die Umverteilung von unten nach oben

von Aaron Sahr

Die Welt schwimmt in Geld. Apple zum Beispiel saß 2017 auf etwa 250 Milliarden US-Dollar an Barmitteln. Auch der Finanzsektor prosperiert wieder: Die zehn größten US-Banken vermeldeten zehn Jahre nach der Krise, sie verdienten wieder so gut wie in den Jahren vor 2007 – zusammen etwa 30 Milliarden Dollar pro Vierteljahr. 2018 erzielte JP Morgan mit fast 31 Milliarden Dollar einen Rekordgewinn.

Solche Gewinne sind kein Wunder, zirkuliert im OECD-Raum heute doch mehr als doppelt so viel Geld wie im Jahr vor der Lehman-Pleite. Seit den 1970er Jahren wachsen die globalen Geldmengen schneller, als die globale Wirtschaftsleistung zunimmt. Das viele Geld muss irgendwo hin, deswegen können Jahr für Jahr auch neue Rekorde an privatem Vermögen verzeichnet werden. Laut Berechnungen der Credit Suisse lag der Wert des globalen Privateigentums 2017 bei sagenhaften 280 Billionen Dollar.

Geldmenge (M 1)
1997–2017, Index[1] 1. 2015 = 100.

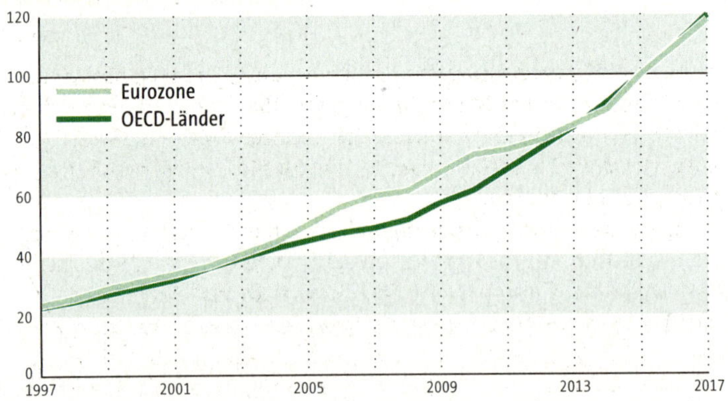

1. Die **Geldmenge** ist der Bestand an umlaufenden Banknoten und Münzen sowie an Buchgeld auf Bankkonten, das sich in den Händen von Nichtbanken (Privatpersonen, Unternehmen) befindet. Die Kassenbestände der Banken zählen nicht dazu. Zur **Geldmenge M 1** (M steht für Money) gehören der Bargeldumlauf sowie die täglich fälligen Guthaben der Privatpersonen und Unternehmen auf Girokonten bei Banken (Sichteinlagen). **M 2** umfasst M 1 und zusätzlich Termineinlagen mit einer Laufzeit bis zu zwei Jahren und Spareinlagen mit einer Kündigungsfrist bis zu drei Monaten. **M 3** besteht aus M 2 sowie bestimmten Geldmarktpapieren (etwa Geldmarktfondsanteile) und Schuldverschreibungen mit Laufzeiten von bis zu zwei Jahren.

• M steht für Money

All das wäre kaum erwähnenswert, wenn alle oder zumindest die meisten mitschwimmen dürften. Doch davon kann nicht die Rede sein. Der Großteil der Aktien von Apple und großer US-Banken, die erkleckliche Dividenden abwerfen, sind im Besitz von sehr wenigen sehr reichen Leuten. Diese Konzentration von Besitz hat in den sogenannten entwickelten Volkswirtschaften seit den späten 1970er Jahren wieder deutlich zugenommen.

So ist das halt im Kapitalismus, sollte man meinen. In kapitalistischen Ökonomien können die Kapitaleigentümer, frei nach Marx, Ressourcen und Arbeitskraft erwerben, um sich die Verkaufsrenditen der entstehenden Produkte anzueignen. Kapitalismus ist eben der Einsatz von Kapitaleigentum zum Zwecke des Profits. Und Profit macht, wer sein Kapital erfolgreich zum Einsatz bringt. Deshalb nehmen die Vermögen der Kapitaleigner tendenziell viel schneller zu als die Einkommen und Ersparnisse der Nichteigentümer. So weit, so bekannt. Selbst ohne Marx wird der Kapitalismus als das Imperium des Habens und des Profits begriffen. Um dieses Reich und seine Gesetze zu verstehen, müsse man die Eigentümer in den Blick nehmen.

Joseph Schumpeter (1883–1950) hat vorgeschlagen, den Kapitalismus unter einer anderen Perspektive zu betrachten. Der österreichische Wirtschaftswissenschaftler erkannte im Kreditsystem das »Hauptquartier des Kapitalismus«. Für ihn waren die Banken nicht deshalb interessant, weil sie große Vermögen verwalten, sondern weil sie Kapital produzieren. Die besondere Dynamik kapitalistischer Ökonomien wird von den geldschöpfenden Banken in Gang gesetzt und angeheizt. Schaut euch nicht die Kapitaleigentümer und ihre Entscheidungen an, sagte Schumpeter, schaut euch die an, die Geld erzeugen dürfen.

Heute ist diese Forderung noch viel ernster zu nehmen als zu Beginn des 20. Jahrhunderts. Damals war die Fähigkeit von Banken, neues Geld zu erzeugen, noch durch die Verfügbarkeit von Gold begrenzt. Heute hingegen erzeugen Banken das Geld, das sie als Kredit verleihen oder für den Kauf von Aktien brauchen, selbst – durch schlichte Buchhaltung. Das benötigte Kapital erscheint dann einfach als Information auf einem Konto. Nach einem Ausdruck, der sich in Teilen der Wirtschaftswissenschaft inzwischen eingebürgert hat, entsteht dieses Geld per keystroke, auf Knopfdruck.

Einige Ökonomen sind bemüht, diesen Umstand herunterzuspielen und zu relativieren. Sie behaupten, Banken könnten nur so viel Geld auf Knopfdruck erzeugen, wie es ihnen die Notenbanken gestatten. Tatsächlich aber gibt es eine solche Kontrolle nicht mehr – spätestens seit 1973, als sich die Geldschöpfung vom knappen Gut Gold abgekoppelt hat. Seither geben private Banken den Takt bei der Geldschöpfung vor – und immer mehr Experten sind bereit, die enorme Tragweite dieser Umstellung anzuerkennen.

Im April 2017 hat selbst die Bundesbank ihre Darstellung der Geldschöpfung korrigiert. In ihrem Monatsbericht hieß es: »Die Fähigkeit der Banken, Kredite zu vergeben und Geld zu schaffen, hängt nicht davon ab, ob sie bereits über freie Zentralbankguthaben oder Einlagen verfügen.« Dieser unscheinbare Satz gesteht die Existenz eines bedeutenden Privilegs ein. Er besagt, dass Banken ihre Zahlungen, also ihre Investitionen, nicht vorfinanzieren müssen.

Das bedeutet in der Sprache der traditionellen Kapitalismustheorie: Die Banken müssen vor einer Kreditvergabe kein Kapitaleigentum akkumulieren. Ihre Zahlungen sind nicht von einem Haben abhängig. Dieses Privileg macht Banken einzigartig – zu einer bedenkenswerten Anomalie im Herzen der kapitalistischen Wirtschaft. Sie können Profite erwirtschaften, ohne zuvor akkumuliertes Kapitaleigentum einzusetzen. Das ist Keystroke-Kapitalismus.

Das mit der Vergabe eines Kredits auf Knopfdruck produzierte Geld verschwindet bei der Rückzahlung wieder in dem Nichts, aus dem es geschaffen wurde. Die gezahlten Zinsen hingegen können als Geldschöpfungsgewinn verbucht werden. Außerdem kann es für Banken sehr lukrativ sein, Aktien und andere Vermögen mit frischem Geld zu kaufen und an deren Dividenden oder Wertsteigerungen zu verdienen. Begrenzt wird ihre Fähigkeit zur Geldschöpfung einerseits von Profitabilitätserwägungen, andererseits von der allgemeinen ökonomischen Stimmung: Ist sie optimistisch, wird die Geldmenge insgesamt stetig steigen. Weil dann systemisch betrachtet genug Mittel da sind, um Kredite zu tilgen, steigt die Nachfrage nach neuen Schulden und ein wachsender Teil dieser Nachfrage wird auch als kreditwürdig bewertet. Kreditbooms verstärken sich damit selbst und alle Grenzen der Geldschöpfung verschwinden. Genau so etwas haben wir seit den späten 1970er Jahren erlebt. Um den Zusammenhang von Geldschöpfung und Ungleichheit zu verstehen, darf man aber nicht bei den Banken stehen bleiben. Viel wichtiger ist die Frage, welche Entwicklung ihre Geldschöpfungsaktivität provoziert hat.

In den vergangenen 40 Jahren haben die Banken ihr Privileg intensiv genutzt, wie sich an einer einzigen Zahl ablesen lässt: 1970 zirkulierten in den OECD-Ländern nicht einmal 2 Prozent der heutigen Geldmenge. Offenbar haben die Banken auf Knopfdruck mehr und mehr Geld geschaffen, viel schneller, als die Wirtschaft nachgewachsen ist. Den Mechanismus kann man sich etwa so vorstellen: Seit den 1970er Jahren haben die Regierungen der OECD-Welt ihre Bankensysteme systematisch gepäppelt. In fast allen entwickelten Volkswirtschaften wurde kräftig dereguliert, was die Flexibilität der Kreditproduktion erhöhte. Zugleich stabilisierten verbindliche Rettungsprogramme für gefährdete Finanzunternehmen das System und ließen die Gewinnspannen steigen. Das lief auf eine implizite Subventionierung hinaus.

Die rundum abgesicherten Banken schufen vor allem Geld für diejenigen, die auf den Preisanstieg von Vermögenswerten spekulieren wollten. Die laufend mit frischem Geld unterstützte Nachfrage ließ den Wert dieser Investments steigen. Das Resultat war eine »Vermögenspreisinflation«. Die Renditen steigerten nicht nur den Wohlstand ihrer Besitzer, sondern lockten vor allem immer neue Investoren auf die Kapitalmärkte.

Mit der Zeit verdienten Unternehmen immer mehr Geld auf diesen Märkten und immer weniger durch den Verkauf ihrer eigentlichen Produkte. Daher stiegen die Löhne der Arbeiter, die diese Produkte herstellten, immer langsamer, wenn sie nicht gar stagnierten. Die so Benachteiligten finanzierten ihren Lebensunterhalt zunehmend durch Kredite, was ebenfalls den Banken und Investoren der Verschuldungsmaschinerie zugutekam. Im OECD-Raum ist die Verschuldung von Privatpersonen in den letzten Jahrzehnten schneller gewachsen als die Staatsverschuldung oder die Verschuldung von Unternehmen.

Die Banken schöpften also mehr und mehr Geld für Investoren, während viele Lohnempfänger an Einkommen einbüßten, aber ebenfalls mit Krediten überschüttet wurden. Die Banken konnten sich vor Kunden kaum retten. Und dank ihres Privilegs konnten sie die Nachfrage nach Geld auch bedienen. Zinsen rasant wachsender Kreditmengen und besonders die selbst geschaffene Preisinflation der per Knopfdruck erworbenen und finanzierten Vermögenswerte landeten so in den Taschen der wenigen.

Gewinner sind Investoren, Vermögensbesitzer und natürlich die Banken selbst. Eine Minderheit von Gläubigern steht einer wachsenden Mehrheit von Schuldnern gegenüber, die Zinsen und Gebühren zahlt – für Produkte ohne Produktionskosten. Die Kreditvergabe stellt damit ein reibungsloses und rastloses Transfersystem von unten nach oben dar.

Dieser Mechanismus wird allzu leicht übersehen, wenn man den Zusammenhang von kapitalistischem Wachstum und Ungleichheit unter der Annahme betrachtet, der Kapitalismus sei das Imperium des Eigentums. Auf genau dieser Annahme aber beruhen die politischen Programme rechter wie linker Ungleichheitskritiker.

Wenn es um die Konzentration von immer mehr Einkommen und Vermögen bei immer weniger Personen an der Spitze der Verteilungspyramide geht, verweisen Konservative und Liberale traditionell auf den Markt. Sie fordern, verkürzt gesagt, entweder die Nachfrage nach Arbeitskraft zu steigern oder deren Angebot zu verbessern. Konkret heißt das meist, die Abgaben von Unternehmen senken oder in Bildung investieren, um so die Qualifikation der Arbeiter und damit ihre Chancen auf höhere Löhne zu verbessern. Linke Kritiker der Ungleichheit hingegen fordern eher die Umverteilung von Vermögen durch höhere Besteuerung der Reichen. Sie stoßen damit freilich auf das Problem, dass mobile Großvermögen viel schwieriger zu besteuern sind als die Einkommen der Ärmeren.

Die klassischen Lösungsvorschläge werden jedoch nicht ausreichen, um die enorme globale Vermögenskonzentration ernsthaft zu bekämpfen. Sie verkennen die Verteilungseffekte des Keystroke-Kapitalismus und damit den Motor der Vermögenskonzentration. Die Debatte sollte sich nicht auf Arbeitsmarktpolitik und Umverteilung beschränken. Auch Finanztransaktionssteuern oder härtere Maßnahmen gegenüber Steueroasen reichen nicht aus, um dem Verteilungsdruck privater Geldschöpfung entgegenzuwirken. Die private Geldschöpfung selbst wäre zur Disposition zu stellen.

Kreditvolumen
in Prozent des Bruttoinlandsprodukts

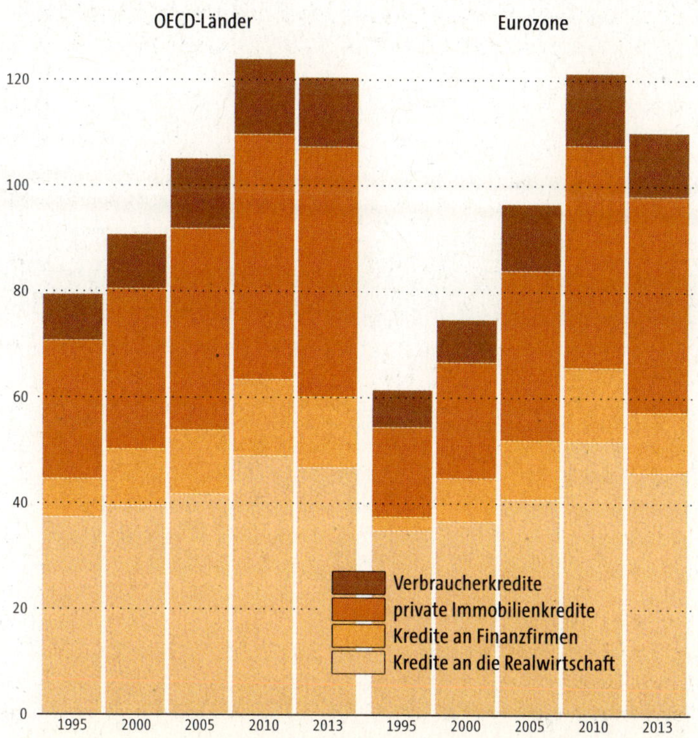

Viel Geld, viele Schulden

Einerseits werden Forderungen lauter, das Privileg der privaten Geldschöpfung zurückzunehmen. Andererseits wird mit einem Tabu gebrochen und wieder offen über politische keystrokes debattiert. Denn auch Zentralbanken können Geld auf Knopfdruck erzeugen. Sie tun dies aufgrund eines politisch definierten Auftrags und nicht im Hinblick auf Renditen. In der Eurozone ist es der EZB allerdings untersagt, auf diese Weise Staatsausgaben zu finanzieren. Stattdessen druckt sie seit Jahren frisches Geld, um damit schlecht laufende Vermögenswerte anzukaufen. Sie schöpft also Geld für jene wenigen, die bereits von der privaten Geldschöpfung profitieren.

Es wäre vernünftig, die gesellschaftliche Verträglichkeit dieses Arrangements offen zu diskutieren – zumal in ganz Europa gewaltiger Investitionsbedarf besteht: sei es durch den Mangel an bezahlbarem Wohnraum, den Pflegenotstand, die marode Infrastruktur in Verkehr und Bildung, den jahrelang verschlafenen digitalen Wandel, den gestiegenen Integrationsbedarf, die Prävention gegen die Folgen des Klimawandels oder die Arbeitslosigkeit der »verlorenen Generationen« Südeuropas. Über Steuern oder private Kapitalmärkte werden diese Investitionen kaum zu bezahlen sein. Die Finanzierung würde andererseits Wachstum erzeugen, und, wenn sie nicht den Renditeerwartungen privater Finanziers genügen müsste, auch Einkommen für die vielen generieren. Die Wählerinnen und Wähler in den Demokratien Europas sollten sich also fragen: War es klug, den Regierungen jenes Privileg zu versagen, das sie den gewinnorientierten Banken so bereitwillig eingeräumt haben?

Aaron Sahr ist Wissenschaftler am Hamburger Institut für Sozialforschung. Im März 2017 erschien sein Buch »Das Versprechen des Geldes. Eine Praxistheorie des Kredits«, im September 2017 folgte »Keystroke-Kapitalismus. Ungleichheit auf Knopfdruck«, beide Hamburg (Hamburger Edition).

Börsen, Banken, Derivate

Spekulieren ist noch immer lukrativer, als in die Realwirtschaft zu investieren

Anteil der US-Finanzbranche am Bruttoinlandsprodukt
1855–2004, in Prozent

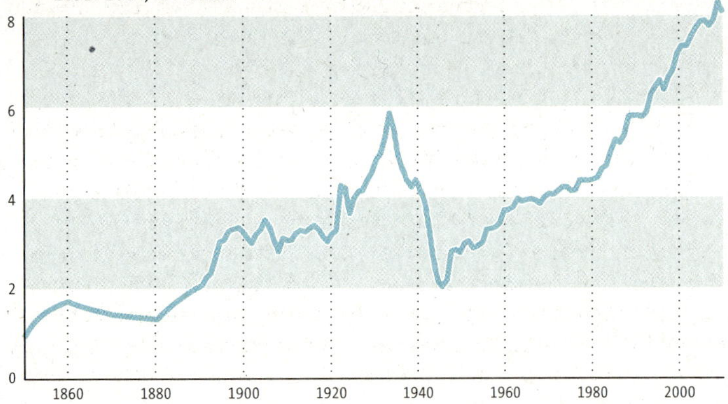

Entfesselte Wall Street

von Ulrike Herrmann

Die Spekulation mit Aktien, Anleihen oder Devisen hat ungeheure Dimensionen angenommen: Pro Tag werden etwa 5 Billionen US-Dollar auf den Finanzmärkten bewegt. Die meisten Börsianer handeln aber nicht mit echten Aktien oder Anleihen, denn das würde zu viel Geld binden. Stattdessen nutzen sie Derivate, also Wettgeschäfte, mit denen man auf die künftige Kursentwicklung spekulieren kann.

Derivate gibt es bereits seit der Antike, denn ihr eigentlicher Sinn ist raffiniert: Sie dienen dazu, sich gegen Preisschwankungen abzusichern. Bauern können den Preis ihrer Ernten festlegen, Fluglinien können weit im Voraus kalkulieren, zu welchem Preis sie später Kerosin einkaufen werden, indem sie ein entsprechendes Derivat erwerben. Die Zukunft wird in die Gegenwart verlagert und damit berechenbar gemacht, weswegen diese Variante der Derivate auch »Future« heißt.

Futures zeichnen sich dadurch aus, dass das Derivategeschäft abgewickelt werden muss. Diese Verpflichtung ist jedoch oft unpraktisch, wenn man nur spekulieren will und beispielsweise auf den Ölpreis wetten möchte, ohne eine Fluglinie zu sein. Daher erfand man zusätzlich die »Option«. Der Name ist Programm: Bei einer Option besteht Wahlfreiheit, ob man die erworbenen Rechte ausübt.

Derivate sind für die Börsianer so attraktiv, weil der »Hebel« enorm ist: Mit wenig Geld lässt sich das große Rad drehen. Man muss nur eine kleine Gebühr fürs Derivat zahlen – und schon kann man auf die Kursentwicklung von Aktien, Devisen, Zinsen oder Rohstoffen spekulieren. Der Finanzjournalist Michael Lewis vergleicht Derivate daher mit »einem Superchip in einem Kasino, der 1000 Dollar wert ist, aber nur 3 Dollar kostet. Allerdings gibt es in einem Kasino keine Superchips, für Optionen und Futures existiert keine Entsprechung in der Welt des professionellen Glücksspiels, weil echte Kasinos das Risiko als zu hoch einschätzen würden.«

Diese »Superchips« sind so begehrt, dass 2018 Derivate im Nominalwert von 700 Billionen Dollar gehandelt wurden – die globale Wirtschaftsleistung betrug aber nur 85 Billionen Dollar. Die allermeisten Derivate können also gar keinen realen Gegenwert haben, sondern sind reine Spekulation.

Nach dem Zweiten Weltkrieg waren spekulative Derivategeschäfte verboten, denn die Welt hatte aus der schweren Krise ab 1929 gelernt, dass man die Finanzmärkte drastisch regulieren muss. Doch in den 1980er Jahren wurden die Wettgeschäfte wieder zugelassen, weil sich in der Politik und in der ökonomischen Theorie der marktradikale Ansatz der Neoliberalen durchgesetzt hatte.

Der österreichische Ökonom Stephan Schulmeister hat etwa 2580 verschiedene Computermodelle analysiert, die in den vergangenen dreißig Jahren bei der Spekulation verwendet wurden. Dabei zeigte sich: »Die meisten Modelle waren profitabel; die Wahrscheinlichkeit, mit einem einzelnen Modell einen Verlust zu machen, wenn man ihm konsequent folgte, lag nahe bei null.«

Die Computermodelle funktionierten nicht etwa, weil die Börsianer besonders klug wären, sondern weil die Finanzwirtschaft eine Art Sondersteuer auf die Realwirtschaft erhebt. Mit ihren Spekulationen erzeugen die Banken genau jene Kapriolen bei den Devisenkursen oder Rohstoffpreisen, gegen die sich dann die normalen Unternehmen absichern müssen – indem sie Derivate bei den Banken kaufen.

Der französische Ökonom Thomas Philippon hat einmal berechnet, wie hoch die Erträge insgesamt sind, die die Banken für sich abzweigen, indem sie ihre Dienste dem Rest der Wirtschaft aufnötigen. Ergebnis: 1980 betrug das Einkommen der »Finanzindustrie« etwa 5 Prozent der US-Wirtschaftsleistung. 2010 waren es mehr als 8 Prozent. Dieses Plus von mehr als 3 Prozentpunkten

Handel mit Futures
1960–2004, in Prozent der abgeschlossenen Verträge

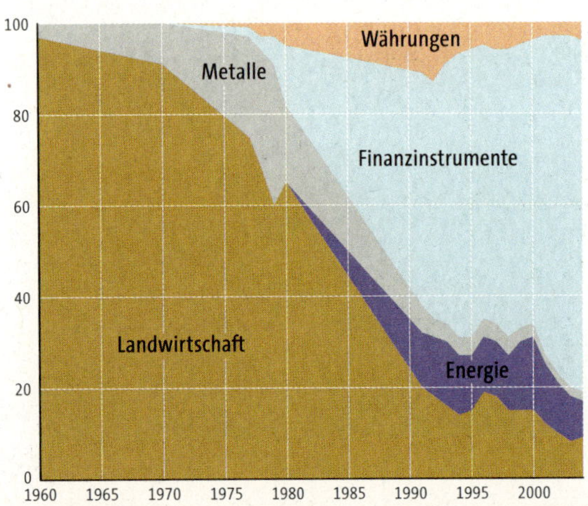

Handel mit Futures
2008–2017, in Mrd. abgeschlossenen Verträge

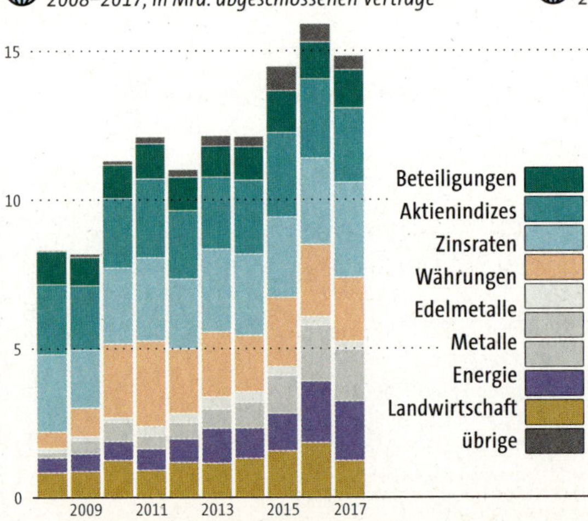

Handel mit Optionen
2008–2017, in Mrd. abgeschlossene Verträge

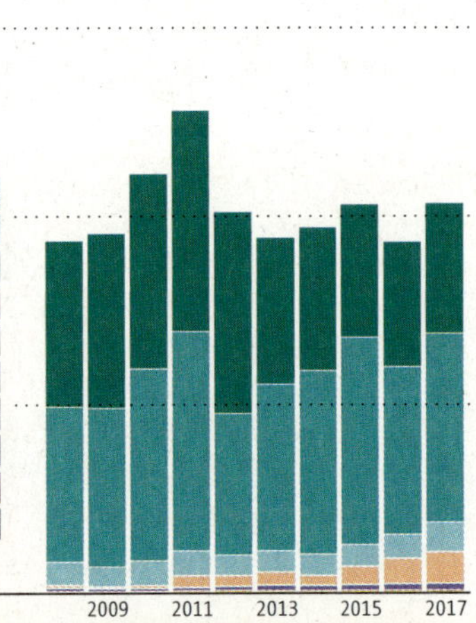

Von der Absicherung gegen Ernteausfälle zum Handel mit Optionen

ist derzeit etwa 630 Milliarden Dollar wert – jährlich. Die Investmentbanken sind die einzige Branche auf dieser Welt, die ihren Markt so manipulieren können, dass Gewinne garantiert sind.

In den Handelsräumen der Banken zeigt sich, wie falsch die Theorie der Neoliberalen ist. Sie gehen von einem Gleichgewicht der Märkte aus, denn die Menschen würden stets von »rationalen Erwartungen« gelenkt. Rationalität kann es bei der Spekulation jedoch nicht geben – weil die Zukunft prinzipiell unsicher und nicht vorhersehbar ist. Also setzen die allermeisten Händler aufs »Trending«, wie Schulmeister beobachten konnte. Die Börsianer folgen schlicht der Herde, was selbst dann profitabel ist, wenn die Herde in die falsche Richtung läuft. Bis es zum Crash kommt.

Besonders gefährlich wird es, wenn Immobilien in das Visier der Spekulanten geraten, denn Gebäude machen etwa die Hälfte des Vermögens in den Industrieländern aus. Zudem werden Häuser oft auf Kredit gekauft. Wenn dann in einem Crash die Immobilienpreise fallen, sind große Teile der Bevölkerung überschuldet.

Die Finanzkrise ab 2007 war das perfekte Beispiel: Weltweit gingen Banken pleite, weil viele Kunden ihre Darlehen nicht zurückzahlen konnten. Gleichzeitig brach auch die Realwirtschaft ein, weil allgemeine Panik herrschte und niemand mehr investierte. Am Ende beliefen sich die weltweiten Schäden auf etwa 2 Billionen Dollar.

Es werden nicht die letzten Verluste gewesen sein, denn es drohen neue Finanzkrisen. Seit 2008 sind zwar viele Vorschriften erlassen worden, aber sie fielen allzu harmlos aus. Besonders fatal ist, dass den Banken kein deutlich höheres Eigenkapital vorgeschrieben wurde. Es muss nur 3 Prozent der Bilanzsumme betragen, was lächerlich wenig ist. Sobald eine neue Finanzkrise anrollt, wären die Banken wieder pleite und müssten vom Staat gerettet werden, weil ihr Verlustpuffer nicht ausreicht.

Der Begriff »Eigenkapital« mag sterbenslangweilig klingen, aber es ist kein Zufall, dass die Banken ihre Lobbymacht vor allem auf dieses Thema konzentrieren. Für die Institute ist es extrem lukrativ, nur mit Fremdkapital zu operieren, weil es für sie fast umsonst ist. Sparer und andere Anleger geben sich mit mickrigen Zinsen zufrieden, da sie wissen, dass sie keinerlei Risiko eingehen: Bei einer Bankpleite springt fast immer der Staat ein und rettet die Gläubiger, damit die Krise nicht auf die gesamte Wirtschaft überspringt. Wären Banken normale Unternehmen, die nicht mit Geld aus der Staatsschatulle rechnen können, müssten sie weitaus höhere Zinsen bieten. Banken erhalten also eine indirekte Subvention, die weltweit mehr als 2 Billionen Dollar beträgt.

Diese indirekten Subventionen für die Finanzbranche sind nicht nur ungerecht, sondern gefährlich: Es ist lukrativer zu spekulieren, als in die Realwirtschaft zu investieren. Das Wachstum schwächelt, während sich gleichzeitig ein gigantischer Kreditberg

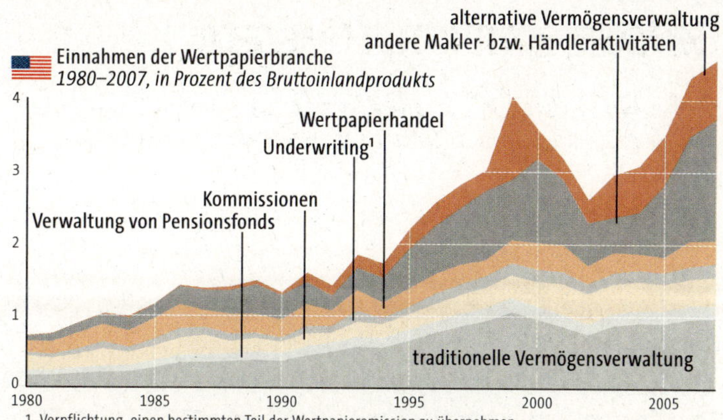

1. Verpflichtung, einen bestimmten Teil der Wertpapieremission zu übernehmen, falls die volle Unterbringung durch Zeichnung des Publikums nicht gelingt.

Immer mehr Umsatz mit neuen Finanzprodukten

auftürmt, der die Wettgeschäfte mit den Derivaten finanziert. Der Finanzökonom Martin Hellwig schlägt daher vor, die Eigenkapitalquote auf 30 Prozent anzuheben, damit die Banken ihre Verluste selbst tragen können und der Staat nicht ständig einspringen muss.

Allerdings dürften höhere Kapitalquoten allein nicht ausreichen, um die Banken davon abzuhalten, zu spekulieren und Blasen zu produzieren. Sie würden weiterhin Finanzprodukte erfinden, die keiner versteht. Banken können ungemein kreativ sein, wie sich bei den Derivaten zeigt: Das erste kommentierte Lexikon für Derivate erschien 1989 und war bereits 700 Seiten stark. Der Nachfolger, der 2006 kurz vor der Finanzkrise aufgelegt wurde, hatte fast 5000 Seiten.

Diese Derivate benötigt niemand. Die Spekulation ließe sich schnell beenden, wenn eine Grundregel wieder eingeführt würde, die bis vor vierzig Jahren noch galt: Ein Derivat darf nur kaufen, wer auch das dazu gehörige Grundgeschäft getätigt hat. Eine Fluglinie, die Öl benötigt, könnte also weiterhin Ölderivate erwerben, um sich gegen Preisschwankungen abzusichern. Aber reine Spekulanten wären ausgeschlossen.

Bis 1980 galt es als langweilig, bei einer Bank zu arbeiten, denn die Finanzmärkte waren strikt reguliert. Der Verdienst war daher durchschnittlich, und man betreute seine Kunden vor Ort. Im Volksmund hießen die Angestellten oft »Bankbeamte«, weil ihr Geschäft so solide war. Diese Vergangenheit sollte auch die Zukunft sein, sonst drohen weitere schwere Finanzkrisen.

Ulrike Herrmann ist ausgebildete Bankkauffrau und Wirtschaftskorrespondentin der *taz*.

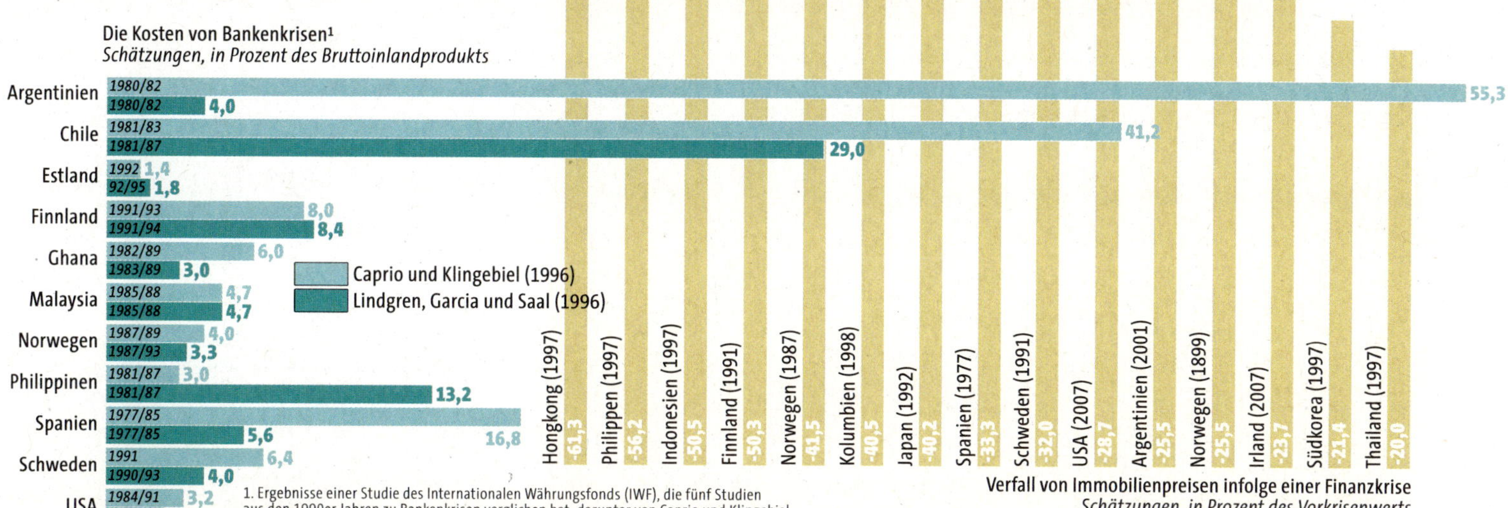

1. Ergebnisse einer Studie des Internationalen Währungsfonds (IWF), die fünf Studien aus den 1990er Jahren zu Bankenkrisen verglichen hat, darunter von Caprio und Klingebiel sowie von Lindgren, Garcia und Saal.

Wenn die Blase platz, trägt die Allgemeinheit die Kosten

Der Kampf der Techgiganten

Amazon, Google und Co weiten ihre Geschäftsfelder immer weiter aus und kommen sich dabei in die Quere

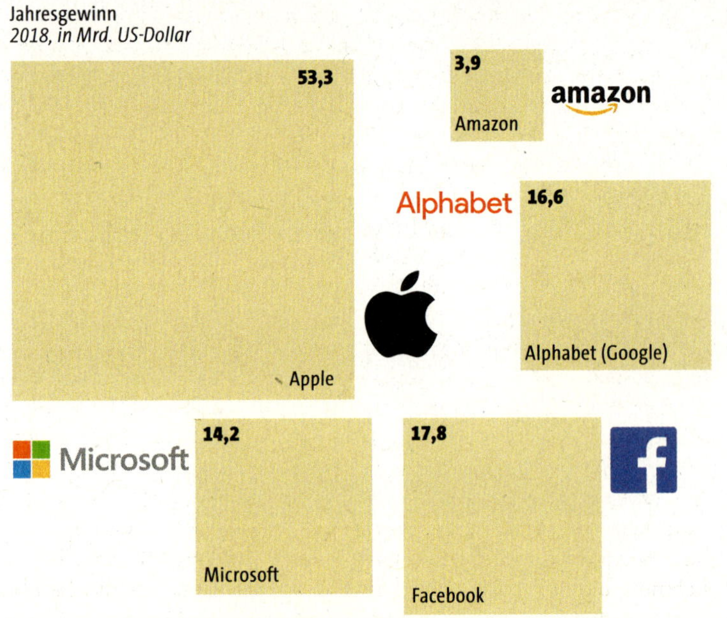

Die Big Five

von Adrian Lobe

Im Jahr 1998 veröffentlichten die Computerwissenschaftler Sergey Brin und Lawrence Page einen Aufsatz mit dem etwas sperrigen Titel »The Anatomy of a Large-Scale Hypertextual Web Search Engine«. »In diesem Paper«, schrieben die Autoren, »präsentieren wir Google, einen Prototyp einer großangelegten Suchmaschine, die die im Hypertext vorhandene Struktur nutzt.« Mit diesem Aufsatz legten Brin und Page den Grundstein für ihr späteres Imperium: eine Suchmaschine, die das Web durchforstet (crawlt) und Ergebnisse indexiert. Während die beiden noch im Studentenwohnheim der Stanford University wohnten, mieteten sie in Menlo Park eine Garage an, um gemeinsam zu programmieren, und gründeten ihr eigenes Unternehmen: Google.

Ihre 2015 gegründete Holding Alphabet mit dem Tochterunternehmen Google ist heute eines der wertvollsten Unternehmen der Welt. Die Marktkapitalisierung von 840 Milliarden US-Dollar (Juli 2018) übertrifft das Bruttoinlandsprodukt der Schweiz um 100 Milliarden Dollar. Das Kapital, worauf dieser gigantische Marktwert gründet, sind zum einen Daten – Google verarbeitet am Tag 3,5 Milliarden Suchanfragen – und zum anderen die Algorithmen, die die Suchergebnisse strukturieren und ein wohlgehütetes Geschäftsgeheimnis sind.

Google verdient sein Geld, wie auch Konkurrent Facebook, mit Werbung. Der Suchmaschinenkonzern generiert so 86 Prozent seines Umsatzes, das soziale Netzwerk gar 98 Prozent. Beide zusammen kassieren mehr als 60 Prozent der Ausgaben für Werbung auf mobilen Geräten – weltweit. Das Disruptive, das heißt das Zerstörerisch-Neue, am Geschäftsmodell von Facebook oder Google ist, dass sie ihren Nutzer mittels fein justierter Algorithmen hyperpersonalisierte Werbung zustellen. Aus wenigen Datenpunkten – Suchanfragen oder Likes – lassen sich detaillierte Präferenzen ableiten. Wer nach einem Mietwagen sucht, erhält sofort Angebote von Autovermietungen wie Sixt oder Europcar.

Facebook, das als Studentennetzwerk an der Harvard-Universität begann, ist inzwischen das größte soziale Netzwerk der Welt. Es zählt über 2 Milliarden Nutzer und hat damit mehr Mitglieder als die katholische Kirche (1,3 Milliarden). Zwar geriet der »blaue Riese« nach dem Datenskandal um die Analysefirma Cambridge Analytica ins Wanken, doch allein die schiere Größe lässt die Netzwerkeffekte weiter wirken: Obwohl bekannt ist, dass Facebook Daten verkauft und Gesichtserkennungssysteme einsetzt, verlassen viele das soziale Netzwerk nicht – weil Freunde und Bekannte noch dabei sind. Gleiches gilt für den Messengerdienst WhatsApp, den Facebook 2014 für 19 Milliarden Dollar kaufte.

Es gibt gute Gründe, Facebook als ein Medienunternehmen anzusehen. Laut einer Erhebung des Pew Research Center beziehen zwei Drittel aller US-Bürger zumindest einen Teil ihrer Nachrichten aus sozialen Netzwerken; die Hälfte aller Facebook-Nutzer konsumiert News ausschließlich auf den Seiten von Facebook. Das soziale Netzwerk wird zum Fenster zur Welt. Medien publizieren sogenannte Instant Articles auf Facebook. Trotzdem behauptet Gründer Mark Zuckerberg, sein Unternehmen sei lediglich eine »Plattform« – und entzieht sich so jeder presserechtlichen Verantwortung.

Auch Google kann man als Medienunternehmen betrachten: Das Web-Informationsangebot Google News gehört zum Kernprodukt – die Verlage liegen seit Jahren im Clinch mit dem Suchmaschinenriesen, weil sie für die Darstellung von Textauszügen und Vorschaubildern, sogenannten Snippets, kein Geld bekommen. Zwar produziert Google nicht selbst Content, aber die Plattform aggregiert, organisiert, strukturiert und kanalisiert Informationen und beeinflusst so erheblich die öffentliche Kommunikation.

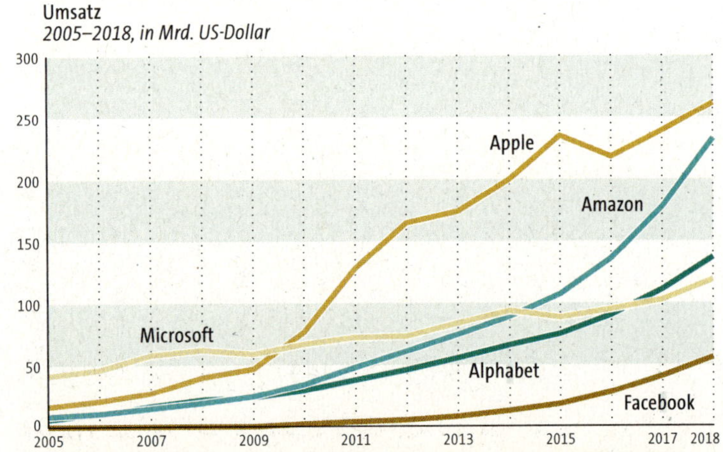

Von der Garage zum Weltkonzern

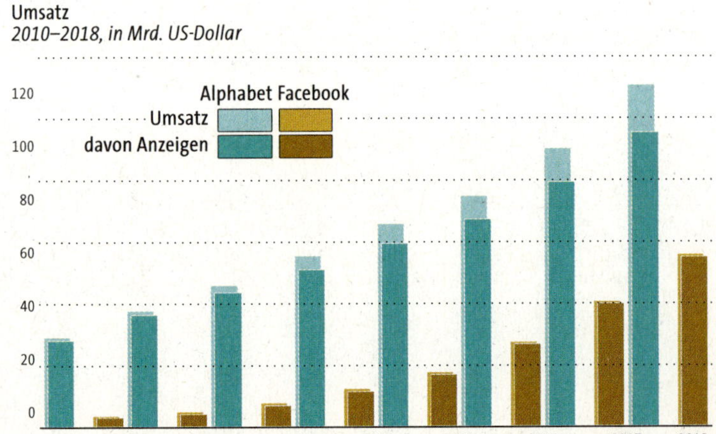

Monopolisten der mobilen Onlinewerbung

Am Anfang war Google eine reine Suchmaschine, Facebook ein soziales Netzwerk, Apple ein Gerätehersteller (Macintosh), Microsoft ein Softwareunternehmen und Amazon ein Buchhändler. Jedes Unternehmen hatte seine Claims abgesteckt, man kam sich gegenseitig nicht in die Quere. Apple spielt eine Sonderrolle, weil es den größten Teil seines Umsatzes mit dem iPhone (also Hardware) erzielt und insofern noch dem herkömmlichen Geschäftsmodell nahesteht. Nach und nach entstanden Winner-takes-it-all-Märkte wie bei Microsofts Betriebssystem Windows, dessen Geschäftsmodell auf einem Verkauf von Lizenzen basierte und wo die Grenzkosten für den Hersteller gegen null tendierten.

Heute weiten die Techgiganten ihre ursprünglichen Geschäftsfelder aus und attackieren sich gegenseitig. Auf dem Feld der Smart Speaker – hier haben Amazon (Echo), Apple (HomePod) und Google (Google Home) eigene Geräte auf den Markt gebracht – oder, daran gekoppelt, bei virtuellen Assistenten, wo neben Apples Siri, Amazons Alexa und Googles Assistant auch Microsofts Cortana auf den Plan tritt. Google, mit seiner Suchmaschine und dem Betriebssystem Android lange Zeit ein reines Softwareunternehmen, bietet Cloud-Dienste an und will mit dem Telefon »Pixel« auch auf dem Smartphonemarkt mitmischen. Apple, einst nur Geräteproduzent, verdient zunehmend Geld mit Dienstleistungen (unter anderem Apple Pay, iTunes, AppleMusic, iCloud). Amazon realisiert für den hauseigenen Streamingdienst Prime milliardenschwere Produktionen wie die »Herr der Ringe«-Serie, die es mit Netflix und Hollywood aufnehmen können, und hat ein eigenes deutschsprachiges Verlagsprogramm aufgelegt. Und Microsoft, groß geworden mit Betriebssystemen und Bürosoftware, hat 2016 für 26,2 Milliarden Dollar das Karrierenetzwerk Linkedin gekauft – und macht mittlerweile auch Milliardenumsätze mit Cloud Computing, Gaming und Tablet-PCs.

Ziel der Techkonzerne ist es, ein Ökosystem aufzubauen, das Nutzer niemals verlassen müssen: Man diktiert Alexa morgens die Einkaufsliste, steuert über den Sprachassistenten das Smart Home und die Navigation im Fahrzeug, streamt abends Amazon-Prime-Serien und bestellt Bücher sowie Haushaltswaren beim Onlinehändler. Auch Facebook hat Nachrichten, Videos, Audio, Messaging, E-Mail und sogar den Einkauf von Konsumgütern nach und nach auf seine Plattform geholt.

Amazon versucht seine Sprachsoftware Alexa ähnlich wie Google sein Betriebssystem Android zur Standardlösung für internetfähige Geräte zu machen, indem es den Herstellern die Software kostenlos zur Verfügung stellt. Dutzende Geräte sind mittlerweile mit Alexa kompatibel – vom smarten Lautsprecher Echo, den Amazon selbst produziert, über Thermostate bis hin zu Mikrowellengeräten und Staubsaugrobotern. Das Ziel von Amazon ist es, Alexa zur entscheidenden Stimmkontrolle zu machen.

Als Komplement zu seinem Netzwerklautsprecher hat der Onlinehändler die Smart-Home-Kamera Echo Look vorgestellt, die den Spiegel ersetzen und als Modeberaterin fungieren soll. Über die vernetzte Kamera kann der Kunde per Sprachbefehl (»Alexa, mach ein Foto von mir«) Fotos zweier verschiedener Outfits machen, die über die sogenannte Style-Check-Funktion von einem Algorithmus bewertet werden. Homeshopping mit kostenloser Stilberatung. Das klingt bequem, doch die Bequemlichkeit hat ihren Preis. Datenschützer befürchten, dass Amazon aus den Ganzkörperfotos seiner Kunden noch viel mehr ablesen kann, etwa ob sie schwanger, übergewichtig oder depressiv sind. Amazon hat ein Patent auf eine Technologie angemeldet, die anhand der Stimme erkennen soll, ob jemand krank ist, und gleich das passende Medikament ordert. Wenn Alexa hört, dass jemand heiser ist, bestellt sie Erkältungstee. Oder Hustensaft. Die Harvard-Ökonomin Shoshana Zuboff hat dafür den Begriff des »Überwachungskapitalismus« geprägt. Sie definiert ihn als »neue Marktform, die menschliche Erfahrung als kostenlosen Rohstoff für ihre versteckten kommerziellen Operationen der Extraktion, Vorhersage und des Verkaufs reklamiert«.

All die Daten müssen gespeichert werden, vorzugsweise in der Cloud. Auch hier ist Amazon ganz vorn dabei: Zu seinen profitabelsten Geschäftszweigen zählt mittlerweile Amazon Web Services (AWS). Bereits 2006 gegründet, hat der Cloud-Dienst gegenüber der Konkurrenz einen beträchtlichen Vorsprung, sein Marktanteil ist größer als der der fünf nächstgrößeren Anbieter zusammen. Das Wettrennen um die Vorherrschaft in der Cloud wird in den Medien zum »Cloud War« stilisiert, wobei sich hier neue Allianzen und Zweckbündnisse auftun. So mietet Apple für seine iCloud bei Google und AWS cloudspace, was den Konzern aus Cupertino jährlich mehrere hundert Millionen Dollar kostet. Netflix, ein direkter Konkurrent von Amazon, hat seine Rechenzentren mittlerweile komplett abgeschaltet und hostet seine Filme bei AWS. Netflix, Spotify, Airbnb – die halbe Internetwirtschaft hängt am Tropf von Amazons Cloud. Daraus resultieren neue Abhängigkeiten. Immer wieder kam es in der Vergangenheit zu Serverausfällen. Als im Juni 2012 Amazons Elastic Compute Cloud in Northern Virginia abstürzte, waren Dienste wie Netflix oder Instagram stundenlang nicht verfügbar.

Auf ihrer Suche nach profitablen Geschäftsfeldern haben die Techkonzerne inzwischen auch den Gesundheitsmarkt entdeckt. Apple zum Beispiel baut seine Apple Watch sowie das iPhone konsequent zu einer mobilen Gesundheitsapparatur aus. Die Armbanduhr misst mit Sensoren physiologische Parameter wie Puls und Herzschlag, um mithilfe von Algorithmen frühzeitig Herzrhythmusstörungen zu erkennen. Zur smarten Armbanduhr kommt Zubehör wie Blutdruckmessgeräte, Thermometer und Waagen. Apple ist längst ein Gesundheitsanbieter: Auf seiner Plattform sind über 300 000 Gesundheitsapps registriert. In Santa Clara, unweit seines Hauptquartiers, baut der Elektronikkonzern überdies zwei Spezialkliniken.

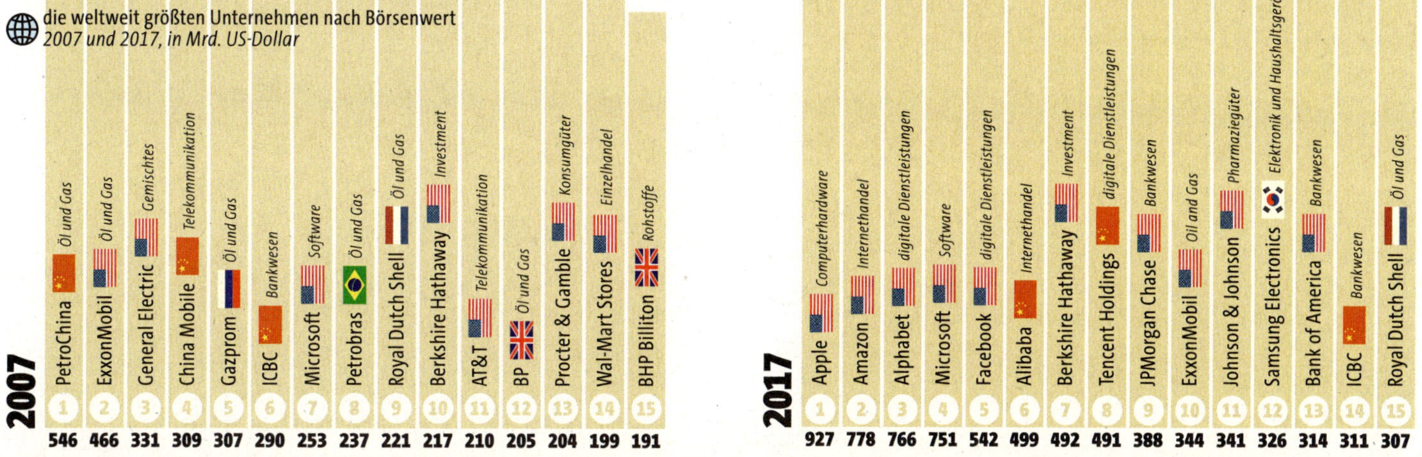

Die Erdölriesen müssen Platz machen

Die materielle Basis der digitalen Kommunikation

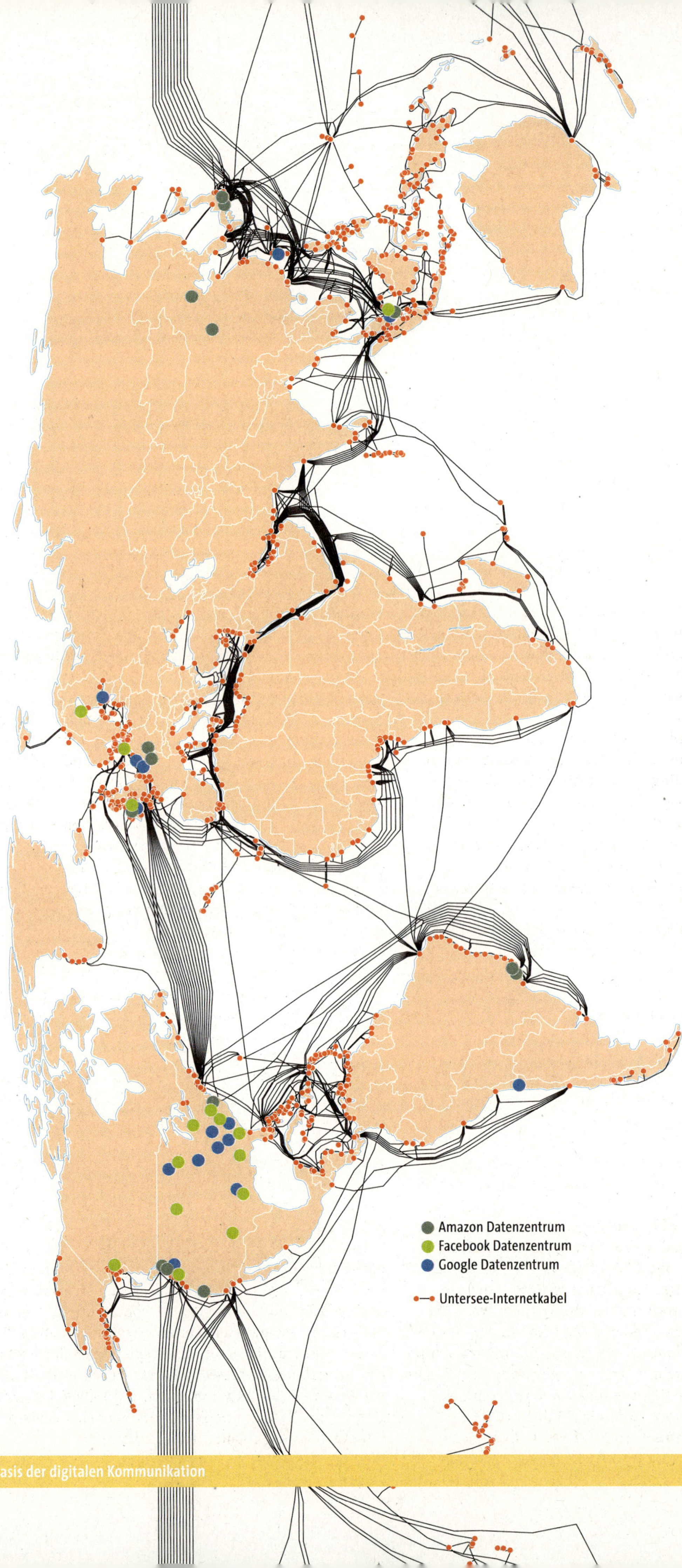

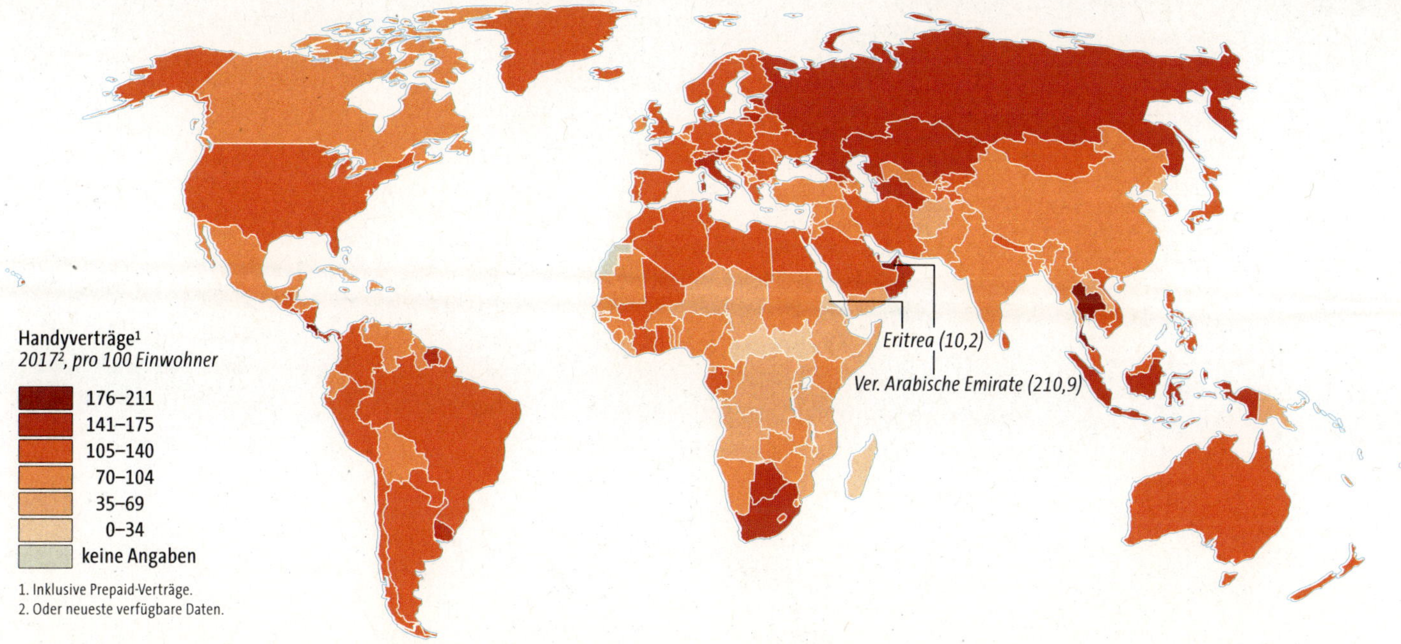

Amazon hat eine Kooperation mit JP Morgan und Berkshire Hathaway vereinbart, um eine eigene Krankenkasse für seine Mitarbeiter zu gründen. Die American Heart Association hat bereits einen Skill (eine Art App) für Amazon Alexa entwickelt, die Lebensretter instruiert, wie sie in Notfällen eine Herz-Lungen-Wiederbelebung durchführen.

Die Big Five (Amazon, Apple, Facebook, Google, Microsoft) mögen technisches Know-how in den Gesundheitssektor einbringen, doch letztlich birgt das Engagement die Gefahr, dass hier sensible Gesundheitsdaten abgeschöpft und so etwas wie eine algorithmische Gouvernementalität institutionalisiert wird, bei der private Konzerne Wissen über den Gesundheitszustand von Bürgern anhäufen. Die Vision, das Smartphone zur mobilen Arztpraxis aufzurüsten, ist Ausfluss neoliberalen Denkens – so kann man sich nämlich den Arztbesuch sparen.

Die Schattenseite der schillernden Technologiewelt mit ihren abenteuerlichen Gewinn- und Heilsversprechen ist ein Heer von Billiglöhnern, die auf Crowdworking-Plattformen mechanische Klickarbeiten verrichten oder in Amazons Logistikzentren Pakete sortieren und wie Roboter behandelt werden. Laut einer Erhebung des US Bureau of Labor Statistics (BLS) sind allein in den USA 10 Millionen Arbeiter hauptberuflich in der Gig Economy beschäftigt. Zum Vergleich: Im produzierenden Gewerbe gibt es 12 Millionen Arbeitnehmer. Der Fahrdienstleister Uber beschäftigt eine ganze Flotte von nicht- oder unterversicherten Chauffeuren, die von einem Computer kommandiert werden, der sie auf bestimmte Routen schickt und durch die algorithmische Tarifbildung den nicht gerade üppigen Lohn festsetzt. Das mittlere Management hat Uber faktisch abgeschafft.

Amazon hat ein Patent auf Überwachungsarmbänder angemeldet, die mithilfe von Ultraschall die Armbewegungen der Warenhausmitarbeiter tracken und mittels Vibrationen in eine bestimmte Richtung dirigieren können. Der Mitarbeiter wird zu einer ferngesteuerten Maschine. Ein autoritär gelenkter Roboter war schon das Idealbild des US-Ingenieurs Frederick Winslow Taylor, der mit seinem Konzept der wissenschaftlichen Betriebsführung (»scientific management«) jeden Arbeitsschritt streng takten wollte. Doch dass die Belegschaft selbst Zeit- und Bewegungsstudien durchführt, hätte sich der Erfinder des Taylorismus nie träumen lassen.

Der Datenkapitalismus benötigt trotz der Fortschritte der Robotik und der künstlichen Intelligenz noch jede Menge Manpower, um die riesigen Datenmengen zu verarbeiten. Auf den Philippinen ist eine ganze Armada sogenannter Contentmoderatoren im Auftrag großer Techkonzerne rund um die Uhr damit beschäftigt, gewaltverherrlichende oder kinderpornografische Inhalte aus dem Netz zu entfernen. Es sind die Tagelöhner der Digitalmoderne. Zwar filtern Algorithmen verdächtiges Material. Auch können Nutzer anstößige Inhalte melden. Doch am Ende ist es noch immer ein Mensch, der die Entscheidung trifft, ob das gemeldete Foto oder Video entfernt wird oder nicht. Es gibt (noch) keine Computer, die in wenigen Sekunden einschätzen können, ob etwas legal oder illegal, Kunst oder Pornografie ist. Betroffene berichten von posttraumatischen Störungen.

Künstliche Intelligenz (KI) soll helfen, Hassbotschaften oder gewaltverherrlichende Bilder schneller und besser zu erkennen. Die Techkonzerne investieren in KI-Forschungen aber vor allem, um durch eine verbesserte Datenanalyse Wettbewerbsvorteile erringen zu können. Fast 65 Milliarden Dollar haben die Big Five 2017 für Forschung und Entwicklung ausgegeben. Nur vier Staaten – USA, China, Japan und Deutschland – haben ein höheres F&E-Budget. Damit einher geht eine Privatisierung des Wissens. Je mehr Geld die Techkonzerne anhäufen, desto mehr Einfluss bekommen sie auf normative Entscheidungen der Gesellschaft.

Die Internetkonzerne sind so groß, dass sie Monopole bilden. Google beherrscht den Suchmaschinenmarkt, Amazon dominiert den Onlinehandel, Microsoft hat mit seinem Office-Paket ein Monopol in europäischen Verwaltungen, und Facebook ist das mit Abstand größte soziale Netzwerk. Monopolisten tendieren dazu, ihre Macht zu missbrauchen. Die EU-Kommission brummte Google 2017 eine Geldbuße von 2,42 Milliarden Euro auf, weil der Suchmaschinenriese durch die Priorisierung seines Preisvergleichs seine marktbeherrschende Stellung missbraucht hatte. Im Juli 2018 verhängte die EU-Kommission eine neue Rekordstrafe: In einem Kartellverfahren um Googles Betriebssystem Android wurde der Konzern mit einem Bußgeld von 4,3 Milliarden Euro belegt. Und im März 2019 verhängte EU-Wettbewerbskommissarin Margrethe Vestager eine weitere Strafe von 1,49 Milliarden Dollar wegen Missbrauchs einer marktbeherrschenden Stellung bei Onlinewerbung. Angesichts der Marktmacht der Konzerne werden Forderungen laut, Facebook, Amazon und Google zu zerschlagen. Das dürfte allerdings noch schwieriger sein als die politische Regulierung der globalen Techkonzerne.

Adrian Lobe ist freier Journalist. Er schreibt unter anderem für die *Zeit*, die *Neue Zürcher Zeitung* und die *Süddeutsche Zeitung*.

Waffen für die Welt

Rheinmetall nutzt Lücken des deutschen Ausfuhrrechts, um Munition in Länder der Golfregion zu liefern

von Otfried Nassauer

Ohne Munition kein Krieg. Rheinmetall, der größte in Deutschland ansässige Rüstungskonzern, betrachtet sich als weltweit drittgrößter Produzent für Munition ab 20 Millimeter Durchmesser. Auf die deutschen Rüstungsexportgesetze hat sich der Konzern gut eingestellt. Er nutzt die Lücken des deutschen Ausfuhrrechts, um es geschickt zu umgehen. Über Töchter und Gemeinschaftsfirmen im Ausland, die über eigene Technologierechte verfügen, beliefert Rheinmetall Länder, für die in Deutschland nur schwer oder gar keine Exportgenehmigung zu bekommen wäre – Länder, die wie Saudi-Arabien oder die Vereinigten Arabischen Emirate im Jemen Krieg führen. Beide erhalten aus dem Rheinmetall-Konzern viel Munition und sogar komplette Munitionsfabriken. Der Konzern bezeichnet sein Vorgehen als Strategie der Internationalisierung. Zwei Firmen stechen besonders ins Auge.

2010 erwarb die Rheinmetall Waffe Munition GmbH (RWM) den kriselnden italienischen Munitionshersteller S.E.I. mit Werken im norditalienischen Ghedi und in Domusnovas auf Sardinien. Die Firma wurde in die RWM Italia S.p.A. umgewandelt. Sie stellt konventionelle und insensitive (feuer- und stoßsichere) Sprengstoffe her, produziert Marinemunition und – als derzeit wichtigstes Produkt – Bomben der MK80-Serie auf Basis einer US-Lizenz.

Der Umsatz dieser italienischen Tochter stieg seither sprunghaft, von 11 Millionen Euro 2011 auf über 90 Millionen Euro 2017. Das ist überwiegend Exporten auf die Arabische Halbinsel geschuldet. Saudi-Arabien und die Vereinigten Arabischen Emirate (VAE) führen seit 2015 im Jemen Krieg und haben deshalb einen enormen Bedarf an Bomben, Lenkwaffen und deren Komponenten. RWM Italia hilft, diesen Bedarf zu decken. Seit Ende 2012 erhielt die Firma mindestens drei große Aufträge zur Belieferung Saudi-Arabiens im Gesamtwert von deutlich mehr als 500 Millionen Euro.

RWM Italia beliefert Saudi-Arabien seit 2016 direkt mit knapp 20 000 Bomben der Modelle MK82, 83 und 84 (500 bis 2000 Pfund). Von Raytheon Systems, der britischen Tochter des drittgrößten Rüstungskonzerns der Welt, hatte man zuvor schon einen Unterauftrag aus Riad über 3650 1000-Pfund-Bomben erhalten. Seit 2015 beliefert Raytheon Systems nicht nur die britische, sondern auch die saudische Luftwaffe mit Präzisionswaffen des Typs Paveway IV. Deren Sprengkörper, Bomben des Typs MK82, liefert RWM Italia zu. Zwischen 2012 und 2017 hat die italienische Regierung die Ausfuhr von mehr als 9000 scharfen Bomben für die Paveway-IV-Produktion genehmigt – die Mehrzahl, rund 5300 Bomben, seit Saudi-Arabien mit dieser Lenkwaffe beliefert werden darf. Während die Golfmonarchie diese Waffen im Jemen nutzt, setzt die britische Luftwaffe sie zur Bekämpfung des »Islamischen Staats« im Irak und in Syrien ein.

Amnesty International, Human Rights Watch und die jemenitische Menschenrechtsorganisation Mwatana haben den Einsatz von RWM-Italia-Bomben der MK80-Serie sowie Lenkwaffen des Typs Paveway IV im Jemenkrieg auch gegen zivile Ziele dokumentiert. Eine Expertenkommission der Vereinten Nationen bestätigte deren Berichte bereits Anfang 2017 und schlussfolgerte, dass etliche Einsätze dieser Waffen substanzielle Zweifel an der Zulässigkeit nach den Regeln des Kriegsvölker- beziehungsweise des internationalen humanitären Rechts aufwerfen.

Angesichts der guten Auftragslage modernisiert und erweitert Rheinmetall derzeit seine Produktionsanlagen in Sardinien. Der Konzern will den Jahresumsatz seiner Tochter in Italien bald auf mehr als 100 Millionen Euro pro Jahr steigern.

Das zweite Beispiel: 2008 erwarb RWM nach dreijährigen Vorgesprächen einen 51-prozentigen Anteil an der Munitionssparte des staatlichen südafrikanischen Rüstungskonzerns Denel und überführte diesen Bereich in die neue Gemeinschaftsfirma Rheinmetall Denel Munitions (Pty) Ltd. (RDM). Die Produktion an den vier südafrikanischen Standorten wurde sukzessive auf Nato-Standards umgestellt und fortlaufend modernisiert. Wenig später kauften RWM und RDM zusammen in Südafrika den Zünderhersteller Laingsdale Engineering Ltd., unter anderem um komplette Munitionssysteme anbieten zu können.

RDM hat ein breites Spektrum an Standardmunitionen für Land-, See- und Luftstreitkräfte im Angebot, darunter Handgranaten, Granaten, Mörser- und Artilleriemunition, Geschosse für Schiffskanonen und Bomben der MK80-Serie. Hinzu kommen Treibmittel und Treibladungen sowie Antriebe und Sprengköpfe für Lenkwaffen von Denel. RDM verfügt über eine eigene Munitionsentwicklung und beschäftigt, je nach Quelle, bis zu 2000 Mitarbeiter.

RDM ist für viele Produkte nicht auf ausländische Technologierechte angewiesen, weil das Rüstungsembargo der Vereinten Nationen während des Apartheidregimes die staatliche Rüstungsindustrie Südafrikas zwang, vieles selbst zu entwickeln oder illegal zu beschaffen. Eigenentwicklungen und eine weitgehende technologierechtliche Autarkie waren die Folge – gerade auch im Munitionsbereich.

Durch diese Neuerwerbungen konnte Rheinmetall seine Palette lieferbarer Munitionen deutlich erweitern und verfügt heute über etliche Munitionen, bei denen die Technologierechte nicht in Deutschland liegen. Das Joint Venture in Südafrika eröffnet dem Konzern die Möglichkeit, sich auch um lukrative Exportaufträge in Ländern zu bemühen, für die in Deutschland nur geringe Aussicht auf Exportgenehmigungen bestehen würde – vor allem, aber nicht nur im Nahen Osten und in Nordafrika. Schon bei der Gründung von RDM hatte der Konzern klargemacht, dass er sich von Südafrika aus genau diese problematischen Märkte erschließen wollte.

Finanziell ging die Rechnung auf. Der ehemalige Rheinmetall-Manager Andreas Schwer erwähnte 2017 in einem Interview, dass sich die Verkäufe von RDM mittlerweile versechsfacht hätten. Der

Ausfuhrgenehmigungen für Rüstungsgüter
2007–2017, in Mrd. Euro

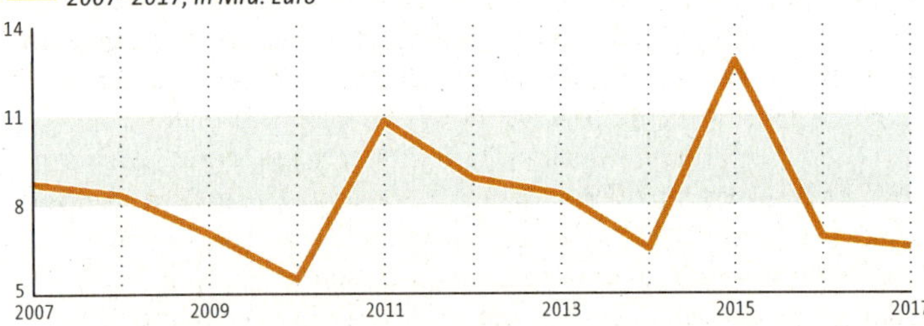

Ausfuhrgenehmigungen für Rüstungsgüter: die 10 wichtigsten Importländer
2017, in Mio. Euro[1]

Algerien	1358,8
Ägypten	708,3
Litauen	492,6
USA	345,2
Australien	265,4
Saudi-Arabien	254,5
Südkorea	253,6
Ver. Arabische Emirate	213,9
Großbritannien	168,0
Niederlande	151,9

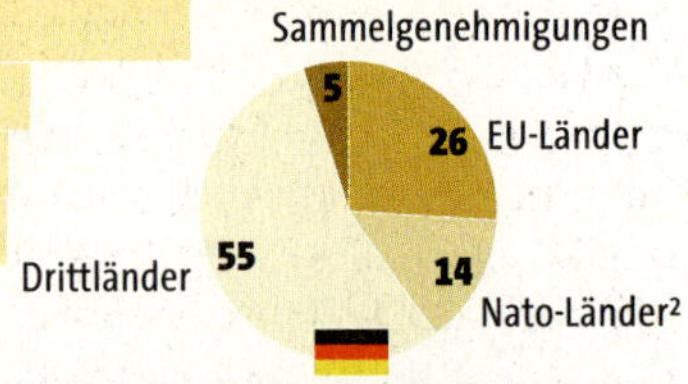

Ausfuhrgenehmigungen für Rüstungsgüter
2017, in Prozent des Gesamtwerts

1. Ohne Sammelgenehmigungen.

2. Und Nato-gleichgestellte Länder.

● Deutschlands beste Kunden

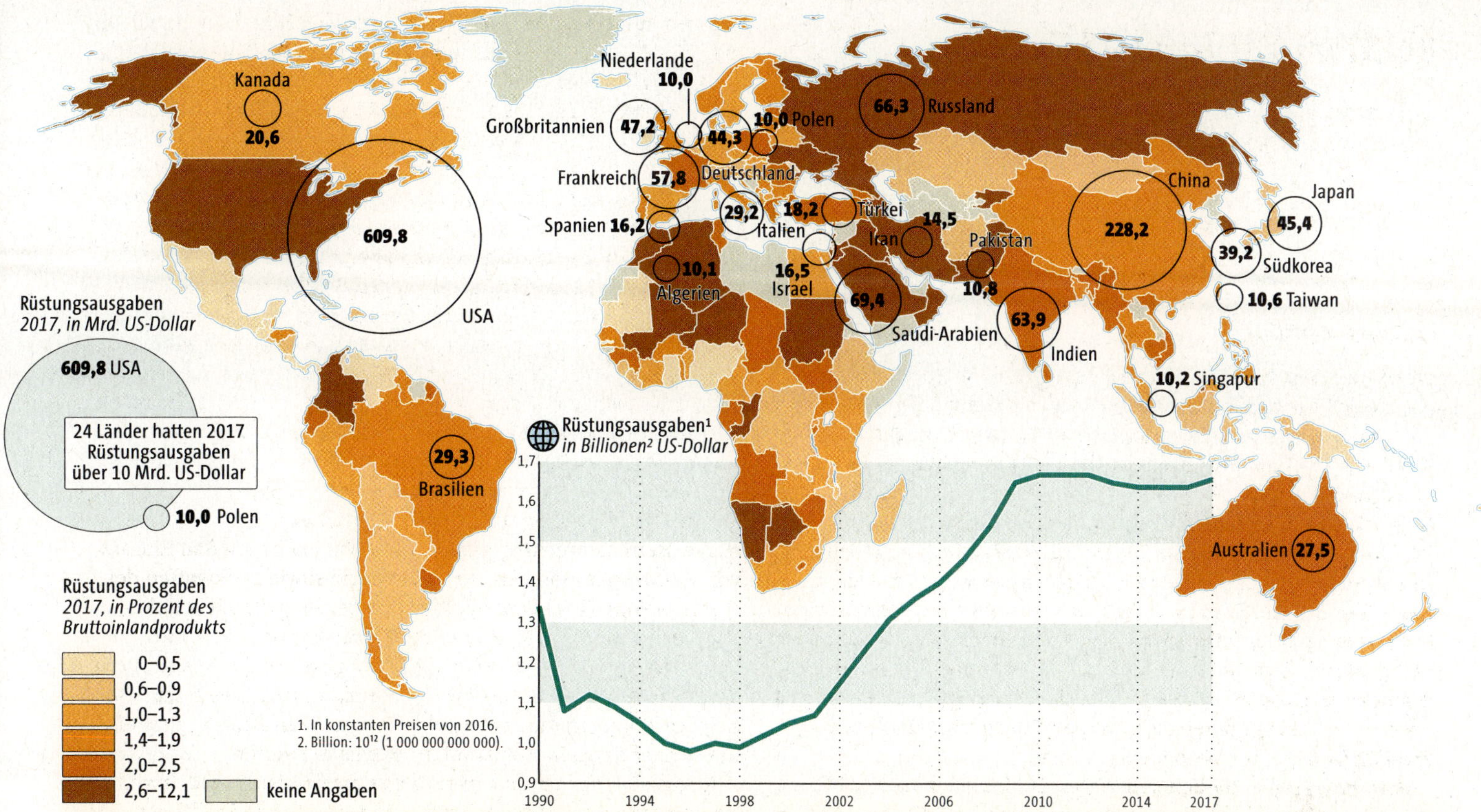

Abrüstung war gestern

deutsche RDM-Geschäftsführer, Norbert Schulz, nannte das Engagement in Südafrika schon 2014 »die beste Geschäftsentscheidung, die Rheinmetall in den letzten 20 Jahren getroffen hat«.

Südafrika hat sich auch deshalb als »guter« Standort erwiesen, weil es zwar auf dem Papier eine stringente Rüstungsexportpolitik verfolgt, in der Praxis Genehmigungen aber dort leicht zu bekommen sind – nicht zuletzt, weil der südafrikanische Staat meist Eigentümer oder Miteigentümer der exportwilligen Firmen ist, also an den Exporten mitverdient.

Die Ausfuhrgenehmigungen, die Südafrika für die am Jemenkrieg beteiligten VAE erteilt hat, sprechen eine klare Sprache: Genehmigt wurde seit 2013 die Ausfuhr von mehr als 400 000 Geschossen für Granatwerfer, rund 200 000 Mörsergeschossen, über 13 500 Bomben des Typs MK82 und mehreren tausend Artilleriegeschossen. Munition aus Südafrika darf auch an Saudi-Arabien, Katar und Oman geliefert werden.

Rheinmetall Denel Munitions bietet seinen Kunden jedoch nicht nur Munition an, sondern auch ganze Munitionsfabriken und Munitionsabfüllanlagen. 39 solcher Anlagen will RDM in etwas mehr als drei Jahrzehnten weltweit gebaut haben. Jedes Jahr kommen angeblich zwei bis drei weitere hinzu. Details werden nur selten bekannt, wenn es darum geht, »Munition und souveräne Produktionskapazitäten bereitzustellen«. Vier Fälle wurden öffentlich.

Seit 2008 haben Rheinmetall und RDM für eine Gemeinschaftsfirma namens Burkan Munition Systems im Emirat Abu Dhabi eine schlüsselfertige Munitionsfabrik gebaut, die Granat-, Mörser- und Artilleriemunition sowie für Artillerieraketen und Bomben der MK80-Serie fertigen soll. RWM Italia belieferte Burkan Munition Systems mit Komponenten für die Bomben der MK80-Baureihe. Aus Südafrika wird vor allem die Produktion von Heeresmunition unterstützt.

2011 bot RDM Saudi-Arabien eine ähnliche Anlage an. Diese ging 2016 in Betrieb und wird von der staatlichen Saudi Military Industries Corporation (Sami) in al-Khardsch betrieben. Das Geschäft hatte nach Medienmeldungen ein Volumen von 240 Millionen Dollar. Die nächste Anlage soll in Ägypten in Betrieb gehen. Öffentlich ist meist von einem Kunden in Nordafrika die Rede. Anfang 2018 wurde zudem bekannt, dass auch Katar zusammen mit Rheinmetall eine Munitionsproduktion aufbauen will.

Der Aufbau solcher Anlagen dient Interessen in den Empfängerländern und zugleich dem Gewinninteresse des Rheinmetall-Konzerns. Ein Teil der Wertschöpfung findet im Kundenland statt, ins Ausland fließen nach dem Bau vor allem noch Gelder für Lizenzen, technische Unterstützung beim Betrieb und zugelieferte Komponenten. Die oft autokratisch regierten Kundenländer werden so unabhängiger von der Rüstungsexportgenehmigungspolitik ihrer Lieferländer. Auch ist das Risiko, wegen Menschenrechtsverletzungen oder Kriegsverbrechen unter Druck zu geraten, geringer. Zudem können die Empfängerländer eigene Rüstungsexportgeschäfte einwerben. Schließlich schaffen sich die politischen und/oder militärischen Eliten dort nicht selten auch eine zusätzliche Einnahmequelle, die sie der eigenen Bevölkerung als der wirtschaftlichen Entwicklung dienlich verkaufen können.

Die Bundesregierung wäscht bei all diesen Vorgängen ihre Hände in Unschuld. Die Zuständigkeit liege in Italien und Südafrika, da keine deutschen Technologierechte berührt seien. Die Regierung sieht aber auch keinerlei Notwendigkeit, sich für die Kontrolle des Handelns deutscher Firmen zuständig zu erklären, wo sie dies könnte: Bislang wurde keine Genehmigungspflicht für die immaterielle technische Unterstützung, zum Beispiel bei der Entwicklung von Technologierechten im Ausland oder bei der Lieferung und beim Betrieb von Rüstungsfertigungsanlagen, eingeführt. Berlin verzichtet auch darauf, auf die Gründung oder die Exporttätigkeit von Tochter- und Gemeinschaftsfirmen deutscher Unternehmen im Ausland Einfluss zu nehmen.
Mehr noch: Man signalisiert stilles Einverständnis und erlaubt deutschen Firmen, passende Munitionszünder in die Golfregion zu exportieren.

Otfried Nassauer ist freier Journalist sowie Direktor des Berliner Informationszentrums für Transatlantische Sicherheit (BITS).

Die ’Ndrangheta und das große Geld

Eine Mafia des 21. Jahrhunderts

von Ambros Waibel

»Die ’Ndrangheta ist unsichtbar wie die dunkle Seite des Mondes«, musste Julie Tingwall, leitende Staatsanwältin des US-Staats Florida, noch Mitte der 1980er Jahre eingestehen. Dabei war die heute weltweit einflussreichste und finanzstärkste der traditionellen italienischen Mafiaorganisationen (zu denen als wichtigste die Cosa Nostra in Sizilien und die Camorra in und um Neapel zählen) bereits seit Mitte des 19. Jahrhunderts in der süditalienischen Region Kalabrien bekannt. Die Stadtverwaltung von Kalabriens Metropole Reggio Calabria wurde erstmals 1895 wegen Unterwanderung durch die ’Ndrangheta aufgelöst. Der Anti-Mafia-Ausschuss des italienischen Parlaments berichtete zum ersten Mal 2008 offiziell über die ’Ndrangheta; der Begriff ’Ndrangheta selbst tauchte im italienischen Strafgesetzbuch erst 2010 auf.

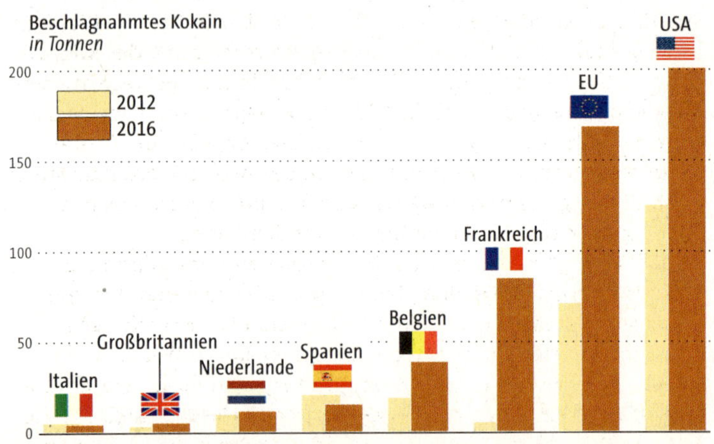

Milliardengeschäft Drogenhandel

Kalabrien gehört mit seinen nur knapp 2 Millionen Einwohnern zu den ärmsten, am wenigsten entwickelten, sozial konservativsten und verkehrstechnisch lange Zeit isolierten Regionen Italiens. Entsprechend wurde der dortigen organisierten Kriminalität wenig Aufmerksamkeit geschenkt: Erst durch Ermittlungen seit Beginn der 2000er Jahre hat sich das Wissen um Struktur und Geschäftsfelder der ’Ndrangheta deutlich erweitert. So wird seit 2016 die ’Ndrangheta von den Ermittlungsbehörden als »einheitliche«, vertikale Organisation mit einem von den Kriminellen selbst »Provincia« beziehungsweise »Crimine« genannten Leitungsgremium an der Spitze definiert. Die Basis der ’Ndrangheta besteht aus Familienverbänden. Diese Clans – »’ndrine« genannt, wahrscheinlich vom in manchen Teilen Kalabrien bis heute gesprochenen griechischen Dialekt abgeleitet: andrós, ἀνδρός für männlich, ehrenhaft; daher auch das Wort ’Ndrangheta selbst – können sich regional zu einem »Locale« zusammenschließen.

Nach jahrzehntelangen internen Konflikten scheinen sich die ’ndrine von Europa über Nord-und Südamerika bis Australien auf die zentralisierte Konfliktlösung durch die Provincia in Italien verständigt zu haben. Die blutige Fehde zweier Clans in Duisburg 2007 muss bis auf Weiteres als Ausnahme von der Regel gelten, aus der die Organisation Lehren gezogen hat. Die ’Ndrangheta präsentiert sich somit als zugleich archaische – die Clanmitglieder sind miteinander verwandt, die Aufnahmeriten haben pseudoreligiösen Charakter, Gewalt bestimmt auch die innerfamiliären Beziehungen – wie höchst anpassungsfähige kriminelle Organisation, die sich allen geschäftlichen, juristischen und medialen Herausforderungen der modernen Gesellschaft gewachsen zeigt.

Der Kampf gegen die organisierte Kriminalität in Italien blieb lange Zeit – und ist zum Teil bis heute – dem Engagement Einzelner beziehungsweise der politischen Linken, insbesondere der Kommunistischen Partei (PCI), überlassen. Das erste bedeutende Ergebnis dieses Anti-Mafia-Kampfs, den viele mit dem Leben bezahlten, war das La-Torre-Gesetz von 1982. Benannt nach dem ermordeten kommunistischen Politiker Pio La Torre, definiert es bereits die Mitgliedschaft in einer Mafiaorganisation als Straftatbestand, ohne dass die Ausführung spezifischer Delikte nachgewiesen werden muss. Immer einer Notstandslogik folgend wurde diese Gesetzgebung nach und nach ausgebaut – insbesondere seit 1992, als die führenden Anti-Mafia-Ermittler Giovanni Falcone und Paolo Borsellino auf Sizilien ermordet wurden. Zu den Erweiterungen zählen die nicht unumstrittene Isolationshaft, eine Kronzeugenregelung und Zeugenschutzprogramme, ein nationales Anti-Mafia-Kriminalamt (DIA) und spezielle Anti-Mafia-Staatsanwaltschaften (DNA). Außerdem können Mafiavermögen eingezogen und für soziale Zwecke verwendet werden, was vor allem durch die Umkehr der Beweislast ermöglicht wird, nach der Inhaber die Rechtmäßigkeit ihrer Vermögenswerte belegen müssen und nicht die Ermittlungsbehörden die Unrechtmäßigkeit.

Die Erfolge und der Prestigegewinn der italienischen Justizbehörden beim Kampf gegen die organisierte Kriminalität haben allerdings dazu geführt, dass politische Amtsträger und Aktivist*innen der Zivilgesellschaft zum Spielball ehrgeiziger Staatsanwälte werden. Francesco Forgione, ehemaliger Vorsitzender der Anti-Mafia-Kommission im italienischen Parlament, sprach etwa von einem »Spektakel«, das aufhören müsse, und beklagte eine Kampagne gegen die renommierteste Anti-Mafia-Organisation »Libera« seitens der Staatsanwaltschaft in Neapel. Viele Aktivist*innen in Süditalien haben inzwischen Angst vor einer Institution, die doch auf ihrer Seite stehen sollte.

Im Unterschied zur terroristischen Strategie der Sizilianer vermied die ’Ndrangheta meist die Konfrontation mit dem Staat. Stattdessen begannen die Spitzen der ’Ndrangheta in den 1970er Jahren durch ihren Beitritt zu Freimaurerlogen Verbindungen aufzubauen: zu Teilen des Staatsapparats, darunter Geheimdienste, zu gesellschaftlichen Eliten wie Ärzten, Bankern, Architekten sowie zu rechtsradikalen Gruppen. Daraus entstand die »Santa«, ein geheimer, auch »Kuppel« genannter Überbau, mit dessen Hilfe speziell Reggio Calabria ihrer Kontrolle unterworfen wurde. Hintergrund waren nicht zuletzt die Subventionen, die damals zur Entwicklung des Südens auch nach Kalabrien flossen und von denen sich die ’Ndrangheta und alle, die mit ihr unter einer Decke steckten, ihren Teil sichern wollten. Es ging dabei nicht nur um kurzfristigen Profit, sondern auch darum, dass die beherrschende Stellung der ’Ndrangheta akzeptiert wird, es ging um soziales Prestige. Die ’Ndrangheta rekrutierte Spezialisten und verschaffte sich so wirtschaftliches wie juristisches Expertenwissen, um im internationalen Kokainbusiness mitmischen zu können und insbesondere die illegal eingenommenen Milliarden zu waschen, sie also wieder in den Wirtschaftskreislauf zu integrieren. 53 Milliarden Euro setzte die ’Ndrangheta laut einer Studie 2013 um – mehr als die Deutsche Bank und McDonald’s zusammen. Allein der Drogenhandel steuerte 24 Milliarden Euro bei.

Seit den 1990er Jahren ist die Haupteinnahmequelle der ’Ndrangheta-Clans der Kokainhandel, den sie für Europa und Kanada monopolartig als direkter Ansprechpartner der kolumbianischen Kartelle abwickeln. Das Startkapital für den Einstieg in den Drogenhandel erwirtschafteten die Clans in den 1970er und 1980er Jahren mit Zigarettenschmuggel und Entführungen. Am bekanntesten ist die von Paul Getty jr., für den 1973 knapp 3 Mil-

Steueroasen

Das Tax Justice Network (TJN), ein unabhängiges internationales Netzwerk, erstellt seit 2012 regelmäßig einen Schattenfinanzindex (FSI). Dieser FSI-Wert ist eine Kombination aus dem Geheimhaltungswert des Landes und der globalen Gewichtung, die angibt, wie groß der Anteil des Staats an den globalen grenzüberschreitenden Finanzdienstleistungen ist.

An der Spitze des Index von 2018 liegt die Schweiz, gefolgt von den USA. Deutschland findet sich auf Platz 7. Großbritannien belegt offiziell Platz 23, allerdings dürfen sich mit den Kaimaninseln (Rang 3), Guernsey (10), den Jungferninseln (16) und Jersey (18) allein vier britische Überseegebiete beziehungsweise Kronbesitztümer zu den Top 20 zählen. Da die dortigen Briefkastenfirmen von Londoner Banken gesteuert werden, bezeichnet das Tax Justice Network das Vereinigte Königreich als »die heimliche Nummer 1« der Steueroasen.

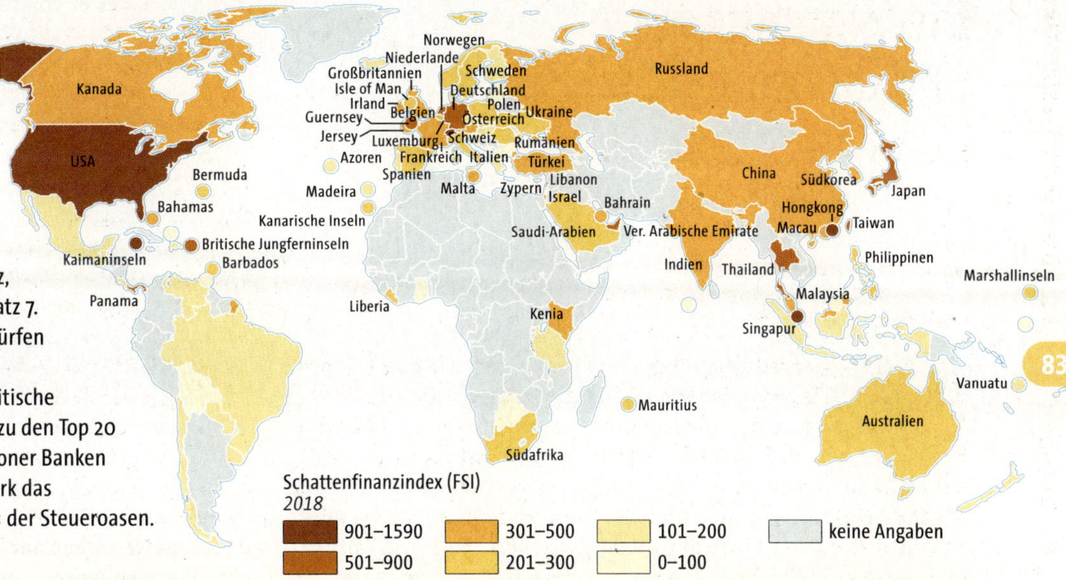

Sichere Häfen für das Schwarzgeld aus aller Welt

lionen Dollar Lösegeld gezahlt wurden. Das Drogengeld fließt insbesondere in Immobilien, Finanzgeschäfte, die Gastronomie. Weitere bedeutende Geschäftsfelder sind Subventionsbetrug (Landwirtschaftshilfen der EU), Unterwanderung staatlicher Infrastrukturprojekte (die nach 40 Jahren Bauzeit fertiggestellte Autobahn von Neapel nach Reggio Calabria gilt als das »längste Beweisstück Italiens«), Giftmüll- und Müllentsorgung, Automatenglücksspiel, Menschenhandel und Flüchtlingsunterbringung.

Die 'Ndrangheta erhebt zudem in Kalabrien eine Steuer, den »pizzo«, eine erpresserische Abgabe, die nicht nur Gewinn generiert, sondern auch ein Gradmesser dafür ist, wie umfassend sie das Territorium kontrolliert. Ermittler gehen davon aus, dass in Reggio Calabria 90 Prozent aller Geschäfte und Betriebe das Schutzgeld bezahlen. In einigen vor allem kleinen und mittleren Gemeinden wird kein Schutzgeld erhoben, weil sich sämtliche ökonomischen Aktivitäten bereits in Mafiahand befinden. Das alles geschieht, während die Lage auf dem Arbeitsmarkt unverändert katastrophal ist – die Jugendarbeitslosigkeit in Kalabrien liegt bei 60 Prozent.

Schon beim Bau der Autobahn »Autostrada del Sole« wie auch beim Bau des Containerhafens von Gioia Tauro – bis heute ein wesentlicher Anlaufpunkt für den Kokain- und Waffenschmuggel – verhandelten ab den 1970er Jahren die ausführenden norditalienischen Firmen mit dem die Region beherrschenden Piromalli-Clan. Dabei wurden vorab Schutzgelder gezahlt sowie Aufträge an mafiöse Tochterfirmen vergeben. Die 'Ndrangheta wurde sogar zum Teilhaber gemacht. Auch die Ausbreitung von 'Ndrangheta-»Filialen« in Norditalien, insbesondere ihre beherrschende Stellung als kriminelle Organisation in der Lombardei, in Piemont und Ligurien, ist nicht einfach als Begleiterscheinung der Migration von Süden nach Norden in den Jahrzehnten des italienischen Aufschwungs (1950–1970) zu erklären. Es waren alteingesessene Baufirmen vor Ort, die nur zu gern auf das Angebot der 'Ndrangheta eingingen, ihre Firmen in Zeiten des Arbeitskräftemangels mit billigen, garantiert gewerkschaftsfreien Arbeitern aus dem Süden zu versorgen, um am Bauboom teilzuhaben.

Die 'Ndrangheta kann sich in einer solchen Konstellation als Schutzmacht zwischen den einheimischen Firmen und den von ihr organisierten Arbeitskräften etablieren, bis sie schließlich selbst mit eigenen Firmen in den Markt einsteigt: Wer sich weigert, auf ihre Dienste zurückzugreifen, wird durch Einschüchterung aus dem Markt verdrängt, der in einzelnen Gemeinden im Transport- und Bausektor zunehmend von Firmen in Mafiabesitz beherrscht wird. Ähnlichen Mustern folgt auch die Zuteilung, Vermittlung und Ausbeutung migrantischer Erntearbeiter in der Ebene von Gioia Tauro. Inzwischen ist ganz Italien in autonom agierende »Locali« aufgeteilt.

Ist ein Sektor der Wirtschaft erst in Mafiahand, versucht man, den Einfluss auf Verwaltung und politische Ebene auszuweiten: durch Bestechung und Bedrohung und sogar Mord, bis schließlich keine kommerzielle Aktivität mehr ohne das Einverständnis der Clans möglich ist, was bei Aufdeckung regelmäßig dazu führt, dass Gemeindeverwaltungen vom italienischen Innenministerium aufgelöst werden.

Solche Muster mafioser Durchdringung der Gesellschaft zeichnen sich auch in anderen Ländern ab. Deutschland zum Beispiel hat sich – mit Schwerpunkten in Baden-Württemberg (Singen), Bayern, Hessen und nicht zuletzt in Thüringen (Erfurt) – von einer Ruhe- zu einer Investitionszone für die 'Ndrangheta entwickelt. In BKA-Berichten als Clanmitglieder ausgewiesene Personen prozessieren bis zur letzten Instanz gegen Journalist*innen und Medienhäuser, die in Veröffentlichungen ihre Namen in Verbindung mit der 'Ndrangheta bringen. Es scheint, als setze die 'Ndrangheta alles daran, in ihrer öffentlichen Wahrnehmung wieder auf die »dunkle Seite des Mondes« zurückzukehren.

Kokainpreise
2016, Durchschnitt, in US-Dollar/Gramm

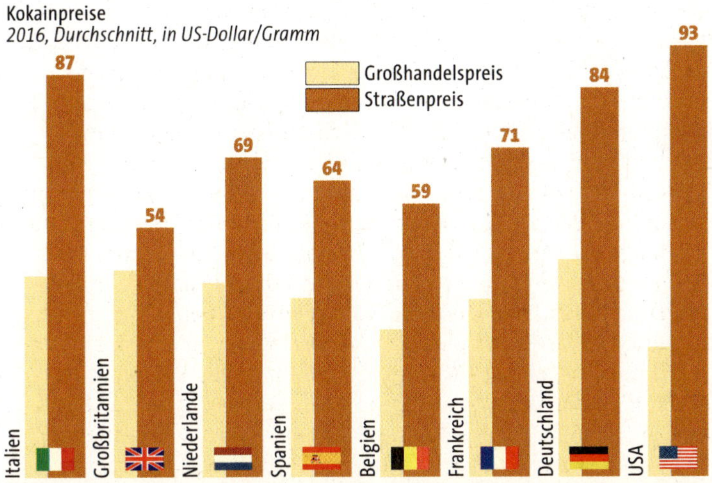

Lukrativ und gefährlich

Ambros Waibel ist Redakteur im Gesellschaftsressort der *taz*.

In der Tourismusfalle

Der Fremdenverkehr in Kroatien boomt, bietet aber nur wenigen eine berufliche Perspektive

von Hubert Beyerle

In der Reisebranche macht ein Begriff Karriere, für den es noch keine deutsche Übersetzung gibt: *overtourism*. Die Tourismusindustrie scheint erkannt zu haben, dass mehr nicht automatisch besser ist. Umfragen zufolge fühlt sich allerdings nur jeder zehnte Tourist unwohl als Teil der großen Masse, die sich Sommer für Sommer durch die historischen Zentren wälzt.

Auf deutlicheren Widerstand stößt der jährliche Touristenansturm dagegen bei der lokalen Bevölkerung in Städten wie Venedig, Barcelona oder Prag. Auch Dubrovnik an der kroatischen Küste ist von *overtourism* betroffen: Der Nachrichtensender CNN hatte 2018 die Stadt unter den zwölf Destinationen weltweit auf Platz drei genannt, die besser zu meiden seien. 1,1 Millionen ausländische Gäste besuchten Dubrovnik 2017. Die Stadt ist zu voll, hat mittlerweile auch der Bürgermeister erkannt.

Dubrovnik ist nur eine kleine Stadt, mit rund 28 000 Einwohnern ist sie sogar erstaunlich klein für ihre weltweite Bekanntheit. In der Altstadt, seit 1979 Unesco-Weltkulturerbe, leben nur noch rund 1000 dauerhafte Bewohner. Viele Häuser sind verkauft, oft an reiche Russen oder Araber. Overtourism scheint da wenigstens ein lokal eingrenzbares Problem zu sein.

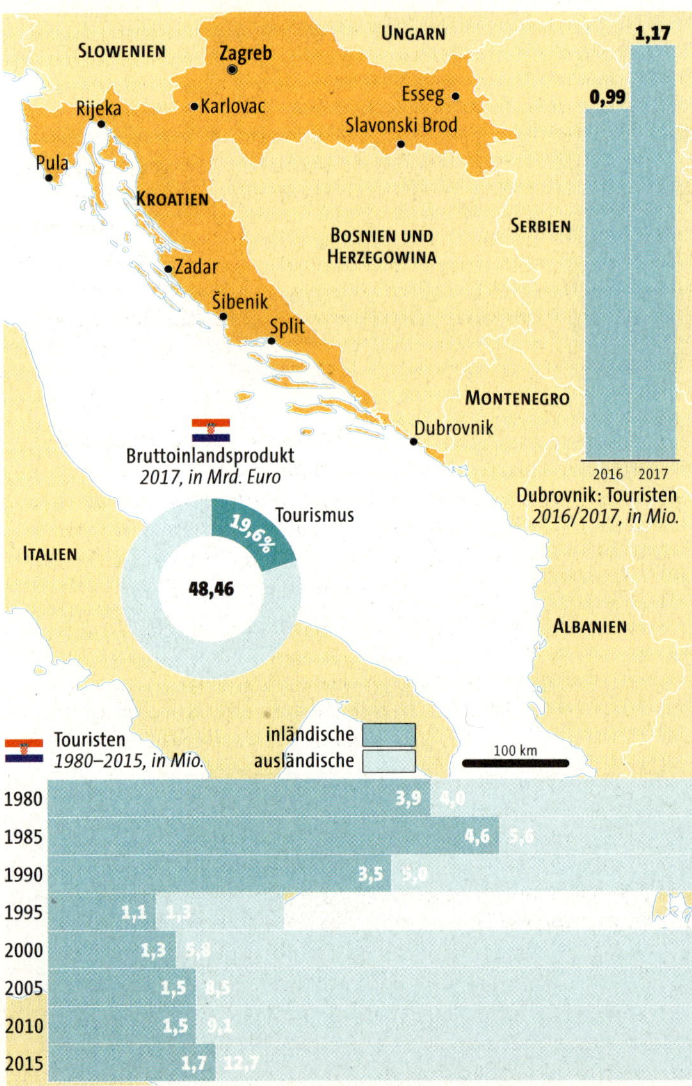

Reines Saisongeschäft

Die eigentliche Frage lautet denn auch nicht, ob es mancherorts zu voll wird, sondern: Ist der Tourismus überhaupt ein nachhaltiges Geschäftsmodell? Es bereitet Bauchschmerzen, diesen Begriff auf ganze Staaten zu übertragen. Gemeint ist, ob es dauerhaft und für ein ganzes Land funktionieren kann, sein Geld mit Tourismus zu verdienen? Die Frage ist relevant, da der Tourismus heute für Städte, Regionen und Länder als Rezept für mehr Wachstum und Wohlstand verkauft wird. Weltweit wächst der Tourismus seit Jahren stärker als die Wirtschaftsleistung insgesamt. 2017 wurden fast 1,2 Milliarden Auslandsreisen gezählt. Gibt es irgendwo eine Grenze?

Wie kein anderes Land der EU (von Malta und Zypern abgesehen) lebt Kroatien vom Tourismus. Hier lässt sich daher besser als irgendwo sonst studieren, welche Folgen diese Branche für ein Land hat, das sich fast komplett auf sie eingestellt hat.

Und das nicht erst seit gestern: Der Tourismus hat in Kroatien lange Tradition. Die Anfänge reichen bis zur Mitte des 19. Jahrhunderts, etwa in Opatija oder auf der Insel Lošinj, wo der Wiener Adel sich einst seine Winterdepression vertrieb. Die dalmatinische Luxusinsel Hvar feiert vor kurzem 150 Jahre Tourismus, denn bereits 1868 wurde dort die »Hygienische Gesellschaft« gegründet, die mit Sonne und Meer warb, als die Jahrhundertgeißel Tuberkulose wütete.

Als Kroatien zu Jugoslawien zählte, ging der Ausbau weiter. Devisen waren wichtig, an Beton wurde nicht gespart. Aber ein beträchtlicher Teil der Deviseneinnahmen floss in die Bundeshauptstadt Belgrad und von dort weiter in andere Republiken. Kroatische Nationalisten begannen in den 1970er Jahren zu fragen, wo eigentlich das Geld bleibe, von dem behauptet wurde, es stehe denjenigen zu, die über Küste und Sonne verfügten. Diese Deviseneinnahmen für sich zu behalten, war das zentrale wirtschaftliche Motiv hinter dem immer stärker werdenden Nationalismus der Kroaten. Die 1991 erfolgte Erklärung der Unabhängigkeit von Jugoslawien mündete in einen bis 1995 dauernden Krieg, den man in Kroatien heute den »Heimatkrieg« nennt.

Das finanzielle Kalkül, sofern man davon sprechen kann, ist vollkommen aufgegangen. Die Rekordzahl von 68 Millionen Übernachtungen im Jahr 1986 wurde nach dem heftigen Einbruch der Kriegszeit 2015 wieder erreicht. Seit 2000 hat sich die Zahl der ausländischen Touristen fast verdreifacht. 2017 kamen rund 15,6 Millionen ins Land und blieben 80,2 Millionen Nächte. Die größte Gruppe waren mit 2,6 Millionen die Deutschen. Auf einen Kroaten kommen bei einer Bevölkerung von 4,1 Millionen fast vier Touristen pro Jahr. Zum Vergleich: Im ebenfalls stark tourismusfixierten Griechenland liegt das Verhältnis nur bei eins zu drei.

Im Kern besteht die wirtschaftliche Tätigkeit des Tourismus aus der Vermietung von gemachten Betten. Der durchschnittliche Tourist gibt dafür rund die Hälfte seines Tagesbudgets von etwa 100 Euro aus. Das Rückgrat der kroatischen Wirtschaft sind daher die über 600 Hotels. Darunter sind viele kleine Privathotels, aber auch zunehmend Konzerne mit internationaler Beteiligung.

Valamar Riviera, der größte kroatische Hotelkonzern, hat rund 30 Hotels mit 48 000 Betten und 4800 Beschäftigten. Im Edeltourismusmekka Rovinj beherrscht die Luxuskette Maistra den Markt. Sie gehört einer Holding, die einst mit der größten Tabakfabrik Jugoslawiens reich geworden ist. Auch die Tycoons mischen mit, die Balkanvariante der Oligarchen. So etwa Davor Lukšić, 35 Jahre alt, Liebling der Boulevardpresse und Spross der wohl reichsten Industriellenfamilie Chiles. Diese wiederum stammt, wie der Name verrät, von kroatischen Auswandern ab, die vor dem Ersten Weltkrieg vor der Armut geflohen waren und in Chile mit Kupferminen reich geworden sind.

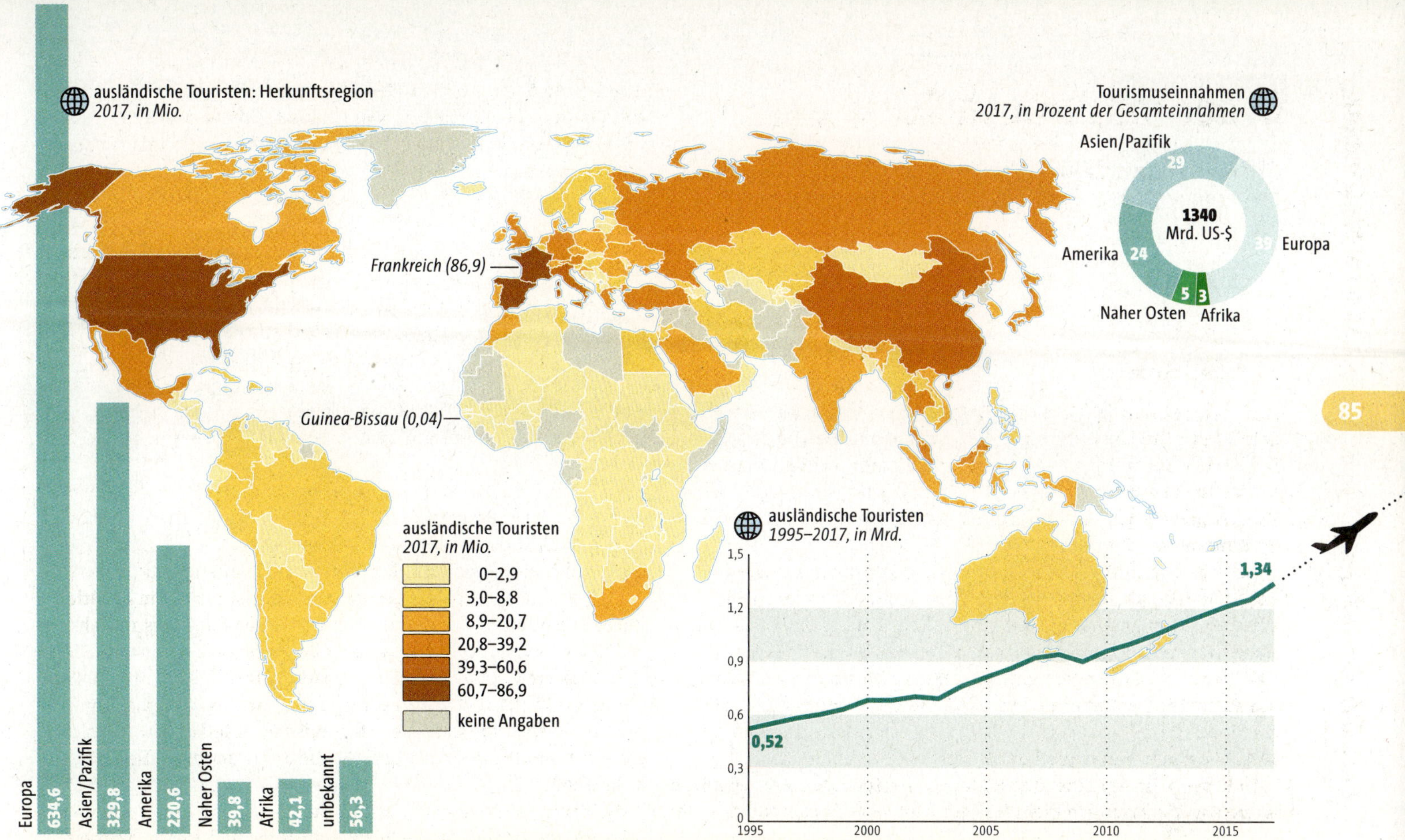

Zimmervermietung ist zu einem halbprofessionellen Nebengeschäft für zigtausende Haushalte an der Küste geworden. Insgesamt gibt es offiziell 224 000 Privatzimmer und Apartments, sie finden sich großenteils auf den einschlägigen Buchungsplattformen. Längst haben die lokalen Fremdenverkehrsbüros das Monopol über die wichtige Information »Sobe« (Zimmer) oder »Apartman« (Wohnung) verloren. Laut den Forschern des World Travel and Tourism Council trägt der Tourismus, alles eingerechnet, 25 Prozent zum kroatischen Bruttoinlandsprodukt bei. In Spanien sind es nur 14,9 Prozent.

Die Frage lautet: Was bleibt davon im Land? Ein großer Teil der Einnahmen fließt direkt wieder ins Ausland ab: Hotels wie Privatzimmer müssen immer auf den neusten Stand gebracht werden. Oft übernehmen ausländische Agenturen das Einstellen der Anzeigen und die Abrechnung in den Onlineportalen. Das lokale Handwerk profitiert zwar auch, allerdings sind die auffallend uniformen Einrichtungen oft importiert. So gehören Kühlschrank, Klimaanlage, Fernseher und Internetzugang immer dazu. Denn nur wer den aktuellen Standard bietet, kann vermieten.

Laut einer Studie gibt es einen *leakage effect,* ein »Leck« bei den Tourismuserlösen: Ein beträchtlicher Teil des Geldes versickert. Die lokale Wirtschaft außerhalb der Vermietungsbranche hat offenbar große Schwierigkeiten, mit eigenen Leistungen und Produkten teilzuhaben.

Wer einen direkten wirtschaftlichen Bezug dazu hat, sieht den Tourismus grundsätzlich positiv, wer nicht, ist tendenziell kritisch. Auch das zeigt, wie wenig der Tourismus der restlichen Bevölkerung zugutekommt. Wer nicht selbst ein Zimmer vermietet oder als Kellner arbeitet, hat kaum etwas davon. Er spürt nur die Kosten.

Während der Tourismus floriert, leiden Industrie und Landwirtschaft seit Jahren unter dem hohen Wettbewerbsdruck aus der Europäischen Union. Bankenkredite sowie staatliche Förderungen und EU-Hilfen gehen zum großen Teil in den Tourismus, denn dort brummt das Geschäft. So hat das vergleichsweise einfach verdiente Geld einen von Ökonomen seit Langem bekannten und als »Holländische Krankheit« oder »Rohstofffluch« beklagten Effekt: Der Erfolg der Boombranche geht zulasten aller anderen, weil er Wechselkurs und Reallöhne verzerrt. Die Jobs, die geschaffen werden, sind meist Dienstleistungstätigkeiten für gering Qualifizierte und oft nur befristet. Es gibt keinen nennenswerten Produktivitätsfortschritt. Die Arbeitsbedingungen sind so schlecht, dass die Hotels immer öfter ausländisches Personal anwerben müssen. Besser qualifizierte und bezahlte Jobs außerhalb des Tourismus sind knapp. Wem ist es da zu verdenken, wenn er seine Sachen packt und abwandert?

Es bietet sich ein paradoxes Bild: Während Kroatien im Sommer überlaufen wird von Millionen ausländischer Gäste, zieht es die Kroaten, vor allem die jungen, dauerhaft in den Norden. Lag die Abwanderung aus Kroatien vor einigen Jahren noch bei rund 10 000, sind es inzwischen jährlich 30 000 und mehr. Fast eine halbe Million Kroaten leben bereits allein in Deutschland.

So verschärft sich die Spaltung Kroatiens: Auf der einen Seite verdient eine recht kleine und gut vernetzte Elite sehr gut. Auf der anderen Seite steht die breite Bevölkerung, der das Vermieten von Zimmern zwar ein Überleben ermöglicht, aber keine berufliche Perspektive. Auch Strategien nach dem Motto Qualität statt Masse ändern an der einseitigen Ausrichtung der Wirtschaft Kroatiens nichts.

Die Form des Fremdenverkehrs, von der Dubrovnik am wenigsten hat und die zugleich die Umwelt am stärksten belastet, sind die Kreuzfahrtschiffe. Bis zu sieben dieser weißen Riesen drängelten sich mitunter gleichzeitig in der engen Bucht Gruž, die den natürlichen Hafen Dubrovniks bildet. Seit 2019 dürfen nur noch zwei Passagierschiffe am Tag anlegen. Während ein »normaler« Gast Dubrovniks im Schnitt 160 Euro täglich in der Stadt lässt, sind es bei den Kreuzfahrtpassagieren, die auf dem Schiff übernachten, nur 24 Euro: kaum mehr als ein Eis und die Eintrittskarte für die Stadtmauer.

Hubert Beyerle ist freier Journalist und Autor eines Reiseführers für Kroatien.

Fliegen und fahren

Klimakiller Flugzeug

Das Flugzeug ist das umweltschädlichste aller Massenverkehrsmittel. Zwar versprechen die Flugzeugbauer mit großer Geste Effizienzgewinne: Fortschritte bei der Aerodynamik und beim Flügeldesign, in der Turbinentechnologie, bei den Werkstoffen und beim Einsatz von Agrosprit. Doch der technische Fortschritt im Flugzeugbau zeigt sich nur in kleinen evolutionären Schritten. Wirklich relevante Erfolge zu erzielen wird von Jahr zu Jahr aufwändiger und schwieriger. Um etwa 1,5 Prozent, so die Faustregel, kann der Verbrauch der Flugzeuge von Jahr zu Jahr verbessert werden.

Dieser mühsam errungene Fortschritt hinkt den Steigerungsraten im Flugverkehr hoffnungslos hinterher: 1,5 Prozent Verbesserung gegenüber 5 Prozent Wachstum. Unterm Strich werden die Effizienzgewinne von den schnell steigenden Passagier- und Frachtzahlen mehr als aufgefressen, weil immer mehr Flugzeuge den Himmel bevölkern.

Bei der Ökobilanz des Flugverkehrs darf man neben dem Kohlendioxid die anderen Treibhausgase und -effekte nicht unterschlagen: Allein die nur teilweise sichtbaren Schleier- und Zirruswolken, die aus den Abgasen der Jets entstehen, tragen stärker zur Erwärmung der Erde bei als der gesamte CO_2-Ausstoß der Maschinen. Dazu kommen noch Rußpartikel und Stickoxide. Um zu ermitteln, wie stark der Flugverkehr das Klima belastet, muss der reine Kohlendioxidausstoß mit dem Faktor 2,7 multipliziert werden – so der geschätzte Näherungswert der Klimawissenschaftler. Damit werden im Weltmaßstab aus relativ harmlos anmutenden 2 Prozent 5,4 Prozent.

Internationaler Tourismus: Transportmittel
2017, in Prozent aller Transportmittel

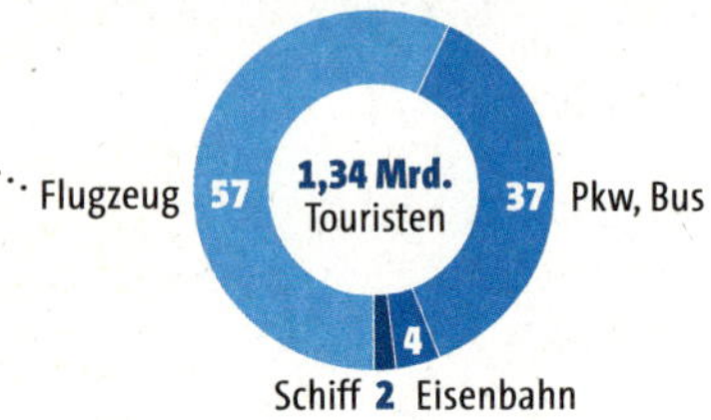

Flugpassagiere[1]
2017, in Mio.

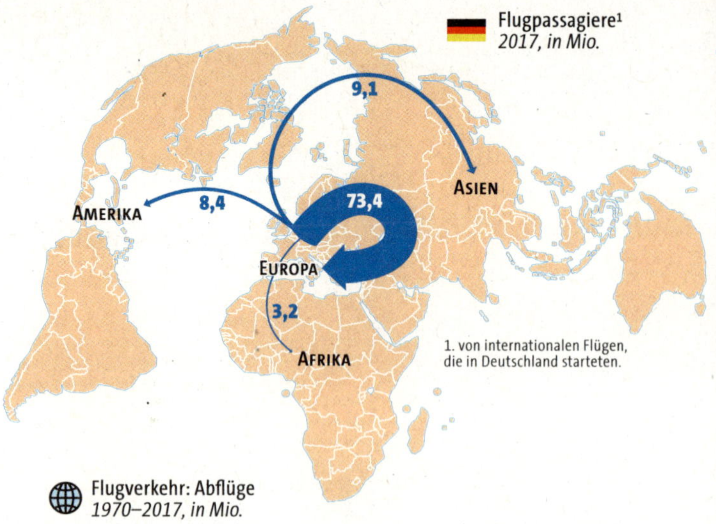

1. von internationalen Flügen, die in Deutschland starteten.

Flugverkehr: Abflüge
1970–2017, in Mio.

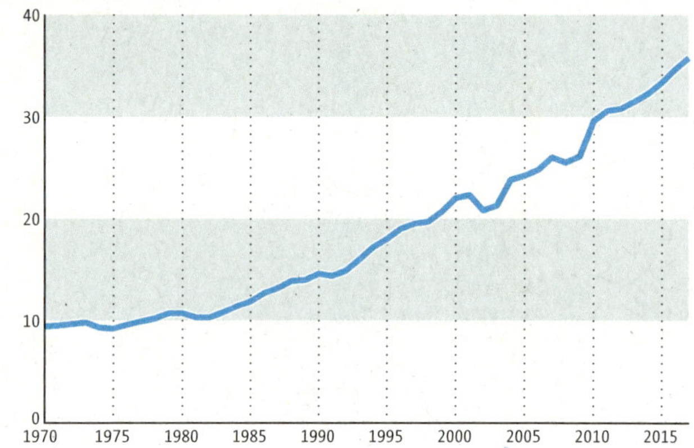

Die 30 größten Flughäfen

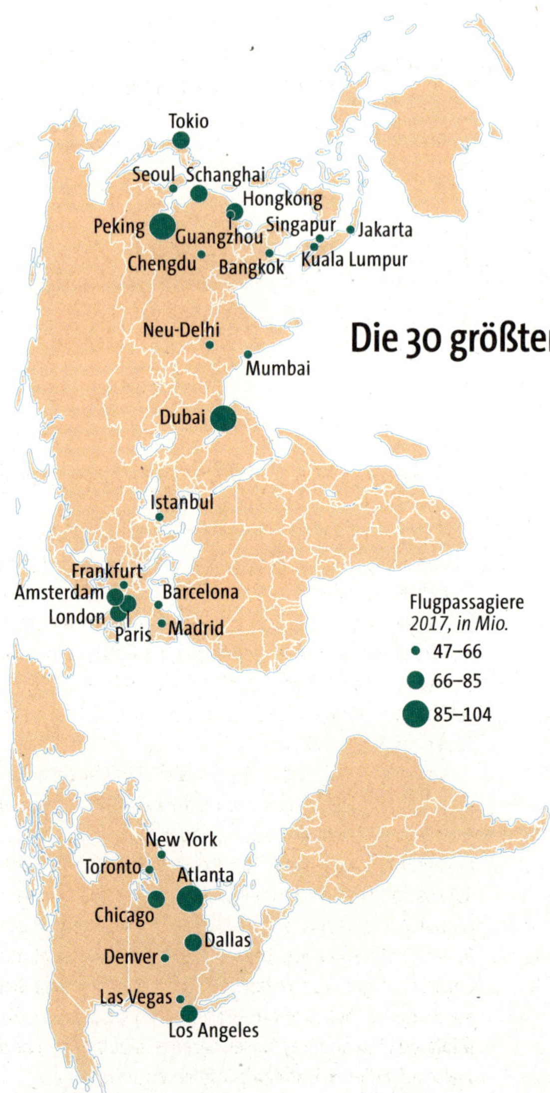

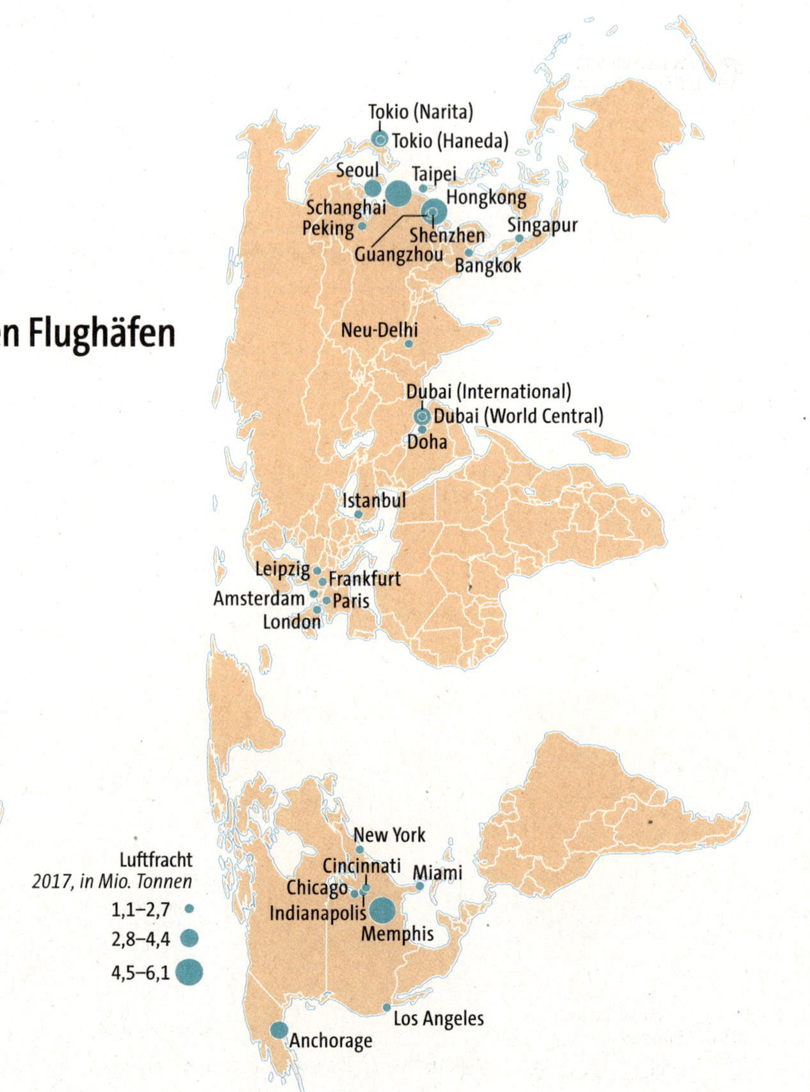

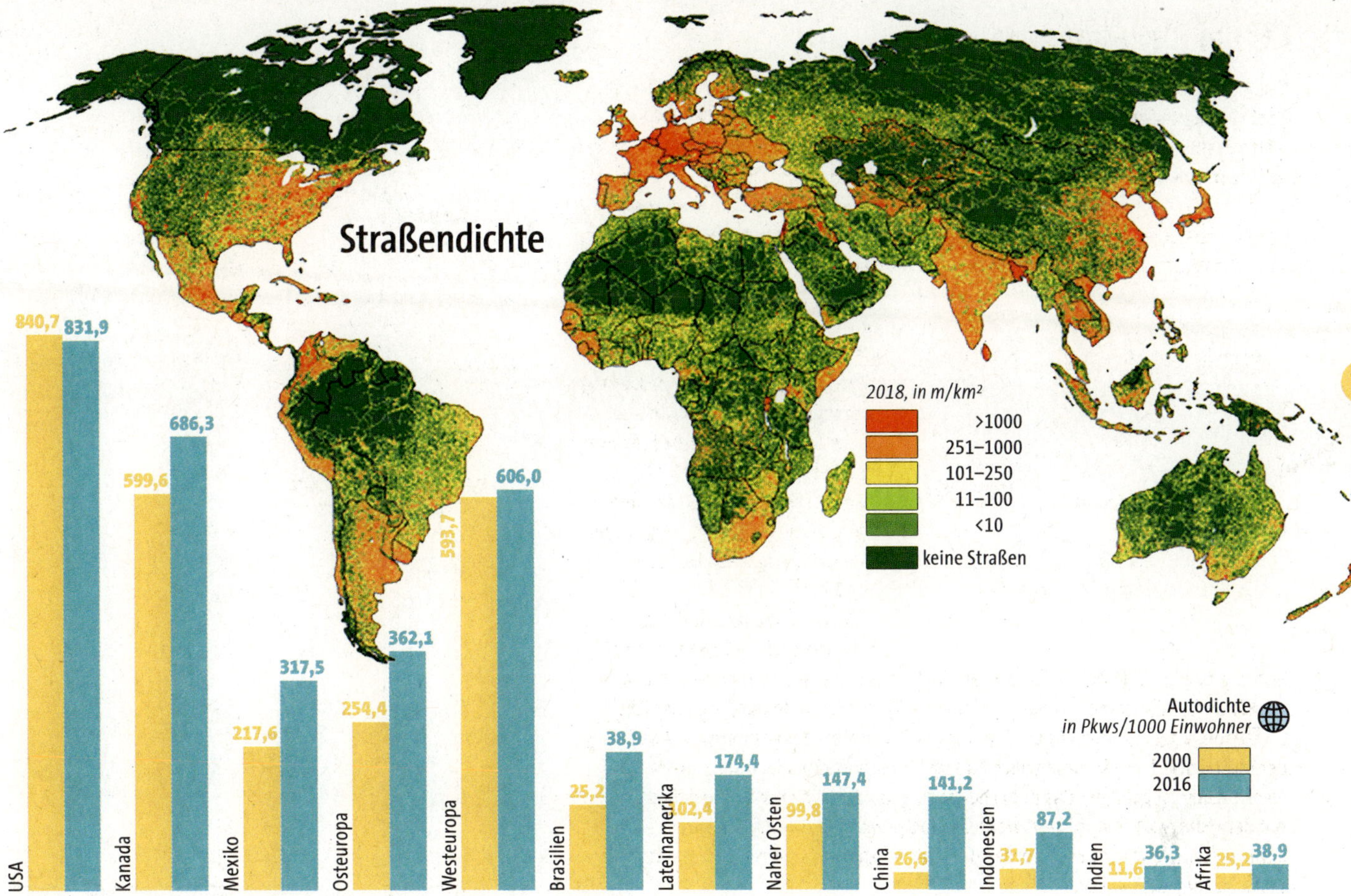

Autos

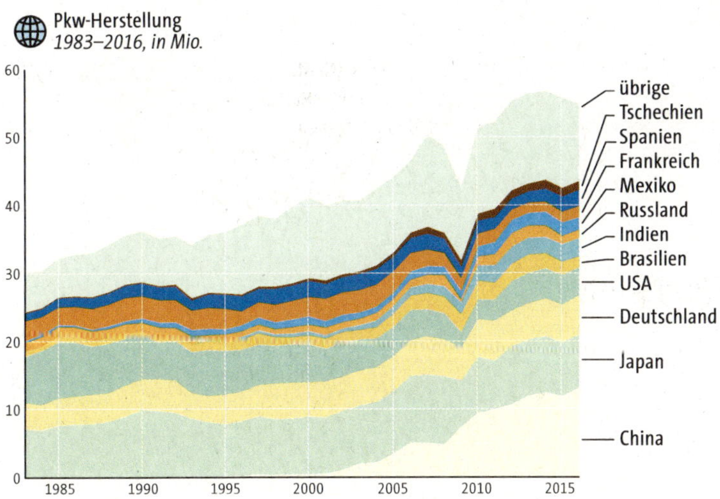

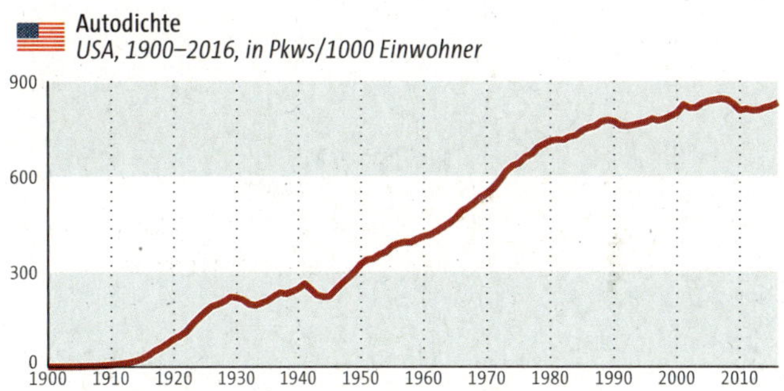

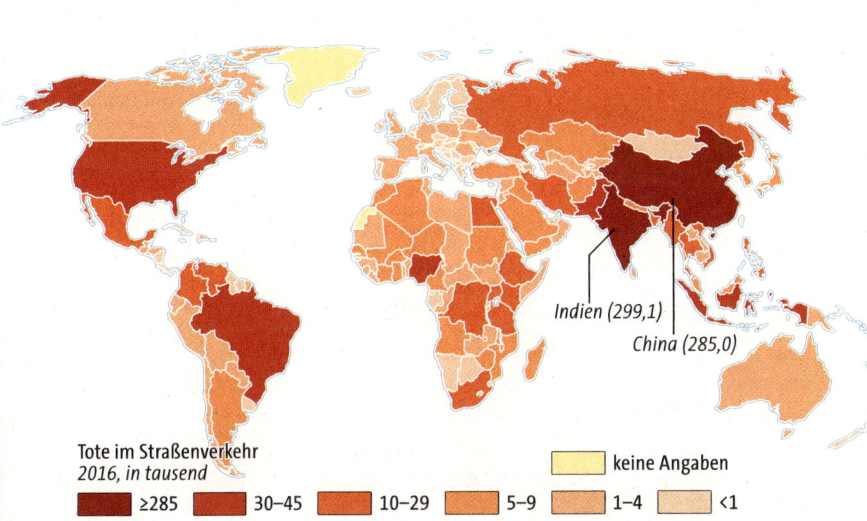

Lebensgefährlicher Straßenverkehr

Die Zahl der Verkehrstoten steigt weiter an. 2016 waren es 1,35 Millionen, mehr als die Hälfte davon waren Fußgänger, Radfahrer oder Motorradfahrer. Bei Kindern und jungen Erwachsenen im Alter von 5 bis 29 Jahren sind Verletzungen im Straßenverkehr mittlerweile die häufigste Todesursache. Weltweit für alle Altersgruppen sind Verkehrsunfälle die achthäufigste Todesursache, noch vor Durchfallerkrankungen, Tuberkulose und HIV/Aids.

Obwohl Fortschritte erzielt werden, fehlt in vielen Ländern noch immer eine Gesetzgebung, die bekannte Risiken angemessen berücksichtigt, wie etwa zu hohe Geschwindigkeit, Alkohol am Steuer, Fahren ohne Motorradhelm, Sicherheitsgurte und Rückhaltesysteme für Kinder. Von den 175 Ländern, die am Global Status Report on Road Safety 2018 teilgenommen haben, haben 123 Straßenverkehrsgesetze, die ein oder mehrere Risiken berücksichtigen. Die Vereinten Nationen haben acht Sicherheitsstandards für Autos priorisiert; lediglich 40 Länder – die eine Milliarde Einwohner repräsentieren – haben sieben beziehungsweise acht dieser Standards implementiert.

Industrie 4.0 – Kickstarter oder Marketingcoup?

Willkommen in der smarten Fabrik

von Philipp Staab

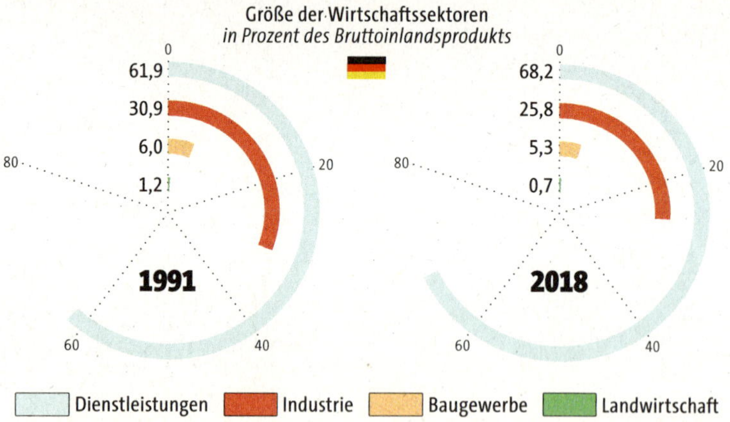

Dienstleistungsgesellschaft Deutschland

Der Begriff Industrie 4.0 hat eine erstaunliche Karriere hinter sich. 2011 wurde er auf der Hannover-Messe, der weltweit wichtigsten Industriemesse, erstmals der breiten Öffentlichkeit vorgestellt. Wenige Jahre später bieten gut sortierte Buchhandlungen auf der ganzen Welt Magazine und Bücher zu dem Thema an. Wer in ebendiesen Publikationen nach Antworten auf die Frage sucht, was das nun eigentlich ist, Industrie 4.0, der hat die Wahl zwischen einer metaphorischen Definition des Phänomens und einem Sammelsurium unterschiedlichster, meist mehr erwarteter als real existierender Entwicklungen im produzierenden Gewerbe.

Industrie 4.0 ist zunächst einmal ein echter Marketinghit. Beschworen wird in den einschlägigen Veröffentlichungen – ob sie nun aus der Politik, der Beratungsindustrie, von Unternehmensverbänden oder von den Gewerkschaften kommen – eine vierte industrielle Revolution: Nach Wasser- und Dampfkraft (die erste industrielle Revolution), Elektrifizierung, Taylorisierung und Massenproduktion (die zweite) sowie dem Einzug von Mikroelektronik und softwaregestützter Vernetzung (die dritte) soll nun also die vierte industrielle Revolution folgen. Von ihrer unmittelbaren Vorläuferin unterscheidet sich die neue Entwicklung dabei vor allem durch ein »Mehr« der schon Revolution Nummer drei prägenden Technologien: mehr Mikroelektronik, mehr Software, mehr Vernetzung, mehr Digitalisierung.

Zugegeben, an den Visionen der Produktionsweise 4.0 hängen auch neue Phänomene. So spielen heute bei Umstrukturierungsprozessen in der Industrie Entwicklungen des kommerziellen Internets eine entscheidende Rolle. Allerorten sollen digitale Plattformen fantastische Synergieeffekte und Konzentrationsprozesse ermöglichen, die schon im kommerziellen Internet den Überlebenden der digitalen Winner-takes-all-Märkte exorbitante Profite beschert haben. Sobald jenseits solcher vagen Erwartungen die Umsetzung ins Praktische ansteht, fällt auf, dass die Liste der unter diesem Label diskutierten technischen Optionen mit jedem Tag länger und unübersichtlicher wird.

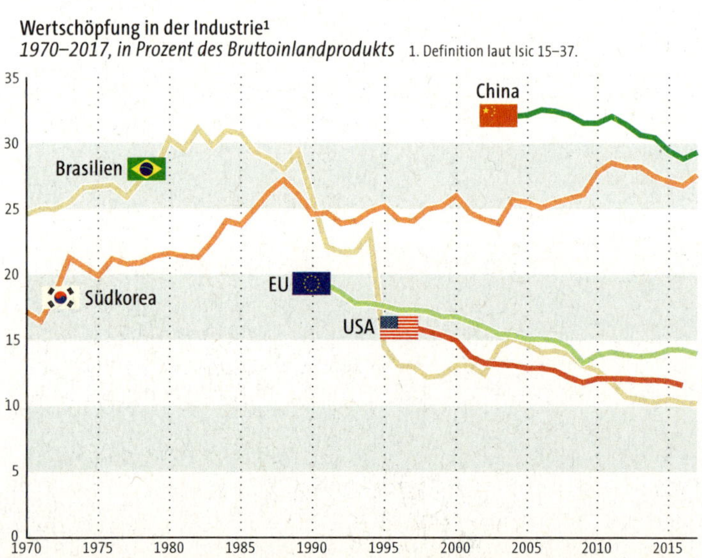

Der langsame Abschied von der Industriegesellschaft

Von Anfang an zählen hierzu die sogenannten Cyber Physical Systems, die nichts anderes bezeichnen als die Vernetzung der Welt der Dinge (»Physical«: Fabriken, Maschinen, Produkte) durch die Basistechnologien des Internets (»Cyber«). Jedes Ding kommt ans Netz und stimmt sich mit allen anderen zu einem Netzwerk gehörenden Dingen ab. Dies soll Produktivitätsgewinne ermöglichen. Die Einsatzmöglichkeiten solcher Prozesse werden regelmäßig als so vielfältig beschrieben, dass einzig die Fantasie Grenzen zu setzen scheint. Gleichzeitig werden aber fast immer dieselben Beispiele für Anwendungsfelder cyberphysischer Systeme ins Feld geführt: Vernetzte Maschinen melden beispielsweise selbstständig, wenn sie Materialnachschub brauchen oder etwas mit ihnen nicht stimmt. Dadurch kann der Lieferant oder Instandhaltungsmechaniker reagieren, bevor es zu Ausfällen kommt (predictive maintainance).

Dies stellt nicht nur einen Effizienzgewinn in Aussicht. Die Unternehmen versprechen sich von Industrie 4.0 auch neue Einnahmemöglichkeiten. Die Rechnung geht dabei in etwa so: Früher verkaufte ein Unternehmen wie Siemens Windturbinen. War das Produkt gekauft, funktionierte es, bis es kaputtging. Dann wurde der Servicetechniker gerufen. Bis der eintraf, stand das Rad still. Wenn sich die Maschine nun bereits meldet, sobald es erste Anzeichen für Probleme gibt, kann der Instandhalter sich viel früher auf den Weg machen, um das Problem zu beheben, bevor es zu Produktionsausfällen kommt. Dieser Techniker könnte dann von Siemens kommen. Und Siemens könnte zusätzlich zum Verkauf der Turbinen Geld über ein die Fernüberwachung beinhaltendes Servicepaket verdienen – ein Beispiel für die, wie es im Jargon heißt, smarte Servicewelt, die in der Industrie 4.0 entstehen und die klassischen Geschäftsfelder der betreffenden Unternehmen erweitern soll. Bei der vorausblickenden Fernwartung handelt es sich jedoch keineswegs um etwas vollkommen Neues, sondern eher um einen Prozess, der im Rahmen von Industrie 4.0 weiter perfektioniert werden soll.

Ein weiterer Baustein sind neue Leichtbauroboter. Sie sind die fotogenen Posterboys der erwarteten Revolution: Ihre großen Brüder und Schwestern – die klassischen Fertigungsroboter – operieren mit roher Kraft und grober Motorik. So nehmen sie den Menschen die härteste Muskelarbeit ab. Dafür muss man sie in Käfigen halten. Denn ein menschlicher Körper, der ihnen auf einer Produktionsstraße in die Quere käme, hätte Schlimmes zu befürchten. Ganz anders die neuen Leichtbauroboter: Sie sind in der Lage, geradezu sensibel in Interaktion mit dem Menschen zu treten, und können Aufgaben übernehmen – etwa Regale mit Kleinteilen befüllen oder Werkzeuge anreichen –, die bisher als nicht automatisierbar galten. Ihr Feingefühl wird freilich mit einer gewissen Langsamkeit erkauft, was einer der Gründe ist, warum man bis heute nach wirtschaftlich passenden Einsatzgebieten für die netten Helfer fahndet.

Auch der 3D-Druck spielt im Sammelsurium der Industrie-4.0-Technologien eine wichtige Rolle. Er soll zum einen helfen, Lieferwege einzusparen, weil Teile am Ort der Produktion und genau dann, wenn sie gebraucht werden, also *on demand,* hergestellt werden können. Zum anderen soll er eine Dezentralisierung der Produktion ermöglichen, weil sich Produkte in Kundennähe einfach ausdrucken lassen sollen, wovon man sich wiederum Einsparungen bei den Lager- und Transportkosten sowie die Vermeidung von Überproduktion verspricht.

Die Liste der unter dem Label Industrie 4.0 zusammengefassten Prozesse und Produktionsweisen ließe sich beliebig fortführen. Doch wird schon an den genannten Beispielen deutlich, welche Ziele mit dem Programm Industrie 4.0 verbunden sind. Erstens geht es um eine Modularisierung der Produktion, das heißt, die einzelnen Elemente eines Fertigungsprozesses beziehungsweise ganzer Wertschöpfungsketten sollen schneller verändert und an neue Gegebenheiten angepasst werden können. Wollen die Leute auf einmal keine weißen Turnschuhe mit gelben Streifen mehr, sondern schwarze Tanzschuhe mit rotem Rautenmuster, so soll diese Nachfrage schnell und unproblematisch von derselben Fertigungsstraße aus bedient werden können. Zweitens ist damit die systematische Flexibilisierung der Produktion verbunden. Sie reagiert eben nicht nur elastisch auf die veränderte Nachfrage, sondern soll es auch ermöglichen, die geforderten Veränderungen überall auf der Welt zur gleichen Zeit umsetzen zu können – siehe 3D-Druck. Drittens sollen Modularisierung und Flexibilisierung der Produktion die Individualisierung der jeweiligen Produkte bis zur sogenannten Losgröße 1 ermöglichen, also bis zu dem Punkt, an dem jedes Produkt ein nach Kundenwunsch gestaltetes Unikat ist, das freilich zu Kosten der üblichen Massenproduktion hergestellt werden kann.

Man erkennt in diesen drei Dynamiken unschwer Entwicklungen, die den industriellen Sektor seit mindestens 30 Jahren prägen. Das heißt nicht, dass Industrie 4.0 nur alter Wein in neuen Schläuchen ist. Doch wir haben es hier nicht mit einem Paradigmenwandel gegenüber Entwicklungen zu tun, die in den vergangenen drei Jahrzehnten das Leitbild industrieller Transformationsprozesse bildeten (Computer Integrated Manufacturing, Lean Production). Das ist womöglich genauso ernüchternd wie beruhigend, insbesondere wenn man bedenkt, dass es sich im Grunde um Transformationspläne handelt und nicht um die Beschreibung bereits in großem Umfang vorhandener Entwicklungen.

Dass Beschreibungen der Industrie 4.0 bislang hauptsächlich im Konjunktiv stattfinden, dass mehr von Plänen, Hoffnungen und Versprechen die Rede ist als von umgesetzten Anwendungen,

Anteil der Industrie an der Arbeitsproduktivität aller Unternehmen
2000–2017, in Prozent

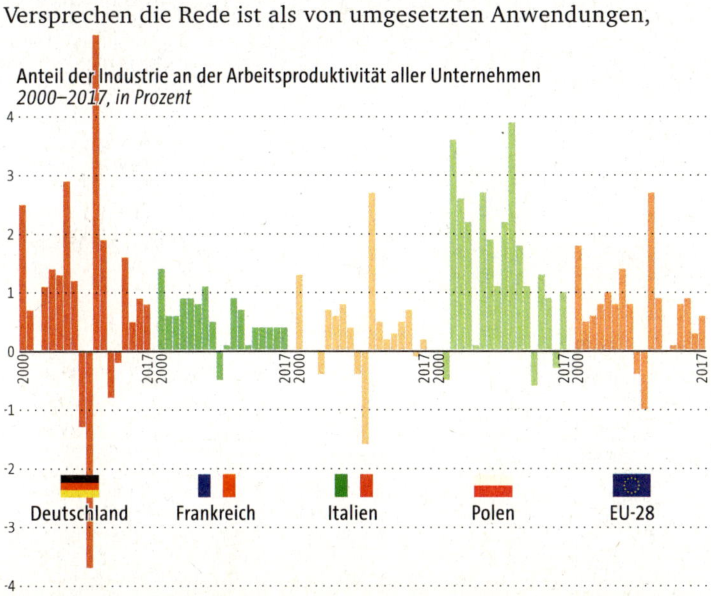

Bescheidener Beitrag

Wertschöpfung in der Industrie und im Finanzsektor
1970–2013, in Prozent der Gesamtwertschöpfung in Großbritannien

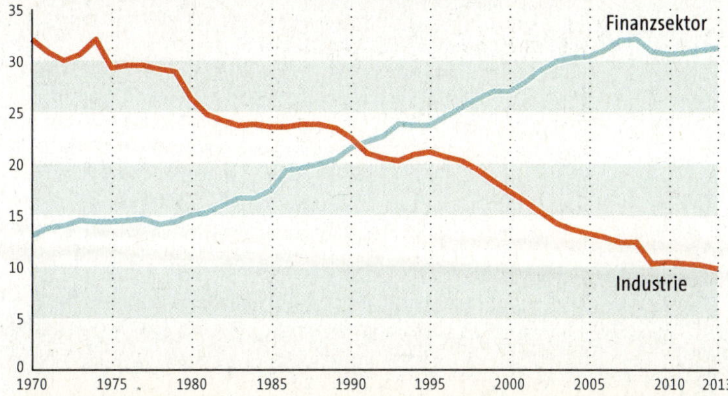

Die City of London hat übernommen

bedeutet freilich nicht, dass die Industrie 4.0 ohne reale Effekte geblieben ist.

Der erste offensichtliche Effekt ist, dass mit der Debatte um Industrie 4.0 das produzierende Gewerbe in die Arenen der kapitalistischen Transformation zurückgekehrt ist. Und nun soll ausgerechnet die in den vergangenen 20 Jahren als angestaubt gescholtene Old Economy zum Wachstumsmotor eines digitalen Kapitalismus mit industriellem Zuschnitt werden? Eine Erklärung hierfür liefern die 2008 zutage getretenen Probleme einer im Kern auf die Expansion von Finanzprodukten und -dienstleistungen setzenden Spielart des Kapitalismus.

Industrie 4.0 war der Effekt eines strategischen Agendabuildings einflussreicher Eliten im Rahmen des Weltwirtschaftsforums, die, auf der Suche nach neuen Wachstumsmärkten nach dem Crash von 2008, den industriellen Sektor neu entdeckten. Das hier entfachte und im selben Jahr auf der Cebit in Hannover massiv geschürte Feuer hat seither unterschiedliche Entwicklungen angetrieben. Zum einen wurde beschleunigt nach technologischen Innovationen gesucht, weil niemand den vermeintlich rollenden Zug verpassen wollte. Dadurch stieg zum anderen die Wahrscheinlichkeit, dass sich einige der kühnen Erwartungen an die Industrie 4.0 zumindest auf lange Sicht auch realisieren lassen werden. Gleiches gilt für die politische Seite, die seit 2011 in Sachen Forschungsförderung und innovationsfreundlicher Initiativen erkennbar in die Offensive gekommen ist. Industrie 4.0 ist aus dieser Perspektive ein Stück weit Selfulfilling Prophecy.

Der Marketingcoup namens Industrie 4.0 dürfte sich nicht zuletzt in satten Exportgewinnen insbesondere des für die deutsche Wirtschaft so wichtigen Maschinen- und Anlagenbaus niedergeschlagen haben. Wenn die Deutschen eine vierte industrielle Revolution anzetteln, wollen schließlich alle bei der Party dabei sein. Kein Wunder, dass ganz unterschiedliche Länder in den vergangenen Jahren ähnliche Initiativen gestartet haben. Frankreichs »Usine du futur«, Japans »Industrial Value Chain Initiative«, das US-amerikanische »Industrial Internet« oder Chinas Programm »China 2025«, das sich in Teilen wie eine Übersetzung einschlägiger Industrie-4.0-Literatur liest, belegen die Wirkmächtigkeit des zunächst in Deutschland forcierten Diskurses. Ob es sich bei Industrie 4.0 letztlich um ein Strohfeuer handelt, das nur angesichts eines in den entwickelten Industrieländern schwächelnden Wachstums und eines krisenhaften Kapitalismus hell leuchtet, um eine gelungene Öffentlichkeitsarbeit für die deutsche Exportindustrie oder doch um den Kickstarter einer grundlegenden Veränderung der globalen Industrieproduktion, werden wir frühestens in 20 Jahren wissen.

Philipp Staab ist wissenschaftlicher Mitarbeiter am Lehrstuhl Makrosoziologie an der Universität Kassel.

Die Bombe

Atomwaffentest, Nevada Test Site, USA, 18. April 1953. NNSA

Atomsprengköpfe
2017

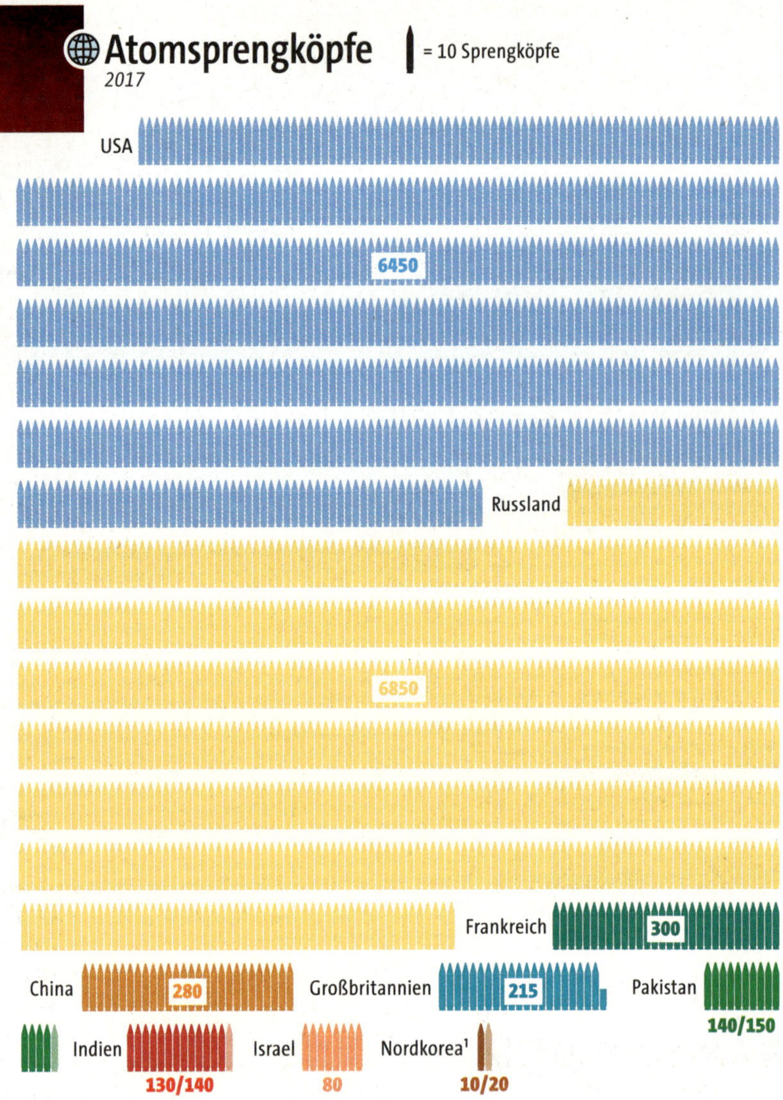

1. Es gibt keine zuverlässige öffentliche Quelle, die Nordkoreas Atomwaffenbesitz belegt.

Kernwaffenexplosionen
1945–2017

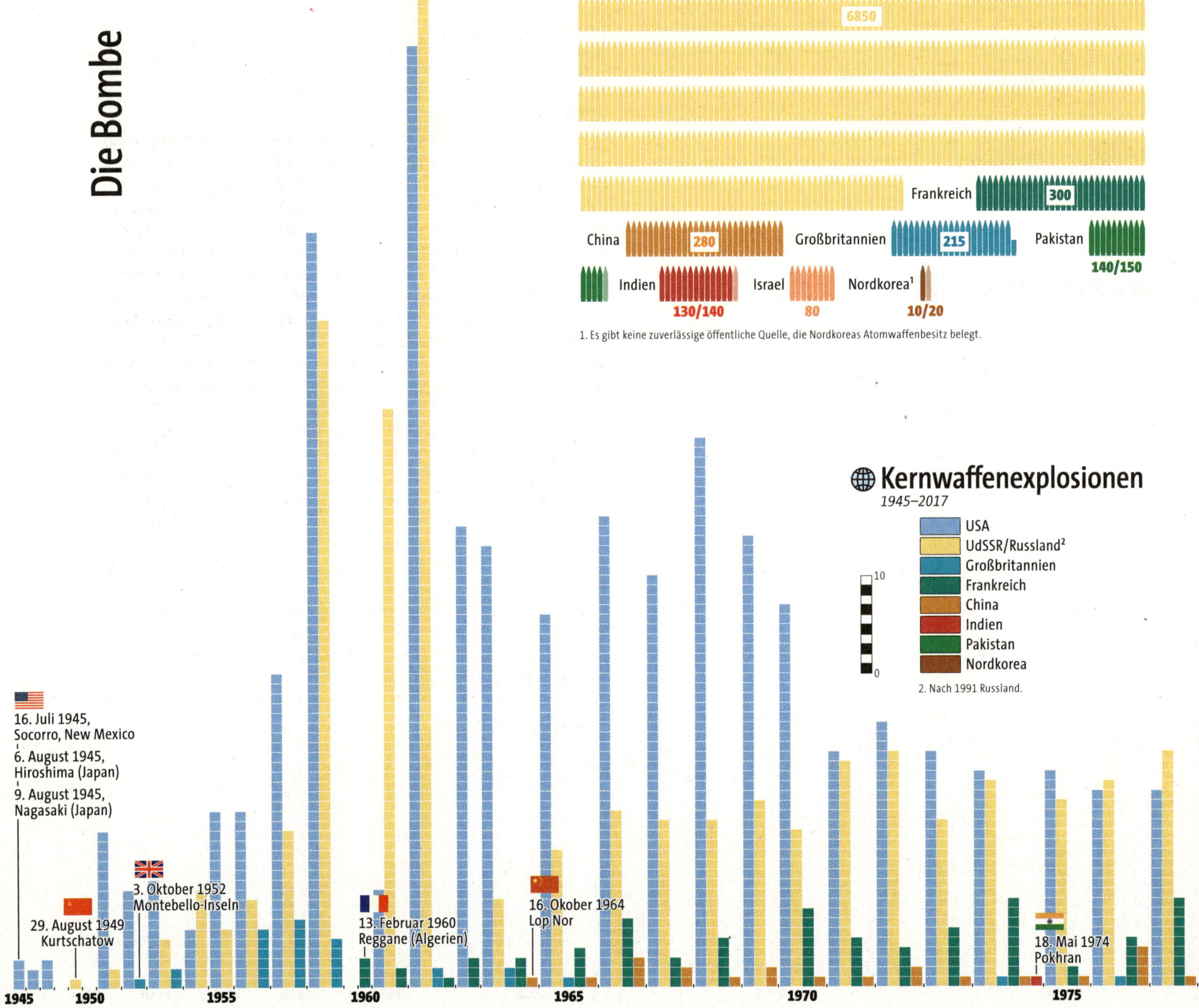

2. Nach 1991 Russland.

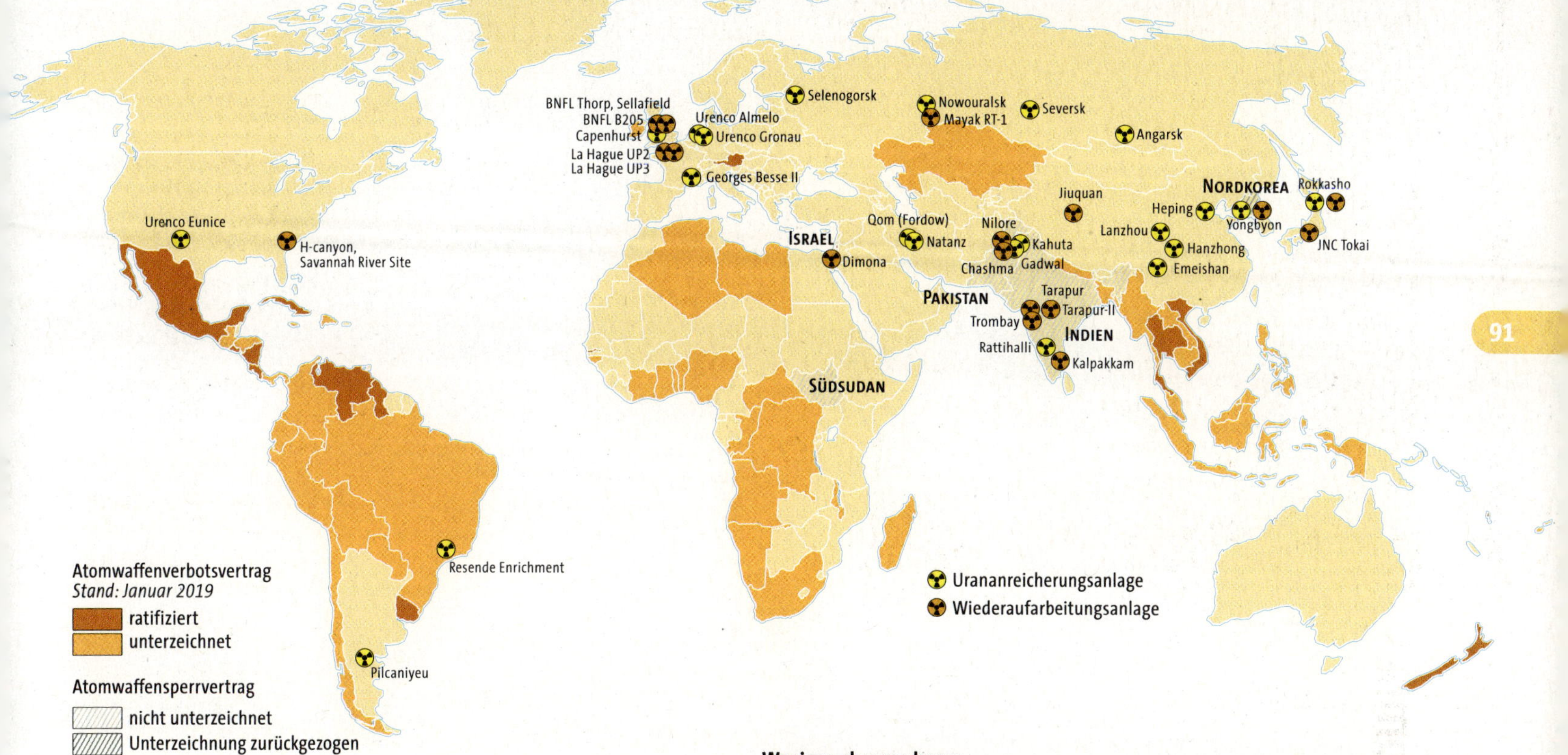

Weniger, aber moderner

Laut dem Stockholmer Friedensforschungsinstitut Sipri variiert der Zugang zu verlässlichen Informationen über aktuelle Atomwaffenbestände und nukleare Fähigkeiten der einzelnen Atommächte erheblich. Während die USA wichtige Angaben über ihre Bestände und nuklearen Fähigkeiten offenlegen und auch Frankreich und Großbritannien einige Informationen bekanntgeben, weigert sich Russland, eine detaillierte Aufstellung seiner atomaren Streitkräfte zu veröffentlichen, teilt jedoch diese Daten mit den USA. Washington publiziert keine detaillierten Informationen mehr über russische und chinesische Atomwaffen. Die indische wie auch die pakistanische Regierung haben Erklärungen über einige ihrer Raketentests abgegeben, über Status oder Größe ihrer Bestände geben sie jedoch keine Auskunft. Israel äußert sich grundsätzlich nicht zu seinen atomaren Beständen, auch Nordkorea liefert keine Informationen zu seinen Nuklearkapazitäten.

Da die USA und Russland ihre Bestände gemäß dem New-Start-Vertrag von 2010 verkleinern, nimmt die Gesamtzahl nuklearer Sprengköpfe weiterhin ab. Zugleich ersetzen und modernisieren beide Länder ihre nuklearen Sprengköpfe, Trägersysteme und Produktionsstätten. Auch die anderen Atommächte entwickeln oder stationieren neue Waffensysteme oder haben diesbezüglich ihre Absicht erklärt. Ob die Erfolge bei der Kontrolle der atomaren Rüstung zwischen Russland und den USA zu halten sind, ist unsicher – der New-Start-Vertrag läuft bis 2021, eine Verlängerung steht aus.

Seit Ende 2016 wird erstmals über einen Atomwaffenverbotsvertrag verhandelt. Der Treaty on the Prohibition of Nuclear Weapons (TPNW) ist die erste rechtsverbindliche Vereinbarung, die Atomwaffen flächendeckend verbietet; sein Ziel ist, Atomwaffen vollständig abzuschaffen. Auch wenn er keine direkten Auswirkungen auf die vorhandenen Nuklearbestände haben wird, erwarten die Initiatoren von ihm eine normative Wirkung.

Atomsprengköpfe

1945–2013, in tausend

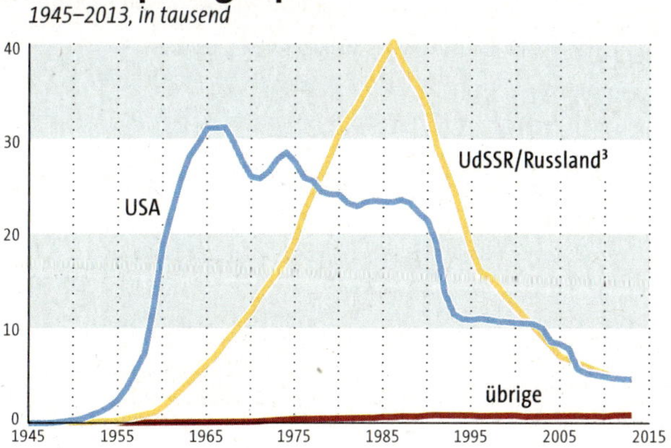

3. Nach 1991 Russland.

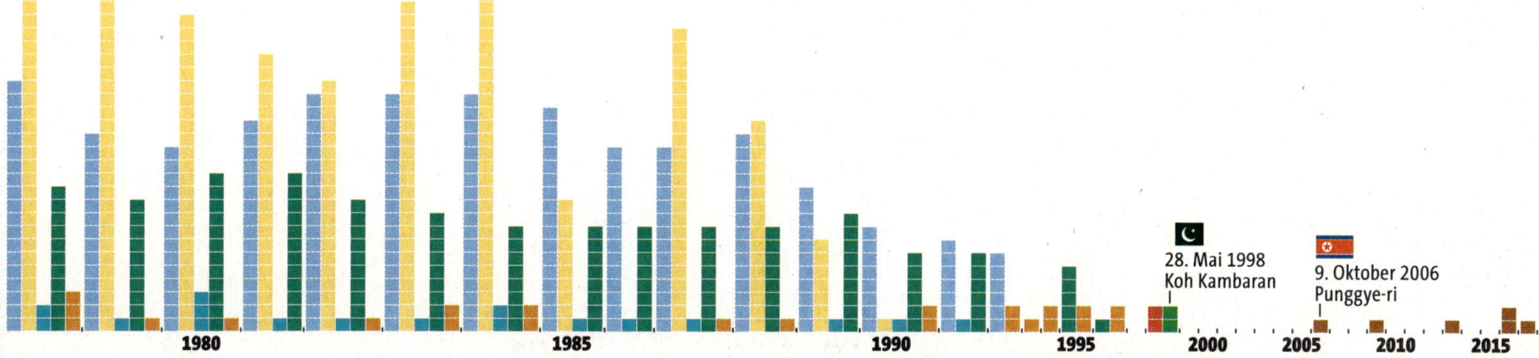

Neue Fronten in Nahost

Der iranisch-saudische Kampf um die Vormacht überlagert inzwischen viele Konflikte in der Region

von Jakob Farah

Der Nahe Osten gehört heute zu den instabilsten Regionen der Welt. Viele sehen darin das Resultat des »gescheiterten« Arabischen Frühlings, der die Hoffnungen auf eine friedliche Erneuerung in der arabischen Welt nicht erfüllen konnte. Allerdings wäre es zu einfach, den gegenwärtigen Zustand der Region allein auf die Volksaufstände des Jahres 2011 zurückzuführen. Denn viele Konflikte gehen zurück bis weit vor die Zeit des Arabischen Frühlings.

Als »Mutter« aller Konflikte im Nahen Osten wird gemeinhin der israelisch-arabische Konflikt betrachtet. Mit der Gründung Israels 1948 begann eine Jahrzehnte währende Auseinandersetzung zwischen dem jüdischen Staat und seinen arabischen Nachbarn, die zu mehreren Kriegen führte und lange Zeit den zentralen Brennpunkt in der Region darstellte. Heute ist dieses Spannungsfeld weitgehend auf den israelisch-palästinensischen Konflikt zusammengeschrumpft.

Ägypten und Jordanien schlossen mit dem einstigen Erzfeind Friedensverträge (1979 beziehungsweise 1994), und auch in der übrigen arabischen Welt wurde die Unterstützung für die palästinensischen »Brüder« immer mehr zu einer Leerformel, an der man einzig mit Blick auf die Stimmung in der eigenen Bevölkerung festhielt. So kooperiert Ägypten schon seit 2005 bei der Isolation des Gazastreifens mit Israel; und die seit 2017 erkennbare Annäherung zwischen Riad und Tel Aviv zeigt, dass den Saudis die Eindämmung Irans weit wichtiger ist als die Unterstützung der palästinensischen Bemühungen um einen eigenen Staat.

Bis zum Ausbruch des Kriegs in Syrien 2011 war auch das Regime in Damaskus für Israel eigentlich ein verlässlicher Partner. Zwar befinden sich beide Staaten seit dem Jom-Kippur-Krieg von 1973 offiziell im Kriegszustand, doch an der syrisch-israelischen Grenze auf dem Golan war es jahrzehntelang ruhig geblieben. Mit seinen Luftangriffen auf Ziele in Syrien will Israel in erster Linie Irans Präsenz in Syrien einschränken und eine Ausweitung von Hisbollah-Stellungen auf syrisches Territorium verhindern.

Heute betrachtet Israel weniger seine arabischen Nachbarländer, sondern Iran als Hauptfeind und größte Bedrohung. Dessen Aufstieg zu einem der stärksten Akteure in der Region begann mit der Islamischen Revolution 1979, ein Ereignis, das wie kein zweites die regionale Ordnung im Nahen Osten verändert hat. Den damaligen Sturz des vom Westen unterstützten Schahregimes betrachteten die Autokraten der arabischen Welt mit größtem Argwohn – aus Angst vor ähnlichen Entwicklungen im eigenen Land.

Im kurz darauf folgenden Iran-Irak-Krieg (1980–1988) verband sich der iranische Nationalismus mit der Ideologie des schiitischen Islam, die der Diskriminierung der Schiiten durch die Sunniten ein Ende setzen will. Kein Wunder also, dass diese Entwicklung den sunnitischen arabischen Staaten, allen voran Saudi-Arabien, wo selbst eine schiitische Minderheit lebt, ein Dorn im Auge war.

Von Beginn an versuchte Saudi-Arabien dem Aufstieg Irans entgegenzuwirken. Im Iran-Irak-Krieg stellte sich Riad zunächst auf die Seite von Iraks Diktator Saddam Hussein. Als der dann im Sommer 1990 in Kuwait einmarschierte, beteiligten sich die Saudis allerdings an der US-geführten Allianz gegen die irakische Invasion, auch weil sie sich durch die Unterstützung der irankritischen USA eine Eindämmung Teherans versprachen.

Die Invasion der US-geführten »Koalition der Willigen« 2003 im Irak eröffnete Iran neue Chancen, seine Vormachtstellung in der Region auszubauen. Durch den Sturz des Regimes von Saddam Hussein bekam die lange unterdrückte schiitische Mehrheit im Irak wieder politisches Gewicht. Sie dominiert seither die Regierung in Bagdad – was den Einfluss Irans im Nachbarland erheblich verstärkte.

Allerdings hatte Teheran schon vorher seinen Einfluss durch die Unterstützung schiitischer Bevölkerungsgruppen und Organisationen in verschiedenen arabischen Staaten geltend gemacht. Dazu zählt zuallererst die libanesische Hisbollah, die mit Unterstützung Irans als Antwort auf die israelische Invasion in den Libanon 1982 gegründet worden war. Einige Jahre konnte sich Teheran so als Speerspitze der »Achse des Widerstands« (zusammen mit Syrien, Hisbollah, Hamas) gegen Israel gerieren und Sympathien auch unter sunnitischen Arabern gewinnen, zum Beispiel während des Kriegs 2006 zwischen der Hisbollah und Israel, der für Tel Aviv in einem mittleren Desaster endete, weil die Hisbollah gestärkt daraus hervorging.

Doch spätestens seit Beginn des Kriegs in Syrien 2011 wurde deutlich, dass Iran und seine Verbündeten mitnichten nur den Erzfeind Israel im Auge haben, sondern für die Durchsetzung ihrer realpolitischen Interessen auch bereit sind, ein Regime zu unterstützen, das Krieg gegen die eigene (und vor allem die sunnitische) Bevölkerung führt.

Mittlerweile hat der iranisch-saudische Konflikt den israelisch-arabischen als zentralen Konflikt in der Region abgelöst. Dies zeigt sich nicht nur in Syrien, wo das Assad-Regime mit Unterstützung

Militärausgaben
1952–2018, in Mrd. US-Dollar[1]

1. Konstante US-Dollar von 2017.

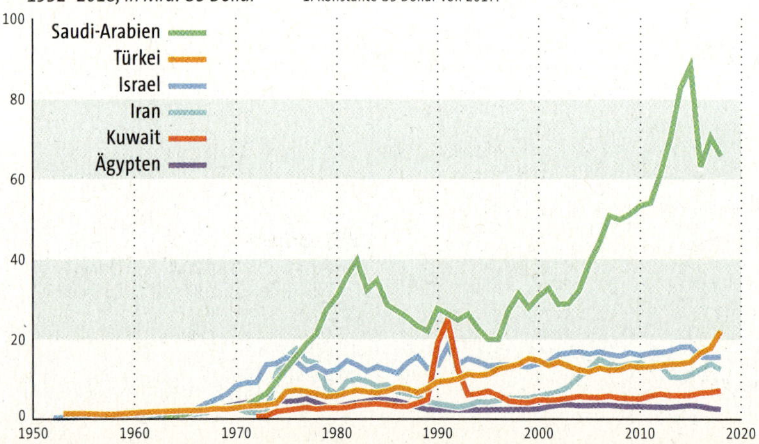

Militärausgaben
2018, in Prozent der Staatsausgaben

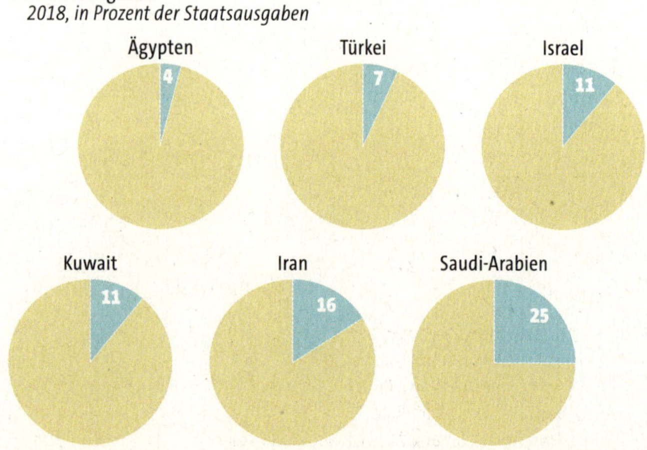

Riad rüstet am stärksten auf

Russland
Kasachstan
Usbekistan
Georgien
Tiflis
Armenien
Jerewan
Aserbaidschan
Baku
Turkmenistan
Ankara
Teheran
Türkische Rep. Nordzypern
Zypern
Nikosia
Beirut
Damaskus
Bagdad
Jerusalem
Amman
Kairo
Kuwait
Kuwait
Bahrain
Manama
Doha
Oman
Riad
Abu Dhabi
Oman
Sudan
Khartum
Eritrea
Asmara
Sanaa
Jemen
Äthiopien
Dschibuti
Dschibuti
Somaliland
Somalia
Südsudan
125 km
Türkei
Feldzug gegen kurdische Kräfte in Syrien und im Irak
IS und verschiedene dschihadistische syrische Gruppen
Auseinandersetzung zwischen islamistischer AKP-Regierung und kurdischer Minderheit sowie demokratisch-säkularen Kräften
PKK und verbündete kurdische Gruppen
Syrien
Assads Truppen im syrischen Bürgerkrieg gegen Israel, Türkei, USA und Verbündete
Saudi-Arabien, Jordanien, VAE, USA
Auseinandersetzungen zwischen der säkular-alawitischen Zentralregierung und der sunnitischen Mehrheit
al-Qaida, IS und verbündete Terroristen, irakische neo-baathistische Offiziere, kurdische Aufständische
Libanon
im Kriegszustand mit Israel
Wahlsystem basiert auf auf religiösem Proporz; verschiedene bewaffnete Milizen
Palästina
Israel
Israel
Rivalitäten zwischen Hamas und Fatah
Iran
verbündete Milizen im Irak und Revolutionsgarden in Syrien
Jemen, Libanon, Saudi-Arabien, Israel; unterstützt alle schiitischen Gruppen in Afghanistan, Irak, Libanon, Syrien, Jemen und andere sowie die sunnitische Hamas
Israel, Saudi-Arabien
Irak
Saudi-Arabien, Türkei
Auseinandersetzungen zwischen der schiitischen Zentral-regierung, dem autonomen kurdischen Norden und dem sunnitisch-arabischen Nordwesten
al-Qaida, IS, neobaathistische Aufständische und Terroristen
Israel
gegen von Iran unterstützte Kräfte in Syrien, Libanon, Palästina
Iran, Hisbollah, Hamas, PLO/Fatah
Hamas, Fatah-Kämpfer, kleine terroristische Gruppen
Jordanien
Syrien
Iran, Syrien
Muslimbruderschaft, al-Qaida, IS
Saudi-Arabien
Feldzug gegen die Huthi-Rebellen in Jemen
Syrien, Iran, Unterstützung dschihadistischer Gruppen durch saudische Quellen
Irak, Libanon, Katar
Ägypten
unterstützt die Truppen von General Haftar gegen die lybische Regierung
Auseinandersetzungen zwischen Militärregime und islamistischen Bewegungen, antichristlichen und antischiitischen Kräften
Muslimbruderschaft, IS, palästinensische Aufständische und/oder Terroristen
Katar
Finanzierung von al-Qaida, IS und Muslimbruderschaft durch bestimmte Katarer wird toleriert
Saudi-Arabien
Vereinigte Arabische Emirate
beteiligt am saudisch geführten Feldzug gegen die Huthi-Rebellen in Jemen
unterstützen al-Qaida, IS, Taliban
Iran, Katar
Militärpräsenz
USA/Nato
Luftwaffe
Heer
Marine
Russland
Luftwaffe
Heer
Marine
China
Marine
aktive Kriegsbeteiligung1
Beteiligung an Stellvertreterkrieg2
Methoden des Kalten Kriegs3
prekäre innere Stabilität
Unruhen im Innern, Aufstandsbewegungen, Sezessionsbestrebungen
1. Das staatliche Militär ist – offen oder verdeckt – in einen Krieg im Ausland oder in einen Bürgerkrieg im eigenen Land involviert.
2. Unterstützung für Aufstandsbewegungen und/oder terroristische Gruppen.
3. Diplomatische, propagandistische, geheimdienstliche Unterstützung.

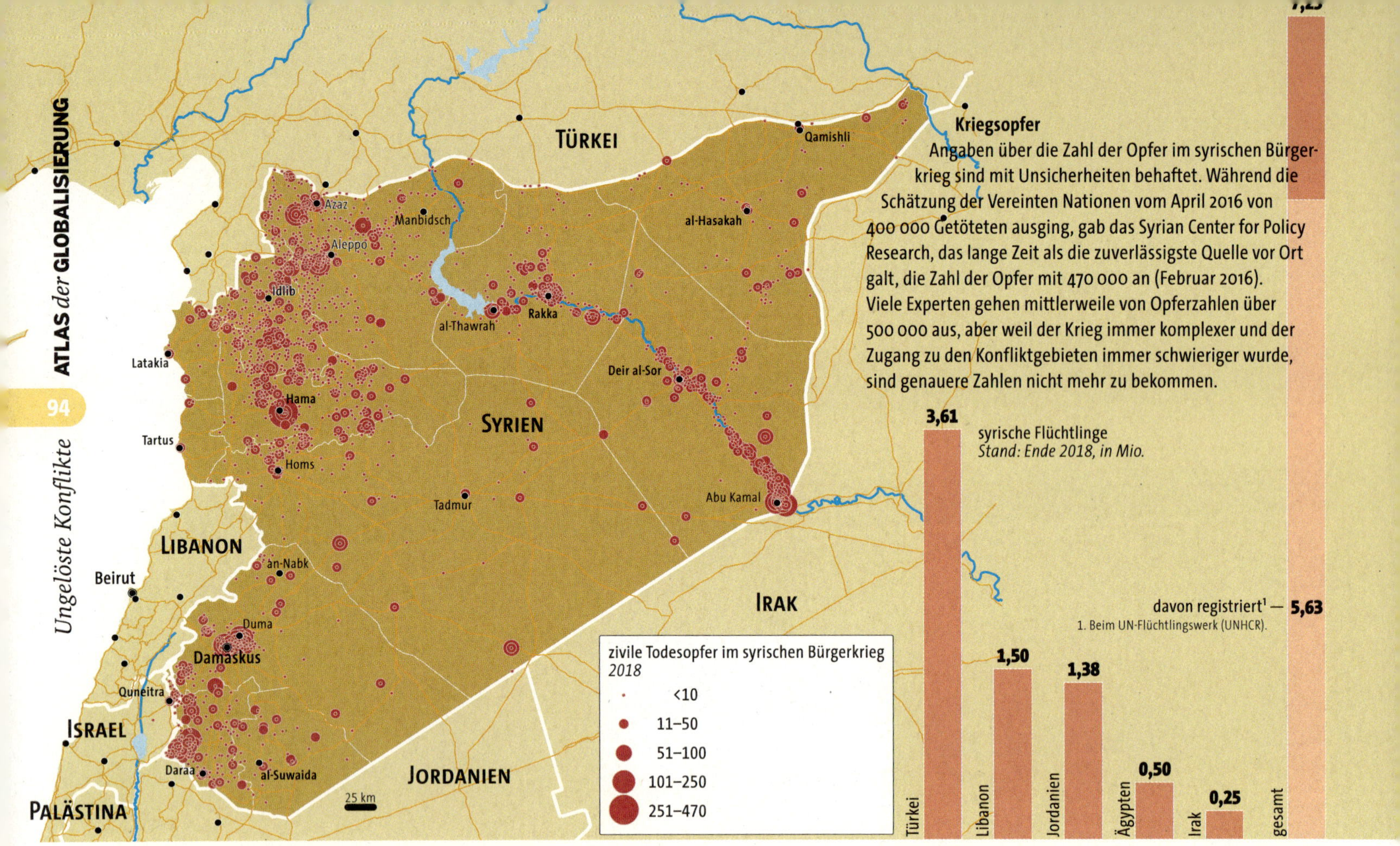

Kriegsopfer
Angaben über die Zahl der Opfer im syrischen Bürgerkrieg sind mit Unsicherheiten behaftet. Während die Schätzung der Vereinten Nationen vom April 2016 von 400 000 Getöteten ausging, gab das Syrian Center for Policy Research, das lange Zeit als die zuverlässigste Quelle vor Ort galt, die Zahl der Opfer mit 470 000 an (Februar 2016). Viele Experten gehen mittlerweile von Opferzahlen über 500 000 aus, aber weil der Krieg immer komplexer und der Zugang zu den Konfliktgebieten immer schwieriger wurde, sind genauere Zahlen nicht mehr zu bekommen.

Das Leid der Zivilbevölkerung

Irans (und Russlands) gegen die teils von Saudi-Arabien und anderen Golfmonarchien, aber auch vom Westen unterstützten Rebellen die Oberhand gewonnen hat. Auch im Jemen liefern sich Riad und Teheran einen Stellvertreterkrieg: Seit 2015 führt Saudi-Arabien einen brutalen Krieg gegen die von Iran unterstützen Huthis, unter dem – genauso wie in Syrien – zuallererst die Zivilbevölkerung zu leiden hat. Und auch mit der Isolation des kleinen Golfstaats Katar im Sommer 2017 zielte Saudi-Arabien zuallererst auf Iran. Riad warf seinem Nachbarstaat vor, Terrorgruppen in der Region zu unterstützen, und verlangte vom Emirat, die diplomatischen Beziehungen zu Teheran herunterzufahren.

Die iranisch-saudische Rivalität wird auch im Libanon ausgetragen. Dort hat die von Iran unterstütze Hisbollah, die schon seit 1992 in der libanesischen Nationalversammlung vertreten ist, in den letzten Jahren politisch immer mehr Einfluss gewonnen. Im November 2017 versuchten die Saudis diese Entwicklung zurückzudrehen, indem sie den sunnitischen Premierminister Saad al-Hariri bei einem Besuch in Riad dazu zwangen, seinen Rücktritt zu erklären. Riad wollte so die damalige libanesische Regierung der nationalen Einheit, an der auch die Hisbollah beteiligt war, zu Fall bringen und damit die Rivalität zwischen den proiranischen und den prosaudischen Kräften im Libanon wieder verschärfen.

Grundsätzlich geht es beim iranisch-saudischen Konflikt weniger um Religion als um profane machtpolitische Interessen – und damit vor allem um die Vormachtstellung in der Region. Allerdings setzen beide Seiten Religion als Instrument der Mobilisierung ein, was den konfessionellen Konflikt zwischen Sunniten und Schiiten gefährlich angeheizt hat. Bestes Beispiel dafür ist die Entwicklung im Irak seit 2003 und der Aufstieg des sogenannten Islamischen Staats (IS).

Saudi-Arabien reagierte auf die iranische Expansion, indem es unter anderem seine eigene reaktionäre Staatsreligion, den Wahhabismus, noch stärker verbreitete. Der Wahhabismus betrachtet die schiitischen Muslime als Ketzer. Für die dschihadistischen Ideologien von al-Qaida und IS wurde er zu einer wichtigen Quelle; zudem kämpfen viele saudische Staatsbürger in den Reihen der beiden Terrororganisationen. Zwar geriert sich Riad stets als vehementer Gegner des sunnitisch-islamistischen Terrors, doch viele konservative Kleriker im Land hegen nach wie vor Sympathien für den Dschihad, schon weil ihrer Meinung nach vom schiitischen Regime in Iran die weit größeren Gefahren ausgehen.

Mindestens ebenso wichtig für die Entstehung des salafistisch-dschihadistischen Terrorismus waren jedoch die verschiedenen Interventionen in der Region, von der Jahrzehnte währenden westlichen Unterstützung für autoritäre arabische Regime über die russische Invasion in Afghanistan in den 1980er Jahren bis zum Irakkrieg der USA von 2003. Selbst die den westlich-imperialen Interessen folgende Aufteilung der Levante in Nationalstaaten nach dem Ende des Ersten Weltkriegs spielte dabei eine Rolle: So war ein zentraler Bestandteil der IS-Ideologie die Wiederherstellung des alten »Bilad as-Scham«, wie die Levante von den islamischen Eroberern im 7. Jahrhundert genannt wurde.

In dieser Hinsicht gleicht der IS der einst einflussreichsten antiimperialistischen Ideologie in der Region, dem Panarabismus. Der war bis zur arabischen Niederlage im Krieg von 1967 gegen Israel die maßgebliche Strömung, die sich gegen Einflüsse von außen stellte und für die arabische Einigung eintrat – wenngleich mit einer säkularen, sozialistisch inspirierten Ideologie.

Heute ist es vor allem der Krieg in Syrien, in dem sich die Konfliktlinien bündeln, was eine politische Lösung umso schwieriger macht. Dabei wird gelegentlich vergessen, dass am Beginn dieses Konflikts – bevor das Land zum Schauplatz eines »kleinen Weltkriegs« wurde, in dem zahlreiche regionale und globale Akteure mitmischen – Proteste gegen die Regierung standen, wie es sie auch in Tunesien oder Ägypten gab.

Hafis al-Assad, der 1970 die Macht in Damaskus ergriff, errichtete unter dem Deckmantel des arabischen Nationalismus einen

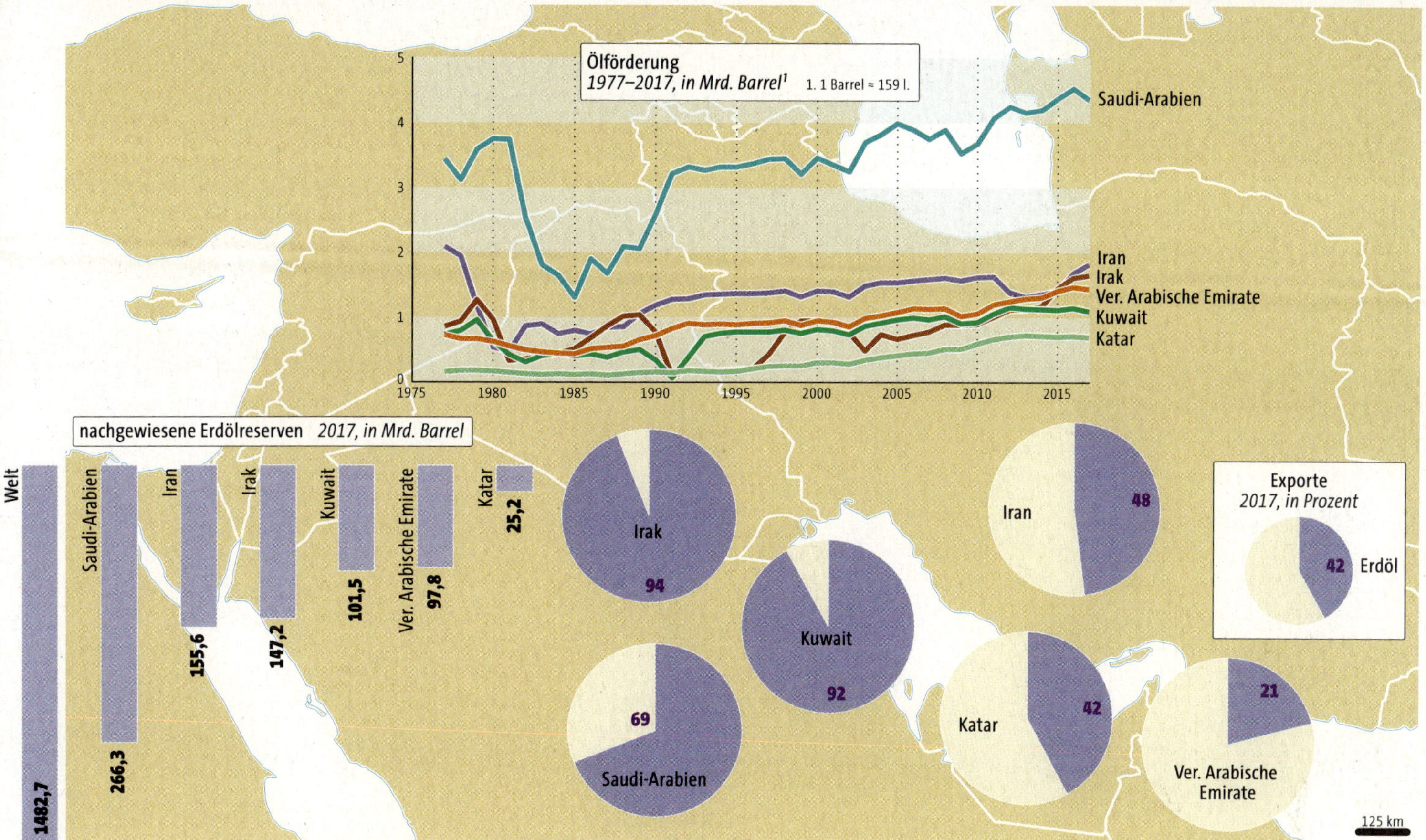

Auf Öl gebaut

autokratischen Staatsapparat und nutzte seine klientelistischen und konfessionellen Netzwerke, um seine Macht zu stabilisieren und den Großteil der Bevölkerung in Armut und Unfreiheit zu halten. Als sein Sohn Baschar 2000 das Präsidentenamt übernahm, war die Hoffnung auf eine positive Veränderung groß. Doch bereits 2001 setzte der neue Präsident dem Damaszener Frühling mit einer Verhaftungswelle ein Ende.

Zehn Jahre später war das syrische Regime nicht in der Lage, auf die Forderungen einer jungen, vergleichsweise gut ausgebildeten Bevölkerung einzugehen, die unter Arbeitslosigkeit, einer dysfunktionalen Wirtschaft und der Repression durch den Geheimdienstapparat litt. Statt Reformen durchzuführen, entschloss sich Assad im Frühjahr 2011, die zunächst friedlichen Proteste mit brutalster Gewalt niederzuschlagen, was zu einer raschen Militarisierung der Aufständischen führte. Gleichzeitig spielte er die religiöse Karte, um die alawitische und andere religiöse Minderheiten des Landes um sich zu scharen. Ziel dieser Vorgehensweise war es, die Aufständischen ausnahmslos als sunnitische Radikale und Terroristen zu brandmarken, die allen »Ungläubigen« nach dem Leben trachteten – und die folglich, um des eigenen Überlebens willen, ausgelöscht werden mussten.

Der anfangs interne Konflikt zwischen dem Assad-Regime und den Aufständischen wurde sehr schnell vom saudisch-iranischen Konflikt überlagert. Riad betrachtete den drohenden Sturz des Assad-Regimes als Möglichkeit, den Einfluss Irans zurückzudrängen, und arbeitete, indem es die Gegner Assads unterstützte, auf einen Regimewechsel hin. Teheran hingegen griff bereits ab Frühjahr 2011 dem Assad-Regime unter die Arme – durch die Entsendung von Militärausbildern und Ausrüstung sowie den Aufbau schiitischer Milizen mit tausenden Kämpfern aus unterschiedlichen Ländern der Region. Insbesondere die Entsendung von Einheiten der von Iran finanzierten libanesischen Hisbollah nach Syrien war für das Assad-Regime in den ersten Jahren des Konflikts überlebenswichtig.

Neben der Hilfe aus Teheran war es vor allem die Intervention Russlands ab Herbst 2015, die das Assad-Regime vor dem Zusammenbruch bewahrte. Moskau betonte stets, dass die russischen Luftschläge auf syrischem Territorium ausschließlich der Bekämpfung »terroristischer« Gruppen dienten. Doch in Wahrheit richteten sich die Angriffe gegen alle Gruppierungen, die eine Bedrohung für das Assad-Regime darstellten, unabhängig davon, ob sie einer radikalen islamistischen Ideologie anhingen.

Verglichen mit der Unterstützung, die das Assad-Regime von regionalen und globalen Akteuren erhielt, fiel die internationale Hilfe für die Opposition gering aus: Die USA stellten ihr 2014 aufgelegtes geheimes Programm zur Unterstützung ausgewählter Rebellengruppen im Sommer 2017 ein. Spätestens seit dem Aufstieg des IS und seinen militärischen Erfolgen in Syrien und im Irak im Sommer 2014 stand für Washington nicht der Sturz des Assad-Regimes, sondern die Bekämpfung des IS im Vordergrund. Um dieses Ziel zu erreichen, flogen die USA nicht nur selbst Angriffe gegen IS-Stellungen in Syrien, sondern unterstützten ab 2015 auch die kurdisch dominierten »Demokratischen Kräfte Syriens«, die mittlerweile einen großen Teil im Nordosten des Landes kontrollieren.

Heute ist Syrien ein zersplittertes Land, aufgeteilt in unterschiedliche, teils von auswärtigen Akteuren kontrollierte Einflusszonen. Auch die vermeintlich stabilen, vom Regime kontrollierten Gebiete werden zunehmend von lokalen, mit dem Regime verbündeten Warlords dominiert, die sich ihren Teil des geschundenen Landes unter den Nagel reißen und die Bevölkerung terrorisieren. Ein nachhaltiger Frieden in Syrien liegt in weiter Ferne – und er wird nur möglich sein, wenn sich auch die beschriebenen regionalen Konflikte entschärfen lassen.

Jakob Farah ist freier Journalist und Redakteur der deutschen Ausgabe von *Le Monde diplomatique*.

Blauhelme auf verlorenem Posten

Eine Bilanz der UN-Missionen in Afrika

von Dominic Johnson

Nirgendwo sind mehr UN-Blauhelme unterwegs als in Afrika. Von weltweit 103 883 militärischen und zivilen Mitarbeitern von Friedensmissionen sind nach UN-Angaben (Stand November 2018) 88 041 in afrikanischen Ländern stationiert. Blauhelmmissionen mit jeweils fünfstelligen Truppenzahlen operieren in der Demokratischen Republik Kongo, in Mali, im Sudan, Südsudan und in der Zentralafrikanischen Republik. Nirgendwo sonst auf der Welt sind UN-Missionen mit einem Mandat zur Gewaltanwendung unterwegs. Und 60 Prozent aller Resolutionen des UN-Sicherheitsrats betreffen Afrika. Afrika ist ein Exerzierfeld für multilateral organisiertes Peacekeeping geworden.

Das ist bereits seit einem guten Vierteljahrhundert so – seit dem Ende der Ost-West-Konfrontation Anfang der 1990er Jahre, als sich die USA und die Sowjetunion als militärische Schirmherren ihrer jeweiligen Verbündeten zurückzogen. Nachdem daraufhin reihenweise Staaten im Krieg versanken, wurden neue Rufe nach einem internationalen, aber unbedingt neutralen Eingreifen laut. Aber die Zeiten, in denen die Vereinten Nationen sich als Paten beim Neuaufbau fragiler Staaten wähnten und als die eigentlichen Machthaber in Bürgerkriegsländern auftraten, sind längst vorbei. Überall in Afrika sind UN-Missionen heute wieder auf dem Rückzug – wenn nicht quantitativ, dann zumindest in ihren Ansprüchen.

Dabei waren Anfang der 1990er Jahre die Ansprüche noch relativ bescheiden, als die ersten UN-Beobachtermissionen ausschwärmten, um in Ermangelung einer anderen neutralen Instanz Waffenstillstände und Friedensprozesse zwischen Regierungen und Rebellen zu überwachen: in Angola ab 1989, in Somalia ab 1992, in Mosambik, Liberia und Ruanda ab 1993. Nur in Mosambik ging der Krieg zu Ende. Dass die von Südafrika unterstützte Rebellenarmee Renamo die Waffen vor der früheren sozialistischen Befreiungsbewegung Frelimo streckte, lag aber weniger an der UNO als daran, dass das Apartheidregime in Südafrika selbst zu Ende ging und der Renamo damit die Förderung wegbrach. Die anderen Länder – Angola, Liberia, Ruanda, Somalia – wurden hingegen in den 1990er Jahren Inbegriff für schreckliche Bürgerkriege und unfassbare Verbrechen bis hin zum Völkermord. Und die UN-Einheiten sahen tatenlos zu.

Das hätte eigentlich jenen Strategen zu denken geben müssen, die davon ausgingen, internationale Militärinterventionen könnten afrikanische Staaten stabilisieren, und zwar je größer und anspruchsvoller, desto nachhaltiger. Aber UN-Großeinsätze kamen in Mode, vor allem um die Jahrtausendwende: in Sierra Leone und in der Elfenbeinküste, in Mali und in der Zentralafrikanischen Republik, in der Demokratischen Republik Kongo und in Burundi, in Sudans Unruheregion Darfur und im Südsudan. Einige davon sind schon wieder Geschichte, aber alle krankten daran, dass sie hochfliegende Pläne verfolgten, die der schmutzigen Realität nicht gewachsen waren.

Die Blauhelme in Sierra Leone, die sich zu Hunderten von Rebellen entführen ließen; die Blauhelme im Kongo oder in der Zentralafrikanischen Republik, die sexuellen Missbrauch an Kindern begingen; die Blauhelme in Mali und im Südsudan, die gerade mal ihre eigenen Stützpunkte schützen und nichts gegen die Gräueltaten ausrichten können: Sie alle sind Anschauungsmaterial dafür, dass die Vereinten Nationen ihren guten Ruf in afrikanischen Konfliktgebieten weitgehend verspielt haben.

Das gilt auch dort, wo sie nach Jahren des Zauderns dann doch die nötigen Mandate, Ausrüstungen und Einsatzbefehle zur Gewaltanwendung erhielten. Doch ausländische Kampftruppen sind im kongolesischen Dschungel, wo sie sich weder auskennen noch mit irgendeinem Einheimischen ohne Dolmetscher reden können, nicht in der Lage, Opfern von Massenvergewaltigungen effektiven Schutz zu bieten und unter unzähligen Selbstverteidigungsmilizen genau jene ausfindig zu machen und zu neutralisieren, die für die schlimmsten Verbrechen verantwortlich sind.

Die vielfach bezeugte Ineffektivität vieler UN-Truppen, vom Nichteingreifen gegen den Völkermord in Ruanda 1994 bis zur Untätigkeit gegenüber Massakern in Mali 2019, bestätigt den zunehmend von afrikanischen Regierenden gepflegten Diskurs, der »afrikanische Lösungen für afrikanische Probleme« empfiehlt und Einmischung von außerhalb Afrikas in innere Angelegenheiten afrikanischer Staaten grundsätzlich als neokoloniale Anmaßung ablehnt. Ein afrikanischer Souveränismus hat sich ausgebreitet, der den Anspruch erhebt, auf der Weltbühne auf Augenhöhe mitzuspielen, und höchst allergisch auf Ratschläge und Mahnungen weißer Diplomaten, Helfer, Militärs und Entwicklungspolitiker reagiert. Das moderne Afrika des 21. Jahrhunderts will kein Übungsplatz für die Selbstverwirklichung und Machtentfaltung fremder Mächte mehr sein.

UN-Missionen stehen da auf der falschen Seite der Front: Sie setzen um, was der UN-Sicherheitsrat vorgibt, in dem kein afrikanisches Land ein Vetorecht innehat und dessen Afrika-Resolutionen zumeist von Frankreich geschrieben werden, das auch schon seit Jahrzehnten die für Blauhelmeinsätze zuständige UN-Abteilung für Friedenssicherung (DPKO) leitet. Es gehört zum guten Ton eines selbstbewussten Auftretens afrikanischer Politiker, UN-Missionen zum Abzug aufzufordern und sie generell als lästiges Übel darzu-

multilaterale Friedensmissionen: Einsatzkräfte[1]
2008–2017, in zehntausend

1. Militär- und Zivilpersonal.

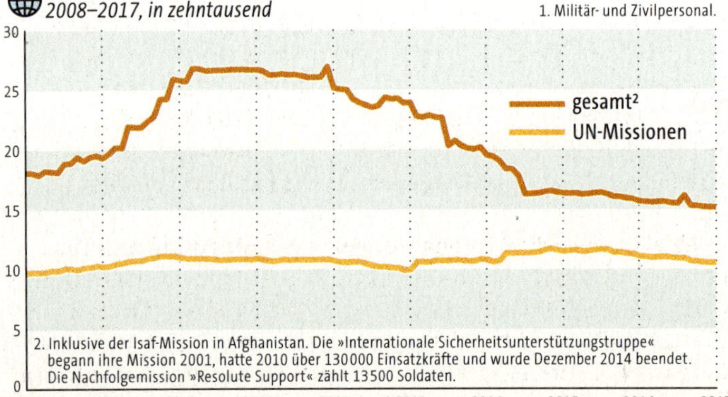

2. Inklusive der Isaf-Mission in Afghanistan. Die »Internationale Sicherheitsunterstützungstruppe« begann ihre Mission 2001, hatte 2010 über 130 000 Einsatzkräfte und wurde Dezember 2014 beendet. Die Nachfolgemission »Resolute Support« zählt 13 500 Soldaten.

Im Einsatz für den Frieden

Länder mit den meisten Einsatzkräften[1] bei multilateralen Friedensmissionen
2017, in tausend

1. Militär- und Polizeipersonal.

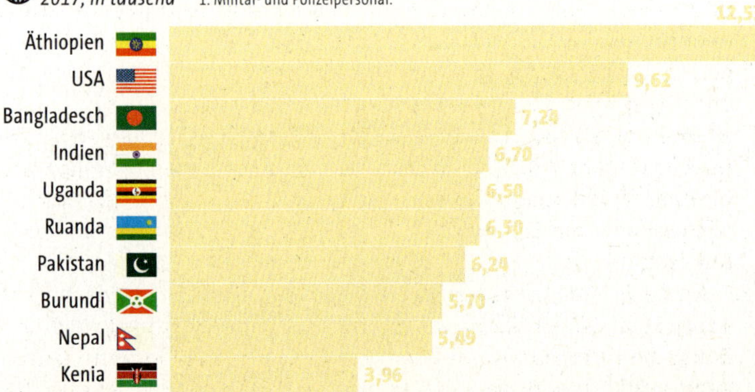

Das Gros stellen Afrika und Asien

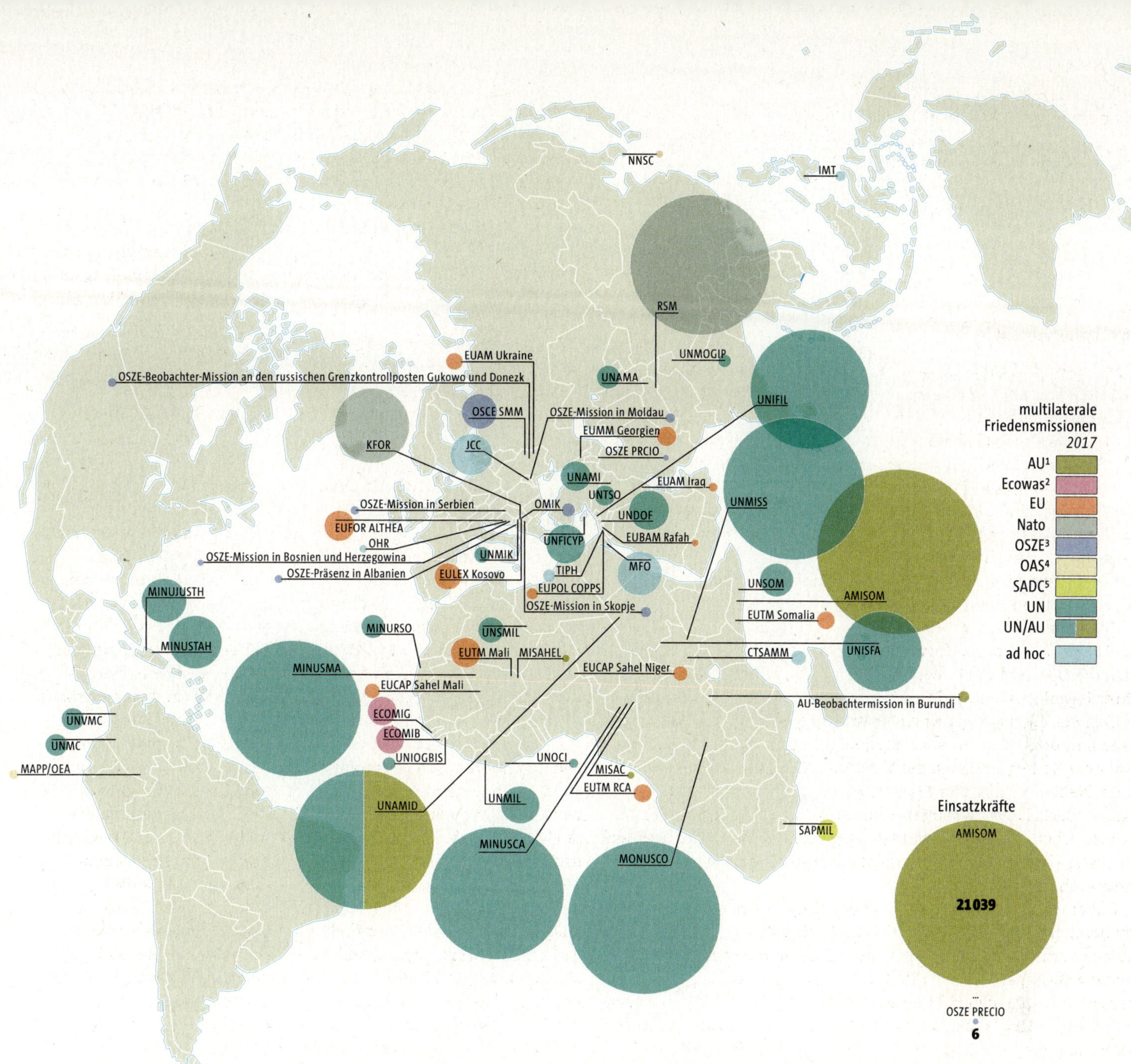

1. Afrikanische Union 2. Westafrikanische Wirtschaftsgemeinschaft 3. Organisation für Sicherheit und Zusammenarbeit in Europa 4. Organisation Amerikanischer Staaten 5. Entwicklungsgemeinschaft des südlichen Afrika

• Afrika, Exerzierfeld für Peacekeeping

stellen, als Symptom einer innenpolitischen Krise, zu deren erfolgreichen Überwindung eben der Abzug aller fremden Kräfte gehört.

Regierungen wie die von US-Präsident Donald Trump greifen das dankbar auf als Bestätigung ihrer Forderung, die Haushaltsmittel für die Vereinten Nationen zu kürzen. Alle UN-Blauhelmmissionen in Afrika sehen sich mit Budgetkürzungen und Debatten über ihre Verkleinerung konfrontiert. Begründet wird das mit ihrer geringen Effizienz, aber dieses Problem wird durch diesen Diskurs eher noch verstärkt. UN-Missionen – nicht nur, aber eben vor allem in Afrika – sind nicht mehr attraktiv für die Karriereplanung. Im Apparat einer Blauhelmtruppe zu arbeiten, ist kein Sprungbrett für eine diplomatische Karriere ambitionierter Absolventen mehr, sondern eher ein Schonposten für altgediente Routiniers vor dem Ruhestand.

An die Stelle klassischer Peacekeeping-Missionen in afrikanischen Staaten tritt damit zunehmend ein anderes Konzept: ausländische Hilfe zum Aufbau und zur Ertüchtigung der bestehenden Streitkräfte der betroffenen Staaten und auch zum Aufbau regionaler Eingreiftruppen aus mehreren afrikanischen Ländern, um ein gemeinsames Sicherheitsproblem zu lösen.

Paradebeispiel dafür ist die Amisom-Mission der Afrikanischen Union (AU) in Somalia, wo Soldaten aus Uganda, Burundi, Dschibuti, Äthiopien und Kenia die international anerkannte Regierung in Somalias Hauptstadt Mogadischu unterstützen und gegen die islamistischen Shabaab-Rebellen in anderen Landesteilen kämpfen. Ein ähnliches, wenngleich in der Praxis nach wie vor wenig funktionales Konzept liegt der Eingreiftruppe »G5-Sahel« zugrunde: Mauretanien, Mali, Burkina Faso, Niger und Tschad stellen jeweils Soldaten für eine faktisch von Frankreich geführte Antiterrortruppe, die gegen die zunehmend grenzüberschreitende Gewalt islamistischer Untergrundkämpfer vorgehen soll.

Beide Truppen sind Lieblingsprojekte der EU-Politik in Afrika. Sie rücken auch die AU sowie afrikanische Regionalorganisationen in den Vordergrund, anstelle eines entrückten UN-Apparats im fernen New York. Wenn dieser Trend sich fortsetzt, wird die Ära großer UN-Missionen in Afrika bald der Vergangenheit angehören.

Dominic Johnson ist Afrika-Redakteur der *taz*.

Unter der grünen Flagge der AU

Die afrikanischen Staaten suchen gemeinsam nach wirksamen Strategien der Friedenssicherung

von Alex de Waal

Im April 1994 hatte die Organisation für Afrikanische Einheit (OAU) ihr historisches Ziel erreicht: die Befreiung des Kontinents von kolonialen und rassistischen Herrschaftssystemen. Als sie 1963, nur wenige Jahre nach dem Ende des britischen, französischen und belgischen Kolonialismus, gegründet wurde, sah sie sich in der Nachfolge einer langen Reihe panafrikanischer Kämpfe für soziale, kulturelle und politische Emanzipation. In den ersten drei Jahrzehnten betrachtete sie es als ihre Hauptaufgabe, die stets bedrohte Souveränität der neuen unabhängigen Staaten zu schützen.

Höhe- und Endpunkt dieses Kampfs war der Amtsantritt von Nelson Mandela als erster Präsident eines demokratischen Südafrika am 9. Mai 1994. Doch schon vier Wochen zuvor hatte eine Tragödie begonnen, die das größte Versagen in der Geschichte des Kontinents darstellt. Während in Ruanda bis zu 1 Million Menschen niedergemetzelt wurden, beschränkte sich die Organisation für Afrikanische Einheit – wie auch die Vereinten Nationen – auf eine Zuschauerrolle. Auf diese Katastrophe folgte in der OAU allerdings eine Periode intensiver Selbsterforschung, die zu einer tiefgreifenden Reform ihrer Normen, Prinzipien und Institutionen führte.

Die OAU bekannte sich zum Prinzip der »Nichtgleichgültigkeit« gegenüber Kriegsverbrechen, Verbrechen gegen die Menschlichkeit und Völkermord. Darüber hinaus verweigerte sie – als Reaktion auf Staatsstreiche und Kriege in einigen Staaten – die Legitimierung von Militärputschen. Seitdem orientiert sie sich stillschweigend an dem Prinzip, dass alle bewaffneten Konflikte durch einen Verhandlungsprozess zu lösen seien, und zwar unter Beteiligung aller Nachbarstaaten wie auch der Zivilgesellschaften des betreffenden Landes. Diese Prinzipien wurden 2002 in der »Gründungsakte der Afrikanischen Union« verankert, die das alte Gebilde OAU in eine neue Organisation mit weiterreichenden Zielen überführte.

25 Jahre nach dem Völkermord in Ruanda haben sich auf dem afrikanischen Kontinent neue supranationale Strukturen herausgebildet. Bei Friedensoperationen stellen die afrikanischen Staaten die größten Truppenkontingente, ob unter der blauen UN-Fahne oder unter der grünen AU-Fahne, und ab und zu auch unter dem Dach regionaler Ad-hoc-Formationen. Auf den regelmäßigen AU-Gipfeltreffen sind fast alle Staaten vertreten; und wenn in einem Land ein Militärputsch erfolgt ist oder ein innerer Konflikt ausbricht, kann zumeist binnen weniger Tage eine afrikanische Friedensmission entsandt werden, um zu vermitteln. Im Übrigen sind die meisten der heutigen Regierungen aus Wahlen hervorgegangen. Damit widerlegt die gesamtafrikanische Bilanz die statistische Pauschalaussage, dass ein demokratisches System nur dann über einen einzigen Wahlzyklus hinaus Bestand haben kann, wenn das betreffende Land in die Gruppe der Nationen mit mittlerem Einkommen aufgestiegen ist.

Das Herz der Afrikanischen Union ist ihre »Friedens- und Sicherheitsarchitektur«. Bei der Gründung war dieses Element am heftigsten umstritten, weshalb es auch als letztes verabschiedet und danach am langsamsten weiterentwickelt wurde. Zentrale Instanz der AU ist der Friedens- und Sicherheitsrat, der nach dem Vorbild des UN-Sicherheitsrats konstruiert ist. Unter dem Mandat dieses Organs haben einige afrikanische Staaten bis heute schon ein halbes Dutzend Operationen zur Friedenssicherung übernommen.

Die größte und ehrgeizigste dieser AU-Missionen war die Amisom in Somalia, die von einer Koalition afrikanischer Staaten getragen wurde. Deren Kontingente sollten die extremistische Al-Shabaab-Milizen bekämpfen und als der wichtigste Sicherheitspfeiler für die zu gründende somalische Bundesregierung dienen. Einige Amisom-Einheiten waren mit Kampfeinsätzen beauftragt, was für UN-Blauhelme völlig undenkbar gewesen wäre.

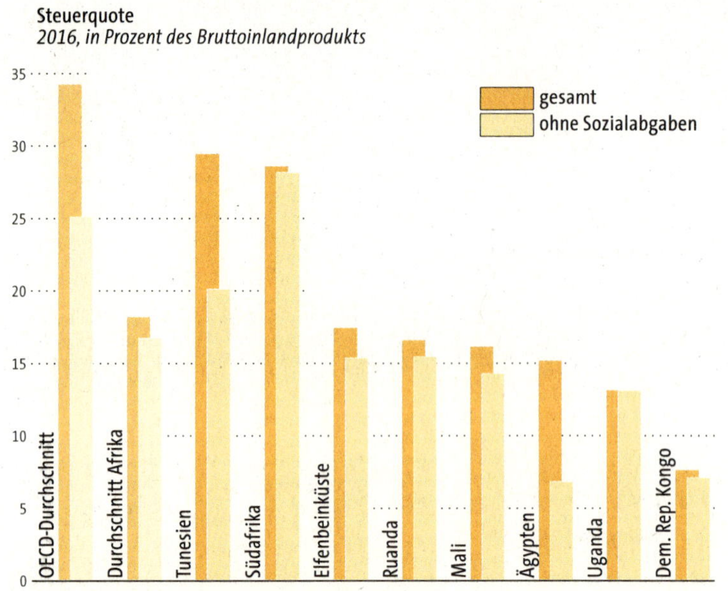

Wenig Spielraum für den Staat

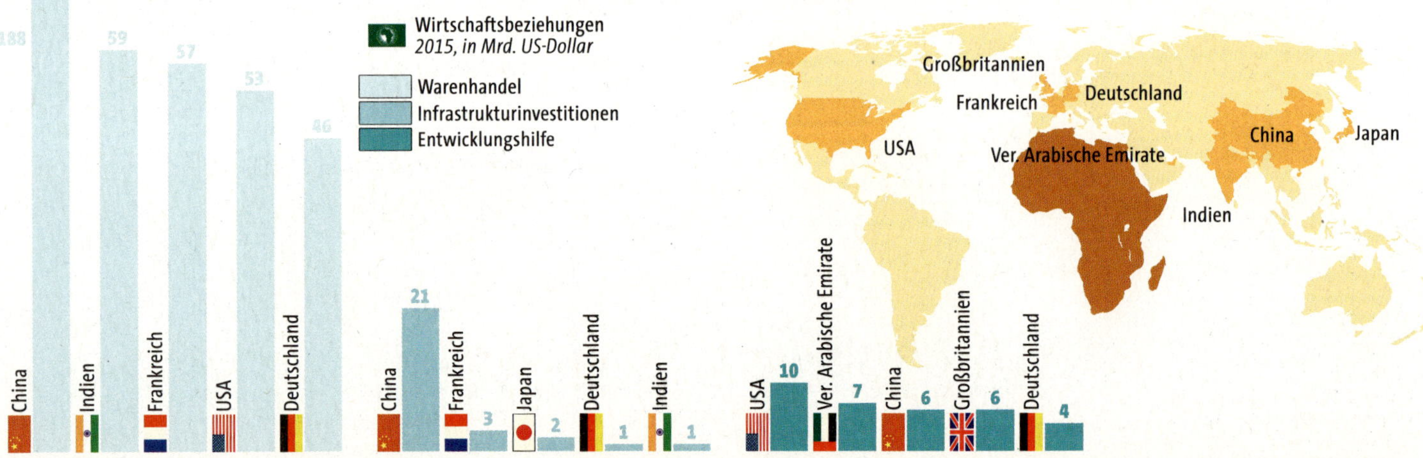

Beim Handel mit Afrika und Investitionen in die Infrastruktur ist China einsame Spitze

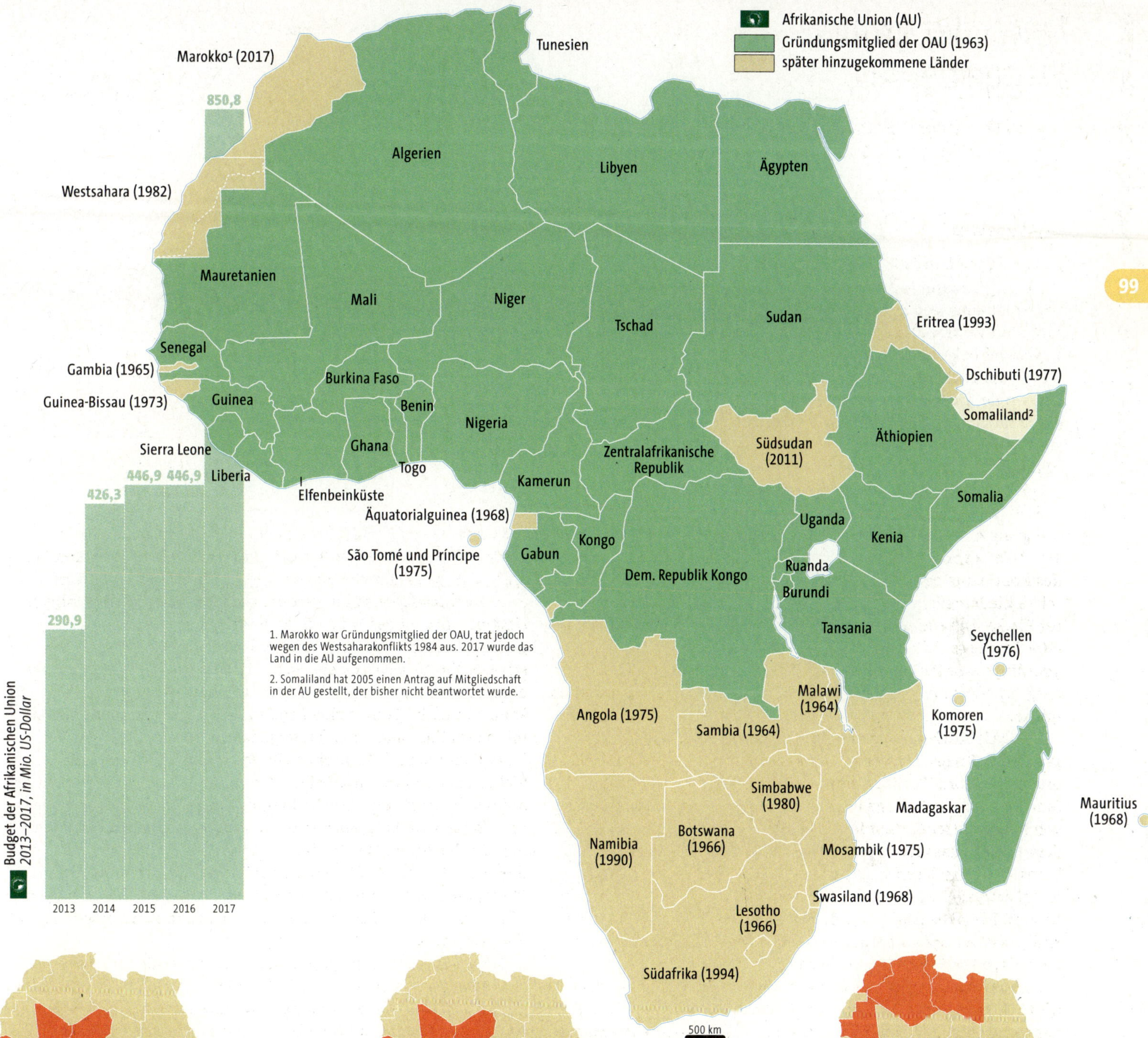

1. Marokko war Gründungsmitglied der OAU, trat jedoch wegen des Westsaharakonflikts 1984 aus. 2017 wurde das Land in die AU aufgenommen.

2. Somaliland hat 2005 einen Antrag auf Mitgliedschaft in der AU gestellt, der bisher nicht beantwortet wurde.

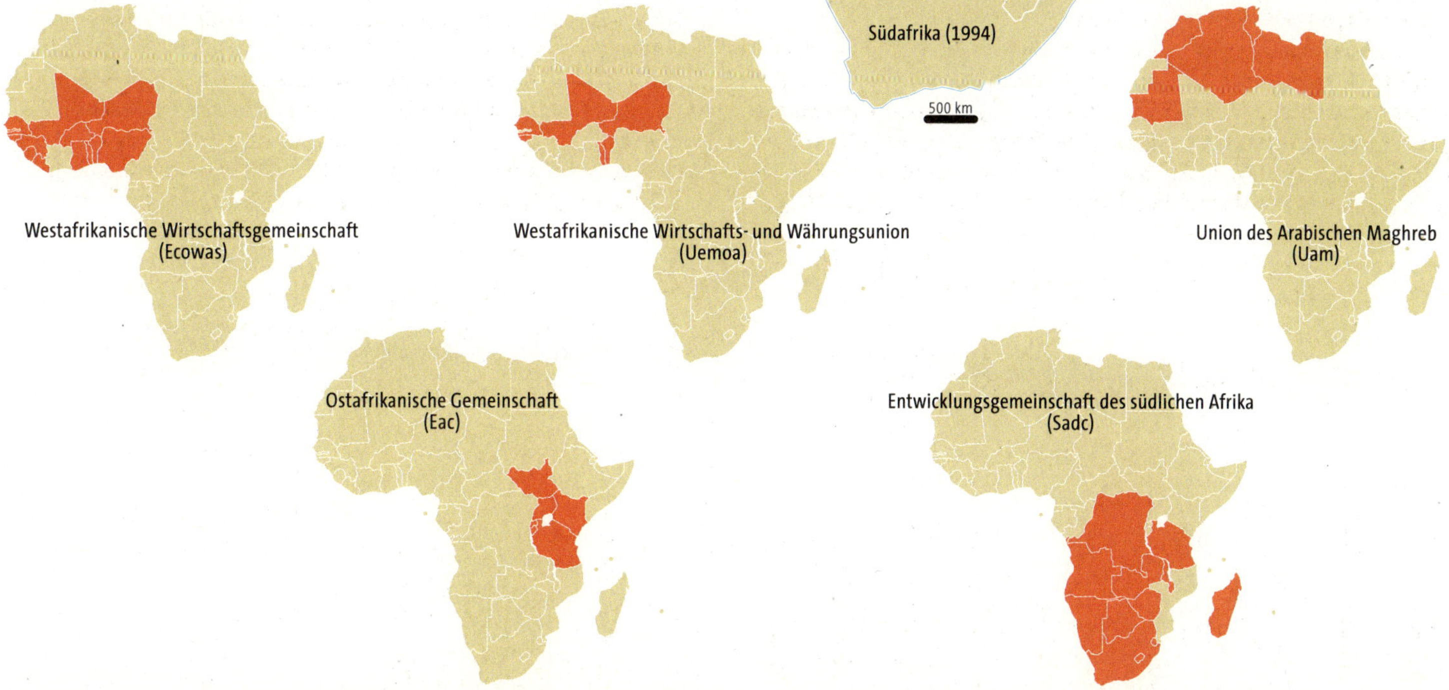

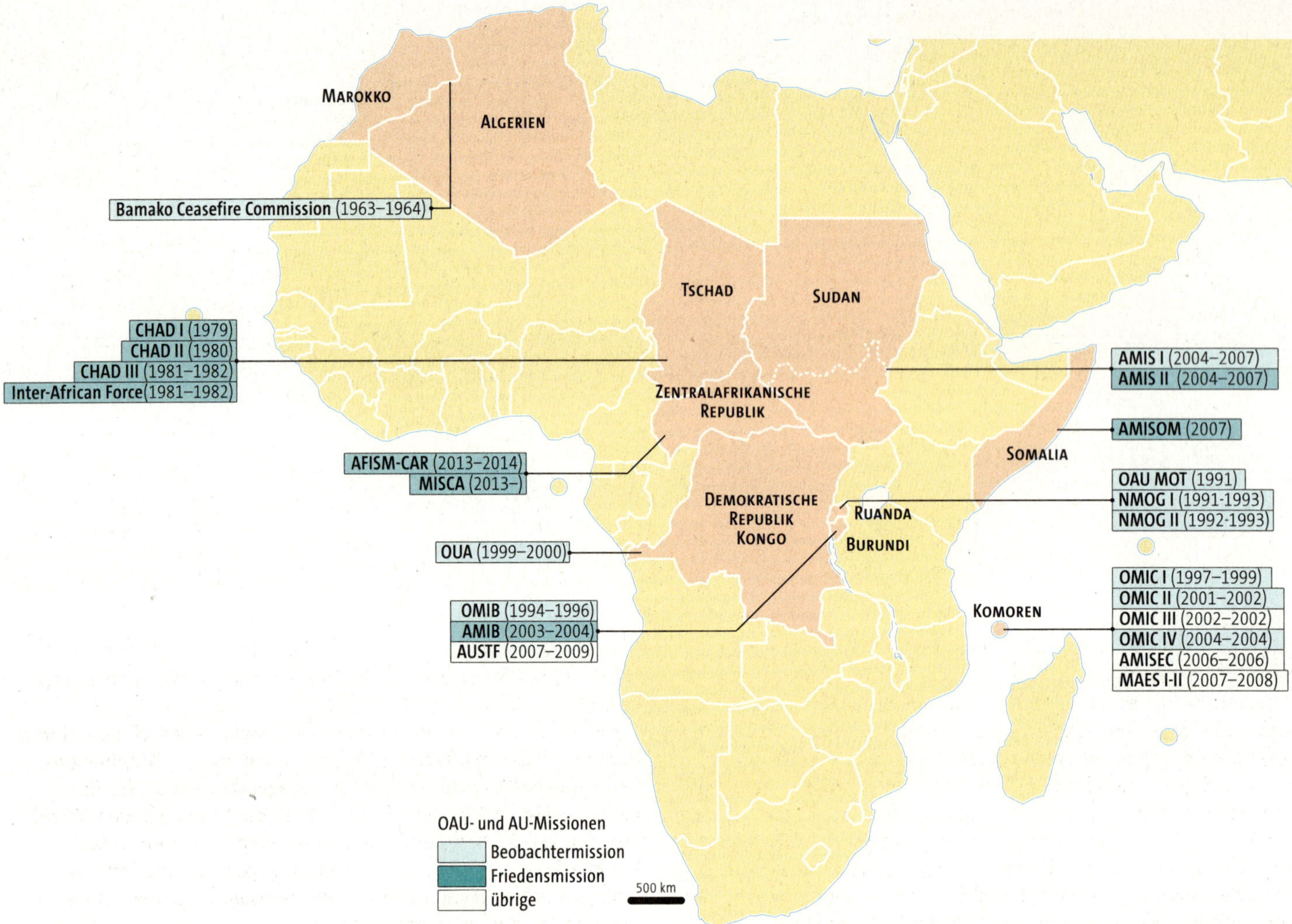

Vom Beobachterstatus bis zum robusten Mandat

Seit der Gründung der AU hat der afrikanische Kontinent zahlreiche Krisen und Konflikte erlebt, die regelmäßig von Medien, politischen Entscheidungsträgern und akademischen Experten aufmerksam beobachtet wurden. Das sollte nicht den Blick auf die riesigen Fortschritte verstellen, die in den letzten 25 Jahren auf dem Gebiet der Politik in Afrika insgesamt erzielt wurden. Aber diese Krisen und Konflikte sind doch so real und gravierend, dass sie dauerhaft beobachtet werden müssen. Im Folgenden will ich vier dieser Krisenbereiche untersuchen und die Herausforderungen darstellen.

Da ist erstens die tief verwurzelte und weit verbreitete Korruption. Das Wirtschaftswachstum der letzten Jahre hat die Gelegenheiten wie die Anreize für Bestechung und irreguläre Einflussnahme in ganz Afrika gewaltig vermehrt. Für die ökonomische Dynamik sorgten vor allem die enormen Investitionen in den Abbau von Bodenschätzen und landwirtschaftlich nutzbare Flächen, in Infrastrukturen und Immobilien, in die Telekommunikations- und die IT-Branche wie auch in den Finanzsektor. Dabei ist die umfassende Investitionstätigkeit Chinas das Element, das am sichtbarsten zu dem raschen Wirtschaftswachstum der letzten Jahre beigetragen hat. Das zeigt sich insbesondere an den gigantischen Straßen-, Eisenbahn- und Kraftwerksprojekten, die oft auch höchst anschaulich die grenzübergreifende ökonomische Integration symbolisieren.

Das Tempo dieses Wirtschaftsbooms überfordert allerdings bei Weitem die Kapazität der einheimischen Aufsichtsinstanzen, die eine ehrliche Projektumsetzung gewährleisten sollen. In den meisten afrikanischen Ländern stellt sich das Regierungssystem als Mixtur von institutionellen und klientelistischen Beziehungen dar – wobei die Politiker auf einem Markt mitmischen, auf dem politische Loyalitäten gegen materielle Gratifikationen gehandelt werden.

Auch deshalb fließen jedes Jahr viele Milliarden Dollar über illegale Kanäle aus Afrika ab. Ein Teil dieser Gelder wird allerdings vor jedem Wahlkampf zurücktransferiert und dient der Finanzierung von Wahlkampagnen und Stimmenkäufen. Wie die Beispiele Südafrika, Kenia und Äthiopien zeigen, ermöglicht die politische Liberalisierung nur allzu oft auch erhöhte Anreize für die Vermischung von Politik und Geschäft, die zum beschleunigten Verschleiß demokratischer Verfahren und Institutionen führt.

Korruption ist kein ausschließlich afrikanisches Syndrom und kann deshalb nur auf transkontinentaler Ebene bekämpft werden. Das erfordert eine weltweit funktionierende Verfolgung von Steuerdelikten, die auch stärkere Sanktionen vorsieht. Nur so lassen sich internationale Normen durchsetzen, die die illegalen Finanzströme austrocknen.

Eine zweite Herausforderung ist der »stayism«: der Drang der afrikanischen Staatsoberhäupter, um jeden Preis und mittels aller denkbaren Machenschaften an der Macht zu bleiben. Im Zuge der demokratischen Reformen, die der Aufbruchsstimmung der 1990er Jahre entsprangen, hatten viele afrikanische Länder den autoritären Staat abgeschafft und Verfassungen verabschiedet, die unter anderem die Amtszeit des Präsidenten begrenzen. Immer häufiger jedoch wollen sich Präsidenten mit dieser Einschränkung nicht abfinden und Verfassungsänderungen durchsetzen, die ihnen eine unbegrenzte Amtszeit erlauben.

Das kann auf unterschiedliche Weise geschehen: In Ruanda war Präsident Paul Kagame darauf bedacht, die Verfassungsänderung durch ein Referendum absegnen zu lassen. Ungeschickter stellte sich Pierre Nkurunziza, der Präsident von Burundi, an, als er 2015

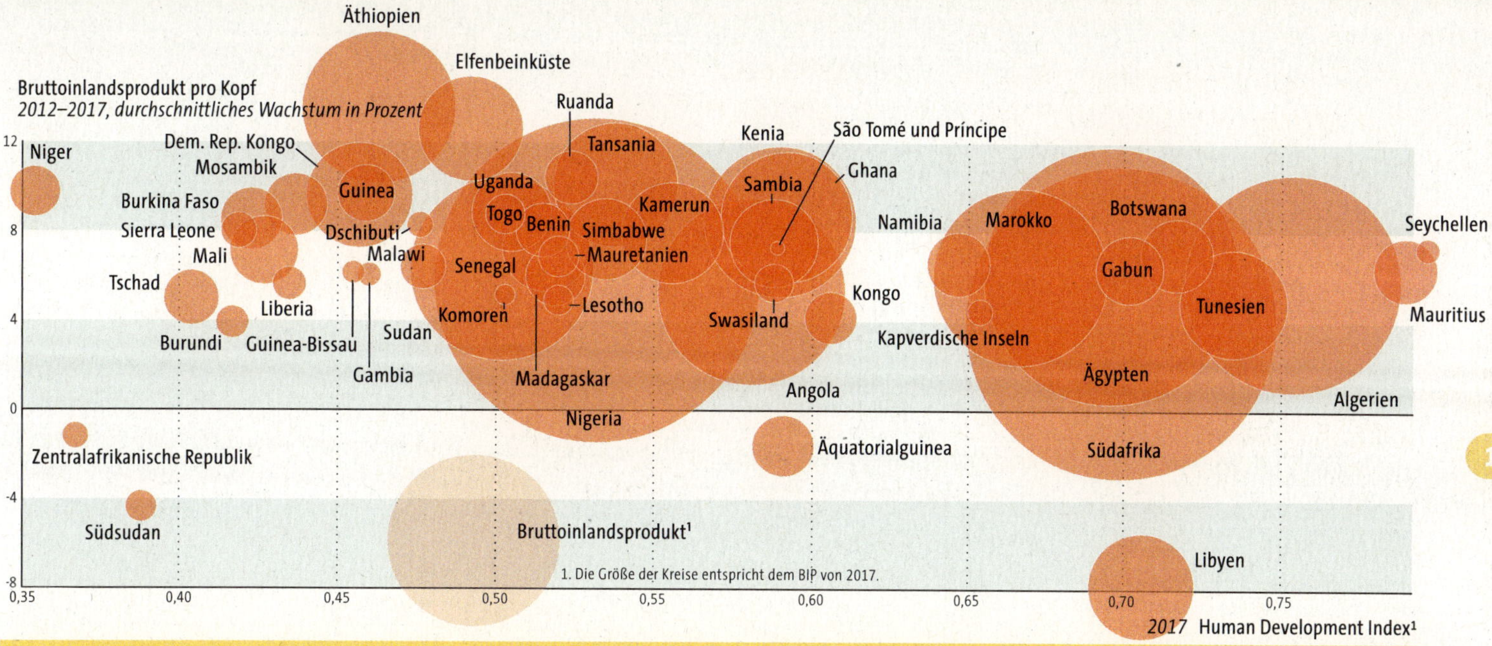

Äthiopiens Wirtschaft wächst und wächst

mit seiner Wiederwahl eine Verfassungskrise auslöste. Seinen Kopf rettete er nur dank der politischen Intervention des ugandischen Präsidenten Yoweri Museveni, der in seinem Land bereits seit 1986 regiert. In der Demokratischen Republik Kongo hat es Präsident Joseph Kabila ebenfalls versucht, ist damit aber gescheitert.

Die Aufgabe, ein Instrumentarium für den Kampf gegen den »stayism« zu entwickeln, hat die AU noch vor sich. Zwar bekennt sie sich zu einem umfassenden Katalog demokratischer Normen, aber oberstes Organ und Entscheidungsgremium ist nach wie vor eine »Assembly« (Versammlung) der Staatsoberhäupter, die vornehmlich auf ihre eigenen Interessen bedacht sind.

Die dritte Herausforderung betrifft den Frieden und die Sicherheitsbelange Afrikas und geht von den expandierenden Kriegen im Nahen Osten aus. Das entscheidende Ereignis war die libysche Revolution von 2011 und der anschließende Krieg. Damals wurde ein Plan der AU, der auf ein ausgehandeltes Abkommen mit Gaddafi hinauslief, von der Nato und den arabischen Golfstaaten einfach vom Tisch gewischt. Die Folge war, dass der bewaffnete Konflikt auf die Sahelzone übergriff.[1]

Ein Sonderfall ist Marokko. 1977 war das Königreich aus der OAU ausgetreten, nachdem diese sich geweigert hatte, den marokkanischen Anspruch auf die Westsahara anzuerkennen. Im Januar 2017 ist Marokko der AU beigetreten und treibt – in Konkurrenz mit Algerien – seine Interessen in ganz Westafrika voran. Auch Ägypten, das 2013 nach der Machtübernahme des Militärs fast ein Jahr lang von der AU-Mitgliedschaft suspendiert worden war, hat inzwischen erkannt, wie wichtig eine robuste Afrikapolitik für seine Interessen ist.

Die bedeutsamste Entwicklung ist jedoch das verstärkte Interesse, das Saudi-Arabien, die Vereinigten Arabischen Emirate, Katar und die Türkei am Horn von Afrika zeigen. Das hat jeweils strategische Gründe: Alle vier Staaten betrachten das Rote Meer und Ostafrika als Teil ihres erweiterten Sicherheitskordons und als eine wirtschaftliche Einflusszone. Unmittelbarer Auslöser ihres verstärkten Interesses war jedoch der Krieg im Jemen, genauer: die Suche der einzelnen Kriegsparteien nach Militärbasen und Verbündeten auf der anderen Seite des Roten Meers.

Die Saudis und die Emirate haben zwar mit ihrem Geld und ihren Sicherheitsgarantien dazu beigetragen, den eingefrorenen Konflikt zwischen Äthiopien und Eritrea zu beenden und den Frieden zwischen den Nachbarstaaten zu ermöglichen. Zugleich jedoch erweist sich die Rivalität dieser beiden Monarchien mit der Türkei und mit Katar als ein destabilisierender Faktor für die Krisenregion Somalia – und womöglich auch für das Krisenland Sudan.

Das Hauptproblem aus afrikanischer Sicht liegt vielleicht darin, dass die wohldurchdachten Leitprinzipien für Konfliktbeilegung und Demokratisierung, die die AU ausgearbeitet hat, für die andere Seite bedeutungslos sind. Denn die Nahoststaaten betreiben eine strikte Realpolitik, die von gewaltigen materiellen Ressourcen unterfüttert ist. Die AU dagegen beginnt erst jetzt eine politische Strategie für die »gemeinsamen Räume« Rotes Meer und Sahara zu entwickeln.

Die vierte und letzte große Herausforderung ist das Thema Bevölkerungsentwicklung und Migration. In Afrika vollzieht sich ein demografischer Wandel, der in absehbarer Zeit auch die benachbarten Regionen – und insbesondere Europa – verändern wird. Afrikas junge Generation wächst zahlenmäßig ebenso stark an, wie sie auf ein besseres Leben hofft. Und diese jungen Leute sind überaus mobil: Sie wandern innerhalb ihrer eigenen Länder und über die afrikanischen Grenzen hinaus, sie durchqueren die Sahara und wollen über das Mittelmeer.

Was wir heute erleben, ist erst der Beginn einer Verschmelzung des afrikanischen und des europäischen Arbeitsmarkts. In Europa ist dieses Thema für die Politiker so gefährlich, dass sie nicht ehrlich darüber sprechen. Die afrikanischen Politiker wiederum begnügen sich meistens damit, die europäischen Gelder zu kassieren, mit denen sie die Sicherheitsapparate finanzieren, die für die Vorwärtsverteidigung gegen den kommerziellen Menschenhandel gedacht sind. Wenn man in der Sahara ein vorgelagertes Bollwerk der Festung Europa errichtet,[2] etabliert das zwar eine – anrüchige – Klientelbeziehung zwischen Europa und den afrikanischen Sicherheitsorganen, ändert aber nichts an den sozialen und ökonomischen Verhältnissen, denen die Menschen entkommen wollen.

Seit der Befreiung Südafrikas und der Tragödie von Ruanda sind 25 Jahre vergangen. In dieser Zeit haben die Afrikaner eine erstaunlich weitsichtige und wirksame Struktur errichtet, die den Frieden bewahren wie auch die Sicherheit und staatliche Ordnung auf dem ganzen Kontinent gewährleisten soll. Doch das kann Afrika nicht allein schaffen. Was angesichts der beschriebenen Herausforderungen nottut, ist eine Strategie, die gemeinsam mit den Nachbarn in Europa und im Nahen Osten unter Mithilfe der OECD und der Vereinten Nationen zu erarbeiten wäre.
Und eine Partnerschaft, um diese Strategie auch umzusetzen.

1. Siehe »Unruhige Sahelzone« auf Seite 104.
2. Siehe »Europas Grenzen« auf Seite 118.

Alex de Waal ist geschäftsführender Direktor der World Peace Foundation.

Streit um den Blauen Nil

Äthiopiens neuer Megastaudamm gefährdet die Wasserversorgung im Sudan und in Ägypten

von Reiner Klingholz

Im Nordosten Afrikas treffen drei kritische globale Trends aufeinander: Bevölkerungswachstum, Wassermangel und Klimawandel. Äthiopien, der Sudan und Ägypten, die zusammengenommen rund 240 Millionen Einwohner zählen, teilen sich das Wasser des größten afrikanischen Flusses, der überwiegend vom Blauen Nil gespeist wird. Dieser entspringt, ebenso wie der Nil-Nebenfluss Atbara, im äthiopischen Hochland. Während Äthiopien in wahrsten Sinne des Wortes an der Quelle sitzt, sind Ägypten und Sudan von dem Zufluss aus dem Oberlauf abhängig, denn auf ihrem Territorium fallen so gut wie keine landwirtschaftlich nutzbaren Regenmengen. Der Weiße Nil, der seinen Ursprung in den Bergen von Ruanda, Burundi und Tansania hat und sich in der sudanesischen Hauptstadt Khartum mit dem Blauen Nil vereinigt, trägt vergleichsweise wenig zum Gesamtfluss bei.

Alle drei Länder benötigen das Wasser für die Landwirtschaft und zur Stromerzeugung aus Wasserkraft, beides lebensnotwendige Bereiche. In Ägypten, einem Land, das größtenteils aus Wüste besteht, können die Landwirte seit Jahrtausenden Ackerbau praktisch nur mit künstlicher Bewässerung betreiben. Kultiviertes Land findet sich vor allem auf einem wenige Kilometer breiten Streifen entlang des Nils. Bereits 1997 ist Ägypten unter den Wert von 1000 Kubikmeter Wasser pro Person und Jahr gefallen, bei dem Wasserknappheit in Wassermangel umschlägt. Bis 2030 steht aufgrund des Bevölkerungswachstums zu befürchten, dass weniger als 500 Kubikmeter für jeden Einwohner zur Verfügung stehen – das entspräche der Definition eines Wassernotstands. Kein einwohnerstarkes Land der Welt ist so abhängig von Wasser, das aus dem Ausland zuströmt, wie Ägypten.

Bis 2050 dürfte sich die Bevölkerung der drei Länder nahezu verdoppeln, wobei der Sudan das stärkste Wachstum aufweist. Dort wird sich auch der Wassermangel am deutlichsten verschärfen. Die Länder gehören flächenmäßig zwar zu den größten Afrikas und die Bevölkerungsdichte ist relativ gering, doch weil weite Teile der Länder aus kaum nutzbaren Wüsten bestehen, sind die bewohnten Gebiete oft sehr dicht besiedelt: In Ägypten etwa ist die Bevölkerungsdichte entlang des Nils und im Nildelta, wo 95 Prozent der Bewohner siedeln, dreimal so hoch wie in den Niederlanden.

Für Äthiopien sind bis 2050 fast 200 Millionen Einwohner zu erwarten, etwa so viele, wie heute in Deutschland, Frankreich und Spanien leben. Um diese Menschen mit Nahrung zu versorgen, ist eine massive Steigerung der Produktivität in der Landwirtschaft nötig, was nur mit künstlicher Bewässerung möglich ist. Das zu erwartende Wirtschaftswachstum dürfte ebenfalls zu einer deutlichen Erhöhung des Pro-Kopf-Wasserverbrauchs führen. Unter anderem deshalb baut Äthiopien gewaltige Staudämme. Der afrikaweit größte ist der Grand Ethiopian Renaissance Dam (GERD), ein 5-Milliarden-Dollar-Projekt, das 2022 fertiggestellt sein soll. Mit einer geplanten Leistung von 6400 Megawatt würde er die Stromerzeugungskapazität des Landes mehr als verdoppeln. Damit wäre nicht nur die Elektrizitätsversorgung Äthiopiens gesichert – überwiegend regenerativ –, sondern es ließe sich auch Strom in die Nachbarländer exportieren, wovon jährliche Einnahmen von rund 1 Milliarde Dollar zu erwarten wären.

Doch das Wasser, das Äthiopien für seine Landwirtschaft verbraucht, und das, was aus dem großflächigen Stausee verdunstet, steht für den Sudan und Ägypten nicht mehr zur Verfügung. Vor allem in den ersten 5 bis 15 Jahren, wenn sich der Damm erstmals füllt, dürfte der Blaue Nil bis zu einem Viertel seines Flussvolumens verlieren. Wenn dies schnell geschieht, innerhalb von 6 Jahren, würde das Ägypten einer Studie zufolge 17 Prozent seiner Ackerflächen kosten.

Der Klimawandel wird diesen Mangel weiter verschärfen. Klimasimulationen für die Region lassen vermuten, dass sich die Unterschiede zwischen trockenen und feuchten Jahren erhöhen werden. Die jährliche Durchflussmenge des Nils könnte deshalb im 21. Jahrhundert um 50 Prozent stärker variieren als im Jahrhundert zuvor. Generell dürften sich die Niederschlagsmengen in den drei Ländern eher verringern als erhöhen. Steigende Temperaturen bedeuten zudem höhere Verdunstungsraten auf bewässerten Feldern und die Gefahr einer Bodenversalzung. Ein steigender Meeresspiegel bedroht darüber hinaus das dicht besiedelte Nildelta, das schon heute unter Erosion und Unterspülung sowie einer Versalzung des Grundwassers durch eindringendes Meerwasser leidet.

Schon seit 1929 existiert ein zwischenstaatlicher Vertrag, der die Verteilung des Nilwassers auf die drei Anrainerstaaten regeln soll. Er berücksichtigt, dass die Länder am Unterlauf des Nils viel stärker von dem lebenswichtigen Gut abhängen als Äthiopien, wo die Niederschläge deutlich höher sind und es zudem viele verschiedene Flüsse gibt, die eine Versorgung der Bevölkerung sicherstellen können. Der Vertrag wurde 1959 überarbeitet und sichert Ägypten das Recht auf etwa zwei Drittel des Wassers – jährlich 55,5 Milliarden Kubikkilometer, was etwa dem zwölffachen Volumen des Bodensees entspricht. Dem Sudan stehen 18,5 Milliarden Kubikkilometer zu. Vor allem wegen des hohen Bevölkerungswachstums drängen beide Länder auf größere Mengen. 2015 unterzeichneten die drei Länder in der sudanesischen Hauptstadt Khartum nach langem Streit ein neues, vorläufiges Abkommen, in dem sie sich einigten, die Interessen der jeweils anderen Staaten zu achten und den Betrieb des Damms nach den Erkenntnissen einer unabhängigen, internationalen Studie auszurichten. Weil nicht klar ist, welche langfristigen Auswirkungen das Megaprojekt haben wird, schwelt der zwischenstaatliche Konflikt weiter. Ägyptens Präsident Abdel Fattah al-Sisi hat das Nilwasser zu einer Frage von Leben und Tod erklärt und ähnlich wie seine Vorgänger dem Nachbarn Äthiopien wiederholt mit Krieg gedroht, wenn das Land am Oberlauf den Hahn weiter zudreht.

Reiner Klingholz ist geschäftsführender Direktor des Berlin-Instituts für Bevölkerung und Entwicklung.

Durchflussmenge des Blauen Nils bei Khartum (Sudan) *1912–2000, in Mrd. Kubikmeter/Jahr*

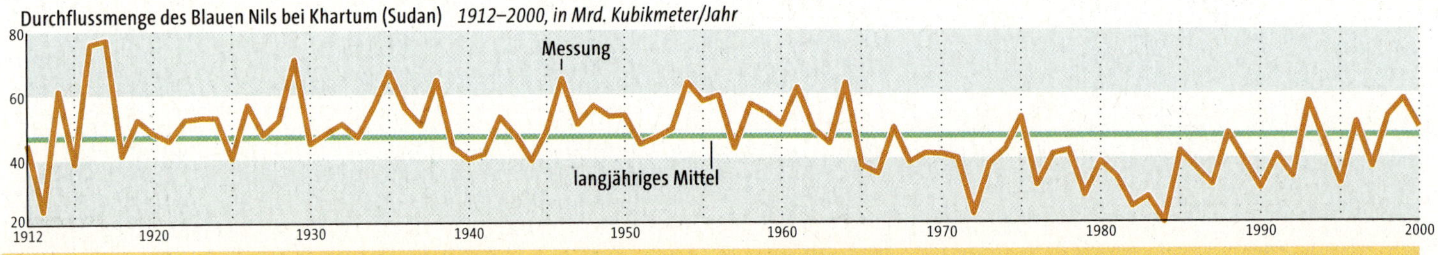

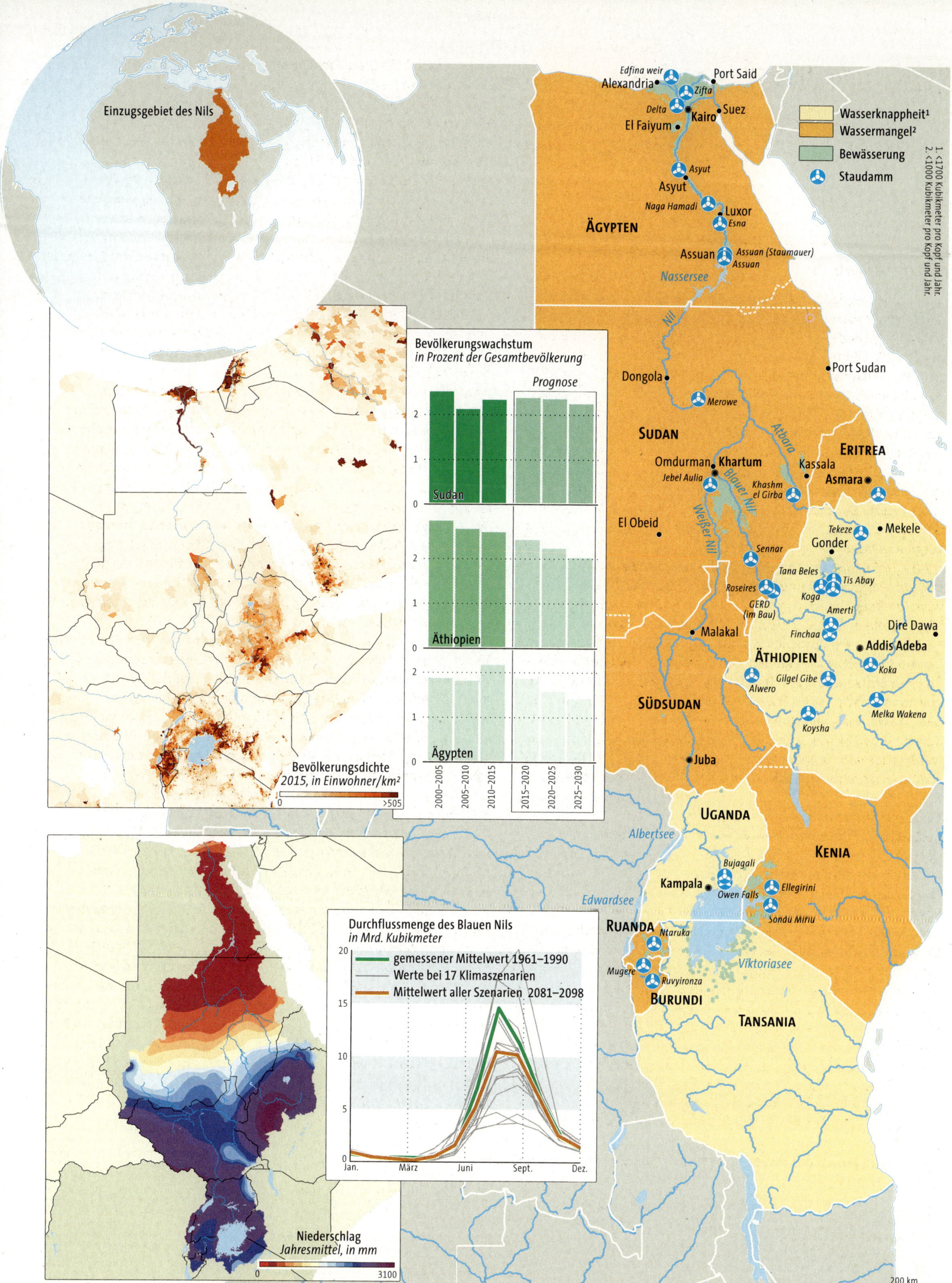
Einzugsgebiet des Nils
Wasserknappheit[1]
Wassermangel[2]
Bewässerung
Staudamm
1. <1700 Kubikmeter pro Kopf und Jahr.
2. <1000 Kubikmeter pro Kopf und Jahr.
Edfina weir
Alexandria
Port Said
Zifta
Delta
Kairo
Suez
El Faiyum
Asyut
Naga Hamadi
Luxor
Esna
ÄGYPTEN
Assuan
Assuan (Staumauer)
Nassersee
Nil
Port Sudan
Dongola
Merowe
SUDAN
Atbara
ERITREA
Omdurman
Khartum
Kassala
Asmara
Jebel Aulia
Blauer Nil
Khashm el Girba
El Obeid
Weißer Nil
Tekeze
Mekele
Gonder
Sennar
Tana Beles
Tis Abay
Roseires
Koga
GERD (im Bau)
Amerti
Dire Dawa
Malakal
Finchaa
Addis Adeba
ÄTHIOPIEN
Koka
Alwero
Gilgel Gibe
SÜDSUDAN
Melka Wakena
Koysha
Juba
UGANDA
Albertsee
KENIA
Bujagali
Kampala
Owen Falls
Ellegirini
Edwardsee
Sondu Miriu
RUANDA
Ntaruka
Mugere
Viktoriasee
Ruvyironza
BURUNDI
TANSANIA
200 km
Bevölkerungswachstum
in Prozent der Gesamtbevölkerung
Prognose
Sudan
Äthiopien
Ägypten
0
1
2
2000–2005
2005–2010
2010–2015
2015–2020
2020–2025
2025–2030
Bevölkerungsdichte
2015, in Einwohner/km²
0
>505
Durchflussmenge des Blauen Nils
in Mrd. Kubikmeter
gemessener Mittelwert 1961–1990
Werte bei 17 Klimaszenarien
Mittelwert aller Szenarien 2081–2098
0
5
10
15
20
Jan.
März
Juni
Sept.
Dez.
Niederschlag
Jahresmittel, in mm
0
3100

Unruhige Sahelzone

Schwache Staaten, grenzüberschreitende Rebellionen und militante Islamisten destabilisieren die Region

von Dominic Johnson

Noch vor gar nicht so langer Zeit galt die Sahara als aufregendes Neuland für Abenteurer aller Art. Wüstentourismus und Rohstoffextraktion waren angesagt, wo einst Hungersnöte und Heuschreckenschwärme herrschten. Von der Rallye Paris–Dakar über das sagenumwobene Timbuktu bis zu den Wüstentouren im tschadischen Tibesti reichten die Verlockungen, vom Öl Mauretaniens über das Gold Malis bis zum Uran in Niger und Tschad.

Davon ist wenig geblieben. Die Sahara und die angrenzende Sahelzone ist heute Front in den Kriegen gegen den Terror und im Abwehrkampf gegen ungewollte Migration. Selbst für die eigene Bevölkerung sind weite Zonen zu unsicher. Islamistische Rebellen in Mali und Burkina Faso, die Ausweitung der Boko-Haram-Rebellion aus Nigeria in die Nachbarländer Niger und Tschad, die Lastwagenkarawanen mit Flüchtlingen über Agadez und Tamanrasset – aus europäischer Sicht steckt die Region heute nicht mehr voller Chancen, sondern voller Gefahren, und die Regierungen sind von dem Bedürfnis der Bevölkerung nach Sicherheit und einem halbwegs normalen Leben überfordert. Militarisierung ersetzt Investitionen, Grenzen und Sperrgebiete behindern Handel und kulturellen Austausch.

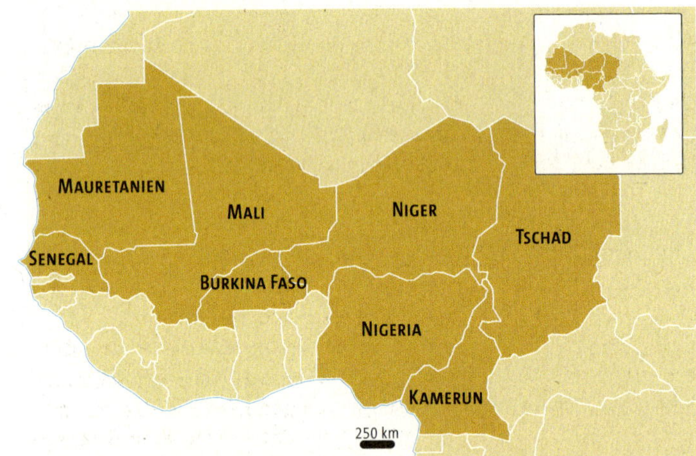

Die Sahelstaaten

Die grenzüberschreitende Gewalt und Instabilität in der Sahelzone hat mehrere, ursprünglich voneinander unabhängige Faktoren. Diese müssen einzeln analysiert werden, um sie in ihrer jeweils eigenen Dynamik zu verstehen. Aber erst ihr Zusammentreffen – geografisch wie politisch – hat in den vergangenen Jahren die Konflikte in einer Weise potenziert, dass sie kein Akteur allein in den Griff bekommen kann.

Der erste Faktor ist der militante Islamismus. Anders als viele oberflächliche Analysen suggerieren, ist er kein neues Phänomen, das erst mit 9/11 oder gar dem Sturz des Gaddafi-Regimes in Libyen in Erscheinung getreten wäre. Der Islam in der nördlichen Hälfte Afrikas kennt unzählige unterschiedliche Traditionen, von individueller Andacht bis zum territorialen Herrschaftsanspruch. Die Rückzug des Einzelnen und ganzer Clans und Gemeinschaften auf eine rigorose Interpretation religiöser Pflichten ist vielerorts ein bewährtes Ausdrucksmittel gegen koloniale Fremdherrschaft und postkoloniale Diktaturen. Mit saudischem Geld und radikalen Predigern entwickelte sich daraus bereits in den 1980er Jahren politische Militanz, ohne dass dies eindimensional auf eine bestimmte islamistische Ausprägung oder eine bestimmte auswärtige Einflussnahme reduziert werden darf.

Den Griff zur Waffe aus religiösen Gründen wagten bereits in den frühen 1980er Jahren in Nigeria die Anhänger des kamerunischen Predigers Mohammed Marwa, genannt »Maitatsine« (der Verurteilende). Aus der Subkultur dieser religiösen Gemeinschaften, die sich vom säkularen nigerianischen Staat und seinen Institutionen, vor allem den Schulen, lossagten, ging später die Aufstandsbewegung »Boko Haram« (Bücher sind verboten) hervor, die seit nunmehr zehn Jahren im Nordosten Nigerias ihr Unwesen treibt und auch Teile Nigers, Tschads und Kameruns rund um den Tschadsee in eine Gewaltspirale und humanitäre Krise mit tausenden Toten und Millionen Vertriebenen gestürzt hat. Boko Haram – mittlerweile offenbar in mehrere Flügel gespalten – zeigt, dass es im Sahel auch ohne arabische Radikale möglich ist, einen islamistischen Krieg zu führen.

Mit arabischen Radikalen geht es allerdings noch besser. Den ersten expliziten Übergang zum bewaffneten Kampf gab es in Algerien, als die islamistische Oppositionspartei FIS (Islamische Heilsfront) die ersten freien Wahlen gewann und daraufhin das Militär im Januar 1992 putschte und die Wahlen annullierte. Die FIS blies zum Widerstand, über 150 000 Menschen kamen in dem siebenjährigen Bürgerkrieg um, dessen Erschütterungen mit dem Entstehen einer gewaltbereiten nordafrikanischen Diaspora bis heute spürbar sind.

Der algerische Bürgerkrieg endete erst 1999 mit der Wahl des Zivilisten Abdelaziz Bouteflika zum Präsidenten. Bouteflika leitete

Index der menschlichen Entwicklung (HDI)
Ranking 2017

1 Norwegen
2 Schweiz
3 Australien
4 Irland
5 Deutschland

Zwei Indizes der Entwicklung

Der Human Development Index (HDI) ist eine Messzahl für den Entwicklungsstand eines Landes. Der Index der menschlichen Entwicklung setzt sich aus drei Komponenten zusammen: Lebenserwartung, Bildungsstand und Kaufkraft. Wie der HDI wird auch der Multidimensional Poverty Index (MPI) vom Entwicklungsprogramm der Vereinten Nationen veröffentlicht. Der Armutsindex bildet drei Dimensionen von Armut ab: Gesundheit, Bildung und Lebensbedingungen. Diese Dimensionen wiederum werden von insgesamt zehn verschiedenen Indikatoren erfasst: Bildung und Gesundheit von jeweils zwei, Lebensbedingungen von sechs Indikatoren. In dem Index werden speziell Entwicklungsländer betrachtet, auf ein Ranking wie beim HDI wird wegen teilweise unvollständiger Daten bisher verzichtet.

Bruttoinlandsprodukt pro Kopf
2000–2017, in tausend US-Dollar

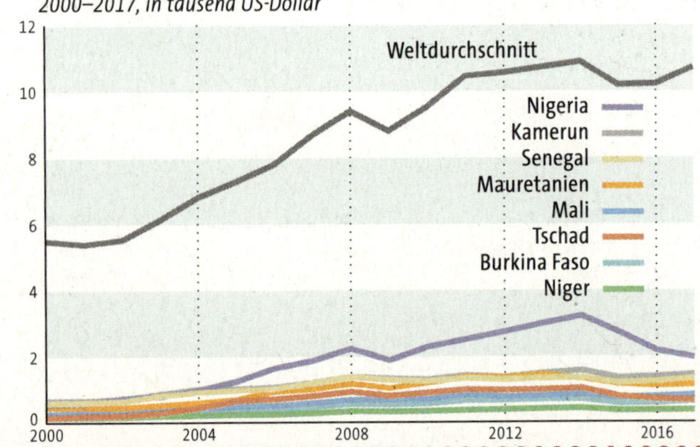

ein Versöhnungsprogramm ein, doch die radikale Splittergruppe »Bewaffnete Islamische Gruppe« (GIA) hatte den FIS-treuen Rebellen längst den Rang abgelaufen und beging Massaker an Zivilisten. Wie beim »Islamischen Staat« (IS), der zwanzig Jahre später in Syrien gemäßigte Rebellen verdrängte, ist auch bei der GIA nie restlos geklärt worden, ob nicht Teile des Militärapparats selbst den Aufstieg der Gruppe gefördert haben, um die Opposition gegen die Diktatur insgesamt in die terroristische Ecke zu stellen.

Nach Kriegsende kämpfte die GIA-Nachfolgeorganisation GSPC (Salafistische Gruppe für Predigt und Kampf) weiter – und von da an auch über Algeriens Grenzen hinaus. Kämpfer von Abderazak »El Para«, der von der algerischen Armee desertiert war und später Mitglied der GSPC-Führung wurde, nahmen 2003 im Süden Algeriens zehn europäische Touristen als Geiseln und zogen sich mit ihnen nach Mali zurück. Die Geiseln wurden Monate später mutmaßlich gegen eine nie offiziell bestätigte Zahlung von rund 5 Millionen Euro Lösegeld durch die deutsche Bundesregierung wieder freigelassen. Das Geld aus Deutschland gilt als Startkapital für den grenzüberschreitenden bewaffneten Islamismus in der Sahelzone.

GSPC-Führer El Para wurde 2004 im Tschad gefasst, aber seine Gruppe blieb bestehen und schloss sich 2006 al-Qaida an, um ab 2007 unter dem Kürzel AQMI (al-Qaida im Islamischen Maghreb) den Alleinvertretungsanspruch für den bewaffneten Islam in ganz Nordafrika zu erheben. Angriffe auf Militäreinrichtungen und Geiselnahmen in Mauretanien, Algerien, Mali und Niger erschütterten in den Folgejahren die Region.

2012 nutzte AQMI mit anderen islamistischen Gruppen den Sieg aufständischer Tuareg über Malis Armee, um erstmals offiziell eine territoriale Herrschaft zu errichten. Tuareg-Rebellen erklärten den Norden Malis zum unabhängigen Staat »Azawad«; wenig später übernahmen dort die bewaffneten Islamisten die Macht und etablierten eigene Verwaltungsstrukturen – eine neue Qualität ihres Kampfs. International am meisten Aufsehen erregte die Zerstörung alter muslimischer Heiligtümer und Schriften in der alten Wüstenstadt Timbuktu. Die einheimische Bevölkerung aber litt vor allem unter dem autoritären, religiös verbrämten Eingriff in persönliche Freiheiten und ins Privatleben, bis hin zum Verbot von Musik und Vorschriften, was Frauen tun dürfen und was nicht. Es war der erste Versuch der Sahel-Islamisten, nicht nur sektengleich die eigenen Anhänger zu kujonieren, sondern staatsgleich ganze Bevölkerungen.

Militärisch scheiterte das spektakulär. Die frühere Kolonialmacht Frankreich griff unter dem Beifall der malischen Bevölkerung mit eigenen Kampftruppen ein, trieb die islamistischen Kämpfer in den Untergrund und jagt bis heute mit Spezialkräften, Kampfjets und Drohnen in den Weiten der Sahara einen schwer zu fassenden Feind.

Damit ist das Sicherheitsproblem aber keineswegs eingedämmt, denn AQMI und seine Erben sind nicht die Einzigen, die grenzüberschreitend für Instabilität sorgen. Älter, und zeitweise für die Staaten der Region bedrohlicher, sind die Selbstbestimmungsansprüche jener Volksgruppen, die sich über mehrere Staaten verteilen.

Zum Zeitpunkt der Unabhängigkeit fühlten sich in jedem Land wichtige Bevölkerungsgruppen aus dem neuen Staatsgefüge ausgeschlossen und mal als Fremde, mal als Minderwertige gebrandmarkt: Berber in Algerien, Schwarze in Mauretanien, Tuareg in Mali und Niger; später kamen die Sahrauis in der von Marokko annektierten Westsahara dazu. Der Umgang der zuständigen Staaten mit ihnen hat überall Konflikte produziert.

Tuareg-Revolten erschütterten Mali bereits in den 1960er Jahren und erneut in den 1990er Jahren, in Niger insbesondere in den 2000er Jahren – aus Sicht von Tuareg-Führern waren und sind die neuen Staatsgrenzen quer durch die Sahara ein Eingriff in ihre Bewegungsfreiheit, aus Sicht anderer Volksgruppen waren und sind Tuareg nur bedingt loyale Staatsbürger.

Diese Unzufriedenen aus den Sahelstaaten fanden Sympathie und Hilfe bei Libyens Diktator Muammar al-Gaddafi, dessen Anspruch auf Herrschaft und Einfluss immer über die libyschen Grenzen hinausging. Tuareg-Exilanten genossen in Libyen Aufnahme und militärische Ausbildung und fanden sich im libyschen Bürgerkrieg 2011 auf der Seite Gaddafis wieder. Nach Gaddafis Sturz im August 2011 verließen sie Libyen und kehrten mit beträchtlichen Waffenarsenalen in ihre Heimat zurück. In Mali ermöglichte ihnen das, blitzartig den Norden des Landes zu erobern; erst durch Frankreichs Militärintervention 2013 wurden sie daran gehindert, die Kontrolle über das ganze Land zu übernehmen. Tuareg-Gruppen üben bis heute die faktische Regierungsgewalt in Teilen Nordmalis aus, im Rahmen eines instabilen, von Algerien vermittelten Friedensprozesses.

Doch nicht nur die Tuareg prägen die jüngere Geschichte der grenzüberschreitenden Sahelrebellionen. Auch die größte Volksgruppe der Region – in englischsprachigen Ländern Fulani, im französischsprachigen Raum Peul genannt – spielt eine wichtige Rolle. Anders als die Tuareg Erben eines vorkolonialen Großreichs und bis heute bestimmend in der Politik mehrerer Länder wie Nigeria, gelten die Peul/Fulani in zahlreichen Staaten mittlerweile als unsichere Kantonisten, weil ihre familiären Loyalitäten und ökonomisch-gesellschaftlichen Aktivitäten nicht an den Landesgrenzen haltmachen. Da ihre Savannenregionen meist von den jeweiligen Regierungen vernachlässigt werden, fallen dort Aktivitäten islamistischer Prediger auf fruchtbaren Boden und haben eine Generation von Radikalen hervorgebracht, die sich bereitwillig den bestehenden islamistischen Netzwerken anschließen und bei denen die Erinnerung an alte Fulani-Reiche den Traum vom Kalifat ersetzt.

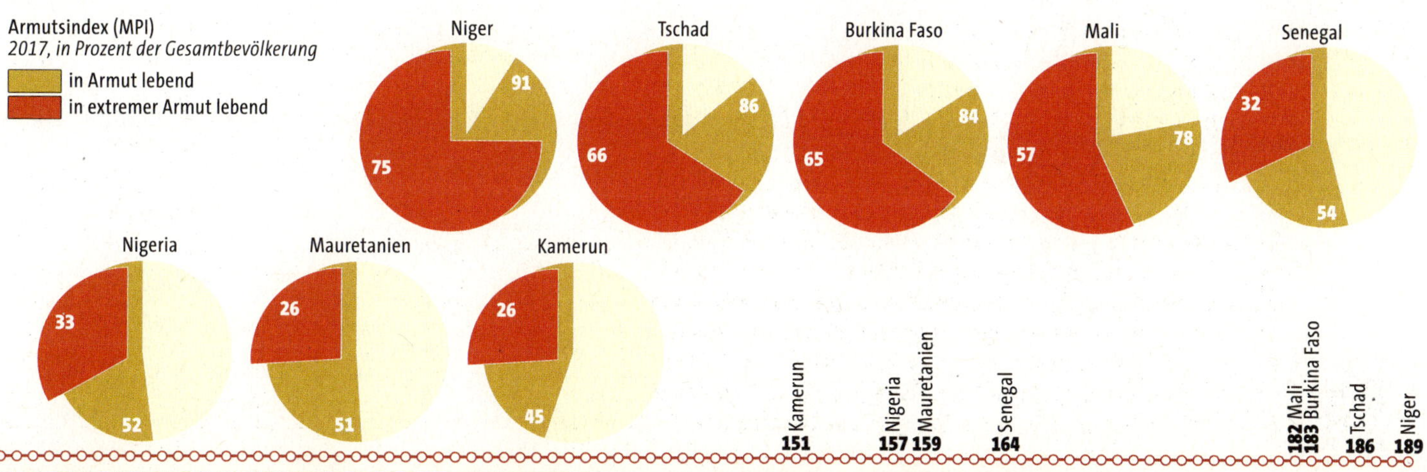

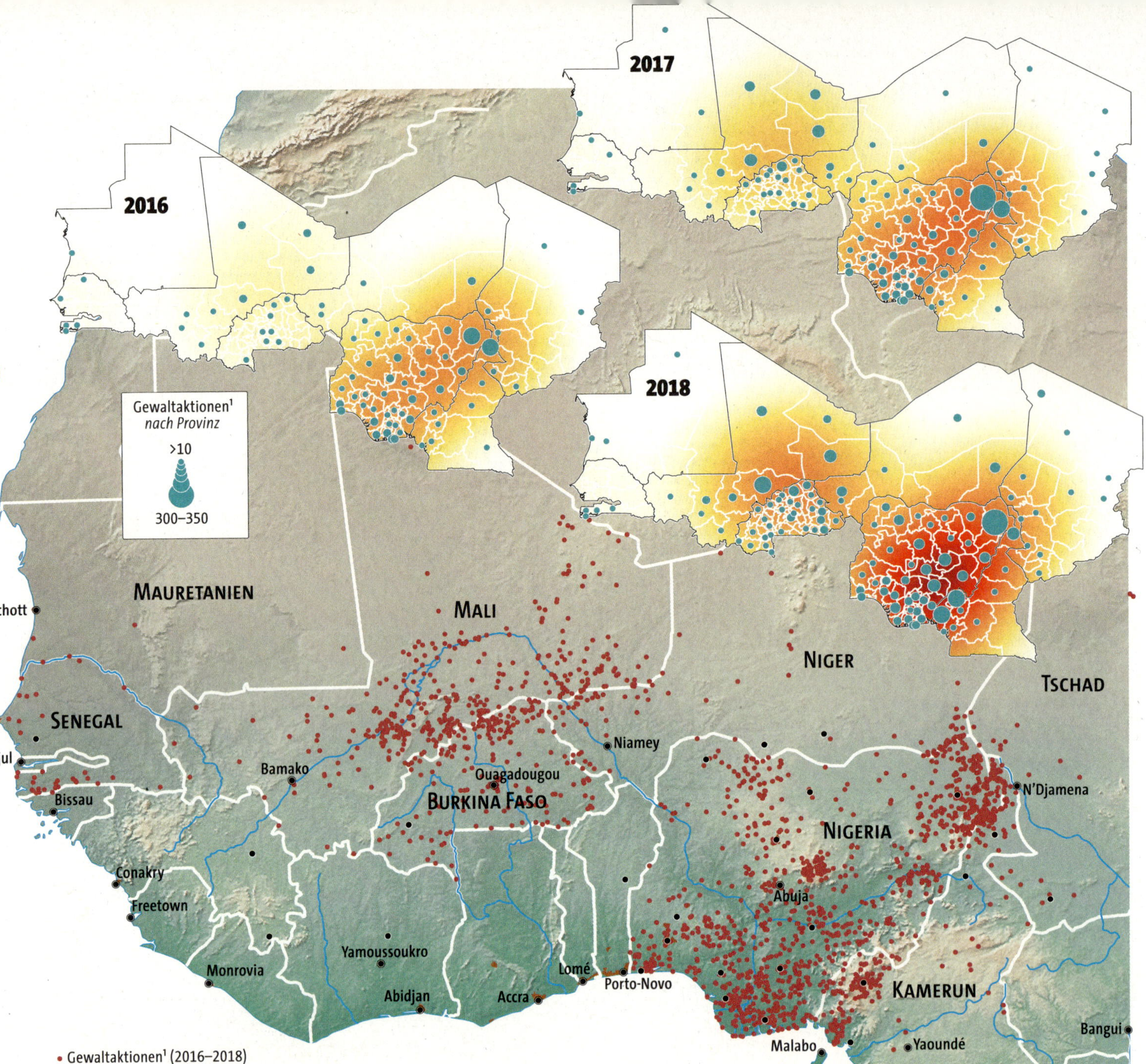

1. Kämpfe, Luft- und Drohnenangriffe, Artilleriebeschuss, Vorfälle mit Landminen und unkonventionellen Sprengvorrichtungen, Selbstmordattentate.

Spirale der Gewalt

In allen Staaten der Region ist es für Demagogen verlockend, Tuareg und Peul als verantwortlich für die Destabilisierung zu brandmarken – was die Region erst recht in eine Gewaltspirale treibt. Keine Ethnie ist politisch homogen, weder Tuareg noch Peul, beides sind Sammelbegriffe für eine viel komplexere Realität. Träger der Tuareg-Aufstandsbewegungen sind vor allem alte Adelsclans, die historisch den Sahara-Fernhandel kontrollierten und sich einer einzelnen Staatsmacht noch weniger unterordnen wollen als Hirtenclans.

Problematisch wird es, wenn bewaffnete Führer von Tuareg- oder Peul-Rebellen einerseits den Anspruch erheben, ihre gesamte Volksgruppe zu vertreten, andererseits bewusst ins Fahrwasser des bewaffneten Islamismus steuern. Der einst prominenteste Tuareg-Führer in Mali, Iyad Ag Ghali, ist dafür ein gutes Beispiel. 2003 vermittelte er bei der Freilassung europäischer AQMI-Geiseln in Mali, später war er malischer Konsul in Saudi-Arabien. Während der Mali-Krise 2012/13 führte er die bewaffnete islamistische Gruppe »Ansar Dine«; diese verschmolz später mit der ursprünglich algerischen AQMI zur JNIM (Dschamaat Nusrat al-Islam wal-Muslimin: Unterstützergruppe des Islam und der Muslime). Die JNIM verübte vor allem Anschläge gegen europäische Zivilisten und Militärs in Mali, Burkina Faso, Niger und Tschad.

Parallel zu Iyad Ag Ghali bei den Tuareg stieg bei den Peul Amadou Koufa auf. Der in pakistanischen Medressen (Koranschulen) ausgebildete Malier wurde in den 1990er Jahren ein beliebter Prediger und später Anführer bewaffneter Kämpfer. 2015 gründete er in Malis Grenzgebiet zu Burkina Faso die »Macina-Befreiungsfront«, die schließlich ebenso wie Iyad Ag Ghalis Truppe zur JNIM stieß. Seine Kämpfer nutzten das benachbarte Burkina Faso zunächst als Rückzugsraum, dann aber auch als Kampfgebiet – Burkina Faso ist inzwischen genauso instabil wie Mali, obwohl Koufa selbst einem französischen Luftangriff zum Opfer gefallen sein soll.

Wegen dieses neuen »Peul-Dschihads« werden nun die Peul/Fulani in allen Ländern der Region von ihren Gegnern in die islamistische Ecke gestellt, bis hinunter in die Zentralafrikanische Republik. Alte Konflikte zwischen herumziehenden Peul-Hirten und sesshaften Bauern, die seit Jahrhunderten in allen Sahelstaaten ein Dauerthema sind, erhalten dadurch eine neue, überregionale und unversöhnliche Dimension, vor allem wenn

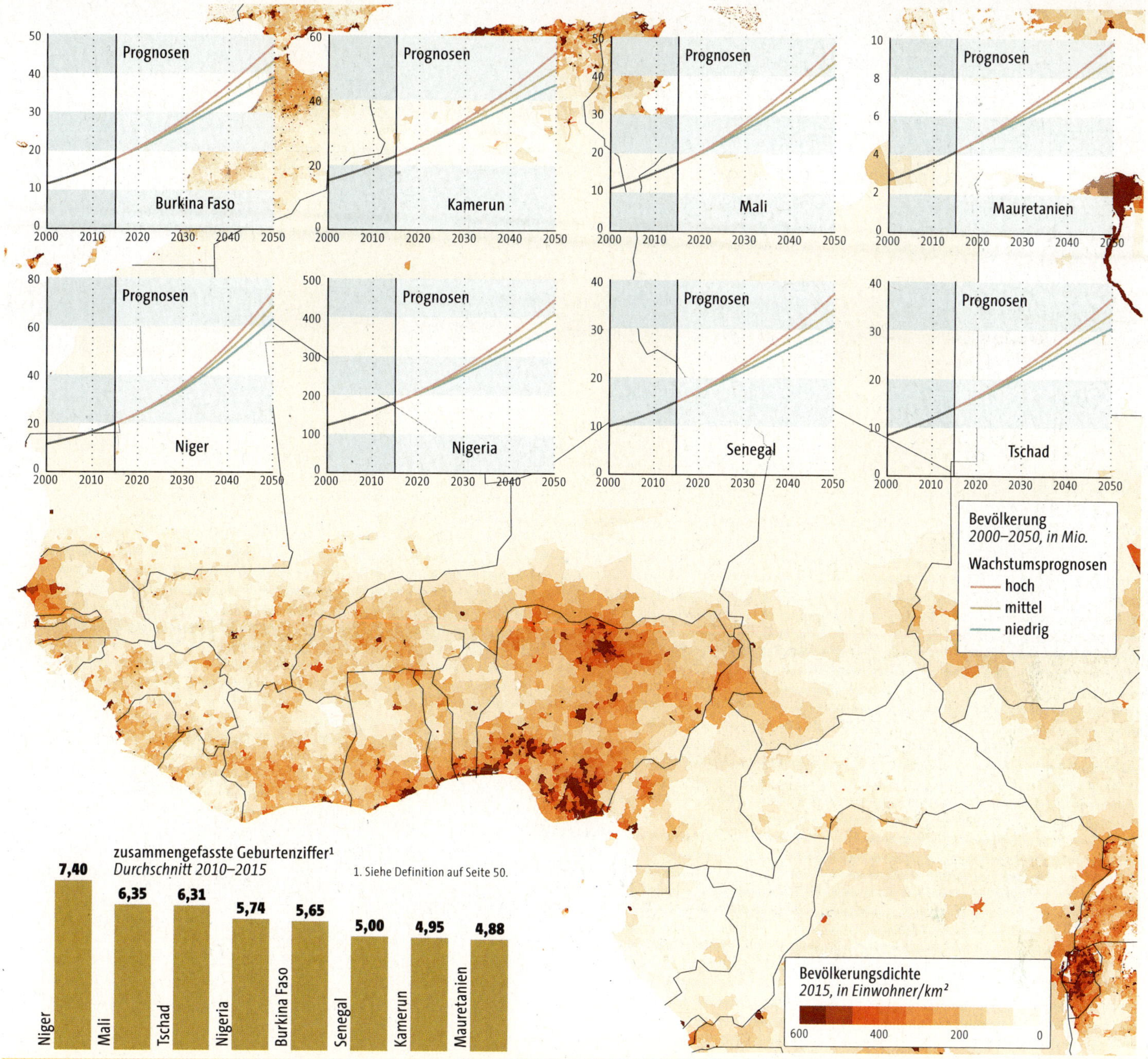

die Gegner der Fulani Christen sind wie in Nigeria. Während sich Fulani-Milizen und Milizen anderer Völker als Selbstverteidigungsgruppen bezeichnen, erklären sie sämtliche Angehörigen der gegnerischen Volksgruppe zum legitimen Kriegsziel. Diesen Spannungen fallen in Zentralnigeria mittlerweile mehr Menschen zum Opfer als dem Krieg von Boko Haram weiter nördlich. Ähnliche Konflikte gibt es in weiten Teilen Burkina Fasos und Malis.

Es gibt indes auch unter den Islamisten starke Rivalitäten und tiefe Spaltungen. 2015 entstand unter Leitung eines ehemaligen Polisario-Untergrundkämpfers, der ebenso wie JNIM für zahlreiche Anschläge verantwortlich zeichnet, ein Sahel-Arm des »Islamischen Staats« als »Islamischer Staat der Großen Sahara«.

Zwischen lokalen Zusammenstößen und von außen hereingetragenen Islamistenoffensiven fällt die Unterscheidung oft schwer, zumal die Beteiligten beides auch gern gleichsetzen, entweder um stärker zu erscheinen, als sie sind, oder um den Gegner zu verteufeln. Viele traditionelle Mechanismen der lokalen Konfliktlösung und der Kohabitation in der Sahelzone versagen angesichts der ökologischen Krise in Zeiten der Erderwärmung, der Unfähigkeit des Staats und der Radikalisierung junger Akteure aller Seiten.

Wurde einst auf lokaler Ebene ausgehandelt, zu welchen Zeitpunkten Hirten mit ihren Herden Bauernland durchqueren dürfen, sind solche Vereinbarungen heute in vielen Orten nicht mehr möglich oder werden einfach ignoriert. Wenn der Klimawandel dazu führt, dass die Herden auf der Suche nach Weideland früher nach Süden ziehen und daher nicht mehr nach der Ernte, sondern davor durch Felder ziehen, die Ernten wegfressen und damit die Lebensgrundlage der Bauern zerstören, kann daraus schnell Ärger entstehen, in den sich dann alle längst gewaltbereiten Akteure einmischen.

In allen Ländern der Sahelzone müssen jetzt immer größere Bevölkerungsgruppen ihr Leben im Schatten von Gewalt organisieren und können dabei von staatlicher Stelle auf keinerlei Unterstützung zählen. Da zudem die Bevölkerung im Sahel schneller wächst als irgendwo sonst auf der Welt, die Infrastruktur aber nicht ausreichend entwickelt wird und keine ökonomischen Perspektiven geschaffen werden sowie bewährte Überlebensstrategien nicht mehr funktionieren, sieht die Zukunft eher düster aus.

Dominic Johnson ist Afrika-Redakteur der *taz*.

Chinas beispielloser Aufstieg

Die kapitalistische Volksrepublik holt weiter auf. Wird sie die USA als Supermacht ablösen?

von Ulrike Herrmann

Wird China zur nächsten ökonomischen Supermacht? Das Land ist bereits die zweitgrößte Volkswirtschaft der Welt, und die Aufholjagd geht weiter. Bisher wuchs die Wirtschaftsleistung um jährlich etwa 6,5 Prozent – ein globaler Rekord. Deutschland und Japan sind längst abgehängt, und auch die USA dürften in den nächsten zehn Jahren ihren bisherigen Spitzenplatz an die Chinesen verlieren. Wird also der weltweite Kapitalismus demnächst aus Peking gesteuert?

Das ist unwahrscheinlich. China wird zwar reicher werden, aber die USA kann es nicht ablösen. Denn die eindrucksvollen Zahlen verdecken, dass in China 1,4 Milliarden Menschen leben – in den USA jedoch nur etwa 327 Millionen. Pro Kopf sind die Chinesen derzeit ungefähr so reich wie die Algerier, Brasilianer oder Mazedonier, wenn man die Kaufkraft berücksichtigt. Es gibt zwar viele chinesische Milliardäre und boomende Städte, aber 720 Millionen Chinesen sind noch immer arme Bauern oder Wanderarbeiter.

Trotzdem: Der Aufstieg Chinas ist beispiellos. Noch nie hat sich ein Land so schnell aus der Armut befreit, das nicht – wie die Golfstaaten – durch Rohstoffe reich geworden ist. Dieser rasante Aufstieg ist nur möglich, weil China letztlich zu seinen historischen Wurzeln zurückkehrt. Schon in der Antike war es ein mächtiges Land und hat den Anschluss erst in der Neuzeit verloren.

Das chinesische Kaiserreich wurde bereits 221 v. Chr. gegründet – und ist damit der älteste Staat der Welt. Lange Zeit war das Land weitaus fortschrittlicher als etwa Europa. Schon früh wurde es von einer leistungsfähigen Bürokratie verwaltet, und die Liste der chinesischen Erfindungen ist eindrucksvoll: Schwarzpulver, Kompass, Seismograf, Papier, Druckerpresse. Bereits 868 n. Chr. kam das erste gedruckte Buch heraus.

Enorm leistungsfähig war auch die Landwirtschaft: Bereits im Mittelalter betrug das Verhältnis zwischen Saat und Ernte eins zu zehn, während die Europäer nur eine Quote von eins zu vier erreichten. Erst im 20. Jahrhundert wurde die europäische Landwirtschaft insgesamt so produktiv, wie es die chinesische schon im 12. Jahrhundert gewesen war.

Im 18. Jahrhundert erreichte China dann seine maximale Größe: Es hatte Taiwan, die Mongolei und Tibet erobert. Hinzu kamen große Teile Sibiriens und ebenso große Flächen in Ostturkestan. Birma, Nepal, Siam, Annam und Korea waren abhängige Tributstaaten.

Doch nur wenige Jahrzehnte später war von dieser Macht nichts mehr übrig. China wurde ab 1840 von den Europäern und Japanern in mehreren Kriegen vernichtend geschlagen und war fortan weitgehend fremdbestimmt. Das reichste Land der Welt wurde zu einem Armenhaus: 1952 lag die Wirtschaftsleistung pro Kopf niedriger als 1820. Selbst Indien ging es besser, wo das Pro-Kopf-Einkommen in dieser Zeit immerhin um 20 Prozent gestiegen war.

Der Abstieg Chinas war in der Weltgeschichte genauso beispiellos, wie es jetzt sein Aufstieg ist. Die Ursachen hängen zusammen. Im 19. Jahrhundert wurde China so vernichtend von den Briten geschlagen, weil der chinesische Kaiserhof die industrielle Revolution in England einfach ignoriert hatte. Die Chinesen begriffen sich als »Reich der Mitte« und hielten den Westen daher definitionsgemäß für randständig. Es wurde nicht verstanden, dass der Kapitalismus auch eine Waffe ist. Also unternahm Peking nichts, um das Wachstum der Briten zu kopieren. Dieser Fehler wird nun korrigiert. Seit dem Tod von Mao setzt die chinesische Führung alles daran, um den technologischen Rückstand zum Westen wieder aufzuholen.

Auswärtige Beobachter staunen oft, dass ausgerechnet eine kommunistische Führung eine kapitalistische Wende vollzieht. Doch der Widerspruch ist kleiner, als er aussieht. Staat und Kapitalismus waren noch nie ein Gegensatz, sondern haben sich immer bedingt.

Das beste Beispiel ist Deutschland, das sich im 19. Jahrhundert in einer ähnlichen Lage befand wie heute China. Die deutschen Kleinstaaten hatten kaum Fabriken, waren unterentwickelt und agrarisch geprägt. Der Abstand zu Großbritannien wurde immer größer, das seit 1760 eine industrielle Revolution erlebte. Den Deutschen blieb nur das »Prinzip Plagiat«, um wieder aufzuholen. Von den Briten wurde anfangs schlicht alles geklaut: Textilmaschinen, die Eisenbahn, Koks- und Stahlverhüttung. Der preußische Staat unterstützte diesen Diebstahl, indem er unter anderem Industriespione nach England schickte. Etwa 1870 hatten die Deutschen den technologischen Vorsprung der Briten eingeholt. Seither wird selbst geforscht.

China geht den gleichen Weg und setzt ebenfalls – legal und illegal – auf das Prinzip Plagiat. Drei Varianten sind auszumachen. Erstens: Westliche Firmen, die nach China exportieren wollen, werden gezwungen, vor Ort Gemeinschaftsunternehmen mit Chinesen zu gründen – und ihr technisches Wissen abzutreten.

Zweitens: Die Regierung in Peking koordiniert und finanziert die Übernahme von ausländischen Unternehmen, um sich deren Technologie anzueignen. Die Chinesen haben zwischen 2014 und 2017 in 175 deutsche Unternehmen investiert. Vor allem an Autozulieferern, alternativen Antrieben, Energiesystemen, Biomedizin und Medizingeräten waren sie interessiert. Viel Wirbel gab es bei-

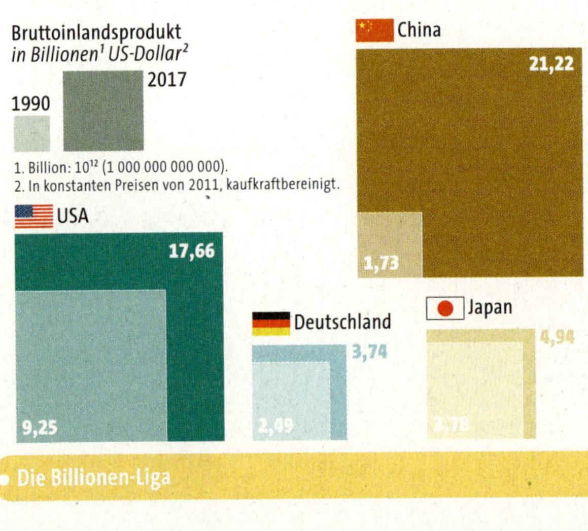

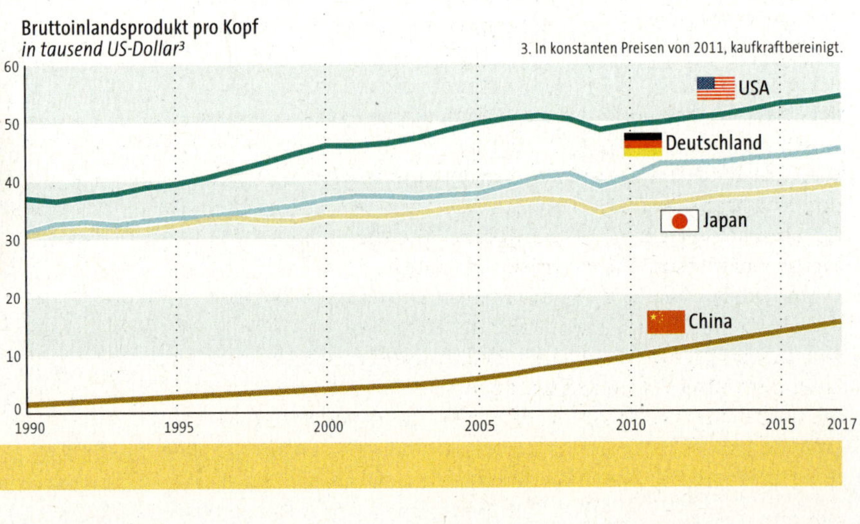

• Die Billionen-Liga

spielsweise um die Roboterfirma Kuka, die von dem chinesischen Privatkonzern Midea übernommen wurde.

Drittens: Die chinesische Regierung drückt alle Augen zu, wenn heimische Firmen Industriespionage im Ausland betreiben. Jeder Trick wird genutzt: Telefone werden abgehört, E-Mails mitgelesen, Computer infiltriert. Allein in den USA soll der Schaden durch Produktpiraterie 600 Milliarden US-Dollar betragen – und meist seien die Schuldigen Chinesen.

Diese Tricks sind allerdings nicht neu. Auch Japan, Taiwan und Südkorea konnten nur zu Industrienationen werden, weil sie sich anfangs hemmungslos beim westlichen Know-how bedient haben. Doch diese Phase endet zwangsläufig, wenn der technische Stand der Industrieländer erreicht ist. Dann müssen die Firmen selbst forschen, und diese Ära beginnt nun auch in China. 2017 hat das Land 8 330 Patente beim Europäischen Patentamt angemeldet – und liegt damit auf Platz 5 hinter den USA, Deutschland, Japan und Frankreich.

Wenn ein Entwicklungsland aufholen will, muss es zunächst den Weltmarkt beliefern, denn die heimische Nachfrage ist in einem armen Land anfangs zu klein, als dass sich ein Industriebetrieb lohnen würde. Auch die chinesische Regierung hat daher auf den Export gesetzt – was zu enormen Überschüssen in der Handelsbilanz führte. Die chinesische Zentralbank sitzt inzwischen auf Währungsreserven in Höhe von 3,4 Billionen Dollar.

Normalerweise hätte der chinesische Yuan stark aufwerten müssen, weil chinesische Waren im Ausland so stark gefragt sind. Steigende Yuan-Kurse hätten jedoch die chinesischen Produkte auf den Weltmärkten zu teuer gemacht. Daher hat die chinesische Regierung den Kurs künstlich gedrückt und Dollar aufgekauft, die dann wiederum in US-Staatsanleihen investiert wurden. Derzeit hält die chinesische Zentralbank knapp 1,2 Billionen Dollar an US-Papieren.

Gern wird spekuliert, was passieren würde, falls die chinesische Regierung schlagartig alle US-Staatsanleihen verkaufen würde. Wäre der US-amerikanische Staat dann pleite? Könnten die Chinesen die USA also erpressen? Dieses Szenario ist abwegig, denn China würde sich selbst schaden, wenn es plötzlich seine gesamten US-Papiere auf den Markt werfen würde. Der Kurs dieser Staatsanleihen würde nämlich stark sinken, und auch der Dollar würde nachgeben – so dass die Chinesen ihr Auslandsvermögen weitgehend verlieren würden.

Hier zeigt sich die Kehrseite eines Exportüberschusses, der Jahr um Jahr anfällt: Letztlich werden die Waren verschenkt und nicht verkauft. Die armen Chinesen haben die Verschuldung der reichen USA finanziert – und den Amerikanern zusätzlichen Konsum ermöglicht. Aus dieser Falle kommen die Chinesen nicht mehr heraus. Sie können ihr Geld nicht aus den USA abziehen, ohne hohe Verluste einzufahren.

Die chinesische Regierung hat allerdings gelernt. Inzwischen versucht sie, die Devisen nicht mehr in Staatsanleihen anzulegen – sondern Fabriken im Ausland aufzukaufen oder Infrastrukturprojekte zu starten. Dazu gehört auch die »Neue Seidenstraße«, die zu Land und über See China unter anderem enger an Europa anbinden soll.

Viele Beobachter wittern einen neuen chinesischen Imperialismus, was nicht völlig falsch ist: Peking übt gelegentlich politischen Druck auf Länder aus, die von der Neuen Seidenstraße profitieren. Die Chinesen bauen beispielsweise den Athener Hafen Piräus aus, und es dürfte kein Zufall sein, dass die Griechen eine gemeinsame EU-Entschließung zum Scheitern brachten, die die fehlenden Menschenrechte in China kritisieren sollte.

Trotzdem ist die Neue Seidenstraße vor allem ein ökonomisches Projekt. Denn China hat ein Problem: seine Lage. Es ist umgeben von anderen Schwellenländern, doch wirklich reich kann ein Land nur werden, wenn es mit anderen reichen Ländern handelt, die über die nötige Kaufkraft verfügen. China ist daher davon abhängig, dass der Transport seiner Waren gen Europa möglichst billig ist. Da die Containertechnologie aber ausgereizt ist, soll

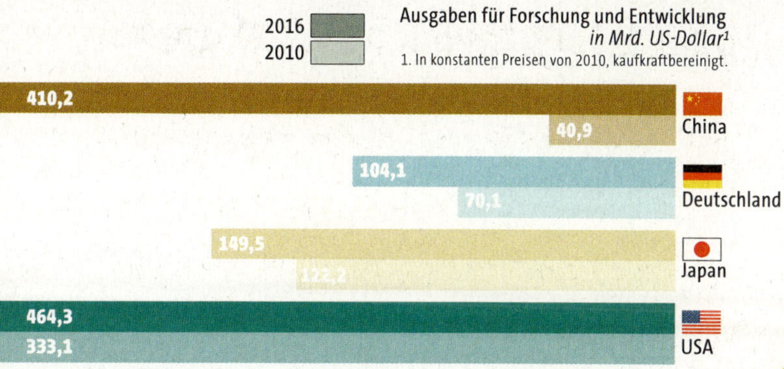

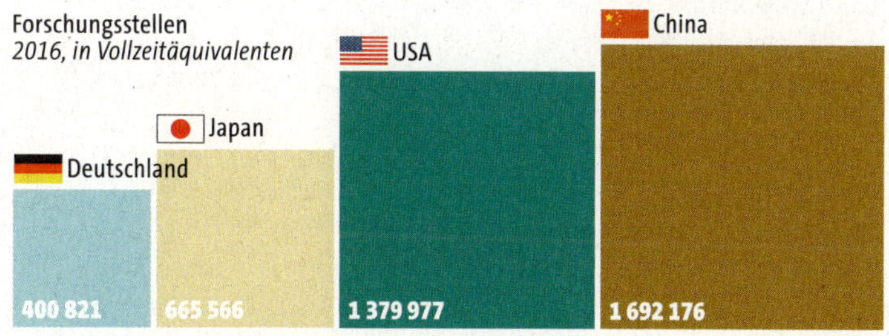

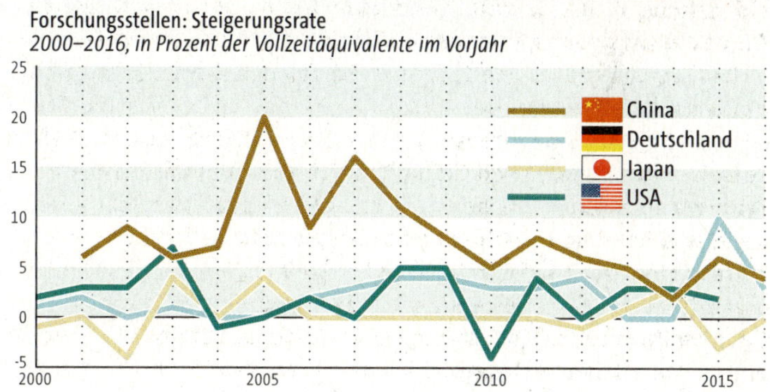

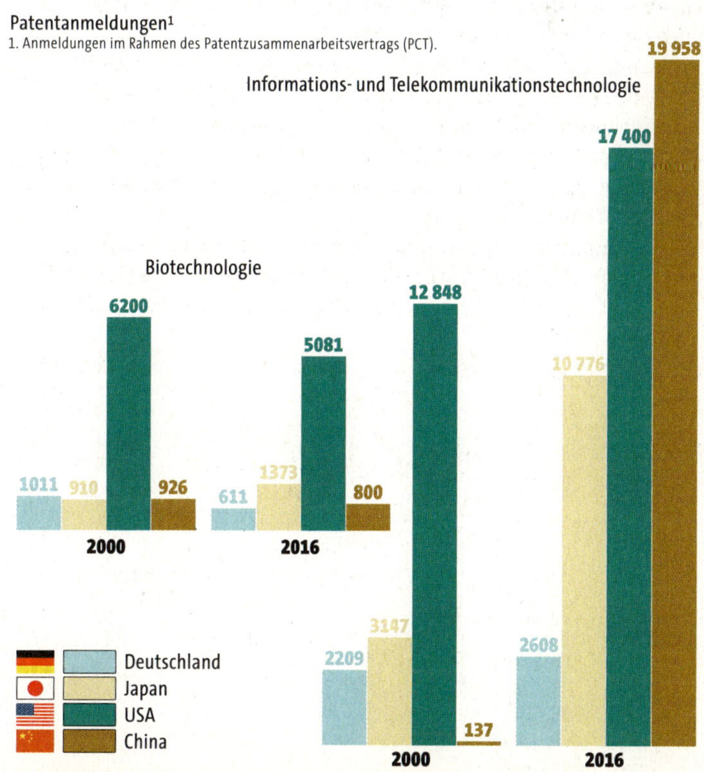

Seetransporte
2000–2017[1], in Billionen[2] Tonnenmeilen

1. 2017: Schätzung.
2. Billion: 10^{12} (1 000 000 000 000).

Chemikalien
Erdgas
Erdöl
übrige Trockengüter
Container
übrige Massengüter
wichtigste Massengüter

Die 20 wichtigsten Häfen
2017, Umschlag in Mio. Tonnen

Ningbo-Zhoushan
1007
...
Huanghua
270

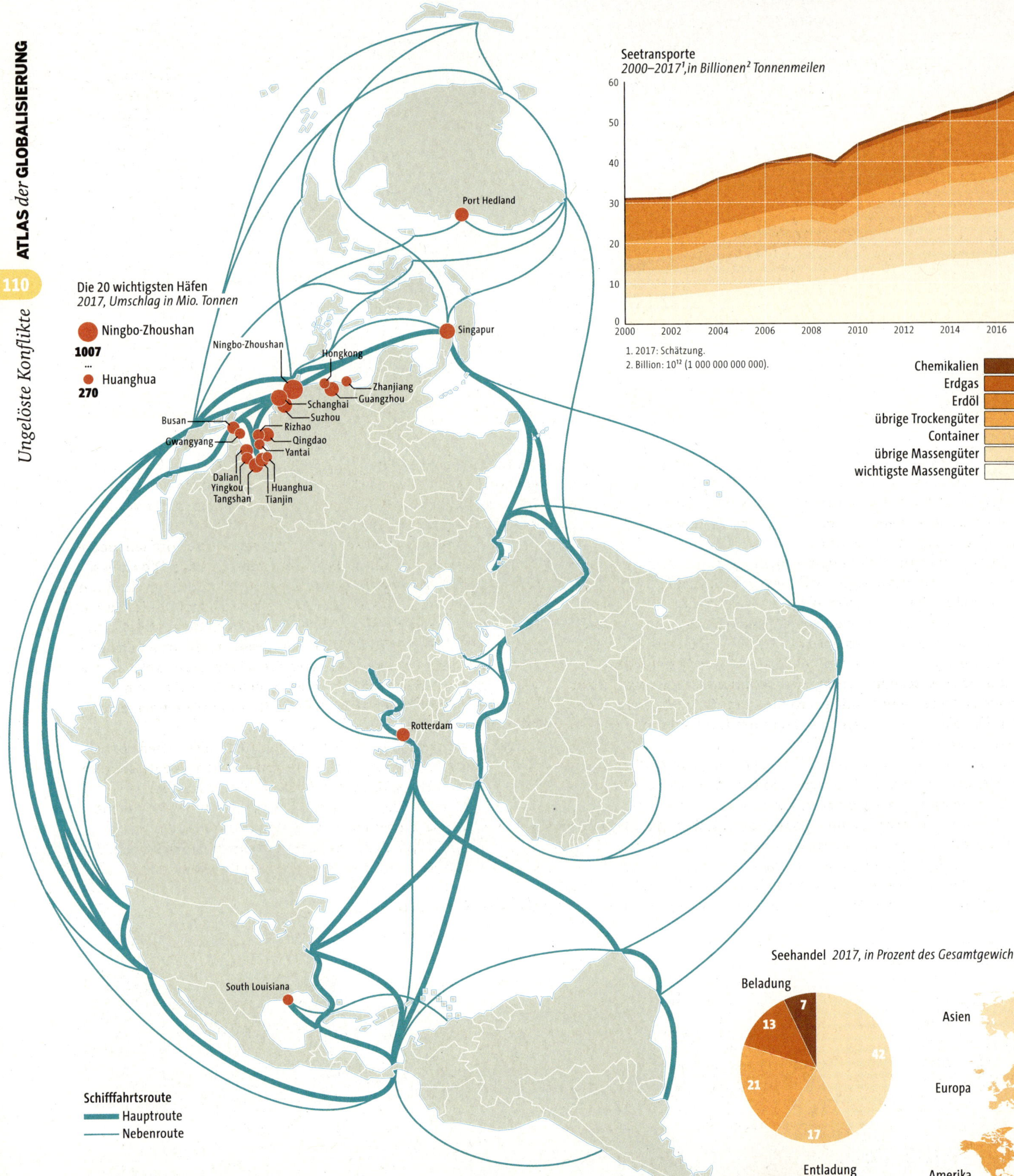

Schifffahrtsroute
Hauptroute
Nebenroute

Seehandel *2017, in Prozent des Gesamtgewichts*

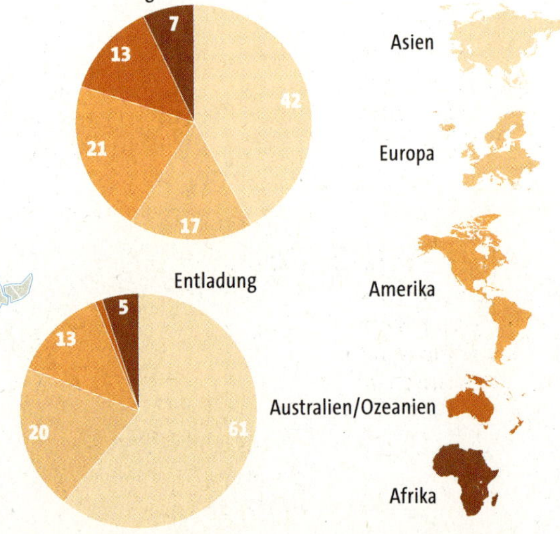

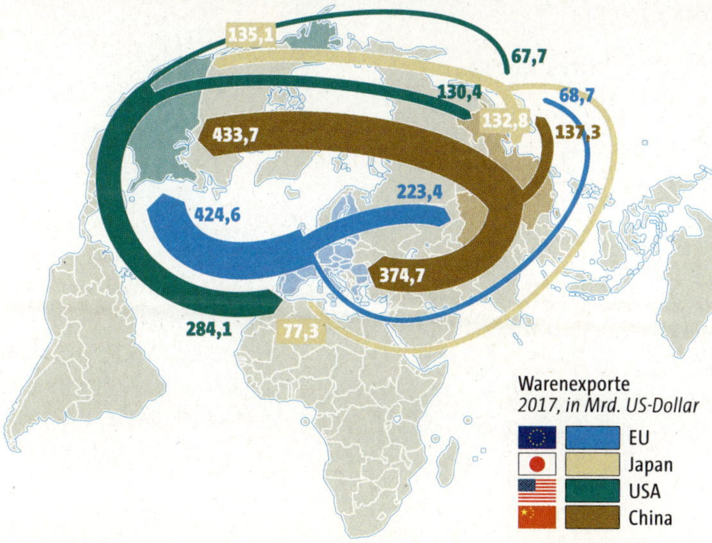

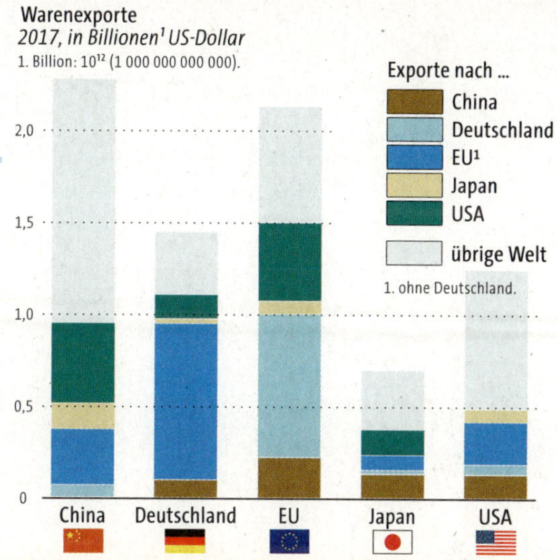

Big Player unter sich

jetzt die Strecke optimiert werden, um die Transportgeschwindigkeit zu erhöhen. Die Neue Seidenstraße sieht unter anderem vor, dass es von Piräus eine Bahnverbindung bis nach Budapest geben soll – was den weiten Seeweg über Gibraltar und den Ärmelkanal nach Hamburg sparen würde.

Noch hinken die Chinesen in einigen Branchen stark hinterher: etwa in der Biotechnologie, im Flugzeugbau, in der Medizintechnik – und bei der Halbleiterfertigung. Allerdings ist abzusehen, dass auch diese Lücken geschlossen werden. Momentan muss China die Computerchips noch aus den USA importieren; dafür gab das Land 2017 sogar mehr Geld aus als für Öleinfuhren. Daher hat die chinesische Regierung einen »National Integrated Circuit Industry Investment Fund« gegründet, um dafür zu sorgen, dass bereits im Jahr 2020 etwa 40 Prozent der Halbleiter in China hergestellt werden.

China wird also weiter aufholen – aber eine ökonomische Supermacht wie die USA wird es nicht. Ein Grund: Es ist höchst unwahrscheinlich, dass der Yuan jemals den Dollar als internationale Leitwährung ablösen könnte. Momentan entfallen von den weltweiten staatlichen Währungsreserven nur 1,1 Prozent auf den Yuan, aber 64 Prozent auf den Dollar – denn die Finanzmärkte in den USA bieten »tiefe Liquidität«: Jeder Anleger kann sich sicher sein, dass er innerhalb von Sekunden einen Käufer findet, falls er ein Wertpapier oder ein Derivat verkaufen will. China hingegen hat noch immer Kapitalverkehrskontrollen. Auch fehlt es an Rechtssicherheit, und Privateigentum ist noch immer der Willkür der kommunistischen Staatspartei unterworfen.

Zudem könnte China bald eine »Anpassungskrise« drohen, denn das bisherige Wirtschaftsmodell war extrem einseitig. Die chinesische Regierung hat vor allem Investitionen gefördert, um das Land möglichst schnell zu industrialisieren und den Export zu forcieren. Doch dieses Modell gerät an seine Grenze: Noch mehr Maschinen und Straßen braucht China nicht. Stattdessen fehlt es vor allem an einer staatlichen Sozialversicherung. Sie würde neue Arbeitsplätze schaffen, ob in Krankenhäusern oder Altersheimen. Aber ein Umbau der chinesischen Wirtschaft dürfte zunächst einmal eine Krise auslösen.

Doch selbst wenn das Wachstum ungestört weitergehen sollte: China kommt zu spät, um den Westen einzuholen. Die Ressourcen reichen nicht, um 1,4 Milliarden Chinesen einen westlichen Lebensstandard zu ermöglichen. Die Frage der Zukunft ist nicht, ob China zu einer Supermacht wird – sondern ob es der Welt gelingt, eine ökologische Kreislaufwirtschaft zu entwickeln, in der nur noch verbraucht wird, was sich recyceln lässt.

Ulrike Herrmann ist Wirtschaftskorrespondentin der *taz*.

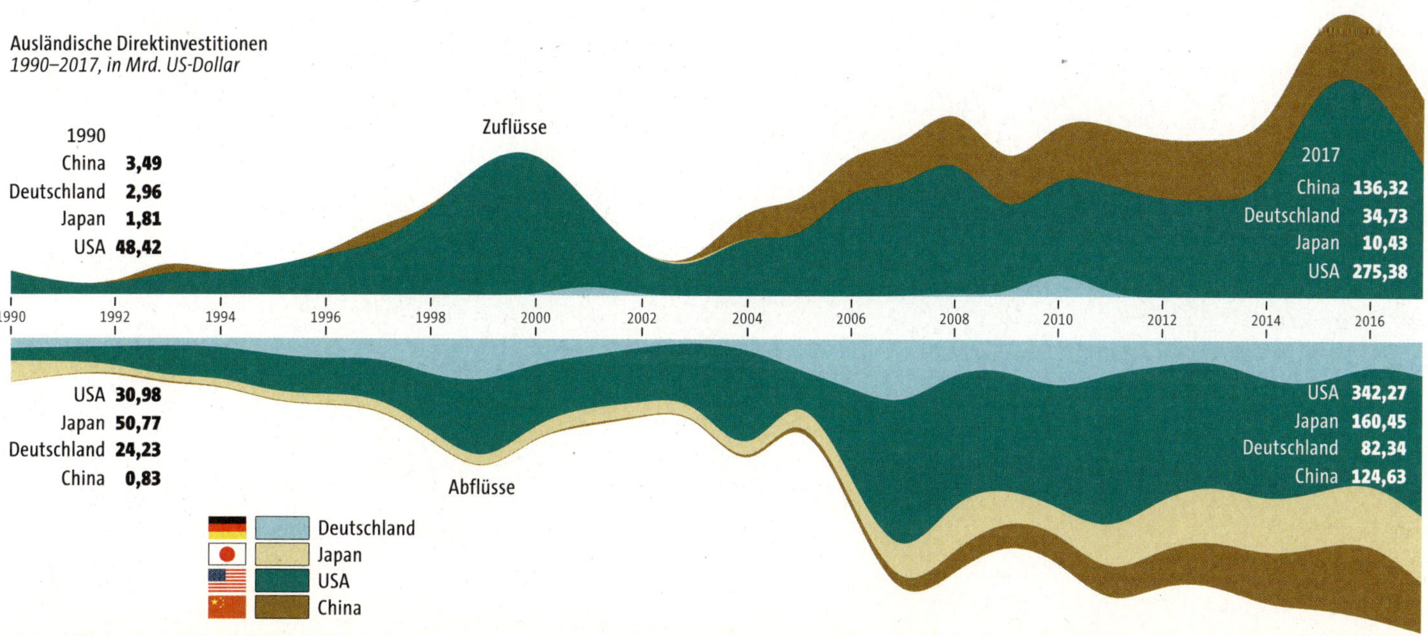

Geld fließt

Das System Putin

Wie Russlands ewiger Präsident die Phantomschmerzen über die zerfallene Sowjetunion zum Machterhalt nutzt

von Timofey Neshitov

Sollte nichts dazwischenkommen, wird Wladimir Putin noch bis 2024 Russland regieren. Und sollte er dann aufhören, wird er 72 Jahre alt und ein Vierteljahrhundert an der Macht gewesen sein. Putin wird Russland geprägt haben wie kein anderer Politiker seit Josef Stalin. Nicht von ungefähr spricht man weder von Chruschtschowismus noch von Breschnewismus noch von Gorbatschowismus, aber man spricht von Stalinismus, und man spricht – bereits zu Putins Lebzeiten – von Putinismus.

Was ist Putinismus? Die Person Putin weckt je nach Sichtweise die unterschiedlichsten Emotionen, aber das nach Putin benannte politische System ist eine klassische Autokratie mit kleptokratischen Zügen. Eine Autokratie, die sich auf die Macht der Geheimdienste und auf eine rohstoffbasierte Wirtschaft stützt. Diese Regierungsform existiert jenseits der Verfassung der Russischen Föderation, die ihren Bürgern Rechte wie freie Medien, Versammlungsfreiheit und eine unabhängige Justiz garantiert. Wie jede Autokratie dient auch der Putinismus vor allem dem Zweck des Machterhalts.

Zum Putinismus gehört auch die Tatsache, dass ein Großteil der russischen Bevölkerung darin etwas Gutes erkennt, nämlich ein Regierungssystem, das den nationalen Interessen Russlands dient. Diesen Widerspruch – wir schwören auf die Verfassung, aber wir akzeptieren gleichzeitig eine verfassungswidrige Ordnung – kann man nur zum Teil mit dem Erfolg der Propagandamaschinerie erklären, die im Sinne von Putins Machterhalt arbeitet.

Der Propagandaapparat kontrolliert die Massenmedien, vor allem das Fernsehen, und investiert neuerdings viel Geld ins Internet. Aber jeder Mensch in Russland hat heute (im Gegensatz zu Stalins Zeiten) die Möglichkeit, sich aus Quellen zu informieren, die nicht Teil der staatlichen Propaganda sind. Man hat die Möglichkeit, sich sein eigenes Bild zu machen über den Grad von Korruption in Putins Umfeld, über den miserablen Zustand der russischen Schulen, der Krankenhäuser, der Infrastruktur, und zwar nicht nur am eigenen Wohnort, sondern landesweit.

Es handelt sich beim System Putin also um eine bewusste Entscheidung der Wähler: Wir wählen Putin, nicht weil wir dumm oder blind sind, sondern weil er trotz allem der Beste ist, der dieses Land regieren könnte. Etwas Ähnliches passiert im Rückblick mit der Wahrnehmung von Stalin: Der Stalin-Kult erlebt unter Putin eine Blütezeit, obwohl Stalins Verbrechen längst dokumentiert und jedem bekannt sind.

Darin liegt die tiefere politische Krise in Russland, eine Krise, die über die tägliche Missachtung der russischen Verfassung hinausgeht: Die Grenze zwischen Gut und Böse wird verwischt, die Grenze zwischen Schwarz und Weiß, Lüge und Wahrheit. Das passt in das postfaktische Zeitalter, in dem sich auch Politiker wie Donald Trump und Recep Tayyip Erdoğan mit Erfolg entfalten, und es dürfte das bleibende Erbe von Wladimir Putin sein – unabhängig von seiner außen- und wirtschaftspolitischen Leistung der kommenden Jahre, unabhängig vom Ölpreis oder von der Haltung Washingtons oder Pekings Moskau gegenüber.

Die lange gestellte Frage »Wer ist Putin?« ist zuletzt der Frage gewichen: »Was hat Putin vor?« Nach beinahe zwei Jahrzehnten Putin-Herrschaft scheint es müßig, zu fragen, was im Kopf des Ex-KGB-Offiziers vorgeht, ob er ein lupenreiner Demokrat sei, für den ihn Gerhard Schröder hält, oder gar wie seine Seele aussehe, die George W. Bush seinerzeit gesehen haben will. Nicht das Wesen von Wladimir Putin ist interessant, sondern sein nächster Schachzug.

Lebenserwartung bei der Geburt
1950–2015, Fünfjahresdurchschnitt

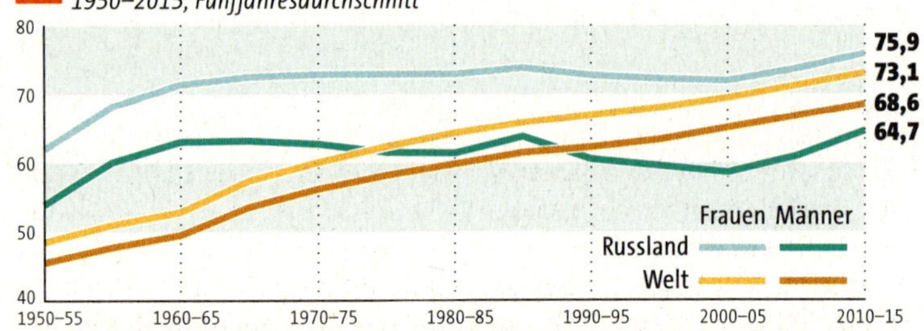

Sonderfall Russland

Das taktische Gerüst des Putinismus hat sich immer wieder erneuert, was Putin wie ein ewiges Rätsel aussehen lässt. In seiner Innenpolitik hat Putin ein feines Gespür für jene Schrauben entwickelt, an denen er drehen muss, um die Proteststimmungen im Land zu kontrollieren. Mal hat er die Schrauben gelockert (etwa als er kurz vor Weihnachten 2013 den ehemaligen Oligarchen Michail Chodorkowski begnadigte), mal die Schrauben angezogen (zum Beispiel während der massenhaften Protestkundgebungen nach der manipulierten Wahl von 2011). Mal wird Hass gegen innere Feinde geschürt, gegen die »fünfte Kolonne«, mal gibt sich Putin gönnerhaft gegenüber seinen Gegnern.

In seiner Außenpolitik beherrscht Putin ebenfalls mehrere Tonlagen: Mal umgarnt er »unsere westlichen Partner« (so in seiner Rede im Deutschen Bundestag 2001), mal redet er wie ein Generalsekretär der Kommunistischen Partei der Sowjetunion im Kalten

Erdölproduktion
1985–2017, in Mio. Tonnen

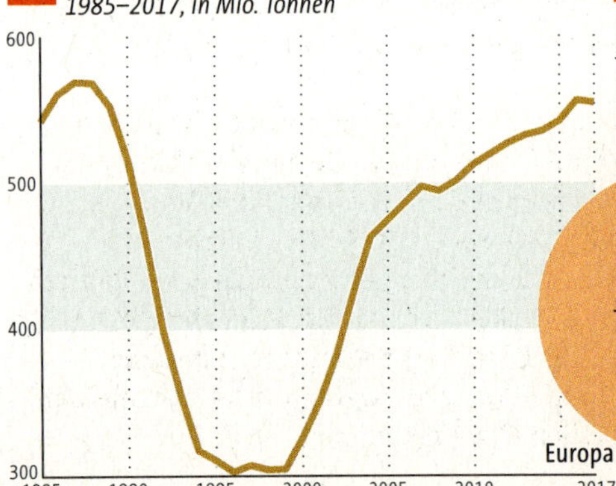

Erdölexporte
2017, in Prozent des Gesamtexports

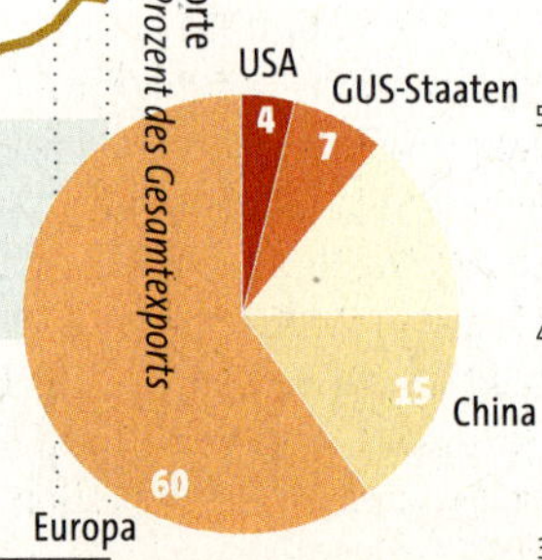

Erdgasproduktion
1985–2017, in Mtoe[1]

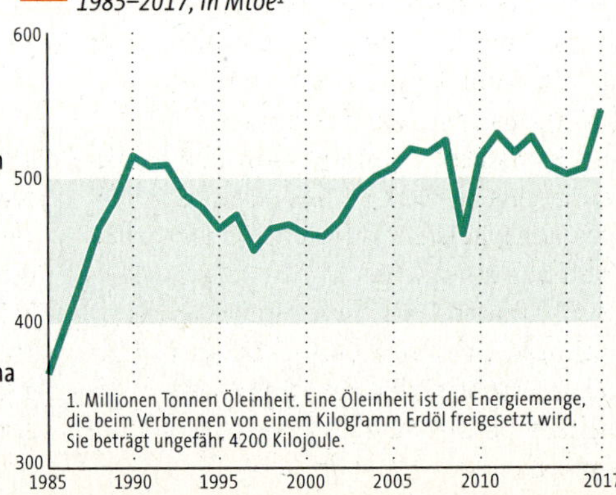

1. Millionen Tonnen Öleinheit. Eine Öleinheit ist die Energiemenge, die beim Verbrennen von einem Kilogramm Erdöl freigesetzt wird. Sie beträgt ungefähr 4200 Kilojoule.

Erdgasexporte[2]
2017, in Prozent des Gesamtexports

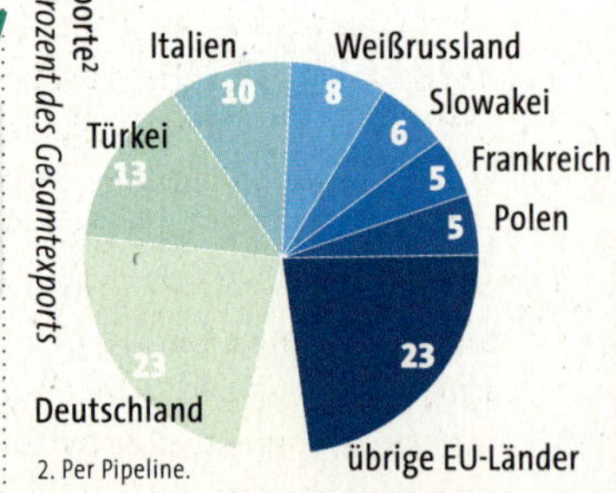

2. Per Pipeline.

Rohstoffbasierte Wirtschaft

- Seit 1945: Japanischer Anspruch auf die Südkurilen
- 1990: Abkommen mit den USA über den Verlauf der Seegrenze im Beringmeer (vom russischen Parlament nicht ratifiziert).
- Seit 1992: Unterstützung der separatistischen georgischen Region Südossetien.
- Seit 1992: Unterstützung der separatistischen moldauischen Region Transnistrien.
- Seit 1994: De facto militärische Kontrolle von Abchasien im Nordwesten Georgiens.
- 2001: Gebietsansprüche in der Arktis über die 200-Meilen-Grenze der Ausschließlichen Wirtschaftszone (AWZ) hinaus.
- 2007: Ratifizierung des 1997 ausgehandelten Grenzabkommens mit Lettland.
- 2008: Offizielle Anerkennung der Unabhängigkeit Südossetiens und Abchasiens.
- 2010: Abkommen mit Norwegen über den Verlauf der Seegrenze in der Barentssee.
- 2014: Grenzabkommen mit Estland (vom russischen Parlament bislang nicht ratifiziert).
- 2014: Besetzung und Annexion der ukrainischen Halbinsel Krim.
- Seit 2014: Unterstützung der selbst proklamierten Volksrepubliken Donezk und Luhansk im Osten der Ukraine.

Sehnsucht nach alter Größe

Krieg (Auftritt auf der Münchner Sicherheitskonferenz 2007). Mal übt er sich in selbstgenügsamer Isolation, wie beim G-20-Gipfel in Brisbane Ende 2014.

Wie für jeden Autokraten ist Außenpolitik für Putin an erster Stelle Teil der Innenpolitik, ein Mittel der Beeinflussung der Wähler, ein Mittel des Machterhalts. Es ist schwer, in zwei Jahrzehnten Putin'scher Außenpolitik einen roten Faden zu erkennen, eine klare Linie, die auf moralischen oder geopolitischen Prinzipien basieren würde. Seine Außenpolitik bleibt unvorhersehbar.

Putins viel zitierter und als programmatisch angesehener Satz, der Zerfall der Sowjetunion sei die größte geopolitische Katastrophe des 20. Jahrhunderts gewesen, bedeutet zum Beispiel nicht, dass der Kreml eine Strategie erarbeitet hätte, wie ein postsowjetisches, euroasiatisches Imperium mit Moskau als Hauptstadt auf Dauer aussehen könnte.

Putin hat allergisch auf die Ausweitung der Nato auf den postsowjetischen Raum reagiert, vor allem auf den Beitritt der baltischen Republiken (2004). Er hat einen Krieg mit der ehemaligen sowjetischen Republik Georgien geführt (2008). Er hat völkerrechtswidrig die Krim annektiert (2014) und unterstützt offensichtlich prorussische Separatisten in der Ostukraine. Aber Putin scheint keine Antwort auf eine Entwicklung zu haben, die für ein euroasiatisches Russland viel bedrohlicher sein könnte als eine friedliche, demokratische Ukraine: den wirtschaftlichen und militärischen Aufstieg Chinas.

Russlands Osten blutet seit Jahren demografisch und wirtschaftlich aus, und es spricht nichts dafür, dass Putin oder irgendjemand anders diesen Prozess aufhalten kann. China sieht weite Teile Sibiriens und des Fernen Ostens als ursprünglich chinesisches Territorium. Neben massiven Investitionen in Russlands Rohstoffindustrie – der chinesische Konzern Huaxin kaufte sich 2017 für 9 Milliarden US Dollar beim russischen Energieriesen Rosneft ein – pachten chinesische Unternehmen sibirisches Land und kaufen russisches Holz auf, während China zu Hause die Umweltgesetzte verschärft und die Wälder schützt. Die chinesische Volksbefreiungsarmee übt die Überquerung russischer Grenzflüsse und stationiert an Russlands Grenzen ballistische Raketen mit atomaren Sprengköpfen (Dongfeng-41).

Bezeichnend ist die Reaktion des Kremls darauf. Man sehe den militärischen Aufbau in China nicht als Gefahr, China sei ein strategischer Verbündeter, verkündete Putins Sprecher Dmitri Peskow im Januar 2017. Die Stationierung von US-Raketenabwehrsystemen in Polen und Rumänien hatte man noch als eine Bedrohung der nationalen Sicherheit wahrgenommen.

Dieses geopolitische Irrlichtern dürfte die letzten Amtsjahre Wladimir Putins prägen. Putin versucht so gut er kann jene Phantomschmerzen zu lindern, die viele Russen, vermutlich auch Putin selbst, seit dem Zerfall der Sowjetunion empfinden. Sie haben in einem Imperium gelebt, und sie vermissen bis heute dieses imperiale Gefühl; Demokratiedefizite verursachen bei diesem Teil der Bevölkerung keine Phantomschmerzen. Auch Russlands Einmischung in den Syrienkrieg dient nicht zuletzt innenpolitischen Zwecken: Seht her, wir sind noch in der Lage, einen Verbündeten (in dem Fall den Diktator Assad) im Amt zu halten, der Nato zum Trotz.

Was man vom späten Putin ebenfalls erwarten kann, ist eine noch tiefere Symbiose zwischen Staat und Kirche und eine weitere Sakralisierung der sowjetischen Vergangenheit, also das, was Wladimir Putin im Jahr 2012 »geistige Klammern« nannte.

Der frühe Putin kam noch ohne geistige Klammern aus. Er konnte dank gestiegener Ölpreise die Renten und Gehälter etwas erhöhen und die Kriminalität eindämmen. Aber die Sanktionen des Westens seit der Annexion der Krim und die Gegensanktionen Russlands, die vor allem die eigene Bevölkerung treffen (wie das Verbot der Einfuhr bestimmter ausländischer Lebensmittel), sorgen für Frust in der Bevölkerung, und dieser Frust wird, nicht anders als in der späten Sowjetunion, mit Militärparaden bekämpft.

Der Sieg über Hitler wird von Jahr zu Jahr mit mehr Aufwand gefeiert, während die dunklen Seiten des Zweiten Weltkriegs verdrängt werden: der Hitler-Stalin-Pakt von 1939, die Dezimierung der sowjetischen Offiziere während des Großen Terrors, die Verhaftungen der aus deutscher Gefangenschaft zurückgekehrten Soldaten und Offiziere. Gar nicht gedacht wird der russischen Soldaten, die zuletzt in der Ukraine gefallen sind, im Kampf gegen »die Faschisten in Kiew«. Auch das wird von Putin bleiben: der Zynismus der offiziellen Gedenkkultur.

Timofey Neshitov wurde in Sankt Petersburg geboren. Von 2011 bis 2018 war er Redakteur bei der *Süddeutschen Zeitung*, zurzeit ist er Reporter beim *Spiegel*.

Wettrüsten im Cyberspace

Im Internet ist der Feind unsichtbar, Abschreckung funktioniert nicht mehr

von Frank Rieger

Das Netz, die Software und die Digitalgeräte, auf denen unsere globalisierte Welt beruht, sind angreifbar. Sie sind voller Programmierfehler, schlampig konfiguriert und nachlässig gewartet. Die IT-Security-Industrie müsste, wenn sie ehrlich wäre, die weiße Fahne hissen und zugeben, dass die Lage mehr als kritisch ist. Stattdessen investieren die Marktführer der Branche mehr als ein Drittel ihres Budgets in Werbung für Sicherheitsprodukte, die nur selten die Marketingversprechen halten können und oft genug zusätzliche Lücken in die Systeme reißen.

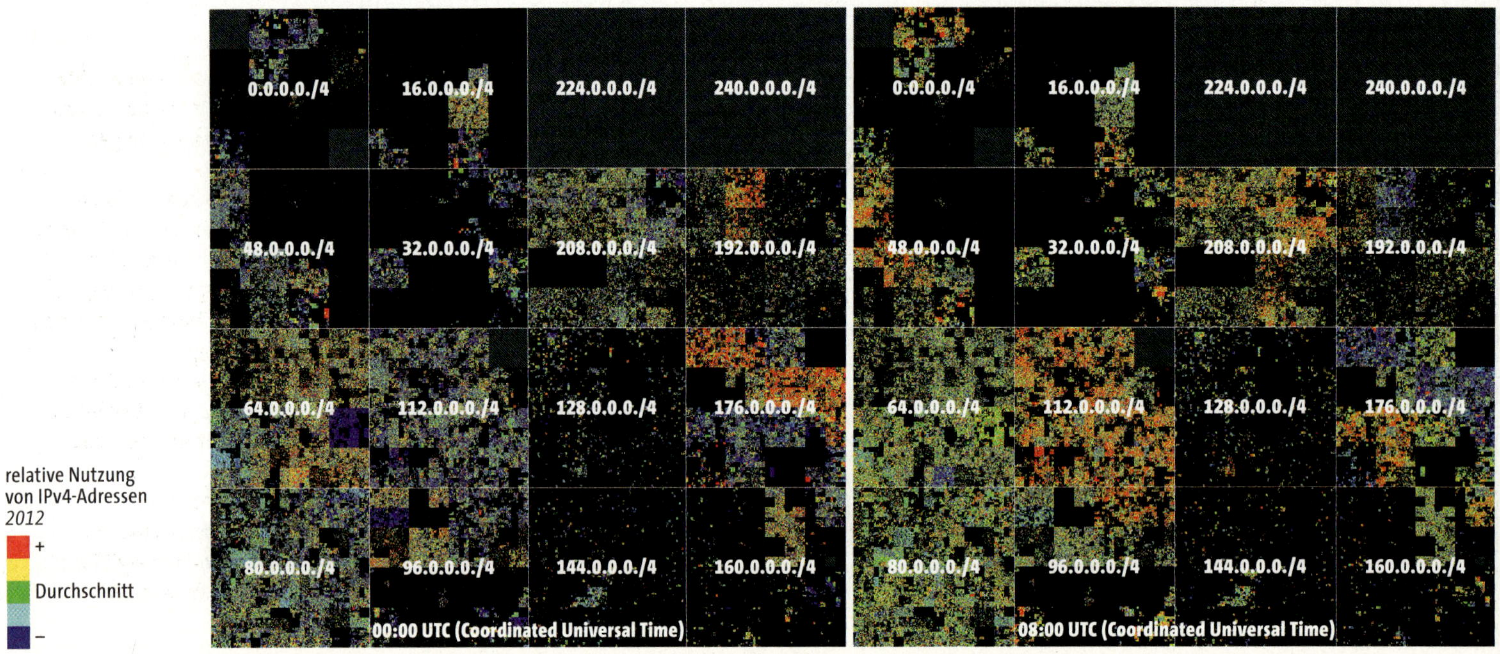

• Momentaufnahme des Internets

Bis vor einigen Jahren schien das Problem eher eine lästige Randerscheinung. Kriminelle leerten Bankkonten, ein paar Geheimdienste spionierten hier und da, und ab und zu legte ein Wurm ein paar Unternehmen für ein paar Tage lahm. Nicht schön, aber auch nichts, worüber man angesichts der sonstigen Probleme die Contenance verlieren musste. Das hat sich grundlegend geändert. Seit der Entdeckung des Schadprogramms Stuxnet und spätestens seit den Snowden-Enthüllungen ist klar, dass zwischenstaatliche Auseinandersetzungen im digitalen Raum die globale Stabilität ernsthaft gefährden können.

Je stärker unsere Alltagswelt, Wirtschaft und Politik von Vernetzung und Digitalgeräten geprägt werden, je mehr Informationen über die Netze fließen und auf Computern gespeichert werden, je umfassender die Abhängigkeit von diesen Systemen geworden ist, desto größer wird die Fallhöhe. Die Kollateralschäden einer Cyber-Auseinandersetzung sind heute nicht mehr begrenzt. Sie können ganze Länder an den Rand der Handlungsunfähigkeit bringen.

Ein Beispiel, das das Schadenspotenzial anschaulich illustriert, ist der NotPetya-Wurm. Auf den ersten Blick sah die Schadsoftware aus wie ein normaler Erpressungstrojaner, der die Festplatten der Opfer verschlüsselt und erst nach Zahlung eines Lösegelds die Entschlüsselung ermöglicht. In Wahrheit handelte es sich jedoch um einen Cyberangriff auf die Ukraine. Der Wurm wurde anfangs über eine manipulierte Version der ukrainischen Software für Steuererklärungen verbreitet. Einmal im Netz eines Opfers angekommen, verbreitete er sich in Minuten auf allen Computern des Unternehmens. In den weltweiten Verbundnetzen global agierender Konzerne wie des Logistikdienstleisters FedEx oder der Reederei Maersk hatte die Schadsoftware leichtes Spiel. In Windeseile wurden zehntausende Systeme infiziert, ihre Daten in sinnlosen Binärbrei verwandelt und die Computer lahmgelegt. In der Ukraine waren nicht nur tausende Unternehmen, sondern auch Banken und Energieversorger betroffen. Auch die Systeme der Regierung wurden stark in Mitleidenschaft gezogen.

NotPetya nutzte für diese verheerend schnelle Verbreitung einen Exploit namens EternalBlue, der ursprünglich vom US-amerikanischen Abhörgeheimdienst NSA entwickelt worden war und im Zuge eines Leaks von NSA-Angriffswerkzeugen an die Öffentlichkeit gelangte. Geheimdienste und Militärs, aber auch immer mehr Polizeibehörden kaufen und entwickeln Exploits, die Sicherheitslücken ausnutzen, um in die Systeme von Gegnern und Verdächtigen eindringen zu können. Damit sie diese wertvollen Angriffswerkzeuge möglichst lange nutzen können, werden sie geheimgehalten und den Herstellern die Informationen zur Schließung der zugrundeliegenden Sicherheitslücken vorenthalten. Statt die Welt ein wenig sicherer zu machen, indem die Lücken geschlossen werden, werden erhebliche Risiken für die Allgemeinheit in Kauf genommen.

Aus der Perspektive der Staaten und ihrer Geheimdienste gibt es im noch relativ jungen Feld der Cyber-Auseinandersetzungen neue Probleme. Im klassischen Militärdenken spielt das Prinzip der Abschreckung nach wie vor eine große Rolle. Wenn man nur hinreichend viele schlagkräftige Truppen und Waffensysteme hat, wird es sich ein Gegner genau überlegen, ob er einen Angriff wagt. Im Kalten Krieg war diese Doktrin der Stabilität durch die wechselseitige Androhung der totalen atomaren Vernichtung der Grundpfeiler der internationalen Politik. Es lag also nahe, diese Logik auch auf den Cyberwar anzuwenden. Wenn alle Seiten hochgradig verwundbar sind, sollte ein gut gefülltes Waffenarsenal und das Vorhalten von Einheiten, die es verwenden können, zu einer Pattsituation führen, in der niemand einen verheerenden Erstschlag wagt.

Dem stehen jedoch grundlegende Eigenarten digitaler Waffen entgegen. Es ist nur in Ausnahmefällen und mit großem Aufwand und viel Zeitverzögerung möglich, den Urheber einer Attacke sicher zu identifizieren. Die abschreckende Drohung eines vernichtenden Gegenschlags wird damit deutlich geschwächt. Die Wahrscheinlichkeit, den Falschen zu erwischen, einen unbeteiligten Dritten in den Konflikt zu ziehen und damit eine ungeplante Eskalation zu erzeugen, ist groß.

Ein weiteres Problem ist, dass die Kollateralschäden eines Cyberangriffs kaum abzusehen sind. In einer Welt, in der praktisch alles von Computern und Netzen abhängt, in der Daten und Software auf Cloud-Systemen liegen, die rings um den Planeten verteilt sind und in denen der Ausfall einer Komponente in Windeseile kaskadierende Folgeschäden nach sich ziehen kann, ist die Zielgenauigkeit von Angriffen zwangsläufig ein Problem. Abschreckung erfordert obendrein, dass der Gegner über die Wirkmächtigkeit der Angriffskapazitäten Bescheid weiß. Am Anfang des Kalten Kriegs geschah dies durch Atomwaffen- und Raketentests. Später war beiden Seiten auch ohne genau nachzählen klar, dass die Atomwaffenarsenale für eine vollständige Vernichtung ausreichen.

Cyberangriffskapazitäten sind jedoch nicht dafür geeignet, sie auf einer Militärparade zu präsentieren. Sie lassen sich auch nicht auf Satellitenbildern zählen. Jeder Einsatz eines Exploits ist wahrscheinlich sein letzter, da der Gegner ihn entdecken und beheben wird. Auch Budgets und Personalstärken bieten nur einen vagen Anhaltspunkt für die Stärke des Gegners. Um diese Ungewissheit zu beheben und dennoch abzuschrecken, gibt es natürlich die Option einer Machtdemonstration.

Viele Beobachter sehen den als Stuxnet bekanntgewordenen israelisch-US-amerikanischen Angriff gegen die iranische Urananreicherungsanlage in Natanz als eine solche Machtdemonstration an. Stuxnet war eine vollkommen neue, mit hohem Ressourceneinsatz, langem Atem und technischer Raffinesse ausgeführte Operation. Sie gewährte gleichsam einen Blick in den Waffenschrank der israelischen und US-amerikanischen Geheimdienste. Nach der Abschreckungstheorie sollte dies dazu führen, dass Iran aus Angst vor weiteren Angriffen von eigenen Operationen absieht.

Das Gegenteil war jedoch der Fall: Nicht nur investierte das Land in ein umfangreiches Arsenal digitaler Waffen, es führte offenbar auch asymmetrische Gegenschläge aus, etwa gegen den saudischen Ölkonzern Saudi Aramco. Gleiches taten auch viele andere Staaten. Stuxnet war die Öffnung der Büchse der Pandora, der Beginn eines beispiellosen Ausbaus der Cyberangriffskapazitäten rings um die Welt – oft mit Hilfe zwielichtiger Firmen, die Angriffswerkzeuge verkaufen, Trainings anbieten und für die Integration von Cyberspionage und Cyberangriffsmethoden sorgen.

Cyberkonflikte finden nicht nach den Regeln herkömmlicher militärischer Auseinandersetzungen statt. Stattdessen hat sich eine digitale Version der Geheimdienstwelt mit Spionage, Gegenspionage, Doppelagenten und gegenseitiger Täuschung und Gegentäuschung herausgebildet. Es gibt keine Gewissheiten. Weder ist klar, wer denn nun eigentlich der Feind ist, noch welche Ziele er wirklich verfolgt. Cyberoperationen werden in der Regel kombiniert mit anderen Mitteln der Auseinandersetzung: Propaganda, Desinformation, ökonomischer Kriegführung. Das Schlachtfeld ist die ganze Welt. Die Vielzahl der Akteure, die hohe Geschwindigkeit von technischer und taktischer Innovation und die Abwesenheit von Regeln und Gepflogenheiten hat dazu geführt, dass nicht mehr die Logik der Abschreckung das Feld bestimmt. Zur neuen Strategie gehören vielmehr dreckige Guerilla- und Proxykriege, die unerklärten, mit Milizen, Drohnen und Spezialeinheiten geführten Kriege auf Schlachtfeldern wie Syrien und Irak. Jeder spioniert bei jedem, jeder nimmt schon mal Positionen in den Netzen potenzieller Gegner ein, führt hier und da Angriffe durch und hofft, dass er nicht erwischt wird.

Ein Ausweg ist nicht einfach. Ein erster Schritt könnten bi- und multilaterale Nichtangriffsabkommen sein, zur Not anfangs auf informeller Basis wie die Übereinkunft, die Obama mit China getroffen hatte. Diese können dann zu weiterreichenden, umfassenderen Konventionen erweitert werden. Notwendig wäre auch, sich auf eine defensive Cyberstrategie festzulegen – mit umfangreichen Investitionen in den sicheren Neubau der verwundbaren Software und Netze, auf denen unsere digitale Welt beruht.

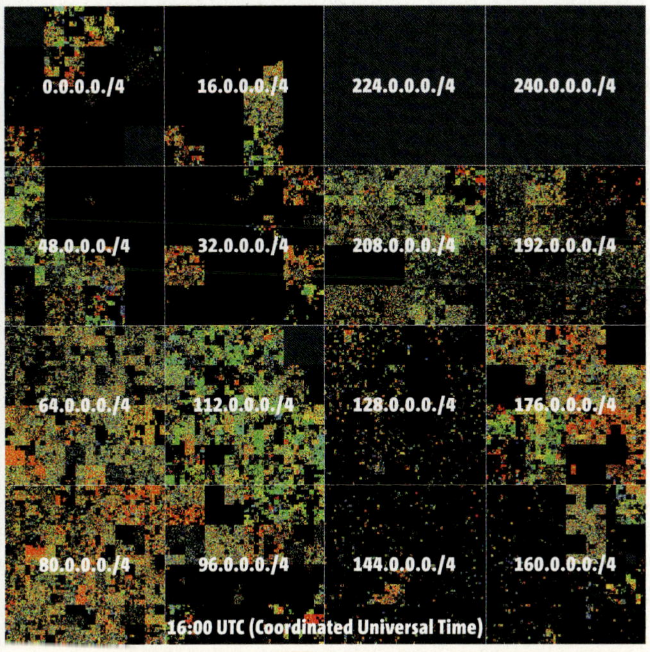

Die Vermessung des digitalen Raums
2012 fand eine Art Volkszählung des Internets statt. Ein unbekannter Hacker verschaffte sich Zugang zu hunderttausenden Rechnern und lud eine kleine Software namens Carna hoch. Carna ist in der römischen Mythologie die Göttin des Herzens und der übrigen lebenswichtigen Organe und damit die Schutzherrin der Gesundheit.

Die eingeschleuste Software verrichtete ressourcenschonend und unauffällig ihren Dienst, der darin bestand, weitere schlecht gesicherte Geräte zu suchen und dort Carna zu platzieren. Am Ende waren es über 400 000. Diese Armee von Rechnern wurde als ein Botnet (ein Netz von Bots, kleinen selbstständig agierenden Computerprogrammen) dazu eingesetzt, Anfragen ins Netz zu schicken und die IP-Adressen, die auf Anfragen reagierten, zu sammeln. Gut 420 Millionen IP-Adressen antworteten auf die Anfrage.

Über Botnetze werden normalerweise Spam-Mails versendet oder Denial-of-Service-Attacken gestartet; sie anzulegen und zu benutzen ist verboten. Das Carna-Botnet wollte aber weder unerwünschte Post zustellen noch fremde Rechner feindlich übernehmen, sondern einzig das Internet vermessen.

Alles in allem ergab der Internet Census 1,3 Milliarden in Gebrauch befindliche IP-Adressen des IPv4-Adressraums, der auf gut 4 Milliarden Adressen beschränkt ist. Da sich mit dem Nachfolgeprotokoll IPv6 der Adressraum um den Faktor 2^{96} vergrößert, wird ein Schnappschuss wie der des Carna-Botnets in Zukunft nicht mehr möglich sein.

Frank Rieger ist einer der Sprecher des Chaos Computer Clubs. 2018 veröffentlichte er zusammen mit Constanze Kurz »Cyberwar – Die Gefahr aus dem Netz« (Bertelsmann).

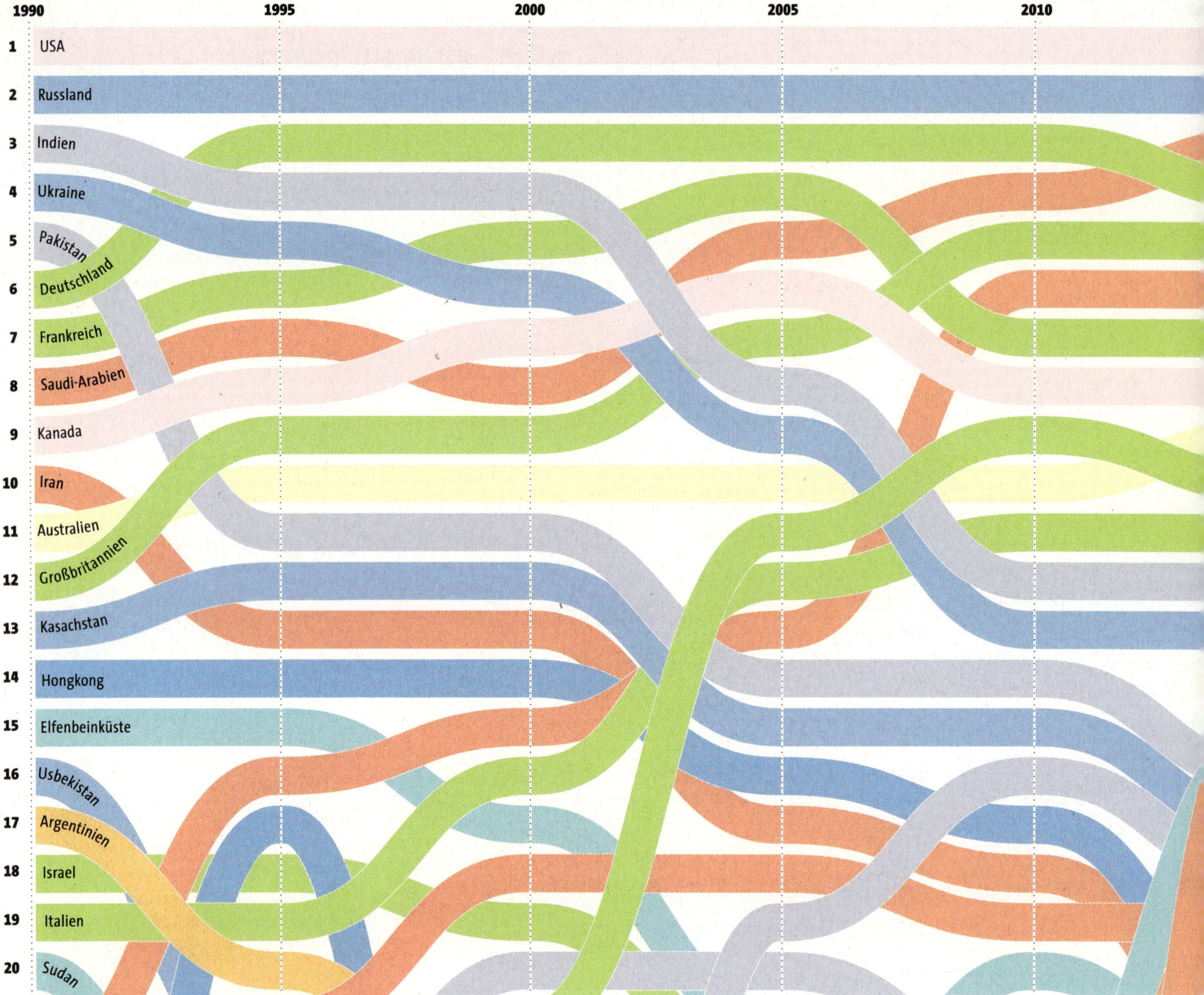

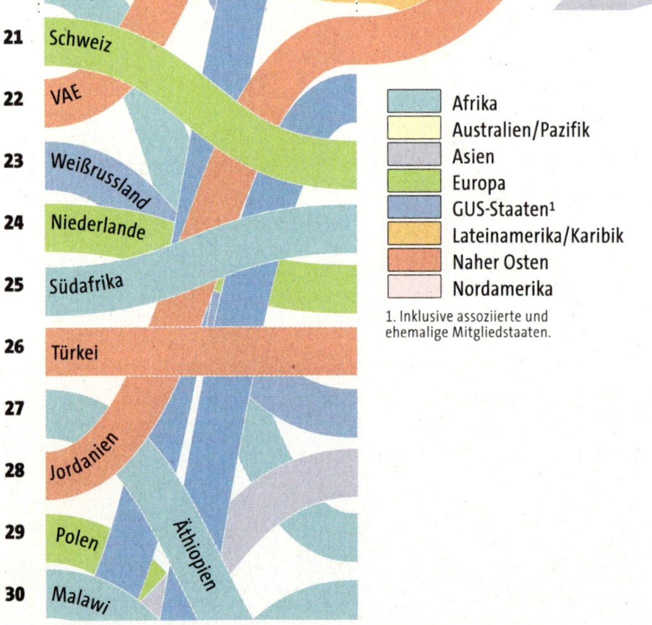

Die Länder mit den meisten

in Mio. Einwohner ausländischer Herkunft

Wege der Einwanderung

Deutschland zwischen den Weltkriegen

Mit Beginn des Ersten Weltkriegs ging das Jahrhundert der Fernmigration zu Ende. Mindestens 82 Millionen Menschen waren zwischen 1815 und 1914 freiwillig von einem Land ins andere unterwegs. Pro Jahr waren das auf eine Million der Weltbevölkerung gerechnet 660 Migranten, wie Jürgen Osterhammel in seinem Buch »Die Verwandlung der Welt« schreibt. Im Vergleich dazu waren zwischen 1945 und 1980 nur 215 Menschen pro eine Million mobil.

Weil die Karte Europas in den Versailler Friedensverträgen neu gezeichnet wurde, mussten mehr als 10 Millionen Menschen ihre Heimat verlassen. Bis Mitte der 1920er Jahre wanderten etwa eine Million Menschen aus den abgetretenen Gebieten in das verbliebene Deutsche Reich. Allein aus Elsass-Lothringen kamen bis zu 150 000 Menschen, und aus den Ostgebieten, die nun zu dem wiedergegründeten Polen gehörten, kamen etwa 850 000 deutsche »Grenzlandvertriebene«.

Während im Kaiserreich die »Leutenot«, wie der Arbeitskräftemangel genannt wurde, noch dazu geführt hatte, dass die Zahl der Ausländerinnen und Ausländer

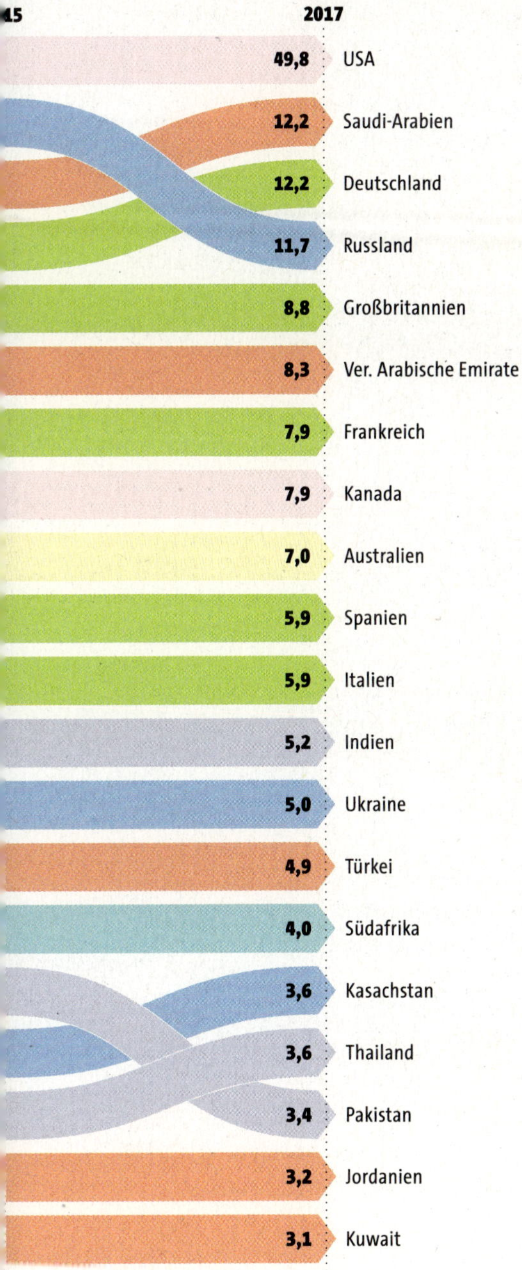

Die wichtigsten bilateralen Einwanderungsrouten

in 100 000 Immigranten

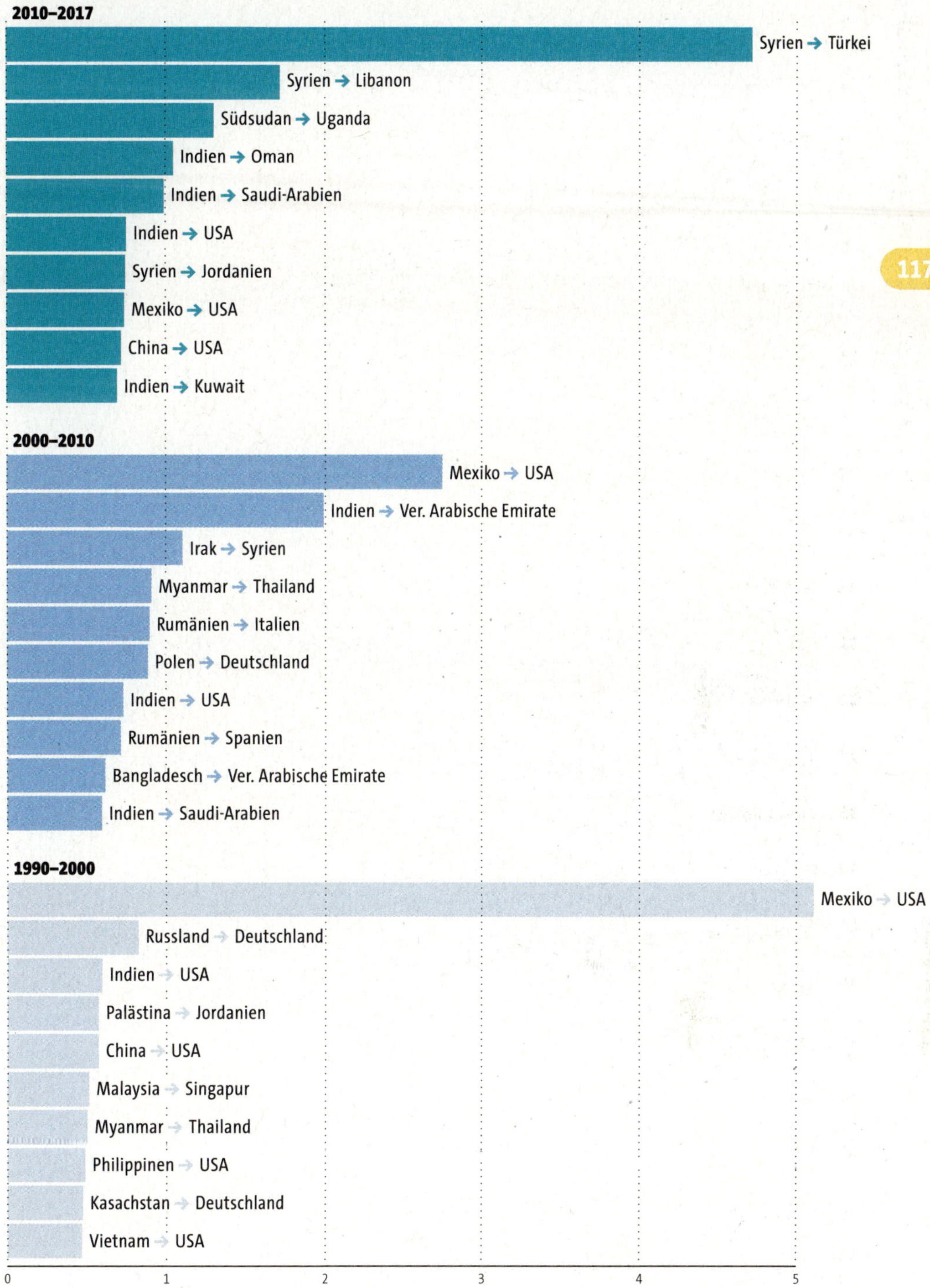

Einwanderern

bis 1910 auf 1,3 Millionen stieg, dominierte in der Weimarer Republik der »Schutz des deutschen Arbeitsmarkts«. Für die Ausländerpolitik galt ein »Inländervorrang«, und Ethnonationalisten warnten wie eh und je vor einer »Polonisierung« Ostpreußens.

Die schwierige Wirtschaftslage und eine – auch von Sozialdemokraten und Gewerkschaften befürwortete – protektionistische Zuwanderungspolitik führten dazu, dass die Ausländerbeschäftigung vor allem in der Landwirtschaft massiv zurückging. In den 1920er Jahren schwankte die Zahl der ausländischen Arbeitskräfte im Deutschen Reich zwischen 200 000 und 300 000. In der Weltwirtschaftskrise der frühen 1930er Jahre sank sie auf rund 100 000.

Die Wanderungspolitik in der Weimarer Republik war von einer lückenlosen Überwachung selbst ausländischer Arbeitskräfte noch weit entfernt. Ab 1933 schränkten die Nationalsozialisten dann die individuelle Freizügigkeit erheblich ein, um über den NS-Arbeitseinsatz den nächsten Weltkrieg vorzubereiten.

Europas Grenzen

Entwicklungshilfe, Versorgung vor Ort, Aufrüstung – wie sich Europa die Flüchtlinge vom Leib hält

von Christian Jakob

Seit Jahren gibt es keinen EU-Staat, der zu Beginn seiner turnusmäßigen EU-Ratspräsidentschaft nicht verkünden würde, in den folgenden Monaten die ausstehende Reform des europäischen Asylsystems zu Ende zu bringen. Flüchtlingsschutz, dessen Finanzierung, die Umverteilung Ankommender – die Liste der Streitpunkte ist lang. Die EU ist in der Migrationsfrage so gespalten wie kaum irgendwo sonst. Mit einer Ausnahme: Darauf, die Flüchtlinge möglichst schon in Afrika aufzuhalten, können sich alle Mitgliedstaaten einigen.

Die Grenzschutzpolitik der EU konzentriert sich deshalb heute vor allem auf den Transitraum. Entsprechend wichtig ist für die europäische Innenpolitik – vor allem seitdem im Sommer 2015 die Balkanroute massenhaft genutzt wurde – die Diplomatie mit dem südlichen Nachbarkontinent geworden.

Worum es dabei geht, zeigte sich etwa beim Besuch des ägyptischen Militärmachthabers Abdel Fattah al-Sisi im November 2018 in Berlin. Kaum ein Nachbarstaat der EU hat eine katastrophalere Menschenrechtsbilanz als das Land am Nil. Bundeskanzlerin Angela Merkel lobte den General dennoch: Ägypten sichere seine Seegrenzen exzellent. In Ägypten leben rund 300 000 Flüchtlinge aus Ostafrika und dem Nahen Osten. Dass es de facto keine Migration aus Ägypten nach Europa gibt, war Merkel »hohe Anerkennung wert« – und einen ungebundenen Kredit von 500 Millionen Euro.

Das ist die wichtigste Komponente der europäischen Migrationsdiplomatie: Geld für jene, die Flüchtlinge aufhalten. Sudan, Niger, die Türkei, Senegal, Marokko – sie alle können sich über Zuwendungen in Millionen- oder, wie im Fall Nigers, Milliardenhöhe freuen, weil sie Fluchtrouten nach Europa schließen.

Transitzone Sahel

Die drei Strategien dieser Politik zeigen sich unter anderem in der Verwendung des »EU-Nothilfefonds für Afrika«, eines mit etwa 4,2 Milliarden Euro (Stand Januar 2019) ausgestatteten Fonds, den die EU 2015 neu aufgelegt hat.

Erstens sind dies Maßnahmen zur Bekämpfung von »Fluchtursachen« in Form klassischer Entwicklungshilfe, die aber verstärkt den Transitländern zugutekommen – etwa eine Wasseraufbereitungsanlage im Tschad. Sie gehen damit zulasten weiter entfernt liegender Regionen, die mittelfristig weniger Hilfe bekommen. Zweitens die Versorgung der Flüchtlinge vor Ort, um zu verhindern, dass sie Richtung Europa weiterziehen.

Drittens sind es – umstrittene – Maßnahmen der sogenannten Ertüchtigung. Im November 2018 etwa verkündeten die Niederlande und Deutschland, eine von ihnen bezahlte mobile Grenzschutztruppe im Süden Nigers aufzubauen. Sie soll Migrant*innen aus dem Norden Nigerias aufhalten, die womöglich auf dem Weg nach Europa sind. 2017 hatte Niger bereits 1 Milliarde Euro von der EU zugesagt bekommen, nachdem die Armee begonnen hatte,

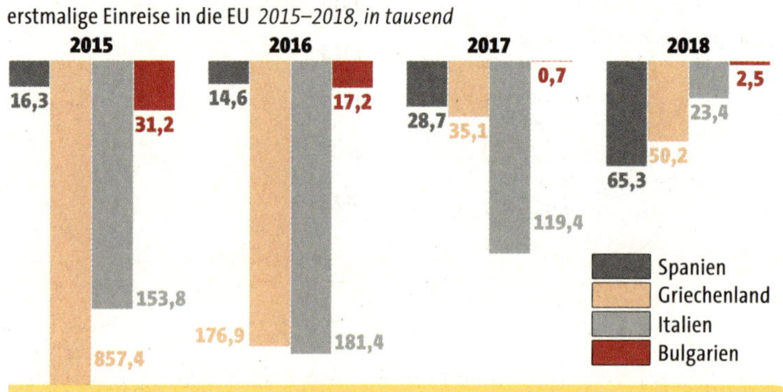

Kein Durchkommen mehr über die Balkanroute

Fahrer zu verhaften, die Migranten aus Agadez nach Libyen fuhren. Deutschland lieferte damals über das Eucap-Sahel-Programm hunderte Fahrzeuge für die nigrische Grenzpolizei. Das UN-Flüchtlingswerk UNHCR geht davon aus, dass heute in der Sahara mehr Menschen als im Mittelmeer sterben – auch weil die Schlepper aus Angst vor Polizei und Armee weitab von regulären Pisten durch die Wüste fahren müssen.

Neben Polizisten werden auch immer mehr Soldaten für das Grenzregime eingesetzt. 2017 nahm die multinationale Militärtruppe G5 Sahel Joint Force ihre Arbeit auf. Die von der EU mit über 100 Millionen Euro geförderte, trainierte und ausgestattete Einheit soll vor allem das knappe Dutzend dschihadistischer Gruppen im Sahel bekämpfen. Ihre zweite Aufgabe ist die Verfolgung von »organisierter Kriminalität« und »Menschenhandel« – de facto fungiert sie also auch als Grenzschutztruppe. Im September 2018 wurde bekannt, dass Angehörige der 5000-köpfigen Truppe in Mali Zivilisten getötet haben. Im Sudan, gegen dessen früheren Präsidenten Omar al-Bashir seit 2008 ein Haftbefehl des Internationalen Strafgerichtshofs wegen Völkermords, Verbrechen gegen die Menschlichkeit und Kriegsverbrechen im Darfur-Konflikt vorliegt, trainiert die deutsche Entwicklungsagentur GIZ im Auftrag der EU die Grenzpolizei. Und im Nachbarland Eritrea, wo Isayas Afewerki seit 1993 mit eiserner Hand regiert und eine Militärdiktatur errichtet hat, bildet sie Amtsrichter und Staatsanwälte aus, um effektiver gegen Schlepper vorzugehen.

Auch die im September 2016 als Europäische Agentur für die Grenz- und Küstenwache EBCG (European Border and Coast Guard) – der Name Frontex wurde parallel beibehalten – neu konstituierte Behörde ist längst in Afrika aktiv. Für den Frontex-Direktor Fabrice Leggeri ist die Zusammenarbeit mit den Herkunfts- und Transitländern ein »Schlüsselelement erfolgreichen Migrationsmanagements«. Mit 19 Staaten hat Frontex sogenannte Arbeitsabkommen geschlossen. Die erlauben es der Agentur, mit

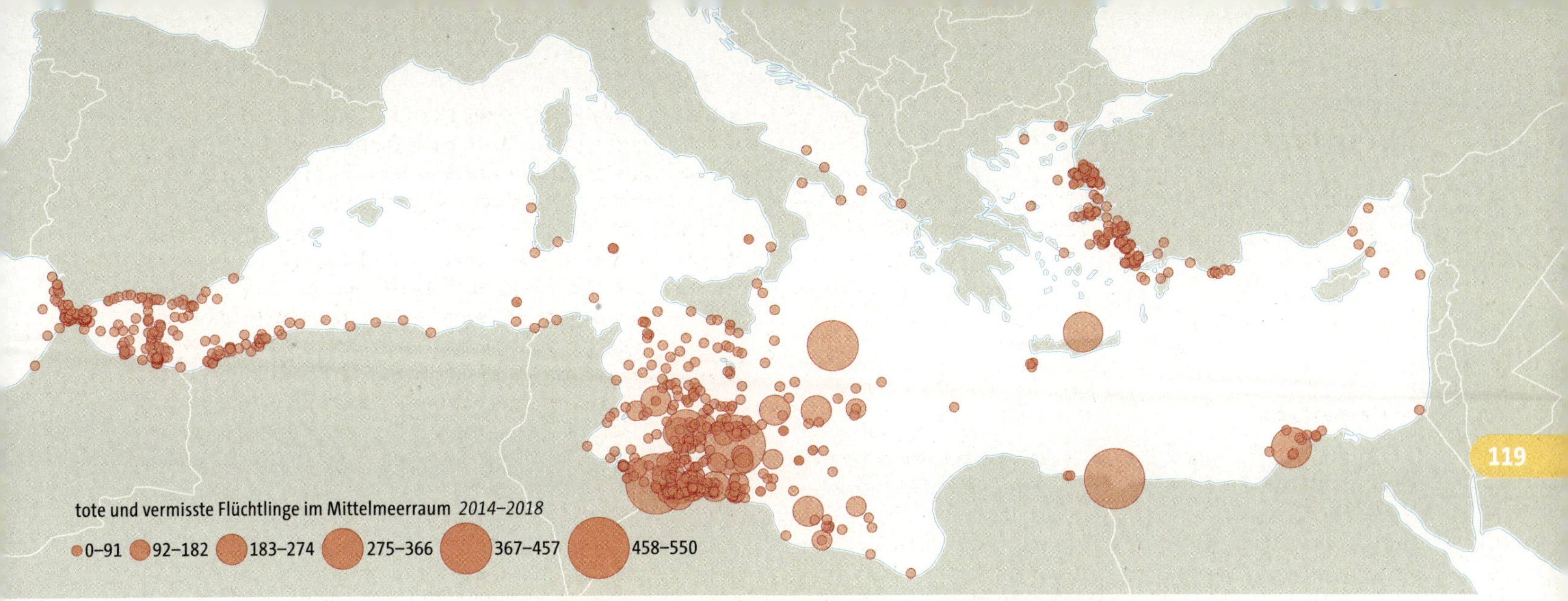

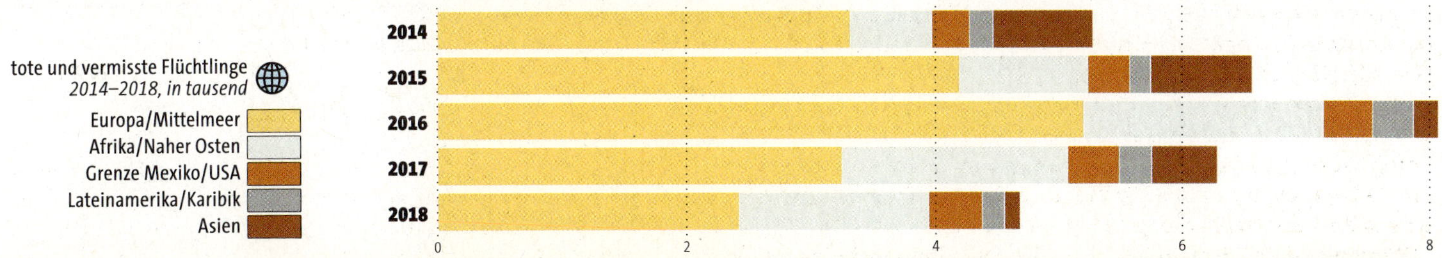

den Behörden der einzelnen Länder zusammenzuarbeiten, Beamte und Daten auszutauschen und gemeinsame technische Standards festzulegen. Zum Teil können EU-Grenzer auch Vorortkontrollen durchführen, etwa in Mazedonien, Albanien oder im Senegal. Bei der Zusammenarbeit mit sogenannten Drittstaaten – Staaten, die nicht zur EU gehören – will Frontex laut einem internen Planungsdokument ihr »Mandat voll ausschöpfen« und sich »auf dem Gebiet der Außenpolitik engagieren«: Grenzschützer als Diplomaten. Ein Kern dieses neuen Mandats sind »gemeinsame Operationen auf dem Territorium von Drittstaaten«.

Neben Kontrollen zählt hierzu vor allem auch das Sammeln von Informationen. Dafür hat Frontex insgesamt vier sogenannte Risikoanalyse-Netzwerke mit Ländern außerhalb der EU aufgebaut – für Osteuropa, für den Balkan, für die Türkei und das größte aber für Afrika: die Afrika-Frontex Intelligence Community (Afic), ein Club von Geheimdiensten aus über 20 Staaten, von Marokko über Dschibuti bis Angola. Sieben weitere Staaten, darunter die Diktaturen Eritrea und Sudan, haben »Beobachter«-Status. Insgesamt macht mehr als der halbe afrikanische Kontinent beim »Intelligence Sharing im Bereich der Grenzsicherung« mit, wie Frontex Afic etwas umständlich nennt. Dafür werden auch Regime mit an den Tisch geholt, die mit ihrer Politik dafür verantwortlich sind, dass Menschen flüchten. Schließlich gilt auch in Afrika: Je weniger ein Staat sich um Grund- und Menschenrechte schert, desto wichtiger ist der Geheimdienst als Stütze der Macht. Frontex erhält von den autoritären Staaten jedoch nicht nur systematisch Informationen, sondern unterstützt sie auch dabei, ihrerseits Zugang zum Geheimdienstwissen anderer Staaten Afrikas zu erlangen.

Trotzdem erreichen immer noch viele Flüchtlinge das Mittelmeer. Was mit ihnen geschehen soll, ist offen. Die italienische M5S-Lega-Regierung hat gleich nach ihrem Amtsantritt im Juni 2018 unmissverständlich klargemacht, dass sie die eigenen Häfen für Flüchtlinge geschlossen hält. Die EU legte daraufhin ein Konzept für sogenannte regionale Ausschiffungsplattformen vor. Gemeint ist: Länder außerhalb der EU sollen dafür bezahlt werden, dass die Rettungsschiffe mit den Flüchtlingen ihre Häfen anlaufen dürfen. Gedacht ist dabei unter anderem an Tunesien. Doch bislang ist kein Nachbar der EU geneigt, eine solche Ausschiffungsplattform zu werden.

Die EU hätte das Problem am liebsten schon 2015 entschärft, indem sie in dem vom Bürgerkrieg gezeichneten Libyen eingegriffen (das heißt Stellungen angegriffen und wenn nötig Verhaftungen vorgenommen) und die als Schleppernetzwerke fungierenden Milizen zerschlagen hätte. Doch für eine solche Mission fand sich in Libyen keine politische Unterstützung. Lange war es für die EU ein Tabu, Flüchtlinge nach Libyen zurückzuschicken. Die Zustände in den dortigen Flüchtlingslagern hatten selbst deutsche Diplomaten 2017 als »KZ-ähnlich« beschrieben. Nachdem aber Italien mehr Druck machte und kein anderer EU-Staat ihm Flüchtlinge abnehmen wollte, änderte die EU ihren Kurs. Seit dem Sommer 2017 fängt sie nun eine von der EU trainierte und ausgestattete »Küstenwache« vor der libyschen Küste ein und bringt sie zurück an Land, wo sie erneut interniert werden. So ist es mindestens 30 000 Menschen zwischen Mitte 2017 und Ende 2018 ergangen.

Die EU finanziert eine Mission der UN-Migrationsagentur IOM, die seit 2017 Flüchtlinge aus Libyen evakuiert und mit Charterflügen von Tripolis aus in ihre jeweiligen Herkunftsländer zurückfliegt. Auf diese Weise entkommen die Betroffenen zwar den grauenvollen Lagern, aber sie landen oft hochverschuldet in den Hauptstädten ihrer Länder und können deshalb nicht in ihre Dörfer zurückkehren.

Außerdem kann die IOM niemanden aus Libyen evakuieren, der aus einem Land stammt, in dem Krieg oder eine Diktatur herrscht, wie zum Beispiel in Somalia oder Eritrea. Solche Fälle werden seit Mitte 2018 aus Libyen in den Niger geflogen. Die dortige Regierung wird von der EU großzügig unterstützt, um die evakuierten Flüchtlinge in einem Lager in der nigrischen Hauptstadt Niamey zeitweilig unterzubringen. Dort sollen sie warten, bis sie nach Europa ausreisen können. Doch kaum ein Staat ist bereit, sie aufzunehmen.

Christian Jakob ist *taz*-Redakteur im Ressort Reportage und Recherche.

Die Welt wird Stadt

Hohe Geburtenraten und Perspektivlosigkeit auf dem Land treiben die Urbanisierung voran

von Manuel Slupina

Weltweit strömen die Menschen in die Städte. 2007 gab es erstmals in der Menschheitsgeschichte mehr Städter als Landbewohner. Keine 50 Jahre zuvor lebten noch zwei von drei Menschen auf dem Land. Und die Urbanisierung schreitet beharrlich voran. Heute beherbergen die Städte schon rund 55 Prozent der Weltbevölkerung. Besonders hoch ist der Anteil der urbanen Bevölkerung in Nordamerika, in Lateinamerika und in Europa. In Afrika hingegen leben zwar die meisten Menschen noch auf dem Land, doch 2035 werden auch hier die Städter in der Überzahl sein. Zur Mitte des Jahrhunderts werden voraussichtlich 59 Prozent der Afrikaner in urbanen Ballungsräumen leben.

Stadtbevölkerung nach Größe der Städte
in Prozent der gesamten Stadtbevölkerung

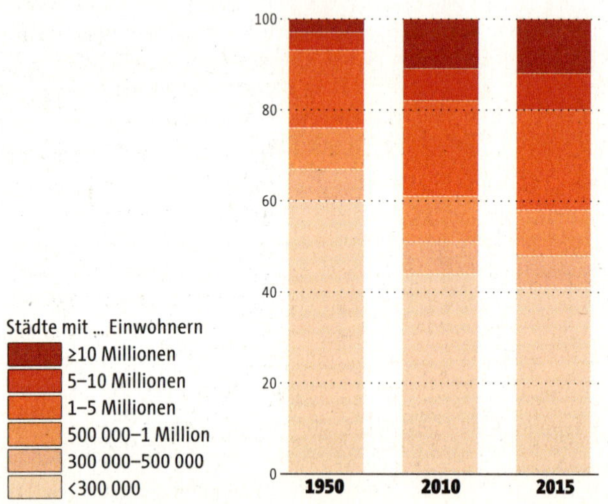

Der Trend geht zur Millionenstadt

Bis 2050 dürfte zudem die Weltbevölkerung um weitere 2,1 Milliarden auf dann rund 9,8 Milliarden Menschen wachsen. Es werden vor allem Städte sein, die das Mehr an Menschen beherbergen müssen. Neben Ozeanien ist Afrika die einzige Weltregion, in der sowohl die Land- wie auch die Stadtbevölkerung in absoluten Zahlen wächst. Global gesehen nimmt hingegen bis zur Mitte des Jahrhunderts die Zahl der Landbewohner um rund 300 Millionen auf dann 3,1 Milliarden Menschen ab. Im Gegensatz dazu wächst die Stadtbevölkerung um über 2,4 Milliarden auf dann rund 6,7 Milliarden Menschen. Mehr als ein Drittel des weltweiten urbanen Wachstums entfällt auf nur drei Staaten. In Indien müssen die Ballungsräume bis 2050 weitere 416 Millionen Menschen aufnehmen, in China 255 Millionen und in Nigeria 189 Millionen.

Während die urbanen Zentren in den früh entwickelten Ländern nur noch langsam wachsen, fordert die schnell voranschreitende Verstädterung, gepaart mit dem anhaltenden hohen Bevölkerungswachstum, vor allem die Schwellen- und Entwicklungsländer heraus. Rund neun von zehn Stadtbewohnern, die bis 2050 weltweit hinzukommen, werden in Afrika oder Asien leben. Besonders Subsahara-Afrika steht vor einem explosionsartigen Städtewachstum. Bis 2050 wird sich hier die Zahl der Städter fast verdreifachen – von aktuell 424 Millionen auf 1,26 Milliarden Menschen.

Vor rund 70 Jahren zählte keine afrikanische Stadt südlich der Sahara mehr als 1 Million Einwohner, heute sind es bereits über 53. Auch weltweit ist die Zahl der Millionenstädte rasant gestiegen – von 76 im Jahr 1950 auf aktuell 548. Davon zählen 33 zu den sogenannten Megastädten mit mehr als 10 Millionen Einwohnern. Und die Zeichen stehen weiter auf Wachstum. Weltweit kommen bis 2030 weitere zehn Megastädte hinzu und die Zahl der Millionenstädte dürfte auf über 700 anwachsen.

Vor allem in Asien sind riesige Ballungszentren entstanden. Zwischen Istanbul in der Türkei und der japanischen Megacity Tokio überschreiten noch weitere 17 Städte auf dem bevölkerungsreichsten Kontinent die 10-Millionen-Einwohner-Marke. Mit Tokio (37,5 Millionen), Delhi (28,5 Millionen) und Schanghai (25,6 Millionen) liegen auch die größten Ballungsräume der Welt in Asien. Doch während für Tokio die Zeiten des Wachstums vorbei zu sein scheinen und die Bevölkerung bis 2030 um etwas mehr als 2 Prozent abnehmen wird, setzt Delhi zum Sprung an die Spitze an. Die Stadt im Norden Indiens wächst bis 2030 um weitere 10,4 Millionen Einwohner und wird dann mit knapp 39 Millionen Einwohnern die größte der Welt sein.

Die Städte wachsen, weil die Perspektivlosigkeit auf dem Land viele Menschen in die urbanen Zentren treibt. So sind die meisten afrikanischen Kleinbauern südlich der Sahara arm und bewirtschaften oft nur wenige Hektar große Flächen – wie etwa in den drei Dörfern Tingoli, Botingli und Kpalung in der Northern Region Ghanas. Rund 80 Kleinbauern sind hier zu Hause. Auf ihren Feldern wächst neben ein paar Kochbananenstauden und Mangobäumen hauptsächlich Mais. Fast alle Bauern halten ein paar Hühner, einige wenige besser gestellte auch Ziegen, Schafe und Rinder. Größtenteils versorgen sich die Bauern selbst. Nur wenn Überschüsse anfallen, können sie mit deren Verkauf etwas die Haushaltskasse aufbessern. Eine Verarbeitung der Feldfrüchte oder von Milch und Fleisch zu markttauglichen Lebensmitteln, die mehr Einkommen und Jobs schaffen könnte, fehlt bisher weitgehend. Die Landwirtschaft bietet also kaum Arbeitsplätze für die schnell wachsende Zahl an jungen Landbewohnern, die ihr Glück daher in den urbanen Zentren suchen.

Noch bedeutsamer für das Wachstum der Städte ist aber der hohe Geburtenüberschuss. Obwohl die Menschen in Städten weniger Nachwuchs haben als auf dem Land, sind viele von ihnen im klassischen Familiengründungsalter, und so ist die Zahl der Geburten hoch. Rund 60 Prozent der Urbanisierung in den Entwicklungs- und Schwellenländern geht darauf zurück, dass in den Städten mehr Kinder geboren werden, als Menschen sterben. Als dritter, wenn auch weniger starker Treiber der Urbanisierung kommt hinzu, dass viele Dörfer mit der Zeit zu Städten heranwachsen und so ihre Bewohner ohne umzuziehen Städter werden.

Die Entwicklungs- und Schwellenländer stehen vor der großen Herausforderung, in kürzester Zeit Wohnungen, Infrastrukturen, Bildungsangebote und Arbeitsplätze für die rasant wachsende und überwiegend junge Stadtbevölkerung zu schaffen. Denn anders als in den Industrieländern, die zwischen 1750 und 1950 die heiße Phase der Verstädterung erlebten und damit rund zwei Jahrhunderte Zeit hatten, diesen Prozess zu gestalten, vollzieht sich die Urbanisierung in den heutigen Entwicklungs- und Schwellenländern wie im Zeitraffer. Viele Städte wuchern regelrecht. So finden etwa zwei Drittel des städtischen Bevölkerungswachstums in Afrika in Slums statt. Hier leben die Menschen meist in selbst errichteten Hütten, häufig ohne Wasser- und Stromanschluss, sanitäre Einrichtungen und befestigte Straßen. Armut, Kriminalität und Umweltprobleme gehören in diesen Vierteln zum Alltag – zum Beispiel in Kibera. Das Armutsviertel im Südwesten Nairobis galt mit geschätzten 1 Million Bewohnern lange als größter Slum Afrikas. Nach einem Zensus von 2009 wurde die Zahl zwar auf rund 170 000 Einwohner nach unten

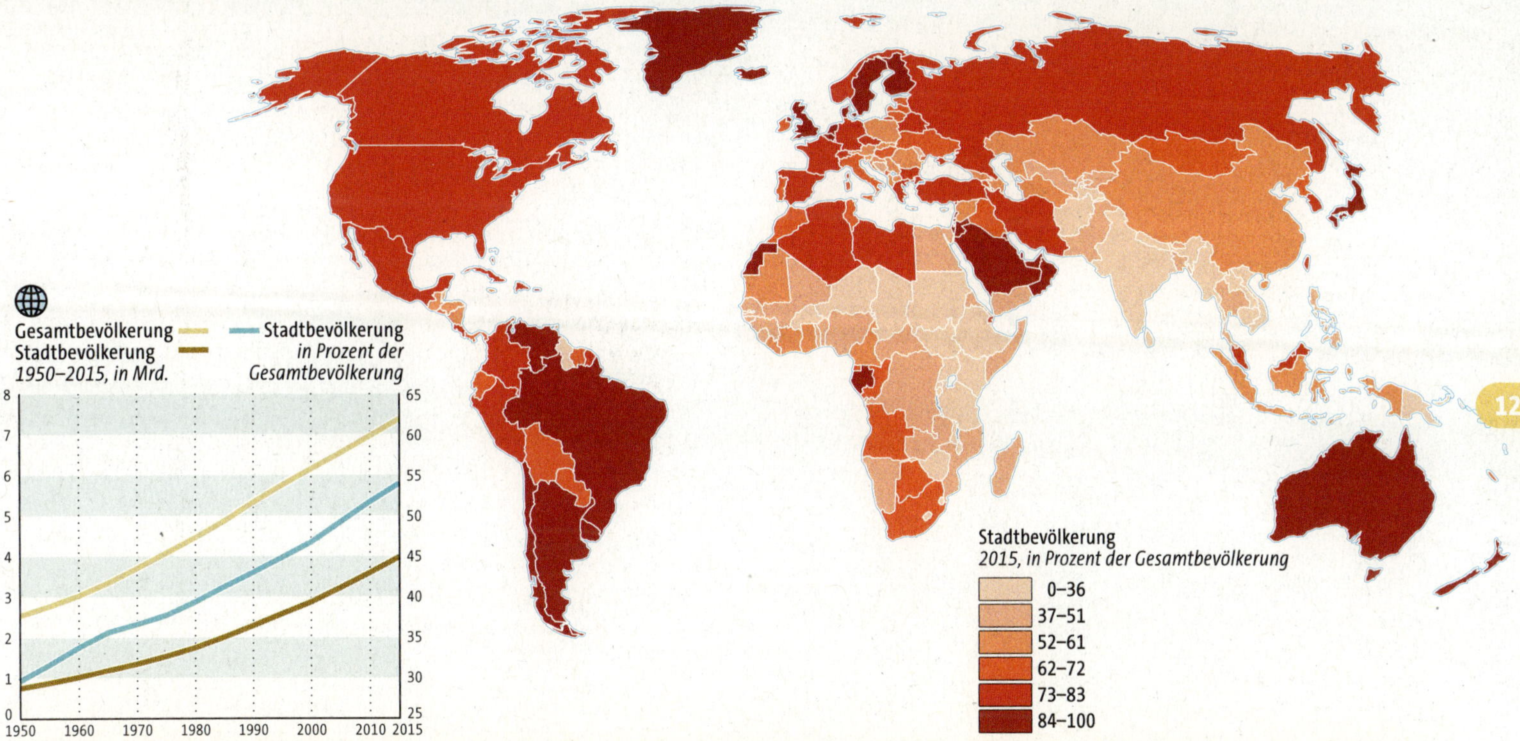

Urbanisierung im Zeitraffer

korrigiert, dennoch lebt mehr als jeder zweite Stadtbewohner in Kenia in einem Slum.

Trotz aller Probleme eröffnet die Urbanisierung den Menschen in ärmeren Ländern die Chance auf einen höheren Lebensstandard. Denn bei guter Planung lassen sich medizinische Versorgung, Schulen und andere öffentliche Dienstleistungen in Städten einfacher und kostengünstiger organisieren als auf dem Land – die Wege sind kürzer und mehr Menschen fragen die Leistungen nach. Auch wirtschaftlich könnte sich die Urbanisierung auszahlen: In Zeiten der Wissensgesellschaften und der Globalisierung sind die urbanen Zentren Kreativzonen, in denen aus Ideen Innovationen und neue Jobs entstehen. Mit der Urbanisierung wächst aus genau diesem Grund seit jeher auch der Wohlstand.

Ob die Städte in den Entwicklungsländern in Zukunft als Wohlstandsmotoren wirken, ist angesichts der aktuellen Dynamik allerdings fraglich. In einigen Regionen Subsahara-Afrikas bleibt der positive Effekt der Verstädterung bislang jedenfalls weitgehend aus. Anders als zuvor in den Industriestaaten entstehen mit der Urbanisierung kaum neue Arbeitsplätze im produzierenden Gewerbe. Vielmehr wächst der informelle Dienstleistungssektor, mehrheitlich mit Jobs für gering Qualifizierte. Vor allem in Ländern, wo eine kleine Schicht der Bevölkerung durch den Verkauf von Rohstoffen reich geworden ist, wächst zwar die Nachfrage nach Edelrestaurants oder Luxusgütern, aber das Geld fließt kaum in den Aufbau von Unternehmen der verarbeitenden Industrie, welche einerseits die Güter für die wachsende Bevölkerung produzieren und andererseits für die notwendigen Jobs sorgen könnten. Diese Städte bleiben reine Konsumstädte und tragen wenig zum Wirtschaftswachstum bei.

Manuel Slupina ist leitender wissenschaftlicher Mitarbeiter am Berlin-Institut für Bevölkerung und Entwicklung.

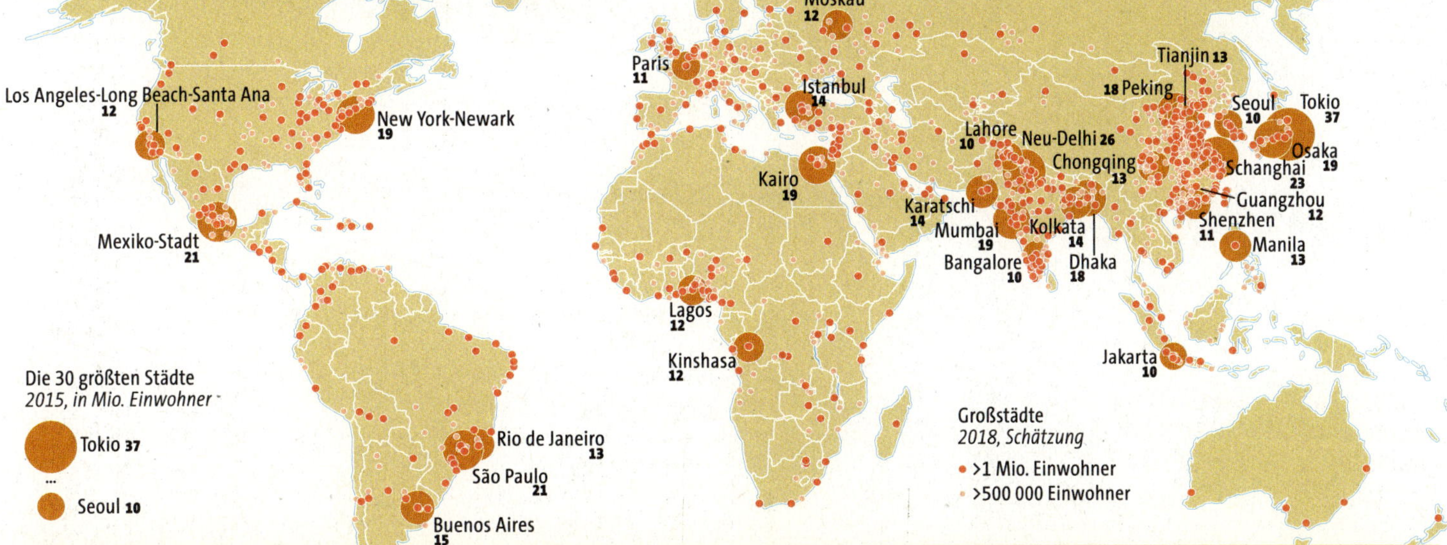

19 Megacitys allein in Asien

Exportgut Arbeitskraft

Zehn Prozent der philippinischen Bevölkerung verdienen ihr Geld in der Ferne

von Hilja Müller

Die Philippinen spielen im globalen Handel keine große Rolle, aber einen Exportschlager haben sie zu bieten: ihre arbeitsfähige und Englisch sprechende Bevölkerung. Filipinos singen in den Kasinos von Macau, bauen Stadien für die Fußball-WM in Katar, fahren Trucks in Iran, putzen die Häuser reicher Araber oder befahren die Weltmeere als Seeleute. Filipinos waren bereits Global Citizens, bevor der Ausdruck erfunden wurde.

Seit vielen Jahren sind es um die 10 Prozent der Gesamtbevölkerung, die in der Ferne Geld verdienen. Eine erste Auswandererwelle landete Anfang des 20. Jahrhunderts auf den Plantagen Hawaiis. Während der Regierungszeit des Diktators Ferdinand Marcos in den 1970er Jahren bot der Bauboom im Nahen Osten einen Ausweg aus der Arbeitslosigkeit. Der Aufstieg ost- und südostasiatischer Schwellenländer ab den 1980er Jahren lud weitere philippinische Arbeitsmigranten ein. Die Asienkrise in den 1990er Jahren machte die Diaspora der zu Hause salopp OFW (Overseas Filipino Workers) genannten Gastarbeiter dann endgültig zu einem Dauerzustand.

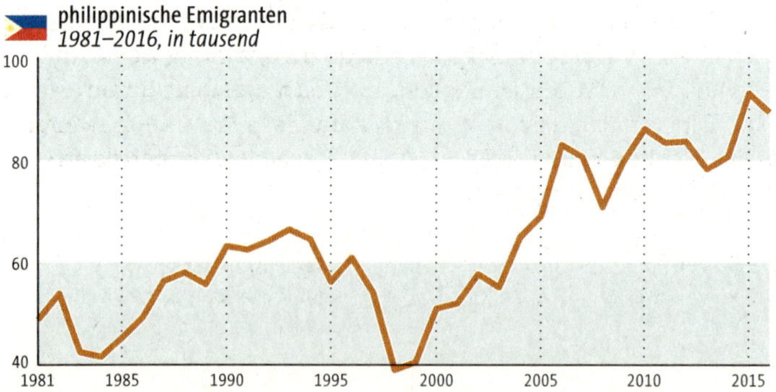

Abschied auf Jahre

Für die Arbeitsmigration in solch enormen Ausmaß gibt es mehrere Ursachen, die eng miteinander verknüpft sind: Hohes Bevölkerungswachstum und zu wenige Jobs führen dazu, dass etwa ein Viertel der Bevölkerung nach Angaben der Asiatischen Entwicklungsbank unterhalb der Armutsgrenze lebt. In den ausufernden Slums der Großstädte hausen Millionen Familien in erbärmlichen Unterkünften, in der Regel ohne Zugang zu Wasser oder Strom. Die Landbevölkerung ernährt sich so gut es geht von Fischfang und mickrigem Gemüseanbau. Reich ist das Land indes an Kindern – sie gelten den katholischen Filipinos nicht nur als Segen Gottes, sondern auch als Altersversicherung.

Anders als Deutschland, Japan oder China hat der Inselstaat folglich auch kein Problem mit Überalterung. Im Gegenteil: 45 Prozent der Bevölkerung sind jünger als 24 Jahre, weitere 40 Prozent jünger als 55. Doch wohin mit den Millionen an arbeitsfähigen Menschen? Auf den Philippinen werden sie schwer fündig, und wenn doch, dann sind es häufig lausig bezahlte Tätigkeiten: als Verkäufer im Warenhaus, als Servicekraft in einer Fastfoodkette oder als Arbeiter auf dem Bau. Keiner dieser Jobs ist von Dauer, viele Verträge enden nach einem halben Jahr. Wer verlängern will, muss mitunter Einschnitte akzeptieren. So beginnt die Arbeitssuche oft von Neuem – ein Kreislauf, den die Politik seit Jahren zu beenden verspricht. Auch Präsident Rodrigo Duterte tönte im Wahlkampf 2016: »Ich werde euch nach Hause bringen! Wenn ihr mich wählt, werde ich ausreichend Jobs für alle schaffen!« Wie alle seine Vorgänger hat Duterte sein Versprechen nicht gehalten.

An jedem Werktag spielen sich in der für OFW zuständigen Behörde POEA (Philippine Overseas Employment Administration) in Manila dieselben Szenen ab. Wenn sie um 8 Uhr öffnet, drängeln sich hunderte Bewerber in die stickige Halle, stehen in langen Schlangen an verschiedenen Schaltern und warten geduldig auf unbequemen Plastikstühlen, bis sie die notwendigen Papiere für eine Beschäftigung im Ausland zusammenhaben. Tausende Filipinos verlassen täglich ihre Heimat, am internationalen Flughafen von Manila steigen sie in Flieger nach Abu Dhabi, Riad, Singapur oder Hongkong. Wer Glück hatte, hält ein Ticket in die USA, nach Australien oder Europa in der Hand, wo die Bedingungen besser und die Löhne höher sind.

Der Abschied von Familie und Freunden ist oft einer auf Jahre. Die in der Heimat als »neue Helden« gefeierten OFW sparen sich in der Fremde jeden Dollar vom Mund ab, oft wird mehr als die Hälfte des Verdienstes nach Hause überwiesen, damit die Kinder oder die jüngeren Geschwister zur Schule gehen können oder das von einem Taifun beschädigte Haus wiederaufgebaut werden kann. Die Summen, die die Arbeitsmigranten auf die Philippinen transferieren, sind enorm. Jahr für Jahr werden neue Rekordzahlen genannt, 2017 waren es knapp 33 Milliarden US-Dollar. Ohne diesen steten Geldfluss stünde es um die Philippinen deutlich schlechter. Denn es sind nicht nur Millionen philippinische Familien, die abhängig sind von dem Geldsegen. Die ständig wachsende Konsumfreude, die die Wirtschaft ankurbelt, gäbe es ohne die Milliarden der OFW nicht.

Auf absehbare Zeit wird es so weitergehen, denn der auswärtige Bedarf an philippinischen Arbeitskräften ist gewachsen. Kreuzfahrtschiffe und Tanker könnten ohne philippinische Seeleute längst nicht mehr ablegen. Industriestaaten wollen die gut Ausgebildeten, die auf den Philippinen dann fehlen: Deutschland und Irland heuern Pflegepersonal an, die USA brauchen Lehrer, Australien holt Facharbeiter. Vor allem aber die Golfstaaten sind erpicht auf die an harte Arbeit gewöhnten Filipinos. Mehrere Millionen OFW sind dort beschäftigt, weit mehr als eine Million allein in Saudi-Arabien. Dabei sind gerade diese Länder berüchtigt dafür, fremde Arbeitskräfte auszunutzen. Berichte von 18-Stunden-Tagen, Schlägen, Nahrungsentzug oder sexueller Belästigung finden sich regelmäßig in den philippinischen Medien. Gewaltexzesse bis hin zu Mord zeigen, wie gefährlich das Arbeitsumfeld gerade für Filipinas ist. Doch die Ärmsten und Unerfahrensten haben schlicht keine andere Wahl, in Singapur oder Tokio würden sie keinen Job bekommen.

Der Exodus arbeitsuchender Filipinos hat noch andere Schattenseiten. Viele Kinder wachsen ohne Eltern auf, weil die im Ausland malochen. Ehen zerbrechen, weil ein Partner jahrelang nicht nach Hause kommt. Ältere Geschwister müssen sich dem Druck beugen und zum Wohl ihrer Familie einen Job im Ausland annehmen. Das Sozialgefüge der Philippinen, in dem die Großfamilie die zentrale Säule ist, bekommt zusehends Risse. Viele Filipinos bedauern das, doch der Dauerzustand, dass ein gutes Zehntel der Bevölkerung im Ausland arbeiten muss, wird als notwendiges Übel empfunden.

Unbeeindruckt davon, unterstützt der Staat die Entsendung von Arbeitskräften ins Ausland weiter: Neben der POEA gibt es eine spezielle Sozialbehörde und, ganz wichtig, die Aus- und Weiterbildungsagentur Tesda (Technical Education and Skills Development Authority). Tesda hat landesweit um die 60 Trainingscenter und bietet mehr als 200 Kurse an, oft in Kooperation mit Partnern aus der Industrie oder auf bilateraler Ebene. In den stark subventionierten Lehrgängen lernen künftige OFW zu schweißen, zu nähen, Kfzs zu reparieren, Mahlzeiten zu servieren oder einen Haushalt zu führen.

Migranten aus asiatischen Ländern *2017, in Mio.*

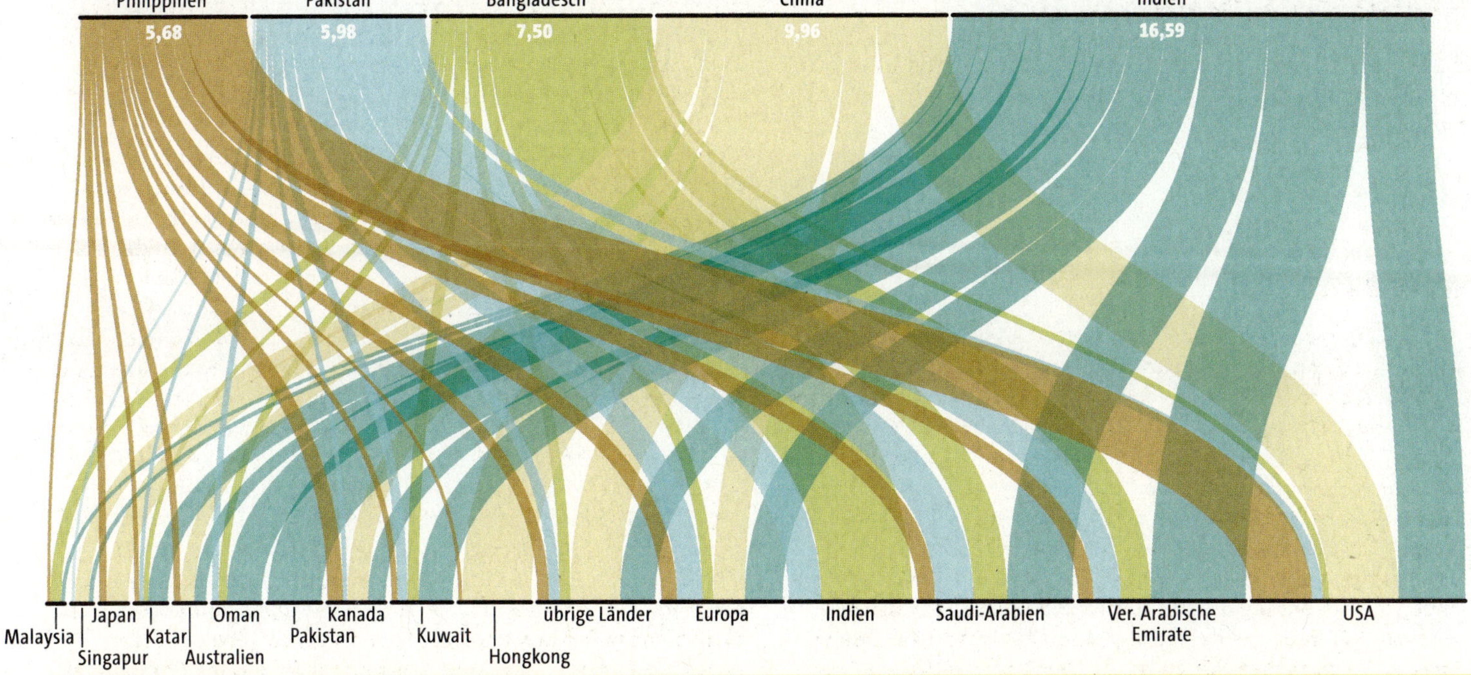

Global Citizens

Sogar ein eigens auf Arbeitsmigranten zugeschnittenes Bankinstitut gibt es. Die 2018 eröffnete Overseas Filipino Bank soll vor allem den Transfer der Rücküberweisungen erleichtern. In Ländern mit einer großen Zahl von OFW werden in philippinischen Botschaften Repräsentanzen dieser Bank geschaffen.

Mehr als 1500 lizenzierte Agenturen vermitteln ihren Landsleuten gegen Zahlung einiger hundert Euro einen Job im Ausland. Ungezählt sind die Betrüger und Ausbeuter, denen vor allem Bewerber aus den ärmsten Provinzen des Landes auf den Leim gehen. Oft genug ist das mühsam zusammengekratzte Geld verloren, oder hinter der Stelle als Haushaltshilfe verbirgt sich ein Puff.

Die Regierung warnt zwar immer wieder vor den Machenschaften krimineller Vermittler. Und öffentliche Kritik kocht immer hoch, wenn es einen besonders schweren Missbrauchsfall gibt oder wenn OFW aus Krisengebieten gerettet werden müssen. Dann und natürlich vor Wahlen greifen auch Politiker das Thema auf. Kurze Zeit später herrscht aber wieder *business as usual*. Zu abhängig sind die Philippinen von den Devisen, die die »neuen Helden« nach Hause schicken. Zu bequem und billig ist es, auf eingefahrenen Wegen zu bleiben, statt sich ernsthaft darum zu bemühen, ausreichend Jobs zu schaffen. Es besteht kein Zweifel daran, dass die Philippinen in Sachen »Exportgut Arbeitskraft« Weltspitze bleiben werden.

Hilja Müller lebt seit 2002 in Asien und berichtet als freie Journalistin und Mitglied des Korrespondentennetzwerks Weltreporter von den Philippinen, aus Japan und China.

Rücküberweisungen asiatischer Emigranten *2017, Schätzung, in Mrd. US-Dollar*

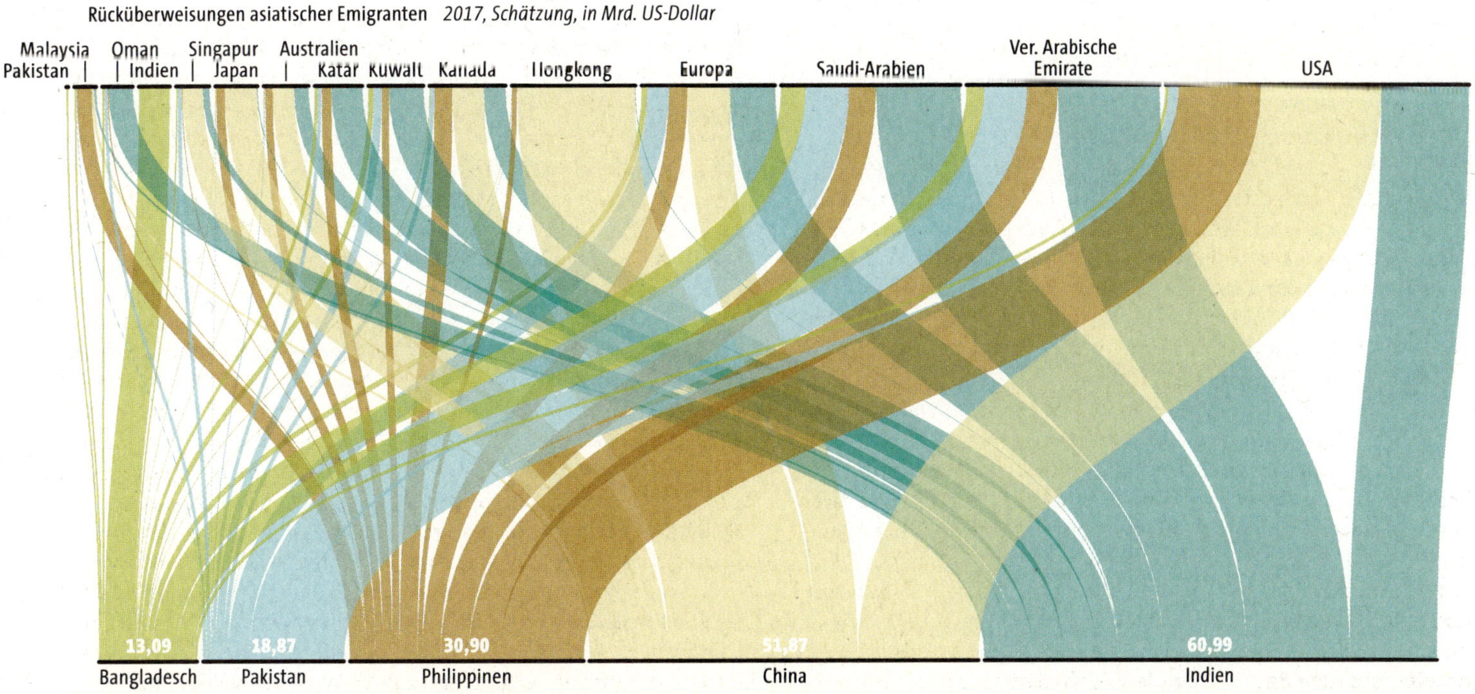

Steter Geldfluss in die Heimat

Migration und Geschlecht

Frauen leisten im Ausland oft Care-Arbeit, Männer schuften auf dem Bau, diskriminiert werden beide

von Bridget Anderson

Frauen verlassen ihr Heimatland aus anderen Gründen als Männer. In Südkorea zum Beispiel erben traditionell nur Männer Land, was eine regelrechte Landflucht von Frauen zur Folge hat. Weil deshalb wiederum viele koreanische Männer auf dem Land keine Partnerin finden, hat sich eine Heiratsmigration von Frauen aus Vietnam, Kambodscha und den Philippinen entwickelt. Anderswo gibt es Versuche, speziell Frauen am Auswandern zu hindern: Die nepalesische Regierung etwa hat die Migration von Hausangestellten in bestimmte Staaten des Nahen Ostens verboten.

Von »Geschlecht« wird in Bezug auf Migration häufig nur gesprochen, wenn es um Frauen geht, gerade so, als seien Männer geschlechts- und körperlose Wesen. Auch lassen sich weder alle Migrant*innen in ein binäres Geschlechtsmodell einordnen noch sind alle Migrant*innen heterosexuell. Sexualität und Geschlechtsidentität sind dabei nicht selten Gründe für die Migration und beeinflussen, wie und wohin sich Menschen auf den Weg machen.

Seit einiger Zeit spricht man in der Migrationsforschung von einer »Feminisierung« der Migration, aber natürlich sind Frauen schon immer migriert. In den letzten fünfzig Jahren ist der Anteil von Migrantinnen weltweit nur leicht gestiegen, von 46,6 Prozent im Jahr 1960 auf 48,4 Prozent 2017. Die entscheidende Veränderung besteht darin, dass die Wanderungsbewegungen von Frauen, sei es als Arbeitnehmerinnen, Flüchtlinge oder Familienangehörige, nun explizit thematisiert werden. Was »feminisiert« wurde, ist also nicht die Migration, sondern die Debatte über Migration.

Die Arbeitsmärkte weltweit sind geschlechtsspezifisch organisiert. In welche Branchen und Berufe Frauen und Männer geschleust werden, hängt von den lokalen und nationalen Bedingungen ab. So machen Migrant*innen in vielen Weltregionen einen beträchtlichen Teil der Arbeitskräfte im Baugewerbe aus. Während aber in Thailand rund 40 Prozent der Beschäftigten in dieser Branche weiblich sind, arbeiten auf australischen Baustellen zu 98 Prozent Männer.

Männer wandern eher in den Nahen Osten aus (weltweit 17,9 Prozent der männlichen Gesamtmigration im Vergleich zu 4 Prozent der weiblichen Migration), Frauen gehen häufiger nach Europa und Nordamerika (52,9 Prozent der Frauen im Vergleich zu 45,1 Prozent der Männer). Einer der wichtigsten Bereiche weiblicher Erwerbstätigkeit ist Care-Arbeit in Privathaushalten, darunter fallen zum Beispiel Hausarbeit, Altenpflege oder Kinderbetreuung. Von den schätzungsweise 11,5 Millionen ausländischen Hausangestellten weltweit sind 8,5 Millionen Frauen. Die Branche ist fast überall auf der Welt von Diskriminierung gekennzeichnet, häufig greifen selbst die grundlegendsten Arbeitsrechte nicht.

In Malaysia beispielsweise haben Hausangestellte, egal ob aus dem Ausland oder aus dem Inland, weder Anspruch auf den gesetzlich festgeschriebenen wöchentlichen Ruhetag noch auf den Mindestlohn. Die gesetzliche Arbeitszeit pro Tag beträgt 8 Stunden, aber nicht wenige Hausangestellte arbeiten mehr als 15 Stunden am Tag. Weil es an staatlicher Regulierung und Kontrolle fehlt und Angestellte in Privathaushalten häufig isoliert und in persönlicher Abhängigkeit von ihren Arbeitgebern leben, sind sie besonders gefährdet, Opfer von Missbrauch und Ausbeutung zu werden.

Dies gilt vor allem für Migrant*innen. Isolation und Abhängigkeit erhöhen sich, wenn ihre Aufenthaltsgenehmigung an die Beschäftigung gebunden ist oder sie gar keine gültigen Papiere besitzen. Wenn auch noch die Unterkunft an den Job geknüpft ist – wie bei Tätigkeiten im Haushalt und in der Landwirtschaft häufig der Fall –, verschärft sich die Lage zusätzlich.

Trotz aller Risiken und schlechter Erfahrungen kann die Arbeitsmigration vielen Frauen aber auch Chancen eröffnen. Überall auf der Welt gibt es Bemühungen von Care-Arbeit leistenden Migrant*innen, sich gewerkschaftlich zu organisieren; so etwa in den Debatten, die 2011 zur Verabschiedung des Übereinkommens 189 der Internationalen Arbeitsorganisation (ILO) über menschenwürdige Arbeit für Hausangestellte mündete. Für die Aktivist*innen von damals bedeutet dieser Erfolg auch eine persönliche Emanzipation. Eine ehemals illegale Hausangestellte in London formuliert es so: »Ich habe Selbstvertrauen gewonnen. Anders als früher, als ich die ganze Zeit Angst hatte, als ich meinen Mund halten musste, kann ich jetzt reden. Seit ich meine Rechte kenne, habe ich gelernt, meinen Arbeitgebern zu widersprechen. Ich muss nicht mehr nur putzen, sondern kann auch andere Jobs machen.«

Durchschnittseinkommen von migrantischen Beschäftigten *in der Landeswährung*[1]

1. Malaysia: Ringgit; Saudi-Arabien: Riyal.

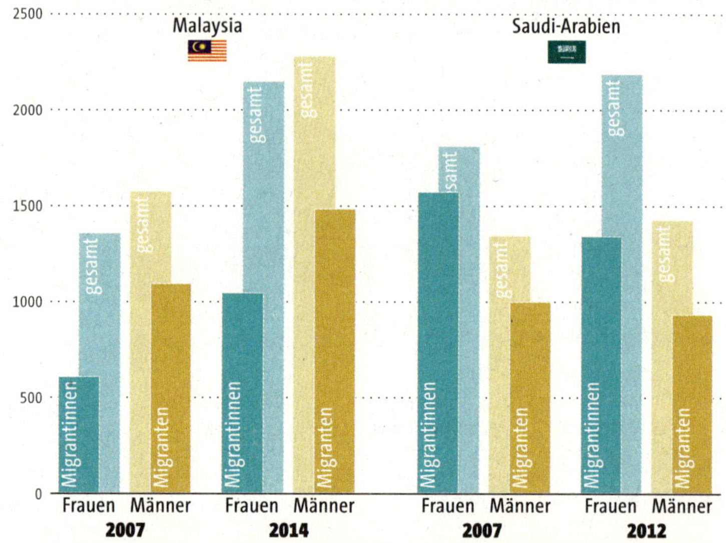

Ausgerechnet in Saudi-Arabien verdienen Migrantinnen vergleichsweise gut

Im Rentenalter zieht es weniger Frauen als Männer in ihr Herkunftsland zurück – nicht nur weil sie in der Nähe ihrer Kinder und Enkel bleiben wollen, sondern auch weil sie die Rückkehr in ein konservativeres Gesellschaftsmodell abschreckt. Männer hingegen werden nicht selten durch die Erfahrung von Diskriminierung und Statusverlust zur Rückkehr motiviert.

Wenn von spezifisch »weiblicher« Migration gesprochen werden kann, lassen sich auch für die »männlichen« Migrationen geschlechtsspezifische Faktoren finden, die entscheidenden Einfluss auf Form und Ausmaß von Wanderungsbewegungen haben. So stieg beispielsweise die Zahl männlicher Migranten in Asien zwischen 2000 und 2017 um rund 73 Prozent – ein Zuwachs, der auf die Nachfrage nach männlichen Arbeitskräften in der Ölindustrie im westlichen Asien, inklusive des Nahen Ostens, zurückzuführen ist.

In manchen Regionen kann die Migration für Männer auch einen wichtigen Schritt beim Übergang zum Erwachsenenalter bedeuten; manchmal spielen dabei auch traditionelle Vorstellungen von Mobilität hinein. »Wenn ein junger Mensch erwachsen wird, muss er auf Reisen gehen«, lautet ein Sprichwort in der westafrikanischen Pulaar-Sprache. Durch die Migration wird eine zu lange Junggesellenzeit zu Hause vermieden, außerdem kann die Männlichkeit unter Beweis gestellt und die

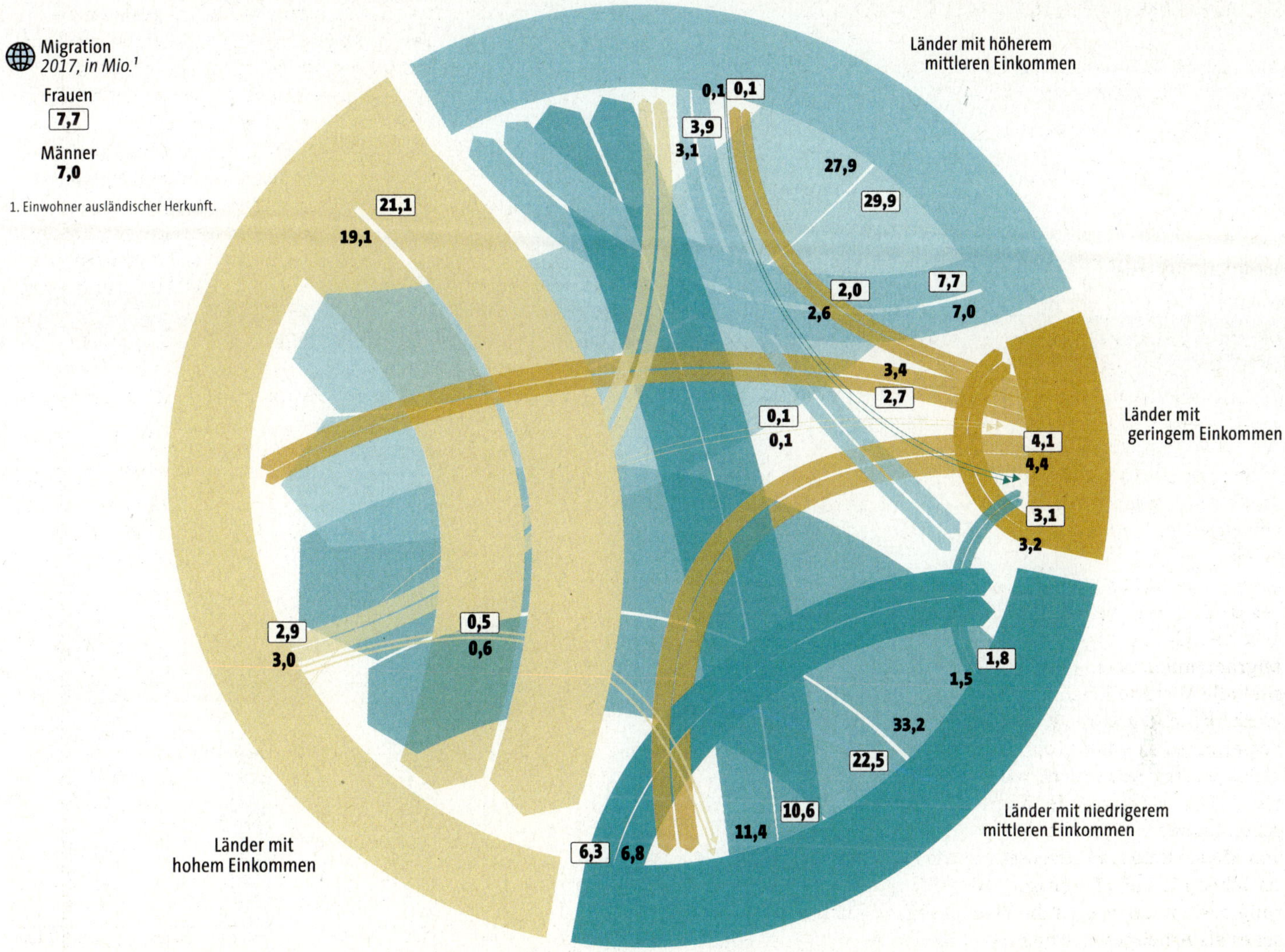

Aus Ländern mit höherem Einkommen emigrieren mehr Frauen als Männer

Rolle als Familienversorger und produktives Mitglied der lokalen Wirtschaft bekräftigt werden.

Der soziale Abstieg, der zunächst oft mit der Migration einhergeht, betrifft sowohl Frauen als auch Männer, wird allerdings sehr unterschiedlich erlebt. Männer nehmen es zum Beispiel sehr viel deutlicher als Statusverlust wahr, wenn sie ihre Familien nicht angemessen versorgen können. Häufig wird außerdem übersehen, dass auch Männer Opfer missbräuchlicher Arbeitgeber werden. Auch ist die Wahrscheinlichkeit für Männer höher, inhaftiert und abgeschoben zu werden. Nach Geschlecht aufgeschlüsselte Angaben zu Abschiebungen sind überraschend schwer zu finden, aber eine Untersuchung der Syracuse University im US-Bundesstaat New York hat ergeben, dass bei 368 644 Abschiebungen aus den USA im Haushaltsjahr 2013 zu 97 Prozent Männer betroffen waren.

Sowohl die Forschung als auch der öffentliche Diskurs über Migration konzentrierten sich bisweilen auf die sogenannten geringqualifizierten Migrant*innen. Sie werden als Problem betrachtet, während die Hochqualifizierten heiß umworben sind – oft gelten sie nicht mal als Migranten. Ein US-amerikanischer Vermögensberater in Sydney beispielsweise wird eher als »im Ausland lebend« oder »Expat« bezeichnet denn als »Migrant« oder »Einwanderer«. Zugleich spielt Geschlecht im internationalen Wettlauf um Talente eine entscheidende Rolle. In den Einwanderungsgesetzen wird oft das Einkommen als Maß für die Qualifikation genommen. Die geschlechtsspezifischen Unterschiede bei der Bezahlung führen dazu, dass es für Frauen schwieriger ist als für Männer, eine Einreise- und Arbeitserlaubnis zu erhalten – am ehesten klappt das noch im Gesundheits- und Bildungssektor. So wandern zwar gut ausgebildete Frauen häufiger aus als ihre männlichen Pendants, gelangen jedoch seltener dank ihrer beruflichen Qualifikation ins jeweilige Zielland.

Durch die in der Asyl- und Migrationspolitik dominante Unterscheidung zwischen »Flüchtlingen« einerseits und »Arbeitsmigranten« andererseits ist eine dritte Kategorie aus dem Sichtfeld geraten, die der »Familienangehörigen«. Darunter verstand man bis vor Kurzem nur die mitreisende Ehefrau. Inzwischen gibt es Bemühungen, diese Definition zu erweitern. Einige Staaten erkennen für die Familienzusammenführung bereits gleichgeschlechtliche Partnerschaften und eheähnliche Gemeinschaften an.

Diese Öffnung ist jedoch mit Vorsicht zu genießen: Die Kriterien für Asylverfahren und den Familiennachzug sind im Hinblick auf das Geschlecht zwar großzügiger geworden, zugleich ist die Zahl der bewilligten Anträge aber geschrumpft. So verlangen viele Einwanderungsländer vom bürgenden Ehegatten oder Partner den Nachweis eines bestimmten Einkommens – in Großbritannien zum Beispiel 18 600 Pfund im Jahr (21 700 Euro). Für viele Migrant*innen ist das an sich schon eine hohe Hürde – aufgrund des Gender Pay Gap ist sie für Frauen allerdings noch höher.

Bridget Anderson ist Professorin für Migration, Mobilität und Staatsbürgerschaft an der Universität Bristol. Von 2003 bis 2017 war sie Forschungsdirektorin am Centre on Migration, Policy and Society der Universität von Oxford.

Afrika in Bewegung

Als Koch nach Lagos, als Managerin nach Cotonou – an der Westküste ist die Mobilität am höchsten

von Katrin Gänsler

Im Westen Afrikas gilt die Westafrikanische Wirtschaftsgemeinschaft (Ecowas) als ein abstraktes Gebilde, in dem die 15 Staatschefs gelegentlich zusammenkommen und sich zumeist über Krisen beraten. Das geschieht abseits der Öffentlichkeit und wird selten wahrgenommen. Dabei hat die Regionalorganisation bereits 1979 etwas Entscheidendes beschlossen: das Free Movement of Persons. Das Protokoll besagt, dass Ecowas-Bürger innerhalb der Staatengemeinschaft reisen, ihren Wohnsitz frei wählen und Geschäfte und Unternehmen aufbauen dürfen. Es trägt der Tatsache Rechnung, dass die aktuellen Grenzen in Westafrika, die 1884/85 während der Kongo-Konferenz in Berlin von den Kolonialmächten gezogen wurden, nie zu einer Region passten, deren Bevölkerung immer in Bewegung war und ist.

Das belegt der Weltmigrationsbericht 2018 der Internationalen Organisation für Migration (IOM). Zwar lag die Abwanderung in Richtung USA, Asien und vor allem Europa auf einem Rekordhoch. Doch innerhalb Afrikas gibt es noch mehr Migranten. Dieser Trend besteht seit Beginn der 1990er Jahre. Im Westen des Kontinents ist die Mobilität am größten. Länder, in denen die Wirtschaft wächst und die somit Jobperspektiven eröffnen, werden zu attraktiven Zielen. Laut dem »Afrobarometer«, das seit 1999 Umfragen zu Demokratie, Regierungsführung und Wirtschaftsbedingungen durchführt, steht die Suche nach Arbeit für 43 Prozent der Migranten an erster Stelle, wenn sie ihr Heimatland verlassen. Dazu kommen über Jahrzehnte und Jahrhunderte gewachsene Strukturen und Traditionen. In der Region Kayes im Nordwesten Malis etwa sind ganze Dörfer aus den Rücküberweisungen der Migranten entstanden. Deshalb versuchen Familien vor allem ihre Söhne für einige Zeit nach Europa zu schicken, wo sie bereits auf ein bestehendes Netzwerk und Kontakte zurückgreifen können.

Einwanderung nach Herkunftsregion
2000 und 2017, in Prozent aller Einwanderer

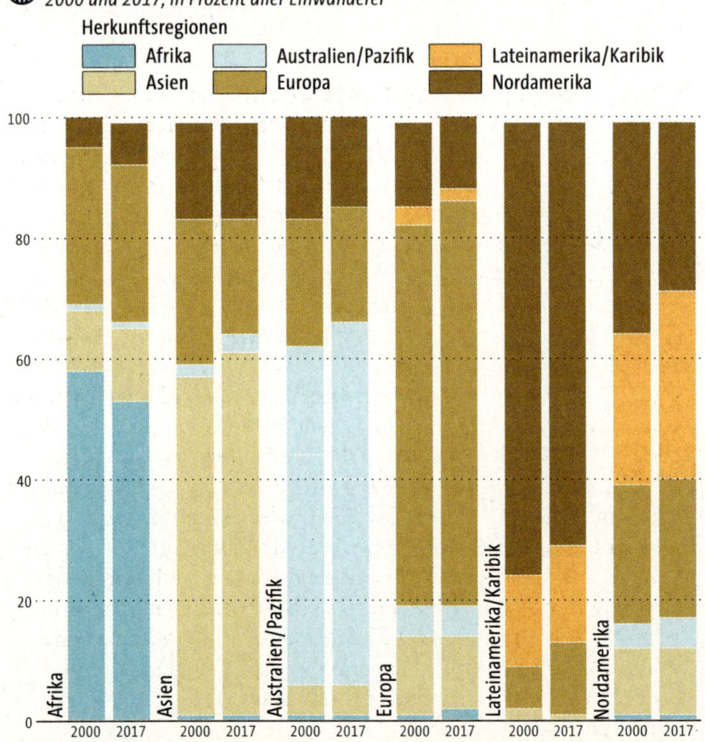

• Innerafrikanische Migration ist schon lange Normalität

Das westafrikanische Benin (11 Millionen Einwohner) etwa gilt als politisch stabil. Auf dem Index der menschlichen Entwicklung (HDI) der Vereinten Nationen belegt es zwar nur Platz 163, unter den 15 Ecowas-Ländern aber liegt es an vierter Stelle. Dennoch ist Emigration Normalität. Es wird geschätzt, dass 3 bis 4 Millionen Beniner im Ausland leben. Fast 40 Prozent der Erwachsenen denken »oft« oder zumindest »manchmal« an Auswanderung. Für Menschen mit Abitur und Hochschulabschluss ist die Elfenbeinküste, wo mehr als 54 000 Beniner leben, ein attraktives Ziel. Das Land hat mehr als doppelt so viele Einwohner (24,2 Millionen) und ist die größte Volkswirtschaft im frankofonen Westafrika. Wer im Niedriglohnsektor Arbeit sucht, den zieht es hingegen nach Nigeria (190 Millionen) sowie Gabun (1,7 Millionen) in Zentralafrika, wo Einwanderer laut IOM 13,91 Prozent der Bevölkerung ausmachen, darunter mehr als 35 000 Beniner. In beiden Ländern ist das Einkommensniveau höher als in Benin. Gesucht werden vor allem Arbeitskräfte für einfache Tätigkeiten. In Nigeria, Afrikas größter Volkswirtschaft, arbeiten Beniner etwa als Köche oder Hausangestellte.

Benin seinerseits zieht nigerianische Geschäftsleute an. Zwischen den beiden Hafenstädten Lagos und Cotonou liegen zwar nur 120 Kilometer, Cotonou hat jedoch den Vorteil, dass eine konstante Stromversorgung gewährleistet ist und die Mieten wesentlich günstiger sind als in der nigerianischen Megacity. Weil auch die politische Lage stabil ist, siedeln gutverdienende Nigerianer häufig mit der ganzen Familie über. Bereits 1982 wurde in Cotonou die Nigerianische Internationale Schule (NIS) gegründet. An verschiedenen privaten Universitäten wird auf Englisch unterrichtet.

Laut einer von der IOM und vom Internationalen Zentrum zur Entwicklung von Migrationspolitik (ICMPD) 2015 veröffentlichten Untersuchung zur Migrationspolitik in Westafrika ist in Benin jeder vierte Einwanderer Nigerianer. Das liegt auch daran, dass entlang der Grenze sowohl Nigerianer als auch Beniner der ethnischen Gruppe der Yoruba angehören und dieselbe Sprache sprechen.

Die meisten Immigranten in Benin stammen mit 34,8 Prozent allerdings aus dem Niger. Das Land war 2018 Schlusslicht auf der Liste des Human Development Index, gleichzeitig hat es weltweit die höchste Geburtenrate – laut dem World Factbook lag sie 2017 bei 6,49 Kindern pro Frau. In Benin arbeiten Nigrer meistens in Wach- und Sicherheitsdiensten oder als Gärtner. In der Gastronomie indes sind häufig Togoer anzutreffen. Das gilt auch für andere westafrikanische Länder.

Auch wenn innerafrikanische Migration schon lange Normalität ist, bleiben fremdenfeindliche Übergriffe nicht aus. In Südafrika, bis 2014 die stärkste Volkswirtschaft und bis heute das größte Einwanderungsland des Kontinents, kam es mehrfach zu Unruhen. Schon während der Apartheid zog es Arbeitskräfte aus den Nachbarländern Simbabwe, Mosambik, Lesotho, Malawi und Swasiland an. Von den 4 Millionen Einwanderern haben bis heute viele keinen Aufenthaltstitel und somit kaum Rechte und Schutz. Als zum Beispiel in den 1990er Jahren in Simbabwe unter Präsident Robert Mugabe die Repressionen zunahmen und sich die Wirtschaftslage verschlechterte, verließen viele Simbabwer ihr Heimatland. Im Mai 2008 sahen vor allem sie sich schweren Übergriffen ausgesetzt. Auch in den Jahren danach kam es immer wieder zu Gewalt gegenüber Einwanderern.

Südafrika ist keine Ausnahme. In der Elfenbeinküste– größter Kakaoproduzent weltweit – verstärkten sich ab den 1990er Jahren ebenfalls fremdenfeindliche Tendenzen. Damals führte Präsident Henri Konan Bédié das Konzept der Ivorité ein. Um für politische Ämter nominiert zu werden, mussten Anwärter ihre Herkunft offenlegen. Dem 2010 gewählten Präsident Alassane Ouattara etwa wurde auf dieser Grundlage 1995 die Kandidatur zur Präsi-

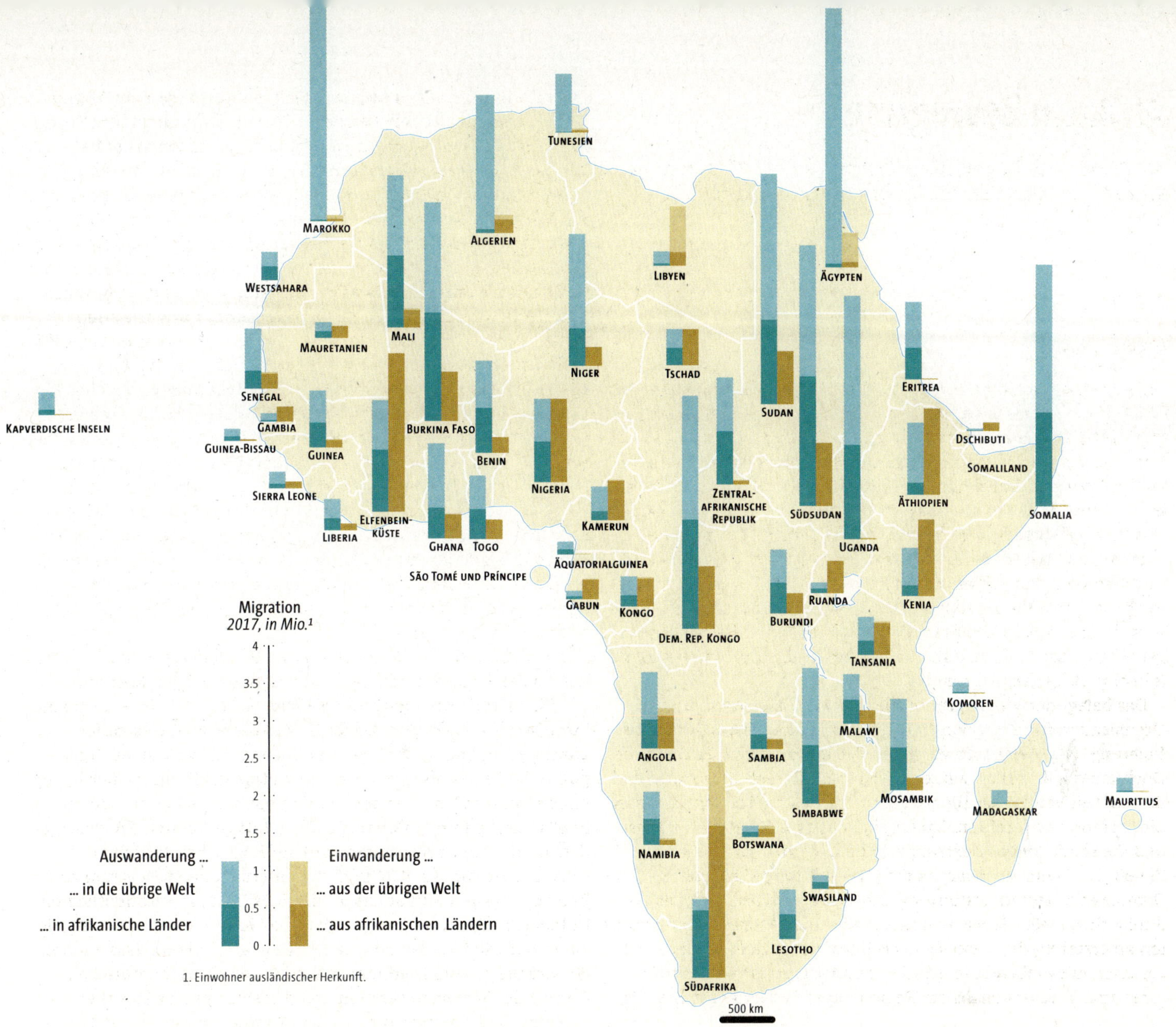

1. Einwohner ausländischer Herkunft.

Viele zieht es nach Südafrika

dentschaftswahl verweigert. Seine Eltern kämen aus Burkina Faso, hieß es damals. Laut einem Zensus von 1998 stammte jeder vierte Einwohner nicht aus der Elfenbeinküste. Daten zu allen Ländern variieren stark, da es sich oft um Schätzungen handelt, die nicht auf einem aktuellen Melderegister beruhen. Viele Migranten lassen sich auch gar nicht registrieren. Alle Erhebungen stimmen jedoch damit überein, dass die Elfenbeinküste den höchsten Anteil an Ausländern hat.

Die größte Gruppe bilden die gut 1,3 Millionen Burkiner. Mitunter werden die Elfenbeinküste und Burkina Faso als »Quasizwillinge« bezeichnet, die trotz des unterschiedlichen Entwicklungsstands durch ihre Geschichte untrennbar miteinander verbunden sind. Die Burkiner kamen bereits in den 1930er Jahren als Arbeitskräfte und arbeiteten vor allem im Kakaoanbau. Heute stellen 360 000 Malier die zweitgrößte Migrantengruppe.

In keinem anderen Land Afrikas aber leben aktuell so viele Migranten aus verschiedenen Nationen wie in Libyen, Tendenz steigend. Insgesamt machten sie laut IOM 2017 knapp eine halbe Million Personen – 7,7 Prozent der Bevölkerung – aus. Nur wenige Monate später, im Februar 2018, ging die Organisation bereits von über 700 000 aus.

Libyen galt über Jahre als das Tor nach Europa. Eine weitere Route führte vor allem in den 1990er und frühen 2000er Jahren vom Senegal auf die Kanarischen Inseln. Aufgrund der scharfen Kontrollen sitzen heute jedoch viele Menschen in Libyen fest. Nach Angaben des UN-Flüchtlingshilfswerks (UNHCR) erreichten im September 2018 9542 Menschen über den See- und Landweg Europa. Drei Jahre zuvor – im Oktober 2015, dem Höhepunkt der Flüchtlingsbewegung aus Syrien – waren es 222 454. Im kriegsgebeutelten Libyen werden Migranten verhaftet, eingesperrt und mitunter sogar als Sklaven verkauft. Auch werden sie entführt, um so von Familienangehörigen Geld zu erpressen. Internationale Proteste sind wieder abgeebbt und haben an der Situation bisher kaum etwas geändert.

Dabei waren Libyen wie auch Algerien und in geringerem Maße Tunesien und Marokko jahrzehntelang für afrikanische Migranten attraktiv. Die Jobperspektiven galten als besser, und das Lohnniveau war höher als in zahlreichen Ländern südlich der Sahara. Nach Angaben des Kinderhilfswerks Unicef lebten bereits 1990 insgesamt 457 482 Migranten im Land. Arbeit gefunden haben sie vor allem im Dienstleistungsbereich als Gärtner und Reinigungskräfte oder auf dem Bau. Einige – verlässliche Zahlen gibt es nicht – haben Unternehmen aufgebaut, Familien gegründet oder ihre Familie nachgeholt. Weil in Libyen aber der Staat zerfällt und Europa starken Druck ausübt, ist diese Perspektive nicht mehr vorhanden.

Katrin Gänsler ist Westafrika-Korrespondentin der *taz*.

Lagerwelten

Von Dadaab bis Moria: Wie aus Provisorien für Geflüchtete ein Dauerzustand wird

von Michel Agier

Seit den 1990er Jahren spielen in der Berichterstattung aus allen Ländern der Welt Begriffe wie Lager für Geflüchtete oder Vertriebene, Migrantencamp, Wartezone für Personen ohne Aufenthaltsstatus, Transitlager, Abschiebezentrum, Erstaufnahmeunterkunft, Ghetto, Dschungel und Hotspot eine wichtige Rolle. Dabei leben Millionen Menschen zum Teil schon seit Jahrzehnten in Lagern. Dieses Leben ist ihr Alltag. Die Flüchtlingscamps sind ein wichtiger Teil der Weltgesellschaft und führen zugleich vor, wie die Weltregierung das Unerwünschte verwaltet.

Nach dem Ende des Kalten Kriegs und nach unzähligen politischen, ökologischen und ökonomischen Erschütterungen hat die Unterbringung von Geflüchteten in Lagern gewaltige Ausmaße angenommen. Es handelt sich bei diesem Phänomen auch um ein Produkt der globalen Deregulierung im 21. Jahrhundert: Lokale, nationale oder internationale Behörden entscheiden über Menschen und bringen sie für unbestimmte Zeit in irgendeine Art Lager unter oder zwingen sie, sich selbst dorthin zu begeben.

2014 lebten weltweit 6 Millionen Menschen – vor allem Völker im Exil wie die Karen aus Myanmar in Thailand, die Sahrauis in Algerien oder die Palästinenser im Nahen Osten – in einem der 450 offiziellen Flüchtlingslager, die internationale Behörden wie das UN-Flüchtlingshilfswerk (UNHCR) oder das UN-Flüchtlingshilfswerk für Palästina (UNWRA), seltener auch nationale Behörden, verwalten.

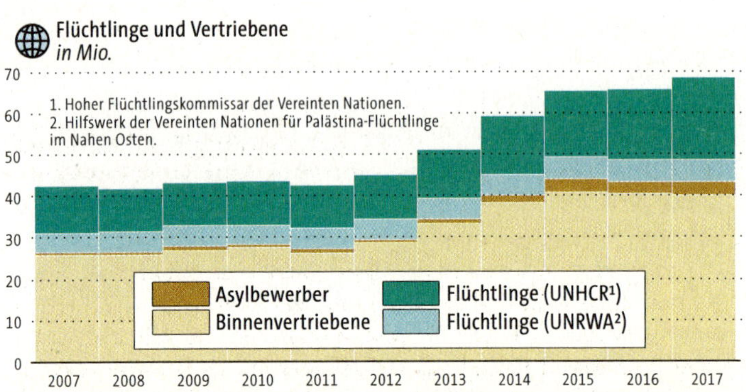

Mehr Binnenvertriebene als Flüchtlinge

Diese Lager wurden oft unter Zeitdruck errichtet, ohne dass man erwartet oder gar geplant hatte, dass daraus einmal dauerhafte Einrichtungen entstehen könnten. Manche Lager existieren seit 20 Jahren (wie in Kenia), seit 30 Jahren (in Pakistan, Algerien, Sambia, im Sudan) oder sogar seit 60 Jahren (im Nahen Osten). Im Laufe der Zeit haben einige das Aussehen riesiger, dicht bevölkerter Stadtrandsiedlungen angenommen.

Hinzu kommen mehr als 1000 Lager für Binnenvertriebene, in denen 2014 etwa 6 Millionen Menschen lebten, und mehrere tausend kleine selbstimprovisierte Camps mit 4 bis 5 Millionen Bewohnern, vor allem sogenannte illegale Migranten. Diese vergänglichen und meist unauffälligen provisorischen Ansiedlungen findet man vielfach am Rand der Städte oder entlang der Grenzen, auf Brachland oder in Ruinen, Baulücken und leer stehenden Gebäuden.

Und schließlich werden inzwischen mindestens 1 Million Migranten mindestens einmal in einem der weltweit 1000 Abschiebehaftzentren (400 in Europa) gewesen sein. Wenn man die Iraker und Syrer mitzählt, die in den letzten Jahren aus ihren Ländern geflohen sind, leben heute schätzungsweise 17 bis 20 Millionen Menschen in Lagern.

Bei aller Verschiedenheit haben die Lager drei Gemeinsamkeiten: ihre Exterritorialität, das Ausnahmeregime und die Ausgrenzung. Es sind räumlich abgegrenzte Sonderzonen, Nichtorte, die oft auf keiner Karte verzeichnet sind. Obwohl in dem kenianischen Flüchtlingslager Dadaab zwei- bis dreimal so viele Menschen leben wie im ganzen Distrikt Garissa, in dem das riesige Camp liegt, findet man es auf keiner Karte des Distrikts.

Alle Lager unterliegen eigenen Gesetzen und definieren den Grad der politischen Gleichheit zwischen den Staatsbürgern und den Lagerinsassen, deren Bewegungsfreiheit die Lagerverwaltung willkürlich aufheben, verzögern oder einschränken kann. Diese Form der Unterbringung bedeutet per se soziale Ausgrenzung: Sie signalisiert und kaschiert zugleich, dass die Geflüchteten als ganze Bevölkerungsgruppe überschüssig und zu viel sind.

Die Lager beherbergen jeweils eine bestimmte Gruppe von Menschen – von Haftzentren für Migranten ohne Aufenthaltstitel bis hin zu sogenannten humanitären Einrichtungen für Geflüchtete. Die offiziellen Kategorien zur Identifikation sind wie Masken, die den Schutzsuchenden vorübergehend übers Gesicht gelegt werden. So wurde beispielsweise aus einem Binnenvertriebenen in Liberia, der 2002/03, also auf dem Höhepunkt des Bürgerkriegs, in einem Lager am Stadtrand der Hauptstadt Monrovia lebte, ein Flüchtling, nachdem er jenseits der Grenze in der Region Waldguinea in ein UNHCR-Lager gekommen war und registriert wurde. Kaum hatte er jedoch das Lager verlassen, um sich in Guineas Hauptstadt Conakry einen Job zu suchen, galten er und seine Landsleute im Liberierviertel von Conakry als Illegale. Von dort aus wird er vielleicht versucht haben, über das Meer oder quer durch den Kontinent auf den Transsahara-Routen nach Europa zu gelangen.

Nehmen wir an, er schafft es bis nach Frankreich und landet dort in einer der 100 Wartezonen für Personen ohne Aufenthaltstitel, die in den Häfen oder Flughäfen eingerichtet wurden. Dann ist er erst mal nichts anderes als ein Häftling, solange er sich nicht als Asylbewerber registrieren lassen kann, wobei die Wahrscheinlichkeit groß ist, dass sein Antrag abgelehnt wird. Bis alle Formalitäten für seine Ausweisung erledigt sind, befindet er sich in Abschiebehaft. Wenn er nicht offiziell ausgewiesen werden kann, wird er »freigelassen« und taucht vielleicht irgendwann in Calais oder am Stadtrand von Rom wieder auf – als illegaler Migrant, der in einem Zeltlager oder in einem von afrikanischen Migranten besetzten Haus Unterschlupf gefunden hat.

Die Zeiten, in denen Flüchtlingslager nur in fernen Weltgegenden vorkamen, den »unterentwickelten Ländern« des Südens, sind endgültig vorbei. Seit 2015 sind durch die Ankunft der Geflüchteten aus dem Nahen Osten auch in Europa verschiedene Lagertypen entstanden, die unterschiedliche Funktionen haben. In Italien, in Griechenland, an der Grenze zwischen Mazedonien und Serbien oder zwischen Ungarn und Österreich wurden zahlreiche Aufnahme-, Registrierungs- und Verteilzentren für Migranten errichtet. Sie stehen unter polizeilicher oder Zivilverwaltung und werden von nationalen Behörden, der Europäischen Union oder privaten Institutionen betrieben.

Anfangs wurden die Geflüchteten in leerstehenden Lagerhallen, ehemaligen Militärkasernen oder Wohncontainern auf Brachland untergebracht. Doch der Platz reichte nicht für die vielen Menschen, und so entstanden gleich daneben wilde Lager, verwaltet von NGOs, Anwohnern oder den Geflüchteten selbst – etwa in Moria auf der griechischen Insel Lesbos ab, dem ersten Hotspot, den die Europäische Union im Oktober 2015 an der Außengrenze des Schengenraums errichtet hat, um Geflüchtete zu identifizieren

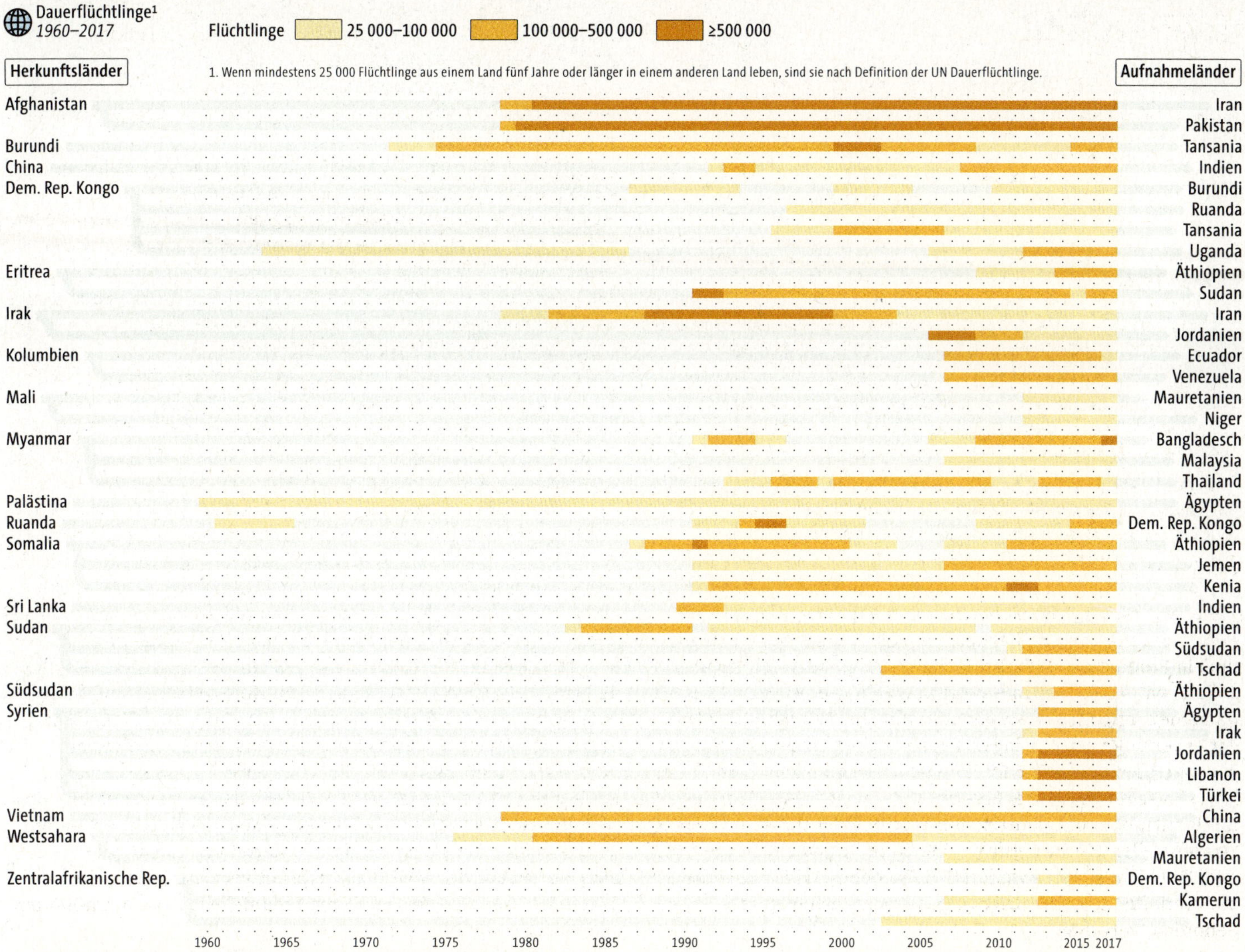

und ihre Fingerabdrücke zu nehmen. Auf diese Weise kann aus einem improvisierten und eigentlich nur für ein paar Dutzend Personen ausgelegten Hotspot bald ein richtig großer Slum werden.

In Griechenland lebten in einem Zeltlager neben dem Hafen Piräus zeitweise über 5000 Personen; bis zu 12 000 Menschen hausten in Idomeni an der griechisch-mazedonischen Grenze wie in einer riesigen Wartezone. Auch in Frankreich wurden in den letzten Jahren zahlreiche Ankunftszentren für Asylbewerber und Notunterkünfte errichtet. Und auch hier herrscht chronischer Platzmangel, sodass sich in der unmittelbaren Umgebung wilde Unterkünfte gebildet haben. Migranten, die nicht mehr in das Lager aufgenommen wurden, das die Stadt Paris im Herbst 2016 an der Porte de la Chapelle eröffnet hatte, mussten in Zelten, auf dem Bürgersteig oder unter der Hochbahn schlafen.

Was passiert mit den Lagern? Bislang gibt es drei Möglichkeiten. Entweder versucht man dafür zu sorgen, dass sie verschwinden, indem man sie gewaltsam räumt und zerstört, wie 2009 das Migrantenlager im griechischen Patras und 2016 den »Dschungel« von Calais, oder sie werden wiederholt geräumt wie die Roma-Camps vor den Toren von Paris und Lyon. Wenn ein Lager aber schon sehr lange existiert, wie etwa Maheba in Sambia, dann lässt es sich nicht einfach beseitigen. Maheba wurde 1971 eröffnet. 2002 sollte das Lager geschlossen werden; aber das ist unmöglich. Die meisten der inzwischen 58 000 Angolaner leben schon seit zwei oder sogar drei Generationen hier.

Ein zweiter Weg ist die langfristige Umgestaltung, die bis zur Anerkennung und einer Art Stadtrecht führen kann, wie im Fall der Palästinenserlager im Nahen Osten oder bei der allmählichen Integration der Lager für Binnenvertriebene aus dem Südsudan in die Peripherie von Khartum. In der dritten und gegenwärtig häufigsten Variante wird einfach nur abgewartet.

Dabei wären andere Szenarien durchaus vorstellbar. Die Lager sind nichts Unvermeidbares. 2014 und 2015 war längst abzusehen, dass in Zukunft noch mehr Menschen aus dem syrischen Kriegsgebiet fliehen werden. Seit 2012 appellieren UN-Behörden und Hilfsorganisationen vergeblich an die Staatengemeinschaft, sich mehr zu engagieren, Geflüchtete aufzunehmen und geordnete und würdige Bedingungen für sie zu schaffen.

Doch was geschah? Die vermeintlich plötzliche Massenankunft löste bei den unvorbereiteten Regierungen Panik aus und ihre Sorge übertrug sich auf die Bevölkerung. Die humanitäre Katastrophe lässt sich politisch instrumentalisieren, um rigorose Maßnahmen zu rechtfertigen. Aber die Einsperrung und Ausweisung der Migranten wirkt wie eine inszenierte Verteidigung des Vaterlands. Im Grunde hatte die Entfernung des »Dschungels« von Calais im Oktober 2016 die gleiche symbolische Funktion wie die Errichtung neuer Grenzanlagen oder das EU-Abkommen mit der Türkei vom März 2016: Diese Maßnahmen sollen nur suggerieren, dass der Staat für die Sicherheit seiner Bürger sorgen kann.

Michel Agier ist Ethnologe und Autor von Borderland: *Towards an Anthropology of the Cosmopolitan Condition*, Cambridge (Polity Books) 2016, und *Managing the Undesirables: Refugee Camps and the Humanitarian Government*, Cambridge (Polity Books) 2011.

Mit Satelliten, Drohnen und Nachtsichtgeräten

Europäische Rüstungskonzerne profitieren von der Vorverlegung der Grenzsicherung

von Matthias Monroy

Die Vorverlagerung der Grenzsicherung in Drittstaaten ist eine der wichtigsten Säulen der Nachbarschaftspolitik der Europäischen Union. Der Verkauf von Grenzüberwachungstechnik wird dadurch zum Wachstumsmarkt für Firmen im Rüstungs- und Sicherheitsbereich. Einer der Profiteure ist der europäische Airbus-Konzern, dessen Radar- und Sensortechnik inzwischen über die Ausgründung Hensoldt GmbH vermarktet wird. 2017 erhielt Hensoldt den Zuschlag des deutschen Verteidigungsministeriums für eine »Ertüchtigungsinitiative« zur Grenzüberwachung in Tunesien.

Mit deutschen Bodenüberwachungsradaren, hochauflösenden Ferngläsern und Nachtsichtgeräten will das tunesische Militär weite Teile der Grenze zu Libyen überwachen. Zur Lieferung gehört das Radargerät Spexer 2000, das in einem Umkreis von 40 Kilometern auch Fußgänger automatisch aufspüren kann. Das tunesische Militär erhält außerdem Nachtsichtgeräte vom Typ Night Owl M, die die Airbus-Entwickler »an das warme Klima angepasst« haben und die auch dann scharfe Bilder liefern sollen, wenn die Luft in der Sahara durch Turbulenzen getrübt ist. Airbus bewarb die Technik auf seiner Website als besonders geeignet gegen eine »Welle illegaler Einwanderer«, die an Europas südlichen Küsten und Inseln aufschlagen würden.

Die an Tunesien gelieferten »mobilen Bodenaufklärungssysteme« sind nicht nur für die Erkennung von Zielen an Land, sondern auch in der Luft und auf See geeignet. Sie könnten auch an den Küsten Libyens installiert werden, von wo aus viele Geflüchtete versuchen, auf Booten oder Schiffen EU-Länder zu erreichen. Die italienische Küstenwache und die spanische Guardia Civil unterstützen die libysche Marine deshalb bei der Ausstattung und der Ausbildung an neuer Technik zur Überwachung von Häfen, Küsten und angrenzenden internationalen Gewässern. Bis 2023 erhalten die libyschen Behörden 285 Millionen Euro aus Rom und Brüssel, die EU-Kommission allein fördert die Einrichtung »operativer Kontrollzentren« in Libyen mit rund 5 Millionen Euro. Weitere Geldgeber sind Italien und die vier Visegrád-Staaten Ungarn, Polen, Tschechien und die Slowakei.

Auch Airbus dürfte sich um den Zuschlag für die Grenzüberwachungsanlagen in Libyen bewerben. Für die zivile und militärische Überwachung von Seegrenzen hat der französisch-deutsche Konzern die darauf spezialisierte Firma Signalis übernommen und in seine neue Abteilung für Maritime Surveillance integriert. Das dort entwickelte System »Styris« hat Airbus auch an französische Behörden verkauft, nachdem 2018 immer mehr Geflüchtete in kleinen Booten den Ärmelkanal nach Großbritannien durchquert hatten. Auch die Firmen Leonardo (Italien), Thales (Frankreich), BAE Systems (Großbritannien) oder Indra (Spanien) entwickeln und vermarkten entsprechende Radargeräte, Kameras und Infrarotsensoren, die entweder an der Küste fest installiert sind oder von Schiffen und Flugzeugen aus zur Vervollständigung des Lagebilds beitragen. Die Anlagen sind beliebig erweiterbar und können Technik zur Küstenüberwachung, Schiffsbeobachtung oder Koordinierung von Rettungsmaßnahmen integrieren.

Jedes größere Schiff verfügt über ein automatisches Identifikationssystem (AIS). Ab einer Größe von 300 BRZ[1] müssen im internationalen Seeverkehr operierende Schiffe außerdem ein System zur Identifizierung und Verfolgung über große Entfernungen (LRIT) installieren. Es übermittelt ständig Informationen über Identität und Position des Schiffs an ein Datenzentrum. Diese Navigationsdaten werden von den maritimen Behörden zur Nachverfolgung der Schiffe genutzt. Die Informationen dienen aber nicht nur der Sicherheit des Seeverkehrs. Eine Software kann beispielsweise automatisch einschätzen, ob sich ein Schiff des Schmuggels verdächtig macht, etwa weil es einen ungewöhnlichen Kurs nimmt oder mit einer auffälligen Geschwindigkeit unterwegs ist.

Ein solches System zur Erkennung und Verfolgung von »Unregelmäßigkeiten im Schiffsverhalten«, das zusätzlich auf der Satellitenaufklärung basiert, hat die EU bis 2013 in teuren Forschungsprojekten entwickeln lassen, an denen viele Rüstungskonzerne, Forschungsinstitute und Universitäten beteiligt waren. Es vervollständigt das 2013 gestartete Grenzüberwachungssystem Eurosur, mit dem die EU-Grenzschutzagentur Frontex in Warschau den Überblick über sämtliche EU-Außengrenzen behalten will. Frontex nutzt hierfür kommerzielle Satellitenbilder, unter anderem von der Airbus-Tochter Infoterra.

Dank der Aufnahmen aus der Satellitenbeobachtung hat Frontex größere Schiffe auf dem Mittelmeer im Blick, damit diese nicht von Geflüchteten zur Überfahrt in die EU genutzt werden können. Dies betrifft beispielsweise Schiffe, die abgewrackt oder verkauft werden sollen und bis dahin ungenutzt in Häfen von Nachbarländern der EU liegen. Aus dem All lassen sich auch »potenzielle Verstecke« von Geflüchteten in Marokko an der Grenze zur spanischen Exklave Melilla ausfindig machen – ein im Internet veröffentlichtes Satellitenbild stammt der Kennzeichnung zufolge von einem Erdbeobachtungssatelliten der US-Firma DigitalGlobe.

Die EU betreibt mittlerweile ein eigenes Satellitenprogramm zur Beobachtung von »Umwelt und Sicherheit« mit dem Namen »Copernicus«. Die Bilder werden mithilfe optischer und radarbasierter Erdbeobachtungssatelliten erstellt. Optische Systeme sind zwar hochauflösend, können aber nur tagsüber und bei gutem Wetter genutzt werden. Radarsatelliten stellen hingegen wetter- und tageszeitunabhängig Bilder bereit, die allerdings computergestützt lesbar gemacht werden müssen. Vier solche Sentinel-Satelliten kreisen bereits im Orbit, zwei weitere sollen die erste Stufe des Programms ergänzen. Ab 2025 soll eine neue Generation hochauflösender Satelliten folgen. Auch an Copernicus sind die großen europäischen Rüstungskonzerne beteiligt. Airbus erhielt beispielsweise den Zuschlag für die Errichtung und den Betrieb von Infrastruktur zur Kommunikation der Satellitendaten.

Frontex-Budget
2005–2019, in Mio. Euro

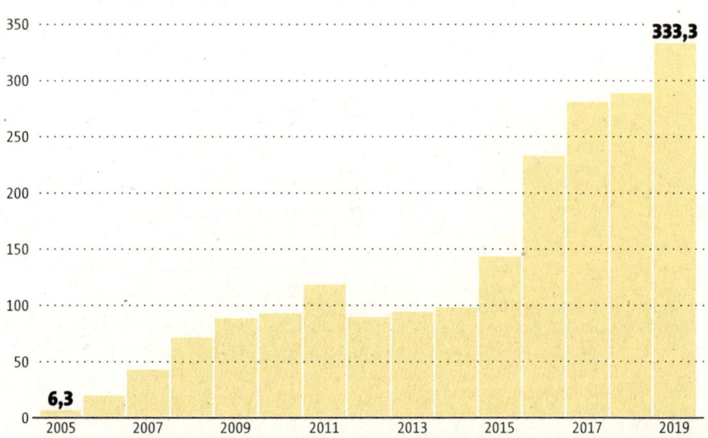

Die Kosten der Überwachung

1. Die **Bruttoraumzahl (BRZ)** bezeichnet die Größe eines Schiffs. Sie ersetzt die veraltete Bruttoregistertonne (BRT). Die BRZ ergibt sich aus der Anzahl der Kubikmeter aller geschlossenen Räume vom Kiel bis zum Schornstein mal – je nach Schiffsgröße – einem Wert zwischen 0,22 und 0,32.

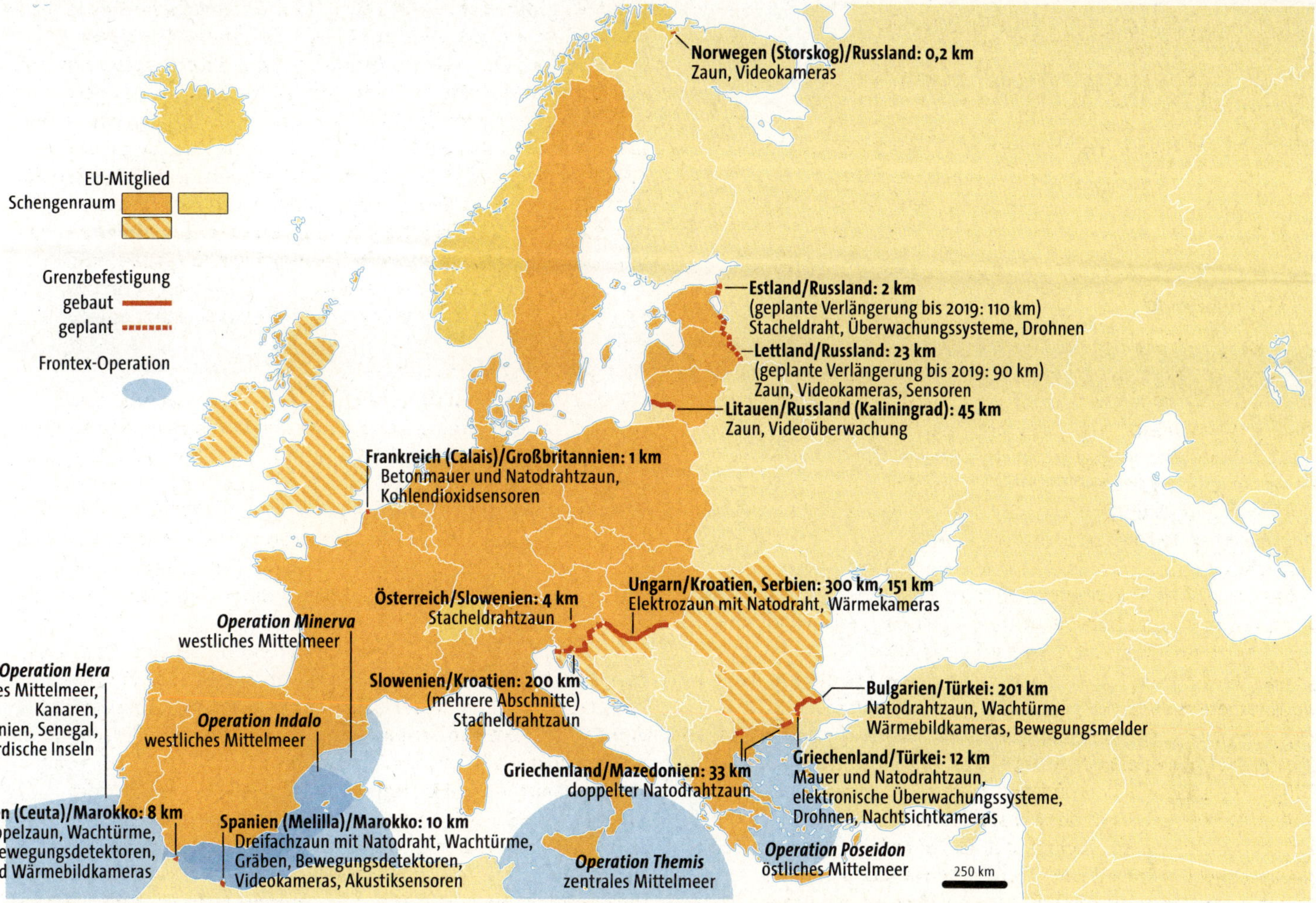

Die Festung Europa wird ausgebaut

Damit die Informationen aus dem All noch schneller bei den Bodenstationen ankommen, hat Airbus eine laserbasierte »Weltraumdatenautobahn« installiert. Zwei Kommunikationssatelliten können in 36 000 Kilometer Höhe eine Sichtverbindung mit jedem Ort auf der Erde herstellen, um dorthin Daten anderer Satelliten oder auch von Drohnen in nahezu Echtzeit zu übermitteln. Zwar wird die milliardenschwere Weltraumdatenautobahn mit hohen öffentlichen Summen gefördert, Eigentümer ist aber Airbus. Der Konzern darf die Dienste seinen Kunden anbieten. Das System ist mittlerweile einsatzbereit, bis 2020 ist Frontex über das europäische Copernicus-Programm der einzige Kunde. Die EU-Grenzagentur nutzt die Informationen für ihre Operation »Themis«, die seit Februar 2018 Italien bei der Kontrolle und Überwachung der Grenzen sowie bei Suche und Rettungseinsätzen im zentralen Mittelmeerraum unterstützt.

Seit Ende 2017 kontrolliert die EU die Migration aus Libyen mit großen Drohnen der Male-Klasse (mittlere Höhe, große Ausdauer). Sie verfügen über hochauflösende Kameras, Infrarotgeräte für den Nachtflug und Empfänger für Schiffspositionsdaten. Die unbemannten Luftfahrzeuge stammen aus Israel und werden von Frontex geflogen. Die Grenzagentur hat dafür einen Vertrag mit Airbus als Hauptauftragnehmer abgeschlossen. Der Konzern ist zuständig für die europäische Vermarktung der bislang nur militärisch genutzten Male-Drohnen des Typs Heron aus Israel. Frontex hatte den Hersteller der Heron bereits vor 2013 anlässlich der Vorstellung der Drohne zu einem der Workshops zur »Überwachung von Land- und Seegrenzen« in Griechenland eingeladen.

Seit 2018 ist die EU dabei, die seegestützten Überwachungssysteme abermals zu verbessern. Die italienische Luftwaffe stellt der EU-Militärmission Eunafvor Med vor der libyschen Küste Flugstunden ihrer unbewaffneten Predator-Drohne zur Verfügung. Die Innen- und Verteidigungsministerien Italiens, Portugals, Griechenlands und Spaniens forschen zusammen mit Airbus und anderen Rüstungskonzernen im Projekt »Maritime Integrated Surveillance Awareness« (Marisa). Die zu entwickelnde Plattform soll möglichst viele Datenquellen zusammenführen. Neben geobasierten und satellitengestützten Informationen sollen auch das Internet und soziale Netzwerke durchforstet werden, um mithilfe von Algorithmen Störungen möglichst früh erkennen oder gar vorhersehen zu können. Wieder winken lukrative Aufträge für Rüstungs- und Sicherheitsindustrie.

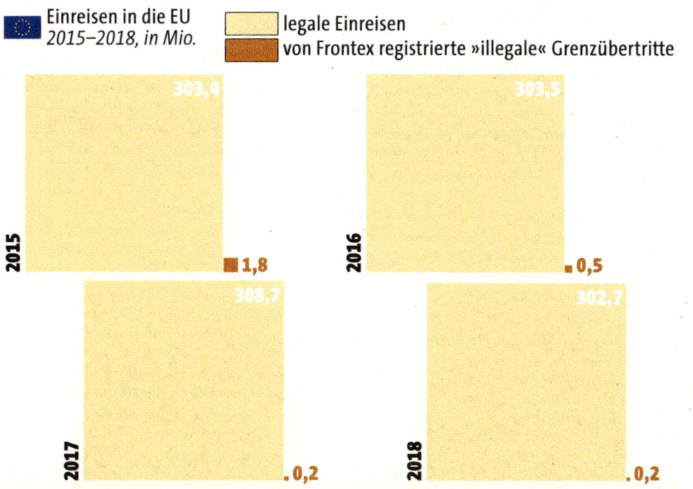

Erfolgreiche Abschottung

Matthias Monroy ist Redakteur der Zeitschrift *Bürgerrechte & Polizei/Cilip* sowie wissenschaftlicher Mitarbeiter der Linken im Bundestag.

Frauen in der Politik

Parlamentarierinnen

*2018, in Prozent aller Parlamentarier*innen*

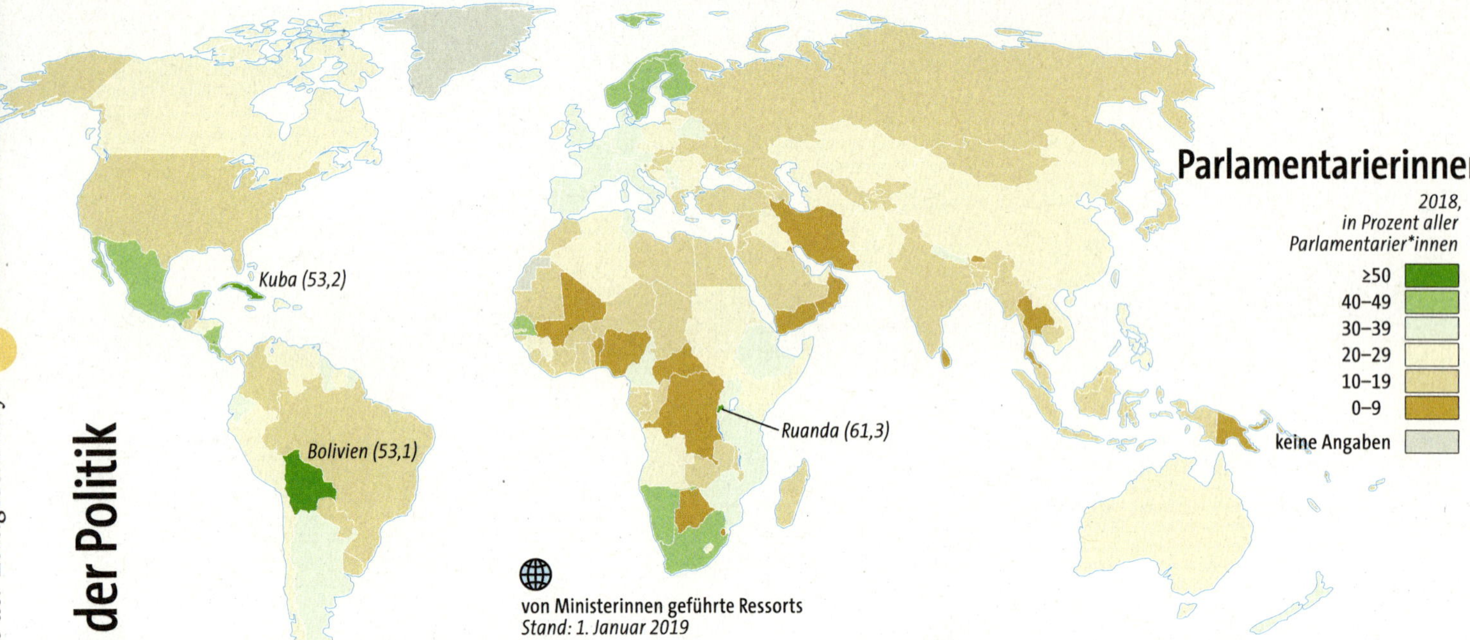

von Ministerinnen geführte Ressorts
Stand: 1. Januar 2019

Ressort	Anzahl
parlamentarische Angelegenheiten	5
Information/Medien	9
Bevölkerung	10
Transport	19
Wirtschaft/Entwicklung	21
Verteidigung und Veteranen	22
Menschenrechte	22
Wohnungsbau/städtische Angelegenheiten	25
Tourismus	30
Justiz	31
Kommunikation/Telekommunikation/Post	34
Sport	38
öffentliche Verwaltung/öffentliche Dienstleistungen	39
Finanzen/Haushalt	39
Landwirtschaft/Lebensmittel/Forstwirtschaft/Fischerei	39
Kommunalverwaltung	42
Inneres/Einwanderung (inkl. Integration und Flüchtlinge)	50
öffentliches Bauen/Raumordnung	53
Gesundheit	53
Forschung und Entwicklung/Wissenschaft und Technik	61
auswärtige Angelegenheiten (inkl. Entwicklungshilfe)	63
Kultur	67
Frauen/Geschlechtergleichheit	70
Bildung	76
Handel/Industrie	79
Beschäftigung/Arbeit/Ausbildung	84
Umwelt/Rohstoffe/Energie	95
Familie/Kinder/Jugendliche/Ältere/Menschen mit Beeinträchtigungen	107
Soziales	109

Parlamentarierinnen
*1997–2018, in Prozent aller Parlamentarier*innen*

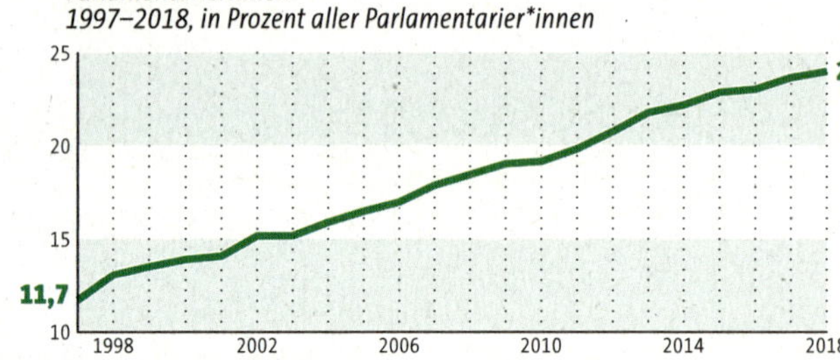

Ministerinnen

Am 1. Januar 2019 waren 813 von 3922 Minister*innen weiblich.

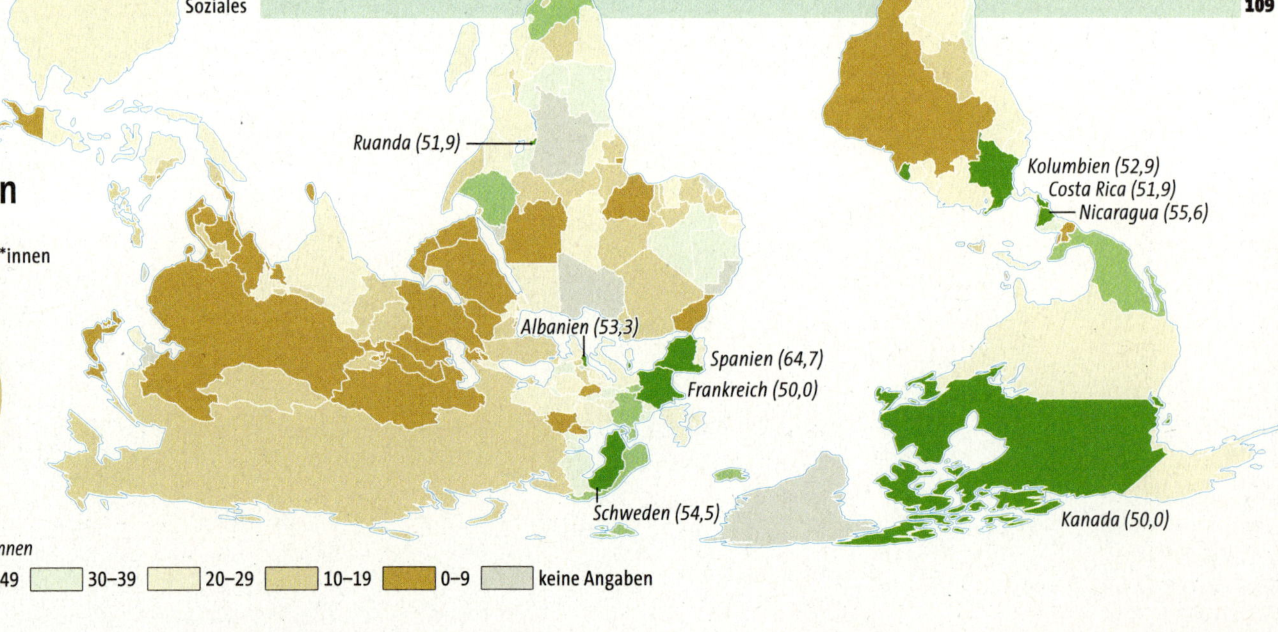

*1. Januar 2019, in Prozent aller Minister*innen*

≥50 | 40–49 | 30–39 | 20–29 | 10–19 | 0–9 | keine Angaben

Regierungschefinnen

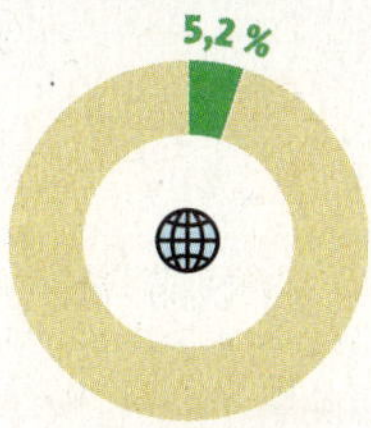

Am 1. Januar 2019
waren 10 von 193 Regierungschef*innen
weiblich.

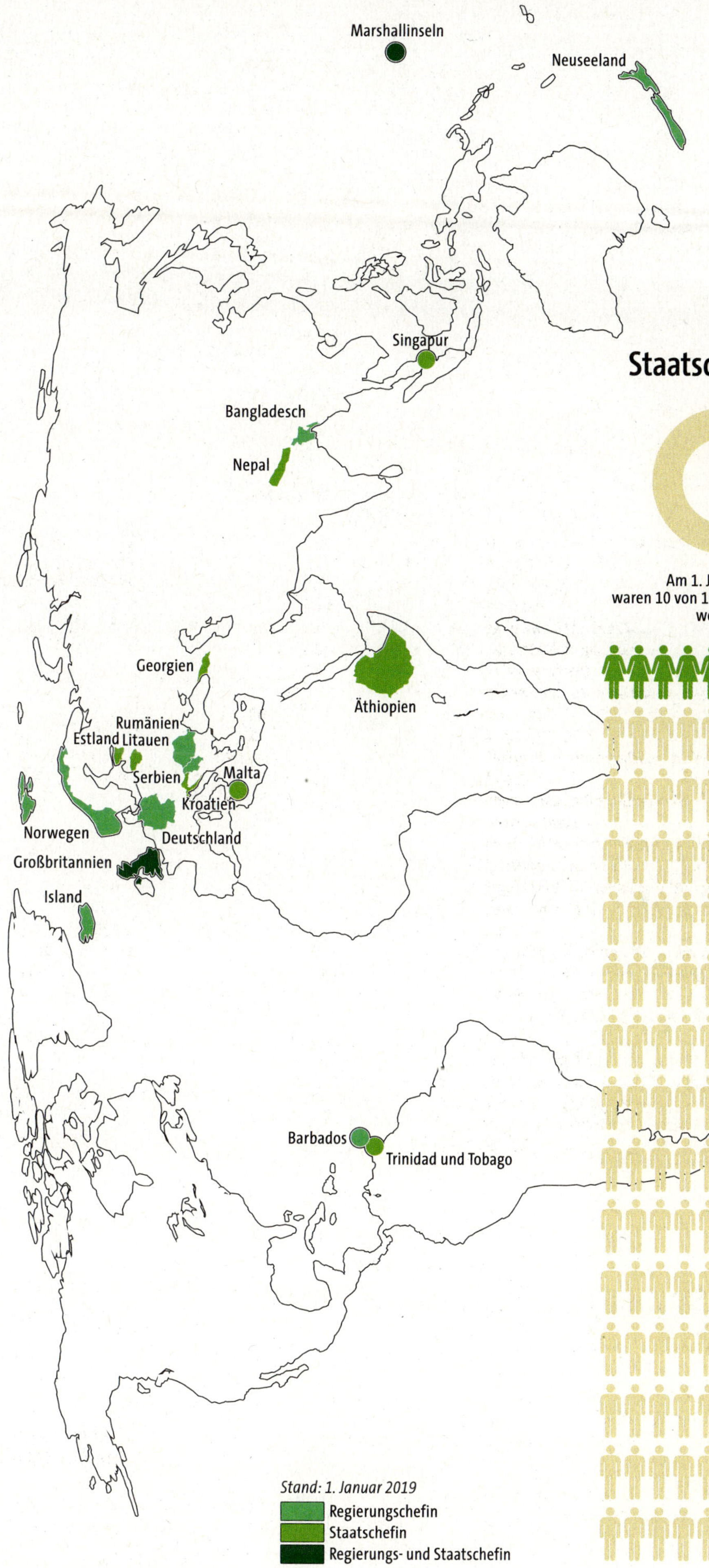

Staatschefinnen

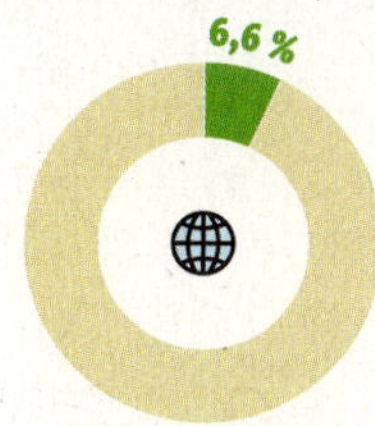

Am 1. Januar 2019
waren 10 von 152 Staatschef*innen
weiblich.

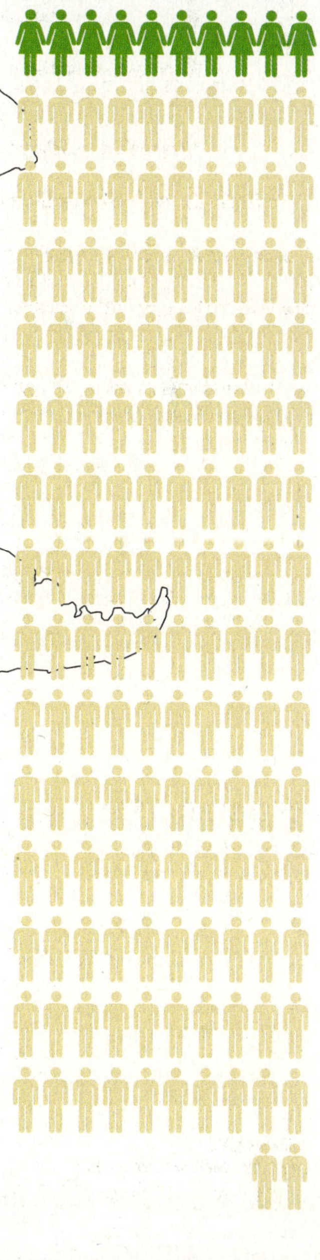

Frauen in der muslimischen Welt

Das größte Hemmnis für Gleichberechtigung ist eine patriarchale Kultur, die sich religiös verhüllt

von Charlotte Wiedemann

Die muslimische Welt ist heute von zwei gegensätzlichen Tendenzen gekennzeichnet. Ein rückwärtsgewandter und buchstabengläubiger Islam hat an Einfluss gewonnen, zugleich aber ist vielerorts eine Zivilgesellschaft herangewachsen, in der Vereinigungen von Frauen in der ersten Reihe stehen: Sie kämpfen um gesellschaftliche Teilhabe für alle und für frauenspezifische Rechte.

Reduziert man die beiden großen Tendenzen im Islam für einen Moment auf ihre jeweils extremste Ausprägung, dann bildet der gewalttätige Machismus der Terrorgruppen den einen Pol und die feministische Neuinterpretation islamischer Quellen den anderen. Als Weltreligion ist der Islam von innen her immens umkämpft, und anders als früher stehen zahlreiche Frauen als öffentlich Handelnde auf der Bühne ihrer Gesellschaften. Nie zuvor hat es zwischen Jakarta und Sarajevo so viele berufstätige, akademisch gebildete, gesellschaftlich engagierte Musliminnen gegeben wie heute, nie zuvor so viele Theologinnen, so viel weibliche Aneignung der Religion.

Schlägt sich das in mehr Rechten für Frauen nieder? Die Antwort fällt schwer, denn die Verhältnisse in der islamischen Welt lassen sich kaum summarisch erfassen – ein Lebensraum von 1,8 Milliarden Menschen, verteilt auf 49 Staaten mit einer Mehrheit muslimischen Glaubens und zusätzlich auf unzählbare Regionen mit muslimischen Minderheiten.

Auch ist das Mosaik islamischer Interpretationen noch unübersichtlicher geworden: Neben den vier klassischen Rechtsschulen allein bei den Sunniten gibt es heute eine sich täglich steigernde Kakofonie von Onlineunterweisungen; an Einfluss verloren haben hingegen die wenigen einst überregional anerkannten Autoritäten wie die Kairoer Al-Azhar-Universität. Deren Großscheich verurteilt zum Beispiel die Genitalverstümmelung als unislamisch, aber das beindruckt Imame in Mali wenig.

Groß sind die Unterschiede zwischen den Ländern: Iran hat keine einzige Richterin, während ägyptische Juristinnen für Präsenz im obersten Staatsgerichtshof mobilisieren. Gewaltig sind auch die Diskrepanzen innerhalb einzelner Länder. Pakistan hatte mit Benazir Bhutto schon 1988 die erste muslimische Regierungschefin der Welt, doch noch heute kann jede zweite Pakistanerin weder lesen noch schreiben.

Die Muttersprache von 80 Prozent der Muslimen und Musliminnen ist nicht Arabisch, gleichwohl macht die hiesige Wahrnehmung gern die männerdominierte arabische Familienkultur zum Synonym für islamische Sitten. Die Verengung hat mit Geopolitik zu tun: Der ölreiche Nahe Osten ist seit hundert Jahren ein Feld westlicher Einmischung. Öl und westliche Dominanz gehen indes ihrem Ende entgegen, unser Islambild dürfte 2030 deshalb weniger arabienfixiert sein. Und schon in naher Zukunft ist jede zweite Afrikanerin Muslimin.

Was hat eine Bäuerin in Niger, die mit der Hacke aufs Feld zieht, gemein mit der Unternehmerin in Kuwait, in deren klimatisierter Küche ein halbes Dutzend (ausländische) Dienstboten am Werk sind? Kaum mehr als die Gebetsrichtung. Die Kuwaiterin kann sich Freiheiten kaufen, so wie die weibliche Ober- und Mittelschicht anderer islamischer Länder. Für die berufstätige Malaysierin macht eine arme Indonesierin die Hausarbeit – die dafür ihre eigenen Kinder zurückgelassen hat. Die Emanzipation eines Teils der Musliminnen wird mit der Arbeitsmigration eines anderen Teils erkauft.

Religiöse Gebote, staatliches Recht, wirtschaftliche Verhältnisse und örtliche Sittengeschichte fügen sich je verschieden zusammen und bedingen so eine jeweils andere Stellung der Frau. Doch hat ein Faktor überall große verändernde Kraft: Bildung.

Vielerorts haben muslimische Mädchen bessere Schulnoten als Jungen; zielstrebig erobern sie die Universitäten, und zwar in einem solchen Ausmaß, dass Oman eine Männerquote für Studienplätze eingeführt hat und Malaysias Regierung sich sorgt, wie derart viele Akademikerinnen noch Ehemänner finden sollen. Auch in Ländern mit einer höheren weiblichen Analphabetenrate wie Pakistan zieht die Zahl junger Frauen an den Unis mit jener der Männer gleich. Iran hatte bereits 1998 mehr weibliche als männliche Studienanfänger. Zu diesem Zeitpunkt war die Kinderzahl pro Frau im Schnitt bereits von 3,9 auf 1,5 gefallen. Heute ist die Geburtenrate in Iran niedriger als in Frankreich, es studieren dauerhaft mehr Frauen als Männer, und zwar am liebsten Business Administration, Jura und Ingenieurwesen.

Musliminnen zeigen weniger Vorbehalte gegen sogenannte Männerberufe als westliche Frauen, und sie haben weniger Scheu vor technischen und naturwissenschaftlichen Fächern, wie eine Studie auch für Ägypten belegt.

Indonesien, die bevölkerungsreichste muslimische Nation, hat ebenfalls mehr Studentinnen als Studenten; etwa jede vierte junge Frau geht dort zur Uni oder in eine vergleichbare tertiäre Ausbildung. Das ist das Zehnfache im Vergleich zur Generation der Mütter und Großmütter. Bei den Männern hat sich die Rate nur verdoppelt.

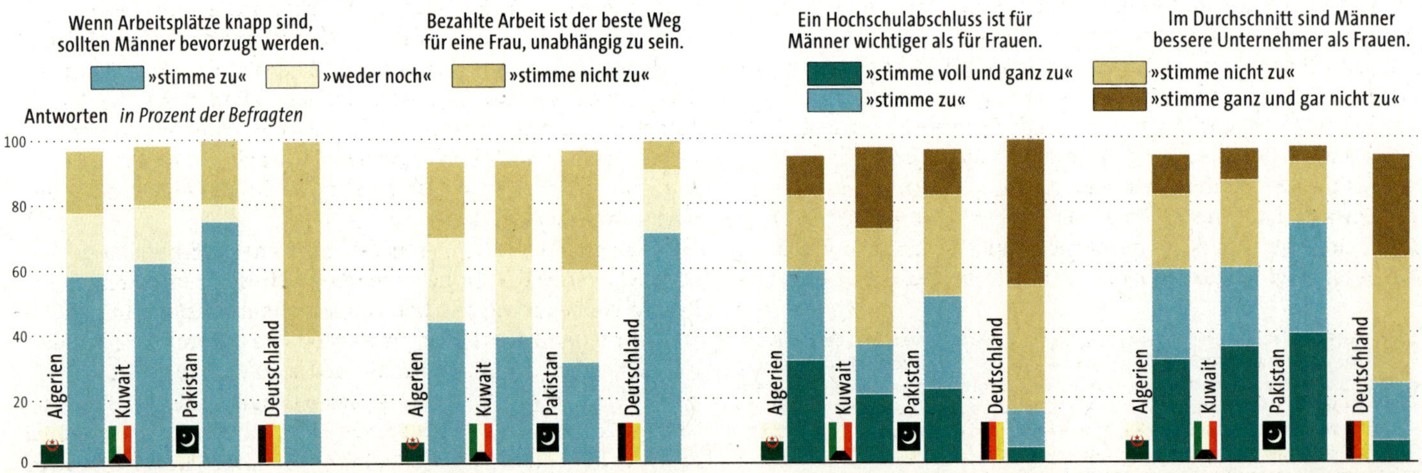

● Die Diskriminierung in den Köpfen

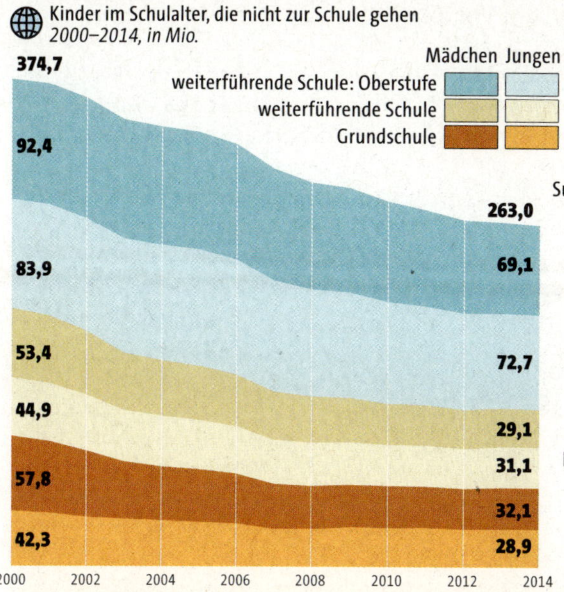

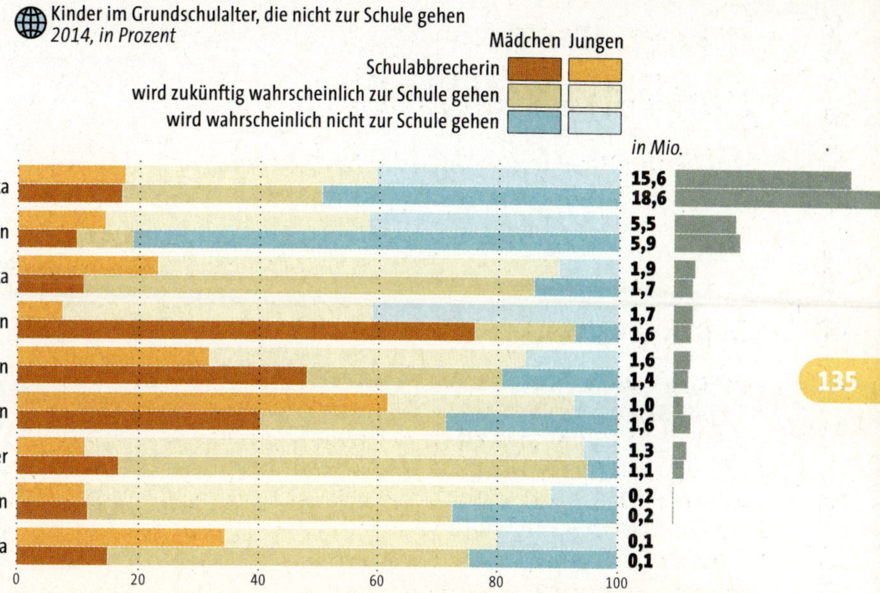

Folge der Bildung: Erst mit 28 Jahren bekommen Indonesierinnen im Schnitt ihr erstes Kind; Iranerinnen noch ein Jahr später. »Kindsbräute«? Es gibt sie weiterhin, doch die Tendenz weist in eine andere Richtung: In vielen Ländern steigt das Heiratsalter der Frauen, unabhängig vom gesetzlichen Mindestalter; sie gebären später und weniger häufig.

Die französischen Sozialforscher Emmanuel Todd und Youssef Courbage sahen darin bereits vor einem Jahrzehnt eine »unaufhaltsame Revolution«. Ihre Prognose, mit der demografischen Entwicklung gehe eine stetige Modernisierung der muslimischen Gesellschaften einher, war indes voreilig. Heute ringt ein Fortschritt, der stark weibliche Züge trägt, mit einem Rückschritt in Gestalt von religiösem Formalismus und von Rigidität. Dass sich einige Musliminnen aus westlichen Ländern dem »Islamischen Staat« angeschlossen und ihre Unterwerfung unter dessen Sitten als Akt der Freiheit und des Widerstands verstanden haben, wirkt wie eine bittere Karikatur auf diese Ambivalenz.

Mit Ausnahme der Golfmonarchien, die vom Wählen allgemein nicht viel halten, haben Musliminnen das Wahlrecht. Die Türkinnen bekamen es schon 1930, vor den Französinnen, Griechinnen und Italienerinnen. In allen islamischen Rechtsschulen ist die volljährige Frau ein eigenständiges Rechtssubjekt. Nur für die saudi-arabische Strömung des Wahhabismus wird die Frau gleichsam nie erwachsen, geht aus der Vormundschaft des Vaters in die des Ehemanns über. Weil die Entmündigung die Nutzung eines hochgebildeten weiblichen Arbeitskräftereservoirs – und damit die wirtschaftliche Modernisierung des Königreichs – hemmt, dürfte sie in naher Zukunft abgebaut werden.

Spirituell sind Frau und Mann im Islam gleichgestellt; Sure 33 benennt dies in umständlicher Ausführlichkeit, ein frühes Beispiel gendergerechter Sprache.[1] Im weltlichen Leben sieht der Islam hingegen die Geschlechter gemäß ihrer biologischen Unterschiedlichkeit in komplementären Rollen. »Die Frauen sind euch ein Gewand, und ihr seid ihnen ein Gewand« (Sure 2:187). Ohne einander sind beide quasi nackt, unbedeckt, ungeschützt. Zu heiraten ist religiös geboten, nicht nur um Sexualität zu legitimieren, sondern weil die Heterofamilie als Keimzelle einer funktionierenden Gesellschaft gilt. Das macht es allen abweichenden Lebensformen schwer.

Sexualität außerhalb der Ehe ist beiden Geschlechtern religiös untersagt, doch messen in der Praxis vor allem arabische Gesellschaften mit zweierlei Maß. Junge Männer dürfen vor der Ehe Erfahrungen sammeln, für die Frauen ist Jungfräulichkeit ein hohes Gut. In der Konsequenz entstehen so aus männlicher Sicht zwei Sorten Frauen: die einen für den Spaß, die anderen als gute Ehefrauen – eine Konstruktion, die islamische Prinzipien verhöhnt, aber gleichwohl in vielen Familien, auch von den Müttern, akzeptiert wird.

Landläufige westliche Annahmen über Frauenrechte entbehren oft der Grundlage: Weder nutzt die Trennung von Staat und Religion automatisch den Frauen, noch sind sie in einem traditionell-volkstümlichen Islam zwangsläufig bessergestellt. Für beides ist Mali, nach französischem Vorbild laizistisch verfasst, ein Beleg: Frauen sind per Gesetz dem Ehemann zu Gehorsam verpflichtet, und er hat auch über die (anhaltend hohe) Zahl der Kinder das letzte Wort.

Das größte Hemmnis für Gleichberechtigung ist vielmehr eine patriarchale Kultur, die sich religiös verhüllt. Viele junge Usbekinnen glauben, sie hätten nicht das Recht, ihren Ehemann frei zu wählen; so war es zu sowjetischen Zeiten, so ist es heute. Dabei sieht die islamische Rechtsprechung durchaus eine freie Partnerwahl vor und rechtfertigt keinerlei Zwangsehen. Doch können Frauen ihre nominellen Rechte oft nicht nutzen. Aus diesem Grund kommen aus Pakistan so viele erschreckende Nachrichten. Obwohl der oberste Gerichtshof bestätigt hat, dass Frauen ohne Einwilligung des Vaters heiraten können, fallen immer wieder Mädchen, die den vorgeschriebenen Partner ablehnen, Ehrenmorden zum Opfer. Blankes Patriarchat ist gleichfalls die Auffassung afghanischer Paschtunen, sie dürften eine Frau töten, weil sie weggelaufen ist.

Die Muslimin sei zu Hause stark und in der Öffentlichkeit schwach, dieses Bild ist heute veraltet. Oft ist es umgekehrt: Frauen können in islamischen Ländern Staatspräsidentin sein, Direktorin der Zentralbank, Universitätspräsidentin, Chefärztin und Generalin, doch Familienvorstand sind sie nur selten.

Die allermeisten islamisch geprägten Länder haben eine Verfassung nach westlichem Muster und beschränken die Scharia auf das Personenrecht (Ehe, Scheidung, Erbe), allerdings Land für Land in einer unterschiedlichen Kodifizierung. Auch Staaten, die in ihrer Verfassung die Gleichberechtigung der Geschlechter verankert

1. Sure 33:35: »Wahrlich, die muslimischen Männer und die muslimischen Frauen, die gläubigen Männer und die gläubigen Frauen, die gehorsamen Männer und die gehorsamen Frauen, die wahrhaftigen Männer und die wahrhaftigen Frauen, die standhaften Männer und die standhaften Frauen, die demütigen Männer und die demütigen Frauen, die Almosen spendenden Männer und die Almosen spendenden Frauen, die fastenden Männer und die fastenden Frauen, die ihre Keuschheit wahrenden Männer und die ihre Keuschheit wahrenden Frauen, die Allahs häufig gedenkenden Männer und die Allahs häufig gedenkenden Frauen – Allah hat für sie Vergebung und großen Lohn vorgesehen.« (»Der Koran«. Aus dem Arabischen von Max Henning, überarbeitet von Murad Wilfried Hofmann)

Die 10 Länder mit der größten muslimischen Minderheit
2010, Schätzung, in Mio.

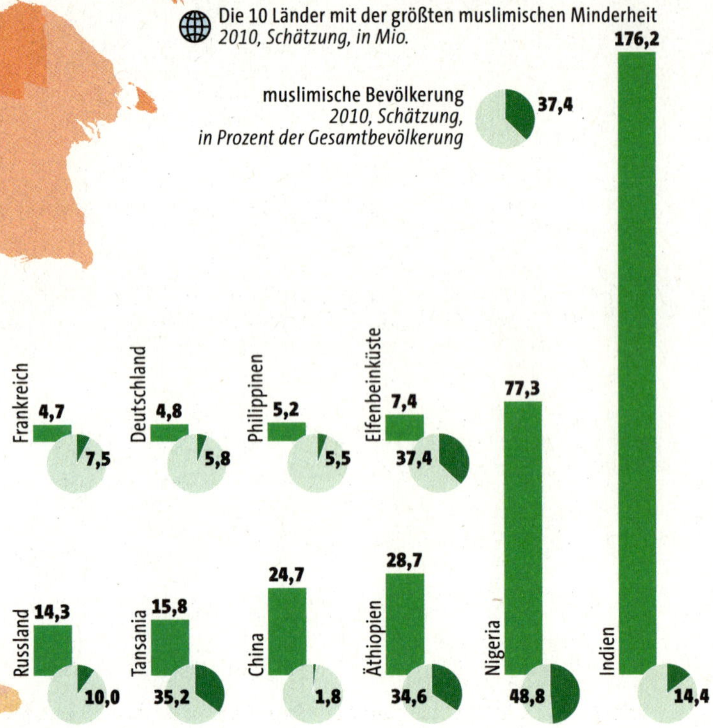

Die Größe der Länder entspricht der Zahl der Muslim*innen.

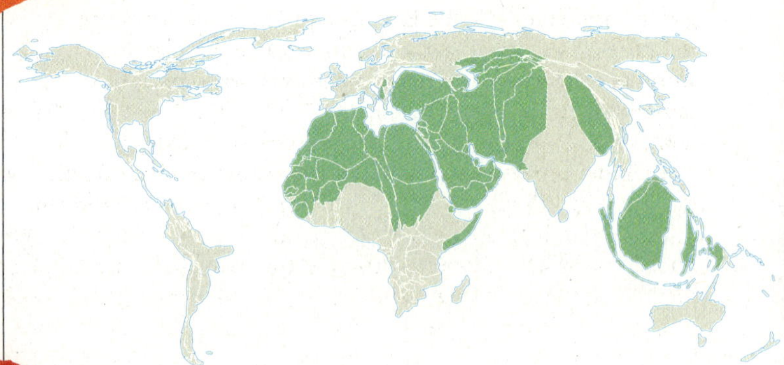

Länder mit einer mehrheitlich muslimischen Bevölkerung

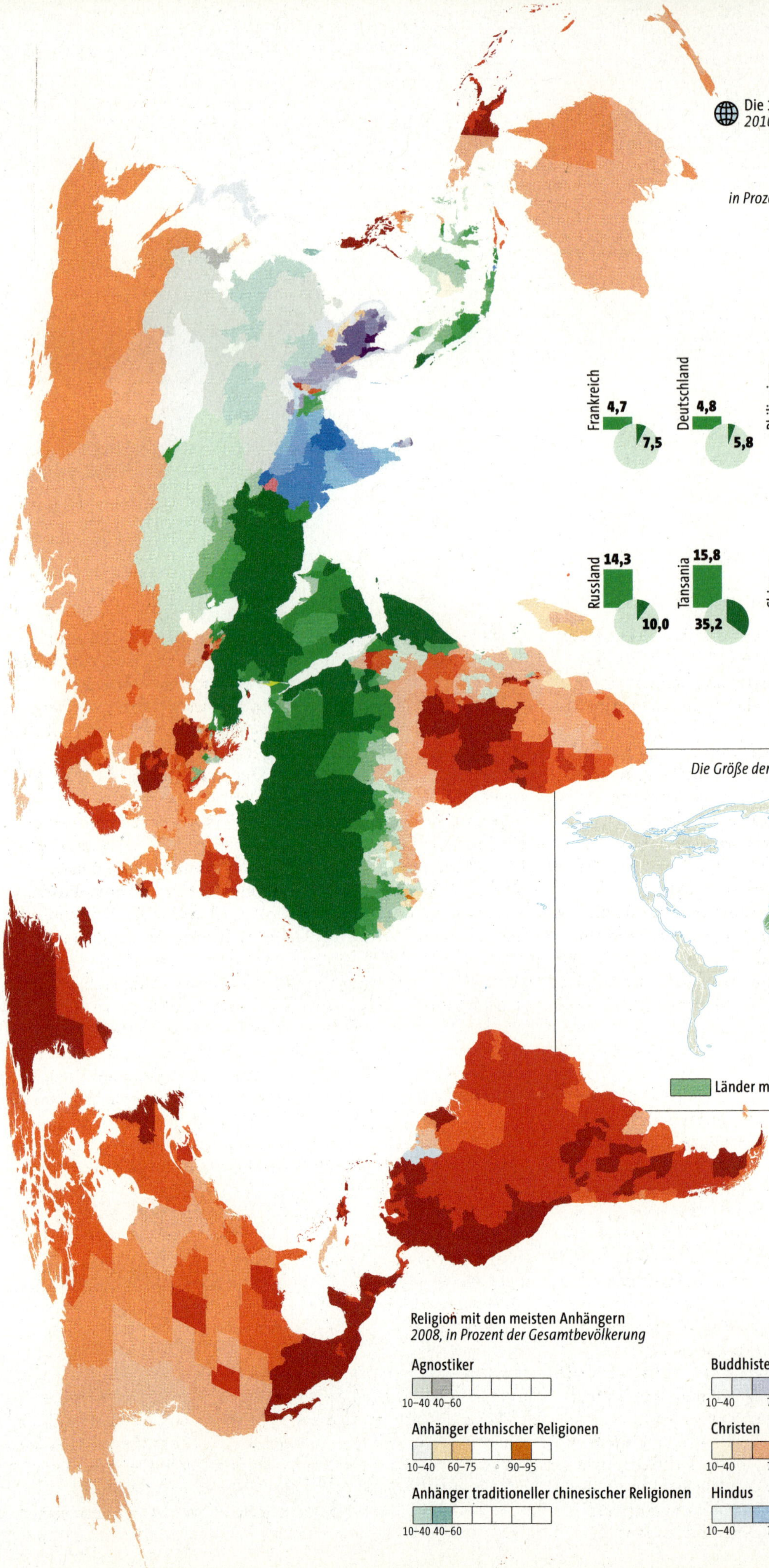

Religion mit den meisten Anhängern
2008, in Prozent der Gesamtbevölkerung

Agnostiker: 10–40, 40–60

Anhänger ethnischer Religionen: 10–40, 60–75, 90–95

Anhänger traditioneller chinesischer Religionen: 10–40, 40–60

Buddhisten: 10–40, 75–85, 95–100

Christen: 10–40, 75–85, 95–100

Hindus: 10–40, 75–85, 90–95

Juden: 40–60, 75–85

Muslime: 10–40, 75–85, 95–100

Sikhs: 60–75

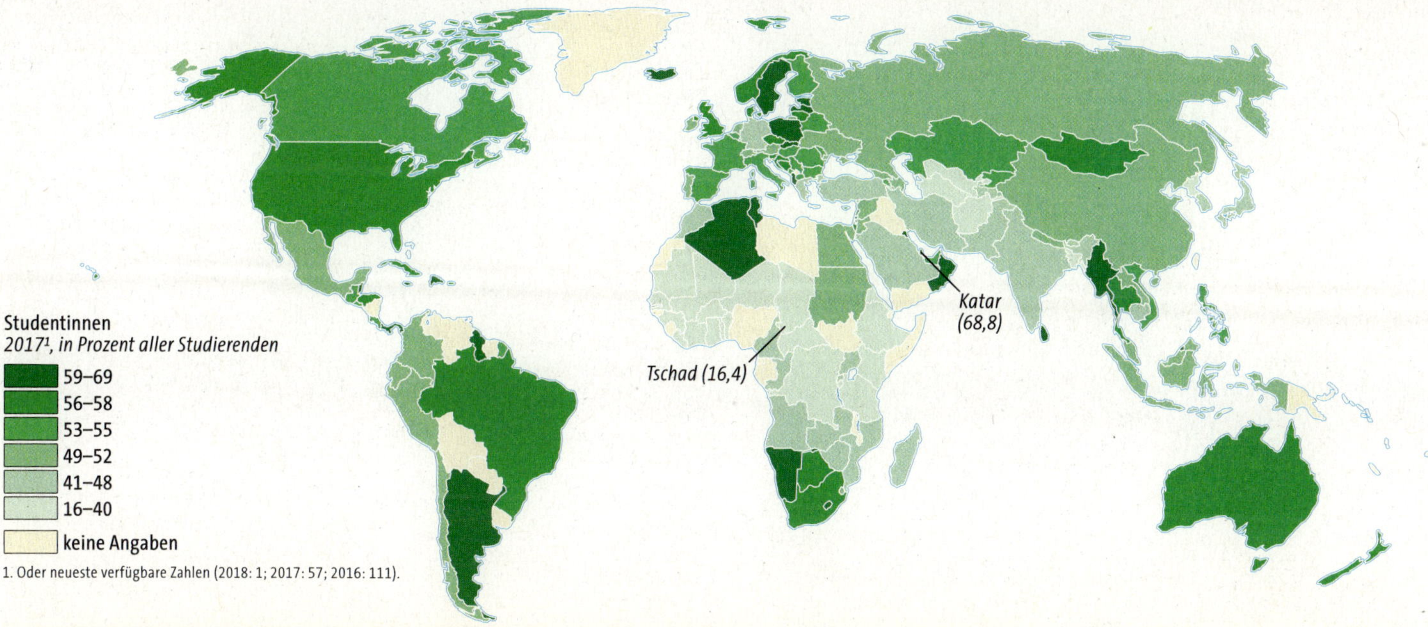

1. Oder neueste verfügbare Zahlen (2018: 1; 2017: 57; 2016: 111).

haben, benachteiligen Frauen im Familienrecht und sträuben sich gegen dessen Modernisierung. Und wo sie sich doch reformiert haben, etwa in Marokko, bleibt die Praxis hinter dem Buchstaben zurück. Über Familiäres zu bestimmen scheint das letzte Refugium männlicher Allmacht.

Eine Scheidung ist generell für Männer leichter zu erwirken. Dass allein das dreimalige Aussprechen des Scheidungswunschs, gar in Form von SMS, die Ehe beendet, ist von einer Reihe religiöser Instanzen sowie etwa zwei Dutzend Staaten untersagt worden, wird aber dennoch mancherorts praktiziert. Etwa von tadschikischen Arbeitsmigranten in Russland, die sich derart ihrer familiären Verpflichtungen in der Heimat entledigen.

Auf einer unzweideutigen Aussage im Koran fußt weibliche Benachteiligung nur bei einem einzigen Thema: dem Erbrecht. Dem Sohn stehe ein Anteil wie zwei Töchtern zu, heißt es in Sure 4:11. Das war im siebten Jahrhundert fortschrittlich, hatten doch die Frauen der vorislamischen Ära keinerlei Recht auf ein Erbe. Heute ist indes der Umstand, dass die Erbregelung im Koran so konkret formuliert ist wie nur weniges andere, eine robuste Hürde für Gleichbehandlung.

In Tunesien soll sie fallen: 80 Vereinigungen haben sich dort zu einer »Koalition für Gleichheit im Erbrecht« zusammengetan. Ermuntert wurden sie vom Staatspräsidenten, der eine Kommission einsetzte, um Reformwege zu prüfen. Mithilfe einer raffinierten Auslegung hatte der erste Präsident des unabhängigen Tunesien, Habib Bourguiba, vor einem halben Jahrhundert die Polygamie verbieten lassen: Das tadellos gerechte Verhalten gegenüber jeder Gattin, das der Prophet zur Bedingung einer Mehrehe gemacht hatte, sei niemand anderem als dem edlen Propheten selbst möglich gewesen. Fortschritt lässt sich heute nicht mehr so dekretieren wie zu Bourguibas Zeit. In Tunesien müssen für eine Reform des Erbrechts die wählerstarken moderaten Islamisten ins Boot geholt werden. Bis das geschieht, bemüht sich manche Familie durch eine rechtzeitige Schenkung (vor Eintritt des Todesfalls) um eine gerechtere Teilung des Erbes.

Privaten Verträgen räumt islamisches Recht viel Spielraum ein. So kann ein Ehevertrag Frauen für den Fall einer Scheidung mehr Rechte garantieren, als im staatlichen Familiengesetz vorgesehen sind. In Iran gibt es für solche Verträge sogar Formulare. Aber nicht jeder Mann, der sonst lauthals Regime und Mullahs kritisiert, will sie unterschreiben.

Als 2016 bei den Olympischen Spielen in Rio de Janeiro zwei Taekwondo-Kämpferinnen mit Hidschab auf dem Siegerpodest standen, eine Iranerin und eine Ägypterin, merkte die Welt auf. Neu war das Phänomen des muslimischen Frauensports da längst nicht mehr. Seit mehr als einem Jahrzehnt sind sportliche Leistungen für Musliminnen zum Mittel weiblichen Empowerments geworden: um sich in der eigenen Gesellschaft öffentlichen Raum zu erkämpfen, um unter Frauen für einen gesunden, aktiven Lebensstil zu werben und um in den globalen Arenen gegen westliche Vorurteile anzutreten.

In Iran, wo der Frauensport besonders entwickelt ist, zeigt er ein doppeltes Gesicht. Einerseits ist er Kampf gegen staatliche Diskriminierung, wenn etwa Frauen Motorradrennen fahren, obwohl sie auf normalen Straßen kein Motorrad fahren dürfen. Andererseits schmückt sich die Islamische Republik international mit ihren reitenden, schießenden, kickenden Vorzeigefrauen.

Die Ganzkörpertrikots empfinden manche Iranerinnen als aufgezwungen, während andernorts muslimische Aktivistinnen sogar dafür kämpfen, in bedeckender Kleidung an Wettkämpfen teilnehmen zu dürfen. Die Gewichtheberin Kulsoom Abdullah, US-Amerikanerin mit pakistanischen Wurzeln, brachte durch eine Kampagne die Internationale Gewichtheber-Föderation dazu, ihre Regeln zu ändern: Frau Abdullah darf nun mit langen Ärmeln und in Leggins antreten. Und mit Hidschab.

Das Tuch als Pflicht zu sehen, ist durch religiöse Texte nicht gedeckt, gleichwohl sind Millionen Frauen weltweit dieser Ansicht. Die Verschleierung ist zum Ausdruck einer weiblich-muslimischen Globalisierung geworden, eines grenzüberschreitenden Lebensgefühls. Global vernetzt sind, ob mit oder ohne Tuch, auch die Aktivistinnen für Frauenrechte und die theologischen Reformerinnen, etwa durch Organisationen wie »Women living under Muslim Laws« oder »Sisters in Islam«.

Es gibt einen islamischen Feminismus: Das sind Musliminnen, die ihre Anliegen in die Sprache des Islam kleiden. Und es gibt Feministinnen muslimischen Glaubens, die ihren Diskurs nicht islamisieren, sondern den bisher westlich-weißen Feminismus universaler machen wollen. Beide Strömungen arbeiten an einer neuen Lektüre von Koran und Sunna, der überlieferten Praxis des Propheten; an einer Neuschreibung islamischer Geschichte und, als härtester Brocken, an einer Revision islamischer Rechtsprechung, die über Jahrhunderte das Werk von Männern war.

Charlotte Wiedemann ist freie Autorin mit dem Schwerpunkt »Islamische Lebenswelten«.

Das Jahrhundert des Kindes

Vom Objekt elterlicher Gewalt zum Träger eigener Rechte

von Jörg Maywald

Jahrtausendelang waren Kinder nicht als eigene Persönlichkeiten und Rechtssubjekte anerkannt. Sie galten als noch nicht vollwertige, den Erwachsenen in jeder Hinsicht unterlegen und ihnen rechtlich nicht gleichgestellt. Kindheit wurde als Übergangsstadium, als Phase menschlicher Unvollkommenheit angesehen, die es möglichst schnell zu überwinden galt. Bezeichnend ist, dass die griechischen und lateinischen Wörter für Kind – »παῖς« beziehungsweise »puer« – zugleich auch »Sklave« und »Diener« bedeuten. Im patriarchalischen römischen Recht lag es in der Hand des Vaters, ein Neugeborenes anzunehmen oder eben nicht. In vielen Fällen wurden Mädchen und fast immer behinderte Kinder nicht angenommen und waren damit dem Tode geweiht.

Mit der Ausbreitung des Christentums setzten tiefgreifende Veränderungen ein. So hat die Legende von einem Massenmord an Kindern durch den römischen Statthalter Herodes das Bild vom Kind nachhaltig verändert – Kindern wurde zumindest ein Recht auf Leben zugestanden. Als sich in Europa die christliche Fürsorgepflicht nach und nach durchsetzte, wurden Kindesaussetzungen verboten und erste Kinderschutzeinrichtungen gegründet.

Mit der Aufklärung wandelte sich das Bild erneut. Die Kindheit als Erfindung der Moderne – als wichtiger Lebensabschnitt mit eigenen Bedürfnissen – wurde geboren, und die Auffassung verbreitete sich, dass Kinder einer besonderen Förderung bedürfen. Der Kindergarten und die Schule kamen als Orte der Erziehung zur Familie hinzu. Verbote von »grober« Misshandlung und »unangemessener« Züchtigung durch Eltern, Lehrer, Lehrherren sowie Heim- und Gefängnisaufseher sollten die schlimmsten Auswüchse von Gewalt gegen Kinder verhindern.

Die ersten Bestrebungen, Kinder nicht mehr nur als Objekte der Erwachsenen anzusehen, sondern als individuelle Persönlichkeiten mit eigenen Rechten, sind nicht einmal hundert Jahre alt. Unter dem Eindruck massenhaften Kinderelends im Ersten Weltkrieg gründete die englische Grundschullehrerin Eglantyne Jebb 1920 die britische »Save the Children International Union« und damit den ersten internationalen Lobbyverband für die Interessen von Kindern. Jebbs Fünfpunkteprogramm – die Children's Charter – enthielt grundlegende Schutzverpflichtungen der Erwachsenen gegenüber den Kindern und endete mit der Aufforderung, Kinder im Geiste des Weltfriedens zu erziehen. Der 1919 gegründete Völkerbund übernahm die Charter und verkündete sie 1924 als Geneva Declaration über die Rechte des Kindes.

Um die gleiche Zeit proklamierte der polnische Kinderarzt und Pädagoge Janusz Korczak ein Recht jedes Kindes auf Achtung seiner Persönlichkeit. Als Leiter eines jüdischen Waisenhauses in Warschau forderte er umfassende Mitwirkungsrechte für Kinder und überwand damit die Fixierung auf die Schutz- und Förderungsbedürftigkeit von Kindern zugunsten einer Vorstellung, die Gleichwertigkeit und Respekt in den Vordergrund stellt. Die Quintessenz seiner Haltung, mit der er seiner Zeit weit voraus war, lautete: »Das Kind wird nicht erst ein Mensch, es ist schon einer.«

Nach dem Zweiten Weltkrieg setzten die Vereinten Nationen als Nachfolger des Völkerbunds die Beratungen über Menschen- und Kinderrechte fort. Bereits 1945 wurde in San Francisco die Charta der Vereinten Nationen verabschiedet, 1948 folgte in Paris die Verabschiedung der Allgemeinen Erklärung der Menschenrechte. Rund zehn Jahre später standen die Kinderrechte im Mittelpunkt. Ein überarbeiteter und auf zehn Artikel erweiterter Text der Geneva Declaration wurde 1959 von der UN-Vollversammlung als Deklaration über die Rechte des Kindes verabschiedet. In diesem noch nicht rechtsverbindlichen Dokument wird das Kind erstmals auf internationaler Ebene als Träger eigener Rechte bezeichnet. Außerdem wurde der Begriff des Kindeswohls (»best interests of the child«) eingeführt.

Vor dem Hintergrund großer Hungerkatastrophen, aber auch aufgrund der Erfahrung von Entkolonialisierung und weltweiter Freiheitsbestrebungen trat in den 1970er Jahren die immense Ungleichheit der Lebenschancen von Kindern immer stärker ins allgemeine Bewusstsein. Die Vereinten Nationen nahmen sich erneut der Sache der Kinder an. Anlässlich des 20. Jahrestags der Verabschiedung der Deklaration über die Rechte des Kindes beschloss die UN-Vollversammlung, 1979 zum Internationalen Jahr des Kindes auszurufen. Außerdem beauftragte sie auf Initiative Polens hin eine Arbeitsgruppe damit, eine völkerrechtsverbindliche Kinderrechtskonvention zu erarbeiten.

Zehn Jahre später, am 20. November 1989, wurde dann in der 44. UN-Vollversammlung die Konvention über die Rechte des Kindes (UN-Kinderrechtskonvention) einstimmig verabschiedet. Insgesamt 194 Staaten ratifizierten die Konvention und erklärten sie damit innerstaatlich für verbindlich. Lediglich die USA stimmten zwar der Verabschiedung zu, sind jedoch bis heute das einzige Land der Welt, in dem sie nicht ratifiziert ist, unter anderem weil das Recht auf gewaltfreie Erziehung dort nicht mehrheitsfähig ist. Zwölf Jahre nach Inkrafttreten der Konvention fand 2002 in New York eine Sondergeneralversammlung der Vereinten Nationen statt,

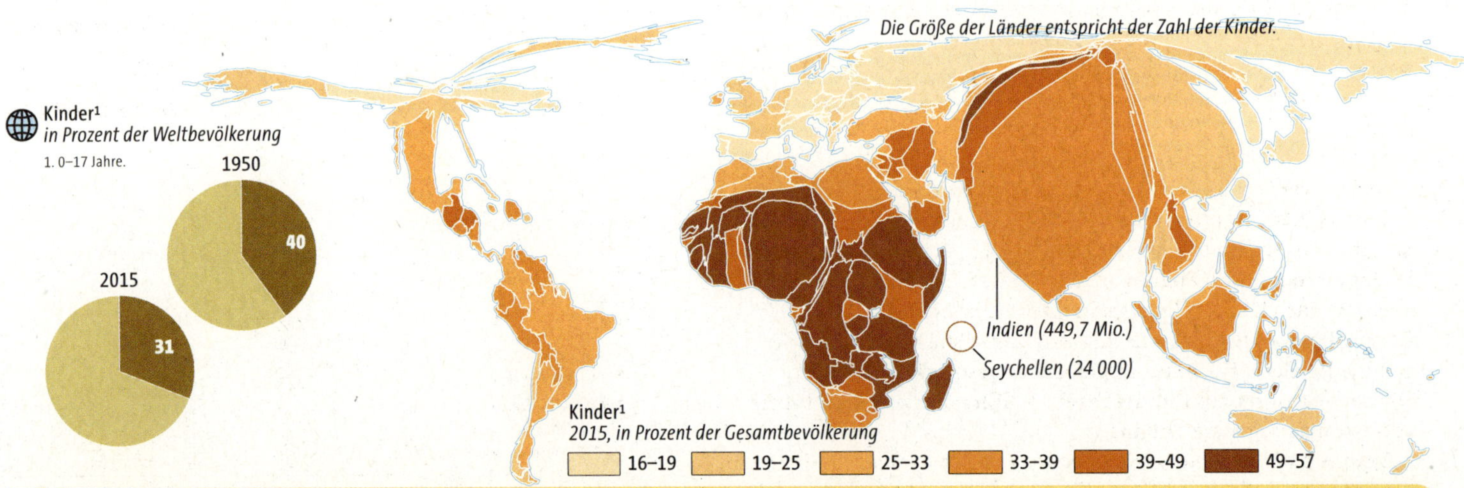

Afrika, Kontinent der Kinder

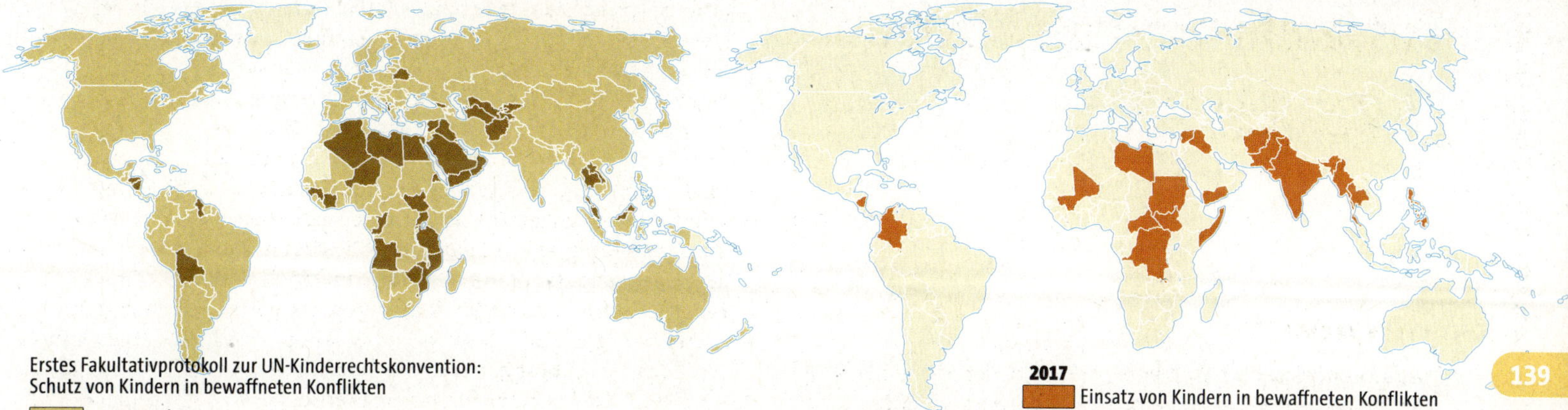

Kinder im Krieg, trotz Kinderrechtskonvention

der sogenannte Weltkindergipfel, in dessen Rahmen der Internationale Aktionsplan »A World fit for Children« verabschiedet wurde.

Die in der UN-Kinderrechtskonvention niedergelegten Rechte wurden durch drei Zusatz- beziehungsweise Fakultativprotokolle präzisiert und erweitert. Das 2002 in Kraft getretene Fakultativprotokoll soll Kinder in bewaffneten Konflikten schützen. Das zweite, im selben Jahr in Kraft getretene Fakultativprotokoll verbietet Kinderhandel, Kinderprostitution sowie Kinderpornografie und fordert von den Staaten, sie als Verbrechen zu verfolgen und unter Strafe zu stellen. Seit Inkrafttreten des dritten Fakultativprotokolls im Jahr 2014 können Kinder ein Individualbeschwerdeverfahren anstrengen, wenn ihre in der Kinderrechtskonvention garantierten Rechte verletzt wurden; und sie können sich, wenn der innerstaatliche Rechtsweg erschöpft ist, an den UN-Ausschuss für die Rechte des Kindes in Genf wenden, der die Beschwerde prüft und gegebenenfalls bei dem betroffenen Staat auf Abhilfe und/oder Wiedergutmachung drängt.

Auch die Mitgliedstaaten der Europäischen Union bekennen sich zu unveräußerlichen Menschen- und Kinderrechten. Die 2009 in Kraft getretene Charta der Grundrechte der EU enthält einen eigenen Artikel »Kinderrechte«. In Artikel 24 sind die wichtigsten Rechte der UN-Kinderrechtskonvention niedergelegt.

Während die Kinderrechte im Lauf der Zeit universelle Anerkennung fanden, hat sich auch eine Begrifflichkeit entwickelt, mit der weltweit über Kinder und ihre Rechte gesprochen wird. Alle Staaten haben Schritte zur Verwirklichung der Kinderrechte unternommen und müssen über die Umsetzung der Konvention berichten. Auch die USA haben wenigstens die ersten beiden Zusatzprotokolle ratifiziert. Zivilgesellschaftliche Organisationen beobachten die Regierungen, üben Kritik und wirken an der Umsetzung der Kinderrechte mit. Um schwere Kinderrechtsverletzungen künftig strafrechtlich besser verfolgen zu können, wäre allerdings ein weiterer Ausbau des internationalen Gerichtssystems vonnöten.

In Deutschland trat die UN-Kinderrechtskonvention 1992 in Kraft, zunächst allerdings mit einem Vorbehalt: Bei Kindern und Jugendlichen, die in Abschiebehaft genommen wurden, hatte das Ausländerrecht Vorrang vor der Kinderrechtskonvention. Erst 2010 wurde die Vorbehaltserklärung zurückgenommen. Seitdem gilt die Konvention uneingeschränkt für jedes in Deutschland lebende Kind, unabhängig von seinem Aufenthaltsstatus, also auch für nach Deutschland geflüchtete Kinder. Sowohl die Gerichte als auch die Regierung sind in vollem Umfang an sie gebunden. Gemäß Artikel 25 des Grundgesetzes wird die Konvention als einfaches Bundesgesetz geführt, ihr wird damit kein Verfassungsrang eingeräumt.

Beispiele für die erfolgreiche Umsetzung in Deutschland sind die Einführung des Rechts des Kindes auf Kontakt mit beiden Elternteilen nach Trennung beziehungsweise Scheidung der Eltern im Rahmen der Kindschaftsrechtsreform 1998, die Verabschiedung des Kinderrechts auf gewaltfreie Erziehung im Jahr 2000 und die Verbesserung der Gewaltschutzrechte im Zuge des Bundeskinderschutzgesetzes 2012.

Weltweit ist die Situation vieler Kinder nach wie vor von Hunger und (Bürger-)Kriegen geprägt, sie leiden an von Menschen verursachten Naturkatastrophen und mangelhafter Gesundheitsversorgung. Sie sehen sich Gewalt und sexuellem Missbrauch ausgesetzt und sind von Bildungsarmut und massiver Ungleichbehandlung sowie Ausgrenzung betroffen.

Auch die Länder des globalen Nordens kennen unzählige – zum Teil neuartige – Kinderrechtsverletzungen. Dazu gehören Kinderarmut, seelische Gewalt und (Cyber-)Mobbing, geringe Mitentscheidungsmöglichkeiten, aber auch Gesundheitsschäden durch Umweltverschmutzung sowie die Folgen des Klimawandels.

Jörg Maywald ist Soziologe, Geschäftsführer der Deutschen Liga für das Kind, Honorarprofessor an der Fachhochschule Potsdam und Sprecher der National Coalition Deutschland – Netzwerk zur Umsetzung der UN-Kinderrechtskonvention.

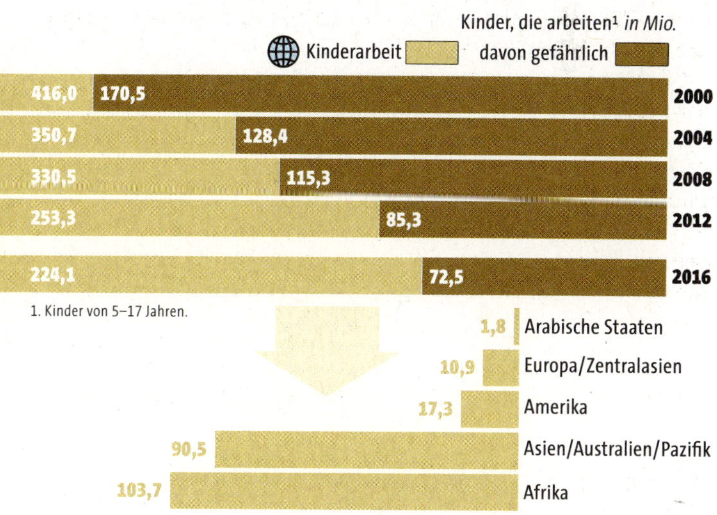

1. Kinder von 5–17 Jahren.

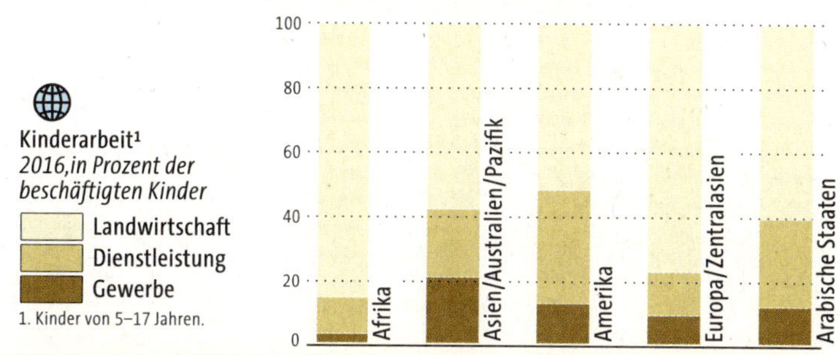

1. Kinder von 5–17 Jahren.

Helfer auf dem Feld

Religionen der Welt

Die meisten Christen wird es zukünftig in Afrika geben, Muslime leben vor allem in Asien

von Detlef Pollack

Die Auffassung, der Islam sei die größte Religion der Erde, ist weit verbreitet. Tatsächlich aber sind die Christen die größte Religionsgemeinschaft. Mit 2,3 Milliarden Anhängern belief sich ihr Anteil 2015 auf 31,2 Prozent der Weltbevölkerung. Zum Islam als der zweitgrößten Religionsgemeinschaft gehörten 1,8 Milliarden und damit 24,1 Prozent der Weltbevölkerung. Beim Wachstum allerdings liegt der Islam klar vorn. Allein zwischen 2010 und 2015 wurden 31 Prozent aller Babys von muslimischen Müttern geboren, also deutlich mehr, als der Anteil der Muslime in der Welt ausmacht.

Die Zahl der Christen wächst zwar auch, aber kaum schneller als die Weltbevölkerung. Die Fertilitätsrate der christlichen Frauen ist geringer als die der muslimischen Frauen und die Sterberate der Christen höher als die der Muslime. Der Anteil der Hindus, Buddhisten und Juden an der wachsenden Weltbevölkerung sinkt sogar. Und obwohl immer mehr Menschen ihre religiöse Bindung aufgeben und die Zahl der Konfessionslosen daher steigt, nimmt aufgrund ihrer geringen Geburtenrate auch ihr Anteil an der Weltbevölkerung ab.

Beim Islam, Hinduismus und Buddhismus – und im Übrigen auch beim Judentum, dessen Angehörige vor allem entweder in Israel oder in den USA leben – haben wir es mit beachtlichen regionalen Konzentrationen zu tun: 61 Prozent der Muslime und 98 Prozent aller Hindus und Buddhisten leben im asiatisch-pazifischen Raum.

Der Schwerpunkt des Christentums, dessen Anhänger aufgrund seiner weltweiten Missionierung global zerstreut sind, wird zukünftig in Subsahara-Afrika liegen. 1900 belief sich die Zahl der Christen in Subsahara-Afrika auf etwa 7 Millionen. Heute leben dort mehr als eine halbe Milliarde und damit etwa ein Viertel aller Christen der Welt. 2060 werden es nach Prognosen des Pew Research Center 42 Prozent sein – denn die Geburtenraten in Subsahara-Afrika sind hoch und die Kindersterblichkeit geht zurück.

Eine deutlich geringere Rolle beim Wachsen oder Schrumpfen von Religionsgemeinschaften spielen Konversionen – allein der Evangelikanismus breitet sich in Lateinamerika auf Kosten der katholischen Kirche aus. Auch Wanderungsbewegungen verändern die regional anzutreffenden Anteile der Religionsgemeinschaften kaum. Eine Ausnahme bildet hier lediglich Westeuropa mit seinem steigenden Anteil an Muslimen und Musliminnen. Obwohl Religion in den letzten Jahrzehnten an politischer Dynamik, medialer Sichtbarkeit und internationalem Einfluss gewonnen hat, bleiben die religiösen Zugehörigkeiten relativ stabil. Ausschlaggebend dafür sind die Erziehung in der Familie, das soziokulturelle Umfeld, etwa hinsichtlich des Reproduktionsverhaltens, sowie die Beharrungskraft der religiösen Traditionen.

Die religiöse Situation in Westeuropa ist durch Säkularisierungsprozesse gekennzeichnet. Nicht nur die Bindung an die Kirche und die Beteiligung am Gottesdienst nehmen ab, auch die religiösen Überzeugungen, zum Beispiel der Glaube an Gott, werden schwächer. Selbst einst stark religiös geprägte Länder wie Italien, Spanien oder Irland sind davon betroffen. Verbunden sind die Säkularisierungsprozesse mit qualitativen Veränderungen in den dominanten Glaubensformen. Immer mehr bilden sich vage religiöse Vorstellungen heraus, etwa von Gott als einem unbestimmten höheren Wesen. Dagegen verlieren traditionelle Auffassungen von Gott als Person und Richter oder von der Auferstehung an Bedeutung. Es wäre jedoch falsch anzunehmen, dass sich die dominanten Glaubensformen lediglich von kirchlich geprägten zu dogmatisch unbestimmten Inhalten transformieren, die Religion für die Einzelnen jedoch gleich wichtig bleibe oder sogar wichtiger werde. Vielmehr schwächt sich mit der Verflüssigung der religiösen Vorstellungen die Bedeutung der Religion für die individuelle Lebensführung ab.

Die Gründe für diese Säkularisierungs- und Verflüssigungsprozesse wird man weniger im Handeln der Kirchen selbst suchen müssen, etwa in ihrem Mangel an Dialogbereitschaft, ihrer Rückwärtsgewandtheit und ihrem Autoritätsanspruch. Selbst den Einfluss der Missbrauchsfälle sollte man nicht allzu hoch ansetzen. Zentral sind vielmehr Modernisierungsprozesse. Mehr Wohlstand und Rechtssicherheit, der Ausbau im Gesundheits- und Bildungswesen und überhaupt des Sozialstaats lassen Religion und Kirche vielfach als nicht mehr so wichtig erscheinen; Konsum-, Unterhaltungs- und Medienangebote ziehen die Aufmerksamkeit von religiösen Fragen und kirchlichen Veranstaltungen ab; die Erweiterung der politischen, sozialen und gesellschaftlichen Handlungsmöglichkeiten und die damit zusammenhängende Steigerung von individuellen Selbstbestimmungsansprüchen fördern die Skepsis gegenüber kirchlichen Belehrungen, religiösen Ordnungsvorstellungen und allumfassenden Welterklärungsansätzen.

Dabei vollzieht sich die Abwendung von Religion und Kirche in Westeuropa zumeist nicht in Form von harscher Kirchenkritik und aufsehenerregenden Kirchenaustrittswellen, sondern eher schleichend, von Generation zu Generation. Wegen ihrer sozialen, erzieherischen und karitativen Arbeit werden die Kirchen vielfach sogar geschätzt. Auch die wachsende Zahl muslimischer Zuwande-

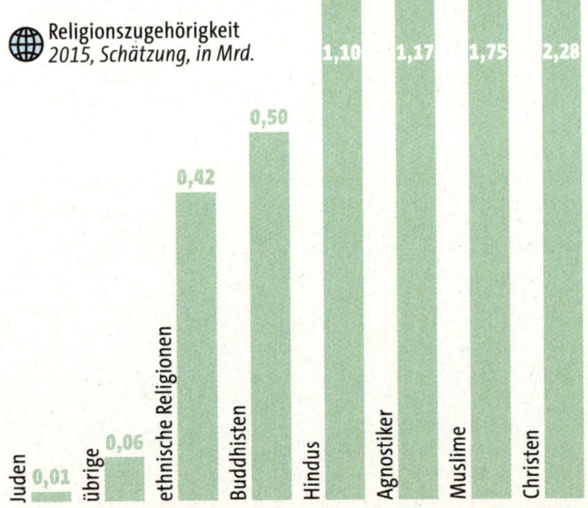

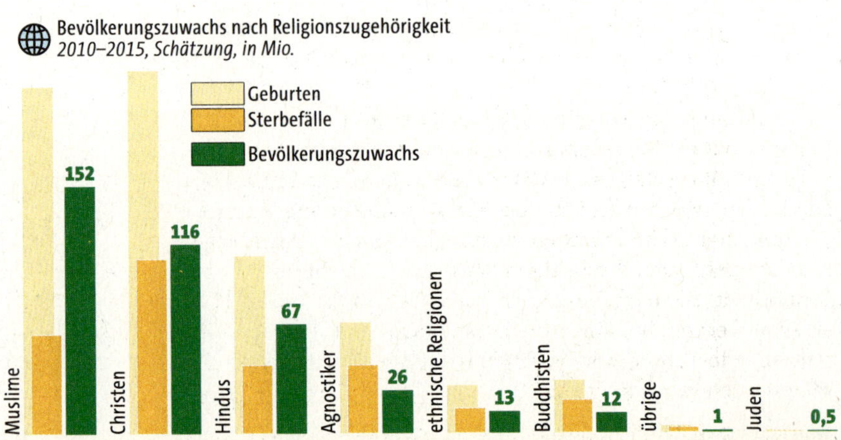

Die Gemeinschaft der Muslime wächst am schnellsten

rer führt nicht dazu, dass die Mehrheit in den westeuropäischen Ländern ihre religiöse Praxis intensiviert. Zwar grenzen sich viele verbal vom Islam ab, sie nehmen die religiöse Vitalität des Islam aber nicht zum Anlass, sich auf ihre christlichen Wurzeln zu besinnen.

Säkularisierungsprozesse sind seit einigen Jahrzehnten auch in den USA zu beobachten, die oft als Gegenbeispiel für die Säkularisierungsthese herangezogen werden. Heute ist der Anteil der Konfessionslosen dort genauso hoch wie in Westdeutschland (etwa 25 Prozent). Dabei lockern sich die kirchlichen Bindungen auf die gleiche Weise wie in Westeuropa: nicht durch spektakuläre Abkehrbewegungen, sondern nahezu unbemerkt. Allerdings ist in den USA das religiöse Ausgangsniveau höher. Nach wie vor weit verbreitet ist etwa der Glaube an einen personalen Gott, von dem viele US-Amerikaner annehmen, dass er in die Geschichte und auch in ihr eigenes Leben eingreift. In den USA sind Religion und Politik, aber auch Religion und Sport sowie Religion und Unterhaltungsmusik eng verquickt, was der religiösen Vitalität zugutekommt.

Evangelikale zum Beispiel nehmen oft lautstark Stellung zu Fragen von Moral und Wissenschaft, etwa zu Abtreibung, Homosexualität oder zur Entstehung der Welt. Viele von ihnen schreiben den USA die quasigöttliche Mission zu, der Welt Freiheit und Demokratie zu bringen. Allerdings motiviert gerade die Vermischung von Religion und Politik viele US-Amerikaner auch, ihre Gemeinden zu verlassen.

In Osteuropa spielt die Religion eine ambivalente Rolle. In Russland etwa misstraut die Bevölkerung vielen sozialen und politischen Institutionen – und erwartet, dass die Kirche politische und soziale Funktionen übernimmt. So soll die russisch-orthodoxe Kirche neben dem Präsidenten, mit dem sie eng verbunden ist, die nationale Einheit garantieren. Obwohl die Identifikation mit der Orthodoxie in den letzten drei Jahrzehnten stark zugenommen hat, ist die Beteiligung am kirchlichen Leben gering. In Polen und vielen anderen postkommunistischen Staaten hingegen sperrt sich die Mehrheit trotz ihres religiös gefärbten Nationalismus gegen die Allianz von Staat und Kirche; dort ist das kirchliche Engagement indes hoch. In den Ländern Ost- und Ostmitteleuropas, in denen Wirtschaftswachstum und politische Stabilität schwach sind, spielt Religion eine gesellschaftlich bedeutsamere Rolle als in den wirtschaftlich und politisch bessergestellten Ländern.

In Afrika und Lateinamerika wird Religion von den Menschen als so wichtig angesehen wie nirgendwo sonst auf der Welt, auch nicht in Polen oder in den USA. In einem Umfeld, das vielfach von Korruption, Armut und zerfallenden Familien geprägt ist, wirken religiöse Gemeinschaften integrativ. Oft sind es die Frauen, die sich religiös stark engagieren. Über den Glauben und die Gemeinde binden sie ihre Männer an die Familie und stabilisieren so deren ökonomische Situation.

In Südkorea wurde die Religion, insbesondere der charismatische Protestantismus, sogar zu einer Art Aufstiegsagentur. 1949 waren dort etwa 4 Prozent der Bevölkerung Christen. Heute sind es mehr als ein Drittel. Anders als Buddhismus und Konfuzianismus, die nach 1945 politisch diskreditiert waren, besaß das Christentum als Repräsentant des erfolgreichen Westens einen guten Ruf. Protestantische Missionare trugen zum Aufbau des Landes bei, errichteten Schulen, Krankenhäuser und Verlage. Die protestantischen Kirchen versprachen nicht nur jenseitiges Heil, sondern auch diesseitigen Wohlstand, Reichtum und Gesundheit. Seitdem diese weltlichen Ziele mehr und mehr erreicht werden, beginnen die höher Gebildeten sich vom Christentum jedoch wieder zu verabschieden – auch in Südkorea setzen offenbar zunehmend Prozesse der Säkularisierung ein.

Detlef Pollack ist Professor für Religionssoziologie an der Westfälischen Wilhelms-Universität Münster. Zu seinen Forschungsschwerpunkten gehört der religiöse Wandel in West- und Osteuropa und in den USA.

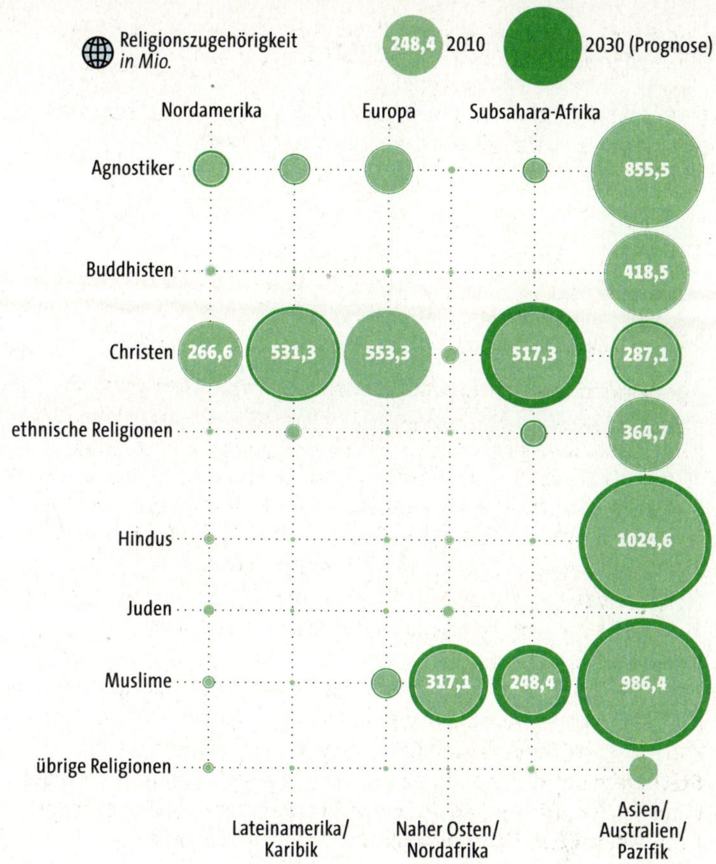

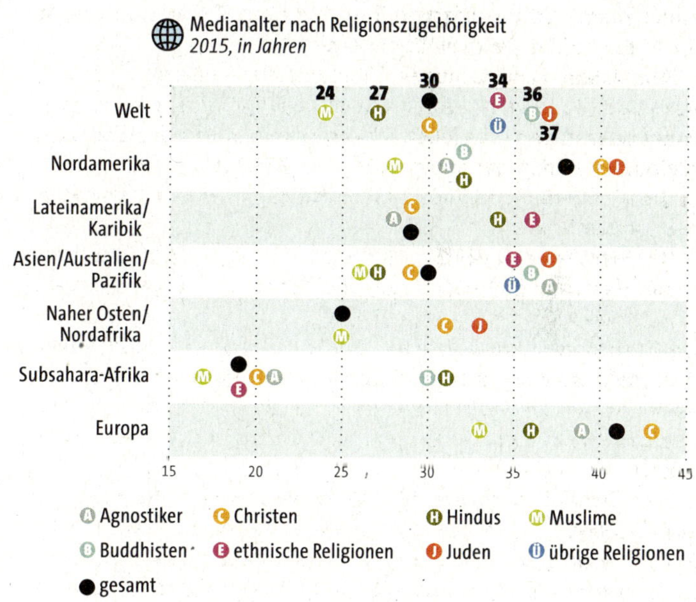

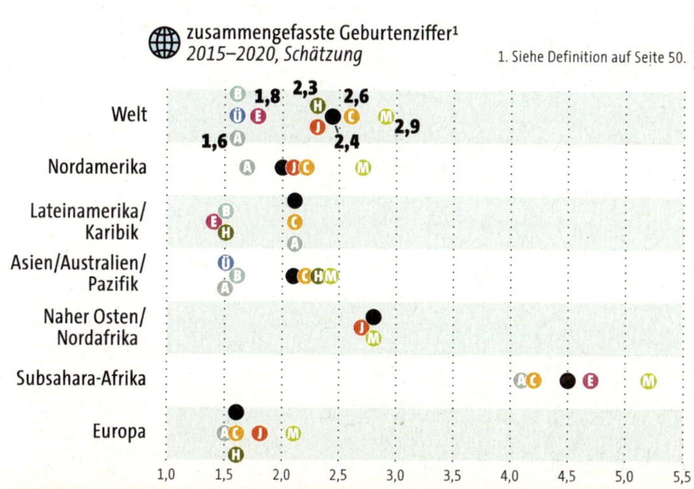

Journalisten in Gefahr

Wo die Pressefreiheit bedroht ist und Medienschaffende um ihr Leben fürchten müssen

von Christian Mihr

Zwischen 2014 und 2018 wurden weltweit 441 professionelle und sogenannte Bürgerjournalisten aufgrund ihrer Arbeit getötet. Die meisten Journalisten außerhalb von Kriegsgebieten wurden in Syrien, Mexiko und Afghanistan ermordet – weil sie über organisierte Kriminalität, Korruption, Machtmissbrauch oder Menschenrechtsverletzungen berichtet haben. Und die meisten dieser Verbrechen bleiben ungestraft.

2013 hat die UN-Vollversammlung den 2. November zum Welttag gegen Straflosigkeit für die Verbrechen an Journalisten erklärt, um auf die fortdauernde Untätigkeit vieler Staaten bei der Bekämpfung von Verbrechen an Journalistinnen und Journalisten aufmerksam zu machen. Denn an der Situation in vielen Ländern hat sich nichts gebessert, obwohl verschiedene Gremien der Vereinten Nationen in den vergangenen Jahren eine ganze Reihe von Resolutionen zum besseren Schutz von Reportern verabschiedet haben. Auf UN-Ebene gibt es derzeit eine Initiative für die Einsetzung eines UN-Sonderbeauftragten für den Schutz von Journalisten. Der Deutsche Bundestag hat diese Initiative 2017 als weltweit erstes Parlament mit einem fraktionsübergreifenden Beschluss unterstützt.

Ende 2018 saßen weltweit 348 Journalisten hinter Gittern. Vor allem in China, Ägypten und in der Türkei waren zwischen 2013 und 2018 viele wegen ihrer journalistischen Arbeit eingesperrt. Deutlich angestiegen ist dabei die Zahl von inhaftierten »Bürgerjournalisten«, also nicht professionell arbeitenden Medienschaffenden, die dank Facebook, YouTube und Twitter vor allem in autoritären Systemen und Kriegsgebieten die klassische Medienzensur umgehen. Zu nennen sind hier unter anderem China, Iran und Vietnam.

In keiner anderen Weltregion hat sich die Lage der Pressefreiheit in den letzten Jahren so stark verschlechtert wie in Europa. Journalistinnen und Journalisten sind hier zunehmend medienfeindlicher Hetze durch Regierungen oder führende Politiker ausgesetzt. Das vergiftete Klima bereitet oft den Boden für Gewalt gegen Medienschaffende oder staatliche Repression. Das haben nicht zuletzt die Morde an Ján Kuciak im Februar 2018 in der Slowakei und an Daphne Caruana Galizia im Oktober 2017 in Malta gezeigt – beides Länder der Europäischen Union.

In westlichen Demokratien gibt es seit einigen Jahren eine Debatte über Misstrauen gegenüber der Arbeit von Medien. Langfristig betrachtet ist allerdings zumindest in Westeuropa in den vergangenen Jahren das Misstrauen nicht signifikant gestiegen: Unterschiedlichen Studien zufolge liegt es seit vielen Jahren zwischen 20 und 30 Prozent in westlichen Gesellschaften, mit Schwankungen von Jahr zu Jahr. Gleichzeitig ist der Ruf nach Pressefreiheit – nach Erhebungen des regelmäßig aktualisierten Global Values Survey der Harvard University – in autoritär und ehemals autoritär regierten Ländern lauter als in Demokratien, wo mehr Meinungsvielfalt offenbar auch zu Zweifeln an Grundwerten und Grundrechten führen.

Die Struktur moderner Öffentlichkeit hat sich in den vergangenen Jahren weltweit verändert. In Demokratien wie in Diktaturen ist das Internet ein Kommunikationsraum, in dem einerseits durch ausufernde Massenüberwachung und zielgerichtete Kontrolle die Repression zunimmt, der andererseits aber Presse- und Informationsfreiheit erst ermöglicht.

Die globalen Internetplattformen Facebook, Twitter und YouTube stehen vor einem Dilemma. Da sie angesichts ihrer Größe inzwischen in vielen Ländern von zentraler Bedeutung für den öffentlichen Diskurs sind, wird einerseits gefordert, dass sie nicht allein auf Basis der eigenen Community-Standards Inhalte kontrollieren und am Ende auch löschen dürfen. Andererseits ist die Betonung der Community-Standards gerade in autokratischen Staaten häufig die einzige Möglichkeit, um illegitime Löschforderungen staatlicher Stellen auf der Basis willkürlicher Gesetze zu ignorieren. Die zentrale politische Herausforderung bei der Regulierung von Social Media ist daher, die Community-Standards gemäß völkerrechtlichen Prinzipien weiterzuentwickeln: So entstünde ein »digitales Hausrecht« der Konzerne, welches im Einklang mit den nationalen Gesetzen demokratischer Staaten

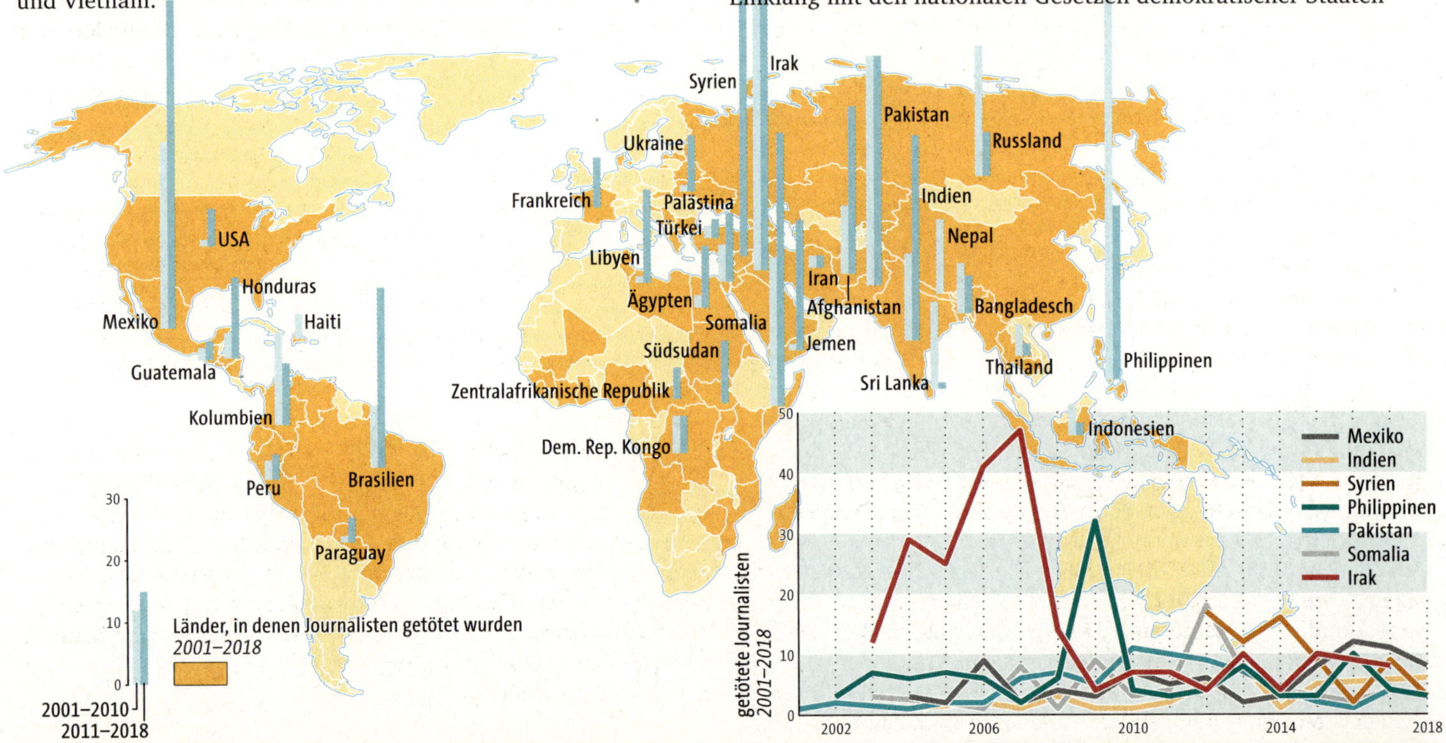

Wo Reporter ihr Leben riskieren

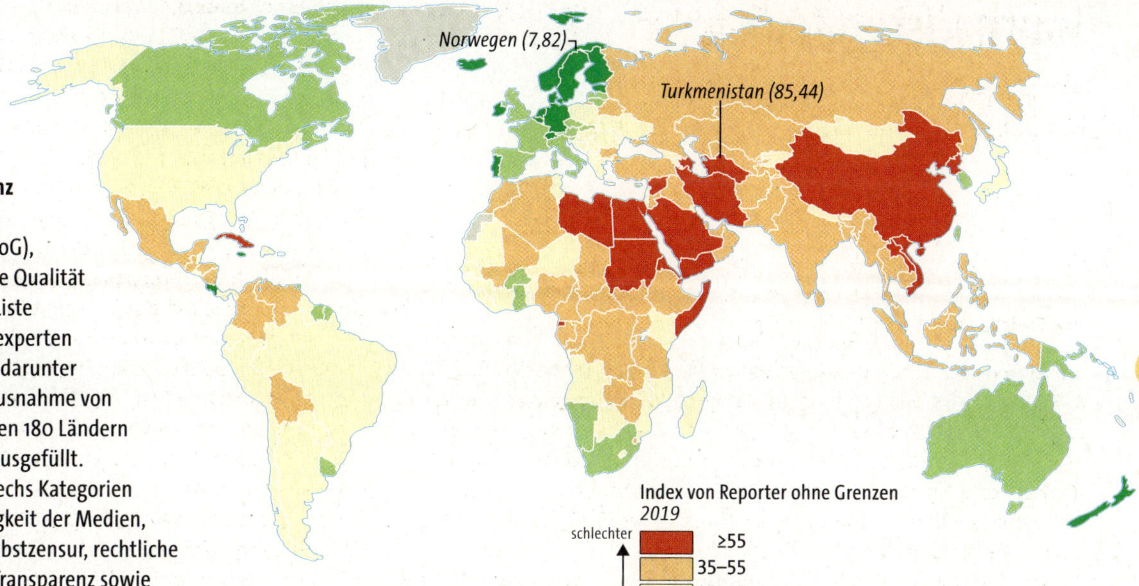

Gute Noten für Vielfalt und Transparenz
Die Rangliste der Pressefreiheit ist der Versuch von Reporter ohne Grenzen (RoG), einen Maßstab für den Zustand und die Qualität von Pressefreiheit zu bekommen. Die Liste beruht auf der Befragung von Medienexperten und Journalisten auf der ganzen Welt, darunter auch Korrespondenten von RoG. Mit Ausnahme von Laos, Eritrea und Nordkorea wird in allen 180 Ländern der Rangliste der Fragebogen vor Ort ausgefüllt.

Die 117 qualitativen Fragen sind in sechs Kategorien unterteilt: Medienvielfalt, Unabhängigkeit der Medien, journalistisches Arbeitsumfeld und Selbstzensur, rechtliche Rahmenbedingungen, institutionelle Transparenz sowie Produktionsinfrastruktur. Hinzu kommt eine siebte, quantitative Kategorie für Übergriffe und Gewalttaten gegen Journalist*innen, die RoG nach festgelegten Kriterien selbst ermittelt.

steht – und gleichzeitig die Möglichkeit bietet, nationale Gesetze autoritärer Staaten als illegitime Instrumente der Zensur nicht akzeptieren zu müssen.

Gehackte Smartphones, angezapfte Telefone, entschlüsselte Festplatten: Digitale Überwachung kann Journalistinnen und Journalisten und deren Quellen in Gefahr für Leib und Leben bringen und Berichterstattung verhindern. Möglich ist all dies, weil der undurchsichtige Handel mit Überwachungssoftware bis heute nicht ausreichend kontrolliert wird. Neben einer nationalen Kontrolle in Deutschland gibt es lediglich eine europäische Regulierung mit zahlreichen Schlupflöchern. Zwar wurde auch das Wassenaar-Abkommen über Exportkontrollen konventioneller Waffen und Dual-Use-Gütern verabschiedet, es wird aber nur von rund 40 Staaten anerkannt und ist rechtlich nicht bindend.

Dass es eine globale Verflechtung zwischen Spähfirmen, demokratischen Regierungen und autokratischen Regimen gibt, zeigen immer wieder journalistische Recherchen. Nach einer Reuters-Enthüllung von 2018 schickten US-amerikanische Unternehmen mit Billigung des US-Geheimdienstes NSA jahrelang ihre Mitarbeiterinnen und Mitarbeiter in die Vereinigten Arabischen Emirate (VAE), um dort angeblich gegen islamistische Terroristen vorzugehen. Tatsächlich setzten die Hackerinnen und Hacker im »Project Raven« moderne Spähsoftware jedoch auch gegen Journalisten, Menschenrechtsaktivistinnen und Oppositionelle ein.

Die Lage von Journalistinnen und Journalisten hängt immer von den politischen Entwicklungen ab. Gambia zum Beispiel hat sich auf der Rangliste der Pressefreiheit seit 2016 um mehrere Plätze verbessert. Am 1. Dezember 2016 wurde Präsident Yaya Jammeh nach 22 Jahren autoritärer Herrschaft abgewählt und von dem in Großbritannien ausgebildeten Unternehmer Adama Barrow ersetzt. Seitdem können sich Medien freier entfalten: Die staatliche Gewalt gegen Journalisten ist zurückgegangen, Zensurgesetze und das Verbot privater Rundfunksender wurden aufgehoben, und viele exilierte Journalisten sind ins Land zurückgekehrt. Die Regierung hat ein neues Mediengesetz in Aussicht gestellt und will Haftstrafen für Pressedelikte abschaffen, die Verbrechen der Diktatur aufarbeiten und den Schutz der Meinungsfreiheit in einer neuen Verfassung festschreiben.

Zu den gefährlichsten Ländern für Journalisten zählt Mexiko: Zwischen 2006 und 2018 wurden laut Recherchen von Reporter ohne Grenzen und Propuesta Cívica 116 Medienschaffende wegen ihrer Arbeit ermordet oder verschleppt. Zielscheibe ist immer wieder die Berichterstattung über Korruptionsfälle: Mehr als 60 Prozent aller seit 1992 ermordeten Journalistinnen und Journalisten hatten sich mit diesem Thema beschäftigt.

Über 90 Prozent der zwischen 2006 und 2018 begangenen Verbrechen an Medienschaffenden hatten keinerlei juristische Konsequenzen. Zwar gibt es staatliche nationale und regionale Programme zum Schutz von Journalisten, doch sie funktionieren kaum und sind finanziell und personell schlecht ausgestattet. Die prekären Arbeitsverhältnisse von Journalisten in Mexiko erschweren ihre Berufsausübung zusätzlich. Mexikos Medien werden weitgehend von einigen der reichsten Unternehmer der Welt kontrolliert, und obwohl die Branche boomt, werden viele Journalisten so schlecht bezahlt, dass sie kaum von ihrer Arbeit leben können und umso schutzloser dem Druck von allen Seiten ausgesetzt sind. Wie die Ergebnisse des Media Ownership Monitor Mexico von Reporter ohne Grenzen 2018 gezeigt haben, ist die ungezügelte Medienkonzentration auch eine Folge fehlgeschlagener staatlicher Regulierung.

Die Türkei zählt zu den Ländern, die weltweit am meisten Journalisten aufgrund ihrer Arbeit einsperren. Ende 2018 saßen mindestens 32 Journalisten in Haft: In den meisten Fällen wurde ihnen vorgeworfen, angeblich Terrorpropaganda verbreitet zu haben. In Dutzenden weiteren Fällen ist ein direkter Zusammenhang zwischen Haft und journalistischer Tätigkeit wahrscheinlich, aber kaum nachzuweisen, denn die türkische Justiz lässt die Betroffenen und ihre Anwälte oft für längere Zeit über die genauen Anschuldigungen im Unklaren.

Seit dem Putschversuch im Juli 2016 wurden mehr als 150 Medien verboten, viele Fernsehstationen wurden de facto zu sogenannten Pinguin-Sendern gleichgeschaltet. Die Bezeichnung etablierte sich während der Gezipark-Proteste 2013, als viele Stationen nicht über den Protest gegen Präsident Erdoğan berichteten, sondern stattdessen harmlose Tierfilme ausstrahlten. Im Ergebnis gehören nach Recherchen von Reporter ohne Grenzen derzeit neun der zehn meistgesehenen Fernsehsender und neun der zehn meistgelesenen überregionalen Tageszeitungen regierungsfreundlichen Unternehmen.

Christian Mihr ist Journalist, Menschenrechtsaktivist sowie Experte für internationale Internet- und Medienregulierung. Seit 2012 ist er Geschäftsführer der NGO Reporter ohne Grenzen.

Die Gegenspieler

NGOs wie Oxfam agieren mittlerweile auf Augenhöhe mit Regierungen und Konzernvorständen

von Hannes Koch

Stilisierte Figuren rennen durch die Geschosse des Produktionsgebäudes, ballen sich im einzigen Treppenhaus, werden von Flammen und Rauch eingeholt. Die Computeranimation zeigt die dramatischen Minuten am 11. September 2012, als in der pakistanischen Industriemetropole Karatschi die Textilfabrik Ali Enterprises in Flammen aufging, mindestens 262 Menschen starben. Der Film der zivilgesellschaftlichen Rechercheorganisation Forensic Architecture stellt die Ereignisse detailliert nach, basierend auf Gebäudedaten, Fotos und Augenzeugenberichten. Anwälte brachten ihn als Beweismittel beim Landgericht Dortmund ein, wo im März 2015 das Verfahren gegen Verantwortliche des deutschen Textildiscounters KiK begann.

Das Risiko, wegen gefährlicher beziehungsweise gesetzeswidriger Arbeitsbedingungen angeklagt zu werden, war für Unternehmen und ihre Manager früher deutlich geringer. Mittlerweile gibt es jedoch Organisationen, die straf- und zivilrechtliche Verfahren gegen Firmen vorantreiben. Eine von ihnen ist das European Center for Constitutional and Human Rights (ECCHR) mit Sitz in Berlin, das die Klage gegen KiK eingereicht hat. Ohne dass bis Mitte 2018 in dem Prozess eine Entscheidung gefällt wurde, hat KiK in den gut fünf Jahren nach dem verheerenden Großbrand 6 Millionen Dollar an die Hinterbliebenen gezahlt.

Ziel des Prozesses war, Schadenersatz für die Brandopfer und ihre Angehörigen zu erstreiten – und zwar von jenem Textilhändler, der bei Ali Enterprises produzieren ließ. Das deutsche Unternehmen sei seiner Mitverantwortung für den Brandschutz und sichere Arbeitsbedingungen bei seinem asiatischen Zulieferer nicht gerecht geworden, argumentierte das ECCHR. Mit diesem Pilotverfahren wollte die Nichtregierungsorganisation (NGO) auch darauf hinwirken, dass sich das Recht weiterentwickelt. Konzerne des globalen Nordens sollten wissen, dass sie künftig für Unfälle in den Produktionsstätten des globalen Südens haftbar gemacht werden können. Das ECCHR bringt nicht nur Unternehmen, sondern auch staatliche Institutionen, die Menschenrechtsverletzungen begehen, vor Gericht. Die juristisch-politische Intervention solcher spezialisierten Organisationen nimmt seit einiger Zeit zu. Sie haben das Know-how sowie den Zugang zu Politik und Medien. Und sie sind in der Lage, das nötige Geld aufzubringen. Das ECCHR beispielsweise hatte 2017 rund 2,8 Millionen Euro zur Verfügung.

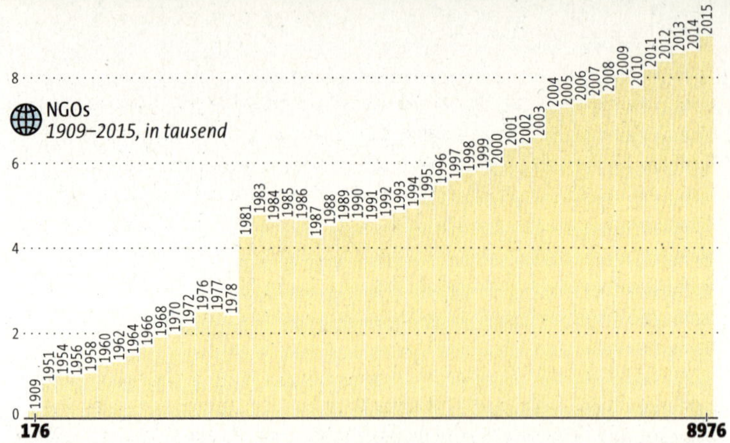

Eine breit akzeptierte Definition für den Begriff NGO fehlt. Der obigen Grafik liegen die Kriterien der Union of International Associations (UIA) zugrunde. Danach müssen NGOs
- auf private Initiative gegründet werden
- unabhängig – vor allem von staatlicher Einflussnahme – sein
- eine internationale Mitgliederschaft vorweisen
- ihre finanziellen Mittel aus mindestens drei Ländern beziehen
- in mindestens drei Staaten tätig sein
- über einen Wahlmechanismus für das Leitungsgremium verfügen
- einen Hauptsitz und einen festen Mitarbeiterstab nachweisen

Der Aufstieg der NGOs

Weltweit wächst die Zahl dieser zivilgesellschaftlichen Gruppen. Für 1980 registrierte die Union of International Associations noch rund 4000 internationale NGOs, 2010 waren es schon 7700 und 2015 etwa 9000. Ähnliche Entwicklungen sind auch auf nationaler Ebene zu verzeichnen.

Allgemein gefasst sind NGOs Gruppen, die über organisatorische Strukturen verfügen – also etwa eine Rechtsform besitzen, Mitglieder rekrutieren, ein eigenes Büro unterhalten und ihre Mitarbeiterinnen bezahlen. Sie kommen aus der Zivilgesellschaft und verfolgen kein Gewinninteresse. Staatliche und staatsnahe Institutionen sowie Parteien, aus denen sich Regierungen rekrutieren, gehören nicht dazu, ebenso wenig Unternehmen. Ob auch Wirtschaftsverbände als NGOs zu bezeichnen sind, ist umstritten. Eine weltanschauliche Eingrenzung im Sinne von »fortschrittlich« oder »gemeinwohlorientiert« vorzunehmen, erscheint schwierig.

Die einflussreichsten Gruppen bewegen sich mittlerweile auf Augenhöhe mit Regierungen und Vorständen transnationaler Konzerne. Eine von ihnen ist die britische Hilfsorganisation Oxfam (Oxford Committee for Famine Relief), deren Vertreter alljährlich beim Weltwirtschaftsforum (World Economic Forum, WEF) in Davos auftreten, dem Weltkongress der Politik- und Wirtschaftselite. 2015 amtierte die Oxfam-Geschäftsführerin Winnie Byanyima als Vizepräsidentin des WEF.

In Kooperation mit dem WEF präsentierte Oxfam mehrfach unmittelbar vor Eröffnung des Forums seinen Bericht zur globalen

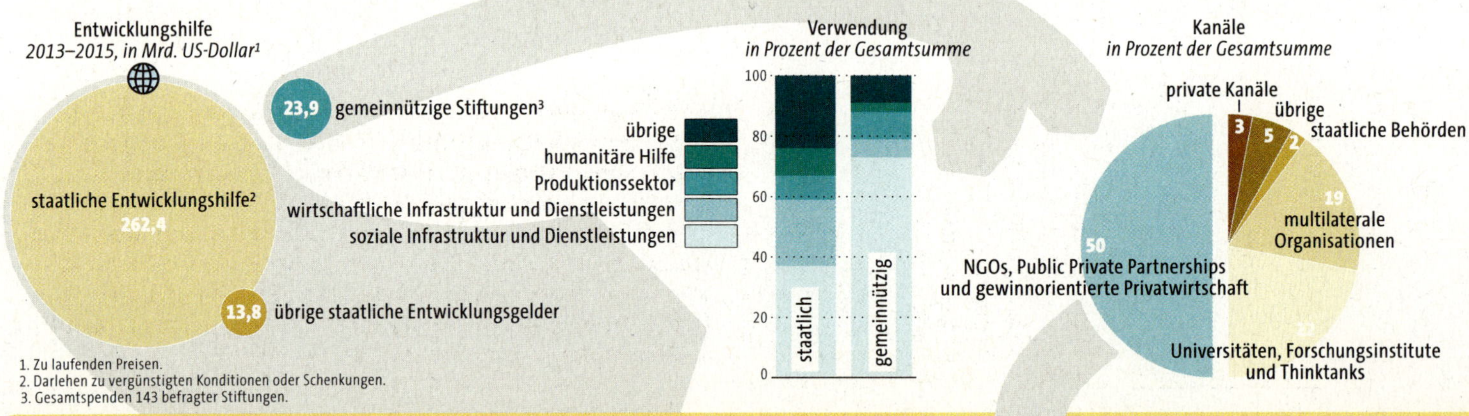

1. Zu laufenden Preisen.
2. Darlehen zu vergünstigten Konditionen oder Schenkungen.
3. Gesamtspenden 143 befragter Stiftungen.

Wie das Geld von der Entwicklungshilfe zu den NGOs wandert

Reichtumsverteilung. Das reichste 1 Prozent der Weltbevölkerung besitzt mittlerweile mehr als die übrigen 99 Prozent zusammen, lautete die Botschaft 2018. Die Organisation, die auch Katastrophen- und Nahrungsmittelhilfe in armen Ländern leistet, plädiert für eine andere Wirtschafts- und Steuerpolitik, um die Ungleichheit zu reduzieren. Da auch der Gründer und Präsident des Weltwirtschaftsforums, Klaus Schwab, für eine gerechtere Globalisierung eintritt, konnte Oxfam die internationale Debatte zeitweise spürbar beeinflussen.

NGOs gewinnen an Zahl und Bedeutung, auch weil die Bindekraft von Volksparteien und Volkskirchen abnimmt. Die entstehende Lücke bietet Raum für viele neue Interessengruppen. Sie artikulieren neue soziale Bedürfnisse und organisieren sich.

Ein Beispiel in den reichen Ländern ist der Veganismus, der sich aus dem Interesse an Tierschutz und gesunder, umweltfreundlicher Ernährung speist. Ein anderes Bedürfnis kleiner, aber wachsender Konsumentengruppen besteht darin, ökologisch und sozial verantwortlich produzierte Waren zu kaufen. Tausende NGOs üben Druck auf Wirtschaft und Politik aus, stellen Informationen über solche Produkte bereit und unterstützen den Vertrieb. Aber auch der Rechtsruck fördert das Wachstum: Nationalismus, ethnische Identitätspolitiken und die Abschottung gegen den Einfluss von außen sowie von suprastaatlichen Organisationen wie der EU haben ein neues Spektrum zivilgesellschaftlicher Gruppen entstehen lassen.

Die zivilgesellschaftlichen Organisationen im globalen Süden haben oft eine andere Ausrichtung. Vielen geht es nach wie vor darum, die Grundbedürfnisse der Bevölkerung zu decken – das Menschenrecht auf Ernährung, Wohnen, Gesundheit, Bildung, soziale Sicherheit. Gewerkschaften fordern existenzsichernde Löhne; Bauernorganisationen wenden sich gegen die Patentierung von Saatgut durch Monsanto, Syngenta und andere internationale Agrarkonzerne; die Landlosenbewegung Lateinamerikas verlangt die Umverteilung von Äckern und Feldern.

Zum Aufstieg der NGOs trägt nicht zuletzt das in fast allen Ländern dieser Welt steigende Bildungsniveau bei. Wenn Menschen mehr wissen, ihre Lage besser einschätzen sowie Ziele für sich und ihre Gruppe formulieren, sind sie weniger bereit, sich Politik von Eliten vorsetzen zu lassen – und erheben Selbstvertretungsansprüche. Damit fordern sie nicht nur autoritäre Regime heraus, sondern auch die repräsentative Demokratie. Denn auch gewählte Vertreter werden nicht selten als abgehoben und von den Interessen der Bürgerinnen und Bürger zu weit entfernt wahrgenommen. Politische Interventionen von Bürgerinitiativen, unterschiedliche Formen der Bürgerbeteiligung und der direkten Demokratie, wie beispielsweise Volksabstimmungen, bieten Alternativen zu den eingespielten Partizipationsverfahren. Indem sie partikularen Interessen Ausdruck verleihen, können NGOs einen Beitrag dazu leisten, dass Politik sich stärker an den Interessen der Bürgerinnen und Bürger orientiert. Zugleich wird es dadurch für die Politik immer schwieriger, kollektiv bindende Entscheidungen zu finden.

Spätestens seit dem Zweiten Weltkrieg begannen liberale Staaten den Selbstvertretungsanspruch von Bürgerinnen und NGOs anzuerkennen und ihn als Kraft zu nutzen. Die Vereinten Nationen förderten internationale Organisationen der Zivilgesellschaft. Seit dem Siegeszug des Neoliberalismus in den 1980er Jahren und dem damit einhergehenden Rückzug des Staats übernahmen neue NGOs öffentliche Aufgaben und Dienstleistungen. Private Helfer sammeln Essen für Arme und stellen Betten für Wohnungslose zur Verfügung, Ärzte bieten kostenlose Gesundheitsversorgung für diejenigen an, die durch die Maschen des sozialen Netzes fallen.

Der Globalisierungsschub nach dem Ende der Sowjetunion eröffnete den NGOs neue Möglichkeiten – und stellte sie vor zusätzliche Aufgaben. Während transnationale Konzerne einen oft unregulierten, globalen Wirtschaftsraum etablierten, waren zivilgesellschaftliche Organisationen mitunter die Einzigen, die soziale und ökologische Korrekturen fordern und durchsetzen konnten. Im Rahmen des Bangladesh Accords kümmern sich beispielsweise Gewerkschaften, die Clean Clothes Campaign (CCC), kirchliche Entwicklungsorganisationen, die Internationale Arbeitsorganisation (ILO), Unternehmen und die Regierung von Bangladesch gemeinsam darum, die Arbeitssicherheit in Bangladeschs Textilfabriken zu verbessern – eine Reaktion auf den Einsturz des Textilfabrikgebäudes Rana Plaza in Dhaka am 24. April 2013, bei dem 1135 Menschen getötet wurden.

NGOs kämpfen für eine – aus ihrer Sicht – bessere Welt, oft im Namen einer Weltgemeinschaft, von der sie jedoch weder gewählt noch legitimiert sind. Ein Teil ihres Einflusses beruht auf ihrer Glaubwürdigkeit. Die vor allem moralische Legitimation kann schnell dahin sein, wenn eine NGO den Ansprüchen nicht genügt, die sie an andere stellt. Als bekannt wurde, dass Oxfam-Mitarbeiter in Haiti an der sexuellen Ausbeutung einheimischer Frauen beteiligt gewesen sein sollen, verlor Oxfam binnen Tagen mehr als 7000 Spender. Die britische Entwicklungshilfeministerin Penny Mordaunt drohte mit dem Entzug der staatlichen Zuwendungen und forderte volle Aufklärung. Immerhin 32 Millionen Pfund (gut 36 Millionen Euro) hatte die NGO 2016/17 aus Mordaunts Etat erhalten.

Während NGOs in Diktaturen oft gar nicht tätig sein können, werden sie seit einiger Zeit auch in offiziell demokratischen Ländern in ihrer Arbeit behindert. Seit 2012 müssen sich in Russland alle NGOs, die Geld aus dem Ausland erhalten, als »ausländische Agenten« registrieren lassen. Ungarns Regierung zwingt zivilgesellschaftliche Gruppen, die jährlich mehr als 24 000 Euro aus dem Ausland erhalten, zur gerichtlichen Registrierung und Offenlegung ihrer Spender. Und in der Türkei nutzte das Erdoğan-Regime zwischen Juli 2016 und Juli 2018 den Ausnahmezustand, um hunderte Vereine und zivilgesellschaftliche Organisationen gleich ganz verbieten zu lassen.

Hannes Koch ist selbstständiger Wirtschaftskorrespondent in Berlin. Er schreibt unter anderem für die *taz*, die *Badische Zeitung* und den *Mannnheimer Morgen*. www.die-korrespondenten.de

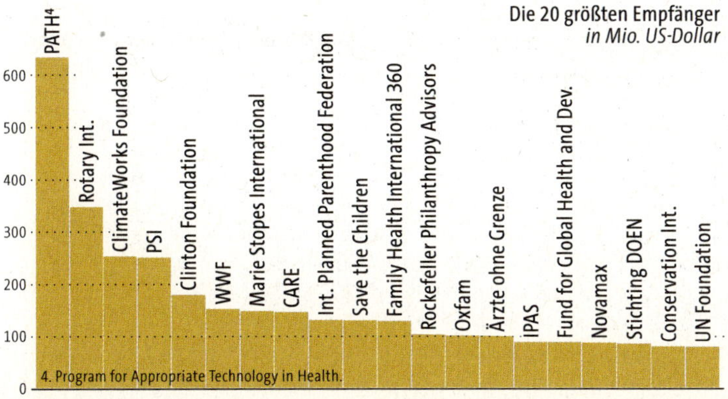

Die Grafik links basiert auf Resultaten einer großangelegten Befragung von 143 Stiftungen durch die OECD. In der Entwicklungshilfe sind Stiftungen vor allem im Gesundheitsbereich wichtige Akteure. Der größte Geldgeber unter den Stiftungen ist mit Abstand die Bill und Melinda Gates Foundation, dahinter folgen die Children's Investment Fund Foundation, die Susan T. Buffett Foundation, die holländische Postleitzahlen-Lotterie und die Ford Foundation. Neben anderen Organisationen sind NGOs wichtige Empfänger und Vermittler (channels of delivery) der Gelder, die von Stiftungen zu wohltätigen Zwecken vergeben werden.

Der gläserne Staat

Die USA gingen in Sachen Informationsfreiheit voran, inzwischen sind ihnen viele Länder gefolgt

von Arne Semsrott

Das Herrschaftswissen von Regierungen bröckelt. 89 Prozent der Weltbevölkerung leben heute in Ländern, in denen ein Informationsfreiheitsgesetz gilt. 119 Staaten haben ein solches Gesetz verabschiedet, das allen Menschen den Zugang zu Informationen von Behörden garantiert. Egal ob Infos zu Gesundheitsdaten, Haushaltsinformationen oder Vergabedokumente – die Regierungen von Kanada bis Togo, von Deutschland bis Indonesien haben sich gegenüber ihren Bürgerinnen und den Vereinten Nationen verpflichtet, transparent zu handeln. Auf Antrag müssen sie amtliche Daten und Dokumente herausgeben.

Das ist bemerkenswert, denn Informationsfreiheitsgesetze gehören zu den bei Machthabern unbeliebtesten Regelungen überhaupt. Der frühere britische Tony Blair bezeichnete in seiner Autobiografie die Einführung des Freedom of Information Act – und nicht etwa die Teilnahme am Irakkrieg – als die größte Fehlentscheidung seiner Regierungszeit. Tatsächlich ermöglicht der Zugang zu Wissen auch Zugang zu Mitbestimmung. Durch Transparenzregelungen werden regelmäßig Skandale aufgedeckt und unbequeme Bürger werden ermächtigt.

Warum also führen immer mehr Länder Informationsfreiheitsgesetze ein? Zum einen, weil sie gut sind fürs Image. Zivilgesellschaftliche Organisationen machen seit Jahren Druck, im Rahmen von Maßnahmen zur Korruptionsbekämpfung und Stärkung demokratischer Prozesse auch die Aktenschränke von Behörden zu öffnen. Statt mittels staatlicher Überwachung gläserne Bürger zu erschaffen, soll der Staat selbst gläsern werden. Zum anderen fordern zum Beispiel die Weltbank und die OECD mehr Transparenz von allen Staaten, mit denen sie kooperieren. Im Rahmen der Entwicklungszusammenarbeit knüpfen sie die Vergabe von Geldern seit Jahrzehnten verstärkt an Prinzipien der Good Governance und an die Einführung von Auskunftsgesetzen. Durch mehr Transparenz soll nicht zuletzt das Vertrauen von internationalen Investoren in Entwicklungsstaaten gestärkt werden. Dabei sind gerade internationale Organisationen häufig selbst extrem intransparent. So ist zum Beispiel weder bei den Vereinten Nationen noch bei der OECD einheitlich geregelt, wie man Zugang zu ihren Informationen erhält.

Vorreiter in Sachen Transparenz waren neben den Regierungen der skandinavischen Länder lange die USA, deren Freedom of Information Act (FOIA) seit Inkrafttreten 1967 als internationales Vorbild gilt. Dabei unterzeichnete der damalige Präsident Johnson das Gesetz nur widerwillig. Der demokratische Abgeordnete John Moss hatte zuvor zwölf Jahre lang um Unterstützung im Kongress gekämpft, darunter beim noch jungen Abgeordneten Donald Rumsfeld. Ziel des Gesetzes war es unter anderem, eine legale Herausgabe von Informationen zu ermöglichen, um die Zahl der Leaks aus der Regierung zu verringern. Das Gesetz gibt seitdem allen Menschen das Recht, beim Staat liegende Informationen anzufragen. So müssen sämtliche Akten, aber auch Bilder, Videos und Briefe oder E-Mails und SMS herausgegeben werden, sofern dies schutzwürdige Interessen nicht gefährdet. Weigern sich Behörden, können sie gerichtlich zur Herausgabe der Informationen gezwungen werden.

Mithilfe des Gesetzes erreichten Journalisten und Bürgerrechtler in den letzten Jahrzehnten zum Beispiel, dass mehr als 100 000 Dokumente und Fotos zur Folterpraxis der USA im Irak und in Afghanistan sowie Arbeits-E-Mails ehemaliger Minister freigegeben wurden. Das FBI musste Akten zur Überwachung von Personen wie Martin Luther King und John Lennon herausgeben. Auch die Trump-Regierung, die die freie Presse regelmäßig angreift, wird vom FOIA zur Transparenz verpflichtet. Nachdem Donald Trump 2017 etwa das zuvor öffentlich zugängliche Besucherregister des Weißen Hauses von der Website der Regierung entfernen ließ, klagten Aktivisten erfolgreich auf Zugang zu den Daten – und publizierten sie selbst.

In Indien gelang es der Arbeiter- und Bauernorganisation Mazdoor Kisan Shakti Sangathan mithilfe öffentlichkeitswirksamer Kampagnen in den 1990er Jahren, dass zunächst eine Region nach der anderen und schließlich im Jahr 2005 auch die Bundesregierung ein Informationsfreiheitsgesetz zur Korruptionsbekämpfung einführte. Allein in den folgenden drei Jahren stellten indische Bürgerinnen 2 Millionen Anträge auf Informationszugang an Behörden.

Zivilgesellschaftliche Akteure sind wichtige Treiber für die Transparenzbewegung auch in vielen afrikanischen Staaten. Seit 2013 wurden unter anderem in Kenia, Togo, Burkina Faso, in der Elfenbeinküste und in Ruanda Informationsfreiheitsgesetze verabschiedet. Auf eine panafrikanische Initiative hin feiert die Unesco inzwischen jährlich den 28. September als Internationalen Tag der Informationsfreiheit. In Tunesien und Marokko führte der Arabische Frühling dazu, dass das Recht auf Zugang zu amtlichen Informationen Verfassungsrang erhielt. In Tunesien trat das neue Informationsfreiheitsgesetz 2017 in Kraft. Marokko zog 2018 nach, nachdem die Monarchie sieben Jahre lang mit zivilgesellschaftlichen und internationalen Organisationen über die Regelungen beraten hatte. Mit der Einführung des Gesetzes ist das Ziel der Verwaltungsöffnung allerdings noch lange nicht erreicht. So hat das marokkanische Innenministerium noch keine öffentlich zugängliche E-Mail-Adresse, geschweige denn eine eigene Website. Trotzdem hoffen Journalisten und Aktivistinnen, dass das Gesetz zu mehr Offenheit führen wird. Auch Beamte selbst könnten es nutzen, um bei anderen Behörden Auskünfte anzufordern, denn anders kommen sie an wichtige Informationen oft nicht heran.

Während staatliche Institutionen vielerorts offener werden, schränken anderswo autoritäre Regime die Transparenz ein. So setzte die Regierung von Viktor Orbán in Ungarn 2015 eine Reform des Informationsfreiheitsgesetzes durch, die es Behörden

Informationsfreiheitsgesetz: Anfragen bei Bundesbehörden
2006–2017[1]

1. Das »Gesetz zur Regelung des Zugangs zu Informationen des Bundes« (IFG) ist am 1. Januar 2006 in Kraft getreten.

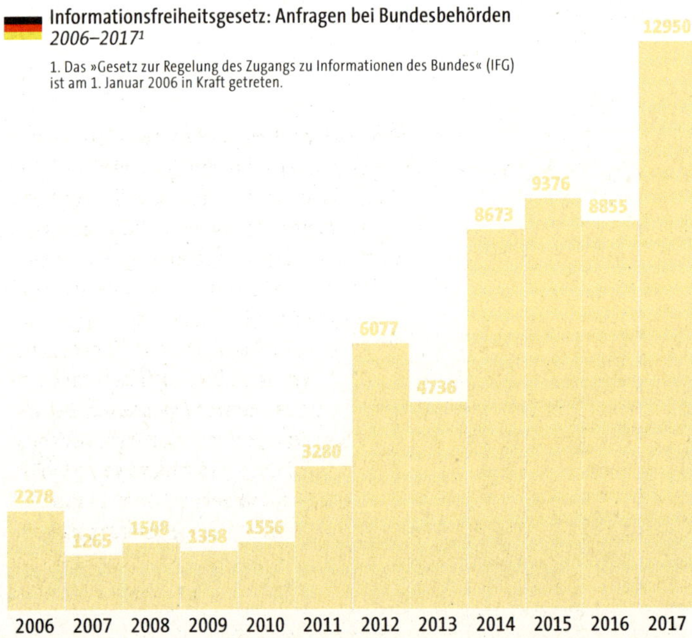

• Zur Transparenz verpflichtet

Das Centre for Law and Democracy und Acess Info Europe erstellen jedes Jahr ein globales Rating zum Recht auf Zugang zu Informationen öffentlicher Behörden. Das Rating bewertet den rechtlichen Rahmen, jedoch nicht, wie einfach oder schwer es in der Praxis ist, an Informationen zu gelangen. Gemessen wird anhand von 61 verschiedenen Indikatoren, die in sieben Hauptkategorien eingeordnet werden: Zugangsrecht, Geltungsbereich, Antragsverfahren, Ausnahmen und Ablehnungen, Rechtsbehelfe, Sanktionen und Schutzmaßnahmen sowie Werbemaßnahmen. Maximal erreichbar sind 150 Punkte, real reicht die Spanne von 33 Punkten (Österreich) bis 139 Punkte (Afghanistan).

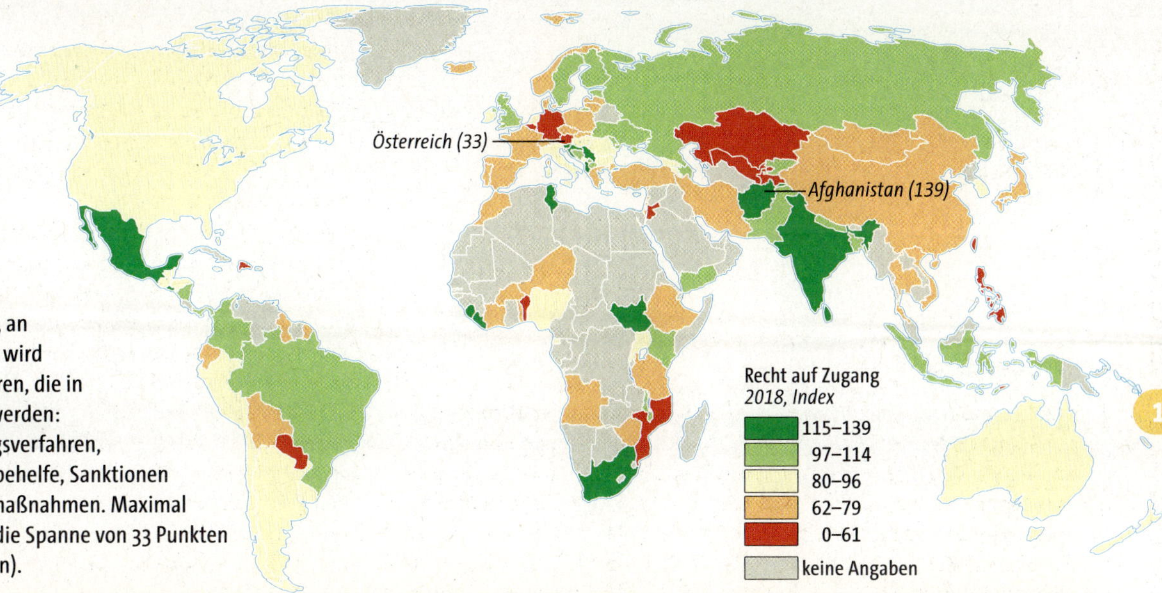

Das Recht auf Zugang zu Informationen, den Buchstaben nach

ermöglicht, für Anfragen willkürlich Gebühren festzusetzen. Damit ist das Gesetz de facto ausgehebelt. Gerade Journalisten, die das Gesetz vor allem nutzen und im Land ohnehin schon politisch und finanziell unter Druck stehen, können es sich in vielen Fällen nicht einmal mehr leisten, einfache Auskünfte von Behörden einzuholen. So wird ein Informationsfreiheitsgesetz zu einem Informationsverhinderungsgesetz.

In der Slowakei wurden im Februar 2018 der Journalist Ján Kuciak und seine Verlobte Martina Kušnírová ermordet, nachdem sie Anfragen nach dem Informationsfreiheitsgesetz gestellt hatten. Kuciak recherchierte zu Verbindungen der Regierung zur Mafia und stellte dazu umfangreiche Anträge an die slowakische Verwaltung. Sein Arbeitgeber, das Recherchenetzwerk OCCRP, wirft den slowakischen Behörden vor, Kuciaks Daten an Dritte weitergeleitet zu haben – wodurch die Mörder überhaupt erst auf seine Recherchen aufmerksam wurden. Der Mord führte zu wochenlangen landesweiten Protesten, in deren Folge die Regierung zurücktrat. Außerdem wurde durch das Verbrechen augenfällig, warum der Staat neben der Transparenz die Aufgabe des Datenschutzes nicht aufgeben darf. Während öffentliche Daten genutzt werden sollen, müssen private Daten geschützt werden. Daher sind in vielen Ländern die staatlichen Beauftragten für Informationsfreiheit gleichzeitig auch für Datenschutz zuständig.

Selbst in Ländern, in denen es riskant ist, Anfragen an den Staat zu stellen, werden Auskunftsrechte immer bekannter. So bieten zivilgesellschaftliche Organisationen in Russland und in Iran Workshops für Bürgerinnen an, um das Recht auf Informationsfreiheit durchzusetzen. Eine neue Onlineplattform der iranischen Regierung, auf der Anfragen an Behörden gestellt werden können, verzeichnete 2017 mehr als 1000 Bürgeranfragen, von denen rund 90 Prozent beantwortet wurden. Dabei glaubt niemand, dass die iranische Regierung tatsächlich kontroverse Dokumente herausgeben würde. Doch schon das weit verbreitete Bewusstsein, einen Anspruch auf Informationen zu haben, kann das Verhältnis von Bürgern zum Staat verändern.

Das gilt auch für El Salvador. Dort hat das Informationsfreiheitsgesetz von 2011 der Bevölkerung die Möglichkeit gegeben, aktiv am Kampf gegen die Korruption teilzunehmen. Laut einheimischen Aktivisten gehen viele neue staatsanwaltliche Ermittlungen im Land auf Anfragen von einfachen Bürgerinnen zurück. Als es das Gesetz noch nicht gab, sei die Bevölkerung desinteressiert gewesen. Aber die Möglichkeit, eigene Anfragen zu stellen, habe sie sensibilisiert.

Arne Semsrott ist ist freier Journalist und Projektleiter von FragDenStaat.

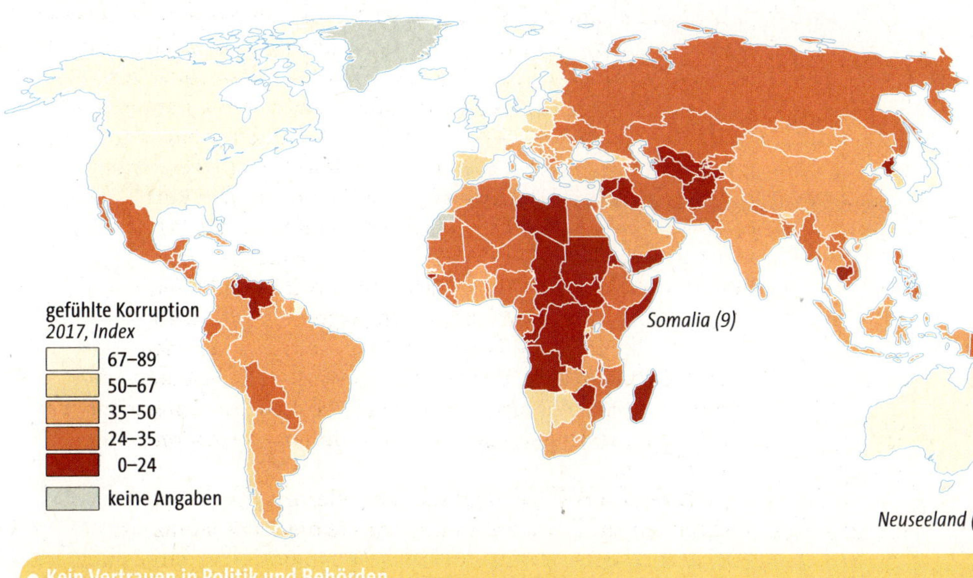

Die NGO Transparency International erstellt jedes Jahr einen Korruptionswahrnehmungsindex (CPI). Der Index misst die in der Politik und Verwaltung wahrgenommene Korruption auf der Grundlage verschiedener Expertenbefragungen. Damit ein Land in die Rangliste aufgenommen wird, müssen drei Datenquellen vorliegen. Der CPI eines Landes wird als der Durchschnitt aller für das Land verfügbaren standardisierten Bewertungen berechnet. Die Bewertungen werden auf ganze Zahlen gerundet. Die Skala reicht von 0 (hohes Maß an wahrgenommener Korruption) bis 100 (keine wahrgenommene Korruption). Für den CPI 2017 wurden 180 Länder untersucht.

Kein Vertrauen in Politik und Behörden

Das Tausend-Meilen-Auge

In China entsteht das größte Überwachungsnetz der Welt. Eine öffentliche Debatte gibt es nicht

von David Bandurski

In der nordwestchinesischen Region Xinjiang werden bis zu einer Million Angehörige der ethnischen Minderheit der Uiguren zwangsweise in Lagern festgehalten. Dort werden sie »umerzogen«: Sie müssen sich vom Islam distanzieren und sich zur Loyalität gegenüber der Kommunistischen Partei Chinas bekennen. Ein zentrales Element der Unterdrückung ist der weiträumige Einsatz digitaler Überwachungstechnik. In Xinjiang spähen Kameras jede Straße aus, von der Hauptstadt Urumqi bis zu den abgelegensten Bergdörfern. Xinjiang ist inzwischen das bekannteste Beispiel eines modernen Überwachungsstaats. Dabei ist das nur die Spitze des Eisbergs. Erschreckend ist nicht nur die blanke Repression in Form von Masseninhaftierungen, sondern auch wie weit die Überwachung in China zum Normalzustand wird.

Auf einer Konferenz im Juni 2018 forderte der ranghohe Parteifunktionär Chen Yixin, eine bislang wenig bekannte Initiative zum Aufbau eines umfassenden Videoüberwachungsnetzes schnell und vollständig umzusetzen. Chen Yixin leitet die Zentrale Kommission für Politik und Recht, die für die Strafverfolgung in China zuständig ist. Die Videoüberwachung, erklärte Chen, müsse das ganze Land bis in die kleinsten Dörfer erfassen. Dabei müsse sie mit ähnlichen Programmen verknüpft werden, die bereits überall in den städtischen Gebieten entstehen. Dieses System sei ein »Tausend-Meilen-Auge«, erklärte Chen nachdrücklich. Es werde die Sicherheit der Bürger garantieren, da es bis in die letzten verborgenen Winkel blicken könne. Das alles diene der »Modernisierung des Managements der Gesellschaft und dem Aufbau eines friedlichen Chinas«.

Die Initiative nennt sich Projekt »Xueliang«, was sich wohl am besten als Projekt »Wachsamkeit« übersetzen lässt. »Xueliang« bedeutet eigentlich »hell und glänzend wie Schnee«. Die chinesischen Kommunisten benutzten dieses Wort zuerst in den 1940er Jahren, als sie davon sprachen, dass das Volk – das heißt die wahren Patrioten aufseiten der Partei und ihrer Revolution – die Täuschungsmanöver durchschaute, die von der Nationalpartei Kuomintang, den Kapitalisten und den imperialistischen Mächten wie Japan und dem Westen ausgingen.

Augen zu haben, die »hell glänzen wie Schnee«, also wachsam sind, hieß, die Wahrheit zu erkennen. Es bedeutete zugleich, mit den Augen jener zu sehen, die an der Macht sind – und die Wahrheit der Partei über den Klassenkampf und die Feinde des Sozialismus zu akzeptieren.

In den fünfziger Jahren erlangten diese Worte eine neue, repressive Bedeutung. Nun galt es wachsam zu sein gegenüber jenen, die es wagten, abweichende Gedanken und Meinungen zu vertreten. »Und mögen sie noch so listige Pläne schmieden«, hieß es in einem Zeitungsartikel von 1955 über eine angebliche konterrevolutionäre Clique, »so können sie doch nicht den schneehellen Augen des Volkes entgehen und auch nicht durchs Netz des Volksgesetzes entwischen.«

Die Idee, dass die Partei über die Wahrheit herrscht, nimmt heute wieder eine neue Bedeutung an. Vor 60 Jahren lenkte und beschränkte die Partei, indem sie den Zugang zu Informationen kontrollierte. »Politiker müssen die Zeitungen führen«, erklärte Mao Tse-tung 1957. Im Dezember 2015 bekräftigte Staats- und Parteichef Xi Jinping diesen Grundsatz. Die Medien, sagte er, müssten »dem Prinzip folgen, wonach die Partei die Medien kontrolliert«. Zu diesem Zeitpunkt war die Ära der traditionellen Massenmedien aber praktisch schon vorbei. Die Zeitungen spielen nicht mehr die Rolle, die sie einmal hatten. Mittlerweile kommunizieren die Chinesen per Smartphone und nutzen soziale Medien wie WeChat. Mit solchen Onlineplattformen kann jeder sein eigener Rundfunksender sein, Informationen produzieren und weiterverbreiten. In Xis »neuer Ära« ist die Bevölkerung also nicht mehr so einfach wie früher zu lenken. Umso bedeutsamer ist der Zugriff, den die Partei auf den Datenpool der Bevölkerung hat, um über das Verhalten der Chinesen informiert zu sein. Um ihre Vorherrschaft zu sichern, muss die Partei alles im Blick haben, und so richten sich die schneehellen Augen der Überwachung nun auf die Volksmassen.

Das Wachsamkeitsprojekt unter dem Namen »Xueliang« wurde erstmals 2015 in der Provinz Sichuan erwähnt. Im September jenes Jahres dann veröffentlichte die Nationale Entwicklungs- und Reformkommission, eine einflussreiche Wirtschaftsbehörde, gemeinsam mit anderen staatlichen Abteilungen eine »Stellungnahme« zur verstärkten Videoüberwachung im ganzen Land. Das mächtige Zentralkomitee der Kommunistischen Partei Chinas segnete diese »Stellungnahme« 2016 ab. Der Text sah die Entwicklung eines Überwachungsnetzes mit »vollständiger geografischer

Ausgaben für die innere Sicherheit
2007–2017, in Mrd. Renminbi

Ausgaben für die innere Sicherheit
2007–2017, in tausend Renminbi/Kopf

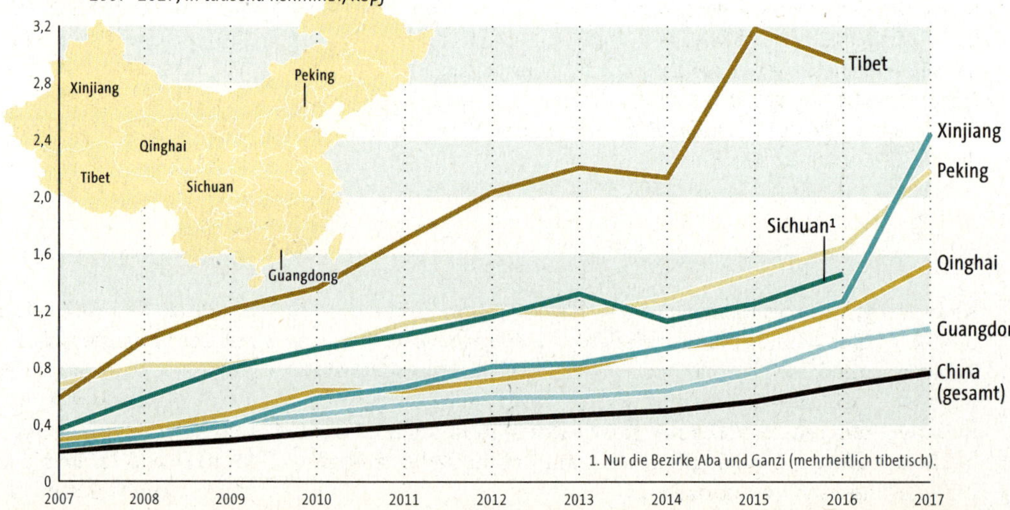

• Investitionen in Kontrolle

Im November 2013 veröffentlichte der oberste Volksgerichtshof Chinas eine schwarze Liste mit Namen von 31 295 Personen, die sich geweigert hatten, vom Gericht angeordnete Zahlungen zu leisten. Die Liste gilt als der erste Schritt hin zum Aufbau eines landesweiten Social Credit System. Seit 2014 sammeln in China staatliche und private Stellen Daten zur Bewertung von Bürgern und Funktionären oder Unternehmen und ganzen Branchen. Die Sozialkreditsysteme werden in 43 Pilotkommunen erprobt. Jedes hat eigene Kriterien und ein eigenes Buchstaben- oder Punktesystem, ja sogar eigene Namen: In Suzhou heißt es »Pflaumenblüte-Sozialkredit«, in Xiamen »Jasmin-Sozialkredit«. Fast alle sammeln Informationen über soziale Netzwerke oder Smartphone-Apps, greifen aber auch auf eine immer ausgefeiltere Videoüberwachung zurück.

In der Stadt Hangzhou südwestlich von Schanghai nutzt man schon seit 2015 zwei Scoringsysteme. Anders als das städtische ist das private weithin bekannt und sehr beliebt und wird von den Behörden geschätzt: »Sesame Credit« von der Ant Financial Service Group, einer Tochtergesellschaft des E-Commerce-Riesen Alibaba, der seinen Sitz ebenfalls in Hanghzou hat. Dieses Kreditsystem vergibt zwischen 350 und 950 Punkten an die Nutzer der weit verbreiteten Bezahl-App Alipay, die in der Stadt praktisch ein Monopol besitzt. Wer über eine hohe Punktzahl verfügt, erhält »Privilegien« und Zugang zu lukrativen Finanzprodukten und Verbraucherkrediten – dem Huabei-Service von Alipay.

Wer Alipay nutzt, überträgt Ant Financial persönliche Daten. So wie Facebook aus den Aktionen seiner Nutzer personalisierte Werbung generiert, orientiert sich auch Sesame Credit am Onlineshopping der Alipay-Nutzer. Doch es geht noch weit darüber hinaus. Mit Zustimmung des Kunden sammelt und analysiert Sesame fünf Datentypen, die über Alipay, aber auch über andere große Plattformen erhoben werden: Einkäufe, Rückzahlung von Verbraucherkrediten, Immobilienbesitz und Finanzprodukte des Nutzers, persönliches Profil, Schulabschlüsse und Hobbys sowie Geldüberweisungen an andere Alipay-Kunden. Jemand, der beispielsweise zehn Stunden am Tag mit Videospielen verplempert, gilt als faul, während einer, der häufig Windeln kauft, vermutlich Kinder hat und damit verantwortungsbewusster erscheint.

Seit 2004 gibt die Stadtverwaltung von Hangzhou an alle Einwohner über 16 Jahren eine Bürgerkarte aus, eine multifunktionale Magnetkarte, die als Ausweis für die Sozialversicherung und den öffentlichen Nahverkehr dient und mit der man die Straßenmaut bezahlen und kostenlos städtische Parks betreten kann. Damals erklärten die Behörden, sie wollten über die Karten eine große Datenbank aufbauen, um die Bedürfnisse der Einwohner besser zu erfassen. Seit Juni 2018 kann man auf Wunsch auch auf eine Smartphone-App mit denselben Funktionen umsteigen. Zur Identifikation dient Sesame Credit, das mit Gesichtserkennung arbeitet. Die Stadtverwaltung von Hangzhou arbeitet also mit Alibaba zusammen. Ein guter Sesame-Score bedeutet für das Amt, dass man auch ein guter Bürger ist.

Abdeckung, vollständigem Datenaustausch im Netz, ununterbrochener Beobachtung und vollständiger Kontrolle über das Funktionieren des Systems« vor. Dieses System würde das ganze Land bis in die letzten Ecken erfassen, ausgenommen vielleicht Privatwohnungen. Es sollte mit seinen Daten rund um die Uhr für die Strafverfolgung zugänglich sein – auf Knopfdruck sozusagen, um es altmodisch auszudrücken.

Topthema der Partei wurde das Projekt Wachsamkeit, als der Begriff »Xueliang« am 14. Juni 2017 erstmals in einer Überschrift der offiziellen *Volkszeitung* erschien. Der Artikel beschäftigte sich mit der Videoüberwachung im Unterbezirk Jin'e im Kreis Longchang in der Provinz Sichuan, wo zehn Dörfer in das neue Projekt Wachsamkeit eingebunden sind. »Kommandozentren« entstehen, so die Schilderung, in den Kreisen und Unterbezirken, »Plattformen« auf der Ebene jeder örtlichen Polizeistation und »(Computer-)Arbeitsplätze« in jedem Dorf. Alle wichtigen Straßen und Wege würden Tag und Nacht mit 360-Grad-Kameras überwacht. Im Januar 2018 tauchte das Projekt Wachsamkeit dann im

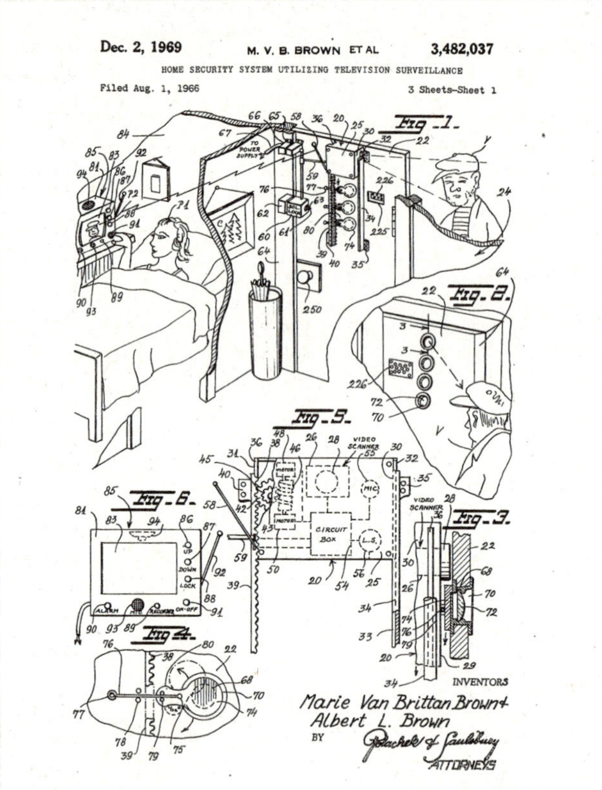

Illustration aus US-Patentanfrage 3482037: home security system mithilfe von Videoüberwachung, Dezember 1969. US Patent Office

Eine kurze Geschichte der Videoüberwachung

1942 • Der deutsche Ingenieur Walter Bruch, der spätere Erfinder des Farbfernsehsystems PAL (1962), installiert das erste, von Siemens entwickelte CCTV-System am Teststand VII in Peenemünde, um den Start von A4-Raketen (später V2 genannt) zu beobachten.

1950 • Das US-Unternehmen Radio Corporation of America (RCA) entwickelt die Bildaufnahmeröhre Vidicon. Weil sie deutlich kleinere und sparsamere Kameras ermöglicht, ersetzt sie ab Mitte der 50er Jahre nach und nach die Ikonoskop-Bildaufnahmeröhre.

1956 • Hamburg testet ein Kamerasystem zu Verkehrslenkung im Probebetrieb, zwei Jahre später werden in München Kameras zur dauerhaften Nutzung in eine neue Verkehrszentrale integriert.

1968 • Olean im Staat New York ist die erste Stadt in den USA, in der Überwachungskameras in einer Hauptgeschäftsstraße installiert werden.

1969 • Das New Yorker Municipal Building ist das erste öffentliche Gebäude der USA, das mit Überwachungskameras der Polizei ausgestattet wird.

1970er Jahre • Die Ausbreitung von Video Cassette Recording (VCR) ermöglicht, die Bilder der Überwachungskameras aufzuzeichnen.

1973 • Die New Yorker Polizei lässt am Times Square Kameras installieren, um die Kriminalitätsrate zu senken.

1976 • Die ersten schwenkbaren Überwachungskameras in Deutschland kommen in Hannover zum Einsatz.

1981 • Das japanische Unternehmen Sony bringt die erste digitale Kamera auf den Markt.

1985 • Nach einer Reihe erfolgloser Versuche in den 70er Jahren beginnt in Großbritannien die öffentliche Videoüberwachung in der Küstenstadt Bournemouth.

1990er Jahre • Die Entwicklung von Multiplexing ermöglicht, Videosignale von mehreren CCTV-Kameras auf einem einzigen Monitor anzuzeigen.

1999 • Mit den ersten Netzwerkkameras können digitalisierte Bilder in komprimierter Form auf direktem Wege über ein Computernetzwerk an einen Browser geschickt werden.

2001 • Nach 9/11 wird die Videoüberwachung als eine Schlüsseltechnologie im Kampf gegen den Terrorismus gesehen; weltweit werden immer mehr Überwachungskameras eingesetzt.

politisch wichtigen »Zentraldokument Nr. 1« auf: in der »Stellungnahme des Zentralkomitees der ZK der KP Chinas und des Staatsrats betreffend die Durchsetzung der Strategie zur Wiederbelebung der Dörfer«. Die »Wiederbelebung der Dörfer« hängt eng mit der flächendeckenden Überwachung der Bevölkerung auf dem Land zusammen; sie findet sich schon in Xi Jinpings politischem Bericht für den 19. Nationalkongress der KP Chinas 2017.

Das Projekt Wachsamkeit soll in einer gemeinsamen Anstrengung überall umgesetzt werden. Ganz China, so hat Chen Yixin im Juni 2018 betont, soll bis 2020 erfasst sein. Allerdings beschränkt sich Chinas Videoüberwachungsinfrastruktur nicht allein auf das Projekt Wachsamkeit. Es wird Berichten zufolge bereits bestehende umfassende Video-Monitoring-Systeme wie »Projekt Himmelsnetz« und »Friedliche Stadt« konsolidieren und erweitern. Himmelsnetz erhalte damit «ein zusätzliches Paar intelligenter Augen«.

Berichte in Staatsmedien beschreiben die Projekte »Himmelsnetz« und Wachsamkeit als einander ergänzende Aspekte einer nationalen Initiative im Rahmen des 3. Fünfjahresplans (2016–2020). Das Ziel: ein »Videoüberwachungsnetz für die öffentliche Sicherheit« zu schaffen. Im Rahmen von Himmelsnetz werden Überwachungskameras auf nationaler, Provinz- und städtischer Ebene installiert, laut dem offiziellen *China News Service* 20 Millionen. Wachsamkeit konzentriert sich hingegen auf den Ausbau in Landkreisen, Bezirken und Dörfern. Im Oktober 2017 vermeldet die internationale Ausgabe der *Volkszeitung* stolz: »China hat bereits das größte Videoüberwachungsnetz der Welt geschaffen.«

Die Öffentlichkeit wurde im September 2017 auf das Projekt Himmelsnetz aufmerksam, als ein Videoclip aus einer Überwachungskamera im Internet kursierte. In dem Video sind Fahrzeuge und Passanten an einer Straßenkreuzung zu sehen, und neben den Personen erscheint sofort ein Hinweis auf ihr mögliches Alter, Geschlecht und andere Zuschreibungen. Viele Chinesen zeigten sich schockiert darüber, wie weit künstliche Intelligenz und die Verarbeitung von Big Data in ihrem Land schon gediehen sind.

Als Antwort auf besorgte Debatten im Internet veröffentlichte *China News Service* einen Artikel unter der Schlagzeile: »Beobachtet von 20 Millionen Kameras des Projekts Himmelsnetz – Privatsphäre verletzt?« Der Artikel schildert detailliert und überwiegend affirmativ, welche Fähigkeiten und welchen Nutzen Himmelsnetz für die »Bewahrung der Stabilität« habe. Damit sind gewöhnlich Bemühungen gemeint, soziale und politische Unruhen im Keim zu ersticken. Die Datensammlung unter dem Projekt Himmelsnetz, erklärte ein Pekinger Rechtsprofessor in dem Artikel, stelle keine Verletzung der Privatsphäre dar, weil sie sich nicht gegen einzelne Personen richte. Zwar hätten die chinesischen Bürger das Recht auf ihre persönlichen Daten, so ein Anwalt im selben Artikel, aber auch die Pflicht, der Regierung die Informationen zukommen zu lassen, wenn diese es wünsche.

Wenn die Medien in China das Projekt Wachsamkeit und das Projekt Himmelsnetz aufgreifen, befassen sie sich nie länger mit der Frage nach der Privatsphäre. Stattdessen rechtfertigen sie diese Programme mit der offiziellen Begründung, sie dienten der Sicherheit und Bequemlichkeit. Ein Bericht in einer Jugendzeitung begann so: »Ausweis vergessen? Kein Problem, nur einmal das Gesicht scannen, und du kannst im Internetcafé gleich online gehen oder auch in ein Hotel einchecken. Dein Kind ist in der U-Bahn verloren gegangen? Keine Sorge, die Videoüberwachung wird dir helfen, es schnell wiederzufinden. Du willst wissen, ob das Essen im Restaurant sauber und unproblematisch ist? Das ist jetzt möglich. Mit der vollständigen (Video-)Überwachung kannst du sicher sein, in einer sicheren Umgebung zu essen. Dass du diese Bequemlichkeiten in deinem Leben nun genießen kannst, verdankst du in Gänze dem Projekt Wachsamkeit, das in der Stadt Hangzhou in den vergangenen Jahren eingerichtet worden ist.«

Überwachungkameras in London[2,3] *2015*

2900	Hackney
2246	Wandsworth
1150	Hammersmith and Fulham
1015	Camden
680	Greenwich
674	Hillingdon
615	Ealing
467	Havering
397	Waltham Forest
386	Tower Hamlets
333	Enfield
305	Southwark
285	Redbridge
261	Bexley
204	Newham
197	Hounslow
184	Sutton
184	Bromley
181	Islington
180	Brent
171	Lewisham
166	Harrow
137	Kingston upon Thames
134	Westminster
111	Barnet
103	Richmond upon Thames
91	Croydon
68	Haringey
58	Kensington and Chelsea
42	Lambeth

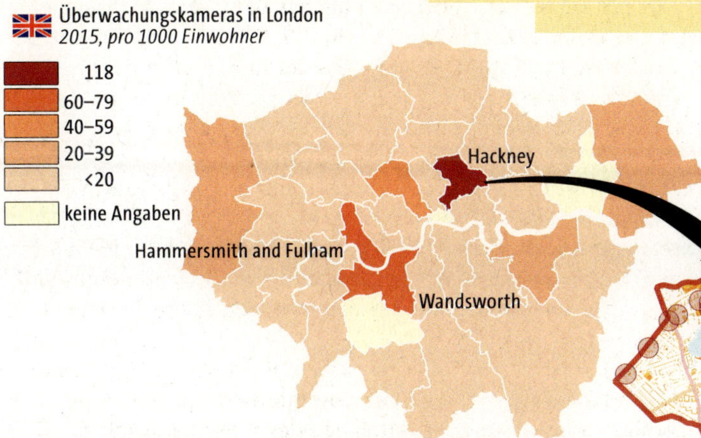

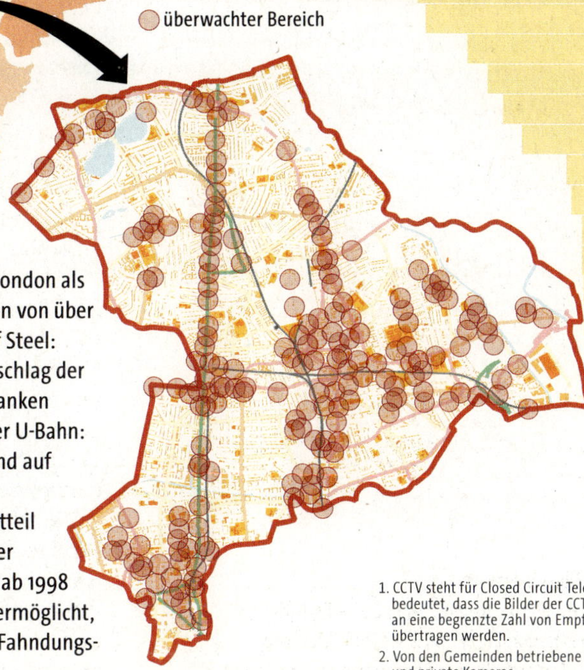

Großbritannien gilt als das Mutterland der Videoüberwachung und London als die am stärksten überwachte Metropole der Welt. Schätzungen gehen von über einer Million Kameras aus. Ein Bestandteil ist der sogenannte Ring of Steel: Das Netzwerk von Überwachungskameras wurde nach dem Terroranschlag der IRA in Bishopgate 1993 aufgebaut, viele private CCTV-Systeme[1] von Banken und Büros wurden integriert. Nahezu lückenlos ist die Kontrolle in der U-Bahn: Tausende Kameras beobachten die Fahrgäste in Waggons, Tunneln und auf Bahnsteigen.

Technisch ausgeweitet wurde die Überwachung im Londoner Stadtteil Newham, der für seine hohe Kriminalitätsrate bekannt war: Weit über hundert fest installierte und mobile Überwachungskameras wurden ab 1998 mit dem Gesichtserkennungssystem Mandrake ausgestattet, das es ermöglicht, eine größere Menschenmenge binnen Sekunden mit einer digitalen Fahndungsdatei abzugleichen.

1. CCTV steht für Closed Circuit Television und bedeutet, dass die Bilder der CCTV-Kameras an eine begrenzte Zahl von Empfangsgeräten übertragen werden.
2. Von den Gemeinden betriebene Kameras, ohne Verkehrsüberwachung und private Kameras.
3. Keine Angaben für Barking and Dagenham, City of London und Merton.

London, Hauptstadt der Überwachung

Das Ausmaß der Überwachung und Datennutzung dürfte viele Menschen erschrecken. Wenn unsere Gesichter beim Einchecken im Hotel gescannt und erkannt werden können, heißt das: Wir sind mehr oder weniger sofort durch eine landesweite Datenbank zu orten, die wichtige Informationen über uns gespeichert hat. Und wenn es wahr ist, dass ein Einzelner durch ein Netz miteinander verbundener Überwachungskameras aufgespürt werden kann, dann heißt das: Wir alle können von diesem System gefunden werden – unabhängig davon, ob wir verloren gegangen sind oder nicht. Und wenn der Weg unserer Nahrung vom Einkauf über die Küche bis zu unserem Tisch verfolgt werden kann, dann heißt das: Dieses System der Videoüberwachung funktioniert offenbar flächendeckend – und dann gibt es wahrlich keinen Ort mehr, an dem man sich verstecken kann.

Der Bericht der Jugendzeitung verspricht Sicherheit und Bequemlichkeit – und zielt zumindest teilweise mit seiner lockeren Attitüde gegenüber dem Thema Überwachung darauf ab, die Macht des Staats, seine Augen überall zu haben, zu legitimieren und jede Diskussion darüber einzudämmen, wie diese Macht begrenzt werden könnte. Zugleich kann der Bericht auch als Ausdruck der weitverbreiteten Technikeuphorie gelesen werden. Technik, so hoffen viele Chinesen und Chinesinnen, bietet die Chance, ihr Leben fairer und effektiver zu gestalten. Vielleicht nirgendwo anders ist diese Begeisterung augenfälliger als in Hangzhou. Hier hat die Alibaba-Gruppe ihren Hauptsitz. Das chinesische Top-Technologieunternehmen ist Vorreiter im Feld der digitalen Überwachung. Beim internationalen Hangzhou Marathon 2018 war die Sportabteilung von Alibaba, Alisports, zuständig für die Gesichtserkennungssoftware. Diese sollte eingesetzt werden, um Betrug zu verhindern. Alibabas Onlinereisedienst Fliggy ist dabei, Gesichtserkennung für Eintrittskarten an Touristenorten einzuführen – zuerst im Herbst 2018 im Xixi National Wetland Park von Hangzhou. Warum? Um den Schwarzhandel mit Tickets zu bekämpfen.

Mit Big Data versucht China derzeit alle möglichen Probleme zu lösen – und verrät damit einen gefährlichen Glauben an die befreiende Kraft von Technik. Eine öffentliche Debatte darüber, wie die vermuteten Fortschritte die Bürger in die Falle allgegenwärtiger Überwachung stolpern lassen könnten, fehlt dagegen völlig. Hand in Hand mit Unternehmen wie Alibaba befördert die chinesische Regierung die Vorstellung, dass Technik der Garant von Wohlstand und Fairness ist und zu einer lebendigen Digitalwirtschaft führt, und sie zugleich Verbrecher und Betrüger entlarvt.

Diesem Technologieversprechen folgt auch die »Internet-Plus«-Strategie, die Ministerpräsident Li Keqiang im März 2015 vorstellte. Ihr Ziel war – so schien es damals jedenfalls – vor allem, Digitalisierung und Innovation zu fördern, um die stockende Wirtschaft neu zu beleben. Diese Strategie ist eng an staatliche Überwachung gekoppelt – und das ist der Preis, den China für seine digitale Revolution unter Führung und Aufsicht der Kommunistischen Partei zahlt und den viele Menschen nicht sehen. Mit ihrem Technologieversprechen kann die Regierung womöglich Ticketschwarzhändlern und Marathonbetrügern das Handwerk legen. Aber zugleich könnte es ihr gelingen, sich eine der fettesten politischen Beuten aller Zeiten zu sichern: die Rechtfertigung für ein Massenüberwachungssystem, das drakonischer ist als alles, was die Welt je gesehen hat.

David Bandurski ist Kodirektor des China Media Project, eines unabhängigen Forschungs- und Austauschprogramms, das mit der Universität Hongkong zusammenarbeitet.

Die Elefantenkurve

Eine Grafik, die angeblich alles erklärt

Ende 2013 veröffentlichten die Ökonomen Christoph Lakner und Branko Milanović in einem Forschungspapier der Weltbank ihre Ergebnisse zur globalen Einkommensverteilung. Eine Grafik daraus machte schnell Karriere. Sie zeigt, wie stark die Einkommen der Weltbevölkerung zwischen 1988 und 2008 stiegen. Auf der waagerechten Achse ist die Weltbevölkerung je nach Einkommen in 100 gleich große Gruppen (Perzentile) eingetragen, links die geringsten Einkommen, rechts die höchsten. Die senkrechte Achse zeigt die Höhe des prozentualen Einkommenszuwachses über 20 Jahre an, inflations- und kaufkraftbereinigt. Lakner und Milanović beschrieben die Kurve als umgedrehtes gekipptes S. Weil sie aber stark der Rückenlinie eines Elefanten ähnelte, wurde sie bekannt unter dem Namen Elefantenkurve. Karriere machte sie vor allem, weil sie vielen Interpreten eine schlüssige Erklärung für den Aufstieg der Rechtspopulisten zu bieten schien.

Anhand der Kurve wurden vier Haupttendenzen ausgemacht: Die globale Elite, vor allem das oberste 1 Prozent, durfte sich in den vergangenen Jahrzehnten über ein enormes Einkommenswachstum freuen. Dieses Wachstum ist am

Lakner und Milanović (2013)

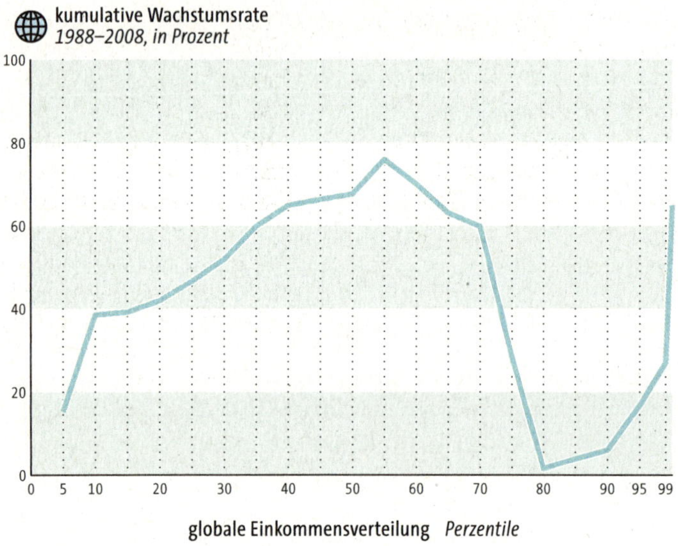

Corlett (2016)

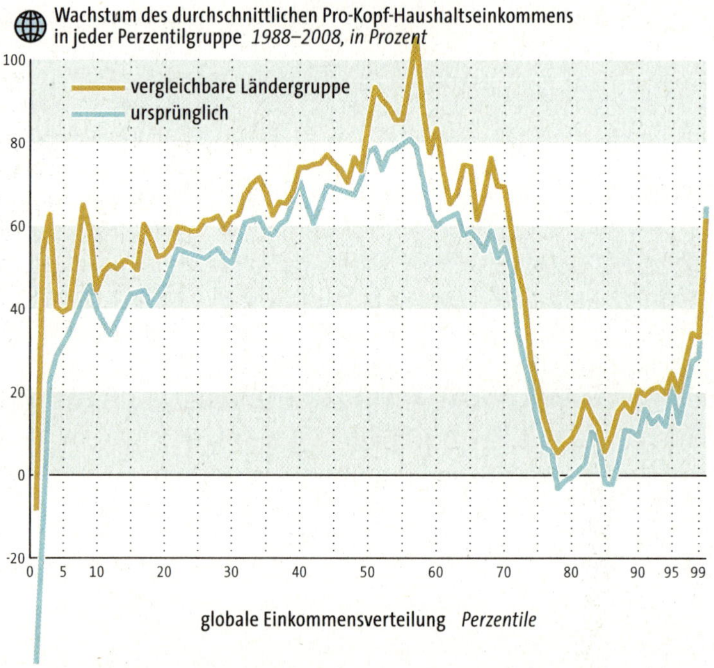

steil nach oben strebenden Rüssel zu erkennen. In der Senke zwischen Rüssel und Rücken (80. bis 90. Perzentil), wo die globale obere Mittelschicht verortet wird, stagnierten die Einkommen. Die Einkommen der globalen Mittelschicht (nicht zu verwechseln mit der Mittelschicht in den Industrieländern) sind rapide gewachsen, vor allem in China haben sich Millionen Menschen aus der Armut befreit. Dieses Wachstum ist am Elefantenrücken vor allem zwischen den Perzentilen 50 bis 60 zu erkennen. Am herabhängenden Schwanz schließlich ist zu sehen, dass die Ärmsten der Armen kaum Einkommenssteigerungen verbuchen konnten.

Obwohl Lakner und Milanović darauf hinwiesen, dass die Kurve keine Aussage über konkrete Individuen zulasse, konnten viele Interpretationen der Versuchung nicht widerstehen, sie doch bestimmten Schichten in bestimmten Ländern zuzuordnen. Vor allem die globale obere Mittelschicht war von Interesse, denn dort wurde die untere Mittelschicht der Industriestaaten eingeordnet. Weil an dieser Position die Einkommenssteigerungen minimal waren, wurde geschlussfolgert, dass die heiße Phase der Globalisierung zwischen dem Fall der Berliner Mauer und der Finanzkrise vor allem den Aufsteigern in die globale Mittelschicht sowie dem reichsten Prozent zu deutlichen Einkommenszuwächsen verholfen hätte, die untere Mittelschicht der Industriestaaten dagegen zu den Verlierern gehöre. Der US-amerikanische Nobelpreisträger Paul Krugman erklärte die Kurve in der *New York Times* zur Grafik des Jahres 2014, und die Senke zwischen dem 80. und 90. Perzentil nannte er das Tal der Verzweiflung; für Matt O'Brian von der *Washington Post* wurde die Kurve zum Rosettastein, der politische Prozesse nicht nur in den USA entschlüsseln helfen würde.

Diente die Kurve also den einen, um den Aufstieg von Trump, das Brexit-Votum oder die Erfolge des Front National zu erklären, wurde sie von anderen kritisch geprüft. So korrigierte der britische Ökonom Adam Corlett in einem Paper für die Resolution Foundation 2016 unter anderem die Datenauswahl, denn nur für 60 von 130 Ländern lagen Daten von 1988 und 2008 vor. Corlett rechnete die 70 Länder mit unvollständigen Daten raus, was das Bild signifikant nalen Dollar 2011 umstellen. In der aktualisierten Kurve stieg das Einkommen in der Gruppe um die Mitte der globalen Einkommensverteilung weiter deutlich, während sich der Zugewinn des reichsten 1 Prozents der Weltbevölkerung reduzierte.

Wie stark die Zusammenfassung der Daten Unterschiede allein zwischen den entwickelten Ländern verbergen, demonstriert Corlett, wenn er Japan (dessen Daten er wie Lakner und Milanović für unsicher hält) und die osteuropäischen Staaten (mit großen Einkommensverlusten nach dem Zusammenbruch der Sowjetunion) herausrechnet: Die Kurve der verbleibenden Industriestaaten (ohne Japan, Osteuropa, China) zeigt dann für die Jahre von 1988 bis 2008 Einkommenssteigerungen von 40 bis 50 Prozent an. Schaut man sich die verbliebenen Länder noch genauer an, fällt vor allem auf, dass die Einkünfte der unteren acht Zehntel der US-Amerikaner weit weniger stiegen als die der entsprechenden Gruppen in Großbritannien, Spanien, Frankreich oder Italien.

Corletts Analyse wie auch die Untersuchung der Ökonomen Homi Kharas und Brina Seidel vom US-Thinktank Brookings Institution stellen die Elefantenkurve

Lakner und Milanović (2015)

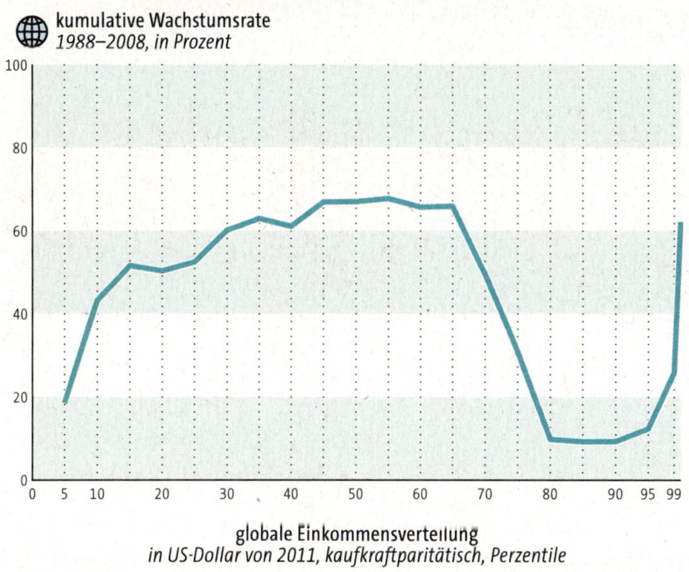

Alvaredo, Chancel u. a. (2018)

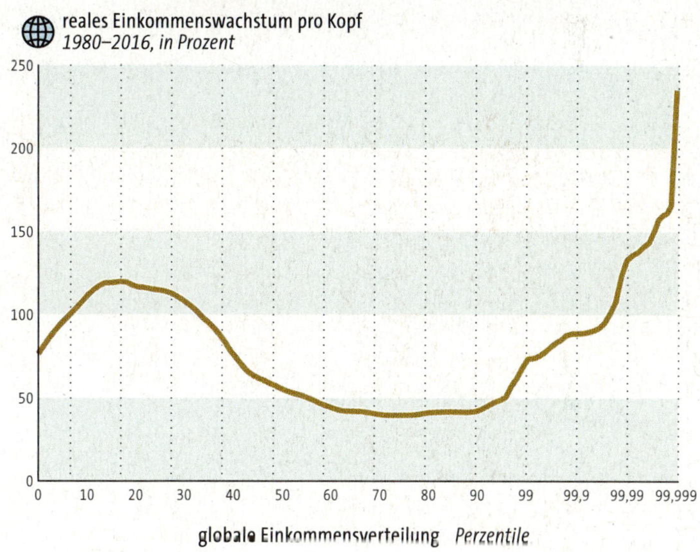

veränderte: Für alle außer dem obersten 1 Prozent stiegen die Einkommen stärker, das durchschnittliche globale Wachstum der Einkommen zwischen 1988 und 2008 beträgt bei Corlett 32 Prozent (für 60 Länder) statt 24 Prozent bei Lakner/Milanović (130 Länder).

Der demografische Faktor beeinflusst ebenfalls die Kurve. Da die Entwicklungs- und Schwellenländer höhere Geburtenraten haben, steigt ihr Anteil an der Weltbevölkerung stetig. Das schiebt die Bevölkerung der Industrieländer auf der x-Achse weiter nach rechts, ohne dass deren Einkommen gestiegen sein müssen. Das ärmste Zehntel der US-Bevölkerung beispielsweise ordnete sich laut Corlett 1988 global im 70. bis 75. Perzentil ein – 20 Jahre später waren an dieser Stelle reiche städtische Chinesen zu finden, während das ärmste US-Dezil inzwischen 5 Perzentile weiter nach rechts (75–80) gerutscht war.

Auch die Kaufkraftparität spielt eine Rolle. Hatten Lakner und Milanović 2013 ihre Werte noch nach internationalem Dollar 2005 berechnet, konnte bereits Milanović selbst zwei Jahre später für sein Buch »Ungleichheit« auf internatio- nicht an sich infrage, sondern entschlacken sie eher. Die schrittweise Reduktion der Datenbasis mindert zwar die globale Reichweite, ermöglicht aber einen genaueren Blick auf Entwicklungen in bestimmten Regionen und Ländern.

Eine eigene Kurve liefert der erste Bericht über die weltweite Ungleichheit von 2018. Da sich der Report der Wirtschaftswissenschaftler Facundo Alvaredo, Lucas Chancel, Thomas Piketty, Emmanuel Saez und Gabriel Zucman vorrangig nicht auf Haushaltsbefragungen, sondern auf Steuerdaten stützt, ergeben sich deutlich höhere Einkommenszuwächse des oberen 1 Prozents, während die Zugewinne der globalen Mittelschicht geringer ausfallen. Der Rücken wird also flacher, dagegen reckt sich der Rüssel steil in die Höhe – weshalb manche die Grafik nach dem Ungeheuer von Loch Ness auch Nessie-Kurve nennen.

Die Kurve zur Entwicklung der globalen Einkommen kann also vielerlei Gestalt annehmen – und ist schon deshalb nicht geeignet, einfache Erklärungen für politische Entwicklungen wie den Aufstieg der Rechtspopulisten zu liefern.

Der große Sprung

Die globale Ungleichheit sinkt, doch es gibt nicht nur Gewinner

von Branko Milanović

Was wir derzeit auf globaler Ebene erleben, ist die größte Umschichtung individueller Einkommen seit der industriellen Revolution. Aufgrund des wirtschaftlichen Aufstiegs von China, Indien und anderer großer asiatischer Länder haben sich dort die Einkommensverhältnisse vieler Menschen – im Vergleich zu anderen Weltregionen – innerhalb einer relativ kurzen Zeitspanne stark verändert.

Einen solchen Sprung hat es in den letzten 200 Jahren nirgendwo auf der Welt gegeben *(siehe Grafik rechts)*. Das letzte Mal war dies während der industriellen Revolution der Fall, als in Westeuropa – später und weniger sprunghaft in den USA und in Japan – die Realeinkommen deutlich anstiegen und dafür sorgten, dass die Mehrheit der in diesen Industrieländern lebenden Menschen ihre Position auf der weltweiten Einkommensrangliste erheblich verbessert haben.

Um die gegenwärtigen Veränderungen besser zu verstehen, lohnt es sich, die industrielle Revolution des 18. und 19. Jahrhunderts als Bezugsrahmen heranzuziehen. Denn zum einen lässt sich der Aufstieg Chinas als verspätete Ausbreitung der industriellen Revolution auf Asien begreifen. Und zum anderen zeigt dieser Aufstieg spiegelbildlich, wie sich die erste industrielle Revolution auf das Verhältnis von Europa zu Asien ausgewirkt hat. Diese Revolution hat nämlich Europa reich gemacht, zugleich aber die Industrie in großen Teilen Asiens vernichtet – etwa die Baumwollproduktion in Indien – und zu massiven Einkommensunterschieden zwischen Europa und Asien geführt.

Die beiden damaligen Entwicklungen werden durch die technologische Revolution von heute gleichsam rückgängig gemacht: Die Industrialisierung Chinas führt zur Deindustrialisierung Europas und Nordamerikas sowie zur Verringerung der Einkommensunterschiede zwischen den Menschen im Westen und denen in Asien.

Die ökonomischen Aktivitäten sind heute wieder in etwa so über ganz Eurasien (und Nordamerika) verteilt wie um die Mitte des zweiten Jahrtausends. Vor 500 Jahren lagen die Realeinkommen beispielsweise auf der italienischen Halbinsel ähnlich hoch wie in China, oder in England auf einem vergleichbaren Niveau wie in Indien, das heißt, sie betrugen in den reicheren Ländern allenfalls das Doppelte.

In solchen Kategorien der »longue durée« (Fernand Braudel) betrachtet, erscheint die industrielle Revolution des 18. und 19. Jahrhunderts als eine vorübergehende Besonderheit, die extreme Unterschiede im Lebensstandard hervorgebracht hat, und zwar zwischen den früh industrialisierten Ländern und den Regionen, die wie China, Indien und Afrika im 19. und frühen 20. Jahrhundert kein Wirtschaftswachstum erlebt haben. Sobald jedoch China, Indien und die übrigen Entwicklungsregionen in Asien einen Wachstumskurs einschlugen, begann der Westen seinen enormen Vorsprung einzubüßen.

Diese dramatischen Veränderungen wirkten sich auf die Einkommensverteilung in der Welt aus.

Die Verschiebungen der Einkommensverteilung innerhalb der Staaten, die in dieser Phase durchaus erheblich waren, spielten insgesamt eine zweitrangige Rolle. So nahm etwa die Ungleichheit in Großbritannien und in den USA im Lauf des 19. Jahrhunderts kontinuierlich zu. Ihre Höchststände erreichte sie im Vereinigten Königreich im letzten Viertel des 19. Jahrhunderts, in den USA erst während der Großen Depression der späten 1920er Jahre. Die Zunahme der Ungleichheiten innerhalb der Länder trug zwar zur globalen Ungleichheit bei, war aber nicht die treibende Kraft.

Etwas Ähnliches spielt sich heute, das heißt seit Beginn des 21. Jahrhunderts, wieder ab. Dass die globale Ungleichheit zurückgeht, hat mit der Verringerung von Segment B in der Grafik zu tun – also mit dem Aufholprozess von China und Indien. Zugleich nimmt allerdings die Ungleichheit innerhalb der meisten großen Länder zu.

In den letzten 25 Jahren überwog die positive Wirkung der ökonomischen Konvergenz, also die Verringerung der Einkommensunterschiede zwischen den Ländern. Aber das muss nicht so bleiben. Wenn nicht in anderen Teilen der Welt und vor allem in Afrika ein schnelleres Wachstum einsetzt – mit zwei- bis dreimal so hohen Zuwachsraten wie im Westen –, dann könnten sich die Konvergenzkräfte abschwächen und schließlich ganz versiegen.

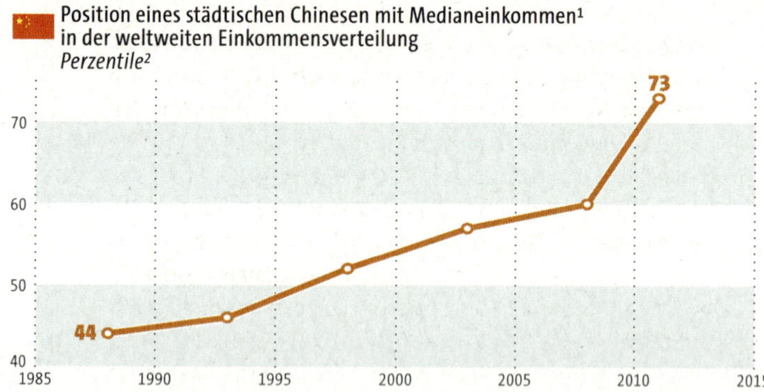

Die Grafik zeigt die Entkommensentwicklung eines Chinesen, der 1988 – bezogen auf die städtische Bevölkerung Chinas – ein Medianeinkommen[1] zur Verfügung hatte. Dieser städtische Chinese bezog 1988 – als die Wirtschaftsreformen von Deng Xiaoping noch in den Kinderschuhen steckten – ein höheres Realeinkommen als 44 Prozent der Weltbevölkerung. 2013 ging es dieser Person bereits besser als 73 Prozent aller Menschen auf der Erde. Sie hatte innerhalb eines Vierteljahrhunderts also fast 30 Prozent der Weltbevölkerung oder 2,1 Milliarden Menschen hinter sich gelassen.

1. Das **Medianeinkommen** ist das Einkommen, bei dem es genauso viele Menschen mit einem höheren wie mit einem niedrigeren Einkommen gibt. Eine Person mit diesem Einkommen steht also in Bezug auf alle anderen Personen genau in der Mitte.
2. *Siehe Fußnote 1* zu der Grafik »Chinas neue Mittelschicht« auf der gegenüberliegenden Seite.

Inzwischen reicher als drei Viertel der Welt

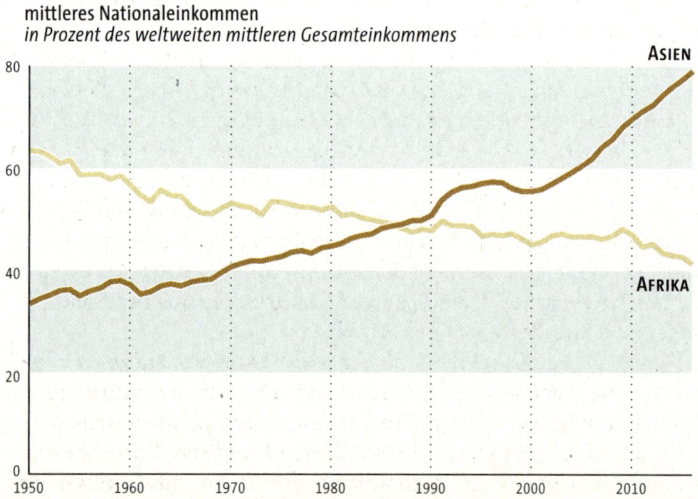

Asien holt auf, Afrika fällt zurück

Die Grafik zeigt die globale Einkommensungleichheit, das heißt die Ungleichheit der Realeinkommen zwischen allen Individuen dieser Welt. Diese Ungleichheit setzt sich aus zwei Komponenten zusammen, in der Grafik repräsentiert durch Segment A und Segment B. Segment A ist der Teil der globalen Ungleichheit, der von Ungleichheiten innerhalb der Länder herrührt; Segment B dagegen der Teil, der aus den von Land zu Land ungleichen Durchschnittseinkommen resultiert.
Die globale Ungleichheit lag demnach im frühen 19. Jahrhundert, nach den Napoleonischen Kriegen, bei einem eher niedrigen Wert. Denn auf der vertikalen Achse des Gini-Index[1] liegt der erste Punkt auf der oberen Kurve bei 55. Danach begann dieser Wert, also die summierte Ungleichheit, ab 1820 rund 150 Jahre lang mehr oder weniger stetig anzusteigen.
Der Anstieg im Zuge der industriellen Revolution war jedoch von besonderer Art: Angetrieben wurde er vor allem durch die zunehmende Einkommensungleichheit zwischen den Ländern. Maßgeblich war also der Anstieg von Segment B in unserer Grafik: 1820 beruhte die globale Ungleichheit noch nicht einmal zur Hälfte (nur 17 von 55 Gini-Punkten) auf den Einkommensdifferenzen zwischen den Ländern; dann aber erzeugte der ökonomische Aufstieg des Westens eine große Kluft gegenüber dem Rest der Welt und trieb Segment B in die Höhe – und damit auch die globale Ungleichheit.

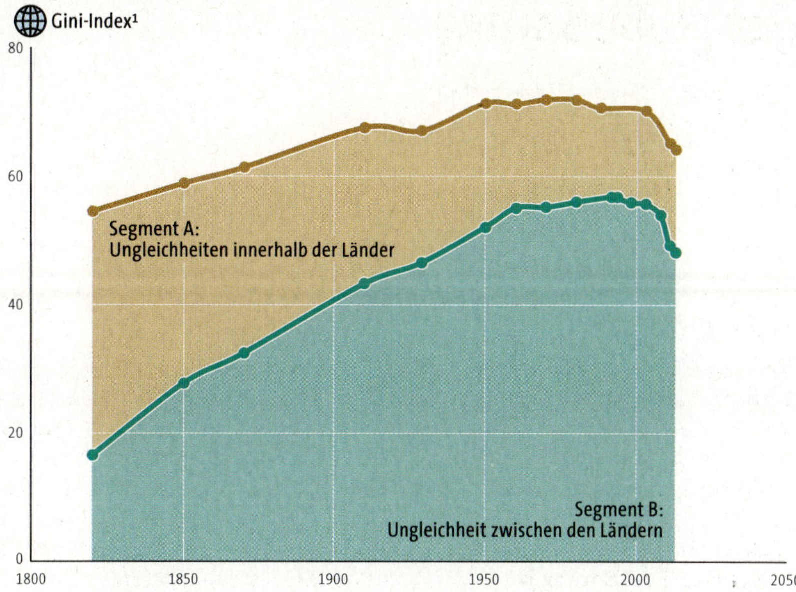

1. Der **Gini-Koeffizient** oder **Gini-Index** ist ein statistisches Maß für Häufigkeitsverteilungen. In der Wirtschaftswissenschaft wird er meistens benutzt zur Darstellung von Einkommens- oder Vermögensverteilungen. Sein Wert variiert von 0 (maximale Gleichheit: Alle bekommen das gleiche Einkommen oder besitzen gleich viel Vermögen) bis 1 bzw. 100 (maximale Ungleichheit: Eine einzelne Person bekommt das ganze Einkommen oder besitzt das ganze Vermögen).

• Mit der industriellen Revolution nahm die weltweite Ungleichheit zu

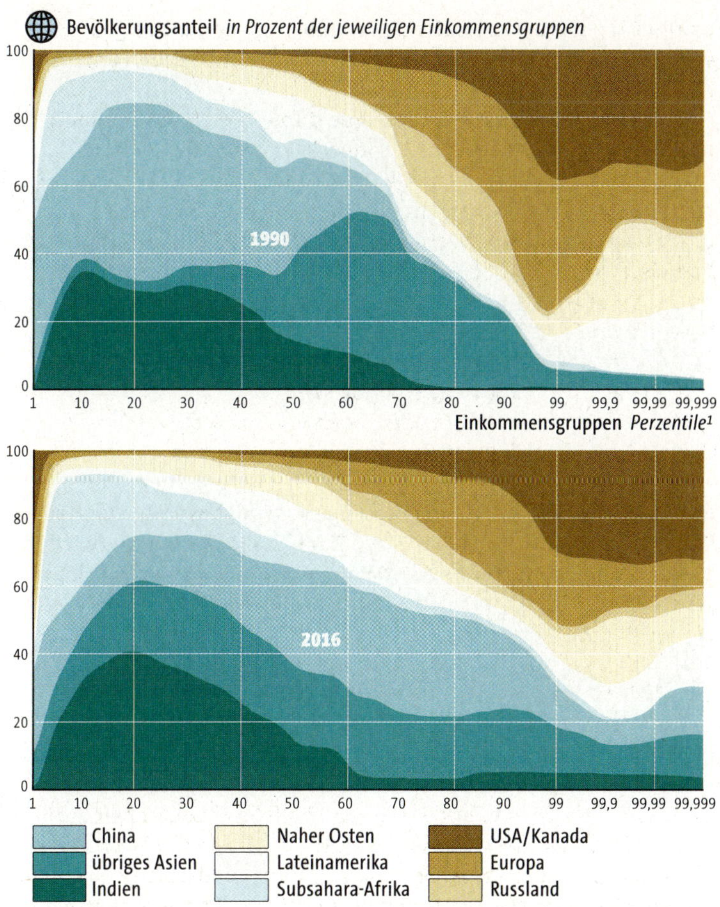

1. In der Statistik sind **Quantile** ein Streuungsmaß: Sie verteilen einen Datensatz in gleich große Gruppen. Bei Einkommensverteilungen ist eine Aufteilung in 10 Gruppen üblich – die Quantile werden **Dezile** genannt. Das erste Dezil z. B. stellt dann die Einkommenshöhe dar, die von den unteren 10 Prozent der Empfänger nicht überschritten wird. In diesen beiden Grafiken ist die Weltbevölkerung in 100 **Perzentile** aufgeteilt. Die linken 99 Gruppen auf der x-Achse repräsentieren je 1 Prozent der Weltbevölkerung. Das letzte Perzentil ist noch mal in 10 Gruppen aufgeteilt, die je 0,1 Prozent darstellen. Dieser Schritt wird zweimal wiederholt, so dass die letzte Gruppe (99,999) das reichste 0,001 Prozent der Weltbevölkerung abbildet. 2016 waren das 49 000 Personen.

• Chinas neue Mittelschicht

Es mag zu analytischen Zwecken nützlich sein, die Ungleichheit in den Ländern losgelöst von der Entwicklung zwischen den Ländern zu betrachten, aber natürlich besteht zwischen den beiden Größen ein Zusammenhang. Zum Beispiel sprechen manche empirischen Studien dafür, dass das schnelle Anwachsen der Realeinkommen in China zwar dazu beiträgt, die Kluft zwischen den Ländern und damit die globale Einkommensungleichheit zu verringern. Zugleich könnte es aber dazu geführt haben, dass im Westen die Reallöhne stagnierten, Arbeitsplätze verloren gingen und mehr und mehr »prekäre« Arbeitsverhältnisse entstanden – mit der Folge, dass die Einkommensunterschiede in den reicheren Ländern angewachsen sind.

Diesen Effekt gilt es auch bei einem Blick in die Zukunft zu berücksichtigen: Stellen wir uns eine Welt vor, in der die enorme Kluft zwischen den Einkommen in der Europäischen Union und in Afrika stark reduziert wäre, in der sich also beispielsweise das Durchschnittseinkommen in Mali nicht allzu sehr von dem in Italien unterscheidet. Eine solche Entwicklung wäre zweifellos wünschenswert, denn sie würde nicht nur die absolute Armut beseitigen, die nach wie vor existiert, sondern auch eine »globale Mittelklasse« hervorbringen.

Aber diese Entwicklung könnte zugleich eine andere Wirkung mit sich bringen – oder sogar zur Voraussetzung haben, nämlich höhere Einkommensunterschiede in den heute noch reichen Ländern. Also eine wachsende Kluft zwischen den Leuten, die von der globalen Integration – in diesem Fall vom ökonomischen Aufholen Afrikas – profitieren können, und den anderen, die wegen der afrikanischen Konkurrenz womöglich ihren Arbeitsplatz verlieren werden. Wenn es so käme, könnte eine global positive Entwicklung unerwünschte Wirkungen auf Länderebene auslösen und sogar politisch destabilisierend wirken.

Dass das Segment B noch immer – und trotz des Aufholens von Asien – auf hohem Niveau verharrt, hat eine weitere politische Konsequenz: Die enormen Einkommensunterschiede zwischen armen und reichen Ländern sind für den Durchschnittsverdiener aus einem armen oder einem Schwellenland ein Anreiz, um in ein reicheres Land auszuwandern. Unter Bedingungen der Globalisierung, die das Wissen um diese Einkommensunterschiede überall

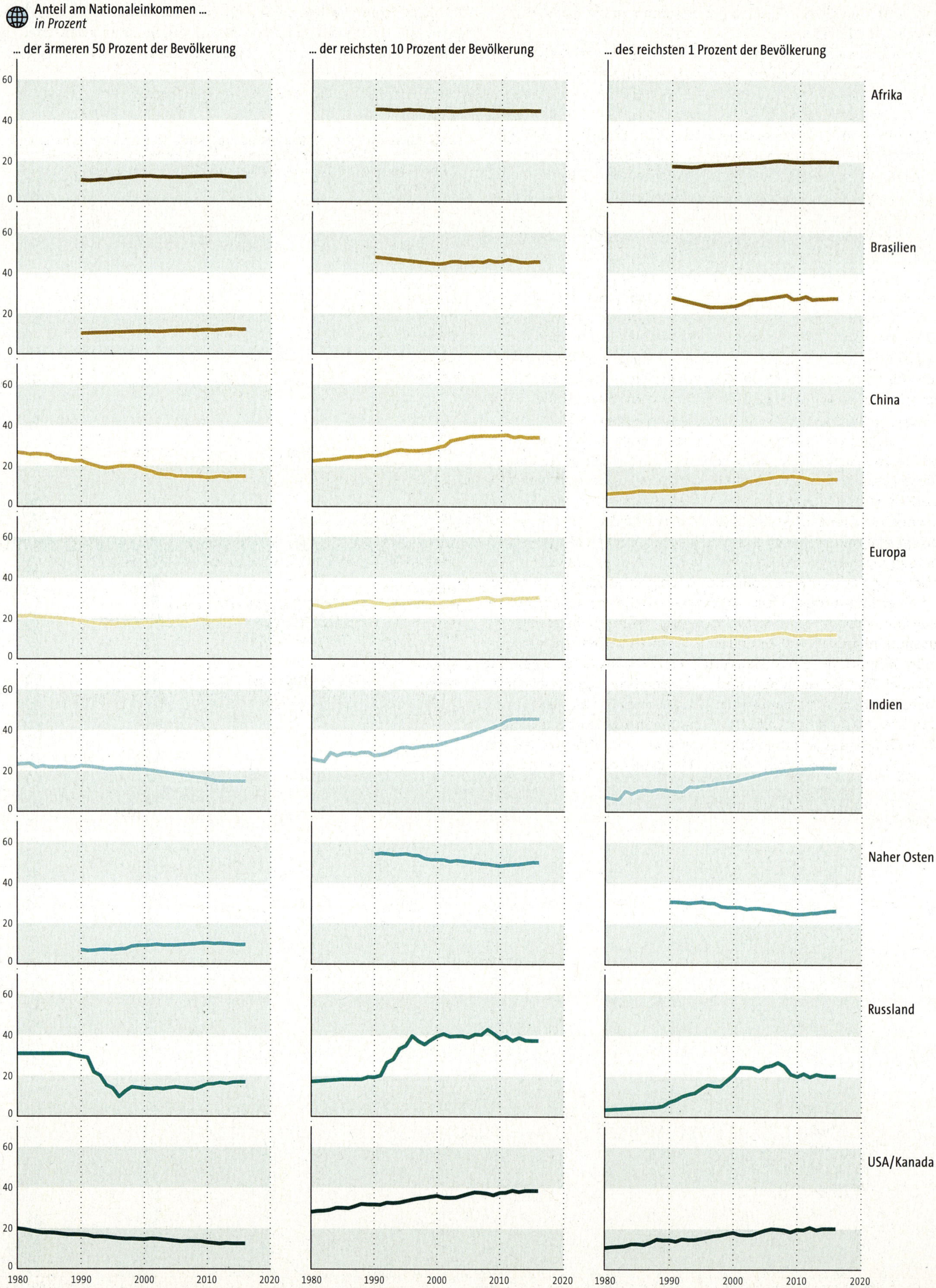
Anteil am Nationaleinkommen ...
in Prozent
... der ärmeren 50 Prozent der Bevölkerung
... der reichsten 10 Prozent der Bevölkerung
... des reichsten 1 Prozent der Bevölkerung
Afrika
Brasilien
China
Europa
Indien
Naher Osten
Russland
USA/Kanada
0
20
40
60
1980
1990
2000
2010
2020

verbreitet und zudem die Transportkosten verbilligt hat, lösen die großen Unterschiede zwischen den Staaten zwangsläufig eine strukturelle Migration aus.

Und damit stehen wir vor einem Trilemma. Wir können schlicht nicht drei Dinge gleichzeitig haben: allgemeine Globalisierung, große Unterschiede beim Durchschnittseinkommen zwischen verschiedenen Ländern und keine systematische Migration. Konkret: Heute gibt es die Globalisierung, und es gibt hohe Einkommensunterschiede etwa zwischen Spanien und Marokko, zwischen Deutschland und der Türkei, zwischen Italien und Libyen. Deshalb können wir einfach nicht erwarten, dass es keine Migrationsströme gibt.

Natürlich könnten wir diese Migration dadurch stoppen, dass wir entweder die Kluft zwischen den Ländern reduzieren oder die Globalisierung rückgängig machen. Der Bau von Grenzzäunen und Mauern hat ja gerade zum Ziel, die Globalisierung auf die Mobilität von Kapital, Gütern und Technologien zu begrenzen, indem man die Migration, sprich die Mobilität des Produktionsfaktors Arbeit, unterbindet. Aber diese Lösung wird langfristig nicht funktionieren. Die Hoffnung auf ein besseres Leben, das Motiv jeglicher Migration, ist einfach zu stark, als dass sie durch Mauern und Zäune auf Dauer erstickt werden könnte.

Und die andere Lösung, die Angleichung der Einkommen in Europa und Afrika? Ein solcher Prozess würde sehr lange dauern. Selbst wenn die afrikanischen Länder ihr Wirtschaftswachstum deutlich beschleunigen können, ist von mindestens 100 Jahren auszugehen. Deshalb ist die Migration aus Afrika – und in geringerem Ausmaß auch aus Asien – nach Europa ein Prozess, der sich nicht aufhalten oder rückgängig machen lässt.

Das sollte auch die Europäische Union begreifen. Sie sollte sich von einer Migrationspolitik verabschieden, die immer nur die neuesten Löcher stopfen will. Stattdessen sollte sie in größeren Zusammenhängen denken und zwei Ansätze verbinden: die »zirkuläre Migration«, die Ausländern erlauben würde, für begrenzte Zeit nach Europa zu ziehen, und politische Programme, die das Wachstum in armen Ländern und vor allem in Afrika fördern.

Aus der Analyse der globalen Einkommensungleichheit lässt sich eine überaus wichtige Erkenntnis ableiten: Sogar wünschenswerte ökonomische Entwicklungen, die im globalen Maßstab eine eindeutige Zunahme des Glücks versprechen mögen, bringen in der Regel einen Verlust an Einkommen und Glück auf lokaler oder nationaler Ebene mit sich. Und das wiederum kann politische Auswirkungen haben, die die besagten globalen Entwicklungen wieder zunichtemachen. Es ist eine Illusion zu glauben, dass etwas, was im Durchschnitt gut ist, gleichzeitig auch gut ist für alle.

Branko Milanovic ist ein serbisch-US-amerikanischer Wirtschaftswissenschaftler. Er war unter anderem leitender Ökonom der Forschungsabteilung der Weltbank. Auf Deutsch erschien zuletzt: *Die ungleiche Welt. Migration, das Eine Prozent und die Zukunft der Mittelschicht*, Berlin (Suhrkamp) 2016.

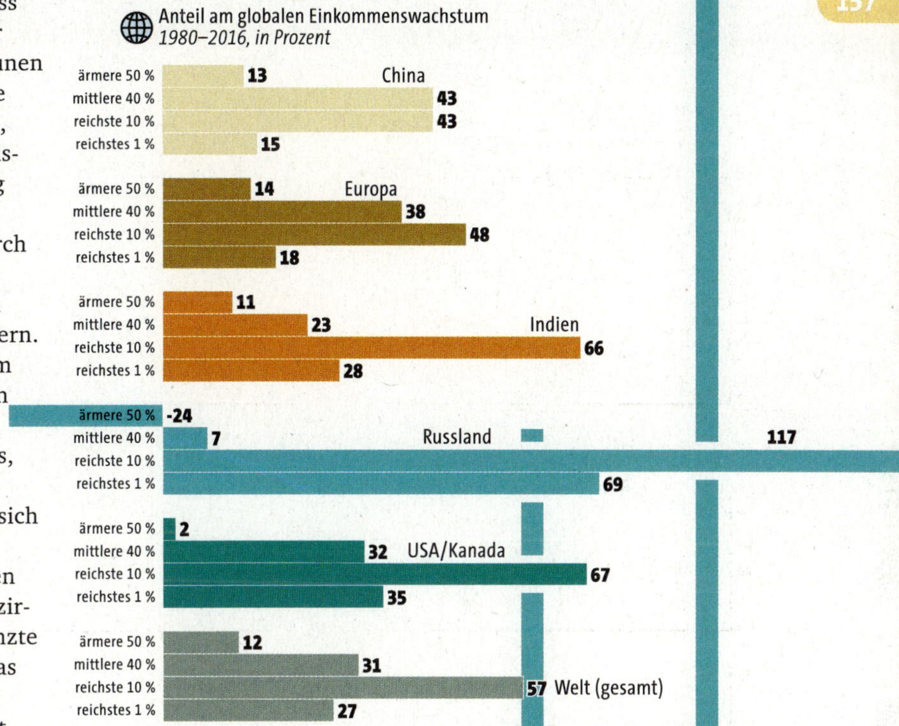

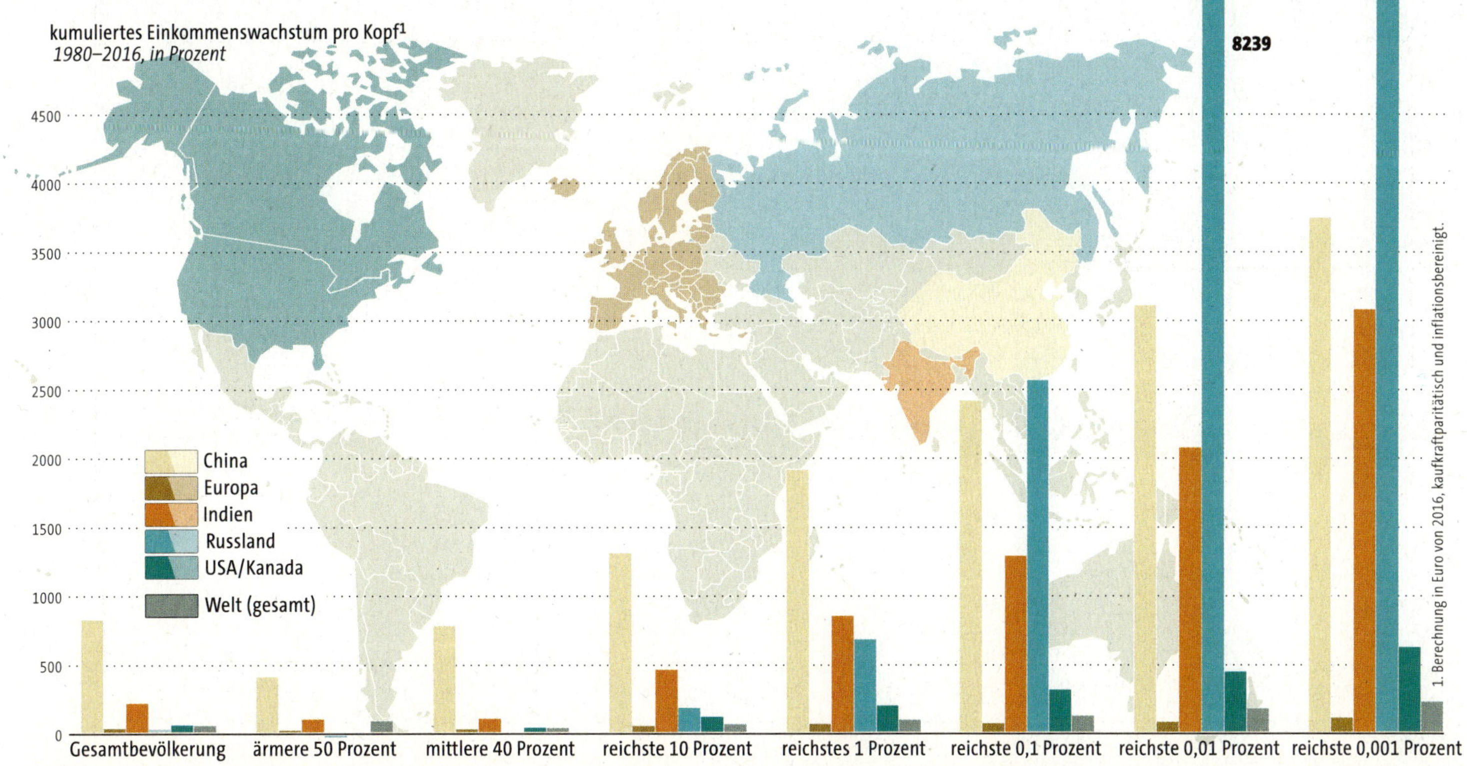

1. Berechnung in Euro von 2016, kaufkraftparitätisch und inflationsbereinigt.

Europas neue Rechte

Die fremdenfeindlichen Bewegungen und Parteien erklären Freiheit und Wohlstand zu knappen Gütern

von Joseph Grim Feinberg

Welches Jahr werden unsere Nachfahren in 30 oder 40 Jahren als entscheidenden Wendepunkt in der jüngeren europäischen Geschichte identifizieren? Es spricht viel dafür, dass dies nicht das Jahr 2008, sondern 2015 sein wird. Denn es hat ganz den Anschein, als hätte Europa den Beinahekollaps des gesamten Wirtschaftssystems leichter bewältigt als die Ankunft von Migranten, die einem Krieg entkommen und bereit sind, unsere Wirtschaft wieder aufzubauen.

In den ersten Jahren nach dem Ausbruch der Wirtschaftskrise hinterließen die ökonomischen Turbulenzen auf den politischen Feldern keine besonders tiefen Spuren. Zwar wurden überall in Europa die regierenden Parteien abgewählt, aber abgelöst wurden sie von langjährigen Rivalen, die politisch keinen großen Unterschied machten. Dann aber erlebte Europa 2011 eine Protestwelle, und kurzzeitig schien die von der Krise genährte allgemeine Verbitterung den Aufstieg einer neuen radikalen Linken zu begünstigen.

Noch ehe diese radikale Linke sich als echte neue Kraft etablieren konnte, kam der Sommer des Jahres 2015. Als die Bilder von Flüchtlingen die europäischen Medien eroberten, schien unser Kontinent seine materiellen Nöte zu vergessen. Genauer formuliert: Europa fand eine neue Sprache, dank derer man diese Nöte zu verstehen glaubte. Der Diskurs war zwar von Ort zu Ort verschieden, aber der Wandel insgesamt war so eindeutig wie umfassend: Binnen weniger Monate drehten sich die Diskussionen nicht mehr um die Kritik oder Rechtfertigung der Wirtschaftspolitik, sondern um die Kritik oder Rechtfertigung der Flüchtlingspolitik.

Wie lässt sich erklären, dass die Besorgnis über eine relativ geringfügige Änderung der langfristigen demografischen Trends die Beunruhigung überlagern konnte, die tiefgreifende sozioökonomische Entwicklungen betraf: etwa die ungleiche Verteilung des Reichtums und die Kürzung von Sozialleistungen, den Wohnraummangel und den Anstieg der Arbeitslosigkeit. Wie konnte es geschehen, dass das Problem der Austeritätspolitik von dem Problem der Immigration verdrängt oder zu einem Migrationsproblem uminterpretiert wurde? Dieser rasche Wandel ist keineswegs allein dem Aufstieg der Rechtsextremisten geschuldet.

Was den Sommer 2015 gekennzeichnet hat, war nicht nur das Aufkommen einer antiliberalen Fremdenfeindlichkeit – es war auch der Sieg der neoliberalen Schule über ihre linken Kritiker. Damals nutzten die wahren Meister der Eurozone die griechische Schuldenkrise, um eine Regierung, die das Ende des Kaputtsparens versprochen hatte, zu demütigen und zu unterwerfen. Die klare Botschaft lautete, dass ökonomischer Wohlstand denen vorbehalten bleibt, die bereits reich sind, und dass die Interessen der Banken gegenüber der Umverteilung von Reichtum eindeutig Vorrang haben.

Aber das Thema war kein ökonomisches im engeren Sinne. Bereits Jahre zuvor war es in eine nationale Frage transformiert worden, als das erste Bailout-Programm von 2010 die griechischen Schulden gegenüber den Banken in Schulden gegenüber den Steuerzahlern der Eurozone verwandelt hatten. In der allgemeinen Wahrnehmung war Europa damit ein gespaltenes Gebilde. Das Gegensatzpaar Gläubigerstaaten versus Schuldnerstaaten wurde alsbald von ethnischen Stereotypen überformt: verantwortungsbewusste Nordmenschen auf der einen, faule Südmenschen auf der anderen Seite. Was tat es zur Sache, dass im reichen Norden der Pro-Kopf-Verbrauch und die Umweltbelastung weit höher liegen und dass die Griechen länger arbeiten als die Beschäftigten im übrigen Europa und die Deutschen am wenigsten?

Als dann 2015 die Bilder von der Balkanroute um die Welt gingen, hatte sich schon der Eindruck gefestigt, dass in Europa ein ökonomischer Konflikt zwischen dem zu Recht reichen Norden und dem raffsüchtigen armen Süden ausgetragen wird. Jetzt mussten die Eliten der Eurozone entsetzt mitansehen, wie ihre kalte ökonomische Logik von der extremen Rechten aufgegriffen wurde. Diese neue Rechte formulierte das Flüchtlingsproblem als Kampf zwischen Europäern, die ihren Wohlstand verdient haben, und »den Fremden«, die nur darauf aus sind, sich am europäischen Reichtum zu mästen.

Vernünftige Menschen sind mit gutem Grund bestürzt über die Nähe der neuen fremdenfeindlichen Bewegungen zum histo-

Wahlergebnisse[1] rechtspopulistischer und rechtsradikaler Parteien in der EU
2000–2018, in Prozent aller Wahlberechtigten 1. Nur Ergebnisse >1 % des Stimmenanteils.

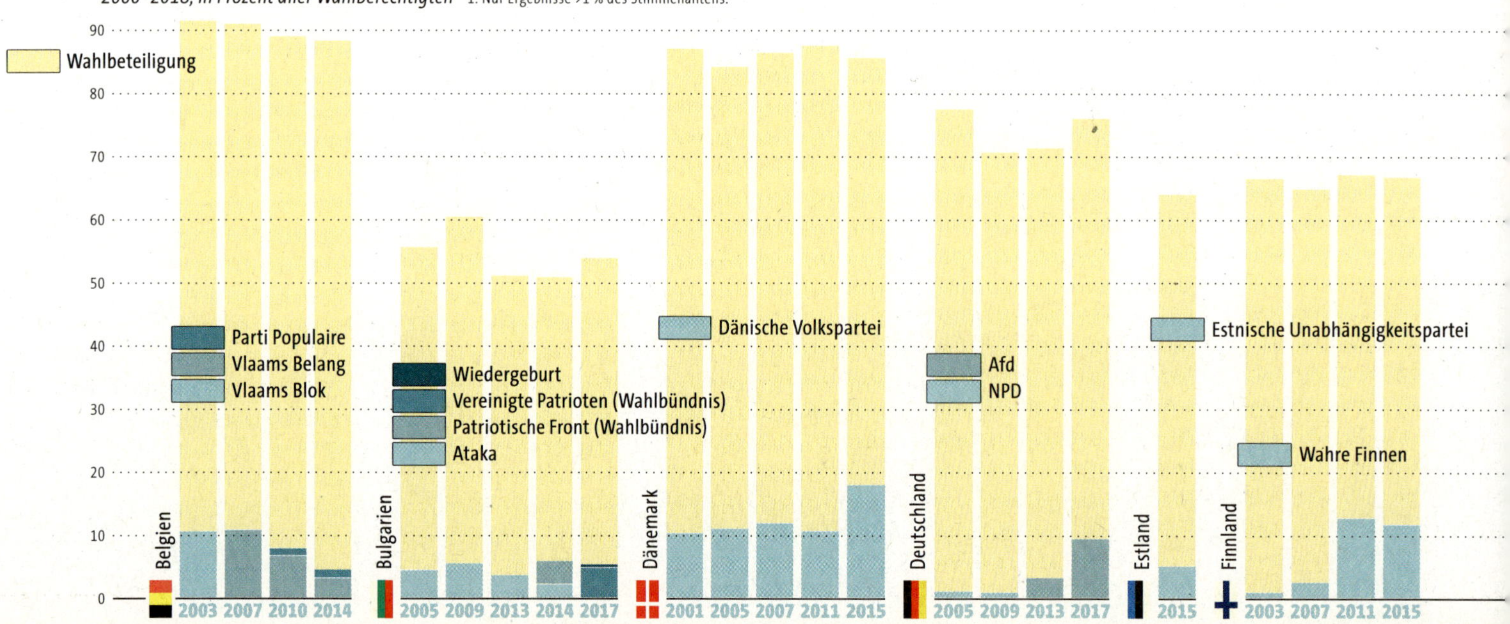

● Rechtspopulisten und Rechtsextreme etablieren sich

rischen Faschismus. Und einige Organisationen – wie Jobbik in Ungarn, die Volkspartei (HSLS) in der Slowakei und die Chrysi Avgi (Goldene Morgenröte) in Griechenland – beziehen sich wirklich voller Stolz auf ihre faschistischen Vorläufer. Aber selbst in den nationalkonservativen Parteien, die auf ein respektableres Image Wert legen, beobachten wir eine Verachtung liberaler und demokratischer Normen und eine Neigung zu Hasspropaganda und Verschwörungstheorien, die vielen Diktatoren der Zwischenkriegszeit vertraut vorgekommen wäre.

Aber bei all diesen Gruppen fehlt ein Element, das den faschistischen Bewegungen von damals so viel Zulauf verschafft hat: die Sehnsucht nach historischer Erneuerung und geistiger Revolution. Auch in den aktuellen fremdenfeindlichen Bewegungen ist häufig von Kulturkrieg und Kampf der Zivilisationen die Rede, aber wenn man an dieser bombastischen Rhetorik kratzt, kommt sogleich die gewöhnliche Verfolgung materieller Interessen zum Vorschein.

Über die segensreiche Kraft der nationalen Literatur oder den Kampf um die nationale Seele sprechen diese Leute kaum. Wenn sie sich auf »europäische Werte« und die »jüdisch-christliche Tradition« berufen, haben sie keineswegs das große kulturelle Erbe im Sinn, die Bibliotheken und Universitäten, die Konzertsäle und die Kaffeehäuser. All diese zivilisatorischen Errungenschaften sind für sie im Gegenteil die Bastionen von Multikulti, also Symptome der Schwäche. Die höchsten Güter der westlichen Kultur – die es gegen die Invasoren zu verteidigen gilt – sind offenbar ausgeglichene Staatshaushalte, ruhige Wohnviertel und sichere Straßen, auf denen man seinen Geschäften nachgehen kann, ohne dem verstörenden Anblick von Menschen ausgesetzt zu sein, die nicht den lokalen Normen entsprechen.

Was heutzutage den gemeinsamen Nenner der rechtsradikalen Rhetorik ausmacht, ist in vieler Hinsicht nur die Fortsetzung – und zugleich Umdeutung – jenes neoliberalen Diskurses, gegen den sie sich angeblich richtet. In ihrer Vision von Zukunft bleibt alles wie gehabt. Die einzige revolutionäre Gefahr sind die Migranten, die den Reichtum umverteilen wollen und die europäische und nationale Identität bedrohen.

Solange sie nicht an der Macht sind, geben sich die Rechtsextremisten als subversive Kraft – subversiv dergestalt, dass sie den Status quo bewahren wollen, indem sie den Plan der Eliten vereiteln, die ihr Land an fremde Invasoren ausliefern wollen. Dabei müssen die Anhänger dieser extremen Rechten die Objekte ihres Hasses und ihrer Ängste gar nicht unbedingt auf den Straßen attackieren. Es reicht ihnen völlig, wenn sie die Fremden von ihren Straßen fernhalten und dorthin zurückschicken, wo man sie nicht mehr sieht, auch wenn ihnen dort Verfolgung und Hunger drohen.

Einige der fremdenfeindlichen Parteien bekennen sich eindeutig zu ihren liberalen Wurzeln. Das gilt etwa für die ungarische Fidesz, die österreichische FPÖ oder die deutsche AfD, die aus liberalen Parteien hervorgegangen sind, die sie freilich nicht mehr so häufig erwähnen. Bei der slowakischen SaS (Sloboda a Solidarita, also: Freiheit und Solidarität), der tschechischen ODS (Občanská demokratická strana oder Demokratische Bürgerpartei) und dem französischen Front National (inzwischen umbenannt in Rassemblement National) soll die Berufung auf die Traditionen des Laizismus und der Bürgerrechte in erster Linie die Überlegenheit der europäischen Zivilisation gegenüber dem Islam belegen. Der slowakische SaS-Führer Richard Sulík propagiert offen die These, dass mehr Migranten »weniger Freiheit für unsere Bürger« bedeute.

Ganz ähnlich argumentiert Geert Wilders von der niederländischen Partij voor de Vrijheid (PVV, Freiheitspartei): Die Freiheit der eigenen Bürger sei nur durch die Einschränkung der Freiheiten für Muslime zu gewährleisten, denn diese würden Andersdenkenden die Freiheit verweigern. In dieser nationalliberalen Version hat sich Freiheit in ein knappes Gut verwandelt, das man nur behalten kann, indem man es anderen wegnimmt. Und doch wird hier Freiheit immer noch im eigentlich liberalen Sinne verstanden: als Freiheit des Individuums, seine persönlichen Interessen zu verfolgen.

Da findet sich kaum etwas von der faschistischen Idee, dass der Einzelne seine Neigungen und Interessen der gefühlten Einheit der Nation unterordnen müsse. Die fremdenfeindliche Rechte von heute predigt vielmehr, das Volk habe sich erfolgreichen Individuen unterzuordnen und müsse gegen die Politiker rebellieren, die unseren Reichtum entwenden und ihn an die nichtswürdigen Armen verteilen wollen.

Die Rechtsextremen mögen noch so sehr gegen »Liberale und Linke« wüten und zunehmend auch gegen »Kulturmarxisten« – ihre Affinität zu einigen liberalen und speziell neoliberalen Grundsätzen können sie nicht verbergen. Ihr fremdenfeindlicher Diskurs basiert auf einer Naturalisierung der Ungleichheit, die sie von den neoklassischen Ökonomen übernommen haben. Nach dieser Lehre sind alle Güter knapp, und der schlimme Zustand unserer Welt droht, sie immer knapper zu machen.

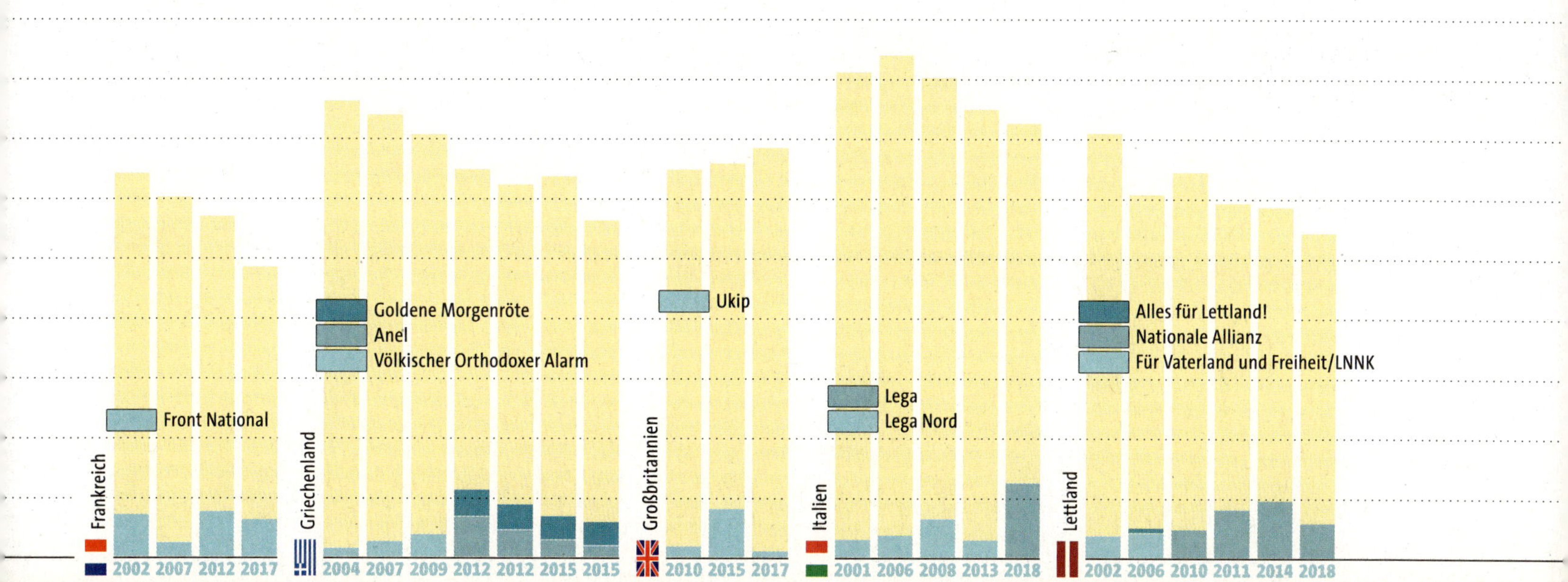

Dieser knallharte Wettbewerb gilt nicht nur für Geld und Konsumgüter – und für die Freiheit –, er gilt speziell auch für das knappe Gut eines friedlichen, bewohnbaren, ökologisch erträglichen Lebensraums. Einwanderung wird nicht unter dem Aspekt des Zugangs zu einem wachsenden Arbeitsmarkt interpretiert, sondern als Kampf um ein Territorium. Und da die Muslime ihre Interessen entschlossener verteidigen, sind sie offensichtlich darauf aus, das alte erschöpfte Europa zu übernehmen. Das wäre das heute viel beschworene »Ende der westlichen Zivilisation«. Daraus folgt, dass die Europäer lernen müssen, ihre eigenen Interessen genauso vehement zu verteidigen, wie es die angeblichen Invasoren tun.

Aber egal wer in diesem Kampf obsiegt, der eherne Grundsatz lautet, dass die Beute denjenigen zufällt, die sie verdient haben – und die entschlossen sind, ihre Rechte an allem, was sie erworben haben, konsequent durchzusetzen. Die neuen Fremdenfeinde übertragen dieses alte Prinzip allerdings auf die ethnische Ebene: Dass die einen mehr verdienen als die anderen, gilt jetzt auch für ganze Völker.

Ein anständiger Liberaler sollte natürlich auch Mitgefühl für die Mühseligen und Beladenen aufbringen, zumindest dann, wenn seine persönliche Freiheit und sein materieller Erfolg gesichert sind. Aber auch das können die Fremdenfeinde in gewisser Weise akzeptieren. Während der Multikulti-Liberale mit den Armen der ganzen Welt mitfühlt, reserviert der fremdenfeindliche Liberal-Konservative sein Mitleid für die hart arbeitenden Bürger seines eigenen Landes – und verdammt das angebliche geheime Einvernehmen zwischen den kosmopolitischen Eliten und den Migranten. Dass die liberalen Eliten eine Einkommensverteilung zugunsten ihrer eigenen Bürger verweigern, sieht er als Beweis dafür, dass die Ausländer bevorzugt behandelt werden. Beide Auffassungen setzen voraus, dass verdienter Wohlstand und Mitleid nicht für alle da sein können. Sie unterscheiden sich zwar in den Kriterien, nach denen Wohlstand zugeteilt und Mitleid gewährt wird, aber in einem sind sie sich einig: Solidarität steht nicht an erster Stelle.

Dieselben liberalen Politiker, die ständig von der Vermischung der Kulturen schwärmen, halfen auf ökonomischer Ebene das Prinzip durchzusetzen, dass die Schwachen bestraft werden müssen – und haben dies an Griechenland auf überaus drastische Weise demonstriert. Heute aber sind sie erstaunt, dass die Sprecher der fremdenfeindlichen Rechten sich als so gute Schüler erweisen. Die liberale Elite wollte während der letzten Jahre unbedingt verhindern, dass die ganz Reichen ihren Reichtum mit der Mittelklasse teilen. Heute wundern sie sich, dass diese Mittelklasse wenig Neigung zeigt, ihren Teil des Wohlstands mit denen zu teilen, die noch schlechter dran sind.

Die rechten Bewegungen, die Migranten und Muslime als Feindbild aufbauen, berufen sich zwar auf die vergessenen Massen, denen sie angeblich eine Stimme verleihen wollen, tatsächlich aber wollen sie vor allem ihre Privilegien verteidigen. Fremdenfeindlichkeit entpuppt sich hier als Ideologie der nur relativ Privilegierten – und nicht so sehr der Superreichen. Nach diesem Weltbild sind die vermögenden städtischen Eliten von heute eng mit einem »globalen« Kapitalismus verbunden, der den Wohlfahrtsstaat schwächt und Einwanderung fördert. Deshalb können sich die fremdenfeindlichen Kräfte als Verteidiger der Mitte positionieren: der Menschen also, die sich von den Veränderungen auf dem Arbeitsmarkt bedroht fühlen oder mit verminderten Sozialleistungen rechnen müssen; die aber immer noch so viel besitzen, dass sie Angst haben, es zu verlieren.

Die fremdenfeindlichen Parolen ziehen sowohl bei der Arbeiterklasse im Westen, die sich auf dem absteigenden Ast sieht, als auch bei den Arbeitern in Zentral- und Osteuropa, die es im Kapitalismus zu etwas gebracht haben. Der slowakische Regierungschef Robert Fico vertrat zweifellos eine in seinem Land weit verbreitete Position, als er im Juli 2015 einem weiteren Sparprogramm für Griechenland zustimmte und dies mit einer Rüge an die Griechen verknüpfte. Die könnten sich, so Fico, nicht einmal vorstellen, was die Slowakei durchgemacht habe und was echte Reformen und eine echte Privatisierung bedeuteten.

Heute erklärt Fico stolz: Dass die Slowakei die Sparpolitik hinter sich gelassen hat, sei umso bemerkenswerter, wenn man an die Verarmung des Landes in den 1990er Jahren zurückdenke. Deshalb müsse diese Errungenschaft unbedingt geschützt werden. Er selbst werde diesen Erfolg nicht dadurch aufs Spiel setzen, dass er die Leiden anderer Leuten mindere.

Nur wenige Monate engagierte sich Fico an führender Stelle gegen die Aufnahme von Flüchtlingen in Zentraleuropa. Dabei setzte er im Wesentlichen auf dieselbe Parole: Man sei zwar für Solidarität mit Leuten, »die sie nötig haben«, aber dass die Slowakei ihren Wohlstand mit »ökonomischen Migranten« teile, komme nicht infrage. Diese Fremden sollen jetzt offenbar genauso leiden wie die Slowaken früher.

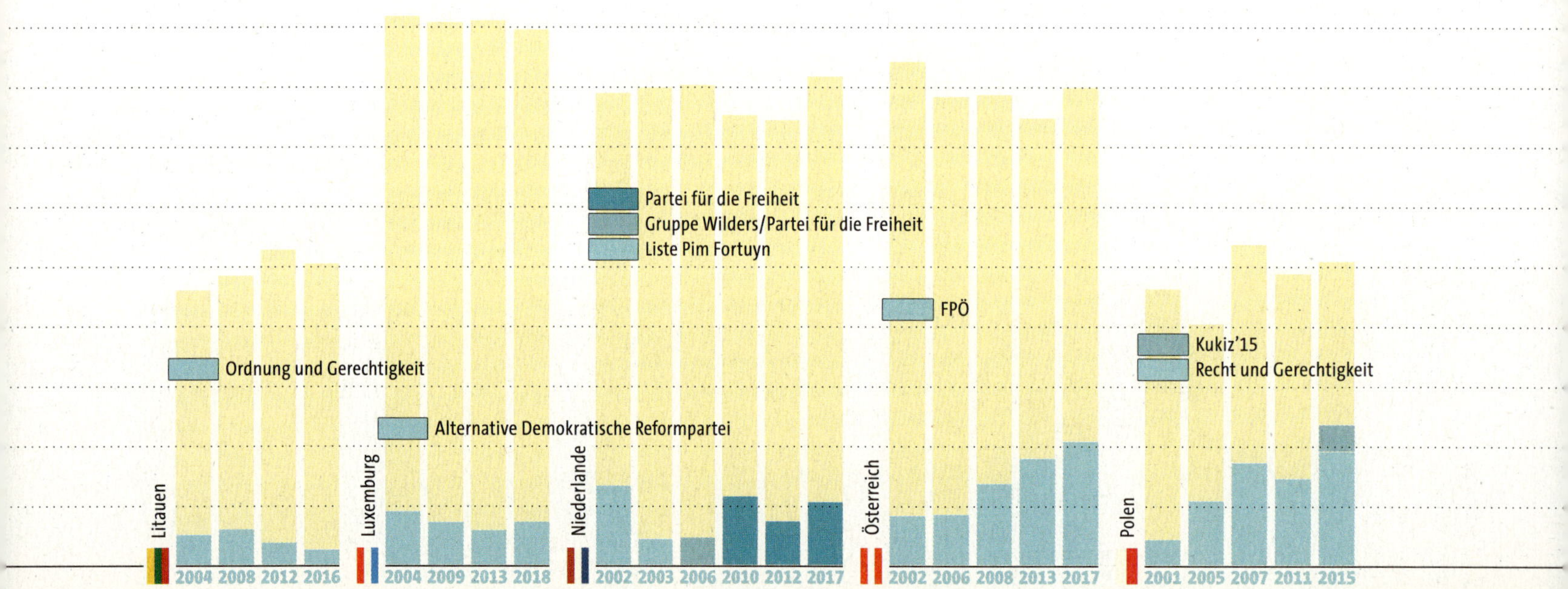

Dazu muss man wissen, dass die Regierung Fico ein Zwangsarbeitsprogramm für Arbeitslose eingeführt hat, das speziell auf die slowakischen Roma zielt. Auch droht der Regierungschef damit, die öffentlichen Gelder für angeblich unproduktive Forschungsvorhaben in den Sozial- und Humanwissenschaften zu kürzen. Damit komplettiert er die Sammlung von »Schmarotzern«, die keine staatliche Unterstützung verdienen. Zu Griechen, Migranten, Roma und Arbeitslosen kommen noch die kritischen Intellektuellen hinzu.

Getreu der neoliberalen Lehre gelten Sozialleistungen heute allenthalben nicht mehr als Beitrag zum sozialen Zusammenhalt, sondern als ein knappes Gut wie andere auch. Das gestattet es den xenophoben Bewegungen, sich selbst als Verteidiger des Sozialstaats darzustellen. Es genügt die Behauptung, sie wollten den Sozialstaat gegen die Zersetzung durch Außenstehende schützen, ohne dass sie sich zur Verbesserung seiner Leistungen verpflichten müssen. Letzteres können sie gar nicht, weil sie damit ihre eigene Botschaft dementieren würden. Denn die geht ja von begrenzten Sozialleistungen aus, nach dem Prinzip: Was man den einen gibt, nimmt man den anderen weg.

Zum Beispiel die FPÖ in Österreich, die traditionell Privatisierungen und niedrige Steuern fordert, sich aber gleichzeitig als »die soziale Heimatpartei« inszenieren kann. Das Wort »sozial« bedeutet hier nichts anderes, als dass man das Heimatland verteidigt.

Da sich die neoliberale Auffassung durchgesetzt hat, dass Knappheit und Ungleichheit zu den Grundbefindlichkeiten der menschlichen Existenz gehören, wirkte es nicht allzu schockierend, dass Knappheit und Ungleichheit nach 2008 noch weiter zunahmen. Erschreckender war auf jeden Fall das Bild, das die Flüchtlingsströme von 2015 in den Köpfen auslösten: eine Umverteilung von Ressourcen zwischen ethnischen Gruppen.

Knappheit und Ungleichheit kann man als anthropologische Konstanten nur dann erfolgreich infrage stellen, wenn man die neoliberale Begrifflichkeit überwindet. Die fremdenfeindlichen Bewegungen eignen sich beide Begriffe an, indem sie sie neu interpretieren. Statt der neoliberalen Maxime, alle müssten sparen (außer die Reichen), propagieren sie heute: »Well-being for us, and austerity for them« – für alle reicht es nicht.

Joseph Grim Feinberg ist Kulturanthropologe am Philosophischen Institut der Tschechischen Akademie der Wissenschaften in Prag.

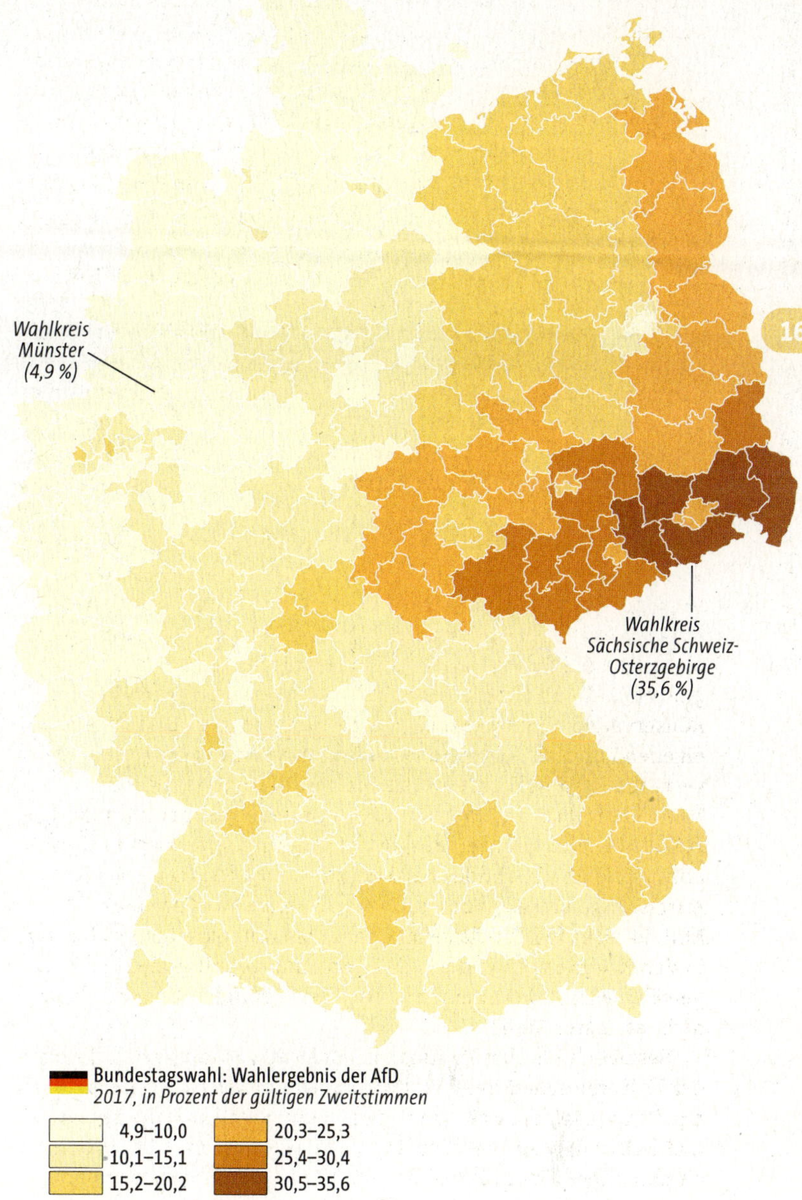

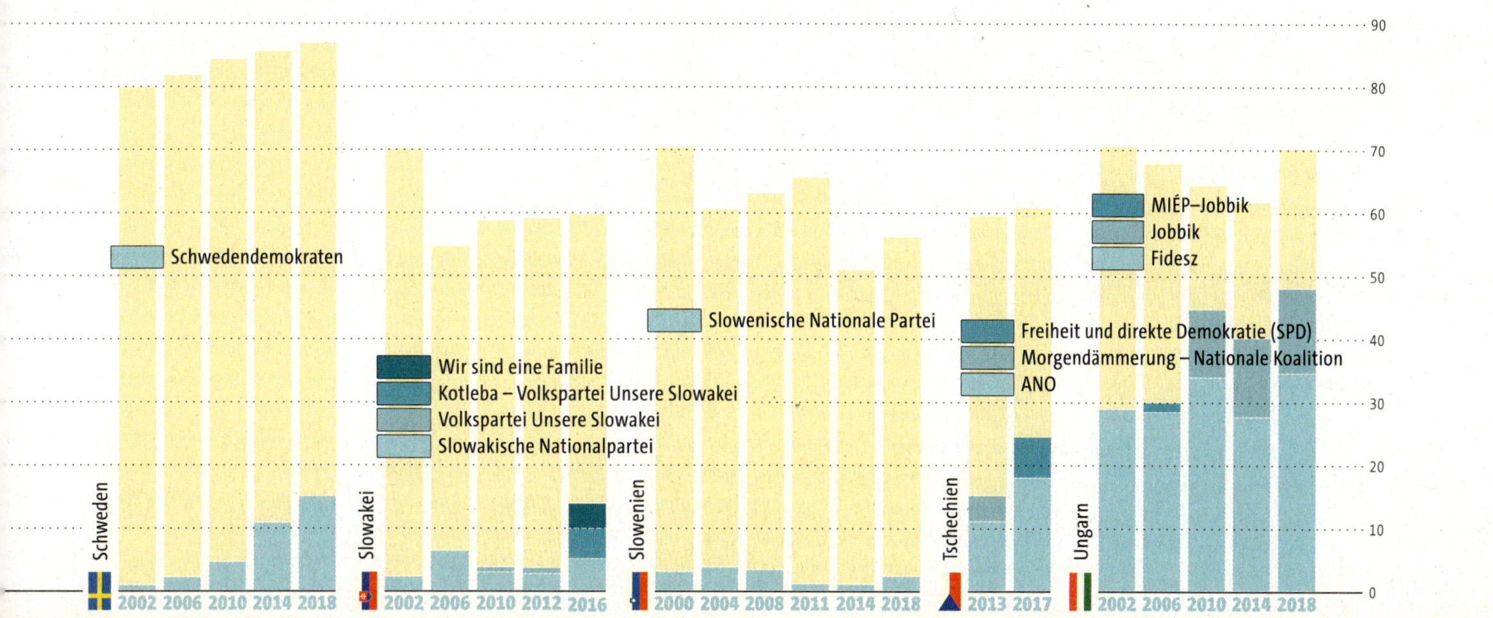

Baustelle Europäische Union

Nach dem Brexit-Votum blieb der Dominoeffekt zwar aus, aber einen Plan für die Zukunft hat die EU nicht

von Daniel Brössler

Als sich die britischen Wählerinnen und Wähler im Juni 2016 mit knapper Mehrheit für den Brexit entschieden, stießen sie ihr Land, aber auch die Europäische Union ins Ungewisse. Bis dahin war die Gemeinschaft stetig gewachsen. Nach Gründung der Europäischen Wirtschaftsgemeinschaft durch Frankreich, Italien, Belgien, die Niederlande, Luxemburg und die Bundesrepublik Deutschland 1957 hatte sich die Union in sieben Runden auf schließlich 28 Mitglieder ausgedehnt. Das prägte ihren Charakter und ihr Selbstverständnis. Die Erweiterungen sorgten nicht nur für die schrittweise Verbreitung des europäischen Regelwerks über große Teile des Kontinents, sondern dokumentierten immer wieder aufs Neue die anhaltende Attraktivität der europäischen Integration. Der Ausgang des Brexit-Votums schien das zunächst infrage zu stellen. Man befürchtete, dass der Raum der europäischen Integration fortan schrumpfen und das Gemeinschaftsmodell an Anziehungs- und Überzeugungskraft verlieren würde. Nach Finanzkrise und Migrationsdrama schien die Brexit-Entscheidung ein weiterer Beleg für eine ihre Existenz bedrohende Notlage der Union zu sein.

Seitdem hat sich das Bild gewandelt. Der Dominoeffekt ist ausgeblieben, kein einziges EU-Land scheint dem britischen Beispiel folgen zu wollen. Vielmehr ist das Streben im Osten und Südosten des Kontinents ungebrochen, sich der Union anzuschließen. Paradoxerweise hat der Brexit-Prozess den Zusammenhalt innerhalb der Union sogar gestärkt. Ausschlaggebend war, dass die Verhandlungen die EU-27 zur Geschlossenheit verurteilten. Ernsthafte Konflikte zwischen den Mitgliedstaaten hätten die Verhandlungsposition der EU nicht nur geschwächt, sondern die Einigung auf ein Austrittsabkommen mit Großbritannien erschwert, wenn nicht unmöglich gemacht. Überdies überwog das gemeinsame Interesse, den Brexit-Schaden zu minimieren. Im Ergebnis ist das Gegenteil dessen eingetreten, was die britischen EU-Gegner prophezeit hatten: Zerlegt hat sich nicht die EU, sondern die britische Politik.

Längerfristig wird sich ein anderer Aspekt als noch bedeutsamer erweisen. Erstmals in der Geschichte der EU ist in einer Art umgekehrter Beitrittsverhandlung der Nutzen der EU-Mitgliedschaft und der Preis der Nichtmitgliedschaft nicht nur theoretisch, sondern in qualvoller Praxis für fast jeden Lebensbereich bilanziert worden. So hat der Brexit die Bewahrer der europäischen Sache auf den Plan gerufen. Auf den Straßen demonstrierten EU-Enthusiasten wie jene der Bewegung Pulse of Europe. Vertreter der Wirtschaft schalteten sich in ungewohnt deutlicher Weise in die öffentliche Debatte ein. »Der Brexit bleibt ein hoffnungsloses Projekt, in dem es vieles zu verlieren gibt – und nichts zu gewinnen«, sagte der Hauptgeschäftsführer des Bundesverbands der Deutschen Industrie, Joachim Lang. Auch in der öffentlichen Meinung ist seit dem Brexit-Votum ein positiver Trend festzustellen. Bewerteten in der Eurobarometer-Erhebung der EU-Kommission im Herbst 2016 die Hälfte der Befragten die Zukunft der Union optimistisch, waren es im Herbst 2018 bereits 58 Prozent. Mehrheitlich befürworten die EU-Bürger demnach die Freizügigkeit (83 Prozent) und den Euro (75 Prozent). Insgesamt hat sich die Befürchtung, das Brexit-Votum könne die EU in ihren Grundfesten erschüttern, bislang also nicht bestätigt. Haben die Europäer 2016 in den Abgrund geblickt, so sind sie inzwischen wieder ein paar Schritte davon entfernt.

Das bedeutet nicht, dass sie bereits sicheren Boden erreicht hätten. Nach der Entscheidung der Briten für den Austritt hatte die EU-Kommission, unterstützt von etlichen Mitgliedstaaten, in einer Art konstruktiver Trotzreaktion Wert auf die Feststellung gelegt, dass die Agenda fortan nicht vom Brexit bestimmt werden dürfe, sondern von den notwendigen Reformvorhaben geprägt sein müsse. Kommissionspräsident Jean-Claude Juncker legte im März 2017 ein Weißbuch mit »Überlegungen und Szenarien für die EU der 27 im Jahr 2025« vor. Im ambitioniertesten dieser Szenarien wird der Binnenmarkt vollendet, eine Wirtschafts-, Finanz- und Fiskalunion verwirklicht, eine systematische Zusammenarbeit bei der Grenzsicherung und der Asylpolitik vereinbart, die EU-Außenpolitik gestärkt und eine Verteidigungsunion begründet. Darüber hinaus wird der EU das Eintreiben von Eigenmitteln erlaubt sowie der Euro durch einen vollendeten Stabilisierungsmechanismus abgesichert. Die weniger ambitionierten Varianten enthalten jeweils zumindest Elemente dieses Szenarios.

Ergänzt hatte Juncker sein Weißbuch durch einen Zeitplan, der den Eindruck von Planmäßigkeit erwecken sollte. Demnach hätte die Europawahl im Mai 2019 nach ausführlicher vorheriger Debatte eine Abstimmung über die künftige Gestalt der EU werden sollen. Dieser Plan hat sich als illusorisch erwiesen. Die große unionsweite Diskussion über die künftige Gemeinschaft ist ausgeblieben. Zum einen, weil der gemeinsame öffentliche Raum für eine solche Diskussion fehlte. Zum anderen, weil auch das Gespräch zwischen den Regierungen stockte. Nach der langwierigen Regierungsbildung in Berlin und den auch danach noch anhaltenden Turbulenzen ist der deutsch-französische Antrieb schwach geblieben. Wie wenig daran die Einigung auf den Aachener Vertrag als Fortschreibung des Élysée-Vertrags im Januar 2019 geändert hat, zeigte die Reaktion

Aus 6 wurden 28

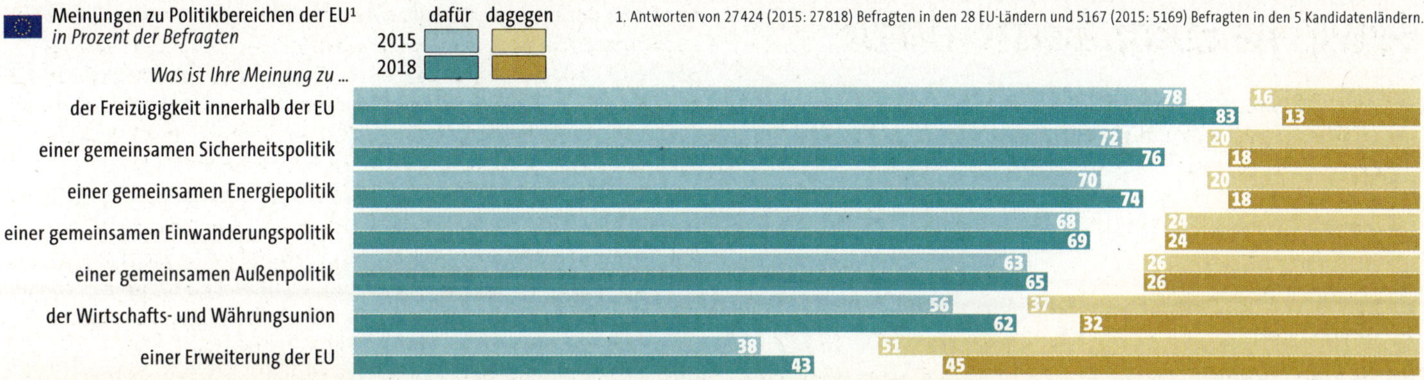

auf den Appell »für einen Neubeginn in Europa«, den der französische Präsident Emmanuel Macron im März veröffentlichte. Eine ausführliche Antwort überließ Bundeskanzlerin Angela Merkel der neuen CDU-Vorsitzenden Annegret Kramp-Karrenbauer. Macrons Befund, Europa sei noch nie in so großer Gefahr gewesen, widersprach die Parteivorsitzende zwar nicht ausdrücklich, dennoch fiel ihre Replik betont nüchtern aus. Macrons Forderung nach neuen europäischen Institutionen, etwa einer Agentur für den Schutz der Demokratie, ließ sie ins Leere laufen. Den Ruf nach einer gemeinsamen Sozialpolitik und einem europäischen Mindestlohn lehnte sie ab. Mit der Zustimmung zu Macrons Forderung nach einem besseren Schutz der Außengrenzen wiederum bestätigte Kramp-Karrenbauer lediglich die bekannte Position der Bundesregierung. Das gilt auch für die Unterstützung einer stärkeren militärischen Rolle der EU.

Macrons Projekt einer »Neugründung« der EU, ausgerufen in seiner Rede an der Sorbonne 2017, war auch bei den meisten anderen EU-Regierungen auf ein verhaltenes Echo gestoßen. Als Bauplan für das künftige Europa setzte es sich nicht durch. Das lag nicht nur, aber auch daran, dass Macron bis zur Europawahl mit seiner neuen Bewegung im Parteiensystem der Europäischen Union nicht angekommen war. Es mag ein Ziel Macrons gewesen sein, die traditionellen Parteigrenzen auch in Europa zu sprengen. In der politischen Realität der EU gewann er damit jedoch kaum Bundesgenossen. Viel wird davon abhängen, wie gut es Macron nach der Europawahl gelingt, etwa durch ein Bündnis mit den Liberalen, dieses Manko zu beheben.

Der Spielraum für Reformen wird in jedem Fall beschränkt bleiben. So spricht viel dafür, dass die EU-Kommission in noch stärkerem Maße als bisher auf eine große proeuropäische Koalition angewiesen sein wird. Weil insbesondere der rechte Rand breiter wird, wird sich die Bereitschaft zu Bündnissen auf ein Spektrum ausdehnen müssen, das von konservativen Christdemokraten bis zu linken Grünen reicht. Auch die Zahl der im Sinne Macrons ambitionierten Regierungen dürfte in den kommenden Jahren überschaubar bleiben. Die Trennlinien verlaufen hier nicht nur zwischen Ost und West. Auf der Baustelle EU wird auch künftig in unterschiedlichen Geschwindigkeiten und wechselnden Teams gearbeitet werden. Wo die Statik zwingend verbessert werden muss, beim Euro etwa, wird es der Not und der Vernunft gehorchend geschehen. Die Verteilungskämpfe für die nächste Haushaltsperiode wiederum werden es beschwerlicher machen. Die Herausforderung, einen moderneren Haushalt zu schaffen, der deutlich weniger Geld für die Landwirtschaft und deutlich mehr etwa für die Forschung bereithält, wird die Union vermutlich nur in Maßen meistern.

Andere Faktoren werden dazu beitragen, die Union zusammenzuhalten. Zu ihnen gehört maßgeblich der Druck von außen – durch eine feindselige Handelspolitik der USA, eine wirtschaftliche und machtpolitische Expansionspolitik Chinas und ein weiterhin aggressives Auftreten Russlands. Die Europäer werden entscheiden müssen, ob und wie sie sich in einer Welt behaupten wollen, in der die USA, China und Russland konsequent ihre Großmachtinteressen verfolgen. Zwar wird das Ringen der Briten um den Brexit noch auf Jahre hinaus Energie und Aufmerksamkeit fressen. Sollte der Austritt nicht doch noch nach einem neuerlichen Referendum abgeblasen werden, werden die Kosten erheblich sein. Doch mindestens ebenso lange dürften die innenpolitische Lähmung, die Konsequenzen für die Wirtschaft und die Komplikationen für die Bürger in Großbritannien ein abschreckendes Beispiel bleiben. Wenn die EU als Projekt der Vernunft überdauert, dann am Ende nicht nur trotz, sondern auch wegen des Brexits.

Daniel Brössler ist Mitglied der Parlamentsredaktion der *Süddeutschen Zeitung* in Berlin. Von 2014 bis 2018 berichtete er für die *SZ* als Korrespondent aus Brüssel.

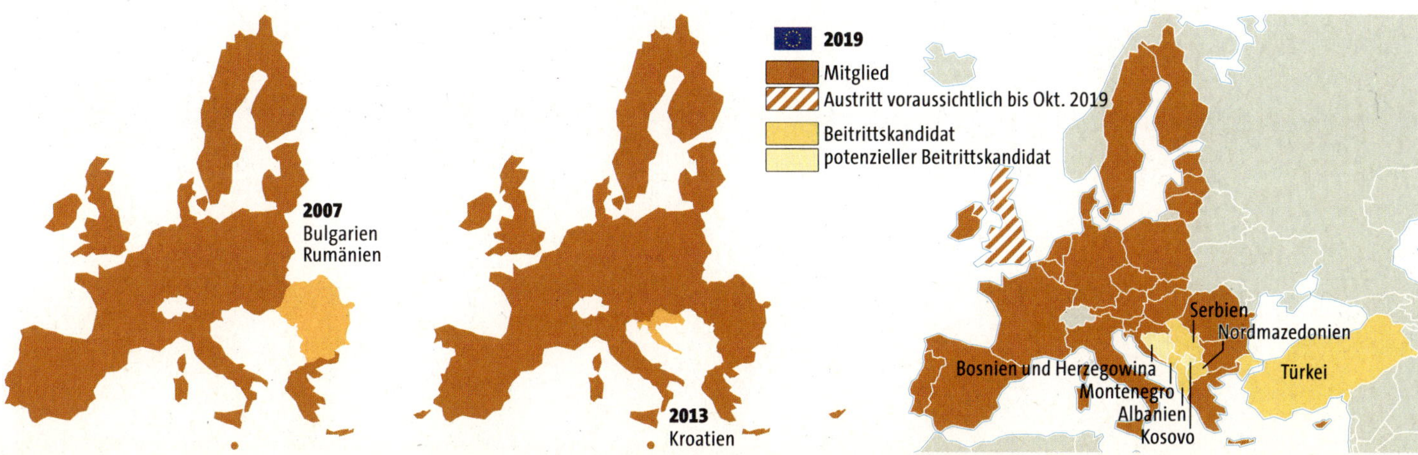

Venezuelas verpasste Chance

Vor 20 Jahren versprach Hugo Chávez den Ölreichtum umzuverteilen, heute herrschen Inflation und Armut

von Christoph Twickel

Die Schätzungen darüber, wie viele Venezolanerinnen und Venezolaner in den Inflationsjahren ab 2013 das Land verlassen haben, gehen auseinander. Manche sprechen von 2 Millionen, andere von 3 Millionen Menschen, die vor allem nach Kolumbien, Brasilien, Ecuador, Peru oder Argentinien emigriert sind. Rund 31 Millionen Menschen leben in Venezuela, inzwischen hat fast jede Familie Verwandte, die vor der Wirtschaftskatastrophe geflüchtet sind. Die Regierung hat bislang immer bestritten, dass es sich um Wirtschaftsflüchtlinge handelt, und pflegt die Emigranten zu verspotten. Sie müssten »in Miami Klos putzen«, erklärte Präsident Nicolás Maduro, und Vizepräsident Diosdado Cabello behauptete, auszuwandern sei bloß eine »schreckliche Mode«.

In Wahrheit ist die Fluchtbewegung der sichtbare Ausdruck dafür, dass ein linkes Reformprojekt, das auf ganz Lateinamerika ausstrahlte, in einem Desaster geendet ist. Ob die Bolivarische Revolution, die Maduros Vorgänger Hugo Chávez – der Exmilitär und charismatische Präsident erlag 2013 einem Krebsleiden – ausgerufen hatte, überhaupt eine Revolution genannt werden kann, ist fraglich. Auch ist zu klären, ob linke Wirtschaftspolitik verantwortlich für die Krise ist oder ob der Traum von Volksmacht und allgemeinem Wohlstand ein Opfer imperialistischer Sabotage geworden ist.

Unbestreitbar ist: Die Bevölkerung hat das Land in Scharen verlassen, und das hat Auswirkungen auf die lateinamerikanische Linke. Überall in Lateinamerika gilt Venezuela heute als ein Synonym für das Scheitern der Linken, allerorten warnen rechte Politiker die Wähler davor, dass ihre linken oder sozialdemokratischen Gegenspieler aus ihrem Land »ein zweites Venezuela« machen würden. Als im Nachbarland Kolumbien der linke Sozialdemokrat und Exguerrillero Gustavo Petro als Präsidentschaftskandidat antrat, warfen ihm die rechten Medien vor, mit Hugo Chávez sympathisiert zu haben. Petro konterte mit dem Vorwurf, sein Widersacher Iván Duque repräsentiere einen »rechten Chavismo«. Venezuela ist heute das Schreckgespenst, mit dem kein Politiker in Verbindung gebracht werden möchte.

Als Hugo Chávez 1998 die Wahlen mit einer breiten Bewegung gewann, in der sich linksbürgerliche Kräfte, ehemalige Guerilleros, Jesuiten, Anarchisten zusammengefunden hatten, um gegen Korruption und gegen den neoliberalen Ausverkauf der bereits in den 1970er Jahren – im Zuge der Verstaatlichung der venezolanischen Ölindustrie – gegründeten Erdölgesellschaft Petróleos de Venezuela S.A. vorzugehen, war Venezuela ein Hoffnungsland der Linken. Lange bevor in Brasilien der Gewerkschafter Lula da Silva Präsident wurde und Sozialprogramme wie Zero Fome und Bolsa Família ins Leben rief, lange bevor in Argentinien der Linksperonist Néstor Kirchner die Schulden des Landes beim Internationalen Währungsfonds (IWF) zurückzahlte und sich in Ecuador der gemäßigte Sozialist Rafael Correa weigerte, die IWF-Schulden zu begleichen, also lange bevor andere Länder den Linksruck vollzogen, hatte Hugo Chávez in Venezuela den »Sozialismus des 21. Jahrhunderts« ausgerufen. Man wollte der herrschenden, überwiegend weißen Oberschicht des Landes die Macht nehmen, man verabschiedete in einem breiten »verfassunggebenden Prozess« neue Rechte für Frauen, Indigene oder Landlose, man holte kubanische Medizinerinnen und Mediziner ins Land, gründete neue »bolivarische« Universitäten, führte Alphabetisierungskampagnen durch und begann mit dem Aufbau sogenannter kommunaler Räte, die es der Bevölkerung ermöglichen sollten, selbst über die Mittelverwendung zum Aufbau einer besseren Infrastruktur zu entscheiden.

Von diesen Errungenschaften ist wenig übrig geblieben, eine über fünf Jahre hinweg stetig sich steigernde Inflation hat sie buchstäblich aufgefressen. Der bescheidene Wohlstand, der in den nuller Jahren in die Armenviertel eingezogen war, ist einem täglichen Überlebenskampf gewichen. Die Waren in den privaten Supermärkten sind für Venezolaner, die keinen Zugang zu Devisen haben, kaum zu bezahlen. Jede Lieferung von preisregulierten Grundnahrungsmitteln wird von bewaffneten Militärs bewacht, damit die Rangeleien um die bezahlbare Ware nicht eskalieren. Die Vorzugswaren sind wie eine Lizenz zum Gelddrucken, viele Venezolaner überleben die Krise nur mit Weiterverkaufsgeschäf-

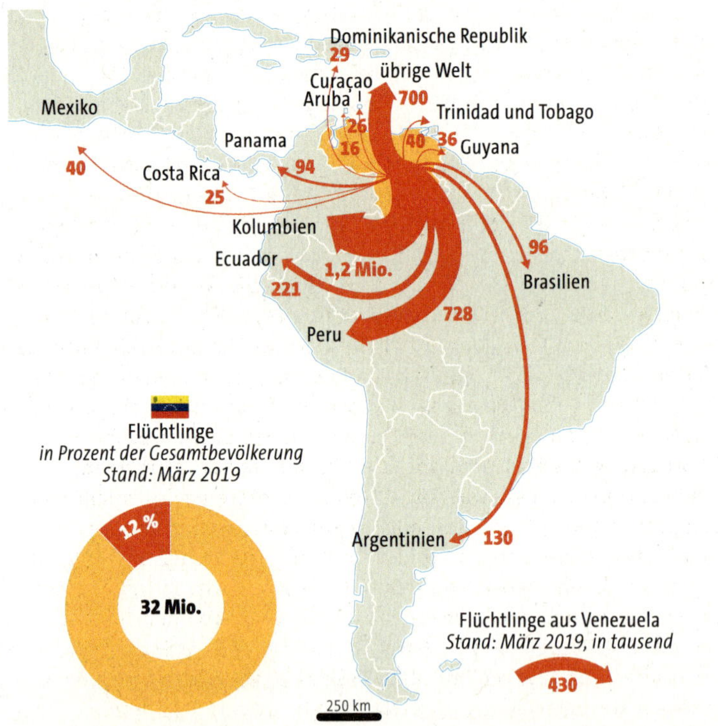

Wer kann, geht

ten, dem sogenannten *bachaqueo.* Für Bares gibt es vor allem Frischware billiger, aber Bargeld ist knapp, und so verkaufen die Leute sogar die Geldscheine mit Aufschlag. Das gebräuchlichste Zahlungsmittel in der Hyperinflationskrise ist die Kreditkarte, doch auch die Kreditkartenterminals, *punto de venta,* wie die Maschinchen heißen, sind Mangelware.

Venezuela ist ein Erdölland – das unterscheidet die Bolivarische Revolution von anderen linken Projekten in Lateinamerika. Sowohl von einem diversifizierten Industrieland wie Brasilien, in dem unter Lula der soziale Aufstieg von Hunderttausenden möglich war, als auch von kaum industrialisierten Agrarnationen wie Nicaragua oder Bolivien, wo linke Bewegungen unter widrigen Bedingungen eine lokale Oligarchie entmachteten (in Nicaragua sind ehemalige Guerilleros wie Daniel Ortega inzwischen selbst Oligarchen geworden). Die Erdölmonokultur, die in Venezuela zu Hochpreiszeiten für einen Boom und in Phasen sinkender Ölpreise für Krisen gesorgt hat, ist Fluch und Segen der Bolivarischen Revolution. Der ehemalige Fallschirmspringer Chávez schien das Geld zu haben, um seine Gesellschaftsutopie Wirklichkeit werden zu lassen. »Sozialist mit vollen Taschen« und »Ché Guevara mit Öl« nannte ihn der *Spiegel* seinerzeit. »Wir wollen die Armut abschaffen? Dann lasst uns den Armen Macht geben!«, war seine

Losung. Er versprach den erwähnten »Sozialismus des 21. Jahrhunderts«, in dem Armut und Ungerechtigkeit der Vergangenheit angehören würden.

Dass Venezuela ein an Rohstoffen reiches Land ist, dass der Ölreichtum im Prinzip allen Venezolanerinnen und Venezolanern gehört, dass man das »Erdöl säen« müsse, wie es ein populärer Ausdruck des Schriftstellers Arturo Uslar Pietri vorgibt, das hat die politische Kultur des Landes schon lange vor Chávez geprägt – und Chávez möglich gemacht: Auf das Versprechen einer grundsätzlichen Umverteilung des Ölreichtums konnten sich bürgerliche Kräfte, Sozialdemokraten, Sozialisten und Anarchisten einigen. Investitionen in die Infrastruktur, Bildungs- und Gesundheitsprogramme für die Armen, öffentlicher Wohnungsbau sowie subventionierte Lebensmittel und Konsumgüter – auf diese Weise verteilte man in der Ära Chávez die Petrodollars.

Doch der staatlich dirigierte Wohlstand war immer extrem anfällig für Korruption. 2003 riefen die Chavisten die Volkssupermärkte der »Misión Mercal« ins Leben, die günstigen Grundnahrungsmittel landeten aber oft nicht in den Regalen, sondern tauchten auf Straßenmärkten auf. 2008 ließ Chávez die Mercal-Märkte durch die Handelskette PDVAL ersetzen, eine Tochterfirma der staatlichen Erdölgesellschaft Petróleos de Venezuela (PDVSA). Weil diese keine Erfahrung mit Nahrungsmittellogistik hatte, verfaulten 2009 rund 130 000 Tonnen Lebensmittel. Heute sind die Regale der PDVAL-Kette meistens leer. Stattdessen lässt die Regierung Lebensmittelrationen über die vor Ort organisierten »Lokalen Komitees für die Volksversorgung« (CLAP) direkt an die Haushalte liefern – auch hier reißen die Korruptionsvorwürfe nicht ab.

Eine weitere Quelle für Korruption waren die unterschiedlichen Wechselkurse. Ursprünglich wurden sie eingeführt, um die Kapitalflucht einzudämmen und trotzdem den Import lebensnotwendiger Waren zu ermöglichen. De facto haben sich immer wieder korrupte Netzwerke gebildet, die die Dollars zum günstigen, subventionierten Wechselkurs (Dolares preferenciales) nicht zum Import von Medikamenten oder Lebensmitteln nutzten, sondern um gefragte Waren zum Spottpreis zu importieren und im Land zum regulären Preis zu verkaufen. Militärangehörige und Regierungsgünstlinge haben sich auf diese Weise durch den Import teurer SUVs und anderer Luxusgüter bereichert.

Auch der Schmuggel mit Benzin kommt das Land teuer zu stehen. Der Liter kostete in Venezuela lange nur Centbeträge, und so weitete sich der illegale Handel an der Grenze zu Kolumbien zu einer veritablen Industrie aus. Rund 2 Milliarden Dollar verliert der venezolanische Staat schätzungsweise jedes Jahr dadurch. Die kolumbianische Regierung hat die Schmuggler bisher gewähren lassen, die Chavisten sprechen von Sabotage. Getan wurde dennoch lange nichts, die Militärs an der Grenze verdienten ordentlich mit und der quasi kostenlose Sprit galt als sozialistische Errungenschaft.

Gelegenheiten zur Korruption gab es in den Jahrzehnten der Bolivarischen Revolution auch in anderen Bereichen: beim Bau von riesigen Wohnsiedlungen, beim Vertrieb von iranisch-venezolanischen Kleinwagen oder chinesischer Elektrogeräte oder bei den milliardenschweren Lebensmittellieferungen, mit denen die Regierung heute die Not bekämpft. Doch kann allein die Korruption die Krise erklären, die Venezuela in wenigen Jahren in ein Armenhaus verwandelt hat? Dass die Bolivarische Revolution Opfer von korrupten Politikern, Militärs, Funktionären und Behördenmitarbeitern ist – diese These ist in Venezuela populär, sowohl bei Anhängern als auch bei Gegnern der Regierung.

Die bürgerliche Opposition hält die Führungsmannschaft um Maduro für eine kleptokratische Clique, eine Ansicht, die auch jene vertreten, die den verstorbenen Präsidenten Hugo Chávez weiter verehren, sich aber von Maduro abgewandt haben. Umgekehrt ist der Korruptionsvorwurf auch Teil der offiziellen Regierungspropaganda: Die Regierung geht immer wieder mit spektakulären angeblichen Korruptionsfällen an die Öffentlichkeit, die der Bevölkerung weismachen sollen, dass die Misere auf das Konto gewissenloser Abtrünniger geht. Der Korruptionsvorwurf ist das Instrument der politischen Auseinandersetzung. Alle werfen sich wechselseitig vor, korrupt zu sein. Wer politisch in Ungnade fällt, wird als bestechlich hingestellt und schlägt mit gleicher Münze zurück. Was stimmt und was nicht, ist schwer abzuschätzen, denn die Justiz ist in Venezuela seit Jahren politisch auf die Regierung eingeschworen, unabhängige Recherchen gibt es kaum.

Um dem darbenden Volk Erklärungen zu bieten für die Misere, offeriert die Regierung einen Strauß von Ursachen: Sie verweist auf die Spekulanten, die sich an dem irrsinnigen Wechselkurs der aus Miami operierenden Website »Dolar today« orientieren. Sie erklärte den Lebensmittelmangel zum Sabotageakt der Oligarchie – der Lebensmittelkonzern Polar etwa halte bewusst Produkte zurück und betreibe Kapitalflucht. Mit massiven Repressionen gegen Oppositionelle, mit der willkürlichen Inhaftierung von angeblichen Korrupten, Terroristen und Vaterlandsverrätern produzieren die Regierungsbehörden immer wieder vermeintliche Beweise für die Destabilisierung durch feindliche Kräfte. Auch vor Exekutionen scheint die Regierung nicht zurückzuschrecken: Amnesty International (AI) zählt in einem Bericht von 2018 mehr als 8200 außergerichtliche Hinrichtungen in den Jahren von 2015 bis 2017. In den Tagen nach der Selbsternennung des Oppositionsführers Juan Guaidó zum Interimspräsidenten am 23. Januar 2019 hat laut Amnesty eine polizeiliche Spezialeinheit namens FAES mindestens sechs Menschen außergerichtlich hingerichtet, um Proteste zu unterdrücken.

Die Regierung Maduro beschuldigt das Nachbarland Kolumbien der Destabilisierung und macht Sanktionen der USA verantwortlich für die Devisenknappheit im Land. »In Venezuela findet ein nichtkonventioneller Krieg statt, dessen Akteure aus dem Ausland kommen«, so fasste es die regierungseigene Website »Misión Verdad« (»Mission Wahrheit«) zusammen. Die US-Regierung unter George W. Bush sympathisierte 2002 mit den Putschisten, die Chávez kurzzeitig gefangen nahmen und im Winter 2002/03 die Sabotage der venezolanischen Ölindustrie organisierten – das ist unbestritten. Wie schon unter Barack Obama üben die USA auch unter Donald Trump Druck auf Venezuela aus – sie verhindern Zugang zu Krediten, indem sie Finanzgeschäfte mit Venezuela verbieten. Ende Januar 2019 hat Trump die Sanktionen auf sämtliche Geschäfte mit Venezuela ausgeweitet – eine Maßnahme zur Unterstützung des Oppositionsführers Guaidó, die zum Ziel hat, die Regierung von Maduro ökonomisch auszuhungern.

Anders als vor der Bolivarischen Revolution ist Venezuela allerdings nicht mehr ausschließlich von den USA abhängig. Nur noch ein Drittel des venezolanischen Rohöls geht nach Nordamerika, den Rest exportiert Venezuela vor allem nach Indien, China und in andere asiatische Länder. Allerdings sind mit der Diversifizierung

Verbraucherpreisindex[1]
1980–2018, in Prozent

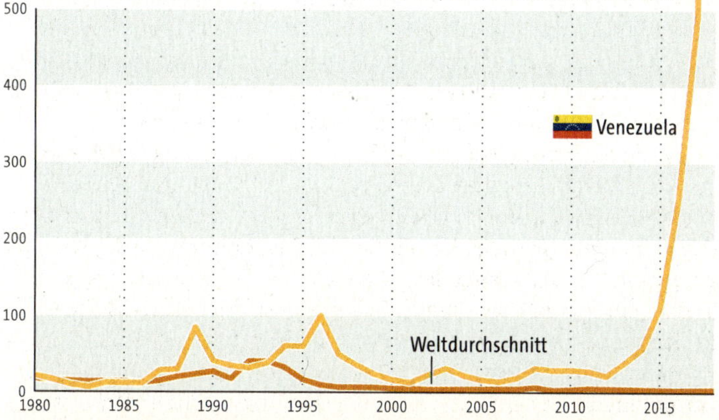

1. Der Verbraucherpreisindex ist ein Maß für die Inflation.

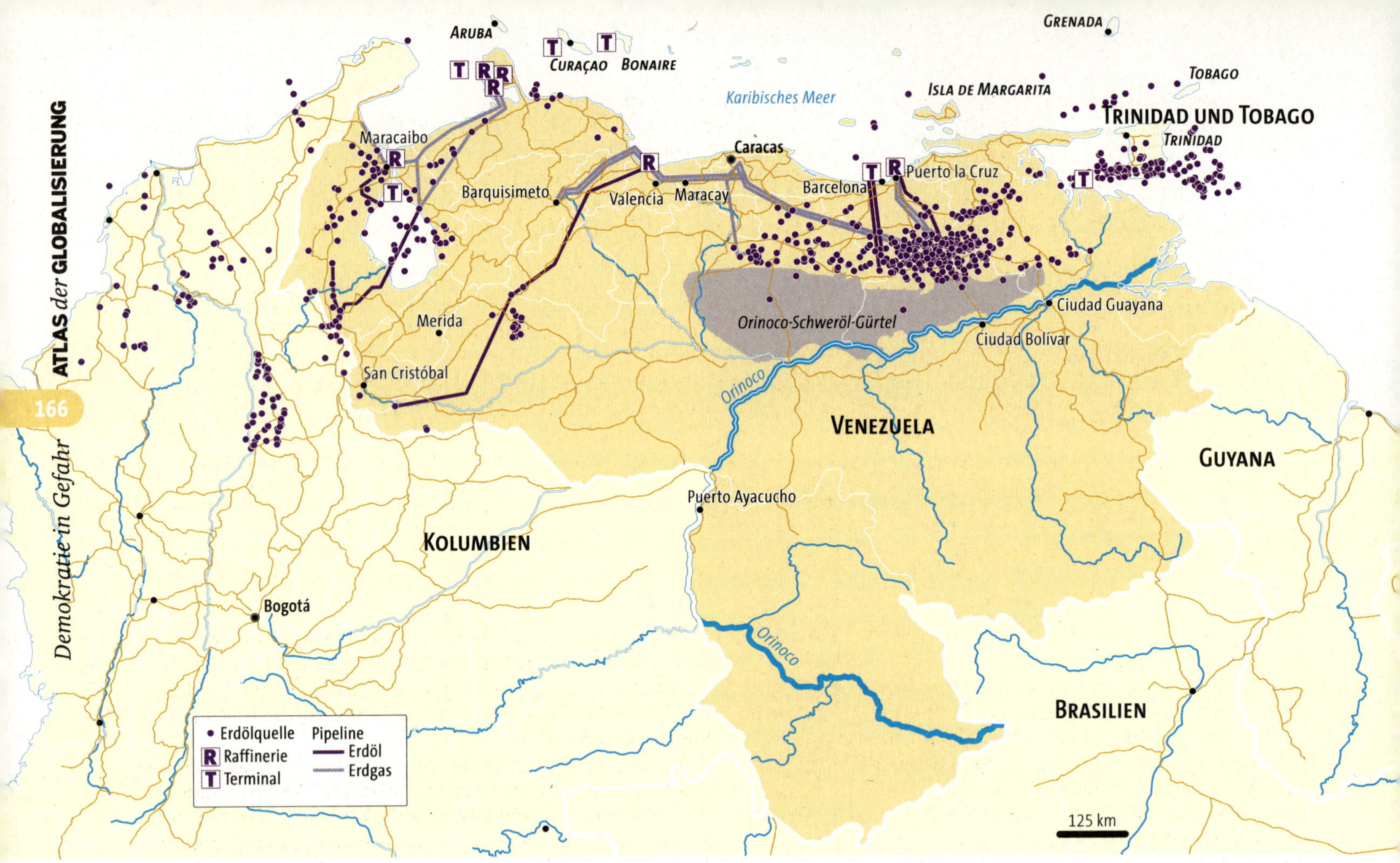

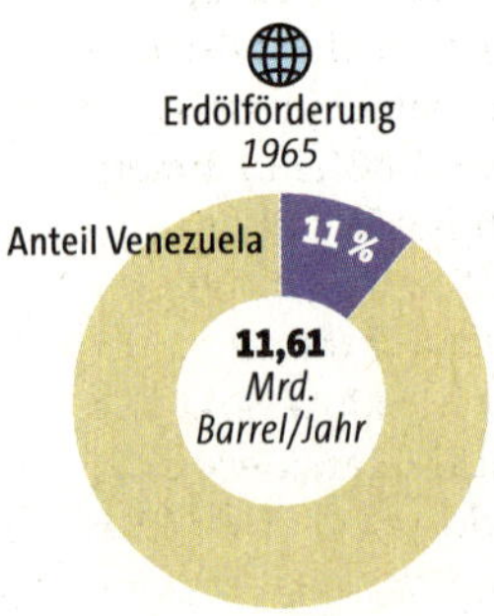

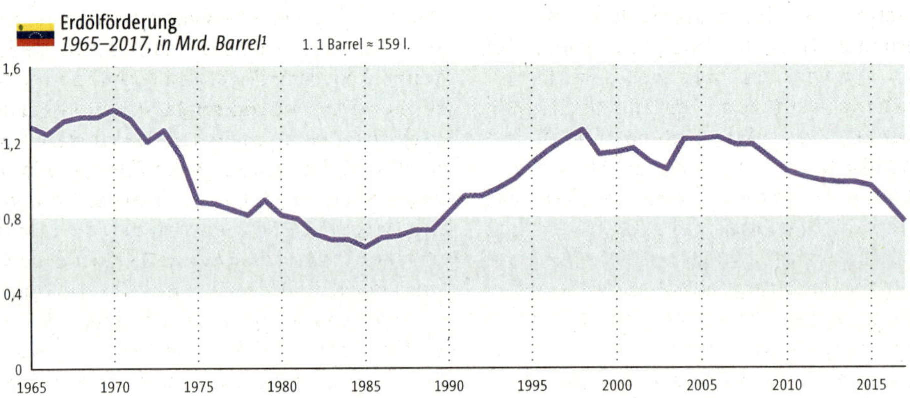

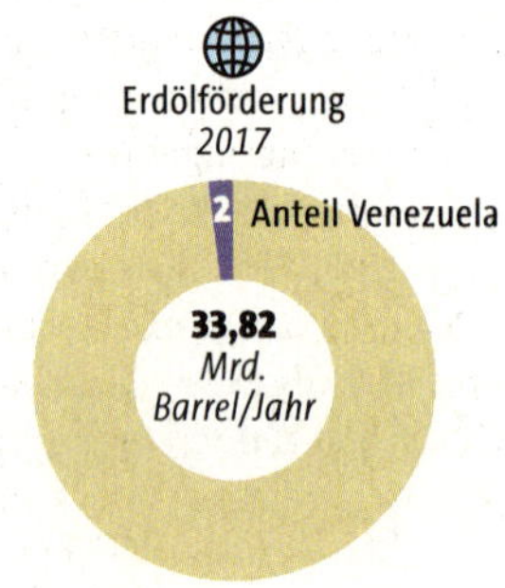

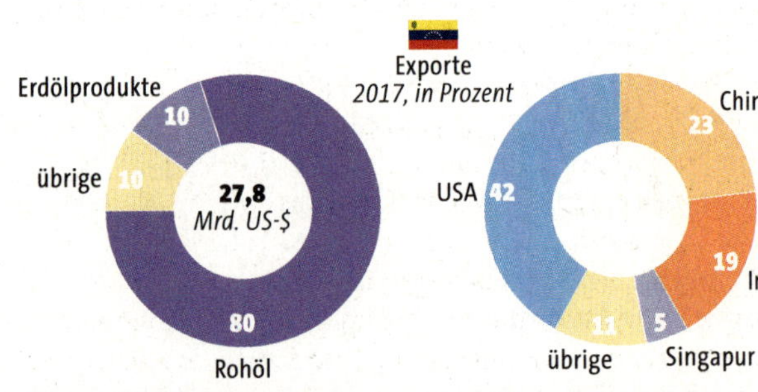

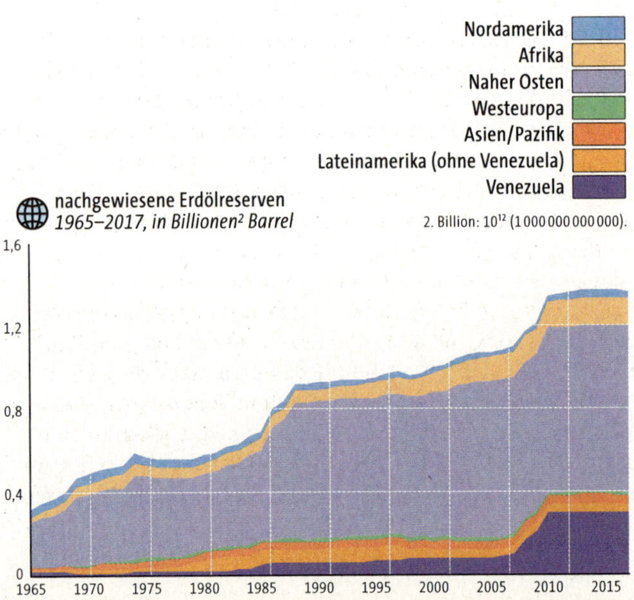

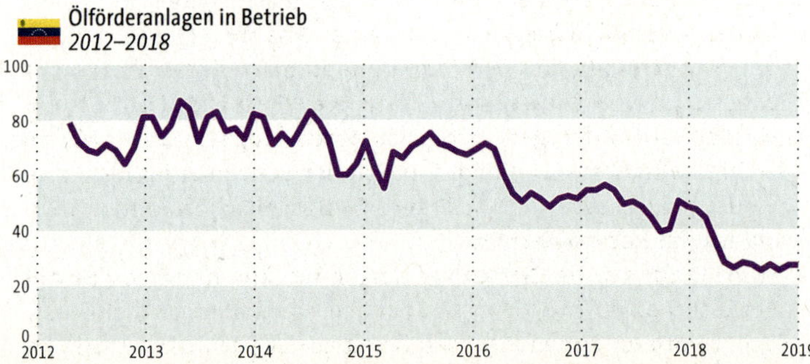

Der Niedergang der Erdölindustrie

Chávez is watching you: Militärparade am ersten Todestag, Caracas, 5. März 2014.

- **Plan Bolívar 2000** (Februar 1999)
  Erstes Sozialprogramm unter Präsident Hugo Chávez, Einsatz von zehntausenden Soldaten im Brückenbau und in sozialen Diensten.
- **Misión Barrio Adentro** (März 2003)
  Kostenlose medizinische Grundversorgung der ärmsten Venezolanerinnen und Venezolaner. Im Rahmen des Programms »Ärzte für Öl« gehen vor allem kubanische Ärzte in die Armenviertel.
- **Misión Mercal** (April 2003)
  Angebot von verbilligten, von lokalen Kooperativen und Bauern produzierten Grundnahrungsmitteln in den staatlichen Läden der Mercados de Alimentos (Mercal).
- **Misión Identidad** (Oktober 2003)
  Ausstattung der gesamten Bevölkerung mit Personalausweisen, die auch den Zugang zu sozialen Dienstleistungen erleichtern sollen.
- **Misión Sucre** (Dezember 2003)
  Ermöglicht allen Personen mit Hochschulzugangsberechtigung, ein kostenfreies Hochschulstudium ohne Eingangsprüfungen und Studienplatzbeschränkungen aufzunehmen.

Bolivarische Sozialprogramme

auch neue Abhängigkeiten entstanden – vor allem gegenüber Russland und China.

Mit Sanktionen, mit gierigen Oligarchen und gemeinen Spekulanten aus Miami hat die venezolanische Krise in Amtszeit Maduros wenig zu tun. Ihre Ursache liegt vielmehr im Niedergang der venezolanischen Erdölindustrie, und der entscheidende Faktor ist nicht der Preisverfall auf dem Ölmarkt. Tatsächlich erzielt das venezolanische Fass Rohöl gegenwärtig deutlich höhere Preise als 2004, also in jenem Jahr, als Chávez seine großen Sozialprogramme auflegte. Würde Venezuela heute noch so viel fördern wie seinerzeit, wären genug Petrodollars da, um das wohlfahrtsstaatliche Niveau aufrechtzuerhalten. Doch die Erdölproduktion ist seit 2008 permanent gesunken, zwischen 2015 und 2018 ist sie fast zusammengebrochen. Die Gründe: Es wird nicht in neue Ölquellen investiert, und die bestehende Infrastruktur wird nicht instand gehalten. Nachdem der politisch motivierte Streik im Winter 2002/03 gescheitert war, mit dem das damals noch oppositionelle Management der staatlichen Erdölgesellschaft Petróleos de Venezuela die Regierung in die Knie zwingen wollte, gab es eine Entlassungswelle: Fast 20 000 Mitarbeiterinnen und Mitarbeiter von PDVSA mussten seinerzeit das Unternehmen verlassen, das für Venezuelas Staatswohlstand sorgte – darunter viele Ingenieure mit hochspezialisiertem Fachwissen über die nationale Erdölindustrie. Seither häufen sich Unfälle, Pannen, Missmanagement und Produktionsausfälle auf den Ölfeldern.

Weil der Preis für das Fass Rohöl zwischenzeitig auf ein Rekordhoch von über 100 Dollar stieg, konnten die Erlöse den Niedergang der Produktion ein paar Jahre lang kompensieren. Als der Ölpreis fiel, was ausgerechnet mit dem Tod von Chávez 2013 begann, wurde die Finanznot immer offensichtlicher. Sowohl unter Chávez als auch unter Maduro hat die Regierung den nationalen Ölkonzern für das Management und die Finanzierung seiner Sozialprogramme eingespannt – und zwar so stark, dass er sein Kerngeschäft – die Ölförderung und die Erschließung neuer Quellen – vernachlässigt hat. Damit das Missmanagement nicht auf sie zurückfällt, lässt die Regierung immer wieder PDVSA-Erdölmanager verhaften, vier ehemalige Ölminister und PDVSA-Präsidenten werden der Korruption beschuldigt. Inzwischen wird die Ölgesellschaft von einem General der venezolanischen Armee geleitet, wie überhaupt Politik und Zivilgesellschaft immer mehr vom Militär kontrolliert werden.

Die Hoffnung, die Chávez bei Linken weckte, hatte gerade mit dem Umstand zu tun, dass Venezuela ein Erdölland ist, das sich Sozialreformen und eine wohlfahrtsstaatliche Politik leisten können müsste. Dass die Bolivarische Revolution, die Wohlfahrt für alle versprochen hatte, die Quelle des Wohlstands ruiniert hat, ist besonders bitter. Denn Venezuela hätte das sozialreformerische Projekt aus eigener Kraft schaffen können – anders als etwa die sandinistische Revolution im armen Agrarland Nicaragua, die durch Sanktionen und einen schmutzigen Krieg der USA in die Knie gezwungen wurde.

Der antiimperialistische Ton, den die Regierung Maduro heute anschlägt, vernebelt die wahren Verhältnisse. Das Land muss sich verschulden und umschulden, weil die Einnahmen aus dem Verkauf des wichtigsten Rohstoffs nicht mehr ausreichen. Chinesische Banken haben in den letzten zehn Jahren mindestens 50 Milliarden Dollar geliehen – wie viel genau, ist schwer zu ermitteln, denn die Kredite sind oftmals am Haushalt vorbei in chinesisch-venezolanischen Fondsgesellschaften versteckt. Den Schuldendienst bestreitet Venezuela, indem es zukünftige Erdöleinnahmen verpfändet. Der russische Erdölkonzern Rosneft hat bereits die Hälfte der staatseigenen Citgo, die in den USA Tankstellen und Raffinerien betreibt, als Pfand für ausstehende Kredite bekommen. Inzwischen sind milliardenschwere Schuldscheine der Erdölgesellschaft PDVSA in die Portfolios von US-Finanzriesen wie BlackRock, JPMorgan Chase oder Goldman Sachs gewandert. Mag die Bolivarische Revolution einst ein linkes Projekt gewesen sein – in der Schuldenfalle, in der Venezuela seit Jahren steckt, betreibt auch die vermeintlich sozialistische Regierung den Ausverkauf der nationalen Reichtümer, wie es etwa in Argentinien vor und nach der »Corralito«-Krise 2001 geschehen ist.

Austeritätsprogramme, mit denen lateinamerikanische Regierungen in den Achtzigern oder Neunzigern Auflagen des Internationalen Währungsfonds umgesetzt haben, gibt es allerdings nicht. Stattdessen verteilt die vermeintlich sozialistische Regierung Geld mit beiden Händen: Immer wieder setzt sie den Mindestlohn hoch und erfindet neue »Boni«: Geldüberweisungen an bestimmte Bezugsgruppen. Sie tragen blumige Namen wie »Mütter des Vaterlandes« oder »Die Liebe zu den Älteren«. Wenn der Staat die Geldmenge so drastisch erhöht, reagieren die Händler mit Preiserhöhungen, weil sie wissen, dass sie selbst am nächsten Tag teurer einkaufen werden – und die Lohnempfänger beeilen sich, das Geld schnell auszugeben, um noch möglichst viel dafür zu bekommen. Venezolanerinnen und Venezolaner, die importieren oder Geld aufbewahren müssen, versuchen in eine Weltwährung wie den Dollar zu tauschen – zu irrwitzigen Kursen. Auch wenn die Regierung ihre Geldgeschenke als klassenkämpferische Maßnahme zur Unterstützung des einfachen Volkes anpreist – tatsächlich lässt nichts das Volk so rasant verarmen wie eine Hyperinflation.

Christoph Twickel ist freier Autor. Er schreibt unter anderem für die *Zeit*, den *Spiegel* und die *taz*.

Gefangen im Chaos

Brasiliens Haftanstalten sind überfüllt, lebensgefährlich und werden von Banden beherrscht

von Anne Vigna

Auf einem der wenigen Bilder, die es vom Innern des Gefängnisses Vila Indepêndencia in São Paulo gibt, sieht man ein Wirrwarr von Hängematten, das aussieht wie ein Spinnennetz. Hier und da hängt ein Arm oder ein Bein herunter. An den Wänden erkennt man ein Metallgerüst, an dem das Gebilde aus Seilen hängt. Da am Boden kein Platz für die 54 Gefangenen ist, die in Zellen für 12 Personen untergebracht sind, wird der obere Teil des Raums mit genutzt. Diese »Lösung« für die extreme Überbelegung existiert in vielen Gefängnissen Brasiliens.

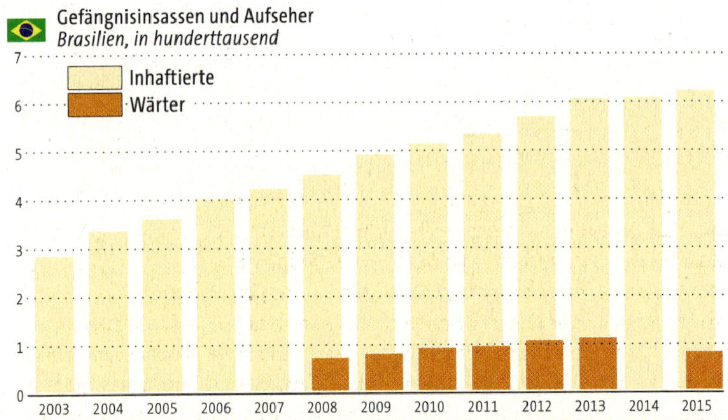

Extreme Überbelegung

Seit 1995 ist die Zahl der Häftlinge in Brasilien von 90 000 auf 668 000 gestiegen. Damit nimmt das Land weltweit mittlerweile den dritten Platz ein, hinter den USA und China und vor Russland. In diesen drei Ländern ist die Zahl der Häftlinge in den letzten Jahren, wenn auch langsam, gesunken – in Brasilien steigt sie weiter. Die massenhaften Inhaftierungen haben jedoch nicht zu einem Rückgang der Unsicherheit geführt. Im Gegenteil: Die Straftaten haben noch zugenommen. 2015 gab es fast 60 000 Tötungsdelikte, beinahe doppelt so viele wie 1990. Bei Diebstahl und Drogenhandel ist die Entwicklung dieselbe.

Schon 1990, während der Amtszeit von Präsident Collor de Mello, wurde Drogenhandel im Strafgesetzbuch neben Mord, Entführung und Vergewaltigung als Schwerverbrechen eingestuft. Die Strafen werden seither immer länger, doch das eigentliche Ziel des Strafvollzugs, die Inhaftierten arbeiten zu lassen und im offenen Vollzug zu resozialisieren, rückt in immer weitere Ferne.

Die wegen Mordes Verurteilten sind seit jeher eine Minderheit; in Brasilien sind es 12 Prozent der Gefängnisinsassen, die Aufklärungsrate bei Tötungsdelikten liegt zwischen 6 und 8 Prozent. Die große Mehrheit der Strafgefangenen ist wegen Diebstahl (43,4 Prozent) oder Drogenhandel (25,5 Prozent) verurteilt. Viele von ihnen werden von der Militärpolizei, die nicht ermittelt, sondern lediglich auf Streife geht, auf frischer Tat ertappt und festgenommen. So landen im Gefängnis vor allem die Armen: Kleinkriminelle und Abhängige, die Drogen verkaufen, um ihren eigenen Bedarf decken zu können.

2006 setzte Präsident Lula da Silva eine Reform der Drogengesetze durch, um die Zahl der Verhaftungen wegen Drogenhandel zu verringern. Fachleute kritisierten die Reform, die auf die Entkriminalisierung der Abhängigen abzielte, als tollkühn. Zum ersten Mal wurden sie als Drogenkranke und nicht als Kriminelle betrachtet, sie bekamen medizinische Hilfe und wurden eher zu gemeinnütziger Arbeit als zu Gefängnisstrafen verurteilt.

Das Gesetz hat allerdings eine große Schwachstelle: Die Drogenmenge, ab der ein Konsument als Dealer gilt, ist nicht festgelegt. Die Entscheidung fällt der Richter anhand juristischer Kriterien (wie Vorstrafen), aber auch sozialer Kriterien wie Berufstätigkeit, Verhalten und Wohnort des Beschuldigten. In der Praxis führte das Gesetz zu mehr Verurteilungen wegen Drogenhandels, obwohl es das Gegenteil erreichen wollte.

Die Überbelegung der Gefängnisse hat viel mit dem hohen Anteil von Untersuchungshäftlingen zu tun. Mitunter warten 200 000 Personen (Frauen wie Männer) auf ihr Urteil – ungefähr so viele, wie Plätze fehlen. Bei etwa einem Drittel von ihnen ist die Untersuchungshaft länger als die am Ende verhängte Strafe. Außerdem sieht das Gesetz vor, dass Personen, die nicht gewalttätig waren und keine Gefahr für die Gesellschaft darstellen, bis zum Urteilsspruch unter Auflagen auf freiem Fuß bleiben können.

Die Behörden der Bundesstaaten erlauben Außenstehenden zwar keinen Einblick und verbieten Besuche von Journalisten, Wissenschaftlern und Vertretern von NGOs, doch die Tatsachen sind bekannt. Gefängniswärter, medizinisches Personal, Kirchenvertreter und ehemalige Gefangene haben über die furchtbaren Zustände berichtet. Zum Beispiel ist in brasilianischen Gefängnissen die Wahrscheinlichkeit, an Tuberkulose (TBC) zu erkranken, 28-mal so hoch wie in Freiheit, denn die Lungenkrankheit breitet sich in lichtarmer und dicht bewohnter Umgebung besonders schnell aus.

Um TBC zu erkennen, zu behandeln und weitere Ansteckungen zu vermeiden, braucht man medizinisches Personal. Daran jedoch wird gespart. In Rio de Janeiro gab es 2004 fünf Haftkrankenhäuser, ein Sanatorium und dreimal so viel Personal wie 2017, übrig geblieben ist ein Krankenhaus und das Sanatorium, obwohl die Zahl der Gefangenen ständig gestiegen ist. Zwar hat jedes Gefängnis von Rio de Janeiro einen Krankenraum, aber dort arbeitet nur noch Pflegepersonal: Für Ärzte sind die Gehälter nicht attraktiv genug. Die Überbelegung verhindert auch, dass Kranke rechtzeitig ins Krankenhaus kommen können. Die Sterberate steigt.

Den Häftlingen fehlt es an allem: an Platz, an Matratzen, an Essen, an Hygieneartikeln. Die Frauen machen sich aus Brotresten Ersatz für Monatsbinden. Was der Staat nicht zur Verfügung stellt, beschaffen kriminelle Gruppen: Seife oder Zahnpasta, das Telefon oder den Anwalt, allerdings nicht umsonst.

In den Gefängnissen von São Paolo läuft ohne Brasiliens größte kriminelle Bande – das Primeiro Comando da Capital (PCC) – gar nichts. Das »Erste Hauptstadtkommando«, 1993 aus einer Gefängnisfußballmannschaft hervorgegangen, kontrolliert einer

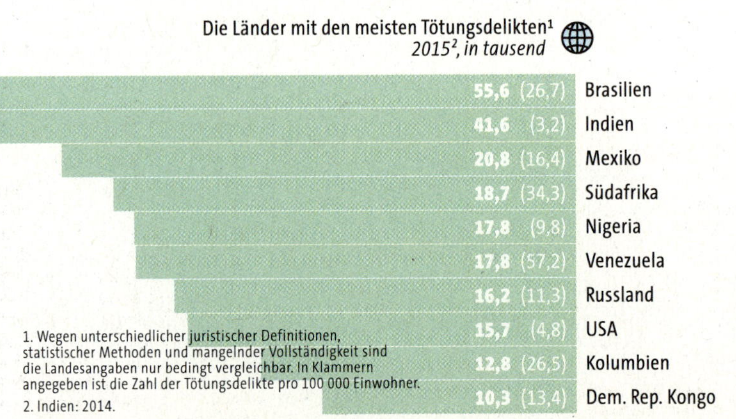

Mord und Totschlag

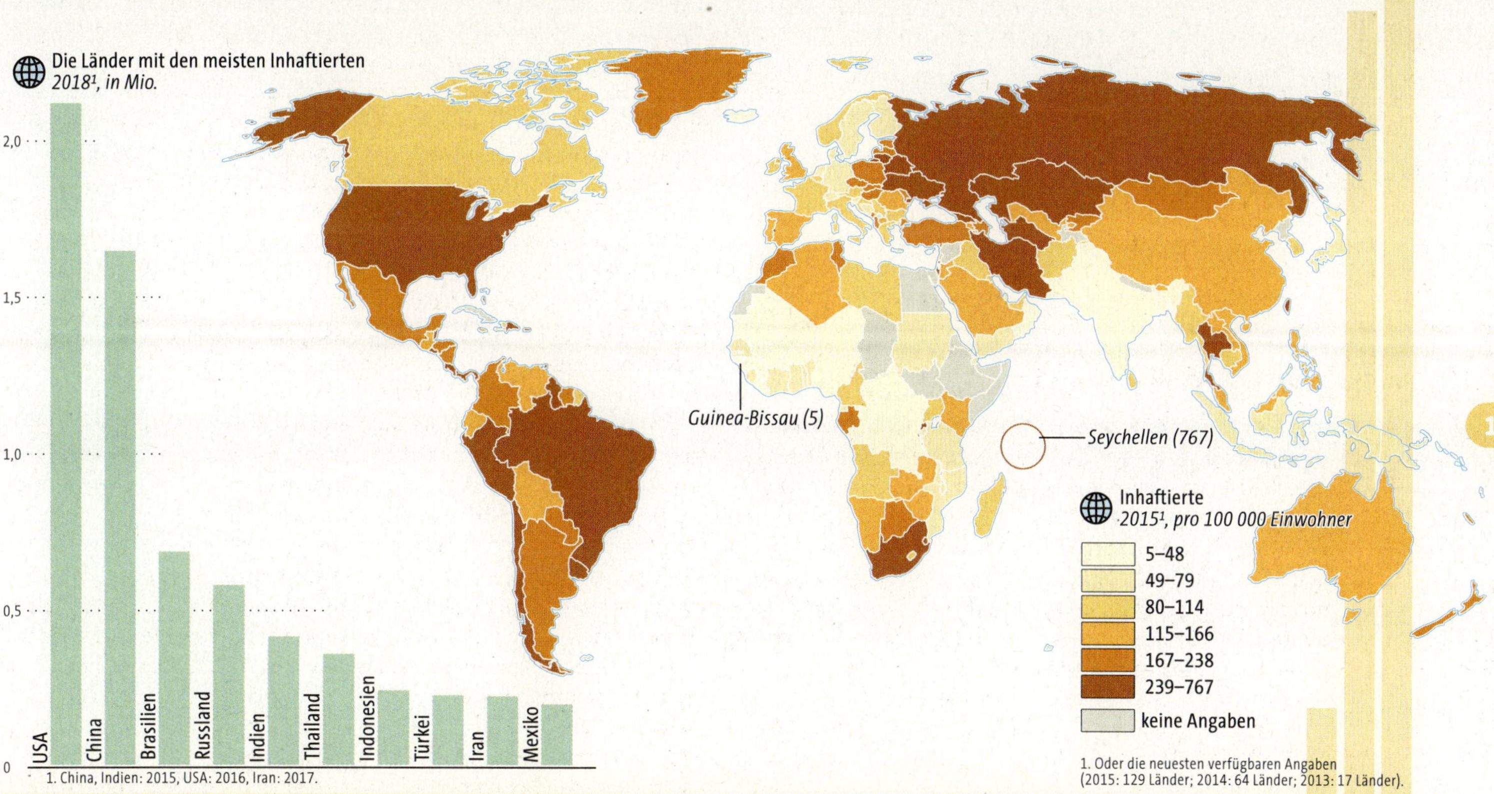

Millionen hinter Gittern

Regierungsstudie zufolge mehr als 90 Prozent der 160 Gefängnisse des Bundesstaats São Paulo und ist in fast allen Haftanstalten des Landes präsent.

Den Gefängnisverwaltungen bleibt nichts anderes übrig, als die Häftlinge nach ihrer Zugehörigkeit zu kriminellen Banden unterzubringen und mit den Bandenchefs über das Funktionieren der Einrichtung zu verhandeln. Es gibt weder Mittel noch Personal, um deren Einfluss einzudämmen. 2006 waren die »Brüder«, wie sie sich nennen, in der Lage, einen koordinierten Aufstand in 74 Gefängnissen São Paulos gleichzeitig zu organisieren, während andere Mitglieder mehrere Banken überfielen.

Wer bei der Verhaftung noch keine Verbindungen zu einer kriminellen Gruppe hatte, wird sich spätestens im Gefängnis einer Bande anschließen. Die ist nach der Entlassung oft genug ihre einzige Hilfe. Und dafür müssen die Leute auch bereit sein, ihr Leben zu opfern.

Im Oktober 2016 starben in Rio de Janeiro mehr als 30 Häftlinge bei Auseinandersetzungen rivalisierender Banden. Insbesondere das »Rote Kommando« (Comando Vermelho) kämpft mit dem PCC um die Kontrolle des Drogenhandels in der Grenzregion zu Venezuela, Kolumbien, Peru und Guyana. Nach den Massakern in den Haftanstalten forderten die Gouverneure der Bundesstaaten Polizeiverstärkung von der Zentralregierung, um weiteres Blutvergießen zu verhindern – vergebens. Anfang Januar 2017 wurden in Manaus etwa 100 Häftlinge, mutmaßlich Bandenmitglieder, getötet und ihre Leichen verstümmelt. Immer wieder zeigt sich der brasilianische Staat unfähig, die Situation unter Kontrolle zu bringen, und bleibt untätig – oder er kündigt den Bau neuer Gefängnisse an.

Anne Vigna ist Journalistin in Rio de Janeiro.

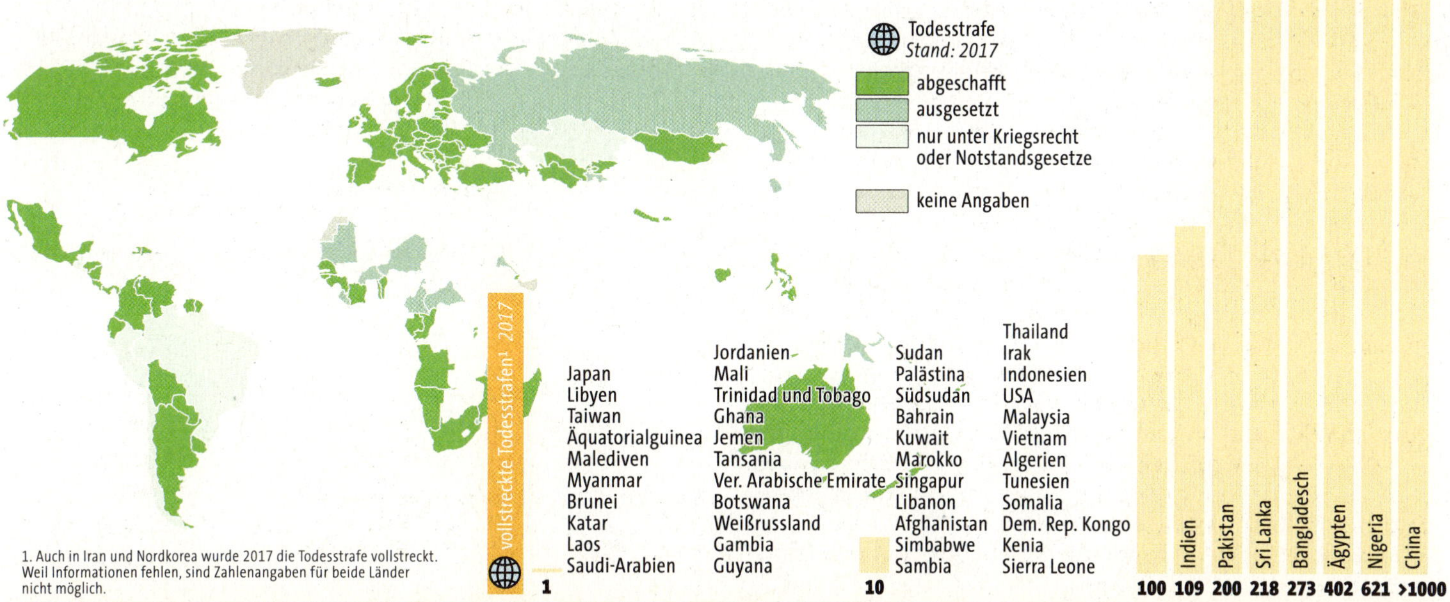

Zum Tode verurteilt

Zerreißprobe für die Türkei

Lange ging der Blick nach Westen, heute strebt Erdoğan die Führung der islamischen Welt an

von Günter Seufert

Die Türkei befindet sich in einer historischen Krise. Diese Krise besteht nicht nur darin, dass seit dem Juni 2016 alle politischen Entscheidungen von einer Person, Staatspräsident Recep Tayyip Erdoğan, getroffen werden, die selbst keinerlei Kontrolle unterliegt. Die Krise hat auch nicht nur normative Aspekte, etwa dass die Grund- und Bürgerrechte zur Disposition der Regierung stehen. Und sie erschöpft sich nicht in einer Finanzkrise, der eine Rezession der Realwirtschaft auf dem Fuße folgt. Die Krise betrifft die Grundlagen der Republik Türkei, die sich – trotzt aller Defizite in Sachen Demokratie und Rechtsstaatlichkeit – am westlichen Parlamentarismus orientierte, sich als Teil Europas verstand und eine entsprechende Reformagenda verfolgte. Von alldem ist heute wenig übrig geblieben – die Türkei ähnelt zunehmend anderen Staaten des Nahen Ostens.

Die Türkei liegt an der Schnittstelle von Europa und dem Nahen Osten, und jahrzehntelang haben ihre innenpolitische Entwicklung und außenpolitische Einbindung dafür gesorgt, dass sie Teil der westlichen Staatengemeinschaft war. Heute ist Europa geschwächt und der Nahe Osten in fundamentaler Umwälzung begriffen.

Eingeläutet wurde der Umbruch im Nahen Osten von der islamischen Revolution in Iran 1979. Mit den Protesten, Aufständen und Revolutionen in den arabischen Ländern um 2011 fand er seine Fortsetzung. Denn unabhängig vom jeweiligen Verlauf der Ereignisse wurden in Iran wie Jahre später in Tunesien, Ägypten oder Libyen autoritäre Regime gestürzt, die sich ethnisch-nationalistisch, säkularistisch und modernistisch legitimierten, mit dem Westen kooperierten und in aller Regel militaristisch waren. Dieser Grundkonflikt bestand auch in Syrien.

Zu Fall gebracht wurden diese Regime von Volksbewegungen, in denen sich letzten Endes religiös-konfessionelle politische Strömungen durchsetzten, die sich einer antiwestlichen Rhetorik befleißigen und den zahlenmäßig größten identitären Block ihrer Gesellschaft repräsentieren. Die Umbrüche kamen relativ plötzlich, sie waren das Resultat einer Mobilisierung der Massen, und mit ihnen einher gingen oft gewaltsame Auseinandersetzungen zwischen Bevölkerung und Regime, aber auch zwischen kulturellen Mehrheiten und Minderheiten.

Parlamentswahlen in der Türkei: Wahlergebnisse
2002–2018, in Prozent der gültigen Stimmen

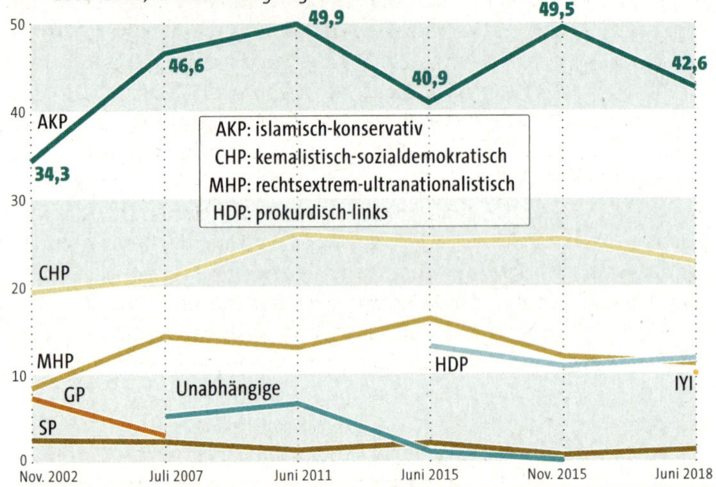

Volkspartei AKP

Die Türkei ging einen ganz anderen Weg. Sie war in der Lage, muslimisches Selbstverständnis mit einer parlamentarischen Regierungsform und Demokratie sowie mit prowestlicher Orientierung zu vereinigen. Der Erfolg der Türkei war so außergewöhnlich, dass sie in den Jahren um 2010 in den USA und in Europa als Inspiration oder gar als Modell für den Nahen Osten gefeiert worden ist.

Dass es in der Türkei nicht zu einem Aufstand religiös-konservativer Kräfte wie in den Ländern des Arabischen Frühlings gekommen war, hatte seine Ursache darin, dass dort konservative Parteien und damit auch ihr Anhang bereits seit Anfang der 1950er Jahre Schritt für Schritt ins politische System integriert worden waren. Ab 1973 konnten selbst islamistische Parteien ins türkische Parlament einziehen und sich an Regierungen beteiligen. Gleichzeitig blieb die kemalistische bürokratische Elite, die das Land seit der Republikgründung 1923 autoritär modernisiert und verwestlicht hatte, ein bestimmender politischer Akteur.

Die kemalistische Elite bestand aus dem Militär, der hohen Justiz, den Professoren der Universitäten und einem Großteil der Medien. Diese Kräfte waren in der Lage, den Handlungsspielraum konservativer Regierungen wirkungsvoll zu begrenzen. So richteten sich die drei großen Staatsstreiche des Militärs von 1960, 1971 und 1980 allesamt gegen konservative Regierungen und setzen den Primat der Bürokratie in der Politik immer wieder durch. Auf diese Weise etablierte sich seit dem Ende des Einparteiensystems 1950 eine immer fragile, aber letzten Endes dauerhafte Machtbalance zwischen der von säkularen Kräften beherrschten Bürokratie und einer in aller Regel von rechtskonservativen Parteien geführten Regierung und ihrer Parlamentsmehrheit.

- 1914: Russland erklärt dem Osmanischen Reich, das sich zuvor mit Deutschland verbündet hat, den Krieg.
- Am 24. April werden hunderte armenische Schriftsteller und Intellektuelle aus Istanbul verschleppt. Der Tag gilt als der Beginn des Völkermords an den Armeniern.
- 1918: Der Waffenstillstand von Mudros am 30. Oktober besiegelt die Niederlage des Osmanischen Reichs im Ersten Weltkrieg.
- Griechische Truppen besetzen die Ägäisküste um Izmir. Der türkische Befreiungskrieg beginnt, er dauert drei Jahre.
- Der Vertrag von Lausanne bringt die internationale Anerkennung der Türkei. Mustafa Kemal wird der erste Präsident der türkischen Republik.
- 1924: Am 3. März wird das Kalifat abgeschafft, die religiösen Schulen (Medressen) werden geschlossen, und das Präsidium für religiöse Angelegenheiten (Diyanet) wird gegründet.
- Mustafa Kemal (der ab 1934 Atatürk heißt) verkündet die sechs »kemalistischen Prinzipien«: republikanisch, nationalistisch, populistisch, etatistisch, laizistisch, revolutionär.
- 1938: Am 10. November stirbt Atatürk.
- 1945: Die Türkei erklärt dem Deutschen Reich den Krieg, um nach dem Krieg auf der Siegerseite mitreden zu können.

1914 | 1916 | 1918 | 1920 | 1922 | 1924 | 1926 | 1928 | 1930 | 1932 | 1934 | 1936 | 1938

Von Atatürk bis Erdoğan

So sehr sich konservative Regierungen in diesem politischen System unter der Vormundschaft der Bürokratie befanden, so sehr konnten sie doch auch Veränderungen durchsetzen, Ressourcen des Staats zugunsten ihrer Wählergruppen umverteilen und ihre Klientel allmählich in die Bürokratie integrieren. Besonders bedeutsam für diese Entwicklung war die Ministerpräsidentschaft Turgut Özals von 1983 bis 1989. In diesen Jahren brach sich erstmals liberale Kritik am undemokratischen Charakter des Kemalismus Bahn. In der Wirtschaft wurde die Dominanz der Staatsbetriebe und damit die ökonomische Basis des Kemalismus geschwächt. Als Folge all dessen mäßigten sich ehedem radikale politische Positionen der Konservativen. Als die seit 2002 regierende Gerechtigkeits- und Entwicklungspartei (AKP) 2004 einen dicken Strich unter die islamistische Vergangenheit ihrer führenden Kader zog und sich als »konservativ-demokratische« Partei neu definierte, schien dieser Prozess des Abschleifens radikaler Positionen erfolgreich abgeschlossen zu sein.

Damit war eine zweite innenpolitische Voraussetzung für den Modellcharakter der Türkei geschaffen: die Versöhnung explizit muslimischer Identität mit parlamentarischer Politik, demokratischer Rhetorik und prowestlicher Orientierung. Indem die Regierung im Rahmen des EU-Beitrittsprozesses Ende der 1990er und in der ersten Hälfte der 2000er Jahre das Militär aus der Politik zurückdrängte und mehr noch durch groß angelegte Prozesse gegen die Militärführung Ende der 2000er Jahre, konnte sie außerdem ihren Spielraum deutlich erweitern. Die Türkei schien am Ende einer langen und stillen Revolution angelangt zu sein.

Doch im Frühjahr und Sommer 2013 wurden die Grenzen der türkischen Transformation schmerzhaft sichtbar. Die Regierung reagierte gewaltsam auf die Proteste rund um den Istanbuler Gezipark, die sich zu einer landesweit ausgetragenen Kraftprobe auswuchsen. Seit damals beschuldigt die AKP unablässig internationale – aber ausschließlich westliche – Kreise, die Regierung zu untergraben, die Türkei zu schädigen und sie daran zu hindern, ihrer Aufgabe als Schutzmacht der (sunnitischen) Muslime des Nahen Ostens gegen westliche Machenschaften gerecht zu werden. Der neue Ton setzte sich durch.

Mit der Beseitigung ihrer säkularen Opponenten verlor die Regierung jegliches Interesse, demokratische Standards aufrechtzuerhalten. Heute hält sie ihre Wähler nicht wie früher über die Orientierung auf positive wirtschaftliche und soziale Ziele zusammen, sondern indem sie unablässig ethnische, religiöse und konfessionelle Unterschiede betont und dadurch polarisiert. Der Abbruch der Friedensgespräche mit der kurdischen PKK 2015 ist ebenso Ausdruck dieser neuen Politik wie die Islamisierung des Bildungswesens und eine zunehmend von ethnischer und konfessioneller Gegnerschaft bestimmte Außenpolitik.

Die Regierung kann sich so gebärden, denn die alte Balance zwischen bürokratischer Elite und Regierung ist zu ihren Gunsten aufgehoben. Der Putschversuch vom 15. Juli 2016 verschaffte ihr

Bruttoinlandsprodukt
1990–2017, jährliches Wachstum in Prozent

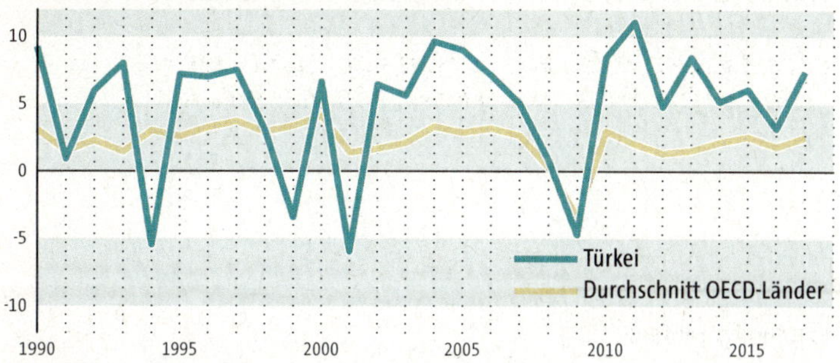

Verbraucherpreisindex[1]
1990–2018, jährliche Änderung in Prozent

1. Der Verbraucherpreisindex ist ein Maß für die Inflation.

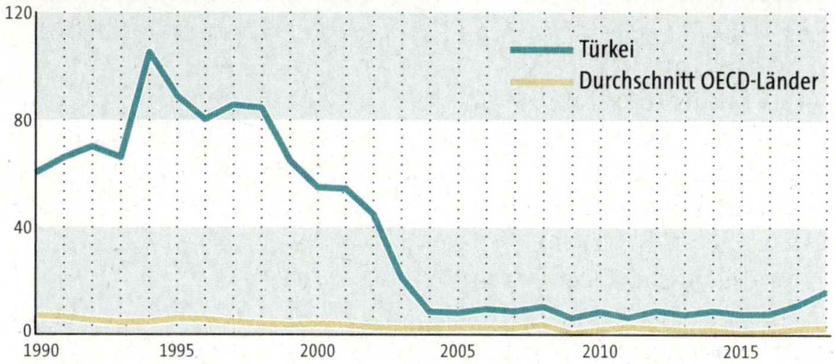

Staatsschulden
1991–2018[1]*, in Prozent des Bruttoinlandprodukts*

1. Keine Angaben für 1999–2007.

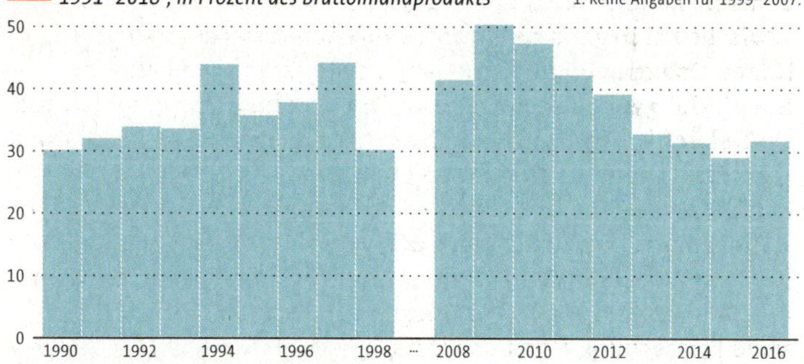

Arbeitslosenquote, 1991–2018
1991–2018, in Prozent der Erwerbsbevölkerung

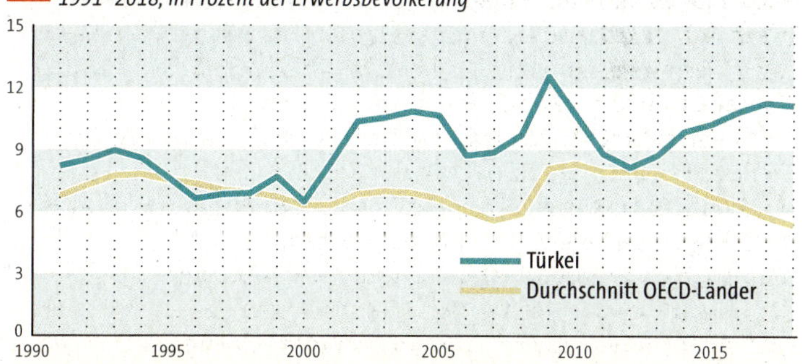

- Die Türkei erhält unter der Truman-Doktrin westliche Aufbauhilfe.
- Die Türkei ist Gründungsmitglied des Europarats.
- Die ersten freien Wahlen in einem Mehrparteiensystem werden abgehalten.
- Türkische Truppen besetzen den Norden Zyperns, ein Jahr später proklamieren die türkischen Zyprer einen eigenen föderalen Staat. **1974**
- Zweiter Staatsstreich: Das Militär zwingt die rechtskonservative Regierung von Süleyman Demirel zum Rücktritt.
- Das Assoziationsabkommen mit der EWG tritt am 1. Dezember in Kraft.
- Verabschiedung einer neuen Verfassung am 9. Juli.
- Erster Staatsstreich durch das Militär. Der gewählte rechtskonservative Regierungschef Adnan Menderes wird abgesetzt, Menderes und zwei seiner Minister werden hingerichtet.
- Beitritt zur Nato.

1948 **1950** **1952** **1954** **1956** **1958** **1960** **1962** **1964** **1966** **1968** **1970** **1972**

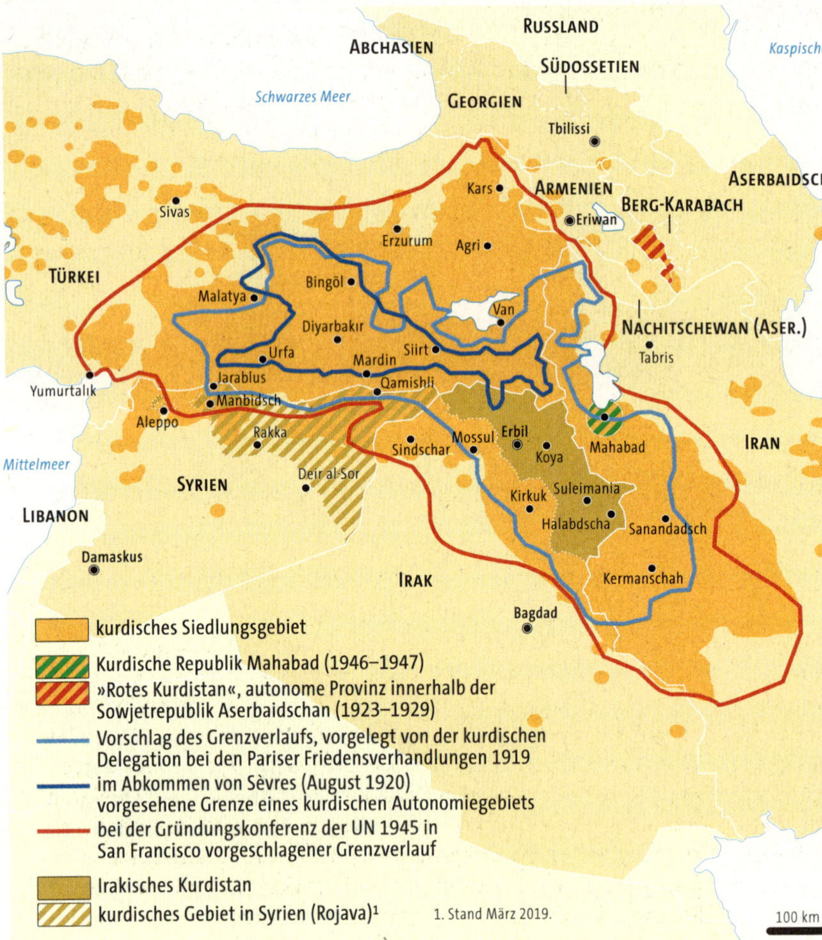

Ungelöste Kurdenfrage

Wie viele Konflikte gehört auch die Kurdenfrage zum Erbe des Ersten Weltkriegs. Im Osmanischen Reich waren die Kurden eine von vielen Volksgruppen. Als das Osmanische Reich zerfiel, setzten sich vor allem Türken, Araber, Perser und Armenier für die Bildung eigener Nationalstaaten ein. Die Grenzen der neu geschaffenen Staaten verliefen quer durch die kurdischen Siedlungsgebiete, in keinem der vier Länder wurden sie als eigene Volksgruppe anerkannt.

Da etwa die Hälfte der Kurden auf türkischem Staatsgebiet lebten, war für sie die Gründung der türkischen Republik 1923 eine Zäsur: Der neue kemalistische Nationalismus bedeutete Zwangsassimilierung, gegen die sich Widerstand formierte, der vielfach bis zu lokalen Aufständen führte.

Ein erster Schritt zu wirklicher Autonomie ergab sich für die Kurden erst infolge des Golfkriegs 1991 und des Irakkriegs 2003, als sich auf irakischem Territorium die Autonome Region Kurdistan konsolidierte.

Der Traum von der Autonomie

die Legitimation, die machtpolitischen Bastionen des Militärs vollkommen zu schleifen. Als quasi autonomer Staat im Staate hatte der Generalstab bis dahin nicht nur den alleinigen Oberbefehl über die Waffengattungen. Er entschied auch über Beförderungen und damit über das interne Kräftegleichgewicht im Militär. Er überwachte die Militärjustiz, das militärische Gesundheitswesen, den militärischen Geheimdienst und – wichtiger noch – die ideologische Sozialisation des soldatischen Nachwuchses. Unmittelbar nach dem Putschversuch zerschlug die Regierung per Notverordnung dieses Machtzentrum. Sie entzog dem Generalstab die alleinige Befehlsgewalt über die Teilstreitkräfte und degradierte ihn vom Entscheidungszentrum zur Koordinierungsstelle unter Aufsicht der Politik. Das Militär verlor außerdem seine Hegemonie über den innerstaatlichen Gewaltapparat. Die Vereitelung des Putschversuchs durch Spezialeinheiten der Polizei, die im letzten Jahrzehnt gegen den Widerstand des Militärs ausgebaut worden waren, führte die Schlagkraft dieser Einheiten eindrucksvoll vor Augen.

Ein weiter Zweig der alten bürokratischen Elite, die Justiz, war bereits Mitte der 2000er Jahre unter den Einfluss konservativer Kräfte geraten. Die Säuberungen, der ab dem Juli 2016 circa ein Fünftel aller Richter und Staatsanwälte zum Opfer fielen, haben die Justiz weitgehend unter die Fuchtel der Regierung gebracht. Ähnliches gilt für das staatliche Bildungswesen, und die Presse befindet sich nahezu vollständig in der Hand regierungsnaher Holdings. Damit sind zwei zentrale innenpolitische Faktoren, die es der Türkei erlaubten, eine Sonderrolle zu spielen, nicht mehr vorhanden.

Wie steht es um die außenpolitische Einbindung der Türkei? Hier haben die Nato-Mitgliedschaft des Landes, die enge sicher-

- Gründung der Arbeiterpartei Kurdistans (PKK) als marxistische kurdische Untergrundorganisation unter Führung von Abdullah Öcalan.
- Dritter Staatsstreich: Am 12. September putschen die Streitkräfte unter Generalstabschef Kenan Evren gegen die rechtskonservative Regierung von Süleyman Demirel.
- Verabschiedung einer neuen Verfassung. Evren wird für sieben Jahre zum Staatspräsidenten gewählt.
- Nach den Parlamentswahlen im November beginnt eine vorsichtige Demokratisierung und eine Öffnung der türkischen Wirtschaft zum Weltmarkt.
- Im August beginnt die PKK ihren Kampf gegen den türkischen Staat.
- Abdullah Öcalan, 1998 in Nairobi verhaftet, wird zum Tode verurteilt, aber nicht hingerichtet wegen Bedenken der EU. Die EU erklärt die Türkei offiziell zur Beitrittskandidatin.
- Verbot der islamistischen Wohlfahrtspartei (RP); als Nachfolgerin tritt die Tugendpartei (FP) an.
- Am 1. Januar tritt die Zollunion mit der EU in Kraft.
- Die Türkei nimmt teil am Kampf gegen den irakischen Diktator Saddam Hussein.

1976 | 1978 | 1980 | 1982 | 1984 | 1986 | 1988 | 1990 | 1992 | 1994 | 1996 | 1998 | 2000 | 2002

Geteilte Insel

Die Teilung Zyperns begann Weihnachten 1963 in Nikosia mit Zusammenstößen zwischen bewaffneten türkischen und griechischen Zyprern. Damals markierte ein britischer Offizier, um den Bürgerkrieg einzudämmen, die Grenze zwischen dem griechischen und dem türkischen Teil der Hauptstadt mit einem grünen Stift. Seit Februar 1964 wird die Green Line von UN-Blauhelmen bewacht.

Im Juli 1974 nutzte die Türkei den Putsch der griechischen Junta gegen die Regierung Makarios zur militärischen Invasion. Seitdem zieht sich die grüne Linie quer durch die ganze Insel. Im Norden entstand die »Türkische Republik Nordzypern«, die von 25 000 türkischen Soldaten »geschützt« und nur von Ankara anerkannt wird.

2004 wurde ganz Zypern in die EU aufgenommen. Da die Regierung der Republik aber nur den griechischen Süden kontrolliert, ist die EU-Mitgliedschaft der türkischen Zyprer suspendiert. 2004 lehnten die griechischen Zyprer den UN-Plan einer bizonalen Föderation in einem Referendum ab. Es war die letzte Chance für ein vereinigtes Zypern. Heute ist es nur noch eine Frage der Zeit, wann die faktische Teilung durch eine Zweistaatenlösung sanktioniert wird.

heitspolitische Anlehnung Ankaras an Washington und der EU-Beitrittsprozess ohne Zweifel maßgeblich dazu beigetragen, dass die Türkei ihren prowestlichen Weg beschreiten und fortsetzen konnte. Obwohl ein Werk der bürokratischen Elite, wurde die 1952 eingegangene Nato-Mitgliedschaft in der Türkei – trotz ernsthafter Krisen vor allem wegen der Zypernfrage – auch von konservativen Kräften nie ernsthaft infrage gestellt. Das Assoziierungsabkommen Ankaras mit Brüssel von 1963 und die Zollunion von 1998 wurden zu Eckpfeilern der wirtschaftlichen Entwicklung des Landes. Die Perspektive eines Beitritts in die EU beförderte demokratische Reformen.

Heute ist der Einfluss, den der Westen aufgrund dieser sicherheits- und wirtschaftspolitischen Einbindung der Türkei hatte, sehr stark zurückgegangen. Das betrifft besonders die EU, die mit dem faktischen Stopp des Beitrittsprozesses ihren wirksamsten Hebel, auf die türkische Regierung einzuwirken, aus der Hand gegeben und auch den Rückhalt in der türkischen Bevölkerung verloren hat. Eine wohl letzte Chance, die EU-Perspektive des Landes zur Grundlage außen- und sicherheitspolitischer Kooperation zu machen, wurde im Winter 2015 vertan. Damals vermochte es Brüssel wieder einmal nicht, den Widerstand der Republik Zypern gegen die Eröffnung von Kapitel 23 (Justiz und Grundrechte) und Kapitel 24 (Gerechtigkeit, Freiheit und Sicherheit) zu überwinden. Und dies, obwohl diese beiden Kapitel einhellig als zentral für die Stärkung der Rechtsstaatlichkeit in der Türkei betrachtet werden.

Fast genauso schlecht steht es um die Nato und die türkische Sicherheitspartnerschaft mit den USA. Teile der türkischen Regierung beschuldigen die Vereinigten Staaten, über den gescheiterten Putschversuch informiert gewesen zu sein und diesen nicht verhindert zu haben. Viele der aus der Armee entfernten 165 Generäle und Admiräle waren über Auslandsaufenthalte und Ausbildung mit der Nato vertraut und galten innerhalb der Armee als »Atlantiker«. Weil die USA die schiitisch dominierte Regierung im Irak unterstützen, mit den syrischen Kurden kooperieren und sich weigern, Fethullah Gülen auszuliefern, werden sie heute in der Öffentlichkeit weniger als Sicherheitspartner denn als Sicherheitsrisiko wahrgenommen. Ihr Einfluss auf die Türkei, die sich mittlerweile Russland angenähert hat, ist massiv gesunken.

Die heutige Regierung der Türkei versteht das Land als Teil, ja als potenzielle Führerin der islamischen Welt. Für Erdoğan ist die Türkei eine nahöstliche Regionalmacht, die nach globalem Einfluss streben muss. Der türkischen Gesellschaft soll konservative Sittlichkeit nahegebracht und ihre antiwestliche, muslimische Identität gestärkt werden. Diese Politik treibt das Land in eine Zerreißprobe, denn sie negiert die gesellschaftlichen, wirtschaftlichen und außenpolitischen Strukturen, die sich in 95 Jahren Republik gebildet haben. Weit über 40 Prozent der Gesellschaft wehren sich gegen die ihnen zugemutete konservativ-muslimische und einseitig ethnisch-türkische Formierung. Die türkische Wirtschaft ist wie keine andere der Region auf Europa orientiert, weshalb sich Erdoğan in jüngster Zeit wieder moderaterer Töne befleißigt. Und noch immer ist die Türkei in transatlantische Sicherheitsstrukturen eingebunden. All dies steht quer zur Vision einer Türkei als Teil des Nahen Ostens.

Günter Seufert ist Forscher bei der Stiftung Wissenschaft und Politik.

2001 Aus der verbotenen Tugendpartei geht die islamisch-konservative Partei für Gerechtigkeit und Entwicklung (AKP) hervor.

2002 Die Todesstrafe wird abgeschafft und der Gebrauch der kurdischen Sprache legalisiert. Die AKP gewinnt die Parlamentswahlen, der Parteivorsitzende Recep Tayyip Erdoğan wird im März 2003 Ministerpräsident.

2004 Zypern wird am 1. Mai Mitglied der EU.

Beginn der Beitrittsverhandlungen mit der EU.

Der türkisch-armenische Journalist Hrant Dink fällt am 7. Januar 2007 einem Mordanschlag zum Opfer.
AKP-Außenminister Abdullah Gül wird am 28. August zum ersten nichtkemalistischen Staatspräsidenten der Republik gewählt.

In einem Referendum zur Verfassung wird die Macht des Militärs eingeschränkt.

Landesweite Proteste (unter anderem im Istanbuler Gezipark) gegen die Regierung werden blutig niedergeschlagen.

Aus der ersten Direktwahl des Staatspräsidenten geht Erdoğan als Sieger hervor.

Beim bis dahin schwersten Terroranschlag in der türkischen Geschichte, der dem IS zugerechnet wird, sterben mehr als hundert Menschen. Es folgen weitere Anschläge.

Am Abend des 15. Juli putscht eine Gruppe von Militärs und verkündet die Machtübernahme. Am nächsten Tag erklärt die Regierung den Putsch für gescheitert und ruft fünf Tage später den Ausnahmezustand aus.

Per Volksabstimmung wird ein Präsidialsystem eingeführt.

Aufhebung des Ausnahmezustands, jedoch anhaltende Einschränkung der politischen Freiheiten.

2006 **2008** **2010** **2012** **2014** **2016** **2018**

Asoziale Netzwerke

Facebook bevorzugt Posts, die Hass schüren und Angst machen – und verbreitet sie schneller

von Anke Domscheit-Berg

Wir leben in einer seltsam paradoxen Gesellschaft, in der einerseits viele Menschen wütend auf die Politik sind, fest überzeugt davon, von »denen da oben« ignoriert zu werden, und andererseits Politikerinnen und Politiker mehr als je zuvor durch Meinungsäußerungen ihrer Wählerinnen und Wähler in sozialen Medien beeinflusst werden. Das Problem daran ist nicht nur, dass es sich bei diesen Meinungsäußerungen keineswegs um repräsentative Meinungsbilder handelt, sondern vor allem, dass momentane Gefühlslagen eine ungeeignete Basis für gute Politik sind.

Nutzung des Internets und sozialer Medien
2013–2018, in Prozent der Befragten[1]

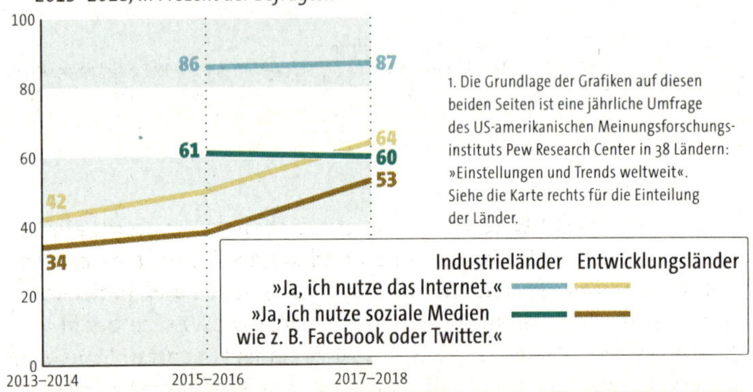

1. Die Grundlage der Grafiken auf diesen beiden Seiten ist eine jährliche Umfrage des US-amerikanischen Meinungsforschungsinstituts Pew Research Center in 38 Ländern: »Einstellungen und Trends weltweit«. Siehe die Karte rechts für die Einteilung der Länder.

Die Welt geht online

Politik ist dadurch volatiler geworden, abhängiger von schnellen Reaktionen auf tagesaktuelle Ereignisse und getrieben von dem, was man für die Stimmung der Wähler*innen hält. Ihr ist der Langmut abhandengekommen, den man für langfristige Projekte braucht, zum Beispiel für den Breitbandausbau auf dem Land oder die digitale Bildung. Energie, Zeit und Ressourcen werden für den kurzfristigen Reaktionsmodus benötigt, der allzu häufig nicht viel mit dem zu tun hat, was eine Mehrheit tatsächlich bedrückt.

Fragt man Menschen auf der Straße nach ihren Problemen, hört man vielfältige Nöte, die seit Jahren ignoriert werden und immer die gleichen sind: steigende Mieten, Pflegenotstand, Hartz IV, Funklöcher, Lehrkräftemangel oder die marode öffentliche Infrastruktur von der Brücke bis zur Schule. Aber gerade weil diese Probleme seit Langem bestehen, taugen sie weniger für virale Ausbrüche in sozialen Medien, die Stimmungen aufputschen und Stimmungslagen kippen. Dafür eignen sich einzelne, idealerweise angstbesetzte Vorkommnisse besser: beispielsweise die Straftat eines Geflüchteten, die schwerer wiegt als eine offizielle Kriminalstatistik mit sinkenden Fallzahlen. Gefühlte Realität entfernt sich von tatsächlicher, und am Ende spielt es keine Rolle mehr, was eigentlich die Faktenlage ist.

Man sollte soziale Netze zutreffender »asoziale Netze« nennen, weil sie auf zweierlei Weise unsozial sind. Zum einen ist das Hauptgeschäftsmodell großer Netzwerke wie Facebook die Manipulation ihrer Nutzerinnen und Nutzer im Auftrag zahlender, aber unbekannter Dritter. Zum anderen führt der Algorithmus von Facebook dazu, dass Status-Updates, die besonders häufig zu Interaktionen wie Liken, Teilen und Kommentieren führen, weiteren Nutzern bevorzugt angezeigt werden. Negative Status-Updates führen schneller, heftiger und länger anhaltend zu emotionaler Erregung als positive Status-Updates und damit eher zum Liken, Teilen und Kommentieren. Dieser Mechanismus bewirkt, dass Posts, die Hass schüren, Angst auslösen oder Falschinformationen enthalten, vom Facebook-Algorithmus bevorzugt werden, mehr Verbreitung finden und damit eine überproportionale Repräsentanz in sozialen Medien erhalten – bis Emotionen sich so hochschaukeln, dass es Auswirkungen auch in der physischen Welt gibt: mehr Hass, mehr Angst und mehr Falschinformationen, und aus den Worten werden Taten, bis hin zu Straftaten.

Staatliche Instanzen könnten darauf mit Besonnenheit reagieren und einfach konsequent dafür sorgen, dass Recht und Gesetz eingehalten und Verstöße geahndet werden. Leider passiert das selten, denn auch die Politik lässt sich vom Pulsschlag sozialer Netze beeinflussen. Auch dort diktieren allzu oft Hass, Angst und falsche Informationen, was auf der politischen Agenda von morgen steht.

Dieses Phänomen ist weltweit zu beobachten und in seinen Auswirkungen sehr beunruhigend: Flüchtlingsunterkünfte in Deutschland werden in Brand gesteckt, Rohingya in Myanmar werden vertrieben oder ermordet, eine Pizzeria in den USA wird überfallen, ein Brexit-Entscheid spaltet die Bevölkerung und kostet eine Abgeordnete sogar das Leben, in Indien geschehen Lynchmorde und im Südsudan breitet sich tödliche Gewalt aus – die Liste ließe sich fortsetzen.

Das Schema ist immer gleich, eine Kombination aus Falschnachrichten, Filterblasen und der rasanten Verbreitung von Hass auf Facebook und in anderen sozialen Netzen. Schon 2017 wurden Ergebnisse eines Hatespeech-Projekts des Institute for War and Peace Reporting über Myanmar öffentlich. Noch 2012 hatten dort nur etwa 1 Prozent der 52 Millionen Einwohner*innen Zugang zum Internet. 2016 waren daraus bereits 13 Millionen geworden. Für viele war jedoch Facebook der einzige Zugang zum Internet, weil Facebook einen Kooperationsvertrag mit dem nationalen Telekommunikationsanbieter abgeschlossen hatte, durch den nur der Facebook-Zugang inklusive war, nicht aber das gesamte sonstige Internet.

Vor allem dort, auf Facebook, grassierte Hatespeech gegen die muslimische Minderheit der Rohingya, während das Thema von Printmedien größtenteils ignoriert wurde und Klarstellungen von Falschmeldungen ausblieben. Gefälschte Fotos und erfundene Horrorgeschichten über Rohingya verbreiteten sich viral und wurden selbst von Behördenaccounts geteilt und damit quasi zu amtlichen Dokumenten. Mit jedem Terroranschlag in Europa wuchs der Hass auf die Muslime im eigenen Land. Am Ende stand eine entsetzliche Spirale der Gewalt, mit Vergewaltigungen, Mord, Totschlag, Brandschatzungen und Vertreibung. Eine UN-Untersuchungsmission stellte später in einem Bericht fest, dass Facebook wesentlich zur Eskalation dieses Konflikts beigetragen hatte.

Myanmar ist ein Extremfall, an dem man auch die Verantwortungslosigkeit des Unternehmens Facebook erkennt, denn erst auf dem Höhepunkt der ethnischen Säuberungen begann man dort über die eigene Beteiligung und Verantwortung nachzudenken, viel zu spät und bis heute unzureichend.

In Großbritannien erkannte eine Untersuchungskommission des Parlaments einen Einfluss von Social Media auf die äußerst knapp gefallene Entscheidung für den Brexit; sie verwies vor allem auf sogenannte Dark Ads von Facebook. Dark Ads sind Anzeigen, die nur einer bestimmten, vom Auftraggeber nach diversen Kriterien definierten Nutzergruppe angezeigt werden, aber sonst niemandem. So kann man in Wahlkampfphasen völlig intransparent jeder beliebigen Wähleruntergruppe nach dem Munde reden, Tierfreunden das eine und Teetrinkern das andere erzählen.

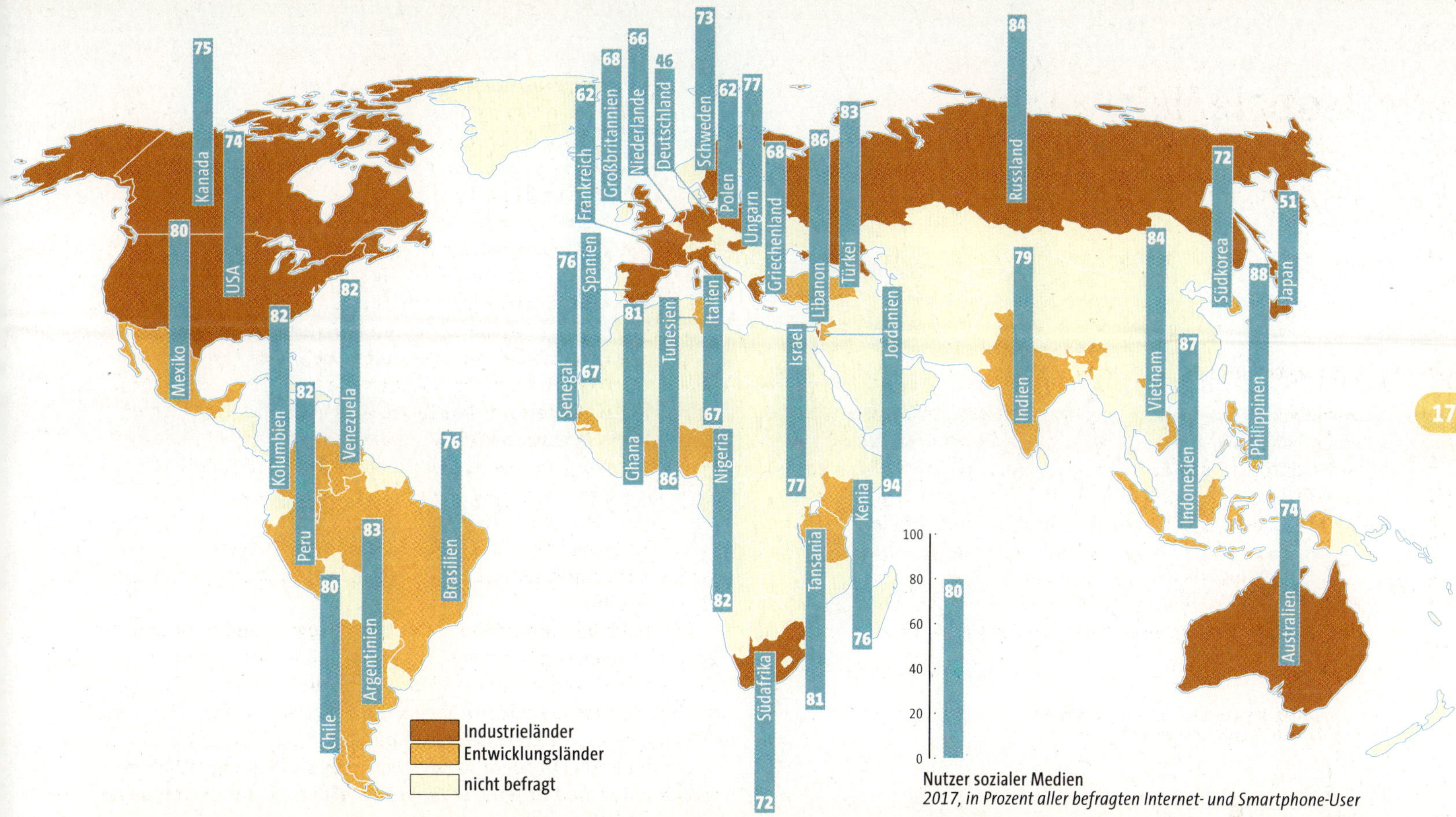

Nutzer sozialer Medien
2017, in Prozent aller befragten Internet- und Smartphone-User

Schlusslicht Deutschland

Etliche dieser Dark Ads aus dem Brexit-Wahlkampf enthielten Falschmeldungen, die durch eine kritische Öffentlichkeit kaum zu entlarven waren, denn sie wurden gar nicht öffentlich angezeigt. Tierfreunde bekamen Anzeigen, auf denen behauptet wurde, die EU würde den Schutz von Eisbären verhindern, und Teetrinkern wurde angezeigt, dass die EU Wasserkocher verbieten möchte. Dark Ads der »Vote Leave«-Kampagne behaupteten auch, dass die Türkei der EU beitritt, und prognostizierten die Einwanderung von 76 Millionen Türken nach Großbritannien und neue Außengrenzen mit Syrien und dem Irak. So wurde mit frei erfundenen Behauptungen Angst vor Masseneinwanderung geschürt und der folgenreiche Ausstieg aus der EU beschlossen, dessen giftige Nebenwirkung ein starker Anstieg rassistischer Übergriffe selbst gegen seit Langem dort lebende Migrantinnen und Migranten war.

Dark Ads macht Facebook zwar inzwischen transparent, aber die Manipulation der Nutzerinnen und Nutzer im Auftrag zahlender Kunden findet nach wie vor statt, auch durch ausländische Auftraggeber, die versuchen, demokratische Wahlen zu beeinflussen. Unsere Demokratie ist fragiler, als wir dachten. Um sie zu schützen, muss die Macht digitaler Monopole begrenzt werden: Dazu gehört auch, Facebook zu zerschlagen oder mindestens seinen Netzwerkeffekt zu minimieren, indem auf EU-Ebene eine Pflicht zur Interoperabilität mit anderen sozialen Netzen beschlossen und der starke Lock-in-Effekt außer Kraft gesetzt wird. Das wäre ein erster, aber vermutlich effektiver Schritt in die richtige Richtung. Die Zurückhaltung gegenüber den digitalen Giganten dauert schon lange genug.

Anke Domscheit-Berg ist Publizistin, Netzaktivistin und parteilose Bundestagsabgeordnete für Die Linke.

Nutzung sozialer Medien nach Geschlecht
2017, in Prozent aller befragten Internet- und Smartphone-User

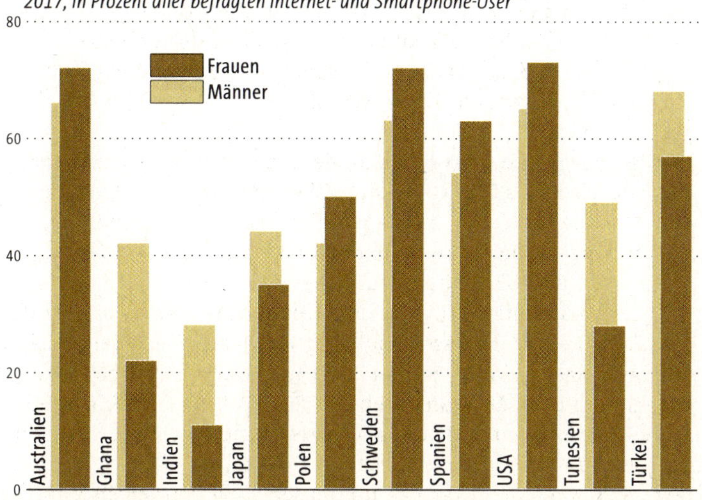

Nutzung sozialer Medien nach Alter
2017, in Prozent der Altersgruppen

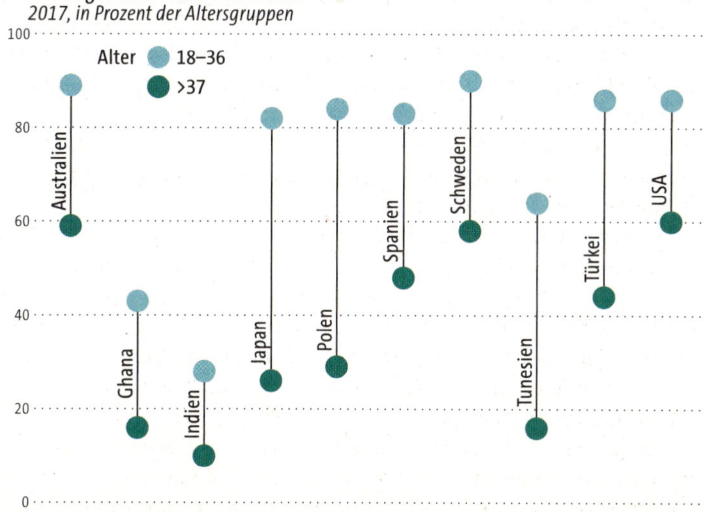

Ist die Zukunft von Social Media weiblich?

Millionen, Milliarden

Über große Zahlen

Die Skalen in diesem Atlas werden oft mit Millionen, Milliarden oder sogar Billionen bezeichnet. Sich solche große Zahlen vorzustellen, is nicht einfach. Diese beiden Seiten sollen eine Handreichung sein.

Wenn Sie die Doppelseite (sie enthält 88 Kreise) 11 364 Mal in Originalgröße ausdrucken und die Blätter hochkant hintereinanderlegen, wäre das Ergebnis eine Sammlung von einer Million Kreisen auf einer fünf Kilometer langen Strecke: In etwa einer Stunde wären Sie an den Blättern vorbeispaziert.

Wenn Sie die Doppelseite 11 364 000 Mal ausdrucken (Ihr Drucker bräuchte wohl etwas länger), hätten Sie eine Milliarde Kreise beisammen. Um zu Fuß das Ende der Blättersammlung zu erreichen, bräuchten Sie 42 Tage – ohne Pause, wohlgemerkt. Bei einer 40-Stunden-Woche wären Sie knapp ein halbes Jahr unterwegs.

Diese Operation können wir für eine Billion wiederholen, indem wir 11 364 000 mit 1000 multiplizieren: Um an einer Billion Kreisen vorbeizukommen, hätten Sie Ihre Wanderung zu Zeiten Martin Luthers beginnen müssen, vor ziemlich genau 481 Jahren. Die 40-Stunden-Woche gab es damals noch nicht.

Quellennachweis

Seite 2/3
Anthropogene Kohlenstoffemissionen
- **Atmosphärische CO_2-Konzentration**
National Aeronautics and Space Administration (NASA)/JPL-Caltech, Orbiting Carbon Observatory-2 mission, 2015
- **Die Keeling-Kurve**
Charles D. Keeling u. a., Exchanges of Atmospheric CO_2 and $13CO_2$ with the Terrestrial Biosphere and Oceans from 1978 to 2000. I. Global Aspects, SIO Reference Series 01-06, 2001, scrippsco2.ucsd.edu/data/atmospheric_co2/mlo
- **Der Kohlenstoffkreislauf**
Corinne Le Quéré u. a., Global Carbon Budget 2018, Earth System Science Data, 2018

Seite 4–7
Die Klimafrage
- **Ungebrochener Hunger nach Energie**
BP Statistical Review of World Energy 2018, 2018
- **Meilenweit entfernt von null Emissionen**
Corinne Le Quéré u. a., Global Carbon Budget 2018, Earth System Science Data, 2018; UN Department of Social and Economic Affairs, Population Division, World Population Prospects: The 2017 Revision, population.un.org/wpp
- **Die kommende Heißzeit**
Ed Hawkins, Mapping global temperature change, www.climate-lab-book.ac.uk
- **Die Abweichung wird zum Trend**
Ed Hawkins, Comparing CMIP5 & Observations, www.climate-lab-book.ac.uk
- **Höchste Zeit für eine Kohlenstoffsteuer**
UN Environment Programme (UNEP), Emissions Gap Report 2018, 2018

Seite 8–11
Einstürzende Eisberge
- **Das Eis am Nordpol taut gefährlich schnell**
Goddard Institute for Space Studies/National Aeronautics and Space Administration (NASA), GISS Surface Temperature Analysis (GISTEMP v3), data.giss.nasa.gov/gistemp
- **Nordpolarmeer bald eisfrei**
National Snow and Ice Data Center (NSIDC), nsidc.org/data
- **Zu warmes Wasser im Südpolarmeer**
National Snow and Ice Data Center (NSIDC), nsidc.org/data
- **Gestörte Eisbildung in der Arktis**
National Snow and Ice Data Center (NSIDC), nsidc.org/data
- **Ganze Städte drohen zu versinken**
Benjamin H.Strauss u. a., Mapping Choices: Carbon, Climate, and Rising Seas. Our Global Legacy, Climate Central Research Report, 2015
- **Unter dem Eis das Öl**
U.S. Geological Survey (USGS), Circum-Arctic Resource Appraisal (north of the Arctic Circle) Assessment Units, certmapper.cr.usgs.gov/geoportal

Seite 12–15
Das große Tauen
- **Das Eis geht zurück**
Mark B. Dyurgerov, Mark F. Meier, Glaciers and the Changing Earth System: A 2004 Snapshot, Institute of Artic and Alpine Research University of Colorado Occasional Paper 58, 2005
- **Lebensadern für 1,3 Milliarden Menschen**
Samjwal Bajracharya, Basanta Shrestha (Hrsg.), The status of glaciers in the Hindu Kush-Himalayan region, ICIMOD, lib.icimod.org/record/9419; Philippus Wester u. a. (Hrsg.), The Hindu Kush Himalaya Assessment, Icimod, 2019
- **China setzt auf Hydropower**
Food and Agriculture Organization of the UN (FAO), www.fao.org/nr/water/aquastat/dams/index.stm; chinaenergyportal.org; International Energy Agency (IEA), Global Energy & CO_2 Status Report, 2019; International Energy Agency (IEA), Key World Energy Statistics 2018, 2018
- **Gerangel auf dem Dach der Welt**
Le Monde diplomatique, Berlin

Seite 16–19
Die Klimamacher kommen
Erstmals erschienen in Le Monde diplomatique vom Mai 2018
- **Der Ausstoß von Kohlendioxid nimmt weiter zu**
International Energy Agency (IEA), Global Energy & CO_2 Status Report, 2019
- **Wer wie viel reduzieren müsste**
UN Environment Programme (UNEP), Emissions Gap Report 2018, 2018; Kelly Levin, David Rich, Turning Points: Trends in Countries' Reaching Peak Greenhouse Gas Emissions Over Time, World Resources Institute Working Paper, 2017
- **Klimamanipulationen in der Testphase**
Geoengineering Monitor, www.geoengineeringmonitor.org

Seite 20–23
Bedrohte Vielfalt
- **Von Archaeen bis Wildvögel: die globale Biomasse**
Yinon M. Bar-On u. a., The biomass distribution on Earth, Proceedings of the National Academy of Sciences of the USA (PNAS), 2018
- **Auf der Roten Liste**
International Union for Conservation of Nature (IUCN), Center for International Earth Science Information Network (CIESIN), Gridded Species Distribution: Global Mammal Richness Grids, 2015; International Union for Conservation of Nature (IUCN), Red List of Threatened Species, www.iucnredlist.org
- **Szenarien des Verschwindens**
Robert A. Rohde, Richard A. Muller, Cycles in Fossil Diversity, Nature 434, 2005; Stuart Pimm u. a., Human impacts on the rates of recent, present, and future bird extinctions, Proceedings of the National Academy of Sciences of the USA (PNAS) 103, 2006; Anthony D. Barnosky u. a., Has the Earth's sixth mass extinction already arrived?, Nature 471, 2011
- **Der Mensch macht sich breit**
Erle C. Ellis, Anthropogenic transformation of the terrestrial biosphere, Philosophical Transactions of the Royal Society 369, 2011; Jan Bakkes (Hrsg.), Background Report to the OECD Environmental Outlook to 2030. Overviews, Details, and Methodology of Model-based Analysis, OECD/Netherlands Environmental Assessment Agency, 2008

Seite 24/25
Krieg den Tüten
Erstmals erschienen in der taz vom 3. April 2019
- **Verpackungswahn**
Roland Geyer u. a., Production, Use, and Fate of All Plastics Ever Made, Science Advances, 2017
- **Nur ein Bruchteil wird recycelt**
Roland Geyer u. a., PProduction, Use, and Fate of All Plastics Ever Made, Science Advances, 2017
- **Müllhalde Meer**
Jenna R. Jambeck u. a., Plastic waste inputs from land into the ocean, Science 347, 2015; Laurent C.M. Lebreton u. a., River plastic emissions to the world's oceans, Nature Communications, 2017

Seite 26–29
Die Genlobby entdeckt Afrika
Aus dem Französischen von Markus Greiß
Erstmals erschienen in Le Monde diplomatique vom Oktober 2017
- **Gentechnisch veränderte Pflanzen (GVO) in Afrika**
International Service for the Acquisition of Agri-biotech Applications (ISAAA), Global Status of Commercialized Biotech/GM Crops: 2016, ISAAA Brief No. 52, 2016
- **Immer mehr Äcker für Gensoja**
International Service for the Acquisition of Agri-biotech Applications (ISAAA), Global Status of Commercialized Biotech/GM Crops: 2016, ISAAA Brief No. 52, 2016; Statistisches Bundesamt, Land- und Forstwirtschaft, Fischerei, Bodenfläche nach Art der tatsächlichen Nutzung 2016, Fachserie 3 Reihe 5.1, 2017
- **USA, Nummer eins bei Gentechpflanzen**
International Service for the Acquisition of Agri-biotech Applications (ISAAA), Global Status of Commercialized Biotech/GM Crops: 2016, ISAAA Brief No. 52, 2016
- **Spanien, Nummer eins in Europa**
International Service for the Acquisition of Agri-biotech Applications (ISAAA), Global Status of Commercialized Biotech/GM Crops: 2016, ISAAA Brief No. 52, 2016
Sylvie Bonny, Corporate Concentration and Technological Change in the Global Seed Industry, Sustainability 9, 2017
- **Schneiden, um zu reparieren**
The Biologist 63 1, 2016; UC Berkely

Seite 30/31
Täglich Tomate
Aus dem Französischen von Markus Greiß
Erstmals erschienen in Le Monde diplomatique vom Juli 2017
- **USA, Ketchup-Land**
UN Comtrade, comtrade.un.org
- **Angebaut in China**
Food and Agriculture Organization of the UN (FAO), www.fao.org/faostat
- **Schwankende Nahrungsmittelpreise**
Food and Agriculture Organization of the UN (FAO), Nahrungsmittelpreisindex, www.fao.org/worldfoodsituation/foodpricesindex
- **Zum Beispiel Weizen, Reis und Maniok**
UN Comtrade, comtrade.un.org

Seite 32–35
Lachse züchten
Erstmals erschienen in Le Monde diplomatique vom Oktober 2017
- **Norwegen, Nummer eins in Europa**
Eurostat, ec.europa.eu/eurostat/web/fisheries/data
- **Der Fischverbrauch steigt, vor allem dank Aquakultur**
Food and Agriculture Organization of the UN (FAO), Fisheries and Aquaculture Statistics 2015, 2017
- **Fangmengen nach Fischereizonen**
Food and Agriculture Organization of the UN (FAO), Fisheries and Aquaculture Statistics 2015, 2017; Food and Agriculture Organization of the UN (FAO), The State of World Fisheries and Aquaculture 2016, 2016; Daniel Pauly u. a., Catch Reconstructions Reveal That Global Marine Fisheries Catches Are Higher Than Reported and Declining, Nature Communications 7, 2016
- **China züchtet und fängt mehr Fisch als die restliche Welt**
Food and Agriculture Organization of the UN (FAO), Fisheries and Aquaculture Statistics 2015, 2017
- **Die Welt braucht Fisch**
Food and Agriculture Organization of the UN (FAO), The State of World Fisheries and Aquaculture 2016, 2016; Organisation for Economic Co-operation and Development (OECD)/FAO, OECD-FAO Agricultural Outlook 2017–2026, 2017
- **Afrika fängt und isst weniger Fisch als die Welt**
Food and Agriculture Organization of the UN (FAO), Fisheries and Aquaculture Statistics 2015, 2017; Gertjan de Graaf u.a., The Value of African Fisheries, Food and Agriculture Organization of the UN (FAO) Fisheries and Aquaculture Circular No. 1093, 2014

Seite 36–39
Kalte Luft
Aus dem Französischen von Markus Greiß
Erstmals erschienen in Le Monde diplomatique vom August 2017

- **Der Siegeszug der Aircondition**
International Energy Agency (IEA), The Future of Cooling. Opportunities for Energy-Efficient Air Conditioning, 2018
- **In den USA hat man es gern kühl**
International Energy Agency (IEA), The Future of Cooling. Opportunities for Energy-Efficient Air Conditioning, 2018
- **Die elektrisierte Stadt: von Abidjan bis Tokio**
International Energy Agency (IEA), The Future of Cooling. Opportunities for Energy-Efficient Air Conditioning, 2018; Yiqian Jin u. a., A Data-driven Approach to Identify Peer-Cities for Sharing of Best Practices in Energy Management, denistanwh.github.io

Seite 40/41
Klimakiller Internet
Erstmals erschienen in der Frankfurter Allgemeinen Zeitung vom 13. Januar 2018. Gekürzt

- **Hungrige Serverfarmen**
Arman Shehabi u. a., United States Data Center Energy Usage Report, Ernest Orlando Lawrence Berkeley National Laboratory, 2016
- **Der digitale Graben**
International Telecommunication Union (ITU), World Telecommunication Indicators Database 2017
- **Nicht einmal jeder zweite Mensch ist online**
International Telecommunication Union (ITU), World Telecommunication Indicators Database 2017

Seite 42/43
Länger leben

- **Lebenserwartung bei der Geburt**
UN Department of Social and Economic Affairs, Population Division, World Population Prospects: The 2017 Revision, population.un.org/wpp

Seite 44/45
Szenarien des Bevölkerungswachstums

- **Schrumpft die Bevölkerung ab 2050?**
UN Department of Social and Economic Affairs, Population Division, World Population Prospects: The 2017 Revision, population.un.org/wpp
- **Explosionsartiger Anstieg seit der industriellen Revolution**
US Census Bureau, Historical Estimates of World Population; UN Department of Social and Economic Affairs, Population Division, The World at Six Billion, 2000
- **Holt Afrika Asien ein?**
UN Department of Social and Economic Affairs, Population Division, World Population Prospects: The 2017 Revision, population.un.org/wpp
- **Afrika, der junge Kontinent**
UN Department of Social and Economic Affairs, Population Division, World Population Prospects: The 2017 Revision, population.un.org/wpp
- **Frauen bekommen immer weniger Kinder**
UN Department of Social and Economic Affairs, Population Division, World Population Prospects: The 2017 Revision, population.un.org/wpp

Seite 46/47
Vom frühen Tod zum langen Leben

- **Das demografische Phasenmodell**
Le Monde diplomatique, Berlin
- **Je mehr Bildung, umso weniger Kinder**
Demographic and Health Surveys (DHS) Program, www.dhsprogram.com
- **In den 50er Jahren noch getrennte Welten**
UN Department of Social and Economic Affairs, Population Division, World Population Prospects: The 2017 Revision, population.un.org/wpp
- **Inzwischen nähert sich Asien**
UN Department of Social and Economic Affairs, Population Division, World Population Prospects: The 2017 Revision, population.un.org/wpp

Seite 48/49
Die Nachwuchsfrage

- **Trend zur Kleinfamilie**
UN Department of Social and Economic Affairs, Population Division, World Population Prospects: The 2017 Revision, population.un.org/wpp
- **Zwei Generationen später**
UN Department of Social and Economic Affairs, Population Division, World Population Prospects: The 2017 Revision, population.un.org/wpp
- **Unter Reproduktionsniveau**
UN Department of Social and Economic Affairs, Population Division, World Population Prospects: The 2017 Revision, population.un.org/wpp

Seite 50/51
Der Faktor Kind

- **Von Niger bis Taiwan**
UN Department of Social and Economic Affairs, Population Division, World Population Prospects: The 2017 Revision, population.un.org/wpp
- **Lebensqualität und planetare Grenzen**
Daniél W. O'Neill u. a., A Good Life for All Within Planetary Boundaries, Nature Sustainability, 2018

Seite 52/53
Alternde Gesellschaften

- **Der Norden altert zuerst**
UN Department of Social and Economic Affairs, Population Division, World Population Prospects: The 2017 Revision, population.un.org/wpp
- **Der Schwund hat begonnen**
UN Department of Social and Economic Affairs, Population Division, World Population Prospects: The 2017 Revision, population.un.org/wpp
- **Ein Land fast ohne Einwanderung**
Ministry of Justice Japan, Basic Plan for Immigration Control, 2015, www.immi-moj.go.jp/seisaku
- **Deutschland, ein Einwanderungsland**
Statistisches Bundesamt, Bevölkerung und Erwerbstätigkeit. Ausländische Bevölkerung: Ergebnisse des Ausländerzentralregisters 2017, Fachserie 1 Reihe 2, 2018

Seite 54/55
Nicht alle werden alt

- **20 Jahre Unterschied**
Global Health Data Exchange, ghdx.healthdata.org/us-data
- **An Malaria sterben Menschen fast nur in Afrika**
World Health Organization (WHO), www.who.int/tb/data/en; World Health Organization (WHO), World Malaria Report 2017, 2017; World Health Organization (WHO), www.who.int/healthinfo/global_burden_disease/estimates/en/index1.html

Seite 56/57
Wird Adipositas zur globalen Epidemie?

- **Zu viel Zucker, zu viel Fett, zu wenig Bewegung**
World Health Organization (WHO), apps.who.int/gho/data

Seite 58/59
Schwester Roboter
Aus dem Französischen von Uta Rüenauver
Erstmals erschienen in Le Monde diplomatique vom September 2016

- **Von der Pyramide zur Urne**
UN Department of Social and Economic Affairs, Population Division, World Population Prospects: The 2017 Revision, population.un.org/wpp
- **Junges Afrika, altes Europa**
UN Department of Social and Economic Affairs, Population Division, World Population Prospects: The 2017 Revision, population.un.org/wpp
- **Weil die Jungen abwandern, altert der Osten schneller**
Statistisches Bundesamt, 13. koordinierte Bevölkerungsvorausberechnung, service.destatis.de/bevoelkerungspyramide

Seite 60/61
Warenhandel weltweit

- **Warenhandel weltweit**
World Trade Organization (WTO), WTO Statistics Database, data.wto.org

Seite 62/63
Zum Freihandel gezwungen

- **Vertraglich abgesicherter Vorsprung**
UN Conference on Trade and Development (UNCTAD), Trade and Development Report 2018. Power, Platforms and the Free Trade Delusion, 2018
- **Selbst Lateinamerika exportiert nach China fast nur noch Rohstoffe**
UN Conference on Trade and Development (UNCTAD), Trade and Development Report 2018. Power, Platforms and the Free Trade Delusion, 2018

Seite 64/65
Den demografischen Bonus nutzen

- **Wenn Kinder nicht mehr der Absicherung dienen**
UN Department of Social and Economic Affairs, Population Division, World Population Prospects: The 2017 Revision, population.un.org/wpp
- **Zwei Pfade der Bevölkerungsentwicklung**
UN Department of Social and Economic Affairs, Population Division, World Population Prospects: The 2017 Revision, population.un.org/wpp
- **Singapur kassiert die Dividende**
UN Department of Social and Economic Affairs, Population Division, World Population Prospects: The 2017 Revision, population.un.org/wpp; World Bank, World Development Indicators, data.worldbank.org

Seite 66/67
Dreieck der Globalisierung
Aus dem Französischen von Claudia Steinitz
Erstmals erschienen in Le Monde diplomatique vom Juli 2016

- **Strahlende Global City?**
Le Monde diplomatique, Berlin
- **Eine private Stadt nur für Chinesen**
Sarah Moser, Forest City, Malaysia, and Chinese Expansionism, Urban Geography, 2017
- **Arbeit, Kapital und Boden**
World Trade Organization (WTO), WTO Statistics Database, data.wto.org; UN Department of Social and Economic Affairs, Population Division, World Population Prospects: The 2017 Revision, population.un.org/wpp; World Bank, World Development Indicators, data.worldbank.org

Seite 68–71
Ein Euro, drei Krisen
Erstmals erschienen in Le Monde diplomatique vom September 2013. Aktualisiert

- **Wirtschaftskraft und Schulden**
Eurostat, ec.europa.eu/eurostat/data/database
- **Was es Staaten kostet, wenn sie Schulden machen**
Eurostat, ec.europa.eu/eurostat/data/database
- **Deutschland hat die mit Abstand größten Exportüberschüsse**
Eurostat, ec.europa.eu/eurostat/data/database
- **Der größte Krisenverlierer ist die Jugend in Europas Süden**
Eurostat, ec.europa.eu/eurostat/data/database

Seite 72/73
Geld auf Knopfdruck
Erstmals erschienen in Le Monde diplomatique vom September 2017
- **M steht für Money**
Organisation for Economic Co-operation and Development (OECD) Statistics, data.oecd.org
- **Viel Geld, viele Schulden**
Dirk Bezemer u. a., The Shift in Bank Credit Allocation: New Data and New Findings, DNB Working Paper 559, 2017

Seite 74/75
Börsen, Banken, Derivate
- **Entfesselte Wall Street**
Thomas Philippon, The Evolution of the US Financial Industry from 1860 to 2007: Theory and Evidence, 2008
- **Von der Absicherung gegen Ernteausfälle zum Handel mit Optionen**
US Commodity Futures Trading Commision (CFTC), Jahresberichte 1980, 1992, 1998, 2004, www.cftc.gov/About/CFTCReports/cftcreports_historical.html, babel.hathitrust.org/cgi/pt?id=mdp.39015011684431; Futures Industry Association (FIA), fia.org/categories/exchange-volume
- **Immer mehr Umsatz mit neuen Finanzprodukten**
Robin Greenwood, David Scharfstein, The Growth of Finance, Journal of Economic Perspectives 27/2, 2013
- **Wenn die Blase platz, trägt die Allgemeinheit die Kosten**
Edward J. Frydl, The Length and Cost of Banking Crises, IMF Working Paper 30, 1999; Carmen M. Reinhart, Kenneth S. Rogoff, This Time is Different: Eight Centuries of Financial Folly, 2009

Seite 76–79
Der Kampf der Techgiganten
- **Die Big Five**
Forbes, www.forbes.com/global2000/list
- **Von der Garage zum Weltkonzern**
U.S. Securities and Exchange Commission (SEC), www.sec.gov/Archives/edgar/data; Zacks Investment Research Fundamental database, www.macrotrends.net
- **Die Erdölriesen müssen Platz machen**
Forbes, www.forbes.com/global2000/list
- **Die materielle Basis der digitalen Kommunikation**
TeleGeography, github.com/telegeography/www.submarinecablemap.com
- **Die Welt telefoniert mobil**
World Bank, World Development Indicators, data.worldbank.org

Seite 80/81
Waffen für die Welt
- **Deutschlands beste Kunden**
Bundeswirtschaftsministerium, Rüstungsexportbericht 2017, 2018
- **Abrüstung war gestern**
Stockholm International Peace Research Institute (SIPRI), Sipri Military Expenditure Database, www.sipri.org/databases/milex

Seite 82/83
Die 'Ndrangheta und das große Geld
- **Milliardengeschäft Drogenhandel**
UN Office on Drugs and Crime (UNODC), dataunodc.un.org
- **Sichere Häfen für das Schwarzgeld aus aller Welt**
Tax Justice Network, Financial Secrecy Index 2018, www.financialsecrecyindex.com
- **Lukrativ und gefährlich**
UN Office on Drugs and Crime (UNODC), dataunodc.un.org

Seite 84/85
In der Tourismusfalle
Erstmals erschienen in Le Monde diplomatique vom Juni 2018. Gekürzt
- **Reines Saisongeschäft**
Kroatisches Tourismusministerium, Tourism in Figures 2017, 2018, www.mint.hr
- **Die größte Industrie der Welt**
World Tourism Organization (UNWTO), Tourism Highlights, 2018; World Bank, World Development Indicators, data.worldbank.org

Seite 86/87
Fliegen und fahren
- **Klimakiller Flugzeug**
World Tourism Organization (UNWTO), Tourism Highlights, 2018; World Bank, World Development Indicators, data.worldbank.org; Statistisches Bundesamt, Verkehr. Luftverkehr auf Hauptverkehrsflughäfen 2017, Fachserie 8 Reihe 6.1, 2018
- **Die 30 größten Flughäfen**
Airports Council International, Annual Traffic Data, aci.aero/data-centre
- **Autos**
Johan R Meijer u. a., Global Patterns of Current and Future Road Infrastructure, Environmental Research Letters 13, 2018, www.globio.info/download-grip-dataset; Stacy C. Davies, Robert G. Boundy, Transportation Energy Data Book Edition 37, 2019, tedb.ornl.gov/data
- **Lebensgefährlicher Straßenverkehr**
World Health Organization (WHO), Global Health Estimates 2016 Summary Tables, 2018, www.who.int/healthinfo/global_burden_disease/estimates/en/index1.html

Seite 88/89
Industrie 4.0 – Kickstarter oder Marketingcoup?
- **Dienstleistungsgesellschaft Deutschland**
Statistisches Bundesamt, Bruttoinlandsprodukt 2018 für Deutschland, 2019
- **Der langsame Abschied von der Industriegesellschaft**
World Bank, World Development Indicators, data.worldbank.org
- **Die City of London hat übernommen**
Daniele Tori, Özlem Onaran, The Effects of Financialization on Investment: Evidence From Firm-Level Data for the UK, Cambridge Journal of Economics, 2018
- **Bescheidener Beitrag**
Organisation for Economic Co-operation and Development (OECD), Productivity and ULC by main economic activity, stats.oecd.org

Seite 90/91
Die Bombe
- **Atomsprengköpfe 2017**
Stockholm International Peace Research Institute (SIPRI), Sipri Yearbook 2018. Armaments, Disarmament and International Security, 2018
- **Atomsprengköpfe 1945–2013**
Hans M. Kristensen, Robert S. Norris, Global Nuclear Weapons Inventories, 1945–2013, Bulletin of the Atomic Scientists 69/5, 2015
- **Verträge**
disarmament.un.org/treaties/t/npt; www.icanw.org/status-of-the-treaty-on-the-prohibition-of-nuclear-weapons
- **Verarbeitung**
Stockholm International Peace Research Institute (SIPRI), Sipri Yearbook 2018. Armaments, Disarmament and International Security, 2018
- **Kernwaffenexplosionen**
Stockholm International Peace Research Institute (SIPRI), Sipri Yearbook 2018. Armaments, Disarmament and International Security, 2018

Seite 92–95
Neue Fronten in Nahost
- **Riad rüstet am stärksten auf**
Stockholm International Peace Research Institute (SIPRI), Sipri Military Expenditure Database, www.sipri.org/databases/milex
- **Das Leid der Zivilbevölkerung**
Armed Conflict Location & Event Data Project (ACLED), www.acleddata.com; 3RP, 2018 Annual Report, 2019, data2.unhcr.org
- **Auf Öl gebaut**
BP Statistical Review of World Energy 2018, 2018; Organization of the Petroleum Exporting Countries (OPEC), Annual Statistical Bulletin 2018

Seite 96/97
Blauhelme auf verlorenem Posten
- **Im Einsatz für den Frieden**
Stockholm International Peace Research Institute (SIPRI), Sipri Yearbook 2018. Armaments, Disarmament and International Security, 2018
- **Das Gros stellen Afrika und Asien**
Stockholm International Peace Research Institute (SIPRI), Sipri Yearbook 2018. Armaments, Disarmament and International Security, 2018
- **Afrika, Exerzierfeld für Peacekeeping**
Stockholm International Peace Research Institute (SIPRI), Sipri Yearbook 2018. Armaments, Disarmament and International Security, 2018

Seite 98–101
Unter der grünen Flagge der AU
Aus dem Englischen von Niels Kadritzke
- **Wenig Spielraum für den Staat**
Organisation for Economic Co-operation and Development (OECD)/ATAF/AU, Revenue Statistics in Africa 1990–2016, 2018
- **Beim Handel mit Afrika und Investitionen in die Infrastruktur ist China einsame Spitze**
Irene Yuan Sun u. a., Dance of the Lions and Dragons. How Are Africa and China Engaging, and How Will the Partnership Evolve?, McKinsey & Company, 2017
- **Afrika wächst langsam zusammen**
Afrikanische Union (AU), au.int/en/member_states/countryprofiles2; Afrikanische Union (AU), Report of the Board of External Auditors on the Consolidated Financial Statements of the African Union for the Year Ended 31th December 2017, 2018; Eac, www.eac.int/eac-partner-states; Ecowas, www.ecowas.int/member-states; Sadc, sadc.int/member-states; Uemoa, www.uemoa.int/en/presentation-uemoa; Uam, maghrebarabe.org/fr/les-pays-membres
- **Vom Beobachterstatus bis zum robusten Mandat**
Anja Jetschke, Bernd Schlipphak, A New Dataset on United Nations-led and Non-United Nations-led Peace Operations, Conflict Management and Peace Science, 2019, lehrstuhlib.uni-goettingen.de/milinda.html
- **Äthiopiens Wirtschaft wächst und wächst**
UN Development Programme (UNDP), Human Development Data, hdr.undp.org/en/data; World Bank, World Development Indicators, data.worldbank.org

Seite 102/103
Streit um den Blauen Nil
- **Das Wasser wird knapp**
Nile Basin Initiative, Nile Basin Water Resources Atlas, 2016
- **Stromlieferant und Lebensader**
Nile Basin Water Resources Atlas, 2016; UN Environment Programme (UNEP), Adaptation to Climate-change Induced Water Stress in the Nile Basin: A Vulnerability Assessment Report, 2013; Center for International Earth Science Information Network (CIESIN), Gridded Population of the World, Version 4 (GPWv4), 2017; UN Department of Social and Economic Affairs, Population Division, World Population Prospects: The 2017 Revision, population.un.org/wpp; Mohamed E. Elshamy u. a., Impacts of climate change on Blue Nile flows using bias-corrected GCM scenarios, Hydrology and Earth System Sciences, 2009

Seite 104–107
Unruhige Sahelzone
- **Eine der ärmsten Regionen der Welt**
UN Development Programme (UNDP), Human Development Data, hdr.undp.org/en/data; World Bank, World Development Indicators, data.worldbank.org; UN Development Programme (UNDP),The 2018 Global Multidimensional Poverty Index (MPI), hdr.undp.org/en/2018-MPI
- **Spirale der Gewalt**
Armed Conflict Location & Event Data Project (ACLED), www.acleddata.com
- **Der demografische Faktor**
Center for International Earth Science Information Network (CIESIN), Gridded Population of the World, Version 4 (GPWv4), 2017; UN Department of Social and Economic Affairs, Population Division, World Population Prospects: The 2017 Revision, population.un.org/wpp

Seite 108–111
Chinas beispielloser Aufstieg
- **Die Billionen-Liga**
World Bank, World Development Indicators, data.worldbank.org
- **Im Wettstreit um Erfindungen**
Organisation for Economic Co-operation and Development (OECD), Main Science and Technology Indicators 2018, stats.oecd.org
- **Hafenmeister China**
Jean-Paul Rodrigue, The Geography of Transport Systems, 2017, transportgeography.org; UN Conference on Trade and Development (UNCTAD), Review of Maritime Transport 2018, 2018
- **Big Player unter sich**
International Monetary Fund (IMF), Directory of Trade Statistics, data.imf.org
- **Geld fließt**
UN Conference on Trade and Development (UNCTAD), FDI Statistics, unctad.org/en/Pages/DIAE/FDI Statistics/FDI-Statistics.aspx

Seite 112/113
Das System Putin
- **Sonderfall Russland**
UN Department of Social and Economic Affairs, Population Division, World Population Prospects: The 2017 Revision, population.un.org/wpp
- **Rohstoffbasierte Wirtschaft**
BP Statistical Review of World Energy 2018, 2018
- **Sehnsucht nach alter Größe**
Le Monde diplomatique, Berlin

Seite 114/115
Wettrüsten im Cyberspace
- **Momentaufnahme des Internets**
census2012.sourceforge.net/paper.html

Seite 116/117
Wege der Einwanderung
- **Das amerikanische Versprechen**
UN Department of Social and Economic Affairs, Population Division, Trends in International Migrant Stock: The 2017 Revision; UN Department of Social and Economic Affairs, Population Division, International Migration Report 2017, 2017

Seite 118/119
Europas Grenzen in Afrika
- **Kein Durchkommen mehr über die Balkanroute**
International Organization for Migration (IOM), migration.iom.int
- **Transitzone Sahel**
International Organization for Migration (IOM), migration.iom.int
- **Massengrab Mittelmeer**
International Organization for Migration (IOM), missingmigrants.iom.int

Seite 120/121
Die Welt wird Stadt
- **Der Trend geht zur Millionenstadt**
UN Department of Social and Economic Affairs, Population Division, World Urbanization Prospects: The 2018 Revision
- **Urbanisierung im Zeitraffer**
UN Department of Social and Economic Affairs, Population Division, World Urbanization Prospects: The 2018 Revision
- **19 Megacitys allein in Asien**
UN Department of Social and Economic Affairs, Population Division, World Urbanization Prospects: The 2018 Revision

Seite 122/123
Exportgut Arbeitskraft
- **Abschied auf Jahre**
Commission on Filipinos Overseas, Number of Registered Filipino Emigrants by Year and Country of Destination, www.cfo.gov.ph
- **Global Citizens**
UN Department of Social and Economic Affairs, Population Division, Trends in International Migrant Stock: The 2017 Revision
- **Steter Geldfluss in die Heimat**
World Bank, Migration and Remittances Data, www.worldbank.org/en/topic/migrationremittancesdiasporaissues/brief/migration-remittances-data

Seite 124/125
Migration und Geschlecht
Aus dem Englischen von Nicola Liebert
- **Ausgerechnet in Saudi-Arabien verdienen Migrantinnen vergleichsweise gut**
International Labour Office (ILO), Key Indicators of the Labour Market, www.ilo.org/ilostat
- **Aus Ländern mit höherem Einkommen emigrieren mehr Frauen als Männer**
UN Department of Social and Economic Affairs, Population Division, Trends in International Migrant Stock: The 2017 Revision

Seite 126/127
Afrika in Bewegung
- **Innerafrikanische Migration ist schon lange Normalität**
UN Department of Social and Economic Affairs, Population Division, International Migration Report 2017, 2017
- **Viele zieht es nach Südafrika**
UN Department of Social and Economic Affairs, Population Division, Trends in International Migrant Stock: The 2017 Revision

Seite 128/129
Lagerwelten
Aus dem Französischen von Claudia Steinitz
Erstmals erschienen in Le Monde diplomatique vom Mai 2017
- **Mehr Binnenvertriebene als Flüchtlinge**
UN High Commissioner for Refugees (UNHCR), Global Trends. Forced Displacement in 2017, 2018
- **In die Industrieländer kommen die meisten Flüchtenden erst gar nicht**
UN High Commissioner for Refugees (UNHCR), Global Trends. Forced Displacement in 2017, 2018

Seite 130/131
Mit Satelliten, Drohnen und Nachtsichtgeräten
- **Die Kosten der Überwachung**
Frontex Haushaltsrechnungen, frontex.europa.eu/about-frontex/key-documents
- **Die Festung Europa wird ausgebaut**
UN High Commissioner for Refugees (UNHCR), Border Fences and Internal Border Controls in Europe, 2017; Ainhoa Ruiz Benedicto, Pere Brunet, Building Walls. Fear and Securitization in the European Union, Centre Delàs Report 35, 2018; Frontex, Risk Analysis Unit, Risk Analysis for 2019, frontex.europa.eu/assets/Publications

Seite 132/133
Frauen in der Politik
- **Frauen in der Politik**
World Bank, World Development Indicators, data.worldbank.org; Inter-Parliamentary Union (IPU), Women in Politics: 2019, 2019, www.ipu.org

Seite 134–137
Frauen in der muslimischen Welt
- **Die Diskriminierung in den Köpfen**
Ronald Inglehart u. a., World Values Survey: Round Six – Country-Pooled Datafile Version, www.worldvaluessurvey.org/WVSDocumentationWV6.jsp
- **Arbeit statt Schule**
UN Educational, Scientific and Cultural Organization (Unesco), Institute for Statistics, Leaving No One Behind. How far on the Way to Universal Primary and Secondary Education?, Policy Paper 27/Fact Sheet 37, 2016
- **Weltreligion Islam**
Todd M. Johnson, Brian J. Grim (Hrsg.), World Religion Database, 2008, www.worldreligiondatabase.org; Pew Research Center, The Changing Global Religious Landscape, 2017
- **Bildung ist der Schlüssel zur Emanzipation**
UN Educational, Scientific and Cultural Organization (Unesco), Institute for Statistics, data.uis.unesco.org

Seite 138/139
Das Jahrhundert des Kindes
- **Afrika, Kontinent der Kinder**
UN Department of Social and Economic Affairs, Population Division, World Population Prospects: The 2017 Revision, population.un.org/wpp
- **Kinder im Krieg, trotz Kinderrechtskonvention**
Optional Protocol to the Convention on the Rights of the Child on the Involvement of Children in Armed Conflict, United Nations, Treaty Series, vol. 2173, 2000, treaties.un.org; UN General Assembly Security Council, Children and Armed Conflict. Report of the Secretary-General, 2018, www.securitycouncilreport.org
- **Helfer auf dem Feld**
International Labour Office (ILO), Global estimates of child labour: Results and Trends: 2012–2016, 2017

Seite 140/141
Religionen der Welt
- **Die Gemeinschaft der Muslime wächst am schnellsten**
Pew Research Center, The Changing Global Religious Landscape, 2017
- **Weltreligion Christentum**
Pew Research Center, Religious Composition by Country, 2010–2050, 2015, www.pewforum.org/2015/04/02/religious-projection-table

Seite 142/143
Journalisten in Gefahr
- **Wo Reporter ihr Leben riskieren**
Reporter ohne Grenzen, rsf.org/fr/barometre
- **Pressefreiheit weltweit**
Reporter ohne Grenzen, rsf.org/fr/donnees-classement

Seite 144/145
Die Gegenspieler
- **Der Aufstieg der NGOs**
Union of International Associations (UIA), Yearbook of International Organizations, 2016

- **Wie das Geld von der Entwicklungshilfe zu den NGOs wandert**
Organisation for Economic Co-operation and Development (OECD), Private Philanthropy for Development. The Development Dimension, 2018

Seite 146/147
Der gläserne Staat
- **Zur Transparenz verpflichtet**
Bundesinnenministerium, Statistik der IFG-Anträge, www.bmi.bund.de/DE/themen/moderne-verwaltung/open-government/informationsfreiheitsgesetz/informationsfreiheitsgesetz-node.html
- **Das Recht auf Zugang zu Informationen, den Buchstaben nach**
Centre for Law and Democracy, Global Right to Information Rating, www.rti-rating.org
- **Kein Vertrauen in Politik und Behörden**
Transparency International, Corruption Perceptions Index 2017, www.transparency.org

Seite 148–151
Das Tausend-Meilen-Auge
Aus dem Englischen von Jutta Lietsch
- **Investitionen in Kontrolle**
Adrian Zenz, China's Domestic Security Spending: An Analysis of Available Data, China Brief XVIII/4, 2018
- **Überwachen, strafen und belohnen**
Mareike Ohlberg u. a., Zentrale Planung, lokale Experimente. Die komplexe Umsetzung von Chinas gesellschaftlichem Bonitätssystem, Merics China Monitor, 2018
- **Kameras erobern den öffentlichen Raum**
Le Monde diplomatique, Berlin
- **London, Hauptstadt der Überwachung**
Big Brother Watch, Are They Still Watching? The Cost of CCTV in an Era of Cuts, 2016; Office for National Statistics, 2011 Census: Population density, local authorities in the United Kingdom; Hackney Council, Public space surveillance (CCTV) in Hackney, hackney.gov.uk/cctv

Seite 152/153
Die Elefantenkurve
- **Die Elefantenkurve**
Christoph Lakner, Branko Milanović, Global Income Distribution. From the Fall of the Berlin Wall to the Great Recession, World Bank Policy Research Working Paper 6719, 2013; Adam Corlett, Examining an Elephant. Globalisation and the Lower Middle Class of the Rich World, Resolution Foundation Report, 2016; Christoph Lakner, Branko Milanović, Global Income Distribution. From the Fall of the Berlin Wall to the Great Recession, World Bank Economic Review, 2015; Facundo Alvaredo u. a., World Inequality Report 2018, 2018, wir2018.wid.world

Seite 154–157
Der große Sprung
Aus dem Englischen von Niels Kadritzke
Erstmals erschienen in Le Monde diplomatique vom Oktober 2017
- **Inzwischen reicher als drei Viertel der Welt**
Branko Milanović, »Am Beispiel eines Durchschnitts-Chinesen«, Le Monde diplomatique, 2017
- **Asien holt auf, Afrika fällt zurück**
Facundo Alvaredo u. a., World Inequality Report 2018, 2018, wir2018.wid.world
- **Mit der industriellen Revolution nahm die weltweite Ungleichheit zu**
Branko Milanović, »Am Beispiel eines Durchschnitts-Chinesen«, Le Monde diplomatique, 2017
- **Chinas neue Mittelschicht**
Facundo Alvaredo u. a., World Inequality Report 2018, 2018, wir2018.wid.world
- **Arm, reich, superreich**
Facundo Alvaredo u. a., World Inequality Report 2018, 2018, wir2018.wid.world
- **Wer profitiert mehr vom Anstieg der Einkommen?**
Facundo Alvaredo u. a., World Inequality Report 2018, 2018, wir2018.wid.world

Seite 158/161
Europas neue Rechte
Aus dem Englischen von Niels Kadritzke
- **Rechtspopulisten und Rechtsextreme etablieren sich**
Norwegian Centre for Research Data, nsd.no/european_election_database; Bundeswahlleiter, Wahl zum 19. Deutschen Bundestag am 24. September 2017. Endgültige Ergebnisse nach Wahlkreisen, www.bundeswahlleiter.de

Seite 162/163
Baustelle Europäische Union
- **Aus 6 wurden 28**
ec.europa.eu/neighbourhood-enlargement/sites/near/files/pdf/publication/factsheet_en.pdf
Seite 162/163
- **Baustelle Europäische Union**
Die Zustimmung steigt
Standard-Eurobarometer 90, 2018, ec.europa.eu/commfrontoffice/publicopinion/index.cfm

Seite 164–167
Venezuelas verpasste Chance
- **Wer kann, geht**
UN High Commissioner for Refugees (UNHCR), data2.unhcr.org/en/situations/vensit
- **Hyperinflation**
International Monetary Fund (IMF), World Economic Outlook, www.imf.org/external/datamapper/datasets
- **Der Niedergang der Erdölindustrie**
BP Statistical Review of World Energy 2018, 2018; Organization of the Petroleum Exporting Countries (OPEC), Annual Statistical Bulletin 2018; Baker Hughes Rig Count, energy-cg.com/OPEC/Venezuela/Venezuela_OilGas_Industry.html; UN Comtrade, comtrade.un.org
- **Bolivarische Sozialprogramme**
Le Monde diplomatique, Berlin

Seite 168/169
Gefangen im Chaos
Aus dem Französischen von Claudia Steinitz
Erstmals erschienen in Le Monde diplomatique vom Februar 2017
- **Extreme Überbelegung**
UN Office on Drugs and Crime (UNODC), dataunodc.un.org
- **Millionen hinter Gittern**
UN Office on Drugs and Crime (UNODC), dataunodc.un.org; World Prison Brief, prisonstudies.org
- **Zum Tode verurteilt**
Amnesty International, Death Sentences and Executions 2017, Amnesty International Global Report, 2018

Seite 170–173
Zerreißprobe für die Türkei
- **Volkspartei AKP**
Norwegian Centre for Research Data, nsd.no/european_election_database; Wikipedia, en.wikipedia.org/wiki/Elections_in_Turkey#General_(parliamentary)_elections
- **Von Atatürk bis Erdoğan**
Le Monde diplomatique, Berlin
- **Dynamik eines Schwellenlands**
Organisation for Economic Co-operation and Development (OECD) Statistics, data.oecd.org/turkey.htm; World Bank, World Development Indicators, data.worldbank.org
- **Der Traum von der Autonomie**
Le Monde diplomatique, Berlin
- **Zankapfel Zypern**
Le Monde diplomatique, Berlin

Seite 174/175
Asoziale Netzwerke
- **Die Welt geht online**
Pew Research Center, Global Attitudes & Trends Survey, 2017; Aaron Smith, Monica Anderson, Social Media Use in 2018, Pew Research Center, 2018
- **Schlusslicht Deutschland**
Pew Research Center, Global Attitudes & Trends Survey, 2017; Aaron Smith, Monica Anderson, Social Media Use in 2018, Pew Research Center, 2018
- **Ist die Zukunft von Social Media weiblich?**
Pew Research Center, Global Attitudes & Trends Survey, 2017; Aaron Smith, Monica Anderson, Social Media Use in 2018, Pew Research Center, 2018

Impressum

Redaktion: Barbara Bauer, Dorothee d'Aprile, Katharina Döbler, Jakob Farah, Niels Kadritzke, Anna Lerch
Korrektur: Franziska Özer

Mitarbeit Infografik: Christina Mumm, Infotext: Lena Ziyal und Stefanie Weber
Umschlag: Ulrike Sindlinger
Gestaltung und Herstellung: Adolf Buitenhuis

Produktionsplanung und Vertrieb: Norman Nieß, vertrieb@taz.de

Druck: möller druck, Ahrensfelde
Papier (Umschlag): RecyStar Polar (Recycling, 100 % Altstoff)
Papier (Inhalt): Steinbeis Select (Recycling, 100 % Altstoff)

Für die Herstellung der Karten und Grafiken in diesem Atlas wurde Open-Source-Software verwendet: gnuplot • LibreOffice • PostgreSQL • QGIS • RAWGraphs
Grundlage für viele Karten sind die Datensätze von Natural Earth, www.naturalearthdata.com

taz.genossenschaft
Die deutsche Ausgabe von *Le Monde diplomatique* geht auf eine Initiative der taz-Genossenschaft im Jahr 1994 zurück. Mehr über die Genossenschaft erfahren Sie unter: www.taz.de/genossenschaft

Le Monde diplomatique

Das Blatt hinter dem Atlas

Im Frühjahr 2003 erschien der erste »Atlas der Globalisierung« von *Le Monde diplomatique* und war sofort ein voller Erfolg. Die Kombination aus kurzen Hintergrundtexten und politisch engagierter Kartografie war auf dem deutschen Buchmarkt etwas Neues, und Infografiken in Zeitungen waren damals noch eine Ausnahme. Nur nicht bei der großen Monatszeitung für internationale Politik *Le Monde diplomatique:* Als im Mai 1995 die erste deutschsprachige Ausgabe bundesweit am Kiosk lag, hatte Philippe Rekacewicz, der neben seiner Arbeit in der Pariser *LMd*-Redaktion für die UNO auf Reisen ging, gleich drei Karten gezeichnet – über die Konfliktregion Kaukasus, das Militärregime in Myanmar und das gespaltene Belgien, wo der rechtsextreme Vlaams Blok bei den Kommunalwahlen 1994 beunruhigend erfolgreich gewesen war. Seitdem ist kaum eine Monatsausgabe ohne Karten oder Infografiken erschienen, die heute von Rekacewicz' Nachfolgerinnen Cécile Marin und Agnès Stienne oder dem Artdirektor der Berliner *LMd*-Redaktion, Adolf Buitenhuis gestaltet werden.

Das französische Original von *LMd* wurde 1954 in Paris gegründet. Damals sollten vor allem Frankreichs Diplomaten in den Kolonien mit Hintergrundinformationen versorgt werden. Infolge der Unabhängigkeitsbewegungen in Afrika und in Asien veränderte sich jedoch auch das Eliteblatt *Le Monde diplomatique* und wurde zum Hausblatt der internationalen Linken. Und natürlich kannte auch der Schweizer Journalist und damalige Chefredakteur der *taz,* Thomas Schmid, die Zeitung. Im April 1995 reiste er mit einer Delegation aus Berlin und Zürich nach Paris, um einen Lizenzvertrag für eine deutschsprachige Ausgabe zu unterschreiben, die in den Verlagen der *taz* und der Schweizer Wochenzeitung *WOZ* erscheinen sollte. Es war der Beginn einer bis heute anhaltenden Erfolgsgeschichte, die nicht zuletzt den Atlanten zu verdanken ist, die auf dem deutschsprachigen Markt lange bekannter waren als die Zeitung. Aber auch das hat sich inzwischen verändert.

In Zeiten der medialen Beschleunigung wird *LMd* vor allem für seine hintergründigen Beiträge geschätzt, in der namhafte Autoren, Wissenschaftlerinnen, ehemalige Diplomaten und manchmal auch aktive Politikerinnen die langfristigen Ursachen aktueller Konflikte analysieren. Das klare Layout, Schwarz-Weiß-Fotos, farbige Kunst (in jeder Ausgabe wird eine Künstlerin und auf der letzten Seite ein Comiczeichner vorgestellt) sowie die Infografiken und Karten haben *LMd* zu einer unverwechselbaren Marke gemacht.

Berlin-Institut für Bevölkerung und Entwicklung

Berlin-Institut für Bevölkerung und Entwicklung

Das Berlin-Institut für Bevölkerung und Entwicklung ist ein unabhängiger Thinktank, der sich mit Fragen regionaler und globaler demografischer Veränderungen beschäftigt. Das Institut wurde im Jahr 2000 als Stiftung gegründet und hat die Aufgabe, das Bewusstsein für den demografischen Wandel zu schärfen, nachhaltige Entwicklung zu fördern, neue Ideen in die Politik einzubringen und Konzepte zur Lösung demografischer und entwicklungspolitischer Probleme zu erarbeiten.

In seinen Studien, Diskussions- und Hintergrundpapieren bereitet das Berlin-Institut wissenschaftliche Informationen für den politischen Entscheidungsprozess auf. Seit seiner Gründung hat das Berlin-Institut zahlreiche Themen in die Politik eingebracht. Insbesondere für die Versorgung mit lebensnotwendiger Infrastruktur im ländlichen Raum hat das Berlin-Institut wiederholt innovative Vorschläge gemacht. Auch mit seinen Studien zu den Entwicklungspotenzialen in den demografisch wachsenden Ländern wirkt das Berlin-Institut regelmäßig auf die politische Debatte ein.

Darüber hinaus erzielt das Berlin-Institut mit seinen Studien regelmäßig große öffentliche Aufmerksamkeit. Bereits die erste große Studie des Berlin-Instituts »Deutschland 2020«, die erstmals die regionalen Auswirkungen der Bevölkerungsveränderungen für eine breite Öffentlichkeit verständlich dokumentierte, hatte bundesweit über 3000 Medienzitate zur Folge.

Das Berlin-Institut erhält keinerlei öffentliche institutionelle Unterstützung. Projektförderungen, Forschungsaufträge sowie Spenden ermöglichen die erfolgreiche Arbeit des Instituts. Das Berlin-Institut ist als gemeinnützig anerkannt.

Weitere Informationen wie auch die Möglichkeit, den Newsletter »Demos« zu abonnieren, finden Sie unter www.berlin-institut.org.